- 国家重点学科华东政法大学法律史学科建设项目
- 上海市人文社科基地华东政法大学外国法与比较法研究院项目

[第七卷]

中国法学家访谈录

何勤华／主编

图书在版编目(CIP)数据

中国法学家访谈录. 第 7 卷/何勤华主编. —北京:北京大学出版社,2014.7
ISBN 978 - 7 - 301 - 22819 - 7

I.①中… Ⅱ.①何… Ⅲ.①法学家 - 访问记 - 中国 - 现代 Ⅳ.①K825.19

中国版本图书馆 CIP 数据核字(2013)第 150693 号

书　　　名：	中国法学家访谈录(第七卷)
著作责任者：	何勤华　主编
责 任 编 辑：	杨丽明　王业龙
标 准 书 号：	ISBN 978 - 7 - 301 - 22819 - 7/D · 3374
出 版 发 行：	北京大学出版社
地　　　址：	北京市海淀区成府路 205 号　100871
网　　　址：	http://www.pup.cn
新 浪 微 博：	@北京大学出版社
电 子 信 箱：	sdyy_2005@126.com
电　　　话：	邮购部 62752015　发行部 62750672　编辑部 021 - 62071998
	出版部 62754962
印 刷 者：	北京中科印刷有限公司
经 销 者：	新华书店
	730 毫米 × 980 毫米　16 开本　34.75 印张　605 千字
	2014 年 7 月第 1 版　2014 年 7 月第 2 次印刷
定　　　价：	118.00 元(精装)

未经许可,不得以任何方式复制或抄袭本书之部分或全部内容。
版权所有,侵权必究
举报电话:010 - 62752024　电子信箱:fd@pup.pku.edu.cn

前　言

在法律史研究(当然,在更广泛的意义上也包括整个历史学研究)中,大体包括四种方法:文本解读、社会考证、民族调查和当事人访谈。

文本解读方法的优点是可以不受时间的限制,即我们生活在当代的人,可以通过流传下来的文本研究数百年或数千年之前的法律制度。其缺点则是容易忽视文本之外的研究史料,或者说容易忽视文本在实际社会生活中的影响(运用、贯彻)。

社会考证方法的内容比文本解读要丰富复杂得多,包括历史上留下来的活动遗迹、考古出土的文物、国家正式文本之外的文献资料等。这种方法的优点除了研究不受时间的限制之外,研究的结论会更加符合社会生活多元化的原貌,更加接近当时事物的真实状态,也比文本解读更为丰富多彩。其缺点是受考古出土成就的大小、历史保留古迹的多少、资料分散零碎状况等的限制,而且史料的来源具有很大的随意性和偶然性。

民族调查,即对某些具有"活化石"特征的民族(种族)作田野、社会考察。这种方法的优点很明显,因为对于现代人来说,在文本文献、考古资料、保留下来的遗迹都极为不充分的情况下,要对人类早期社会进行复原研究,利用这种还保留了原始社会生活习惯的种族群体进行考察、比较、研究,是唯一可行、有效的方法。但这种方法的缺点也是很明显的,即这种"活化石"特征的民族数量有限,大量的民族在近代化的浪潮中,已自觉或不自觉地进入了现代社会。而且,即使找到了这样的民族,对这种民族的典型性、这种民族中保留的"活化石"特征中的制度和习惯的代表性与普遍性等,也都是需要非常谨慎地进行分析、鉴别的。

当事人访谈,即对亲身经历或接触过历史上的事件、人物和文献的当事人进行采访,通过其回忆描述,再现以往社会生活的原貌。这种方法,虽然有许多缺点,如当事人可能因年代久远而记忆不清,或记错事实,或可能因某种不便说出口的原因而故意隐瞒、歪曲乃至伪造某些事实,或因许多当事人还健在而无法完全真实地叙述一些事实,等等。但这种方法的优点也是显而易见的。因为在研究离我们生活的时代还不远的一些人和事时,曾经亲身经历过、接触过当时的事件、人物和文献的那些当事人,比保留下来的文本文献和其他资料,要更为真实可靠一些。因此,这种方法也是中外史学家们广泛采用的方法。众多传记、回忆录的出版,就说明了这一点。因此,笔者认为,在这种访谈、回忆得到其他相关资料印证的前提下,当事人访谈应是研究历史尤其是研究现代史、当代史的重要方法。①

《中国法学家访谈录》是当代史作品。在上述四种史学研究方法中,第四种方法是最为适合本书的编写目的的。因此,在新中国法学发展史研究成为上海市人文社科基地华东政法大学外国法与比较法研究院建设和国家重点学科华东政法大学法律史学科建设的重要内容后,我们首先想到的就是这个方法。当然,采用这个方法的另一个考虑是,亲身经历、接触过对中国现代法律史和法学史的发展影响深远的20世纪50年代初期、60年代至70年代中叶中国发生的那些法律事件、运动的法学家,已经越来越少了。所以,为了抢救新中国法律、法学发展的活的史料,设计并完成《中国法学家访谈录》课题,也是非常有价值的。

《中国法学家访谈录》的最初构思,是笔者在2001年参加中共中央党校中青班学习期间形成的。当时,笔者在听课、学习、讨论之余,经常坐在党校的图书馆里,翻阅革命根据地以及新中国初期的各种文献资料(顺便说一句,中共中央党校图书馆保存的这方面的资料,是全中国各大图书馆中最为齐全的),对我们党在革命战争时期,以及20世纪50、60年代的活动,和当时的一批风云人物、一些重大历史事件产生了浓厚的兴趣,希望能够把这些事件、人物以及作品等原原本本地写出来,让后人对此有一个比较真实的认识、理解和把握。但是,由于从事这一访谈、研究和写作工作需要较多的经费投入,当时尚无此条件,故此事就拖了下来,未能及时开展。

延至2007年10月,一方面,许多著名的法学家,如周枏、王铁崖、倪征𣋋、李浩培、谢怀栻、高格、徐轶民等相继去世,使得开展这项工作更为紧迫:如果我们这项工作再不做,这些作为新中国社会主义法制史的"活的历史"的当事人,就会越来越少;另一方面,此时,华东政法大学法律史学科,被教育部批准为国家

---

① 笔者对历史研究方法的这种分类,当然是出于分析和说明问题的方便,同时,比较的方法、训诂的方法等,在历史研究中也是非常重要的。实际上,在历史研究中,同时使用其中几种或者全部方法的学者和作品也很多。笔者的观点是,只要可能,在历史研究中,使用的方法愈多,研究成果就会愈加丰硕。

级重点学科，获得了比较充足的经费资助。这样，笔者的上述构想才得以在重点学科建设项目中立项，争取到了外出访谈调研必需的课题经费。当一个多年的愿望得以实现之时，笔者真的是非常高兴！

本书原来设想是分为六卷：第一卷，采访的主要是1935年之前出生的法学家，因为这个年龄段的法学家基本上是在1957年之前大学毕业，他们都亲身经历或接触过20世纪50年代中国所发生的影响中国法律和法学发展的事件、人物和文献，甚至许多都是当时"左"的思潮、运动的受害者，身心俱受到很大伤害。正因为如此，有些法学家在回忆时语气、用词比较尖锐、愤懑，有些情绪化。此点，恳望读者诸君予以理解和谅解，毕竟本书是一本历史的著作。第二卷，主要访谈1936年至1948年出生的法学家，这批法学家亲身经历了1966年至1976年间的"文化大革命"，对此前后发生的影响中国法律和法学发展的事情感受比较深，相当一部分人也是这场"大革命"的受害者，他们所叙述的内容，最具真实性，也最权威。受第一卷篇幅的限制，有一部分1935年之前出生的法学家，我们也放在第二卷之中。第三、第四、第五卷，主要访谈1949年至1960年期间出生的法学家，这批法学家人数众多，是现在最为活跃的群体，也是当前中国法律和法学发展的主要推动者。在学术上，他们是中国改革开放之后成长起来的，是与中国20世纪70年代末之后法治大发展同步成长起来的法学家。第六卷主要访谈1960年之后出生的法学家，在他们这一年龄段的人中间，也已经涌现出了许多优秀的法学工作者。

在后来的实际采访中，我们访谈的1949年至1960年期间（后来还包括了1960年之后）出生的法学家，人数大大超出了我们原来的计划，因采访内容的丰富而增加的字数也无法在第三至第五卷这三卷中所容纳，从而不得不又增加了四卷，即第六至第九卷（原计划的第六卷变为第十卷）。由于这一原因，本书就从原来计划的六卷，变成了目前的十卷。此点，也请广大读者理解和谅解。基于此，目前的第三至第十卷共收录了四百多名法学家。因种种原因在前面一卷中遗漏了的学者，一般就在后面一卷中补充收录进来。

参加本书访谈、写作的是华东政法大学法律史专业2006级之后入学的博士、硕士研究生。他们虽然还很年轻，但经过本专业多项省部级课题的调研和写作锻炼，在科研方面已经比较成熟了。由于在每一篇访谈文章的末尾都注明了作者名字，所以在扉页和前言中就不再一一列出每位作者的名字了。尽管如此，李明倩、张伟、王海军等名字我还是要特别地提及。他们是本书访谈活动的主要组织者和联系人，协助笔者做了许多涉及全书成稿事务的工作。虽然他们还很年轻，但工作起来非常投入、充满激情，也具有很强的组织和协调能力。由于本书涉及的内容比较繁杂，历史头绪比较多，加上都是回忆类文章，记录过程中可能出现一些不正确或错误之处，谨希望各位被采访者以及广大读者批评指正。

《中国法学家访谈录》属于现、当代人写现、当代事，编写这种作品，如上所述，既有有利的方面，也存在着许多困难和缺陷。笔者曾在《中国法学史》第四卷（即将由法律出版社出版）的序中说过："现代法律人写现代法学史，好处当然是有的，那就是对绝大多数法律事件、法学成果、讨论争鸣、法律人物都是熟悉的，或亲身经历过的，甚或是直接参与者和当事人。因此，写起来当然可以非常真实，非常细致，文献资料也容易收集。但现代法律人写现代法学史的弊端也是明显的。一方面，由于作者是这一段历史的见证人，甚至是当事人，因此，作者就不能做到百分之百地纯粹客观描述，而一定会加入自己的见解和体会，甚至是各种情绪。另一方面，由于被描述的学者都还健在，故考虑到各种人际关系，作者在阐述这一段历史时就会有所顾忌，对许多人和事常常不得不做一些'技术处理'，无法保证其描述的客观公正。但是，对现代中国的法学发展史进行研究，又是笔者兴趣之所在，放弃这种兴趣我自认为生活将变得毫无意义。因此，笔者决定不去考虑上述两个方面的弊端，以自己的学术良心为准则，无所顾忌地、客观公正地对现代中国这六十余年法学发展的历史作一番系统的梳理，以为学界及其后人留下一点真实的学术积累。"笔者感到这段话对本书的写作也是有指导意义的。

为了忠实地反映每一个被访问者的真实思想和话语，我们在每一篇访谈录成稿之后，都寄给被访问者本人审阅过；有些由于某种原因无法做到这一点的，我们也严格按照采访时的录音进行整理，以保证访谈录的原始性和真实性。

在撰写、审阅每一篇访谈录时，笔者以及其他各位作者，经常抑制不住地会叹息、沉思，有时也感到心酸，但更多的时候是感动、钦佩和激动。这些法学家的人生道路和学术事业尽管经历了那么多挫折和坎坷，但他们对祖国的爱、对人民的爱、对生活的爱始终没有消失，对在中国建设社会主义法治国家的信念始终没有动摇。他们中的许多人在"反右"运动、"文化大革命"中都吃了许多苦，但他们仍然那么开朗、自信、豁达，对过去的那段历史也理解得那么透彻，看得那么平淡，不怨天尤人，不颓废消沉，秉持着我们的党一定能够认识、纠正自己身上的错误，带领全体人民将中国建设成为一个伟大的社会主义法治国家的信念，勇敢地活下去，拥抱每一天来自东方的太阳。

我们原来的打算，是在第一、第二卷出版（2010年1月）之后，在2010年年内就把之后的各卷一起推出。但由于本书访谈工作量特别巨大，我们没有能够做到,使编辑出版工作一直拖了下来,至今已过去了两年多。我们一边心里很愧疚,一边不得不承认,有的时候真的是身不由己啊!由此给各位受访者带来的麻烦,务必请诸位专家学者谅解。

本书中许多法学家的访谈,自2009年起,已经有近三十位法学家的访谈为《检察风云》杂志转载刊出。这些法学家的曲折经历和动人事迹,激励着年轻一代的法律人在法治建设的道路上进一步奋勇攀登,从而在司法系统以及整个社会上产生了广泛的良好影响。

《中国法学家访谈录》是上海市人文社科基地华东政法大学外国法与比较法研究院、国家重点学科华东政法大学法律史学科重点建设项目,本书的调研、写作和出版,得到了这两个建设项目的经费资助。北京大学出版社的项目负责人王业龙老师和责任编辑丁传斌、徐音,为本书的编写和出版付出了辛勤的劳动。在此,谨表示我们一片诚挚的谢意。

何勤华
于华东政法大学
外国法与比较法研究院
2014年5月18日

目 录

马作武 …………………………………………………… (1)
王利明 …………………………………………………… (7)
张　骐 …………………………………………………… (15)
胡锦光 …………………………………………………… (25)
赵晓耕 …………………………………………………… (32)
贺卫方 …………………………………………………… (41)
韩大元 …………………………………………………… (48)
汪　劲 …………………………………………………… (55)
徐忠明 …………………………………………………… (70)
关保英 …………………………………………………… (82)
焦洪昌 …………………………………………………… (96)
马忆南 …………………………………………………… (111)
钱福臣 …………………………………………………… (130)
宋方青 …………………………………………………… (138)
徐国栋 …………………………………………………… (148)
陈桂明 …………………………………………………… (160)
高　祥 …………………………………………………… (171)
朱福惠 …………………………………………………… (183)
胡光志 …………………………………………………… (189)
王虎华 …………………………………………………… (200)
余敏友 …………………………………………………… (212)
傅士成 …………………………………………………… (225)
高全喜 …………………………………………………… (233)
郭　锋 …………………………………………………… (243)
蒋　月 …………………………………………………… (258)

潘剑锋	(268)
史彤彪	(279)
张　旭	(287)
张志铭	(294)
徐　瑄	(303)
张中秋	(314)
周少元	(322)
施天涛	(329)
李祖军	(336)
沈开举	(344)
王景斌	(357)
熊文钊	(360)
舒国滢	(366)
张斌峰	(373)
谭世贵	(381)
王广辉	(394)
屈茂辉	(405)
于语和	(418)
刘荣军	(428)
王云霞	(435)
许章润	(443)
房绍坤	(458)
林　嘉	(466)
刘　颖	(472)
黄　勇	(478)
邵建东	(490)
朱雪忠	(501)
苏亦工	(516)
赵海峰	(524)
姜　颖	(532)
程雁雷	(538)

马作武
Ma Zuowu

1960年出生于湖北省大冶市。先后就读于中国政法大学（1979年）、武汉大学（1986年）、北京大学（1991年），分别获得法学学士、硕士、博士学位，1993年12月进入中国人民大学博士后流动站工作两年，系中国法律史领域第一位博士后研究人员。现为中山大学法学院教授，博士生导师，法学理论与法律实践研究中心副主任，法律史研究所所长。已出版的个人专著有：《清末法制变革思潮》《中国法律思想史纲》《中国古代法律文化》《中国传统法律文化研究》，并有学术论文60余篇在全国性刊物发表。

马作武教授从事中国法律史（包括中国法制史、中国法律思想史、传统法律文化）的教学和研究三十余年，形成了自己独特的学术观点和风格。他对中国传统法律文化整体上持批判态度，否定中国具有法治的历史及其思想学说。他认为作为专制政治核心与灵魂的传统法律文化之于现代法治的意义更多的是教训而非经验，我们无法完全凭借"本土资源"来构建法治社会。他还认为对普世价值的认同是法治的精神所在，也是每一个法律人的基本常识。

记者（以下简称"记"）：马老师您好！

马作武（以下简称"马"）：你好。这个采访，我本意是不愿接受的。现在的中国，哪有什么法学家！反正我个人对法学家的头衔感到羞愧难当。后来勤华兄给我打了电话，我理解他的一片良苦用心，也感谢他的抬举，只好勉为其难接受你们的采访。但愿我的学生不会耻笑我。

记：之前我们作过的采访中，有不少学者就反对"法学家"的提法，认为虽然类似的头衔已经满天飞了,但实际上并没有人能够达到法学家的标准。

马:我看过你们前两卷的书,感到不少老一辈学者,事情谈得太琐碎,思想或学术方面的内容太少,有些事情互相之间也有出入,我怕在记录历史的同时,不经意间歪曲了历史。

记:这确实是我们这样的访谈的一个负面因素,但访谈的积极因素更多。

马:恩,是的。我认为,一个人要成为"家",至少总得有一家之言,思想或学术上有独到的贡献。如若只是人云亦云、鸡零狗碎、无病呻吟,著书只为稻粱谋,那谈何"家"呢。至于那些专事跟风的所谓学者,头衔再高,著述再多,又与"家"何干!这套书如果没有突出受访者思想学术上的贡献的话,恐怕就名不副实了。

记:这同这套书的编写体例有关。老一辈的学者,由于所生活的时代的特点,他们不但有自己的学术生活,同时也必须要介入政治生活,他们提供的材料,更多地反映出"学术史"层面的意义。当然,对于不同的人,我们的采访有不同的侧重。

马:哦,是这样。我明白了。你们都是什么专业的?

记:我们都是华东政法大学法律史专业的研究生。

马:嗯,我自己就是教法史的,我对法史的感觉是,我们天天教学生古代的东西,实际上,昨天发生的事情,就是历史,就能纳入法律史研究的范畴,只是看我们如何研究。比如广东的许霆案,就可以作为一个典型的历史案例来研究:为何一审判无期,二审改判成五年徒刑,这里面反映出来的社会问题尤其是法律层面的问题十分复杂深刻。人们完全有理由去追问:过去许许多多的无期徒刑,有多少其实只用判几年徒刑就足够了?这样的追问,再加上一番研究,何等地有价值和意义!我们老师现在讲课,包括学生写论文,往往都局限在古代,我觉得这样无异于画地为牢,往死胡同走。我看法律史学科的不景气,责任主要在我们自己身上。我曾给学生出过题目,比如信访制度,它的文化根源何在?为何如此糟糕的一个制度,现在既废除不了,又搞得不伦不类?这个制度,同历史上的"京控"等制度有何联系?如果这么研究,岂不立刻提升了法律史研究的空间和价值了吗!诸如此类的许多现实问题,都可以从历史和文化中得到解读。我认为法律史学科的研究范围还是没有扩展开,将自身局限于史学的一个分支。如果与现实脱节,单纯以史学方法和眼光作研究,只在细节上比搞历史的人做得更细致一些,那又有什么意义呢?

通常说读史可以明智,我现在悟出了一个新道理:从现实看历史。当历史的某个问题搞不清楚、有争议的时候,就看看相应的现实吧。现实是什么样子,历史也就八九不离十了,因为我国文化具有强大的历史惯性,至今我们其实都没有从传统的桎梏中解脱出来。举个例子,我曾经写过一篇文章,考证孔子有没有杀少正卯。这个问题从宋朝就开始引起争论,这些年儒学热、国学热兴起,都说孔子没杀少正卯。而我根据材料分析,认为孔子还是杀了,加上我刚才说的道理,可以设想,少正卯这样的人物如果活在现代,会被杀掉吗?恐怕还是会被杀的。也许不是肉体上消灭,但作为思想上的异端,无论如何都是要铲除的。

秦汉以来两千年的文字狱、文化专制,都是在孔圣人的旗号下进行的。不承认这一点,就会形成一个悖论。很多人说儒家思想好,讲仁政、讲礼义,甚至还说儒家思想能和人权、民主思想接轨。但是,汉代以后儒家就成了官学,而同时,大家都知道,中国两千年的历史是一部非常黑暗残酷的专制史。官方意识形态大讲仁义道德,现实的政治却那么黑暗,这不就形成了一个悖论了吗?实际上这并不是悖论,而是我们读错了、读歪了。笼统地说,儒家是一种政治哲学,读书做学问就是为了从政。道德教化是铺垫,实际上的目的还是为统治者出谋划策,做奴才而已。汉朝以后的儒学,其实是外儒内法,满嘴的仁义道德,一转背就是凶神恶煞。中国统治者为什么能容忍知识分子?因为中国的知识分子全是体制中人,他们的人生最高目标,就是侍奉皇帝。你们知道西南政法的俞荣根教授吧,他研究孔子的法律思想很有成就,对儒家也很有感情。可惜俞教授也像许多人一样,试图把作为政治哲学的儒家和道德哲学的儒家割裂开来,认为可以继承儒家的道德哲学,而抛弃政治哲学中专制的那部分。实际上是不可能的,儒家是一个完整的体系,不可能割裂开来。

我一直琢磨,现在到处兴办孔子学院,鼓吹尊孔读经,这到底意味着什么?读历史的人应该清楚,在中国历史上最衰败、最堕落、最混乱的时代里,统治者一定会提倡尊孔读经。举个极端的例子,日本人打到中国,在占领区文化方面做的第一件事情就是尊孔读经。

我在一次学术讨论会上开玩笑,主张恢复帝制。既然我们拒绝现代政治文明,搞出如今这样一个非驴非马的东西,成本又高,资源浪费又大,倒不如干脆回到帝制,民主党派全部取缔,几套班子合成一套,省下来的钱实实在在为老百姓解决点民生问题,我想老百姓反而会拥护。而今的社会不公、道德沦丧,都与这个"非驴非马"有关。我看中国现在就只有三种人:大忽悠、小忽悠、被忽悠。前几天碰到学校物理系的一个教授,他直截了当地问我:中国有法律吗?我只能苦笑。听说去年在你们学校的一次全国性会议上,有几位老教授痛哭陈辞,说当今的法治倒退,不如从前。我看到网上有评论说:请不要侮辱从前。

记:我们选择入法学门的时候都是稀里糊涂的。您当时为何选择进入中国政法大学也就是当时的北京政法学院？

马：我从小就喜欢历史，高考时本想考北大，可惜数学只考了14分，只能去北京政法学院，北大的梦想是后来实现的。在北京政法学院，蔡定剑跟我一个班，甚至还同桌了很长一段时间。当时我和他的观点往往针锋相对。他当时观点非常"左"，毕竟他当过兵，又当我们班班长，整天穿着绿军装。蔡定剑是个理想主义者，而我则是个悲观主义者。因为这种个性的差异，我和蔡定剑争论过不少问题。但在经历了几次学运之后，他的观点就发生了重大改变。1986年他在北大给我写了封长信，十几页，详细记载了北大学生运动及上街的过程，可以看出他的强烈倾向性，我深感他的变化。到了现在，他恐怕也得承认，当年我们争论过的许多问题，现在都一一应验多半是我对。有一回他来广州，说经过他和其他同事的努力，促成了《立法法》的出台，推动了人大制度的改革，很有成就感的样子。我问了他一些问题：你们把人大制度搞得很完善，很光鲜，但是老蔡，你问问现在的老百姓，他们有兴趣去投票吗？即便去了，有神圣的感觉吗？你们以为人大制度建构得很完善了，但投完票的票箱你知道哪里去了吗？大概直接扔进火炉了吧。不错，你们是做了不少工作，这就相当于我去菜场买水果，买了又大又红的美国蛇果。但回家一揭开"美国蛇果"标签，发现了个虫眼，里面全都烂掉了。老蔡呀，你就是贴标签的人哩。他虽然不以为然，却也无奈我何。平心而论，蔡定剑为中国的民主宪政作出了很大贡献，但总体上还属于一个温和的改良主义者。去年他生病，我专程去北京探视他，还对他说：对你这种改良派，有人竟然像防贼一样，真是瞎了狗眼。

我写过一篇书评，叫做《让公民的权利成为常识》。文章虽短，可我自以为比很多满纸假话、废话、空话的长篇大论都要有价值。当下的中国正处在常识失落的时代，法学界更是如此。文章中有个偏激的说法，说现在的所谓法学家、法学教授们不懂法律常识的，多如过江之鲫。不是吗？他们对法律的理解，依然停留在统治民众的工具层面。我还写过一篇文章，名叫《中国法治的"原罪"》，这是借用的一个概念，因为我发现中国传统"法治"本质上是专制。我们至今没有真正了解法治的含义，在弘扬传统的过程中误把专制当做法治，这就是中国法治的"原罪"。法治的本质首先在于建构民主政治，人民通过合法的方式治理政府，而我们背道而驰，视人民为法律统治的对象。我们至今还沉迷在专制政治思维中，没有真正地反省，对专制历史更不曾作深刻的忏悔。不反省、不忏悔，我们如何获得新生？中国法治的根本问题，或许就在这里。这其实是常识问题，所以我说目前需要的还是回归常识，而不是什么高深理论。

记：感觉您对现实特别关注，您是出于这种考虑选择了中国法制史吗？

马：有关。以前我们批评过"影射史学"。我认为，史学如果不影射现实，不关心现实，那有什么价值？尤其是法律。法律是一门实践性很强、对现实社会有很大影响的学科。要把握法律的发展规律及其走向，一定要研究历史。既要搞清楚历史上的是是非非，又要观照现实，为现实提供历史的经验教训，这才是这个学科的生命力所在。我们中山大学的陈寅恪先生在这方面为我们树立了榜样。

选择法史，我还有一个考虑，就是上课时不必昧着良心说假话，有些想说的话还可以借讲历史讲出来。讲的时候把握一点分寸，其实学生都是能领会的。

记：您任教过好几所学校，对不同学校的风格见闻不少吧。

马：是啊，我相信在法学界，各校法学院的秘闻趣事，没几个人比我知道得多。要说各校风格，我看大同小异，同一个模式，谁都不可能标新立异。

记：您现在不是也在兼职做律师吗？

马：律师证我都已经有好几年没去注册了，律师业务基本不做了。不过做点律师业务多少可以了解点实务，对司法界、法律人看得更透一些。通过这些年的接触和观察，我认为我们整个的法学教育是失败的。进入司法部门的法学院学生，专业技能比起以前，是有提高。但是这种技能也是一把双刃剑，既可以为司法公正作出贡献，也可以为玩弄、曲解法律提供便利，而后一种现象越来越严重。有律师跟我说，现在的法官，越年轻越黑、胆子越大。这是很无奈的现象。我曾跟贺卫方开过玩笑，原来我很赞同他批评复转军人进法院那篇文章的观点，现在我反而觉得还是复转军人进法院更好些。

记：您这样认为的依据是什么？

马：法律的本质、法律的生命来源于常识和生活的经验，而我们已经背离了这点，给法律附加了太多额外的东西，尤其是政治上的依附性古今中外没有我们今天来得这么强烈。法律是什么？这个问题我看很多法学教授都没有搞清楚，再加上我们现在的大学从体制到教学内容，都是为培养工具设计的，怎么可能培养出真正意义上的法律人呢？即便少数人悟出了法律的真谛，可一到社会要么碰得头破血流，要么随波逐流、同流合污。我们经常看到这种现象：学法律的人最不讲法律，最瞧不起法律，这大概是一种异化现象吧。

记：不止是法律界，现在可能整个社会都在经历着异化的过程。

马：确实，我们都在经历着异化。有人批评我玩世不恭，我承认。有些问题，你想得很透彻，看得很清楚，但却又无能为力，不能随便说出来。想想人生如戏的道理，这样心理上可以有所解脱。

记：您求学的学校挺多的，那对不同的老师都有什么印象？

马:我说过,我从小一直很喜欢历史,自然对法制史有兴趣,本科时就在学报发表过文章。我在很多学校求学过,有幸拜过很多名师。本科毕业于中国政法大学,指导论文的是沈国锋老师。后来到武大,我拜在杨鸿年先生门下读硕士。杨先生研究的是中国政治史,民国时就和钱端升先生等合写过《民国政制史》。但是由于所谓历史问题,他在武大一直受到排斥和压制。他最拿手的研究是一门绝学:隋唐宫廷建筑。杨先生可以说是真正的教授、真正的学问家。但我读到一半的时候,杨先生退休了,于是我就转到张铭新教授名下。读完硕士后,我1991年到北大拜张国华先生为师读博士。可惜张先生在我南下广州不久后去世,我竟因未得到音讯而不曾送别先生,至今都内疚。北大毕业后,我进入人大博士后流动站,跟着曾宪义先生作了两年博士后研究。

记:您读书时期的1978、1979年,人的思想还是比较闭塞的。您觉得自己是什么时候开始受到"启蒙"的?

马:这种说法有问题。在我看来,上个世纪的70年代末、80年代初,思想启蒙的氛围比现在好多了,我就是从那时起开始明白一些事理。

记:从学术角度而言,您如何看待当今中国法律史研究的现状?

马:中国法律史的研究现在很薄弱、很落后,这与当今浮躁、功利的社会氛围有关。我说过,法律史的研究应该对中国法律发展演变的历史总结出经验教训,提供借鉴和启示,这个使命没有达成。更可悲的是,许多研究是非颠倒,把毒草当做鲜花。这种研究越多,中国法治越没有希望。

记:对法学界的学风,您有什么评价?

马:一句话:乏善可陈。

(卢 然)

王利明
Wang Liming

1960年生于湖北仙桃。1981年毕业于湖北财经学院;1984年毕业于中国人民大学,获法学硕士学位,1990年获法学博士学位。现为中国人民大学党委副书记兼副校长,教授,博士生导师,中国法学会副会长,中国法学会民法学研究会会长。第九、十、十一届全国人大代表,第九届全国人大财经委员会委员,第十、十一届全国人大法律委员会委员。兼任国务院学位委员会法学学科评议组召集人、教育部社会科学委员会委员、最高人民法院特邀咨询员、最高人民检察院专家咨询委员会委员、中国国际经济贸易仲裁委员会副主任等职务。曾获"中国有突出贡献的博士学位获得者"、"第一届十大杰出青年法学家"、"教育部高校优秀青年教师"等荣誉称号。2005年起受聘"长江学者奖励计划特聘教授"。曾当选为"2007年十大年度法治人物"和"2007年度法制新闻人物"。《物权法(草案)》起草者之一,在《物权法》的起草和制定中发挥了重要作用。

无论是在江汉平原的插队岁月,还是在黄鹤楼边的大学时光,或是在人民大学的教学生涯,王利明先生始终保持着勤奋、严谨、求实的生活和治学态度。他的法学人生,见证了改革开放以来中国民商事立法艰辛而伟大的历程。他数十年如一日地辛勤耕耘在民商法研究的最前沿,与学界切磋学术,为立法贡献思想,向国家输送人才。

"君子兰,因其高贵和丰盛,令我们仰慕。立法者,惟其心系于民生,情牵于百姓,方使法律惠及于民众,守之于和谐。王利明,以其敏锐、学识和真诚参与了民生立法,使'民生法治'成为了这个时代的亮点。"——2007年王利明教授荣膺年度十大法治人物时的颁奖词。这正是王利明先生法律人生的真实写照。在他身上,我们看到了中国知识分子"为天地立心,为生民立命,为往圣继绝学,为万世开太平"的信仰,更感受到了法学家们在中国法治发展进程中的力量。

记者(以下简称"记"):在读大学之前,您参加过工作吗?您那时候是怎样看书和学习的?

王利明(以下简称"王"):我17岁时就已经参加工作了,当时是作为插队知青在湖北江汉平原一所村办小学任代课老师。那是一段特殊的人生体验,虽然辛苦,但是,我一方面享受着教育小学生的快乐;另一方面始终对知识有一种渴望,所以不管白天劳作有多么累,晚上收工之后我一般都会接着看书学习,经常持续到深夜。

记:您亲身经历过"文化大革命"这一历史实践,对此您有何看法?

王:在年幼时,我目睹了"文革"的动乱,感受到了这场浩劫给中国人民带来的深重灾难。原本就不健全的公、检、法系统在那段时间被彻底砸烂。各种所谓的"群众组织"打着"革命"的旗号肆意抓人、关人,形形色色的"造反派"以及后来的"革委会"都掌握着人民的生杀大权。类似给批斗对象"戴高帽"、"架飞机"、"剃阴阳头"等侮辱人格、蔑视人权的行径普遍存在。即便没有任何理由,也可对个人进行捆绑吊打,甚至连施以酷刑也是家常便饭。每当回想起当年社会的动荡、人民的贫困、精神的桎梏,以及对未来的迷茫,我就愈发感到今天改革开放得来的成就来之不易。"文革"中打砸抢等无法无天的行为给我的印象很深,这种"无法无天"的状态带来的是灾难,而我们的国家需要秩序,需要法制,这也是我在高考报名时选择法律专业的原因。

记:听到恢复高考的消息,您当时是怎么想的呢?

王:党的十一届三中全会的召开,为国家的发展指出了新的方向。由于高考制度的恢复,我本人的生活发生了重大转折,从农村走进城市,从一个插队青年变成了做梦都没敢想过的大学生。可能正是这份对知识的执著追求,促使我在听到恢复高考的消息后积极报名,也为我顺利考上大学打下了坚实的基础。

记:您是在哪里参加高考的呢?

王:在湖北,我考入了当时的湖北财经学院(现为中南财经政法大学)。1977年,全国仅有三所高校,即湖北财经学院、北京大学、吉林大学招收了三个法学班,我有幸成为其中的一分子,并在后来成为一名法学工作者。

记:您当时报考的专业就是法律吗?

王:是的,就像我刚才所说的,"文革"这种"无法无天"的状态带来的是灾难,国家需要秩序,需要法制。我凭直觉感到法律领域日后会是一个大有作为的舞台。

记:您对当时的法律系学习环境有什么感受?

王：当我开始接触法律时，中国除了宪法、婚姻法之外几乎没有其他法律，我们当时学习的主要内容还是政策。在当时的环境下，法学教育还很薄弱，我所进的77级法学班也没有正规的法学教材。

记：在您四年大学学习中，您感觉印象最深的是哪位教师呢？

王：有一位教授刑法的郑昌济老师，课讲得很好，诙谐生动，风趣幽默，还有一位教授民法的老师，叫李静堂，他对我非常关心，时至今日，我还是会经常想起李老师在我生病时为我送来的鸡汤，我一直很感动，也很感谢这位李老师。

记：您最佩服的是哪位老师呢？

王：我的硕士和博士导师佟柔教授。我上大学时，上课根本没有教材，老师教的就是民事政策、刑事政策和审判经验，后来又学习国家刚刚颁布的七部法律。一个偶然的机会，我从一位老师那里看到了佟柔教授的《民法概论》，这本书体系清晰，结构严谨，内容简洁而又理论深入，我顿时感到耳目一新，愈看愈加觉得此书实在珍贵，爱不释手。当时也没有复印机之类的设备，我一思量，决定手抄。抄了整整三天三夜，将大概十万字的"小薄本"从头至尾抄写下来，现在回想起仍然觉得心潮澎湃。正是佟柔教授的《民法概论》引导我进入了民法领域。也正是带着对佟教授的仰慕与尊重，我来到北京，投入佟老师的门下学习民法，佟柔教授之于我，不仅是恩师，更是慈父。

记：刚刚我在中国人民大学明德法学楼徐建国际报告厅的门口，看到了佟柔教授的半身铜像。

王：对，这是对这位被学界誉为"中国民法之父"的佟柔教授的纪念，他始终坚信法治时中国的必由之路，总是勉励我要克服种种困难，在民法学的研究道路上坚定地走下去。先生宽厚的品行、强烈的社会责任感，以及对原则的坚守，深深地印在了我的心中。我接触了中国法学界几代人，在道德品行方面最钦佩的还是佟柔教授。此外，谢怀栻教授、王家福教授等诸多老前辈也是我非常敬佩的法学家。

记：大学四年中，您印象最深的是哪件事情呢？

王：应该是审判"四人帮"。当时学校里组织观看，还进行了多次座谈活动，我当时也发了言。

记：您对民法专业的兴趣是从什么时候产生的呢？为什么想到要从事现在这个专业的教学和研究呢？

王：就像刚才说的，佟柔教授的《民法概论》引导我进入了民法领域。如今先生虽然已经驾鹤西去，但是他的谆谆嘱托仍然深深烙在我心里，我会一直在学术之路上走下去。

记：能否请您谈谈您的基本学术观点呢？

王：1982年我考入中国人民大学时，恰逢学术界展开关于民法、经济法调整对象的争论，我开始研究民法的调整对象和经济法的理论问题，并逐渐形成了经济法就是经济行政法的认识，于1986年与梁慧星教授合作撰写了《经济法的理论问题》一书。后来又和郭明瑞教授等人合作撰写《民法新论》，对刚刚颁布的《民法通则》作了研究，开始对中国民法学的内容和体系进行探讨。

在人大法律系教学和研究的过程中，我进一步发展了自己对民法体系及各项制度的看法和认识。创建中国自己的民法学体系，始终是我的理想。我国的民法学应当创建自己的体系，应当在世界民法之林中有自己的重要地位。中国人民大学出版社陆续出版的"中国当代法学家文库·王利明民商法研究系列"是我倾注心血最多，也最能体现我的一些不成熟的想法的著作。

记：这一系列著作中的《民法典体系研究》《民法总则研究》《人格权法研究》《物权法研究》《合同法研究》《侵权行为法研究》《民法案例研究》，可以说既有理论的深入探究，又有实力的解析，涵盖了民法学的各个部分。您能不能对这7本著作的核心内容作个概括介绍？

王：《民法典体系研究》着眼于未来我国民法典的体系建构，对法典中心主义模式下的民法典体系与民法学的关系、民法与商法的关系、民法典的价值等进行了深入的探讨，我始终认为我国的民法学具有将辉煌的中华法系发扬光大的历史责任。中国的民法学应当在吸收借鉴两大法系的先进经验的基础上创建自己的体系。《民法总则研究》对我国民法总则的一些基本问题进行了较为系统的探讨。《人格权法研究》对人格权的体系、一般人格权、各类具体人格权以及精神损害赔偿进行了论述。我比较关注人格权的研究，主张人格权法应与侵权行为法一样作为民法中独立的制度，希望改变传统民法历来沿袭的重物轻人的状况，以此构建新的民法体系。

记：我看了有关这本著作的介绍，被称为恢复民法学以"人法""人学"面貌的力作之一。

王：谢谢广大读者对这本书的高度评价和对本人的鼓励。需要强调的是，我的所有研究成果，包括您提到的《民法典体系研究》等著作，都是建立在前人研究成果基础之上的。我主要是主张人格权在民法典中独立成篇，建立一个一般人格权和具体人格权相结合的完整的人格权体系。这种主张也得到了日益广泛的认同。可以肯定的是，人格权以及人格权法在未来的社会生活和法律体系中都将具有举足轻重的作用。

记：提起物权法，您作为《物权法（草案）》的主要起草者之一，在《物权法》

的起草和制定中发挥了重要作用,见证了整个《物权法》制定过程,能不能再请您谈谈关于物权法的观点?

王:对,物权法一直是我关注的重要领域。其实在上个世纪80年代,我就对这个领域的问题展开了思考,在《中国社会科学》《法学研究》等杂志上发表过一些论文,我的博士论文《国家所有权研究》,也对企业法人的所有权与国家所有权的关系问题作了探讨。当时我曾对国家所有权特殊保护论提出质疑,认为国有财产优于集体和个人的财产,应对国有财产实行特殊的法律保护,只能助长"一大二公"的思想,而不利于多种所有制结构的共同发展。对国有财产的保护,关键在于建立和完善对国有财产的保护和管理制度,而不在于赋予占有国有财产的组织特殊的权利。

物权法是调整财产关系,也是关系到国计民生的基本法,《物权法(草案)》也是充分体现了社会主义特色的一个重要的法律草案,这部法律草案充分地体现了中国特色,首先是因为它确立了平等保护的原则,保护各类所有权的原则。可以这样讲,平等保护原则才是真正体现了社会主义的特色。平等地对待个人,也需要同等地对待每一个主体的财产。确立这样一个原则奠定了我们法制的基础,保护私人所有权也是依法行政的标准,行政机关在依法行政、行使公权力过程中,要充分树立物权观念和意识,注重和保护私人财产权。

记:当然,在最终高票通过的《物权法》中,我们看到了第4条明确规定:"国家、集体、私人的物权和其他权利人的物权受法律保护,任何单位和个人不得侵犯。"其背后所蕴含的民法理论,正是物权的平等保护原则。但是好像当时《物权法》通过的过程中还出现了一些不同的声音。接下来,能不能请您谈谈《物权法》通过背后的论争以及您本人的观点。

王:《物权法》的颁布、实施是2007年关系百姓民生的一件重大法治事件,也是整个中国立法史上的大事。当时一些学者公开信的矛头直指正在审议修改过程中的《物权法(草案)》,指责草案对国有财产和个人财产实行平等保护的规定违背了宪法和社会主义基本原则。我不同意这个观点,这种全盘否定物权法的观点是不妥当的,因为物权法对各种所有权的平等保护,是通过法律手段维护我国以公有制为主体、多种经济成分并存的基本经济制度,符合民法的基本原则和精神。绝不能说平等保护就是保护富人。在2005年召开的"中国物权法疑难问题研讨会"和中国法学会举办的"物权法与国有资产的保护问题"研讨会上,我都强调了平等保护的观点。多种所有制经济在宪法地位上是平等的,因而决定了物权法也要规定对各类所有权的平等保护原则,没有平等保护就没有共同发展。

记:以您自己的专业为例,您认为中国与其他国家的差距在哪里呢?

王:首先,我们目前的状况是借鉴多、输出少,在广泛向国外先进的法治经验和理论学习和借鉴的同时,却缺乏相应的对外输出。我们应该促进其他国家和地区对我国民法的了解,其实我国民商事法律中有不少具有"中国元素"的创新理论,这些未尝不可被其他国家借鉴,比如"侵权法独立成篇"的立法实践等。

记:在各种法学研究方法中,您最欣赏哪一种呢?

王:法学研究方法应该是多元的,既包括历史的研究方法,也包括逻辑的研究方法,既包括比较的研究方法,也包括分析的研究方法,此外还有很多其他的研究方法,不能单说哪一种研究方法孰优孰劣。只要有助于完成研究任务,各种研究方法都值得提倡和学习。

记:您认为法学界的中青年学者现在浮躁吗?

王:浮躁倒是说不上,但是学术精品成果确实不够多,因此需要更多的学者来潜心治学。

记:您认为现在学术规范执行情况如何?

王:现在学术规范确实有一定的问题,但是并不像个别媒体报道的那么夸张,毕竟现在的学术比以前繁荣了很多。在我上大学的时候,法学研究可谓一片荒芜,甚至可以说是从零开始,但是今天法学研究从理论法学到部门法学、从国内法到比较法都获得了蓬勃发展。书店、图书馆里的法学著作可谓浩如烟海。法学正在成为一门显学,受到社会各界的普遍关注。法学从一门被人视为"幼稚"的学科逐渐成熟起来。当然,学术规范执行过程中出现的一些问题,应该引起我们的高度重视。

记:您认为现在中青年学者是多发表成果好呢,还是少发表为宜?

王:还是应该多发表好。只有多写,才能多思,促使自己形成系统的见解,使自己的研究不断深入,也只有多写,才能集合自己思想上的火花。

记:在您所从事的这个专业中,您感觉您的最大贡献在哪里?

王:我想应该是参与《物权法》的起草和民法典的体系框架建构。《物权法》的起草刚刚讲过,我来谈谈民法典的体系建构。前面也说过,创建中国自己的民法体系始终是我的理想。我国分别在上世纪50年代、60年代、70年代末80年代初起草过民法,但是都没有成功。主要原因在于缺乏起草民法的社会条件,特别是民法与之相适应的经济基础。在计划经济条件下,民法生不逢时,只有改革开放,才迎来了民法的春天。经过30年的改革开放,我国市场经济体制已经初步建立,民法典呼之欲出。但在新的世纪,鉴于新中国在法制建设中已经取得的巨大成就,我们应该确立具有中国元素的民法典以及民法典体系。在民商合一立法体例获得广泛共识并成为不可逆转的趋势的背景下,我建议在民法中设置独立的人格权法篇。此举将使新中国的人身权利司法保护制度得以基本完备,对中国民主与法制建设必将产生积极而重要的影响。同时,我也主张我国的侵权行为法应当从债法中适当分离,在民法典中独立成篇。

记:您认为一种良好的学术环境,应该是怎样的一种状态?

王:宽松的学术环境才能推动学术的发展。学者之间应该相互宽容、相互包容。人都会犯错误,当然也都欢迎善意的批评。要给一些犯错误的学者一个不断改正、不断进步的机会,多一些宽容理解,尊重他人的劳动,而不应该相互攻击。

记:您可以简要地评价一下中国目前的法学研究状况吗?

王:我经历并见证了中国改革开放和现代化建设的历程,参与并见证了国家民主法制建设的发展,更深切地感受到了中国法学事业的繁荣发展,法学研究工作者自身的学术成长。现代的法学研究已经朝着越来越专业化、细致化的方向发展,这可以说是法学研究的必然趋势,但这种趋势并不意味着学者必须将自己禁锢在术业专攻的那一领域。在看到我国法学在过去几十年所取得的辉煌成就的同时,我们也必须清醒地认识到不足与缺陷。目前,高质量的学术精品尚难以满足广大读者的期待,原创性不足的问题依然存在。此外,在我国法学研究中存在着一种可以称之为"饭碗法学"的观点,表现为自我封闭和封闭他人,他们将法学的学科严格划分为若干门类,如民法学、宪法学,对其他领域的学者从事自己这个领域的研究表现出高度的警惕。这会将法学变成一种自私的法学、利己的法学,必须彻底摒弃。我们应当注重法学学科之间以及与法学以外的其他人文社科之间的有效沟通和交流,避免形成学科封闭和知识割裂。

就今后的研究方向而言,首先,我们应该增强法学研究的本土性,就民商法而言,解决了中国特色的市场经济体制构建中的民商法重大问题就是解决了全世界关注的问题,就是对世界民商法学发展的贡献。第二,提升法学研究的国际性。一方面,要广泛借鉴国际上两大法系的先进经验,服务于中国问题的解决,另一方面,要有广阔的视野,开放的胸襟,不能成为"井底之蛙",要从国际视野的角度来把握法学的发展趋势。第三,要注重研究方法的多样性,实现方法上的多元化,尤其应当注重借鉴经济学、社会学、哲学、历史学、心理学甚至统计学等其他社会科学的研究方法。

记:您能为我们法科学子推荐一些优秀的阅读书目吗?

王:对于立志向学的莘莘学子而言,确实应该多读书。我就推荐一些民商法的书目吧:王泽鉴:《民法学说与判例研究》(八卷)(中国政法大学出版社2005年版);梅仲协:《民法要义》(中国政法大学出版社2004年版);陈朝璧:《罗马法原理》(法律出版社2006年版);周枏:《罗马法原论》(上、下册,商务印书馆1994年版);谢怀拭:《外国民商法精要》(增补版,法律出版社2006年版);〔德〕罗伯特·霍恩、海因·科茨、汉斯·莱塞:《德国民商法导论》(中国大百科全书出版社1996年版);〔日〕我妻荣等:《民法讲义》(共8册,中国法制出版社2008年版);《拿破仑民法典》(商务印书馆1979年版);〔美〕科宾:《科宾论合同》(上、下册,中国大百科全书出版社1997年版);杨立新:《侵权行为法》(中国法制出版社2006年版);张新宝:《侵权责任法原理》(中国人民大学出版社2005年版);董安生:《民事法律行为》(中国人民大学出版社2002年版);王轶:《物权变动论》(中国人民大学出版社2001年版);梁慧星:《民法解释学》,这本书在最初引入和推动我国法律解释学方面有重要作用,他的《民法总论》一书也是不错的入门学习的教材。同时,我也推荐阅读郭明瑞教授、崔建远教授、孙宪忠教授、尹田教授、李永军教授等广大著名民法学者的著述。另外,我自己的一些作品也可以供民商法专业的学生参考和阅读。当然,学生需要结合自己的知识结构和研习兴趣作选择性阅读和参考。

记:最后,能否请您给我们年轻学子提几点希望?

王:一大批富有才华的年轻学子们不断加入到法学研究的队伍,使我们看到法学研究的明天充满生机和活力。我深切地感受到了改革开放30年来法学教育的发展,对于年轻的学子们,首先,从做人来讲,要自强不息,勤奋努力;具体到学习方面,要多读、多思、多写,只有多读才能多思,也只有多写,才能促使自己不断地阅读和思考,如果不练习写作的话,脑海中一些好的思路就会被逐渐淡忘。总之,要做到三者的有机统一。

(李明倩)

张 骐
Zhang Qi

1960年生于河北省。北京大学法学院教授、博士生导师,法学博士,北京大学法学院比较法与法社会学研究所执行所长,中国法学会会员、中国法理学研究会理事,曾任中国法理学研究会副秘书长。1977年7月至1978年3月高中毕业后在河北省广平县"五七干校"插队,曾经担任生产队副队长;1978年3月至1982年1月在吉林大学法律系(77级)读书,获法学学士;1982年1月至1984年9月在位于河南省济源县的中央第二政法干校担任教师;1984年9月至1987年7月在北京大学法学院(时为法律系)学习,获法学硕士学位;1987年7月毕业留校,任教于北京大学法学院至今。曾经于1989年8月至1991年1月担任北京市专利科技律师事务所办公室主任。1993年9月至1997年12月跟随沈宗灵教授在职攻读北京大学法学理论专业法理学方向博士学位。2004年9月至2007年6月担任美国斯坦福大学人文与科学学院的访问教授(后因校内科研工作而主动辞去该教职)。曾经先后在美国哈佛大学法学院、美国耶鲁大学法学院、美国哈佛大学哈佛燕京学社、德国海德堡大学法学院作为访问学者或高级访问学者进行学习、研究。曾经在印度果阿大学法学院、日本名古屋大学、日本北海道大学等地讲学。

研究领域为:司法先例制度;法律推理;公民社会与法治;法哲学基本问题;产品责任法。出版专著《法律推理与法律制度》(山东人民出版社2003年版),翻译著作《法律:一个自创生系统》(〔德〕贡塔·托依布纳)(北京大学出版社2004年版)。发表文章有:《论寻找指导性案例的方法——以审判经验为基础》(《中外法学》2009年第3期);《指导性案例中具有指导性部分的确定与适用》(《法学》2008年第10期);《试论指导性案例的"指导性"》(《法制与社会发展》2007年第6期);《走向和谐——当代中国的公民社会探析》(《北京大学学报》2005年第4期);《建立中国先例制度的意义与路径:兼答〈"判例法"质疑〉——一个比较法的视角》(《法制与社会发展》2004年第6期);Towards Precedent System in China——One Way of Institutionalization of the Rule of Law in China(Harvard China Review,Vol. V, No.1, Spring, 2004)。

记者(以下简称"记"):您是恢复高考入学的第一届学生?

张骐(以下简称"张"):是的。我是吉林大学法律系77级的学生,但我们那一届是1978年3月入学的。因为1977年决定恢复高考时已经是秋天,那一年不可能安排在秋天入学,所以我们是在冬天考试,次年春天入学的。我是应届高中毕业生,同时也是上山下乡的知识青年。1977年7月高中毕业后我马上就被安排上山下乡。我是在河北省邯郸市出生长大的,插队时就被安排在当时的邯郸地区广平县五七干校接受再教育。那段时期主要以劳动为主,我比较能吃苦,因此还被任命为生产队的副队长。

记:作为恢复高考入学的第一届学生,那时学校的氛围怎样?

张:吉林大学法律系是在"文革"期间仍然存活的法律系之一。在"文革"期间仍然存活的法律系有两校一院,分别是北京大学法律系、吉林大学法律系和湖北财经学院法律系。在吉林大学,老师们还是非常愿意拨乱反正的。那是一个非常让人激动的年代。但是当时人们思想方面的进步还是不明显的,一方面有习惯性的限制,另一方面其实也不知道如何开展一种新形势下的法学教学。所谓新形势下的法学教学就是跟以前不一样的教学,比如西方的、中国古代的。在当时关于西方的教学内容是要通过审核的,而中国古代的东西在政治上是不正确的,所以大家都还在摸索。那时思想没有获得真正的解放,因为十一届三中全会还没有召开,但有一点是肯定的,即要拨乱反正,不再走"文化大革命"的道路,结束动乱,展开新生活。

记:您在那届当中是不是年龄很小的?

张:是的,我的情况非常简单,是应届高中毕业生,所以我入学的时候基本上是什么也不懂的。而我的同学有很多都是经历非常丰富的。所以,我的大学生活中老师固然重要,但也有相当多的知识或者生活经验是从同学那学来的。印象很深的是我们入学时要填登记表,在填籍贯时我不知道是要填我的出生地河北还是父母的老家山东。我就问坐在我后面的同学,就是现在的最高人民法院副院长奚晓明,他入学时已经是有了好几年警龄的警察了。他告诉我要填父母的老家山东。原最高人民检察院检察委员会专职委员,现在中国人民大学刑事法律科学基地的主任戴玉忠教授是我们班的支部书记,比我大13岁。清华大学法学院的高鸿钧教授和我是同一个寝室的,他既有社会经验,又经历过"文革"。这样的一批人都在一个班,各种经历、各种生活经验的碰撞对我的影响还是比较大的。

记:在"文化大革命"的10年间,您所接受的教育是什么样的?

张:我是1960年出生的,1966年开始上学时刚好是"文化大革命"开始的年份,而"文化大革命"结束的那一年刚好是我高中毕业的时候,所以我们求学的10年刚好是国家动乱的10年,接受的教育是零碎的、不完整的。我们当年的学制是9年:小学5年,初中2年,高中2年,而我们读了11年:小学6年,初高中5年,但实际上我们真正读书的时间连9年也没有。庆幸地是邓小平第一次复出的时候抓整顿,多亏了他的整顿措施,教育稍微正规了一点,也多少让我们学了一点知识。就我个人而言,另一点值得庆幸的就是高中时的老师非常好。我的中学是邯郸钢铁中学,那是一个小的生活区——邯钢生活区。邯钢是当时甚至现在比较著名的一个企业。那里有不少的大学毕业生,许多优秀的人才当时留在工厂里无用武之处,所以就被安排到中学教课。我们是意外受益,那些老师人品好,专业知识也过硬,有相当一部分还是"文化大革命"以前毕业的大学生。所以高中最后一年的课程让我真正学到了一些知识。对我们这个年龄的人来说,上大学实际上也在补高中的知识。我上大学的时候,就一方面听老师开的课程,另一方面自学。

记:本科毕业以后您选择做教师是自己的意愿还是学校分配的?

张:其实我本人是很愿意去做教师的。因为第一,我本身没有什么工作经历;第二,我希望以后可以在学术研究的道路上走下去;第三,我父母在"文化大革命"时期的经历让我觉得政法实际工作可能对我不是一个很好的选择,教书、作研究可能会更适合我。我父亲对我的想法也很支持。说起来我和法律专业还是有点渊源的。家父是一个老干部,是个老革命,当年以小学教员的身份在山东淄博市高青县搞敌后抗日,后来在解放区公安局工作,成立山东省高级人民法院时被任命为山东省高级人民法院的审判员。他还把他当年的委任状郑重其事地交给了我,因为我们家只有我是做法律工作的。1954年支援重工业时他离开了山东省高级人民法院。"文化大革命"时他被打成"走资派"。所以当我选择教书时他是很赞成的。虽然教书是我的意愿,但在哪做教师不是我可以控制的。当年我的愿望是可以在教书的同时从事研究工作,所以希望可以去一个适合读书的地方,于是我选择了西北政法学院、华东政法学院等。但是我被分配到了位于河南省济源县(现在叫济源市)的中央第二政法干校。那是一个临时机构,并不适合读书。中央第二政法干校是在兵工厂的基础上建立起来的,"文化大革命"以后恢复法制,但是国家并没有经过合格训练的政法干部,当时的司法部第一副部长李运昌受命建学校,培训政法干部。五机部部长汪峰建议说河南有个现成的兵工厂可以用,厂房可以做教室、学生和教师宿舍。为了防范"苏联修正主义",当时的兵工厂都建在山沟里,条件艰苦可想而知。虽然我不是主动去的,但是我去了以后还是非常主动、积极地工作,那是一种既来之则安之的心态。

记:在那之后,您就去报考研究生了?

张:是的,我1984年9月进入北大攻读法律系法学理论专业的硕士学位,毕业以后就留校任教了,算起来我在北大已经待了25年了,在北大任教已经22年了。

记:北大有没有哪位老师给您的印象很深刻?

张:北大的沈宗灵老师和张国华老师都让我印象深刻。沈老师教的是西方法哲学和比较法总论,他让我们读英文原著:博登海默的《法理学》,达维德的《比较法总论》等等。张老师教中国法律思想史专题,课上张老师让我们读《论语》《孟子》原著并组织我们讨论。这既提高了我们的语言能力,又提高了我们的法律思维能力。另外,两位老师严谨治学的精神和学风以及睿智的思想也让我钦佩不已。

记:您那时读的书还是非常广泛的。

张:我一直觉得法学院的学生看书应该全面和丰富一点,说得通俗一些就是要杂一点,因为法律是和所有的社会现象都有关系的学科。我认为读书不能太过功利,读书是一个人人格养成的过程,太过功利就把自己当做了一个工具,一个"器",《论语》说"君子不器"。再者,太过功利或者目标太过明确的话,反而容易犯错误。这个社会有太多的不确定因素,模糊一些可以让你无意之中拥有应对不确定因素的能力。

记:您曾经作为访问学者去国外交流,能给我们说一说这段经历吗?

张:1993年我报考了沈宗灵老师的在职博士研究生,1995年8月作为访问学者去了哈佛大学法学院东亚法律研究中心,同时也是去写我的博士论文。我当时研究的课题是法律责任,在哈佛大学法学院东亚法律研究中心学习了两年后我于1997年7月回国,博士论文的研究范围又进一步压缩为研究产品责任问题、中美产品责任的比较,也陆续发表了一些这方面的文章,以至于当时有些学者认为我是研究民法的。从美国回来以后我继续讲授法理学,同时讲授比较法总论和比较法研究,那时主要研究的是法律责任的问题,还对中国法理学在20世纪前半叶的发展作了一些梳理,这像是一种学说史的研究,但是更偏重于学说,重点是梳理一些理论发展的经验,在此基础上发表了一篇文章《继承与超越》。1999年10月中欧高等教育合作项目启动,我作为访问学者到德国海德堡大学法学院进行为期半年的交流研究,研究的项目是产品责任,但同时也研究法理学、法哲学的问题。德国有一位著名的法社会学家和私法专家贡塔·托依布纳,是法社会学的系统理论创始人尼古拉斯·卢曼的学生。托依布纳教授在卢曼理论的基础上又有所发展。我翻译了他的一本著作,叫做《法律:一个自创生系统》,在国内还是比较有影响的。比较有影响的原因在于它的学术含量很高,但是理论高度抽象,非常难懂,不过一旦深入进去就会发现它的理论穿透力非常强。我在德国研究了6个月后于2000年4月回国。回国以后开始关注法理学的一些基本问题,以法律推理和法的价值为重点,发表了几篇文章。2003年哈佛燕京学社在全国各知名高校挑选学者到那里去作研究,我符合条件,就作为访问学者去了哈佛燕京学社。我从2001年开始研究判例问题。就在我准备赴哈佛燕京学社做访问学者的时候,耶鲁大学法学院中国法律研究中心决定邀请我去耶鲁大学法学院中国法中心去做高级访问学者,主要做两件事:一是主持一次中国法律改革的专题学术研讨会,二是作为期三个月的专题研究——研究中国的判例法问题。我第一篇关于判例的文章是2001年由中文翻译成日文在日本的法社会学杂志发表的,2002年我在《比较法研究》上也发表过一篇判例法文章,这些文章在国内外的法学界都引起了重视,耶鲁大学法学院中国法研究中心也意识到这个问题在中国的法律改革或司法改革以及随后的法制发展中的意义。我于2003年2月到了耶鲁大学法学院,本应在2003年5月回国,但由于当时国内出现"非典",哈佛大学紧急通知耶鲁大学,让耶鲁大学建议我不要返回中国。因为一旦返回中国,就不可能再到美国了,哈佛燕京项目就无法完成。耶鲁大学法学院中国法研究中心决定把我的访问时间延长三个月。这样,2003年8月在耶鲁的研究结束之后我就直接去了哈佛。

记:您在哈佛的研究方向也是判例法吗?

张:我在耶鲁是研究判例法或者司法先例,在哈佛燕京学社是研究公民社会与法治,2005年把在燕京学社的部分研究成果写成文章《走向和谐——当代中国的公民社会探析》,发表在《北京大学学报》上。

记:您还曾受聘于斯坦福大学吗?

张：我于 2004 年 6 月从美国回国前就接到北大法学院的电话，让我回来以后承担斯坦福大学北大分校访问教授的教学任务。斯坦福大学与北京大学合作在北京大学设立一个分校。斯坦福大学把学生送到北京大学，聘请北京大学的教授按照斯坦福大学的教学要求来教斯坦福大学的学生。我受聘担任斯坦福大学"中美法律制度比较"的主讲教授，全英文授课，以研讨班的形式，给他们发材料，引导他们阅读，和他们一起讨论，同时向他们比较全面地介绍中国的法律、政治、经济、社会、文化、历史。他们虽然是本科生，但斯坦福是美国甚至国际的一流大学，所以学生都很出色，求知欲很强。他们在来中国之前对中国也有一定的了解，但并不深入，甚至存在一些误解和偏见。我的目的是要实事求是，不仅让他们看到中国一个全面的形象，而且还要履行老师的职责，帮助学生形成他们自己的研究方法。后来从反馈的信息看，我做到了这一点。在斯坦福大学做访问教授的同时，我还承担着国家社会科学研究基金的课题，并且北大也开展了 LLM 的项目，对外招收国外的律师学习中国法律。我受命承担"中国司法制度研究"这门课程。所以在斯坦福大学做了四年的访问教授后由于实在分身乏术就将斯坦福大学的教学告一段落了。

记：您从事这么多年的教学和研究，有没有什么心得？

张：最大的心得就是应当尽可能地和别人交流。古人说：读万卷书，行万里路。如果有可能的话也应该去旅行。我们如今没有古人的条件可以去游历，但是旅行的机会还是有的。我在德国做访问学者时，半年去了欧洲大大小小 25 个城市。站在比利时首都布鲁塞尔的火车站，可以看到开往巴黎的火车、开往科隆的火车、开往海牙的火车，完全没有要出国的概念，因为不需要签证，在那一瞬间的感觉非常奇特。这种旅行的经历对我们形成一种开放的胸怀是非常重要的，我们的思路会不仅仅局限于中国这一点事，而是放眼世界，因为你所接触的问题和人都不限于中国问题和中国学者，甚至打破中国的思维方式。不同的人群、不同的交谈内容、不同的思维方式的交叉都会对一个人产生各种各样的作用。你会发现你很难说服别人，但你也会发现你很难被别人说服，有的时候你不能接受别人考虑问题的角度，有的时候你不认同他的观点，这些情况下他也很难接受你，只能互相容忍，经过一段时间或许能够彼此接受，即使不能接受也可以收到良性的交流结果。这种交流不仅仅限于学术的交流，也包括日常的交流，这种看似平常的交流会让你收获意外的惊喜。

记：您在考硕士时为什么会选择法理学专业？

张：我的专业兴趣最早变过好几次。我在大学最早写的文章是关于个体户问题，对个体户作了一种文本考察，对个体户的法律地位和法律保障作了研究。

大四时写的文章是刑法方面的——《论惯犯》。在我考研究生时,我就想我读了那么多"杂书",在中央第二政法干校又做了那么多不同课程的助教,我希望可以找一个把我学习过的所有课程都利用起来的专业,那就是法理学。另一个原因就是当年吉林大学法律系的史和论的老师比较强,当时给我们讲课的那些比较出色的教授多数都是研究史和论的。在一定程度上,我想还是延续了吉林大学学生的优势。

记:中国法理学的名称这么多年经过了怎样的变化?

张:1949年以后,中国法理学名称总的来说经历了三个阶段的变化:最早叫国家与法的理论,这种叫法一直持续到1979、1980年;随后北京大学法律系的法学理论教研室的老师们首开先河,把国家与法的理论分开,叫法学基础理论;第三阶段就叫法理学。一开始一个叫万斌的学者写了一本叫《法理学》的书。可能现在大家对这本书的认识不一,但就我自己的认识而言,他是第一次以"法理学"为题出书的。后来使用"法理学"一词的就多了。

记:中国的法理学内容差异很大,为什么会出现这种情况?

张:要形容现在的法理学,在我脑子里就会出现一个词——"战国时代",既相对统一也有它的多样性。这是一个客观事实。对比各种法理学教材就可以知道,无论是结构还是内容,都是各具特色的。如果你要问什么是法理学,每个学者都可以回答,但是可能有相当多的学者包括在下都会声明:我说的法理学只代表我个人的观点。其实从来如此,法理学的大师哈特也不会说他的理论就是放之四海而皆准的,哈特的《法律的概念》开宗明义就说没有哪个学科会像法理学那样对"什么是法律"这种自己学科的基本概念的内涵和边界有这么大的疑问。这也影响到法理学的内容,这是由法理学自身特点决定的。另外,法理学和法学理论也有一定的区别,法理学的范围稍微窄一些,法学理论的范围稍微宽泛一些,法理学是法学理论的一部分,但有时候大家也不加以区分,法理学和法学理论可以互换使用。从我们北大的硕士、博士专业培养计划就可以看出来,专业是法学理论,方向是法理学、比较法学、法社会学或者立法学。

记:在法理学学界这么多年来有没有发生什么争论?

张:以前有过几次大的争论,当时还是比较激动人心的,但是好像没有进行学术上的总结。比如说20世纪80年代初人治、法治大讨论,1996、1997年的"刀治""水治"大讨论等等。关于人治、法治的争论,郭道晖教授有一本书叫《法学争鸣实录》作了很好的总结。

记:中国判例法的名称是不是也有个演变的过程?

张:关于判例法的研究,虽然名称越来越小、越来越往后退,但是工作越来越往前推进。原来提法叫判例法，后来叫先例制度，现在写的一些文章都是叫案例指导制度或者指导性案例。

记：在您看来，案例指导制度对中国司法制度改革的意义是什么？

张：仅仅从法律体系来讲，它可以弥补制定法的不足。现在学法律的人都知道，制定法不可能在任何情况下都明白无误，在有些需要规定而没有规定，虽然有规定但规定得模糊或者规定太多而相互矛盾，甚至立法没有问题而法官的理解出现问题，制定法无可奈何的地方，需要判例。如果以前的案例已经解决了一些疑难问题，后人善用案例指导制度，后来的法官就可以参照以前的判案经验并且在一定程度上可以保证法院司法裁判的统一性，避免出现老百姓在十几年前说的"大盖帽两边翘，吃了原告吃被告，原告被告都吃完，还说法律不健全"的情况。所以指导性案例可以弥补制定法的不足，维护国家法律的统一，实现公正。所谓公正就是相同案件相同处理、类似案件类似处理。再者，案例指导制度可以遏制司法腐败，有了指导性案例，可以防止有些法官滥用司法裁量权。还有一个好处就是有助于中国的法官和法律职业的整体发展。法律职业从业者，不仅要熟悉法律，还要熟悉法官是如何判案的，要调动各种资源来解决纠纷，包括判例资源。对法律职业者而言，法律共同体的成员可以围绕指导性案例进行交流、切磋、批评和自我批评。这样的体系假以时日，会有助于形成良好的法律思维方法，促进社会向着法治的方向发展。

记：指导性案例与判例法有没有什么区别呢？

张：我们的指导性案例更类似于大陆法系国家的司法先例，与普通法系的判例法有根本区别。普通法系的判例是主要的法律渊源，而大陆法系国家把制定法作为正式意义上的法律渊源，司法先例在欧洲大陆则是非正式意义上的法律渊源。如果制定法规定模糊或者界限不清，司法先例就会被作为裁量标准使用。比如欧洲大陆法系法国的行政法中，相当一部分是司法先例，现代德国的侵权法中，由于现代工业技术等方面缺少立法，也都把司法先例作为审理案件的法律依据。所以司法先例是非正式意义上的法律渊源，有制定法时必须使用制定法，没有制定法时才使用先例或者通过司法先例来解释、帮助理解制定法。从现在中国的指导性案例来看不仅与普通法系国家的判例法有区别，也没有发挥大陆法系国家司法先例制度的作用，但发展方向是大陆法系国家的司法先例制度。这是最高人民法院发言人在回答《人民法院报》记者提问时明确肯定的。这是一个符合客观趋势并不以人的意志为转移的过程。但操作这个制度的是人，如何操作要看人如何理解当时当地的环境。也正因为意识到这一点，我将我的研究重点由原来的指导性案例的意义和性质转为指导性案例的制度安排、方式和方法。如果将研究指导性案例分为三个阶段，即要不要、为什么要和怎么要，我现在已经处于这方面研究的第三阶段。

记：您认为目前国内的学术环境如何？

张：现在的学术环境相比于20世纪六七十年代要好，但似乎比80年代的局面还有所欠缺。

记：如今学术界"抄袭""借鉴"的情况非常多，您觉得应该怎样去建立学术规范？

张：这是一个不幸也是中国目前比较突出的问题。应当从两个方面入手：一是靠学者自律，二是制定比自律更为重要的体制。体制可以包括学术评价机制和教育、学术管理领导机制。现在大多是行政机关在对教育和研究进行管理，他们所提出的要求自然是量化的要求，这种衡量方式就导致了一些被衡量者产生这样那样的问题。有时候这些被衡量者也很无奈，因为他们有很多实际的问题需要去面对，比如职称、就业、经济问题。不难发现，此类现象并不是孤立的，抄袭、弄虚作假的现象不仅存在于教育界，其他领域也是屡见不鲜，可能都有相似的原因。这需要人们深思和警醒，否则会恶性循环，引发更大的问题。这样的体制问题并不是一两个学者自律所能解决的。我想起北岛的那句诗，说起来有点悲壮："高尚是高尚者的墓志铭，卑鄙是卑鄙者的通行证。"有的人可以非常自律，但自律的结果有时候让人伤感，总是让自律者来承担这些结果也是不公平的。所以我们不能仅仅靠道德来约束这些行为，还要从制度上来解决问题。

记：现在舆论普遍认为青年学者很浮躁，您有什么看法？

张：我遇到过不少青年学者，还是有相当一部分青年学者是在脚踏实地地作研究的。像我的学生都还是很实在的，他们始终在坚持自己的原则——学术规范、严谨治学，这是很令人欣慰的。

记：一直以来，关于学术成果的发表有两种意见：一种是要通过长时间的积累发表具有深度的研究成果，另一种是能发表时就发表，以后再不断修正和完善，您如何看待这两种方式？

张：我觉得还是要顺其自然，选择任何一种方式都不能走极端。作研究需要长时间的积累才能获得有深度的研究成果，这是不可否认的，所谓厚积薄发。但是我要求我的学生，如果自己真的有体会还是可以发表一些东西的。希望他们发表的原因有两个：一是他们对于一些问题确实有自己的见解，为什么不把这种见解发表，与学术界的同道分享和交流呢？二是发表出来也是对自己的促进和激励。我原来就是对自己要求过于苛刻，以至于我的文笔比较生涩。不是有句话"业精于勤"吗？经常写作对自己也是一种锻炼，但是关键在于"勤"不是粗制滥造。像陈兴良教授，作研究、写文章已经成为了他的生活方式，他在不断地思考、积累，所以他写文章是自然的流露，对他来说这就是一种享受。当然这样的学者并不是很多。对于青年学者而言，衡量标准应当不是一年发表几篇文章，而是个人的素质和学养，如果一篇文章中有一部分是有感而发或者独到见解就很不错了。

记：请老师给青年学子提一些建议吧。

张：也谈不上建议，我们共勉。一是孔子的话："质胜文则野，文胜质则史。文质彬彬，然后君子"；二是周恩来总理的话："活到老，学到老"。

（恽艳茹、张 倩）

胡锦光
Hu Jinguang

1960年1月14日生于安徽。中国人民大学法学院教授、法学博士、宪法学与行政法学专业硕士研究生导师和博士研究生导师、教育部"新世纪优秀人才支持计划"入选者、中国人民大学宪政与行政法治研究中心主任、中国人民大学法学院副院长、中国人民大学MPA首席教授、中国人民大学公共政策研究院副院长、日本立命馆大学访问学者，兼任中国法学会宪法学研究会副会长、北京市法学会宪法学研究会副会长、教育部高校学生司及政策法规司法律顾问、国家统计局法律咨询顾问、中国井冈山干部学院兼职教授、郑州大学兼职教授等。

主要代表作有《中国宪法问题研究》《行政处罚研究》《违宪审查论》《中国法治进行时》《中国宪法》（合著）、《行政处罚听证程序研究》（合著）、《违宪审查比较研究》（主编）、《人权保障制度研究》（合著）、《中国十大典型宪政事例研究》（主编）、《2007年中国典型宪法事例评析》（主编）、《2008年中国十大宪法事例评析》（主编）、《香港行政法》（主编）、《行政法案例分析》（主编）、《行政法专题研究》（合著）等。在学术刊物上发表学术论文150余篇。

记者（以下简称"记"）：首先想请老师谈一谈您当年高考的经历，为何会填报法学专业？

胡锦光（以下简称"胡"）：我是安徽徽州人，1979年读的大学。我们那时候是高考成绩出来后填报志愿，和北京、上海现在的高考填报志愿顺序不太一样。高考前夕我们老家信息相对闭塞，对各大学的情况不是很了解。我的高考成绩比当年安徽一本录取成绩高出一百多分，按照当时的情况能被中国所有的大学的各个系录取。当时我们中学有位老教师，他告诉我中国人民大学是一所教学质量相当不错的大学,学生的整体素质都相当高,而且学生毕业分配都能进机关。就是在这样一个不经意的建议下,我填报了中国人民大学。高二分科的时候,我选的是文科,按照现在的标准,文科最好的是北大。当时,没有选北大,也没有选上海的大学。选择人大还是因为老师的那句话。事实上,人大当时在我们那个地方没有什么名气。在我入学前期,人民大学并不面向高中招收应届学生,只是在机关中选拔人员入学就读,所以那时知名度不高。当我告诉朋友我考上了中国人民大学之后,他们还诧异地问我:"你到底考上什么大学?中国的所有大学都是中国人民的大学。"

那为什么我会选学法律呢?因为当时我的户口在农村,受农村传统教育影响,一心要考上大学出人头地,所以在高中阶段一心钻研书本,没有时间和别人有更多的交流,这就导致我在高中阶段性格十分内向,不爱说话,口才也不好。虽然当时我还是班长,但是平时不怎么说话,班里的公共事务一般都是班主任管理。平时我就是干好自己的事,也不像现在的校园生活有那么多活动。当时的情况就是,考上大学就能上学,考不上就回家务农。所以,就全身心去学习,没有机会锻炼口才,口才很差。针对这个情况,就想将来找一个不需要口才很好的职业。我当时很幼稚,觉得既然我口才那么差,不善于与别人交流,而学习法律以后的出路应该是当一名法官,俗话说"雄辩的律师,慎言的法官",法官是一个缄默不语,聆听双方当事人辩驳,最后自己裁定的一个角色,自然对口才的要求不高。我还清晰地记得:我的第二志愿填报的是人大的统计系,填报的第二个学校是武汉大学图书馆系,因为觉得统计工作和图书管理员的工作也不需要好的口才,也因为家里没有书看,而我又非常想看书,所以报了图书馆系。当时,人民大学没有图书馆系,如果有的话我第一志愿就报图书馆系了。如果在图书馆工作,天天有书看,那就太幸福了。最终我还是被人民大学法律系录取了。

记:胡老师,那您进入大学学习法律初期,对大学和自身的专业有什么印象呢?

胡:我们当时对法律的概念基本没有认识,并且当时的书籍和教材十分贫乏,全是凭老师上课讲我们做笔记的方式来学习的。偶尔会有几本油印本的教材,但只局限于宪法、法理等一些科目,不公开出版。小的时候没有书可看,一到大学才发现图书馆中居然馆藏了那么多自己闻所未闻的书籍,好比是"久旱逢甘雨"一样,如饥似渴地大量阅读。回顾我大学的时光,从周一至周六上午,基本没有课外活动,所有的时间都投入到阅读书籍之中,基本上就是天天看书。

我们那个时代的学生有个特点，就是年龄参差不齐。我九岁读的小学，上学比较晚，但是小学学制缩短了一年，所以我读大学时19岁。我们班最小的学生年纪才16岁，最大的是28岁，所以各个学生的社会阅历不同，有些学生以前是插队的，有的来自机关，有的是工人，还有的是高中语文老师，所以互相之间有代沟。年纪大的学生不太愿和我们年纪小的交流，认为我们从未接触过社会，和我们没有共同语言。让我印象深刻的是：我们班有个以前曾当兵的同学比我年长8岁，他时常和我开玩笑说："我18岁当兵的时候你还只是个10岁的小孩，那时如果你见着我应该叫叔叔，所以你现在也应叫我叔叔。"我是班级中的应届生，年龄偏小，就是在这样一个年龄结构差异较大的环境中度过了大学4年的时光。

我觉得这样一个环境对我们应届生既有不利之处也有有利的方面。不利的方面在于年长的学生不爱和我们说话，就算交流也只是皮毛方面，不会涉及学术知识、学习心得等深层方面的内容。所以班里就分成了两批人，年长的学生由于社会经验丰富，善于和教师交流；年轻的学生只知道埋头看书，所以"三好学生"、入党等荣誉都被年长的学生"霸占"了，我们就没有了机会。有利的一面在于年轻的学生心里不服气，暗暗和年长的同学较劲，心中下定决心要超越他们，所以勤奋读书，潜心研究学问，靠自己的努力获得老师的肯定。

当时学校住宿比较紧张，学校比较小，还有部队驻扎在学校，住宿条件比较差。学校里有一半是北京人，一半是外地的，我们班也是这样。外地学生里，农村的居多，年龄也比较小，所以跟北京人交往起来有些困难，经常不在一起玩。年龄小的学生只有去读书学习，所以比较勤奋。这种环境对他们的成长有好处，也有坏处。

记：胡老师，大学毕业之后您为什么会选择留在北京？又为什么会考宪法学的研究生呢？

胡：本科毕业以后，国家对大学生的政策是统一包分配。当时单位很多，哪个单位要你，你就得去哪个单位，没有自主选择的余地，主要由班主任和系里来分配。单位有无你不用操心，但去什么单位你也操不了心。因为我是安徽人，念书过程中感觉到北京更适合自己的发展。一是气候原因，夏天徽州的梅雨季节让我很不适应，特别闷热，湿度特别大。举个例子，小时候吃饭时身上要搭块毛巾，不然汗就会顺脖子直淌全身。冬天又特别冷，而且是湿冷。到北京后感觉北京气候宜人，冬暖夏凉。二是安徽经济条件不是太好。

小的时候特别热衷于看《参考消息》，偏向于政治性的内容。后来发觉《参考消息》的内容与宪法的内容有着极大的吻合，就对宪法产生了浓厚的兴趣。

那时宪法科目考试的方式是口试,由两个老师做监考,入考场后随机抽题,每次都能取得"优"的好成绩。另外,当年宪法并不是一门热门学科,所以考试竞争相对于刑法、民法来说并不是那么激烈,一般都能考取。既有兴趣也有实际的考虑,所以选择了考宪法的研究生。

记:胡老师,在大学期间哪些老师给您留下深刻的印象,对您今后的学术生涯有着很大的影响?

胡:我觉得许崇德老师对我影响很大。我是中国人民大学宪法学第一届研究生,入学时宪法学的导师只有他一位,后来增加了两位。虽然跟随董成美教授学习,但是也时常向许老师请教问题,得到他的帮助和关心。许老师是一位德高望重的老教授,是我们宪法学界的泰斗和先驱。他总是无私地提携他的晚辈,希望他的学生能够超越他。应当说我今天的成就是与许老师的提携和帮助密不可分的。

记:胡老师,既然您一直觉得您口才不是很好,为什么会选择教师这个需要口才的职业呢?

胡:我在本科阶段口才也是非常差,由于诸多原因没有机会和平台来锻炼这一能力。可以说我在整个4年才发过一次言,而且是一次强制性的发言。刑诉课要求学生都要自主演讲,那时班级除了我以外的所有学生都已经发过言了,所以班级小组长要求下一次必须由我来发言。我就到图书馆寻找刑诉方面的资料,做了很多读书笔记,写了很长一篇稿子。到我发言时,我紧张地照稿子念,一句脱稿即兴发挥的言辞也没有。

为什么留校做老师呢?因为我在硕士阶段发表了一些文章,积累了相当厚的学术功底,感觉摸到了研究学术的门道,觉得在学校做学问更符合自己的特长。另外,口才归根结底是自信的问题。我后来反思,觉得自身口才差是因为缺乏自信,而自信来源于自己知识储备的多少。口才是自身储备外在表现的工具和手段。不怎么说话不等于口才不好。

少时的我与同年龄的人相比阅读量远远超过了他们,记得在农村放牛的闲暇时光,我总是给我的同伴们讲故事,实际上这就是个锻炼的过程。另外我的硕士阶段是一个学习成风的年代,人们都崇尚知识、崇尚学习,羡慕大学生,更何况是硕士生了。我那时每天都把研究生的校徽挂在身上,时常迎来别人崇拜的目光。业余时间我也去电大教书打工,我的讲课风格深深地吸引了我的学生,得到了好评,也逐渐地得到锻炼,增加了自己的自信。另外在研究方面,硕士阶段较本科阶段更注重于学生自身的研究。我是科班出身,受过严格教育,所以发展的后劲和潜力就较本科阶段的那些老大哥们足,同样一起学习,我们学习的效率和能力远远超过了他们。

说到我的从教经历，也有许多趣事。记得毕业留校前的试讲，由于听课评委都是一些德高望重的专家而不是先前在电大教书的那些普通学生，因此心里万分紧张，居然拖堂了半个小时。由于试讲没有讲好，在专家之间引发了是否让我留校当老师的争议。后来老师们对我的综合评价是："虽然口才不太好，但是在文笔和研究学术方面还是非常不错的，可以提供给我一次机会。"于是就勉强决定让我留校教书。留校以后的第二个学期，我开始正式授课。在1987年人民大学开展评选"我心目中的十佳讲课老师"的活动中，我被学生选为优秀老师，此时反对我留校的专家也对我刮目相看，对我有了崭新的认识。

记：胡老师，据我们了解，您曾经在1991和1999年到日本做过访问学者，这段经历是否对您今后的学术研究工作有影响？耳闻目睹了国外法制的现状，能否就您研究的领域谈一谈我国和国外之间的差距？

胡：我到日本后的第一感觉是"震撼"。当时是以讲师的身份去作访问的，基本天天都在图书馆读书。日本学者研究学问的态度是"精细"和"严谨"，都是从研究微观问题入手。因为学术研究到一个高层次后只能从某些细小方面去完善，而非如中国学者强调要建立某一种新的理论体系。日本大学图书馆的藏书量巨大，我在图书馆浏览过程中有部分书籍让我感触很深，单单就日本人研究中国农民问题的书籍来说就比中国人研究中国自身问题透彻、深刻。有趣的是我看到日本资料后突然产生了一种想法：中国人其实并不需要研究，只需将日本的书籍翻译即可。日本学者研究的深度和研究的广度都是相当惊人的。由于时间紧凑，我只在日本逗留了两个月，在这两个月实践中我抓紧机会一边旁听日本研究生的课程，一边向日本导师请教学术方面的问题。

第二次我又去了那所日本的大学作访问，研究的侧重点是违宪审查制度。我在日本买了许多有关这方面的书籍，复印了许多资料。

我觉得目前中国学者做学问和日本学者相比差距还是很大，首先就是缺乏学术的规范，其次是讨论问题的方法不成熟。中国学者在论证一个问题时总偏好在开篇写"我认为"，这样的情况如果发生在日本学者界必然会被嘲笑。日本学者总是通过反复论证的方式得出极其细微的结论，不可能开篇就下定义。所以这方面还需要向日本学者学习。

宪法学在中国目前法学中的地位还是处于一种不成熟的状态，从研究者的角度来说主要问题在于研究方法上，尤其是对时政内容研究不够，对学科立足的基础认识不够，往往只是停留在从原理到原理、从概念到概念古板的论证方式上。这样的研究不解决问题。中国社会现在的问题和未来要面对的问题才是我们研究的侧重点和突破口。所有研究的基点在于把握好宪政制度运行中存在的问题。如果宪法学要有进展的话，必须在立足点方面有很大的改变。

中国的违宪审查制度还仅仅停留在纸面上，不具有可操作性。现行的宪法实用性较差，宪法本身不能解决实际问题，宪法和实际操作之间存在着脱节的现象，宪法的研究只停留于规范本身和原理本身。因此，必须将原理、规范与实际想结合，这样研究的最终目的才能得到体现。中国宪法必须在上述两方面加以深入，才能有更好的发展。

记：胡老师，目前法学界存在一种学术现象，部分中青年学者呈现出"学术浮躁"的状态，急功近利。您对这一学术现象是如何看待的？您觉得一个良好的学术环境是怎样的？

胡：我觉得你们这一代学生还是有你们自身的优势，我们那代人由于诸多的历史原因，没有条件和机会一心学习。我曾经念过三个高中，对那时的人生经历记忆犹新。我的第一个高中报到时必须带上劳动工具，因为学校有个烧砖窑，我们必须上山去砍柴烧砖，然后将烧成的砖搬运出来。日常食堂制作饭菜的柴火也要由我们学生砍柴提供，条件十分艰苦。艰苦之处还在于：一是没有书读；二是老师的水平普遍较低。我们直到高中才能受到正规的教育。你们这代人从小学到大学一直受到正规的教育，且有各方面的书籍提供给你们阅读，师资力量也比较强，所以你们学习的基础非常扎实。

由于改革开放，你们的眼光、视野比我们大多了，通过互联网，可以用世界性的眼光来看待问题。

你们处于一个信息开放的年代，每天都能够接触到社会日新月异的变化，信息灵通。通过这些年学者的努力，学术研究水平也已到了一个相当高的高度，所以你们可谓是站在巨人的肩膀上探索新的事物。

我们这代人的知识结构和你们这代人的知识结构是不同的，你们探讨的问题和我们探讨的问题也是不一样的。这就是你们巨大的优势，你们比我们强很多。

你们今后在研究学术问题上要注意的是：

第一，你们正处于一个"浮躁"的时代，许多信息的取得十分便利，无形之中给你们提供了无需自己努力探索便能轻易获取知识的条件。现在社会上非常流行一句话："知之为知之，不知 google 知。"如果你们完全依赖网络，就会使你们学习缺乏自主性。网络是一把双刃剑，你们应当将它作为一个工具服务于你们自身，将搜寻到的资料作为自身的积淀，并经过自己的大脑真正转换成自己所掌握、储备的财富。

第二，年轻人现在接触外国文化的机会较多，潜意识中会有"崇洋媚外"的心理，眼光往往着眼于外国，一切为外国是从。这点是必须克服的。我们生活在中国社会，就必须按照中国的实情，且我们学习的知识应该是为中国服务的、为民族服务的。所以要了解学习外国的知识必须服务于中国，是为了解决中国社会问题，这才是你们学生学习的最终目的。

（王　冠、陶业峰、顾寅跃）

赵晓耕
Zhao Xiaogeng

1960年3月出生,北京人。1984年获中国人民大学法学学士学位,1987年获中国人民大学法学硕士学位,1998年获中国人民大学法学博士学位。现为中国人民大学法学院教授,博士生导师,法制史教研室主任,中国人民大学刑事法律科学研究中心副主任,中国人民大学刑事法律科学研究中心刑事法律史研究所所长,中国人民大学法律文化研究中心副主任,中国法律史学会执行会长、常务理事,中国法学会董必武法学思想研究会常务理事,儒学与传统法律文化研究会理事,中国监狱学会监狱史学专业委员会委员。

    主要研究方向包括中国法律史、比较法律文化、中国台湾地区法律。代表性著作有:《宋代法制研究》(专著)、《中国古代土地法制述略》(主编)、《台湾地区"法律"概论》(主编)、《韩非子》(专著)、《宋代官商及其法律调整》(专著)、《中国法制史》(专著)、《中国法制史教学案例》(主编)、《中国法制史原理与案例教程》(主编)、《大衙门——千古名案》(专著)、《新中国民法典起草历程回顾》(主编)、《罪与罚:中国传统刑事法律形态》(主编)、《身份与契约:中国传统民事法律形态》(主编)、《中国传统文化下的法律变迁:观念与制度》(主编)、《古今之平:唐律与当代刑法》(主编)。

    记者(以下简称"记"):感谢赵老师在百忙之中接受我们的采访,首先请您谈谈对"文化大革命"的印象好吗?

    赵晓耕(以下简称"赵"):那时我七八岁,对此仅有点滴印象。记得此前我还在上幼儿园时,幼儿园的伙食相较于家里的粗茶淡饭略好,在那还能和同龄的小朋友一起玩耍,看一些讽刺蒋介石及美国的动画片,所以我初到幼儿园就很开心。可是到了"文化大革命"时期幼儿园停办,我就没有机会再上幼儿园了。"文革"对当时作为一个孩童的我来说并没有太大影响,因为我从小是跟着姥爷、姥姥两位老人长大的,本来一周见父母一次,"文革"开始后,父母遭到了下放,从大约一周回来一次变成了一个月或更长时间回来一次,除此之外,生活如常。

记:后来恢复高考,您为什么会选择中国人民大学的法律专业呢?

赵:这是一个机缘。当年中国人民大学在北京大约才招5个人,我根本没指望过能考上。由于第一年的高考我名落孙山,而我的两位哥哥成功考上了大学,这时的我就面临着家里和自我的双重压力,所以我第二年再考时信心不足。我唯一的信念就是一定要上大学,并没有奢望要上一流的大学,因而我填志愿采取的也是保守战略。当时法律专业的招生数比较多,记得开设法律专业的院校里北京政法学院招生人数有几十个,是招生最多的学校,所以它就成了我的第一志愿。再考虑到没被北京政法学院录取的话,考后会有调剂,我还可能被其他学校录取,但被其他学校录取的前提是填报的专业必须相对集中,不能一个志愿是中文系而另一个志愿是档案系,所以我当年就集中填报了法律专业。当时的志愿表是分成两栏的,一栏填报重点院校,一栏填报普通院校,我志在考取的北京政法学院是普通院校。虽然我没想过能上重点院校,但志愿栏也不能空着给浪费了,就信手瞎填了几所学校,考完发现居然被重点院校里的中国人民大学录取了。

记:您当时一定很高兴吧。

赵:当然很高兴。20世纪80年代到90年代初,据说人民大学的录取分数线比北京大学高得多,因为人大主要的文科系招收的人比较少,一般在各省市招到的学生都是文科状元或前一两名。我拿到录取通知书还想着得来人民大学看看,就兴冲冲地骑着自行车从城里家府右街中央统战部的院里直奔人民大学。看完之后我回家等着开学,大学一般在9月初开学,我们是9月中旬后才开学的。因为人民大学还没有给学生安排好住的地方,校方经过一番交涉才腾出地方。我就住在现在的求是楼里面,那时叫灰楼,都是教室,18个人住一间教室,里面摆放10张上下铺,门口的一张空着放行李。

记:入学之后给您上课的老师是不是给您留下了深刻的印象呢?

赵:入学之后,给我们上课的都是在当时就很有名望的老师,中共党史有胡华老师,哲学有萧乾老师,那时高等院校的教材都是他们编的,除此之外少有其他正式出版的教材。具体给我们上法制史课的老师在学术圈里都很有影响,教授古代部分的是张晋藩老师,近代部分的是曾宪义老师,根据地部分的是张希坡老师,西方法律思想史、法理学(当时称为"国家与法的理论")由吕世伦、郭宇昭等多位老师教授。

记:有那么多泰斗级的老师给您上课,您是不是在与老师们积极的交流中获益匪浅?

赵:即使有过交流也是在课堂上,那也是很少的,我的性格并不属于活跃型,而是那种在课堂上话不多,但是会把笔记做得很好的学生。

记:那您的老师们对您产生了怎样的影响呢?

赵:老师们对我的影响是很大、很直接的,甚至有的是对我选择专业方向产生影响的。老师们讲课都非常有条理。当时的客观条件是缺乏正式的教科书,大量的文本都是校内出版的参考资料,与他们课上讲的有差距,他们上课的内容绝不是照本宣科,他们传授的知识足以引起我们学生的兴趣。

记:是什么原因促使您在四年的法律本科学习之后选择研究法制史呢?

赵:因为在我学习了法制史、特别是外国法制史后,我就对这个学科产生了兴趣。当时是林榕年、叶秋华两位老师给我们上课的,他们讲到罗马法的私法概念、私法逻辑及其对后世的影响时,我的好奇之心就随之而起。平时我就研读中国法律,再加上受家里影响,从小我还喜欢历史方面的阅读,就凭借着当时已有的知识思考一些问题,比如,唐宋社会的经济发展状况会落后于古罗马吗?宋代的经济结构、交易状况已经远远超过罗马,但当时的中国为什么没有产生像罗马私法那样的规则呢?凡此种种的问题不断驱使我去查资料来驱疑解惑,因此我就看了经济史、政治史、宋代史等很多书,再结合学过的法律史内容去研究。当时的课程安排是这样的,在几节课后老师会针对讲过的内容要求同学们开展课堂讨论,事先老师会安排题目给我们,这样在课堂上就会有同学与老师间的交流,有些话题会激发起我深究的兴趣。随着兴趣越来越浓厚,法制史自然就成了我的选择。

记:您从本科就开始研究与罗马法同期的唐宋法律达到了怎样的水平,您从中得出了什么结论呢?

赵:中国传统社会存在一套适用于这个社会及其广大民众的规则,我们今天称之为民商事法律。它在概念、形式、逻辑、结构等方面并不完全与今天的民法、商法等法律吻合,但我们不必苛求它们完全吻合,不该因为它与现行制度不一样就不认同它。它可以有其他存在形式,只要它能有效发挥调节一般民众利益关系的作用,同样可以被认为是民商事规则。有人会说中国传统的法律是刑法,那是因为古人没有部门法的概念,可以说古人认为所有的法律都是刑事性的,他们并没有民事法律的概念。后人之所以争论一个问题是由刑法调整还是由民法调整,是因为他们有了部门法的概念。梅因有一个观点是:如果一个国家的传统民事性法律相对薄弱,那么这个国家的整个法律文明就值得考虑。我认为未必,现在部门法越来越被现实证明是残破不全的,越先进的法律越违背梅因的观点,经济法按传统理论安置在任何领域都不恰当,它兼具着民事关系、行政关系以及经济关系。所以说,理论架构只是帮我们认识问题,并不是唯一标准,我们也没有必要墨守成规地遵照这种标准。

记:在法制史的研究中,民事方面的选题似乎更能吸引您,这是为什么呢?

赵:这与我们当时的学校制度有些关系。到了大学二年级按照学校的要求我们需要做学年论文,当时我选择的是古代民事法律方面的。当时的法理、法制史比较热门,因为法学刚刚恢复,其他学科会跟现实政治有一定的关联性,会有不能谈、不方便谈的方面,但法制史研究的都是历史的东西,也就是其他人的东西,相对地言路宽松。在很多法学界学者看来,这门学科不论是研究状况,还是涉及的法律领域,抑或是相关问题的论述都能比其他学科更吸引人。我作为一名年轻人,注意力总是追随着吸引人的方向,但当时的研究更多关注的是《唐律》及其相关方面的,传统的研究都比较关注刑事法,像我这样初出茅庐的学生只会找相对不太被关注的问题来作研究。当然最本初的原因还是在于前述脑海里盘旋着的一个个亟待解答的问题,促使我思考为什么那时的法律是这样的,如果并不是社会发展的经济结构状况不需要,为什么中国没有这样那样的规则。毕竟正常人的社会更普遍存在的是日常生活上财产的交往,而不是刑法所调整的杀人放火,所以应该有一套规则来调整。

记:但是在中国法制史的研究领域里似乎将刑事法律与法学理论结合的比较多,是吗?

赵:礼刑结合较多是一种成见。因为自古以来刑法更受中国法律研究的关注,如前所说,古人视法律如刑法,所以说礼刑结合;但是如果伦理(礼)与中国传统刑法有高度的结合,那么伦理(礼)跟民商事规则的结合紧密度应该更高才符合常理。日常的社会给予一般民众的普遍规则恰恰不是刑事规则,与日常的举手投足有更多关联的也不是刑法。

记:今天的中国法律和古代中国的传统法律有很大差异,您认为研究传统法律的意义何在?

赵:古代中国的法律作为一种传统在观念上、习惯上对人们的影响很大,传统并不意味着过去,法制史研究给人的直观感觉是历史研究,但其实不然。法制史研究首先是法学研究,是用历史的方法从不同的视角研究同样的法律问题,我们谈论过去的话题,恰恰是因为它与当下有关联。一个人博闻强记是优点,不过能够遗忘也是一个优点,因为任何事都成为记忆的话会构成一种负担,但是历史是不该忘记、不能忘记的事。为什么不能忘记?因为它跟当下有关,能够忘记的事都是与当下无关的事。历史现象被反复谈论的原因无他,只因它跟当下有关,中国传统的法律观念、制度设计,甚至一些具体概念都与当下有关,只是它们不被关注而已。近百年来,尤其是改革开放后的30年,中国每当遇到一些现实问题,都习惯性地研究外面的世界来寻求解决之道。这竟然成为了中国的一种小传统!值得庆幸的是现在这种习惯正在不断被修正,中国开始回视自己的过去,尽管这种回视还有功利性。就算是有些人的研究刻意要与当下无关,那也是为了满足自己脱离当下世俗功利的精神需求,严格地说这类研究仍与当下人有关,虽然我们谈论的是历史,不断追述的是过去的人物、制度,其实最终都为自己当下服务。

记:您能详述一下这其中的关联性吗?

赵:举例来说,《唐律》里存在的一些传统概念会体现在生活中。民法里会有借贷合同,借贷合同分成有利息和没利息两类借贷,即消费借贷和使用借贷。在魏晋以前,中国人使用汉字的特点是一字一意,并没有"借贷"这样的双声词,那时往往就称"借"或"贷"。晋以后因为书写方便等因素才有"借贷"一词。而到了《唐律》里就已经有了这样的双声词,有利息的借贷称"出举",无利息的借贷称"负债","出举"衍生出了对应的词"举债","举债"是为了得到利息,所以又称"举息",后来又演变成"出息"。而"出息"一词在今天的俗语中仍然流传了下来,成为长辈责骂晚辈的一句口头语:"没出息"(意即养你连利息都收不回来)。这就反映了传统法律与当时世俗社会生活的紧密关系,今天的法律很难说做到了这种程度。法律应该是体现一般人的认识,而绝不是只有少数人才能认知的,让少数人认知的可以是法学,但绝不是法律,所以法律制度应该能让大多数人了解。我举的是一个具体个例、一个概念,但如果将个例、概念一一串联起来就会形成理论性问题,只是这些个例、概念未必能被研究的眼光关注到。怎样追求今天的法律社会,理论上存在争议,有人说应该追求更专业的模式,就像《法国民法典》被评为人民的法典,《德国民法典》被评为法学家的法典,具体的法律还是应该与各个国家的不同社会状况、人的思维和文化习惯等方面相关联。

记:现在中国包括生活习惯在内的很多方面都被西化了,您怎么看?

赵:这本身就是中国传统的一方面。中国传统文化的包容性很强,它不拒绝接受外国文化。有人说中国的西化是对中国传统的威胁,恰恰不是,中国传统的一个重要面向就是对外来文化的接受,正是这样的特点使中国五千年来的文明不曾中断,得以传承。在四大文明古国中,其他国家今天的主流文化形态以及观念意识与它们的历史已没有太大关联,而中国是唯一能够使古代文明源远流长的,这与一个国家的文化结构有关,比如中国今天的文字还与古文息息相关,而古英语对今天的英国人而言则是完全看不懂的文字,意味着另外一门学问。这方面的特点也跟大部分法律有关,比如北齐以后最重要的一项刑法原则"十恶不赦",现在成为了后世社会民间普遍认同的价值判断,但这样的例子在近百年的文化中很难找到,这说明近百年来中国所学习接受的西方社会与自身的社会传统有差距,这一点值得关注。老子说:"法令滋彰,盗贼多有。"《唐律》有502条,明清有很多"例",在我们的宏观印象里,帝制的一千多年里中国社会利用传统的法律资源智慧比较有效地治理了社会。现在总有人认为《唐律》诸法合体的形式比较落后,而反观改革开放30年来制定的法律林林总总,其实这不该让人感到乐观的现象。因为按今天的逻辑继续发展,我们看不到法律完善的尽头。

复合型人才现在得到了普遍认同,我们在法律上却仍然强调诸法林立的原始做法,我并不认同。任何法律规范的存在都会永远占用社会资源,形成制度条文、制定成文法的过程中会占用社会资源,而制成之后仍然会占用资源。如果某些法律规章被制定后又无用武之地造成的就是损失,这就叫具文。现在存在着许多法律规章被闲置的现象,尽管他们被制定时的理由很充分,但实际上出台后却没有人管了,这种现象不断蚕食着人们对法律制度正当性的认识,使人们质疑它的有用性及成本效益。通过对传统法律的研究更能让我们从中认识到现在一些法律上的陋习。

记:如您所说,我们这些年过于依赖西方理念了?

赵:是的。在这点上我们需要解放思想,比如最近几次刑法修正案,从《唐律》可以找到相对比较直接的法律渊源,但是在可预见的时期内没人敢说新的法律制度设计可以借鉴《唐律》、明清或者民国的法律,人们宁可说是借鉴了当今资本主义国家(通常我们更乐意换个说法:西方先进国家或者法律制度完备国家等等)的法律。就如同现在人们谈到"民主"、"人权"跟中世纪时人们提到"宗教"概念差不多,被它外在包裹的万丈光芒所迷惑,没人敢反对、敢怀疑,否则会被认为大逆不道,这都是思想不解放的体现。

记:改革开放以来中国的立法一直缺乏法制史专家的参与,法制史与立法的关联性一直不大,您怎么看?

赵:这是因为与改革开放30年来人们形成的观念以及法制史整个专业的

研究状况有关。一方面,法制史30年来的发展缺乏对现实问题的关注,另一方面掌握立法资源的部门、专家认为只有关注现实问题的人才能参与立法,这是双方的认识误解。比如,1954年的《宪法》文本的立法、起草、修改的参与者还包括语言学家而不仅仅有法学家。一部好的法律缺少法制史的人才参与是不明智的,《德国民法典》是一个典型例子,在它的制定过程中形成了历史法学派,成就了自我的理论,才最终奠定了它的经典地位。反观这30年来的立法彼此抵牾,相互矛盾,互不关照,一些法律条文甚至不是正常人说的话,就因为存在语言问题。一味追求法言法语而致使一般人看不懂,是错误的做法。好的法律是一般人的规则,应该让人看得懂,反之就应检讨自己;因为法学工作者应该追求的目标就是让专业成果——法理与法律规范严谨而且有逻辑、简洁明了,而不是更晦涩难懂,让人一头雾水。

记:中国法制史的研究对象似乎都比较久远,与现实比较脱节。

赵:不要对法制史形成这样的成见,我们应该从自身检讨原因。法制史的研究者首先是一名法学研究者,被后人尊称为法史学家的在当时都是优秀的法学家,比如沈家本。法制史不只是研究1949年以前的问题,如果研究者有能力、有学术背景完全可以跟部门法的研究者交流。昨天就是历史,没有人禁止对1949年以来问题的研究,只是我们在方法的取舍视角上跟部门法不同。部门法的研究者关注的是现实逻辑,法制史关注的是更宏观的历史文化、思想背景等方面的历史逻辑,但这并不影响我们对现实问题的研究。例如死刑问题从古到今始终存在,包括程序、制度设定等,可以将它的发展从古到今连贯起来研究,在这方面应该与刑法学界有更多的交流,法制史的研究内容始终应该与法学相交流。好的法律史学者至少应是不差的部门法学者。

记:从您的角度看,外国法制史的研究状况如何?

赵:这个我不敢妄评。外国法制史跟现行法律制度有更直接的关联。大陆法系、英美法系的一些国家都没有区分法律史和现行法的传统,这并不是不注重历史的表现,我认为这恰恰应该被解读为重视。中国将现行法律与传统法律刻意切割,有政治功利的色彩,它的潜在用意是将传统法律归入历史的范畴,表明它在现实社会已无立足之地可争,这往往是基于现实政治利害取舍的观念。随着日后社会的发展,学科设计的调整,可能法制史不会有今天的学科结构模式,但法制史的研究方式、法制史这门学科永远有存在的价值,不会随法学的发展被消亡。法制史虽然在各个部门法里都有所体现,但很难被部门法所包容。

记:有句名言是"法律没有自身的历史",您是怎么看的呢?

赵:它的后半句应是"所有的学科其实都是历史学",这句话强调看待任何一个问题都无法摆脱历史,如果法律摆脱了自身的历史就什么都不是,所以"法律没有自身的历史"表达的意思是没有必要刻意塑造法律独立,任何规则都依附于社会。法制史在于用史学的方法解读法律问题。

记:在各种法学研究方法中,您最欣赏哪一种呢?

赵:历史的方法。用历史的方法看待问题可以保持比较谨慎的态度,从而中和浮躁的行为。在我们提出所谓的"全新"理论之前应该先回顾历史,清楚它是否是历史的反复,甚至多层次上的重复。现在法学界的一些热点问题其实许多是民国40年代就已经被反复讨论过的问题,只是换了一些新说法而已,学术的功能不该发挥在新词的制造上。

记:在法制史领域中,您能展望一下它未来的发展吗?

赵:法制史面临的问题非常复杂。法制史的很多教材都能反映现在的研究状况,许多教材里都有需要进一步解释的问题。虽然我们的学科相对于其他学科在改革开放的最初几年走在前列,但后来的十几年里却逐渐拉开了差距,有所落后。法制史的总体研究方向越来越偏离法学专业,逐渐转变为史学的一部专门史,而不是关注一些法学问题,法律史不应该这样发展,否则它就没有必要存在于法学专业里。法制史关注的方向应该和现实的法学有越来越多的结合,这才是出路。

记:能请您谈谈法制史的具体出路吗?

赵:法制史的研究背景更多的应该是法学背景,历史上的法律问题被谈论是因为与当下有关。30年来法制史本身有个方向性的问题,很高兴的是学界比我小10岁左右的学者的文章很具有法律专业性,这是一个好的发展。日后,最好的法制史文章应让史学界读得有难度,而让部门法的人读得很受启发,法制史研究的位置应该被摆正,明确该研究的对象、内容,否则前景堪忧。

记:您是如何看待现在的中青年学者的?

赵:从我阅读到的一些文章中,我发现法学界中青年学者里有不错的学术研究者,他们所关注的问题比我们这一辈更有法律的专业性。我们讨论的更多的是一些宏观问题,虽然宏观问题的探讨也需要,但是法律学科是一种实务性的学科,不能总在宏观上做文章,理论的提出与规则的形成首先需要考虑它的可操作性。

记:您认为现在的学术环境良好吗?

赵:挺好。我刚留校执教时老师办公的环境就是一人一个信箱,连桌子都没有;后来有了隔间,一人一个书橱、一张书桌;现在的办公室里办公桌、书橱、沙发、饮水机、电脑、打印机一应俱全,教学条件好多了,所以我们应该把课上得更好。

记:那您觉得教学的软性条件怎样呢,比如与学生间的交流,与老师间的学术讨论?

赵:跟学生的交流也不错,上课时会用交流的方式进行,现在研究生的课程都采用专题讨论的形式,大部分时间交给学生表达思想,大家一起讨论。日常的教学计划辅导中也会跟学生产生交流,有时老师的一些课题项目也会与学生发生关系。平时也会有些学术活动,有定期讲座、法学院的综合性学术活动,在这些活动中会有一些老师间的切磋讨论。

记:您能为我们法科学子推荐一些优秀的阅读书目吗?

赵:我首推《唐律》,这本书可以让每个学法律的人受用一生,我认为它的地位相当于西方的《罗马法》,学习法律应该关注原典,研读典籍。

(马维佳、肖崇俊)

贺卫方
He Weifang

1960年7月生,山东省牟平县人,北京大学法学院教授、博士生导师。1982年毕业于西南政法学院(法学学士),1985年毕业于中国政法大学(法学硕士)。1985年起在中国政法大学任教并主持《比较法研究》季刊编辑工作。1995年调至北京大学法律学系任教。1992年被聘为副教授,1999年被聘为教授。1993年6—7月美国密执安大学、1996年6月—1997年1月哈佛法学院访问学者。担任北京大学司法研究中心主任,兼任全国外国法制史研究会副会长等社会职务。

主要著作和译作有《新波斯人信札》(与梁治平、齐海滨等合著)、《外国法制史》(与由嵘、张学仁、高鸿钧等合著)、《美国学者论中国法律传统》(与美国汉学家Karen Turner及高鸿钧合编)、《走向权利的时代》(副主编)、《法边馀墨》、《中国法律教育之路》(编)、《司法的理念与制度》、《法律与革命——西方法律传统的形成》(美国Harold J. Berman著,与高鸿钧等合译)、《比较法律传统》(M. A. Glendon, M. W. Gorden和C. Osakwe合著,与米健、高鸿钧合译)、《比较法总论》(K. Zweigert和H. Koetz合著,与潘汉典等合译)、《比较法律文化》(Henry W. Ehrmann著,与高鸿钧合译)、《美国法律辞典》(Peter Renstrom编,主译)、《运送正义的方式》、《具体法治》、《超越比利牛斯山》等。

记者(以下简称"记"):贺老师您好!看了不久前您在《南方周末》上写的关于新疆文化、法治状况的文章,感到很新鲜。贺老师您是怎么想到去研究边疆的文化,对那边的风土人情有何感悟,是否有可以挖掘的东西值得中原文化借鉴？您作过这方面的思考吗？

贺卫方(以下简称"贺")：新疆和其他地区最大的不同在于，它的历史、文化有许多断裂的地方。比方说玄奘西行，在《大唐西域记》里记载了西域36国。不过毕竟玄奘只是过路，他的记载比较简单，只是提了提当地佛教信仰的情况，没有追溯详尽的历史。往后的历史就不知道了。

直到9、10世纪，新疆开始伊斯兰化，佛教文化或者被灭亡、或者自动皈依。那时新疆居住的主要是游牧民族，游牧民族的历史靠的是口耳相传，因此也没有留下多少信史。

11世纪的时候维吾尔族学者马哈茂德·喀什噶里留下了一部《突厥语大词典》，名为词典，实际上是一部百科全书，记载了不同族群的来源、生活以及文学、民间传说等。《突厥语大词典》直到20世纪初才在土耳其重新发现，因此非常珍贵。此后新疆的历史比较纷乱，一会儿是突厥人、一会儿是契丹人、一会儿是蒙古人，不同民族不断登上历史舞台。因此就文化而言，新疆并不像其他地方，有完整的历史记载。

就今天而言，关注新疆，既要研究整体的伊斯兰文明，也要研究它与中原文明的关系。现在有一项研究可能还没有展开，就是维吾尔、哈萨克等民族，在皈依伊斯兰教之后，有多少原先本民族的东西保留下来。而我个人感兴趣的是在中西方交流过程中的新疆问题。在《四手联弹》这本书里我的这个想法也有所涉及。当然这并非我的本业，只是个人的爱好，由于有这两年在新疆的经历，因此有兴趣了解自己所处的这片土地的历史。我现在会读一点族群社会史方面的书，思考今日中国新疆如何构建合理的法治秩序、政治秩序。

记：无论从历史还是文化方面而言，新疆都是中国十分特殊的地方。比如宗教方面，有人说新疆是多种宗教相互碰撞的地方。我们也知道，在处理边疆问题的时候，有时很棘手也很麻烦。您觉得就法律层面而言，有没有一种合理的设想，使得整个边疆的治理，能够更为协调？

贺：现在的新疆，有些地方确实存在冲突。不过这样的冲突，在很多国家都存在。比如加拿大的魁北克。我去过魁北克，那里民族主义情绪非常重，居民觉得自己是法国人的后裔，魁北克应该独立为一个说法语的国家。戴高乐访问加拿大的时候，还差点因此闹出一桩重大国际纠纷。在今日的民主国家，也经常会面临族群间的冲突，这其实是很正常的。现在新疆宣传"天山青松根连根，各族人民心连心"，听起来是很鼓舞人心的。但我觉得，首先要承认矛盾是客观存在的。接下来要思考怎样从政治、法律角度设计能够解决冲突、未雨绸缪的方案。

荦荦大端也无非是几条。第一条是要强化国家认同,而非族群认同。不能处处强调你是这个族的,我是那个族的,不然族群融合就很困难。我个人觉得新疆各民族对国家的认同感还是很强的。另一方面,需要有合理的制度让各民族都感觉到自己是国家的主人。这种心态是非常正常的。因此第二个方面我认为是要推进民主政治的发展。比如地方自治,让当地人能够实现自己对自己的治理,让新疆人在政治、经济、文化等社会事务中明确清晰感觉到能够畅快地表达自己的想法,并且这种表达能够对决策起到作用。第三点是实现族群融合,一个重要的方案是实现超越族群之上的新型社会组合,那就是现代政党制度。

我们可以发现,从西班牙起,西方的等级划分,历来不是按照族群,而是按照利益划分的。商人有商人的利益,贵族有贵族的利益,平民有平民的利益,是按照社会等级划分的。现代政党制度体现的也是社会利益的差异,而不是族群差异。我认为政党的立场应当从社会政策、社会主张,如税收、政府权力大小、妇女权利、同性恋婚姻等问题上划分,那些东西鸡毛蒜皮、鸡零狗碎,但却把原来的血缘、族群群体分裂了。每个族群内都有不同主张,不同的族群也有相同主张,整个社会得以重新整合,这是从"部落社会"走向现代社会的重要前提。可惜我们现在还没有走到这一步,这是整个中国社会需要补课的一点。

充分的市场经济应该特别注重新疆本身的经济资源和本地人之间的利益关联。虽然我们说矿山、石油这些东西归国家所有,但新疆居民是否可以在开采、分配、价格决策上有更多的发言权?有个很明显的例子,上海人使用从新疆大管道运来的天然气,价格却比新疆还便宜。这是不可思议的。

大的方面就这么几点,小的地方,或许还可以利用体育来整合族群关系,比如将来申花足球队可以有维族的、有哈萨克族的球员,族群的国家认同感或许也会增强。我们一直强调"唯物主义",把所有的问题都转化为人民内部矛盾用人民币解决,而很少考虑人家的精神需求,如宗教信仰、对社会事务的发言权等。我们不能说,汉族人上街游行,就只是游行,定性最多算是对政府不满;维族人上街游行,就严重了,就说是分裂。这种思维定势是很不好的。

记:我们现在正处于社会转型阶段,最被讨论的可能就是法律方面的转型了。对这一点,您有没有考虑过,在这样一个转型阶段,法律、法学应该作出什么样的贡献?

贺:法学界应该着重研究现代宪政体制的最基本构造,在这方面争取对社会作出贡献,让大家理解宪政的价值、一般原理及一些具体方案。比如《联邦党人文集》这样的著作为何如此重要?因为它是美国早期形成宪政体制的奠基之作,它最早发表在报纸上,是为一般大众写的。我觉得我们现在的宪法学界及一般的法学家,对这方面的研究还是太匮乏、太不足,以致某些官方人士一听"宪政"就感到紧张。他们不明白,宪政其实对社会的稳定、族群和谐、经济发展都特别有价值。为什么要限制国家权力?为什么要设置分权体制?司法独立的价值是什么?在这些方面的研究,我们做得还很不够。有些事情大家只是把它简化为一个口号,而不是认真研究其背后的机理。

此外,我们还应坚持法律职业本身的价值,去推进法律职业化的过程。我觉得,社会转型期的一个特征就是社会矛盾频发,需要一个解决矛盾的机制。如果没有这样的机制,利益受到损害或者认为自己利益受到损害的群体就会走投无路,或许就会考虑采用暴力手段实现自己的目的,甚至同归于尽。因此需要迅速有效地搭建一个平台,以利于解决社会冲突。这是法律界需要做的事情。但是最近两三年,我认为法学界让人失望;司法界更让人失望,不是向前推动,而是在开倒车,像江平先生说的,法制正在"大规模倒退",这是江先生非常痛心地说的一句话。

法治社会的建构需要多元化的利益集团、利益群体参与,各类非政府组织承担着整合社会资源、表达不同利益集团诉求、通过和平有序的手段影响立法的作用,在这种背景下,宪法规定的"结社自由"就变得非常重要。然而在这方面,现在尚没有太多的声音让大众听到,相反,近年对非政府组织的管理变得越来越严格,党的权力不断渗透到本来不应该渗透的一些区域,如律师协会、律师事务所、私人企业,处处都要建立党组织。这样可能逐渐地使得社会越来越大一统,却忽略了真正的社会和谐是建立在分歧的基础之上的。不同的声音才能构成和谐。比如音乐表演,我们无法想象一百个唢呐同时吹同一个曲调,我一点都不认为那是和谐。

记:前一阵您获评为"公共知识分子",您自己对公共知识分子在社会中所应该扮演的角色是怎么认识的?它应该具有哪些功能?

贺:我也不知道我是公共知识分子。这个词变成了一个符号之后,各人都有各人的理解。我认为,社会需要这样一种"知识人",一方面在某个领域具有专门的知识根基,可以被认为是专家;另一方面,多多少少也可以有一些跨学科的知识视野。不是说只懂法律,法律中只懂刑法,刑法中只懂盗窃罪。如果是这样的话,一个人就无法发挥"公共性"。因此我觉得需要这样的一种知识人,不但能"分",也能"合",能够打通不同学科间的墙壁,沟通法学与经济学、政治学、社会学等方面的联系。一个人要对社会大众产生影响,向社会公众表达,让一个没有经受过多少专业训练的人能理解某个问题的要害在哪里、应该怎样去做,使得知识能够走出大学院墙,或许这就是所谓公共知识分子在社会中的价值所在吧。

记:您认为在我们这个国度里,是需要更多的面向大众的知识分子,还是更多的精英知识分子?

贺:这个倒不好说。知识分子本身也是有分工的。不能指望人人都走到大学外面对公众发表讲话,也不能指望人人都做最高精尖的工作。人的天然禀赋是有差异的。有些学者挺会说,但学问不扎实;有些人学问很了得,但恐怕连课堂讲课都会让人替他捏把汗。不过这个比例应该如何,谁都没研究过。美国法学家波斯纳的书里专门研究过这个比例问题,你可以去看看。

记:近年来,尤其是今年,国家发生了不少突发事件、过激行为,有天灾也有人祸,似乎都集中发生在一起。您对此有什么看法?

贺:所谓集中发生,可能是因为网络发达了,有事情发生,大家很快都能知道。所以我认为并不是最近才突然群发出很多事件,而是一直都有,只是现在媒体的报道多了。

记:媒体的报道,有时候也有引导性。您对媒体报道的利弊,是如何评价的?

贺:对这些事件的报道,我也没有深入了解过,属于"不明真相"的群众之一。媒体某些扭曲的报道,一方面渊源于新闻体制的官方化。我们可以发现,越是官方的报道,越是是非分明,缺乏中性的报道。比如当年东北的"二王",还有张君,官方的报道给人感觉特别简单化,坏人怎么坏、怎么恶劣。这么一种是非分明的报道模式,或许会让我们的司法制度变得特别混乱,或者说特别不利于保护人权。即使是一个黑社会的头目,在这样的报道之下,他对社会某种程度上的贡献、值得同情的一面就会被全部遮蔽掉。

官方媒体还有一个特点是从来不道歉。西方的媒体,道歉是家常便饭。我们经常讨论法律人的职业伦理,新闻人也有新闻人的职业伦理。职业的目标和理想是什么?为了这一目标和理想的实现,要付出什么?当不同的利益发生冲突的时候,该如何遵循底线?还有,该如何保护新闻"线人"?美国有人宁愿坐牢,也不说是谁提供了新闻线索;行业群体的作用到底是什么?如何追求客观公正?客观公正是否存在可以理解和不可理解的局限?相比之下,我们新闻界的问题比较严重。拿红包的、拿封口费的,太多了。

记:您在新疆给学生上课,感觉怎样?汉族学生比较多吧。

贺:石河子大学是一所兵团大学,因此汉族学生是主体。而新疆大学,一半以上的学生是少数民族。

记：您能简要介绍下兵团吗？

贺：兵团是一个正省级单位，"省中之省"，和新疆地方上的部门存在着很多利益冲突，如土地问题、贸易问题等。兵团自成体系，有自己的公检法系统。它的根本职责就是"戍边"，维护国家安全。他们其实也不容易。一些边境哨所我也去过，收入很低，待遇也不高。不过我没有过多研究过兵团问题。

记：维族学生的学习能力如何？和汉族学生一起学习，语言上有什么障碍吗？

贺：要知道，在新疆当地用维语教学、用维语答卷，和你们相比，那当然他是最好的。在其他地区不是用他的母语学习，当然就困难了。这或许也是一种不平等。在中国范围内，汉语的科学、文学、法学文献非常多，汉族人用汉语来表述非常容易，但对维吾尔人来说，就存在语言隔阂的问题。即便小时候学过汉语，总还是存在困难的。

记：那维族学生来内地学习，困难可能会更大一点吧？

贺：是的，你们可以想象一下一个维族学生如果在华政学习，可能面临的困难。比如饮食。我不知道华政有没有清真食堂？

记：有的。

贺：严格来说，清真食堂不只是提供羊肉、牛肉，厨师也要是清真的，宰的肉也得是阿訇念过经的。我在新疆感觉特别深，包括一些回族的朋友，非常严格，比如一天要做五次礼拜。在上海这样的地方，或许就特别困难。历史上，在汉文化的包围圈中，他们要维护自己的宗教、生活的特征，确实比较困难，而且还要面临汉族文化的同化。有时候在不经意间，一些民族就被同化了。举个例子，开封犹太人最后就被汉族彻底同化了。

记：边疆地区的民族，可能经济发展水平不是很高，但对于宗教，或者说对于精神信仰往往是很执著的。而其他地区的汉族，这方面的需求可能就不太强烈。昨天还有同学在讨论宗教与法律的关系。为什么汉族就形成不了一种宗教性的信仰呢？

贺：你看先秦诸子，哪个人有宗教性的思维？没有。在"轴心时代"形成的汉族特有文化，宗教性特别淡薄。这奠定了整个汉民族发展的基础。后来佛教传入，但是传播的过程也是被改造得"去宗教"的过程，被改造成了禅宗，宗教所要求的戒律，慢慢消磨了，被士大夫变成了一种人生感悟。宗教性的东西越来越淡薄。相反佛教传到日本，比较严格的严谨性的东西就被保留下来了。这说明日本的本土文化和我们是不一样的。基督教传播到中国，也是很艰难的。明朝虽然有不少人信奉天主教，但真正对宗教有深入了解的西方人，感觉到基督教信仰在中国,还是变了。这是两千多年的历史形成的文化特色。

记:我们在信仰方面应该有什么样的支撑呢?对宗教的信仰可否过渡到对法律的信仰呢?

贺:儒家倡导的"养我浩然之气"、"三军可以夺帅,匹夫不可夺志"、"天将降大任于斯人",这些为人处世的操守在传统文化中还是可以成为信仰或者说准信仰的形态的。历朝历代也不乏人格崇高的人物。但不能想象整个社会都是这样的人,人人都是范仲淹,都是文天祥。我们国家很多国民也没有受到过特别好的教育,短期内也不能指望大家都变得人格很崇高,满街都是尧舜孔孟。因此对社会的治理,需要考量采用一种方式,使得人们有所敬畏。这种方式,就是法治。这可能也就是法律的价值吧。

(冯渊曦、王海军)

韩大元
Han Dayuan

1960年10月出生,朝鲜族。教授,博士研究生导师,中国人民大学法学院院长,中国人民大学宪政与行政法治研究中心主任,中国人民大学东亚法律文化研究中心主任。中国法学会常务理事、中国法学会宪法学研究会会长、国务院学位委员会学科评议组成员、中宣部马列主义理论工程《宪法学》首席专家、教育部法学教育指导委员会委员、全国法硕教育指导委员会副秘书长、中国法学教育研究会副会长、最高人民检察院专家咨询委员会委员等。

曾被评为第二届全国十大杰出中青年法学家,曾获第五届教育部"高校青年教师奖",2006年国家级教学名师奖。《亚洲立宪主义研究》一书曾获教育部教学科研成果一等奖。曾出版《中国宪法学说史研究》(国家社会科学基金项目)、《宪法解释程序研究》(司法部项目)、《民主选举法律制度的理论、实践与问题研究》(国家社会科学基金项目)、《中国特色社会主义检察制度研究》(最高人民检察院项目)、《非西方宪政体制比较研究》《东方法制研究》《1954年宪法与新中国宪政》《宪法学基础理论》《亚洲立宪主义研究》《亚洲地方制度比较研究》《优秀法学院评估体系研究》等。

> 作为法学院院长,我既感到压力,又感到责任和使命感。我们不仅要考虑法学院发展的现实,同时更要考虑法学院发展的未来。法学院发展的基本思路是:以学科建设为基础,以提高教学质量为重点,以高水平的科研成果为平台,以高级法律人才的培养为目标,推动法学院的国际化建设。在激烈的竞争中,人大法学要保持优势地位,就必须要创

> 新、要与时俱进。在学科建设上,学院密切关注哈佛法学院等世界一流法学院的发展经验与动向,同时根据中国社会发展对法学教育提出的新要求,及时调整现有的学科体系,明确学科发展的目标,培养适应社会需求的法学人才,强化法学教育的现实服务功能。

记者(以下简称"记"):韩老师您好!感谢您接受我们的专访。请问,您怎么看待您学习、成长、事业发展的过程?这其中经历过什么挫折吗?有没有什么特别令您记忆深刻的事件或者人物?

韩大元(以下简称"韩"):首先谢谢你们的采访!我是在国家恢复高考之后的第三年,即1980年9月考入吉林大学法律系,开始法学专业的学习的。那时,中国正处于改革开放初期,法制面临恢复期。入学时,第五届全国人大三次会议通过了修改宪法的决议,并成立了宪法修改委员会。宪法修改开始成为媒体上人们关注的热点。在我读大学三年级时,即1982年12月,新宪法颁布,共和国土地上掀起了学习、宣传、研究宪法的热潮,沉寂了二十多年后,"宪法"一词成为使用频率最高的词汇。由于整个大学四年的生活是在修改宪法与宣传宪法的社会氛围中度过的,宪法学自然成为我最喜欢的一门专业课程。

1983年6月,新宪法通过不久,我组织了一次公民宪法意识调查。调查的结果深深影响了我对宪法的认识和之后的人生选择。通过调查,我发现,宪法宣传的热烈程度与真实的民众宪法意识之间是有距离的,现实的宪法世界并不像书本中的宪法那样美丽与精彩,于是我开始关注宪法实践中的现实问题。这种关注现实问题、立足宪法实践、重视宪法规范与现实生活的协调的研究思路,贯穿着我学习和研究宪法的全过程。1984年报考人民大学法律系研究生时,尽管民法、经济法等学科比较热门,但我毫无犹豫地选择了宪法学专业,从此与宪法结下了不解之缘。

我们恢复高考后的前几届毕业生,与改革开放后法制的恢复、发展是同步成长的。由于法学教育在"文革"时期基本上处于停滞状态,法治建设和法学教育都极需要大批法学专门人才。基于对宪法学专业的兴趣和对学术的兴趣,我在硕士研究生毕业后留校任教。之后,为了适应教学和学术研究的需要,我又先后赴日本京都大学法学部和美国哈佛大学法学院留学。我的学习和教学研究经历,总体来说是顺利的,这应该感谢我们正处在一个好的时代,也感谢学院和学界前辈的栽培和帮助。

当然,在学习和研究的过程中,特别是学术研究的起步阶段,高校教师的物质生活还不是很宽裕,需要克服生活中的实际困难,同时在商品经济的大潮下,需要抵制很多方面的诱惑,要专注于学习和学术研究,还需要一定的意志力,需要忍受清贫。应该说,学者生活是单调和相对清贫的,对学术未知世界的不断探寻是学者生活的目标,也是学者生活的乐趣。

记:自上世纪80年代末、90年代初以来,许多法律教学或研究人员都兼职从事律师业务,个别人甚至还赚得了很高的身价。但是我发觉您似乎从来没有从事过兼职律师业务,请问为什么?这与您的专业研究有关呢,还是与您的个人追求或者爱好有关呢?您觉得这对您在学术研究方面有无帮助或者影响?

韩:我始终认为,学术研究必须和社会实践相结合,关注社会现实,从现实中产生问题意识,并吸取学术研究的养分,再反过来促进现实问题的解决,学术研究才会有持久的生命力。因此,学术研究必须以某种方式了解并参与社会。法学教授从事律师业务,无疑是关注社会现实,参与法律实践的很好的形式。从事律师业务与学术研究并不矛盾,相反,如果处理好两者关系,也会促进学术研究。

当然,学术研究又具有相对的独立性,学术的宗旨与某些个案的法律事实之间也会存在矛盾,如何在个案前保持学术理性是关系到学者良心的问题,有的时候学者需要与社会现实保持适当的距离,坚持一定意义上中立的学术立场。也许是专业方面的特点,我没有做过兼职律师,也很少参加案件论证会等。学者总有关注现实的不同方式,就我本人来说,我也特别关注现实问题,虽然自己没有直接从事律师业务,但在平时的学术研究中与实务部门保持密切的联系,担任行政机关、立法机关与司法机关专家咨询委员会委员等,希望在实践中发现问题,检验理论命题的合理性等。

记:在法学界,中国人民大学法学院的实力很强,甚至被有的排行榜排名为国内法学界第一名。您怎么看待中国人民大学法学院在国内法学教育和研究领域的地位和作用?作为人大法学院的院长,您认为应该怎样保持和发展人大法学院在国内法学界的这种地位和实力?

韩:你所说的排名第一,准确地说应该是指在教育部正式公布的全国一级学科评审排名中,人大法学院在全国法学学科中排名第一。

我认为,学科排名第一反映了法学院学科发展的整体实力,是几代人大法律人共同努力的结果。但任何形式的学科排名都是相对而言的。这次学科排名并没有包括一个学科的所有指标,主要是以科研能力、师资水平、研究生培养等指标为核心内容,没有包括本科生的情况以及就业率、司法考试通过率、社会评价度等。虽然在学科评审中我们多次名列首位,但我们也应清醒地认识到在学科发展中,优势是相对的,必须居安思危,不断创新。我们要以平常心来对待学科排名,将这次的成绩作为法学院发展的新起点,争取为国家培养更优秀的法学人才,为法治发展与社会进步作出贡献。

作为法学院院长,我既感到压力,又感到责任和使命感。我们不仅要考虑法学院发展的现实,同时更要考虑法学院发展的未来。法学院发展的基本思路是:以学科建设为基础,以提高教学质量为重点,以高水平的科研成果为平台,以高级法律人才的培养为目标,推动法学院的国际化建设。在激烈的竞争中,人大法学要保持优势地位,就必须要创新、要与时俱进。在学科建设上,学院密切关注哈佛法学院等世界一流法学院的发展经验与动向,同时根据中国社会发展对法学教育提出的新要求,及时调整现有的学科体系,明确学科发展的目标,培养适应社会需求的法学人才,强化法学教育的现实服务功能。

法学院的所有工作必须体现"以学生为本"的基本理念,为学生的发展创造良好的环境,同时要尊重教授的学术自由。近年来,我们在教学管理上进行了一些必要的改革,突出了学术的主体地位,提出学术与行政适当分离的理念,鼓励、支持教授直接参与法学院的管理工作,淡化管理工作的行政色彩。我们在过去成立的法硕工作委员会、学科发展委员会、财务监督委员会的基础上,新成立了博士生工作委员会、校友工作委员会、本科生工作委员会、外事工作委员会、科研工作小组等机构,提倡学术工作的非行政化,突出学者在法学院工作发挥的作用。我们也成立了财务监督委员会,定期汇报财务情况,并实行财务预算制度,同时在每学期末向学院全体教师汇报本学期的财务情况。通过制度创新,激发全院教师参与法学院工作的积极性,让每个人关心法学院的发展,增强教师共同体意识与归属感。

记:在国内法学界,早期包括人大法学院在内的"五院四系"曾经辉煌一时。但到现在,据称全国有多达600多家法律院系,法学教育规模空前庞大,表面上看似乎显得法学教育空前繁荣,但另一方面,众多的法学学生面临着就业难的问题。两年前,有媒体曾发出了"法律文凭贱如粪土"的质疑,最近又有人对法学博士"大跃进"表示了忧虑。恰好此时,西北政法大学正在为争取博士授予权而苦苦煎熬。面对目前法学教育领域的这种状况,您怎么看这些问题?这种状况对于人大法学院有何影响?您认为人大会如何应对或者调整、适应这种状况?

韩:相比欧美国家,我国的博士教育起步很晚。我国于1981年1月1日正式实行学位制度,1982年6月第一批6人获得博士学位,经过近30年的发展,现在已经跨入研究生教育大国行列。但是,我国的研究生教育质量还不尽如人意。因此,我国的研究生教育面临的核心问题是,如何提高质量,实现规模、质量、结构效益协调发展的问题。如何从研究生教育大国向研究生教育强国迈进,培养高水平的人才,成为当前法学教育的重要课题。

为了提高人民大学法学院教学质量,我们从以下几个方面改进了工作:

首先,在招生制度上进行改革,控制招生数量,确保生源质量。压缩招生数量,让学生直接参与导师的科研课题,这样,既达到了促进学生参与导师课题,从实际的参与中提高学术能力、训练学术规范,养成良好的学术道德的目的,又控制了招生的数量。同时,为确保生源质量,扩大导师在招生过程中的自主权,并探索硕博连读制等制度创新。

其次,在博士生教育中坚持学术导向,通过落实中国人民大学研究生科学研究基金和中国人民大学博士学位论文创新资助计划等项目,加大资助力度,促进学生进行社会调查和学会自主科研课题的研究,为学生的学术研究创造客观条件。

最后,提高博士生和硕士生学位论文水平是值得我们高度关注的问题。论文质量下滑必须引起我们的重视,如何提高论文质量,完善培养机制是我们思考的重点问题之一。为此,我们成立了博士生工作委员会和硕士生工作委员会,专门负责硕、博士生教学和学术的管理。我们实行了主文献制度、毕业证和学位证分离制度,以及对学生的毕业论文开题报告实行量化管理,实行预答辩制,加大校外专家评审的比例等,加强博士学位论文的质量监控和管理。

此外,提高法学院的国际化水平,让学生切实享受国际交流带来的实际利益。虽然学院参与的国际项目比较多,但与哈佛、耶鲁等世界一流大学法学院的交流还不够,尤其是缺乏稳定的合作项目。以后,我们要多和国外院校联合开展学术科研工作,建立起完善的教师和研究人员互访机制,同时加大联合培养学生的力度。

记:我国现行宪法施行至今已经 27 年了。这部宪法施行的时间比新中国前三部宪法实际施行的时间加起来应该还要长。一方面,改革开放 30 年来,我国现行宪法为维护社会稳定、促进社会发展发挥了极其积极的作用。另一方面,我们也应看到,改革开放发展至今,我们的社会、政治、经济、文化、法律等各方面的状况已经与上世纪 80 年代初期的情形发生了巨大的变化。请问作为宪法学家,您怎么看待我国现行宪法与我国当代社会的和谐性?现行宪法是否需要作适当的调整?也即我们是否应该考虑重新制定适合当代社会发展变化的新的宪法?或者对现行宪法予以比较大的修订和完善?

韩:宪法规范必须保持与社会现实的和谐,做到宪法的稳定性与适应性的统一。也就是说,由于宪法是根本法,它必须保持一定的稳定性。同时,由于社会现实的变化,作为规范和确认社会现实的宪法规范,也必须作出相应的修改和完善。宪法适应社会现实的变迁的方式,主要有宪法解释和宪法修改。当然,就宪法修改来说,是在原有的宪法基础上作出修改,还是重新制定一部新宪法,则要看社会现实与宪法规范相冲突的程度。

就我国来说,我国从1954年制定《宪法》到现在,经历了1975年《宪法》、1978年《宪法》和1982年《宪法》等几次大的宪法修改。为了适应确认改革开放的成果,并进一步推动改革开放的需要,1982年《宪法》也先后经过了四次修正,有效地巩固了改革开放的成果,满足了人民群众对宪法的需要。

对于是否需要全面修订宪法,一直存在很多的争议。而对宪法的司法适用性,对于违宪审查制度的完善和运行,也存在很多争议。从总体来说,我国的1982年《宪法》,适应了社会现实发展的需要,其所确立的基本原则和基本制度等,符合改革开放的实际需要,重新制定一部新的宪法没有必要。现在的主要问题是,如何认真对待宪法,认真实施宪法,切实维护宪法尊严。长期以来,我们过于强调宪法修改的作用,而忽视了宪法解释制度的作用。今后我们要重视宪法解释功能的发挥,需要制定宪法解释的程序和制度,通过对宪法条文的解释,增强宪法规范对社会现实的适应性,尽快启动宪法解释程序。

记:改革开放至今,我国社会发生了巨大变化。目前,我国各种新的社会矛盾相当突出,甚至影响到了社会稳定。宪法作为国家大法和基本法,您怎么看待宪法在维护社会稳定、化解社会矛盾中的作用?宪法对于依法治国、建设法治国家有着怎样重要的意义?

韩:宪法是国家的根本大法,是制定其他法律的依据,任何立法、执法和司法行为最终都必须以宪法为依据,同时,一切国家机关和武装力量、各政党和各社会团体、各企业事业组织和全体公民都必须以宪法为最高行为准则,不得凌驾于宪法之上。因此,宪法对于保持社会秩序的稳定,维护国家的长治久安,具有十分重要的意义。

如前所述,自1982年《宪法》颁布后,先后进行了四次修改。通过宪法修改,确立了社会主义市场经济的宪法地位,巩固了坚持公有制为主体、多种所有制经济共同发展的基本经济制度,坚持按劳分配为主体、多种分配方式并存的分配制度;明确了个体经济、私营经济等非公有制经济,是社会主义市场经济的重要组成部分;强调国家保护个体经济、私营经济的合法的权利和利益,对个体经济、私营经济实行引导、监督和管理;同时,宣示了国家尊重和保障人权的价值选择,强调了建设社会主义物质文明、政治文明和精神文明等社会主义现代化建设的重要任务和目标。宪法的这些规定,确认了改革开放特别是经济体制改革的成果,肯定了以经济建设为中心的社会主义发展道路和实行社会主义市场经济的发展模式,为进一步推进改革开放和建设中国特色社会主义提供了最根本的制度支持和法律保障。

依法治国首先是依宪治国。全面建设小康社会,必须进一步加强和完善宪法实施。由于我国法律和体制不健全,执法人员自身素质不能完全适应依法治国的要求等原因,违宪现象仍然不同程度地存在。就目前来说,必须加强宪法意识的培养,完善人民代表大会制度,健全宪法监督机制,制定宪法监督程序,发挥宪法对保障我国改革开放和社会主义现代化建设的更大作用。

(陶业峰、顾寅跃)

汪 劲
Wang Jin

1960年10月生于湖北省武汉市。现任北京大学法学院教授，环境与资源保护法专业博士生导师，资源、能源与环境法研究中心主任。兼任中华全国律师协会环境与资源法专业委员会主任委员，中国环境科学学会环境法学分会副主任委员。1997年毕业于北京大学法学院，获法学博士学位，研究方向为环境法学。此前曾分别获法学硕士（1991年）和医学学士（1983年）学位。1994年以前曾任武汉大学法学院环境法研究所讲师职务。1995年赴瑞典乌普萨拉大学法学院研修环境立法；1996—1997年作为交换留学生赴日本法政大学大学院社会学部研习环境法；2002年赴荷兰莱顿大学研修环境执法。多次赴欧、美、日等国（地区）访问、考察和讲学。1986年以来多次参与国家或地方环境与资源保护立法工作。

个人代表性学术专著为《环境法律的理念与价值追求——环境立法目的论》（法律出版社2000年版，2010年获钱端升中国法学研究优秀成果奖），《中外环境影响评价制度比较——环境与开发决策的正当法律程序》（北京大学出版社2006年版，2009年获教育部人文社科优秀成果奖），《环境法治的中国路径：反思与探索》（中国环境科学出版社2011年版）；个人撰写的重要教科书为《环境法学》（教育部普通高校"十五"国家级法学规划教材，北京大学出版社2006年版）。另独著或与他人合著或合译学术著作或教材十余部。在国内外著名法学、环境科学学术刊物发表专业论文80余篇。

记者（以下简称"记"）：您先给我们谈一谈您高考的情况好吗？
汪劲（以下简称"汪"）：我是1978年参加高考后上大学的，属于国家恢复全国统一高考制度的第一届。之前，1977年底恢复高考是由各个省单独命题举行的。77级大约在1978年3月入学，我们78级是在1978年9月入学的。所以我们78级和77级也就差半年的时间。

与现在每年全国各类高等院校计划招生600多万人相比，当时的高考可以说是"千军万马过独木桥"。1978年全国参加高考的有600多万人，只有40万人被录取。紧张的气氛可想而知。当年招生的专业非常少，也非常传统，分类也不如现在这么细致，更没有什么新学科。

对于那个年代的学生而言，由于大学少、录取率低加上刚刚恢复高考的缘故，所以大学能不能考上没什么关系。如果考得上就如同进了天堂，因为那时候除了工农兵学员以外，没有通过国家统一考试考上大学的。

记：那您高考时怎么会选择报考医学专业呢？

汪：其实我当时最想学工，但最终我是迫不得已选择了学医。

我从初中到高中成绩最好的科目是英语。因为处于"文革"时期大多数中学根本无法进行正常教学。我所在的华中师大二附中属于稍微好一点的中学，大部分学生是华中师大教职员工的子弟，因此教学还算正常。

初中时期大家都不喜欢学英语，认为学了没有什么用。刚上初一时，老师就点名让我担任英语课代表，我连续在整个中学时代担任了五年课代表。

1977年底恢复高考时，可能是担心从社会上不易招到外语好的学生的缘故，国家规定外语院校可以从应届中学毕业生中招生。当时学校推荐我参加外语单独考试，但我父亲不同意，他认为外语是一门工具，不像其他专业那样有专业技能。

当时的人有这样明显的倾向也带有一定的历史背景，就是学习理科不太容易在政治上出问题。因为做得再好也只是和工程、技术相关，与上层建筑关系不大。我父亲是一位老法学家，一直在高等法学院校担任法学教授，每次政治运动都会挨整，"文革"后调整去了中文系。他认为，历次政治运动中受到冲击的主要是文科领域的学者，所以希望我不要介入与文化政治相关领域的行业。

尽管那个年代中学没有文理分科，但由于受"学好数理化走遍天下都不怕"这种意识的影响，同学们在报考志愿时选择理科的倾向非常明显。我记得从1977年底开始，学校为了准备1978年的首次全国统考，而将所有的应届毕业生分为文理科两类，一般学习好的同学大部分选择报考理科，一是因为理科招生名额多，二是在面子上一般学习成绩好的同学都是选择理科。只有那些对文科特别感兴趣或者理科成绩不太好准备碰碰运气的同学才会选择文科。

在这样的大环境下，我1978年报考志愿时选择了理科。我在高考时报的是工科方面的造船专业。我在长江边长大,一直喜欢大船。因此我希望上大学学习造船专业。可是,那一年不知道什么原因,报考水运工程学院造船专业的人特别多,于是我的第一个专业就落选了。最后几经周折被调剂到一家医学院,所以我本科是学医学的。

记:毕业以后您就从事医学相关的工作?

汪:1983年我大学毕业获得医学学士学位。当时我们参加工作全部由国家统一分配。我的家人在医学界没有什么人脉关系,所以尽管我是学习临床医学的,但却被分配到专业不对口的卫生防疫站担任公共卫生医师,主要从事食品卫生、环境卫生和劳动卫生的监管工作。由于当时大学毕业生不多,所以单位对我很重视,但毕竟我的同学绝大部分都在医院当医师,所以我一直想调动工作。

记:那您又是如何从医学转法学的呢?

汪:这里有个背景。1981年武汉大学恢复法律系时,当时的系主任韩德培教授就高瞻远瞩地在系里设立了环境法研究室。1983年武汉大学与中国环境科学研究院联合成立了40多个独立人事编制的环境法研究所。1985年该所归由武汉大学和前国家环保局双重领导。

在高等法学院系恢复之初,各校法学人才均显不足。特别像武大这样的老牌法学院系,一方面要把十几年未从事法学教育的老教授和学者请回来,另一方面还要完善法学各学科的建设。

尽管为数不多的老教授们都认为环境法学是一门很有前途的法学学科,但由于当时法学院系恢复时期法学各学科百废待兴,需要老法学家们重建,因此武大环境法研究所成立之初专门研究环境法的学者并不多。我记得大多数是由法律系不断回归的各传统法学学科的知名教授在环境法所兼职搞研究。少数专门从事环境法学研究的教师如肖隆安、陈汉光、彭守约等,他们的特点是本科原来学法律,"文革"时期有的转学理科、有的在工厂工作,因此多少与理工科沾边。再如像蔡守秋老师原来就是学化学的。而这些背景对于环境法学这门交叉学科而言,是很重要的。有鉴于此,当时武大法律系领导决定,除了安排一部分新分配来的法学专业毕业生从事环境法教学研究外,还要物色并抽调一批有理科背景的专业人员充实到研究队伍之中,环境法所在招收环境法专业硕士生时也不对考生本科所学专业作要求。

说实话,尽管我父亲一辈子从事法学教育,我家的邻居也多为法学教师,但我个人对法学学科的了解并不全面。好在"文革"前后经常在家躲着偷看一些父亲藏起来的旧版法学"禁书",因此我对法律虽然不专业但还算有些了解。或许是有这层背景,经过申请和推荐我于 1986 年 5 月正式调入武大环境法所工作。

说来也巧,我与环境法学研究还真是有缘分。记得还在医学院读大四的时候,我到北京旅游因未及时与在京读书的同学联系上,于是就在时任《环境保护法》(试行)修改起草小组主要成员的武大环境法研究所肖隆安教授(后来是我的硕士导师)住的招待所暂住一晚,刚好他有事回汉。晚上入睡前,我信手拿来桌上摆着的油印册子,上面赫然写着"中华人民共和国环境保护法修改草案"几个大字。由于环境保护与医学间的天然联系,我非常好奇地翻了翻,试图了解法律是怎么写成的,并且初识了环境保护法的基本原则和基本制度以及法律责任等概念。

好在年轻,不懂可以学。到武大工作后,法律系领导安排我的主要任务,是跟随本科生和研究生一起学习法学课程,兼做环境法所部分行政事务并参与老师们的讨论和研究生课程学习。

由于环境法毕竟是属于法律学科,因此我于 1988 年考取了武大全脱产研究生,师从肖隆安教授学习环境法。1990 年初我提前半年毕业。毕业后还是选择留在环境法所工作,并担任法学院讲师和环境法所科研秘书工作,直到 1994 年考取北大。

记:您后来是在武汉大学读的硕士又怎么会选择去北大读博士?

汪:选择去北大读博士有两个原因:

首先,我硕士毕业留校以后担任了讲师职务,由于某些原因学校职称评定工作到 1992 年才解禁,因此耽误了一批年轻教师晋升,我也是其中之一。这时有一部分教师选择了调离或者出国,或者到外校攻读相关专业的博士学位。1993 年我申报晋升副教授职务也没有成功,情绪多少有点波动。

其次,当时武大环境法所也是如此,不仅内斗、走了一批好的学者,而且还有点固步自封、夜郎自大,总认为自己是亚洲第一大环境法研究机构。大家都知道,北大和武大是对中国环境法教学研究作出最大贡献的两个学校,一直呈南北割据之势,甚至在 20 世纪 90 年代初武大环境法研究的硬件和软件条件还要略好于北大。例如武大环境法研究所有一幢自己的科研楼,每年科研和图书经费都有保障。而当时北大法律系只有金瑞林和程正康两位研究环境法的教授,他们的学生也因为当时教师待遇不好而不愿意留校工作。但是,武大环境法研究的某些优势在 1993 年北大先于武大获得中国第一个环境法博士点而被打破。在这个背景下,我和另一位环境法所的老师李启家(北大 77 级本科生)私底下决定去北大看看。在和金瑞林教授联系后,金老师认为我们的学术背景等情况都很好,符合当时北大规定的免试专业课的条件并专门推荐了我们。于是我就报考了北大并参加了外语考试。1994 年 9 月,我辞掉武大的工作去北大攻读法学博士学位,成为第一个环境法专业的博士生。

记:您后来去瑞典和日本是在为自己的博士论文作准备吗?

汪:按照北大的规定,进校后必须立即提交一份博士生培训计划,对研究方向和选题目标等作出事前安排。当时,金老师给我提了一个要求,就是放眼全球把握环境法研究的前沿,并弘扬北大崇尚理论研究的传统。从我进入北大开始就一直在思考环境法是什么、环境法要研究什么、环境法学家的历史使命和任务是什么这样的命题。由于我是这个专业的第一个博士,所以我们那一届 20 多位法学各学科专业的同学坐在一起时都会和我探讨他们对环境法这门新学科的问题和看法。

作为国内第一个环境法专业的博士生,我的压力还是很大的。因为实际上我已经成为环境法学能否在中国法学学科中立足的一块"试金石"。擅长做理论文章的金老师从我入校之后,也一直鼓励我对环境法学的基本理论作创新性研究,要求我一定要"开个好头"。

我当时选定的方向是环境法的基本原理问题。这个题目很大,从内容和方法上都需要作全面、充分的准备。为了不放过与他人讨论问题,我到哪儿都会随身带一个小本子,把各种讨论萌发的"火花"和启发全部记在上面。有时,我会在半夜突然想到一些新的问题,于是马上爬起来把它记到本子上。我记了大概好几百个问题,所有这些问题都是我后来做博士论文的源泉。

1994 年底瑞典国际发展援助局(SIDA)针对中国立法能力建设与全国人大合作一个项目,就是邀请国内立法官员和学者到瑞典乌普撒拉大学接受环保立法培训,主题是环境基本法的立法与环境法的法典化问题。我有幸与中央国家机关官员、高校教师和研究人员一道参加了这个培训。与此同时,我还从他们那里学到了许多,启发很大。

从瑞典回来以后,在金老师的指导下我做了博士论文的选题。这个时期我阅读了大量国内外环境法学著作与相关法理学著作,并试图从中总结国外法学家在研究和论述环境法学时所表现的思想和方法。金老师经常对我讲,"只有改变过去的研究方法,才能在环境法学研究中取得突破性进展"。

金老师还有一个想法,就是找机会再送我出国留学深造,因为当时国外的学习和研究条件较好,资料也丰富。正好,1995 年日本国际交流协会资助北大和日本大学之间的博士生短期留学项目,北大法律系有两个名额。由于我的一外是日语,因此我被派去日本法政大学。这时的主要目的就是写好我的博士论文。

到日本后，法政大学大学院安排我师从社会学部法学教授森实先生研究、学习日本环境法的理论。森先生曾留学于德国，他治学严谨，擅长于民法物权法和法社会学研究，对环境和资源立法与社会和习惯的关系问题有着自己独到的见解。当我问及为什么他不在法学部任教而选择社会学部时，他回答道："法律规范是诸多社会规范的集合，所以法学应当更为注重对社会、经济的诸相条件的分析和研究"。他认为，环境法是人类伦理思想随着社会发展导致新的社会问题的产生而影响和表现于法的必然产物。在森先生的指导和影响下，我又开始将环境法的研究方法转向环境社会学和环境伦理学，试图从社会的理念和规范中谋求环境法的价值和意义。这样一来，一系列具体的方法论问题就不断在我脑海里涌现。

记：您当时博士论文的题目是什么？

汪：我的博士论文叫《论环境法的目的》，2000年出版时改名叫做《环境法的理念与价值追求——环境立法目的论》，研究的内容主要涉及环境法的法理学课题。当时国内还没有以某一个理论问题深入展开论述的环境法学术专著。

这个题目是在2007年初我向金老师提交博士论文初稿时最终确定的。当时我在日本，在大量阅读相关资料的基础上，我将选题逐步缩小，最后发现应当将选题定位在目的研究方面。

记：您为什么会想到以立法目的为研究对象呢？

汪：北大法学院有一个传统，即研究要从方法的或者理论的角度入手，去剖析一个问题的应然状态，至于实然状态是怎么回事是另一个层面上的问题。

作为中国环境法学的第一个博士生，金老师自然也希望我在环境法理论研究方面能够进一步深化。而从法学的体系角度来说，可以深化的部分多数集中在一个部门法的总论部分。在做博士论文前我有意识地看了很多国外的著作，也和很多国内外学者作了交流，我发现制度是原则贯彻的具体体现。所以我一开始打算研究的是环境法的原则，老师认为这个问题很难深入，事实确实也是如此。而将原则再上升一个层次就是法律追求的目标或者法律的价值所在，于是我就想到了立法目的。

我的研究路径就是从规范到制度，从制度到原则，而原则必然是立法目的的体现。在有意识地研究立法目的后，我发现我国的环境立法和它的目的是不相符的。从应然的角度来说，环境立法的目的应当是保护环境本身，终极目的也是环境保护本身。如果名义上保护环境而实际上保护人类既得利益，那么环境立法就只能成为一种顺应——与生态中心主义思潮格格不入的——人类中心主义,将自然完全作为人类社会关系客体地位对待的既定社会关系的状态。西方国家的实践证明,这种理论和方法注定是要失败的。

当然,对这个选题进行研究的痛苦之处也在于:一方面,我似乎看到了可以突破的方向和希望;另一方面,我又找不到更多的理论观点来支撑我的论点。要知道,提出一个论点并不困难,困难的是对这个观点进行严密的论证。

这里,我要特别感谢金老师对我在研究方法上的启发。在一次与我进行论文方法的讨论时他说:就像"人"字一样,环境法学虽然是法学与其他科学的交叉学科,但本质还是法学学科。然而光从传统的法学方法出发来研究环境法,只能局限于部门法的框框之中。要学会用两条腿走路的方法,在研究方法上多从生态学、环境经济学以及环境伦理学的思想着手,这样才能放开眼界,大胆地提出和解决问题。

记:老师您能简要和我们谈一谈您这篇论文所表达的核心内容吗?

汪:我的博士论文的核心内容是——环境立法的目的。从我们国家的环保立法来看,存在的一个很大的问题就是环境立法不合目的性,也就是中国环保立法的目的并没有在真正保护环境,所谓保护人体健康、保护社会的发展、实现社会持续发展等这样一些概念在我看来不应当成为环境立法的目标。

其实,在我思考这些论题时,西方国家有关的法理学研究已经进入到反思人类中心主义思想和接受环境伦理思潮的时期。而国内的法学研究由于"恢复"不久和某些理论研究"禁区"的存在,虽然对西方法律思想的研究已经展开,但法学的人本主义思想仍然根深蒂固、不容置疑。

人本主义的法律观非常重要的一个价值目标是保护人的利益或者说法律价值的来源是以人的需求和利益为中心的。为什么环境问题会那么严重?西方环境伦理主义提出很多新的理念,比如生态中心主义,就是说人在整个自然界中和动物、植物、岩石生命圈的存在是平等的,只不过人类是一个高级动物,掌握了其他动物所不能掌握的一些方法和知识,不断地壮大,继而把自己从本来的生态系统中独立出来,成为世界的主体,而原有这些物质的存在都成为了人类的客体。

在这种情况下,人类的所有行为可能是符合个体或者人类发展意义的,但并不符合整个生命共同体的利益甚至已经超越了生命共同体的利益,这种发展最后危及了自己,有可能危及了自己还不知道,于是就要反思。

记:那环境立法的目的是不是有一个演变的过程呢?

汪:是的。通过对中外环境保护思潮及其对环境立法影响的历史考察,我发现现代环境法产生与发展的历史,就是一部伴随人类思想进步的自然文明史和反思人类中心主义、发展生态中心主义的环境哲学史。人类价值观的改变是环境法兴起和发展的思想基础,基于环境问题的经验、教训和科学知识的认知,人类才发现在这个地球上人类与其他自然物质的关系是共生而不是凌驾。这种认识可以说是人类在 20 世纪思想观念上的一次大的变革,它当然要促使人类对社会秩序的认识发生新的转变,从而影响到法律的改变。

对人类与环境关系的伦理价值观则是在融合生态学、环境经济学思想的基础上形成发展起来的。它从思想上引导人类对过去的行为和善恶观的反思,倡导以生态利益中心主义取代人类利益中心主义,注重人类对自然和环境的责任以及世代间的公平,强调动物的权利。

上述所有这些变化都直接影响到人类行为规范的改变,并为立法和公共政策所反映。

记:经过这么多年的发展,中国的环境立法有没有什么改善?

汪:从 1979 年到 2009 年,在我看来这 30 年间我国的环境立法并没有什么改变。从 30 年间环境执法和整个环境法制的状况来看,我们国家的环境立法不算是成功的。

2005 年我去瑞典的时候,遇到很多欧洲的学者,他们经常做的一件事就是反思国家的立法。有一位瑞典学者写过一篇文章就叫《二十年的失败》,讲的是瑞典 1969 年制定环境保护法以来的环境保护状况,认为 20 年的环境法治是失败的。这位瑞典学者也建议我们对中国环境立法作一个评估。

我觉得,作为一个学者没有官员的某些政治上的限制,就决定做这个研究项目。我在我的一本书《环境问题的解释与方法》中对 30 年间立法的沿革、环境问题的发展作了分析,我发现在人力、财力以及环境立法不断增加的背景下,中国的环境问题还是愈演愈烈。这反映出法律的实施效果是不好的。现在出现的"环境违法成本低",企业宁可违法也不守法的情况也表明,中国的环保法律制度存在很多问题。

例如,我们国家的法律有将近三百部,1979 年以来的 30 年制定了近三十部环境与资源法律,占了近 1/10。我国的环境立法看上去都很完美,法律看上去也很健全,但是真正遇到问题的时候,没有任何一部法律可以找到解决问题的方法。例如,从"六五"至"十五"时期我国环保指标从未完成,即使"十一五"期间我国在节能减排方面能够有所突破、取得成就,也仍然不能解决多年来环保领域旧账未清、又欠新账的局面。所以我说,我国环境立法的总体表现是"没有大错,也没有大用"。

另外,在法律的执行方面,我国环保部门本身能力就不足,它是一个新的部门,成立也不过几十年的时间。环保部门受到地方政府和其他经济主管部门等各种权限的限制,执法能力就更弱了。我们再来看看司法保障问题,我们经常说司法是最后一道防线,但是这个防线比较脆弱,很容易突破。

记:老师您看现在中国环境方面的问题跟国外的差距到底在哪里呢?

汪:正如前面所言,其实跟国外相比,差距还是在制度建设上。

我们的体制和机制是阻碍一个好的法律实施的重大障碍,体制不顺,机制不畅。其实不仅是环保法,其他的法律实施问题归根结底也在执行环节上。不是立法者、执法者、司法机关看不到这个问题,而是它确实存在着,但没有办法往下执行。如果政府的机制或者体制不改革,我们的权利义务机制不作优化,再完善的法也没有用。

目前这种状况存在的最根本的原因就是立法时法律本身为不可实施埋下隐患,也就是说这个法律本身就是不可实施的,写得越细,越具体,权利义务越清楚,我们的行政机关越反对。从执法部门的角度来说,它只希望把自己的权利写得越细越好,这样比较容易操作,它并不希望把别人的权利写得很细,也不希望把自己的义务写得很细,否则可能会出现监管失职,不履行职责这样的问题,也不希望把制裁它的法律后果写得很细。

而恰恰我们的体制是授权立法,就是说我们的法律草案、规章制度的草案全部都是源于行政机关,专家和学者参与立法的强度很低,基本上每个部门的长官说这样做就这样做了。在这样的情况下,即使法律的蓝本很好,行政机关也会说这个蓝本不切合中国实际。我们的机制不调整的话这个蓝本就无法实行,由于机制没改我们就要顺应机制,而机制本身不好,顺应机制而产生的法律自然也就不好,这就是一个恶性循环。

问题的根源,其实在于中国的执政因素,有些人将其称为体制和机制问题。在我看来,执政因素的影响是根本性的。例如,中国的环保法律规定都存在着一个特别奇怪的现象,就是一部法律所确立的制度都会被该法中另一个具体执行措施否定。例如,《环境影响评价法》规定项目实施后再补作环评不属违法,这一规定实际上否定了环评制度本身;再如,以前环保法律将超标排污行为定义为合法也从根本上否定了排放标准的性质。法律中这些奇怪的规定本质上是由我们的体制不畅决定的。当一个部门决定这样做时,可能会触及其他部门的利益而遭到反对。而反对的结果却是以牺牲制度为代价的。

另一方面,我们对制度建设的长期性、综合性考虑不够,出现的结局往往是"一朝天子一朝臣",不仅先后政策之间不相衔接,而且同时期的政策之间也顾此失彼。例如,我们对干部考评机制总体上偏重经济发展指标,直接推动了地方官员 GDP 至上的观念;而在财政"分灶吃饭"体制与对企业实行的"条块分割"管理模式上,会使得地方官员不得不将执政重点放在经济增长之上,而放松对社会公共福利事务的关注。由于环保不但不能增加财政收入,反而需要支出大量的财政收入,加之环保指标并非政绩考核的主要指标,环境成本也不纳入 GDP 统一核算,因此地方政府缺乏推进环保工作的动力。

在环境侵害的救济方面,我们的司法系统也有很大的失误。例如,为了地方的"安定"局面,各级法院通过各种通知、文件限制受理"群体性"、"疑难"、"复杂"、"敏感"的环境污染侵害案件,导致污染受害人无法通过司法手段获得救济,这实际上就等于放纵了污染加害人,加大了环保执法的难度,进而增加了信访的数量。

记:国外很多公益组织在环境保护方面起到的作用举足轻重,但是在中国这种组织几乎看不到,这是什么原因呢?

汪:一个民主国家或法制国家,立法的动因来源于社会或者公众,一个议员的背后代表着一批人群的利益。像你提到的西方的组织、团体去游说这些议员,每一个议员后面都会有一个利益的代表者,如果说这些利益代表者认为这是一个问题,他们会把这个问题提交给议员,由国会或者议会这种立法机构来作出制度的改革或者安排,比如美国的法案很多是以人的名字来命名的。

西方三权分立体制的意图之一是让立法制约行动,立法则是一种自下而上的状态。而在我国正好相反。就像我们的百姓和官员所说的那样,通常一个好的结果,哪怕是由坏变好的结果,大家都会说是因为党和政府的英明领导和决策,与共产主义的《国际歌》中"要创造人类的幸福,全靠我们自己"的歌词完全相悖。

这里面存在一个社会转型的问题。我们国家有几千年封建专制的历史,在封建专政体制中大家都是依靠政府的。从中国几千年的这样一个背景和共产党执政以来这 60 年的发展来看,法制也就是最近这二三十年的时间。我们的政府一直是一个强势的政府,行政机关不把这个问题提出来,立法机关就不去关注,再加上我们的人大代表和政府官员要与党中央保持一致的政治要求,使得各种法律提案不可能是自下而上提出的,除非某些提案与政府的想法"不谋而合",才会给某些人一个"出彩"的机会。因为大量实践表明,中国法治中的一切,是"被安排"出来的。

回到主题,我认为环境问题的影响与一般的侵害不同,在没有达到具体损害发生的程度时它表现出来的妨害或者影响就是公众的基本权益,而不是某个人的权益受到侵害。因此,在环境问题的反应性方面,公众的感觉和要求是最直接、最客观的,也是最合理的。政府或者部门呢?其官员与公众不一样。因为他们对环境问题所采取的行动,会受到公权力的实体内容和执行程序或者说是职权职责等多方面的限制,有的还涉及执政的因素,因此比较复杂。对于政府或者部门而言,如果没有外在压力存在的话,他们的工作就是按部就班,不像公众的反应那样非常直接。所以在行事方法上他们与公众截然不同。官员的首选是政治利益。

此外,由于政府体制的运行受到人员和经费的限制,政府部门不可能对每个具体问题都了解得很清楚,这时公众参与就显得尤为重要。

在这个简单的道理面前,民主主义国家会尽量推行公众参与制度。因为每一个个人包括议员,他们在没有主政的条件下都可能成为体制的被害者。所以就必须在体制内建立一种公众参与的制度:无论是否主政,任何人都可以通过一个受到法律保障的程序说话,执政者也必须依法倾听。长此以往,公益组织在公共事务方面的作用就显得举足轻重了。

我国的情况不同。由于执政党与其他民主党派在执政地位上不存在竞争关系,因此听不听公众的意见对决策者而言意义不大。当然这种情况现在好得多,在许多公开场合我们还是会看到党和政府倾听民意的做法,但这不是制度的内涵之一,为了表明党和政府决策的正确性,公众参与的尴尬地位在当前不会发生根本改变。

记:各国环境领域都存在大量的公益诉讼,但是在中国似乎公益诉讼还没有这么普遍,您怎么看?

汪:实际上,各国公益诉讼制度的建立,都面临着现实需要和法理解释两方面的困境。它是与每个人的个人利益都相关的公共利益不断显在化的产物。

从现实需要上看,没有任何人会否定公共利益的存在,更不会否认公共利益对个人利益的影响。但是,一旦需要建立一种公益诉讼制度的话,就会存在一些无法逾越的理论障碍,例如当事人的资格(适格)问题。既然是公共利益,那么就一个个体而言他是否有权主张权利?如果有的话,他在多大程度上可以主张?这些问题是建立公益诉讼制度首先必须解决的问题。

在中国,关于公益诉讼制度的建立,无论环境法还是诉讼法界,都有讨论。前几年在行政诉讼法和民事诉讼法的专家建议稿中都有公益诉讼条款的设想,但是全部都没有被采纳。

其实,制度安排是简单的。例如,法律可以规定哪些人(组织)可以提起诉讼并对他们作出限定。

最近,我们看到了中华环保联合会代理了两起环境公益诉讼案件,一件是贵阳的环境行政公益诉讼,另一件是江苏的环境民事公益诉讼,他们的起诉全部得到受理。从人民法院受理的实践看,还是有进步的,只不过诉讼的法理问题还有待深入研究。所以,法学家的任务是艰巨的。

说到底,法理上的争论应当如何解释呢?在我看来,这是一个国家的民主主义机制是否建立的问题。毋庸置疑,如果大家对某个问题存疑的话,执政者会选择对自己执政有利的解释采用或者不采用解决问题的方法。

记:中国环境问题以往一直注重治理,在您看来中国环境立法的方向是不是要尽量向以预防为主转型呢?

汪:是的。尽管"预防为主"原则总是挂在官员的嘴边,但他们的骨子里还是"重治轻防"。因为"防"的结果意味着问题没有出现或者没有问题而且还需要成本,因此对于需要政绩的官员而言看不出政绩是什么。而"治"则简单得多,一方面"治"的都是以前留下的问题,投入多少钱治理是一个看得见的具体数字(即使未投,也会找到经济正在发展中没有更多的钱之类堂而皇之的借口);另一方面"治"通常是留给后人的,不防也无妨。

但是,治理总是得不偿失的。2002年制定《环境影响评价法》(简称《环评法》)的主要目的就是想遏制不断加剧的环境问题,特别是政府决策不当造成的长远不良影响问题。前些年首钢搬迁的问题根源就是当初首钢选址决策不当,而这个项目的不当是由规划不当造成的。所以,环评法除了对项目要求环评外,还要求规划也要经过环评才能通过。

2009年国务院通过了一部《规划环境影响评价条例》。现在环保执法有很多问题,针对这些问题呼声比较多的就是预防,说到底"预防"比"治理"花费的成本要低得多。以往一个建设项目环评评价的是这个项目本身的质量,但对这个项目本身的合理性却从不评估。比如可能出现这样的情况,长江下游有一个小城镇,当地要把它发展成大学城,主管教育的省长批准了。由于这个地方要建一个大学城,小城镇就要发展,要由县升为市,人口规模要提高,这个城市规划又被主管城市规划的省长批准了。这个地方经济不发达,就打算利用沿江有港口的优势在港口周边建一个大型的化学工业园区,主管工业的省长也批准了。从单个项目来看都没有问题,但整体来看就有问题了。如果三个规划在一个地方实施,那么未来过一段时间后这个地方是一个大学城,是一个居民非常集中的地方,同时也是化学品事故易发的高危地方,所以说规划的环评是非常重要的。

其实2002年实施、2003年颁布的《环评法》就已经有了一个初步的想法,但五六年过去了,这个问题仍然没有解决。重庆有个地方上游是污水处理厂,下游是水源保护区,上游的污水处理厂从局部来说没有错,下游的水源保护区也没错,但是殊不知上游的污水处理厂和下游的水源保护区之间的距离太近,那水源如何保护呢?在环境保护中我们总是从末端往前端跑:一开始是污水堵不住,所以要减排,要让污染浓度降低,后来发现污染浓度降低方面有人作假,在污水中兑水稀释,稀释后总量还是排出去了,于是就开始关注生产工艺是什么样的?能不能减少污水的产生?污水产生的过程能不能回收一些污水回去?最后发现项目在开始建的时候就要评估,从末端治理走向综合治理,这是一个改变,规划环评就是这种改变。

记:环境问题对人类的影响日益明显,您怎么看这个问题?

汪:在我看来,经济发展最基本的决定因素就是环境和资源,没有环境和资源根本就谈不了发展。所以在次贷危机、金融危机的背后反映的是环境供给不足的本质问题,你认为环境供给是充足的,于是你就提前消费了充裕的环境供给所能带来的资金,消费以后才发现原来环境供给是不足的,于是就发生了次贷危机。

次贷危机对中国的影响主要集中于外向型的经济,原因就在于中国处于发展时期,环境供给虽然也很紧张但还没有像发达国家那样枯竭,这也从一个角度解释了中国在金融危机下没有像发达国家一样遭受毁灭性打击的原因。

记:在您看来,环境法不同于其他部门法的特殊性在哪里?

汪:有的民法学者认为环境法具有侵略性,我个人的看法是环境法中环境利用人之间对环境的利用利益是此消彼长的,在环境不是稀缺资源时,利用人之间的矛盾没有那么明显,但在今天这个环境成为稀缺资源的时代,大家都知道环境有价,任何一个人对环境的利用都是对一个潜在利用者权利的剥夺,所以这种侵略性并不是由法律本身决定的,而是由环境本身决定的。

我也总结了一下环境法的特点,我认为环境法是各主体之间基于法律存在的多重牵连的社会关系,所谓多重牵连就是公法关系和私法关系可能会被牵涉到一个行为当中去。比如要建个工厂,正常情况下只要行政机关批准就可以建了,可是现在资源稀缺,首先要考虑的问题就是周边的群众同不同意,因为周边群众和建工厂的主体是平等主体,要考虑建工厂会剥夺周边群众对周围环境使用的权利。

从法律责任追究的角度来说,如果工厂排污给周边群众造成损害,周边群众要求其承担民事责任,法院在审理这个民事案件的同时就会先判断排污有没有超过公法标准,也就是行政上规定的标准,这也就牵涉了公法关系。

记:在您看来,中国环境法学研究未来的发展方向在哪里?

汪：我认为其实环境法的研究发展还是基于传统部门法的进步。

我举一个例子，《环评法》是2002年颁布、2003年实行的，但是环评纠纷是2005年才开始大量出现的。这是为什么呢？《环评法》里规定了公众参与，也规定了审批程序，但仅仅局限于环境保护领域。2004年《行政许可法》实施，把审批、许可等行政程序规定得很细致，这样就出现了环评报告符合《环评法》而获得通过但因为不符合《行政许可法》而引起群众不满的情况。《环评法》相对于《行政许可法》而言是特别法。

从事其他部门法研究的人如果转而研究环保法，就会发现传统法有很多工具不够用，然后从工具不够用的角度就会发现传统法的很多原理没办法解释运用新的工具来保护环境。比如环境法律关系既有私益性又有公益性，这种多重法律关系集合到这一点上的时候单用行政法律关系就不能解释这个现象，单用民事法律关系也不能解释这个现象，所以必须有一个新的机制。再比如，环境污染的赔偿责任形式叫无过失责任，无过失责任在侵权行为法中就是一个特殊侵权行为的责任。实际上环境法有大量的制度都是特殊制度的集合。

像刑法中的危害环境犯罪、民法中的无过失责任、行政法中的行政许可买卖等等都是这几十年新发展出的理论，这些理论的出现既是环境法促进其他部门法的发展，也是部门法的新理论在环境法中的运用。

传统部门法改革的前提就是要把环境法的理念渗透到法律当中去，而最基本就是是否认同环境的价值，基于环境的法益的存在。如果认同了价值、认同了法益的存在，整个传统法理的权利理论就要进行修正或者增加。现在环境伦理在谈生态中心主义，法理恪守人类中心主义，那生态中心主义的合理性和人类中心主义的局限性之间有没有一个可以在哲学思想观念和方法上突破的问题，我们接不接受这样一个新的观念。在我看来，这种改变是必然的。在这样一个思路下，我相信未来伦理观念的改变一定会影响到法律制度的改变。

记：您对现在学术界的学术环境、学术规范执行的情况是怎么看的？

汪：我个人认为学术环境不是很好。举个例子，现在博士生的培养要求是必须在期刊上发表两篇以上的文章，许多博士生都在找发表论文的地方。客观来说，博士生和教授、副教授比，写文章的能力可能会差一点，但如果要想和教授、副教授一样平等地在期刊上发表文章那就要难度大得多。这种对教师、学生发表论文数量上有要求的考评机制在国外基本是不存在的。

在这样的情况下，大家为了完成任务就"花样百出"了。一个人冥思苦想写出来的东西还处在不认同或半认同阶段时可能已经被另外一个人吸收了，而思想的原创并没有获得学界的正确评价。另外，现在网络技术的发达、搜索技术的发达、电子期刊的发展使人们比以前更容易得到一些完整的资料,学术不端、剽窃、抄袭、雷同现象自然会层出不穷。

在这一意义上,我认为国内的学术环境不是很好。实际上,在信息可以更多、更好地为人们所获得的同时,我们更应当强调学术成果的独立性或者独创性。这时,评价机制的改变是最重要的。拿高校来说,一个老师既要教学又要作科研,不可能有完整的时间不间断地思考某个问题,而学校又要求他每年在核心期刊上发表不少于多少篇数量的论文,我认为这种评价机制就是不合适的。

记:最后请您给青年学者提点建议。

汪:我认为一个人勤奋或者说忠于自己的学问是最重要的。要想成为一名真正的学者,首先就要忠于自己的学问,要做到这一点就要戒骄戒躁,多读书、多思考、多练习,从最一般的文章开始练习,要注重方法。

社会科学不容易出成果,是需要你站在前人的肩膀上一点点往上爬的,不可能有偶然性,没有一步登天,没有一气呵成,必须要有一个循序渐进的过程,要学会享受这个循序渐进的过程。

(恽艳茹、张 倩)

徐忠明
Xu Zhongming

1960年12月生,上海人。中山大学法学院院长、教授、博士生导师。1980—1984年获华东政法学院法学学士,1986—1989年获中山大学法学硕士,2000—2002年获中国政法大学法学博士。兼任中国政法大学法律史研究中心教授、中山大学法学理论与法律实践中心教授、中国法律史学会常务理事、儒学与中国法律文化研究会常务理事、广东省法学会副会长、广东省检察院人民监督员。研究领域涉及中国法制史、中国法律思想史、法律文化、法律与文学。

主要专著有《传播与阅读:明清法律知识史》(北京大学出版社2012年版,与杜金合著);《〈老乞大〉与〈朴通事〉:蒙元时期庶民的日常法律生活》(上海三联书店2012年版);《情感、循吏与明清时期司法实践》(上海三联书店2009年版);《众声喧哗:明清法律文化的复调叙事》(清华大学出版社2007年版);《中国法律精神》(与任强合著,广东人民出版社2007年版);《案件、故事与明清时期的司法文化》(法律出版社2006年版);《包公故事:一个考察中国法律文化的视角》(中国政法大学出版社2002年版);《思考与批评:解读中国法律文化》(法律出版社2000年版);《法学与文学之间》(中国政法大学出版社2000年版)。在《中国法学》、《学术研究》等刊物上发表论文百余篇,代表作有《凡俗与神圣:解读"明镜高悬"的司法意义》(《中国法学》2010年第2期);《诉诸情感:明清中国司法的心态模式》(《学术研究》2009年第1期);《清代中国司法裁判的形式化与实质化》(《政法论坛》2007年第2期)。

记者(以下简称"记"):您对"文化大革命"有点印象吗?

徐忠明(以下简称"徐"):没有太深的印象了,那会儿可谓年幼不记事,"文革"开始的时候我还没有上学。这也可能与我的性格有关,直到现在,我也不大关心政治事件,平时也不怎么看电视和报纸。别看我上课时可以谈笑风生,口若悬河,其实我是个比较无趣的人,和别人在一块儿以倾听居多。这算是我的弱点吧,毕竟现在学术的发展是靠多元的交流,无论是阅读的交流还是开会场合的交流。

记:在读大学之前,您已经工作了吗?

徐:没有工作过,我是1960年出生的,10岁才开始上学,念了5年小学、5年中学后就考大学了。

记:您当时报考的专业就是法律吗?

徐:对,说起来这还是桩趣事呢。我父母亲的户口一直是分开的,没有放在一起。我和妹妹的户口随我母亲,其实是在我外婆那里,在乡下,所属的那个公社叫张桥公社,我在高行中学念书。这所学校不是很好,据我所知80届以前从未有人考上本科。到了我们这届,考上了4人:我和我同桌以及其他两人。我们那时没有文科班。理科班的人上物理、化学课,我们可以不去上,学校算是照顾我们,给我们找了历史、地理老师来作不定期的辅导,可是仍然没有接受到系统的教育。我中学时爱好画画,高考前两个月报考了上海美术学校,可惜没考上,好在后来运气不错,考上了大学。我当时报的第一志愿是复旦大学图书馆系(专科),因为比较喜欢看书,想着"近水楼台先得月"嘛,没料想分数达到了重点院校的分数线,最后去了华东政法学院。我同桌报的是上海师范大学中文系,毕业以后在张江中学当语文老师,后来调走了。我因看到了当时老师的生活状况,所以非常不情愿当老师。过了几年,有一次我回去看班主任,他赞叹还是我有眼光,因为法律开始慢慢变得热门了。我特别喜欢民法,因为它最贴近生活,能够维持日常生活秩序,所以在大三分专业时,我就读了民法。

记:您初进华东政法学院时感觉如何?

徐:华政校园很美丽,红砖绿瓦,教会学校的西式建筑格调,我特别喜欢。

记:在您四年大学学习中,您感觉印象最深的是哪些教师呢?

徐:坦白说,我和老师接触得很少,可谓平平淡淡念了4年书。有一次旷课被老师抓到了,他教育我要端正态度,不能随心所欲。要说印象最深,那就是一位教我们刑法的老师,他有次上完课后突然脑溢血去世了,我当时感到相当震撼,大概是榜样的力量和作用吧,感动至极。

记:您为什么想到要从事现在这个专业的教学和研究呢?

徐：这件事就有点阴差阳错了。之前我提过喜欢民法，在本科三年级分科时我便选择了民法，毕业时我填的志愿全是法院系统，学校是我不愿意来的地方，但偏偏把我分到了学校。根据那个年代的政策，我哥哥和妹妹都在上海，故而我必须去外地。当时可去的地方很多，像北京政法学院、中南政法学院、大连财经学院、暨南大学、中山大学。我父亲挑地方的原则很简单，他说北京是吃粗粮的，而广州吃细粮，于是范围就缩小到了暨南大学和中山大学，他觉得暨大是华侨大学，可能会好些。不过我最终还是选择了中大。我自知读书没有天赋，所以不敢在学校待得太久，一年以后便想调离中大，当时找过黄埔海关，他们让我去缉私部门，但我觉得和我学的专业差距太大，没有去。我也找过我们的法律系主任端木正教授，他说可以推荐我去广东省社科院的法学所，我还是没有去，因为差别不大，都是搞研究，而学校比研究所还好些。工作两年以后可以考研，我原本想考华政的诉讼法专业，但是中大不允许报考，所以考了本校的法制史在职硕士。补充一句，我一到中大就被安排在法制史教研室，所以考法制史专业是理所当然的事情。

记：您对您所从事的专业，有什么基本的学术观点呢？

徐：这个问题比较难以回答，因为我一直处在摸索阶段，没有形成特别成熟的对于中国法制史的宏观判断。我只能说，我喜欢在理论层面思考中国法制史的结构问题，想着如何建构一套据以考察和解释中国法制史的分析框架。另外，我比较着意在细节层面解读中国法制史的某些微观问题，强调"深度"阅读和解释。最后，希望将两者结合起来，给中国法制史一个说法。这一方面，日本的滋贺秀三是一个很好的典范。当然，就我自己的具体研究来说，比较偏爱民间视阈的进路。我常常问：在既定的皇权政治、社会经济、意识形态与法律结构中，民众的法律感受、法律行动，乃至行动策略如何？补充一句，除了辨析和考订史料，在中国法制史研究中，如何运用宏观理论和凝练核心概念，是目前研究中国法制史的关键所在。我觉得，中国的法制史研究，已经遇到了史料丰富有余，但是理论思考依然远远不够的瓶颈。如果在这个问题上有所突破，中国法制史研究可望更上一层楼。况且，到了数据库时代，史料的收集和整理已非难事，真正的挑战乃是理论工作。

记：在各种法学研究方法中，您最欣赏哪一种呢？

徐：我觉得，研究方法就是一种研究工具，视乎研究的对象和问题才能确定，因此我并没有特别欣赏哪一种研究方法，应该说是根据具体的研究对象和问题来选择不同的方法。有时，我还疑惑，法学有自己的研究方法吗？可能没有。现在我们见到的所谓的法学研究方法，似乎都是从别的学科那里"挪用"来的。我自己经常用到类型学的方法,特别是马克斯·韦伯以来的类型学方法。此外,我对法律文化抱有浓厚的兴趣,所以常常借鉴文化人类学的方法。近来,我对欧美的新文化史特别感兴趣,也琢磨着借鉴借鉴。我的理想是,对明清中国的司法状况能搭建起一个较为完整的框架结构,希望能够给出相对系统的说法。至于理论化的工作,我觉得,对事实研究应当能够进行概念化和理论化的处理,尽量避免就事论事。

坦率地说,我喜欢读西方的书籍,像黑格尔的《精神现象学》《法哲学原理》,卢梭的《论人类不平等的起源》等,在念大学时都已读过,尽管当时是一知半解,如今也已经忘光了。现在理论方面的阅读,还是以西方的社会理论与文化理论居多。古汉语的书籍现在读得多了一些,但是,若真要搞考据那就不行了,知识准备不足,学术训练不够,因为我从来没有受过正规的史料学、文献学、版本学、文字学的训练。虽然我在读研时选过中文系和历史系的课程,但是意义不大。说起来,训诂、音韵、校雠这样的学问不太容易自学,它们都有自己的学术传承。所以,我一般不会去碰考据学的东西。就目前的中国法制史而言,确实也有历史学家的法制史与法学家的法制史之间的微妙差异。在我看来,产生这种差异的根本原因,恐怕与学者的学术训练和素养不同有关。

记:以您自己的专业为例,您认为中国与其他国家的差距在哪里呢?

徐:我曾经认真读过达玛什卡的《司法和国家权力的多种面孔》一书,从中受到不少启发,这是一本在类型学意义上对司法构造作了很好分析的专书。我觉得,读这样一些具有理论意义的作品,会给我带来很好的思考问题的资源。我们可以追问:倘或从政治结构、程序安排和运行机制的角度来思考和解读明清中国的司法架构和运作机制,会有怎样的结果?再如,国内学者对滋贺秀三《中国家族法原理》和《清代的裁判与法》两书的引证很多,但是能够真正体会这两本书的结构性和原理性的说法的学者似乎并不多。以《中国家族法原理》为例,滋贺先生在这本书中,以核心概念(比如"同气分形"概念)作为分析工具,来论述中国家族人际关系的原理和准则,由此进一步引申出家族的伦理关系、权力关系和财产关系,这是一种非常简练的分析套路。有些评论滋贺的学者,只看到了他的某个具体观点,批判他这个观点不对,那个说法欠缺,却忽视了整本书的理论脉络。对《清代的裁判与法》的评论也是如此,忽视了作者对中国清代司法构造和"法源"问题的一套系统说法。再如,很多人指责韦伯的《中国的宗教》或《儒家与道家》有许多知识性的错误,这当然是事实;然而我们不要忘记的是,在韦伯的解释框架下,仍有许多合理的东西,尤其是韦伯那种思考问题的方法值得我们重视。我觉得,一部优秀的中国法制史作品,就应当是这样的。史料固然重要,但并非是最重要的。你发现了新档案,看起来很了不起,但是细细想来,实际上也没什么特别了不起的。因为作为一种史料类型,档案固然可以成为研究的重要基础,但是关键在于是否形成一套好的理论框架去解释它。现在,中国人发现的史料并不比外国人少,然而理论叠加的高度却远远不够。我觉得,当务之急有两点:第一,法制史学者的理论修为亟待提高;第二,对研究问题本身的知识门类必须有所了解。譬如,要作中国传统契约的问题研究,除了收集本国契约的资料,辨析其中的概念内涵,挖掘契约为什么以这种面貌出现的缘由,也要思考一下传统中国的契约与法律和社会秩序之间的内在关系。与此同时,还要关注西方的资料,乃至契约的理论。当然,中国古代契约与西方不同,在现代学术语境里,我们反对完全套用西方的知识和理论。但也必须承认,西方是一个不可忽略的背景。既然如此,对这个背景就必须有足够的把握和了解,对中国和西方作出一种互动性的解释,在此基础上看看能否给中国古代契约建构一个理论化的说法?梁治平的《清代习惯法:社会与国家》一书,就是一个很好的例证,国内外学者都认为这是一部优秀作品,引证率很高。这本书的优点,不是史料如何丰富,如何扎实,而恰恰是作者在与西方学者的对话过程中形成了一套独特的理论,先是界定民间法、习惯法的概念,然后告诉我们如何理解清代中国的这套知识,分析它们和清代中国的社会之间的关联等等。如果没有自己的理论,纯粹作描述性的梳理就有可能限制研究成果的学术价值。实际上,随着电子信息时代的到来,使得档案和其他材料的获得,变得越来越容易。由此,学者之间的竞争和学术创新更应该是在理论上。当然,我不是否定史料和事实研究的固有价值,而是希望强调在目前的学术研究语境中,理论思考和运用刻不容缓。另外,我们更要警惕,避免把中国的史料和事实当做西方理论的脚注;相反,我们应该作出自己的理论贡献。对此,中国法制史研究应该有所作为。

记:在您所从事的这个专业中,您感觉您的最大贡献在哪里?

徐:谈不上什么贡献。其实我是一个不务正业的人,虽说读书可能不少,但是其中法制史的作品只占很小的比例,你们看我论文所引证的文献,就会感到比较杂乱。我真正开始写作的时候,已经是上个世纪 90 年代中期了,以前是稀里糊涂过日子,爱读什么就读什么,较为随心,没有学术研究的意识和自觉,读书只是好玩,只是给自己一个独处的机会或理由而已。具体而言,文史哲方面的书读得稍稍多一点,可能是觉得法学的含金量不高,有些粗糙,且法制史的成果甚少,基本上是史料收集的工作。正史、法典和文献的考据之类的作品,虽然我也比较喜欢读,优秀的考据作品就像侦探小说,既有想象力,也有逻辑上的严谨推理,而且史料扎实、辨析仔细入微,很有趣味,但是,大多数法制史考证写得比较无趣,比较呆板和单一。倘若以这样的考据方式来讲授中国法制史,可能会吓跑学生。故而,为了使课能够上得生动有趣一些,不致使学生们听得乏味,我尽可能把注意力放在小说、戏曲方面,以讲故事的形式来给他们传授法制史的知识。不知不觉,也就演变成了今日大家热衷的"法律与文学"研究。近年来,我作的研究带有思想文化史的色彩。当然,这些资源与传统思想史可能不会很合拍。

　　对概念和理论,我一般不会在论著中单纯阐述,而是将它们与文化、社会结构、政治等问题放在一起探讨,而且每每潜藏在研究对象的背后。这种处理方式,一则是藏拙,毕竟我不是理论研究的行家里手;二则是避免与理论研究本身"撞车",况且我有自己关注的问题。另外一个我比较热心的领域,当数明清中国的司法实践,这是中国法制史近十年来的一个热点。现在,大家都在研究明清判决文书和档案,但是大多都是雷同的,问题意识和论证方法都差不多,就难免会遇到瓶颈,唯一的不同,可能是所用的档案材料不同。事实上,我读过的判决文书数以万计,可我很少拿这些资料做论文,只是通过阅读它们来形成我对明清裁判的某些感受和认识。同时,我觉得不应该忽略二十四史中涉及的司法材料。为什么大家在重视档案的时候反而忽略了正史记载的法官呢?这些法官或许最能代表中国古代官方主导和推广的裁判方式,否则他们怎么可能成为司法官员的典范呢?他们的道德品格、官场经历和裁判技巧,可以说是在传统中国体制内的主流倾向。另外,考察道德情感和自然情感对裁判的影响,解读司法官员及民众的信仰如何影响裁判,这些都是别具一格的视角,但好像没人作过专门的研究。我去年出版的《情感、循吏与明清时期司法实践》一书,就是这一方面的尝试。我觉得,学术研究是多元的,因此尽量和其他学者的研究错

徐忠明教授与学生们在一起

开,走一条略略与众不同的路,或许是一种不错的选择吧。再如,很多学者比较关注精英阶层,梁治平《寻求自然秩序中的和谐——中国传统法律文化研究》一书写得非常精彩,其所参考和引用的文献资料,基本上围绕着孔子、孟子、董仲舒和正史,等等。我觉得,如果我们再去进行这一方面的研究,可能意义不大;虽然在某些细节上可以再作深入探讨,但是宏观框架一时却很难超越。当然,我和任强教授合著的《中国法律精神》一书,也是这种路数的作品。因而我就选择了走向民间,利用一些边边角角的不怎么起眼的资料,比如宋代以后的"善书"资料,古代《三字经》《百家姓》和《千字文》这样的启蒙读物,里面都穿插了很多道德知识,偶尔也会涉及法律知识;还有戏曲、小说、谚语等等。阅读这些东西,可以帮助我们理解中国古人的知识来源与知识特点,可以发现中国古人如何通过教育塑造人和教化人,如何培养人们的法律感和正义感,以及教育与人们行为之间的关系,法律知识传播的渠道,等等。对这些资料作一番整体性的考察,应该能够拼出一幅更为完整的中国传统法律文化的图像。

记:您觉得在自己的专业领域还有哪些拓展的空间?

徐:第一,研究问题的确定。前面说过,我喜欢理论意识比较强的研究,而不喜欢就事论事,所以在解读事实的时候,我自己也会引入一些分析工具、核心概念,注重对问题的看法本身是否能够通过建构一个理论架构来解释。而这些工作,则会占去我阅读的大半时间和精力。

第二,研究态度。我主张为当下而历史,而不是为历史而历史。我的问题意识基本上来自对当下问题的观察和思考。例如,有些学者倡导大众化的司法,提倡送法下乡,其实这些做法自古就有,只是现代学者不甚关注而已。我曾经开玩笑说,关于大众化的司法,他们怎么不请我去讲讲。因为我可以讲清楚中国古代的司法官员如何以情动人和以理服人,如何以自己的言行感化人,如何将舆情引入司法活动,从而影响司法的结局。另外,在研究历史问题时,我们必须追问:历史离我们究竟有多远?这个问题恐怕不能用时间来"一刀切",而是要在过去与现在之间寻找某种关联。换言之,我们应该从延伸司法改革的历史纬度,找出两者关联的些许端倪。与此同时,在解读史料时,应该避免把自己的情感和意念掺杂进去;但是就终极意义而言,或许不能完全做到分清。一句话,为了贯通历史与现实,也就是说,为了理解现实,必须回到历史,进而通过历史来把握现实。

第三,文本与实践,以及显规则与潜规则。任何制度都有两层皮,文本表达是一层,而实践运行又是一层。中国法制史也不例外。另外,还有作为正式制度的显规则与作为非正式制度的潜规则。现在人们常常提到的"潜规则",对于我们理解传统中国的司法实践,具有特别重要的意义。

第四,关于中国法制史的史料问题。现在学者关注不多的冷僻材料,譬如司法官员的日记、传记、笔记和文集之类,我会拿来进行司法裁判的研究。有人常说,档案是第一手资料,这话固然不错。但是,我们也不要忘记,实际上档案记录可以说是被制作的,它们是被处理过的,有程度不同的虚构成分。至于为何处理,怎样处理,个中原因非常复杂,这里不便详说。总之,司法官员在建构法律事实、进行法律推理时,不但受到了制度的约束,而且受到了官场惯例的约束,甚至受到了司法官员自身的利害关系的约束,故而经由这种制作的档案,与原始事实已有不小的差距。另一方面,在档案里,很多细节已经看不到了,或者说不少琐碎细节根本就没有被记载下来,但文学材料却可以对此进行填补。在一些法官的回忆录里,不经意间倒是记录了判案时的所思所想,而这些考量则未必会被写入判决文书。我曾读过一位清代知县的日记,感触很深。他说,为什么要刑讯逼供,并不是因为当事人不肯招供,而是他招供的事实会让案件变得更加复杂,所以为了迫使他改口——用刑讯来逼出与案情相反的口供。

第五,我的若干转变。目前,我已经逐渐从"法律与文学"领域转到了法律文化史领域,比较关注法律修辞、法律宣传、司法叙事、法律态度和法律信念诸问题,在研究旨趣上,与上世纪 70 年代欧美国家逐步兴起的新文化史运动有关。那些欧洲人写的新文化史的著作,坊间能够找到的中文版书籍,我几乎全部看过,希望从中得到某些启示,借鉴某些研究方法。

第六,再说理论。正如上述提到的那样,如何取舍材料,采用什么理论来作指导,提炼什么核心概念作为研究的工具,都是研究的准备工作。但是,我毕竟不是专门搞理论研究的,如果把时间都耗在这上面,可能是本末倒置。另外,这种做法不单是在行家面前班门弄斧,而且自己的领域反而没有时间去做。我经常跟学生说,对理论问题,我可谓弱水三千,只取一瓢饮。也因此,我的理论思考基本上是隐藏在研究对象背后的。我曾经写过一本关于包公故事的书,当时借鉴了柯文"历史三调"的理论和概念。实际上,最初是想写"历史四调"的,包括传记和正史、野史笔记、包公著作,以及当代中国史学研究中建构出来的包公形象,由于时间关系——那是博士论文,必须按时交稿,而且论文已经写到 50 万字,似乎也不必再拉长了。结果,有关当代历史学家笔下的包公形象部分,就未能写出来。如果现在重新省思自己当年的工作,我可能还会借鉴英国新文化史学者彼得·伯克的名著《制作路易十四》的研究策略,把它写成包公形象的制作史或表达史。也就是说,对历史上的包公,我们说他是清官,是忠臣,可是在故事里我们看到的更多的则是一个侦探的形象,他的破案能力被神化了,所以胡适说包公是中国式的歇洛克·福尔摩斯。最近,我在读中国建筑史,尤其是衙门建筑史的资料,因为原来写包公那本书的时候,涉及了衙门的事,现在我想将它扩展成为讨论传统中国的司法空间与仪式这样的专题论文。当然,这需要读一些包括边沁和福柯之类的关于"权力与空间"在内的书籍。不消说,这种跨学科的研究,可能显得有些凌乱,做起来也很辛苦,但是我觉得很值得去尝试一下。

记:您这样的研究路数在法史学界可谓是独树一帜了。

徐:是否独树一帜不好说,也不敢说,然而这确实是我多年来的追求。别人读到我的东西,大致上能够读出我的风格。另外,在文字表达方面,我也有一些怪癖,比如喜欢用双音节的词,以及喜欢错落有致的文句。还有,我也喜欢一些冷僻的话题,来作法律文化史的研究。在最近发表的《凡俗与神圣:解读"明镜高悬"的司法意义》一文中,我搜罗了有关中国古代镜子铸造的工艺,以及在方术,儒、道、佛三教里各种用法的资料,并借鉴别的学科分析和阐释镜子的文化意义的成果。在了解镜子的功能和文化内涵后,再置入"明镜高悬"下来加以观察,结果发现它的含义很是复杂。坦白地说,我的解释也许是不对的,根本没那么多的说法和内涵,但我相信,学术研究应该有想象力。据我看来,一个学者很重要的能力,就是想象力;有了想象力,才能在解读一个现象或制度时,让被解释的对象变得更加丰满。当然,想象力的培养必须依靠大量的阅读,有了足够的阅读量和阅读面以后,才会迸发思想的火花。别看一个小小的研究,其实它的背后所牵连到的东西可能很多,也很广。虽然这种研究会很耗费心力,但是为了寻求对一个问题的多元性和丰富性的了解,我愿意这么做。不知道你们是否留意过中国教育史、中国出版史、中国印刷史和中国阅读史之类的研究,我看了这些书籍以后,觉得这可以延伸到思考法律传播的问题上来。譬如,有关法律的书是哪些作者写的? 他们为什么写这样的书? 这些书是通过什么途径流传的? 这些书的价格如何? 哪些人买得起书? 它们的读者(受众)是哪些? 进而,这些承载法律知识的书又是如何影响人们行为的? 等等,我觉得这些问题都很有意思。

> 虽然我每天都在这里教书,但究竟怎么个教法才能满足社会的要求,满足学生的要求,满足学术本身的要求,使得这三者能够平衡,我始终感到很困惑。

记:您对当下中国法学教育有些什么看法?

徐:坦白说,很迷茫。2009年上海交通大学法学院的季卫东教授,召集国内十三所综合性大学开展了一次法律教育的研讨会。当时,我提交了一篇《让人迷茫的中国法律教育》的短文,就表达了这种迷茫。

第一,中国法律教育的门类让人感到迷茫,本科、专科、自考各自为战,硕士阶段又有学术学位、非学术学位(法律硕士)以及非法学本科的硕士和法学本科的硕士。由于名目繁多,如何因材施教也就成了问题。一般来讲,老师思考问题的方法是比较模式化的,加上课时有所限制,因此针对不同门类、不同层次的学生,其实很难有所区别,到了博士阶段似乎更难应对。

第二,现在大家都讲通识教育,像我们中山大学还成立了博雅学院专门进行通识教育。然而,法律教育到底是通识教育还是职业教育呢?对一个高中毕业进入法学院的本科生,即刻开展职业教育,是否合适?疑问不小。

第三,目前,教育管理部门规定的主干课程有十六门。在我们这里,是四十分钟一节课,采用十六周一学期的制度,这变相减少了课时。但是,要命的是教科书却越写越厚。倘若不按教科书来讲,学生考试怎么办?另外,本科阶段的公共课很多,实习也越来越受到重视,如何合理协调时间?现在,大三学生又可以参加司法考试了,学生们都在忙活这些事儿;有些学校似乎不关注学术性教育,而把精力都放在司法考试上了;而用人单位呢,也很看重应聘学生是否已经通过司法考试。如此一来,常规的课堂教学怎样有序进行?本来,这是管理部门与用人单位之间的对接问题;现在,学校夹在中间,只能作出相应变动,配合这样的局势。其间,通识教育如何进行?现在的学生都很现实,大二结束就去实习,大三准备司法考试,大四忙着就业。所谓提高教学质量,从何谈起!

第四,各种考试支配了大学的教育。司考冲击大学法科教育,已经是毋庸置疑的事实;加上用人单位大多希望挑选通过司考的学生,这根指挥棒的冲击更有威力。此外,研究生考试也出了状况。我们知道,像北大、清华一类的学校,面试的权重很大;换言之,笔试即便第一,但是考官如果觉得你面试表现不佳,照样可以否决;可是实际上却没有老师敢这么做。因为在今天的网络时代,笔试第一的考生如果被淘汰了,在网上一宣扬,人家就会说你背后有"猫腻",解释不清,也没法解释。自从"朱甘事件"出现以后,谁还敢做此事?另外,有人提出研究生的法学考试采用统考方式。众所周知,每个学校、每位导师都有自己个性化的一面,一种模式下如何区分重点与特色?实在令人摸不着头脑。现在,不少考生通过死记硬背就能拿到高分;这样一来,各个高校就采取了保护措施——增加免试推荐的指标,以便留住本校的学生,或者接受诸如211或985学校的学生。值得注意的是,不少高分考生,在面试被问及读过哪些课外书时都傻眼了。这是因为,在考试支配下的学生,很少有兴趣、有时间阅读课外的书。在这种情况下,通识教育如何进行?如果真的定了法律是一种职业教育,那就不要再赋予大学承担学术教育的使命,干脆教科书编薄一点。或者让那些三流法学院搞职业教育,一流法学院搞学术教育。然而,有这个可能吗?这样做合理吗?

总之,当下中国的法学教育,可谓一笔糊涂账,也可谓一片混乱。虽然我每天都在这里教书,但究竟怎么个教法才能满足社会的要求,满足学生的要求,满足学术本身的要求,使得这三者能够平衡,我始终感到很困惑。

记:您认为法学界的中青年学者现在浮躁吗?

徐:这恐怕不单单是中青年学者的问题。曾听北京学界的朋友说,现在的教授夹着包包,见面只有一字,曰忙!是啊,很多人忙着挣钱,忙着做高参,真正有多少人忙着做学术,实在很难说。还听说,现在的大学教授,一年里能够潜心读五本书的也不多了。果真如此,就不必说什么了。有时,我们可以发现,这种"浮躁"的根源来自体制。譬如,把大学当做养鸡场来办,就是根本原因所在。当然,现在法学著作的产量很高,看起来也很繁荣,但繁荣的背后却是学术泡沫的聚集。为什么法学著作的产量很高,而学术含量则有限呢?我的答案是,中国念法学的学生很多,司法队伍的规模很大,因而读者市场也很大。有时大家开玩笑说,高层领导主编的书不是在书店里销售的,而是由各个司法系统发文下去要求认购的,并且要求人手一册,由于公款购买,就完成任务了。法学著作之所以高产,也是因为现在出书要比发表论文容易得多,有的自费就可以出版了。如果用宽容的眼光来看,这种"以数量充质量"的状况,也不是很糟糕,因为一百本书里总有一本好书,甚至更多。

记:您觉得现在的学术环境如何?

徐:像中大这样的学校,学术环境应该说是很宽松的,学校也允许"孤独思想者"的存在。当然,我们也有绩效控制,三年一考核,根据这三年的成果来定下三年的绩效工资。对教授来说,标准定得相当低:每年发篇文章,三年之内有个课题,就算达标。至于其他,就全靠教授自律了。这样做有个好处,让教授能够慢慢思考,慢慢写作。从崇高角度来说,可以让教授酝酿一部好的作品。但是从负面角度来看,教授也可以躺着不干活,容易养懒人。我个人觉得,为了把好的作品"孵化"出来,以养些懒人作为代价也是必要的。不然,只能制造出更多的学术垃圾,这是没有任何意义的,还不如三年、五年甚至十年,出些像样的成果。这是因为,学术只能比高度,不能比数量和体积,纯粹的数量考核是没有什么价值的。比如,有人常常拿贺卫方教授作品少来说事儿。其实,他的研究

《名公书判清明集》的论文,讨论传统中国司法类型、当代中国司法的实证研究和司法管理的论文,以及辨析传统中国契约与合同概念差异的论文,都足以使他成为中国法学界的第一流学者。再如,梁治平教授也有十多年没有写论文了,但是这绝对不会影响他在中国学界的崇高地位。据我看来,对这样的教授,进行"定期"的考核,没有任何意义。可见,学术研究在乎达到的高度,而非出版的数量。虽然我提出这样的主张,但是我们国家的一套体制摆在那里,教育部要考核学校,根据学校的教学状况、引进人才、科研成果等等一系列数字,配套发放经费;学校对各个学院也是这样,学院对教师唯有如法炮制。这是一个套子,大家都是套中人,也都很无奈。这些年来,大家也都习惯这种体制了,或者说彼此耗着;倘若突然修改了、甚至抛弃了这个套子,没准儿还会把一些冲突激化出来呢。如果没有更好的办法,就只能从正面激励优秀成果的产出。

记:您可以简要地评价一下中国目前的法学研究状况吗?

徐:总体而言,学术水平还是有了明显的进步。以法制史研究为例,90年代中期之前比较单一,成果也很少,但是最近十几年却明显呈现出了多元化的趋势,在研究对象、材料、方法等方面也都可以看出,对传统中国法制图像的描绘变得更加深入、更加清晰。在我看来,这种多元化本身就是一种进步。另外,刊布的论著明显增加了,质量也提高了。我记得80年代初,华政的图书馆没什么书可以读,即使到84年毕业时,我们的教材还是油印出来的一张张散装的,或者装订简略的,手拿了以后发黑的文本。印象中,正经出版的教科书大概也只有国际法、法医学。国外与法学有关的书,基本上是欧洲18—19世纪和前苏联的翻译作品。像84年上海译文出版社出版的法国比较法学家勒纳·达维德的《当代主要法律体系》一书,可谓少之又少。如今,情况有了极大的改观,法学书籍已经汗牛充栋,加上网络上又有海量信息,根本读不完。

记:最后,能否请您给我们年轻学子提几点希望?

徐:作为读书人,最重要的任务当然是读书。现在的学生书读得太少,从本科到硕士到博士,好像都有读书太少的问题。有些人写论文,不少资料是照搬别人引用的文献,甚至是转引别人的参考文献,摆个样子,充充门面,而不是一摞摞书自己读过来的;这种所谓的读书,不会有深刻的感受。据此,我特别同意林毓生有关"读书比慢"的提法。另外,学生对现实的关注不够。我们看到有不少人沉溺于网络上的泡沫,对真正有社会影响力的事件认真思考得不够,而将其作为谈资的居多。所以我的建议和希望就是多读书,读好书,也多关注现实。

(陈 艳)

关保英
Guan Baoying

1961年生,陕西省澄城县人。1983年毕业于西北政法学院法律系。1991年起担任中南政法学院行政法教研室主任,1995年5月被任命为中南政法学院公安与行政法系副主任兼行政法教研室主任,1999年9月被任命为中南政法学院宪法与行政法研究中心主任。现为上海政法学院法律系教授,博士生导师,上海政法学院副院长,行政法研究中心主任,上海市重点学科"行政法学"负责人,第八届民建中央委员会法制委员会委员,民建上海市政策委员会副主任,上海市青浦区人大代表。1999年被评为中南政法学院十大学术骨干,1998年被评为湖北省跨世纪学术带头人,1999年被评为湖北省有突出贡献中青年专家。2003年被评为上海市十大"优秀中青年法学家",同年被《上海社科通讯》作为"社科新人"推荐,2006年被上海市法学会评为建会以来十八位优秀法学家之一。

代表作有《市场经济与行政法学新视野论丛》《行政法的价值定位》《行政法模式转换研究》《行政法服务论的逻辑结构》《执法与处罚的行政权重构》《行政法教科书之总论行政法》《比较行政法学》《行政法时代精神研究》《行政垄断之行政法规制》《行政法的私权文化与潜能》《行政法分析学导论》等等。其中《行政法的价值定位》1998年获司法部社会科学成果著作二等奖,武汉市政府社会科学优秀成果二等奖,武汉市法学会社会科学优秀成果一等奖,2003年获上海市法学会优秀成果二等奖;《行政法的私权文化与潜能》获2004年上海市第七届哲学社会科学优秀成果二等奖;《行政法教科书之总论行政法》2007年获上海市优秀教学成果二等奖,《行政法与行政诉讼法》2009年获上海市教育成果三等奖。参与编著《行政法案例教程》,主编司法部教材:《法学概论》《行政法与行政诉讼法》《行政许可法教程》《行政法制史教程》《行政处罚法新论》《行政法史论丛》《行政法史论丛(二)》《行政法思想史》《自然资源行政法新论》《当代中国行政法奠基史》《行政法认识史》《外国行政法编年史》等等。在国家核心期刊上发表了一系列重要论文:《行政法学体系全球趋同之解析》《行政直接强制的程序探讨》《论上下级行政法机关之间的法律关系》《论内部行政合同》《行政法学分析逻辑的认识》《论行政成文法主义的危机》《论行政责任的法律基础》《论抽象行政行为主体与具体行政行为主体的分离》《论公共利益的法律限制》《行政主体的义务范畴研究》等等。

> 什么样的人才能叫做法学家?我认为法学家应该具有与学者同样的学术品格,有独立的学术人格,有独立的思辨能力,对法学家而言还要对本学科有一个总体上的理念方面的判断,它的价值体系,它的方法论,它的概念系统,你有一套理论能够解释这些东西,而不能说只要对这一学科的某一个具体方面有一定的想法和认识就能叫法学家,就像你会弹钢琴不能说你就是钢琴家、音乐家一样,法学家应该有更高一层的要求。

记(以下简称"记"):谢谢关老师抽出时间接受我们的采访。我们的采访首先主要是谈谈您参加高考之前的经历,"文化大革命"对您的学习和生活有什么影响?

关保英(以下简称"关"):"文化大革命"对我的影响很大。"文化大革命"期间我学得很多方面的知识和技术,可谓"多才多艺",骑自行车、拉二胡、练长跑、打算盘、吹口琴等等,因为那个时候整个学习氛围很轻松,所以有机会学习很多别的东西。

记:那您是自学还是别人教的?

关:都是自学的。在农村都是自己跟农村艺人学的。

记:您老家是陕西的吧?

关:对,我祖上都是农民,我父母也是农民。

记:那在"文革"中没受什么冲击吧?

关：基本上没有受到什么冲击。

记：那您所在学校的教学秩序还正常吧？

关：教学秩序相对现在来讲肯定不正常。当时学生主要是以学为主,兼学别样。兼学别样就是,在学校里边,我们中学有自己的一块田,叫做实验田也罢,农民基地也罢,在这个地里边种种谷子,种种别的庄稼之类。在高中的时候,我们班上还自己养猪,年终的时候就卖了,给大家发点钱。

记：那个时候感觉到"文革"对学习生活有什么太大的影响吗？

关：当时就是以学为主,兼学别样,这是毛主席的"五七指示","五七指示"要求学生"不但要学农,而且要学军,学工"。我们要一边学习,一边抽出一定的时间参加劳动。上大学是实行推荐制的,工农兵推荐,对农村小伙来说,是没有什么机会的。没有什么机会的情况下,大家就不会认真去学习数理化这些东西,我初中、高中基本上就没有好好学数理化。那个时候我读的是中医理论,汤头歌背了很多首,基本上可以开药方了。

记：这是您自己的兴趣？

关：对,是自己的兴趣,这也是自己的打算,在农村当个医生,帮人看看病,可以作为谋生的手段。

记：那在此之前的"大跃进"运动您可能没有什么印象吧？

关：我是61年出生的,对"大跃进"没什么印象。

记："文革"期间有什么印象很深的事吗？

关：我印象比较深的,就是红卫兵游行。那时候我还小,只有十几岁,但还是有印象。然后就是批林批孔,这个我见得比较多。那时候我正上初中,74年年底,75年年初,大家除了学习以外,一个很重要的内容就是政治学习,讨论关于批林批孔的理论,要把林彪和孔子联系在一起批斗,批林必须批孔,孔子有一段话讲克己复礼为仁,仁者爱人,那时候我们就是要批这个东西。为什么要批这个东西呢？因为毛泽东的哲学是斗争哲学,要斗,斗争推动社会发展,就是要与天斗,与地斗,与人斗,谁能斗谁就是英雄。当时初中升高中我们都是推荐的,要求学生要有斗争精神,要敢斗。因为我当时在班上也算是敢斗的,敢讲话,敢吵架,反正是胆子比较大的。胆子大的人由于有斗争精神,就被推荐上去了。所以我初中升高中很方便。初中升高中时很多老老实实学习的人没有被推荐上,虽然数学物理学得好,但由于平时不吭声,做老好人,没有斗争精神,就不能被推荐。

记：您是83年大学毕业的,那么推算起来的话应该是79年高中毕业的？

关：因为那个时候我们实行的是满年制,满年制不是现在的从9月到次年7

月,而是 2 月或者 3 月进校,12 月份就毕业,就是过了春节以后进校,然后再过春节的时候就毕业,当时陕西这个制度持续了很长时间。我上初中是 74 年 2 月,然后到 75 年 12 月初中毕业,两年就初中毕业了。初中毕业就被推荐去念高中,77 年毕业。

记:高中也是两年?

关:对,高中也是两年。但是 76 年的时候遇到粉碎"四人帮",就延长了,延长了大半年,78 年毕业的。

记:您是 78 年一毕业就参加高考的吗?

关:78 年毕业后我们试考了一次,但是我们这个地方一个人都没考上。然后有一帮学习好的人留下来继续考,我 79 年考上。

记:当时您是考上西北政法学院法律系?

关:是的。

记:那为什么想到读法律系呢?

关:文科院校很少,能够选择的很少,重点的就是中山大学、人民大学、兰州大学等。陕西的就是陕西师范大学,我们当时不想当老师的,不想读师范院校。

记:为什么?

关:因为那个时候老师在社会上地位不高,被认为很抠,特别看重钱,所以都不想当老师,如果被师范院校录取就是很糟糕的事情,说明考得比较差,而且那个时候还有别的就业途径。当时对于我们大多数学生来说只要能从农村出来,拿着国家的饭碗就行了,哪怕中专也行。那时候大学和中专是分开选择的,要么考大学,要么读中专。我算胆子比较大的,就报了大学,我们班有几个胆子比较小的报的是中专。我们班有个很优秀的女生,她报的是中专——陕西卫校,结果考上了,如果报大学的话本来也是很有希望的。

记:胆子大也是有好处的。

关:对。当时可报的文科院校很少,我们还算是不错的。那时候刚好西北政法学院是第一届招生,和华政一样是恢复高考后的第一届,是"文化大革命"后招的第一届。我刚好赶上这个机会,没有被录取到师范院校。

记:能谈谈您的大学生活吗?

关:大学里面我们的学习氛围非常好,干闲事的人基本没有,那时候没有网络,也没有别的活动。我在小学的时候身体不大好,从初中开始我就练长跑,初中、高中开运动会的时候长跑都可以拿到第一名,400 米以上的中距离和长距离我都跑得很好。后来在大学里我的长跑也很好,跑 5000 米我一般都是冠军,所以参加了校田径队,没有踢足球,也没有打篮球,除了练长跑的时间都用来学习。

记：听说那个时候大家都挤着去图书馆？

关：每天都要提前去图书馆占位置。

记：因为资源比较少？

关：对，有这个原因。还有当时的图书馆有暖气，教室里没有，因为北方的冬天比较冷，所以一到冬天就都在图书馆里面。我们旁边是陕西师范大学，再旁边是外国语学院，外国语学院的学生的学习精神稍微差一点，陕西师范大学的就不一样，因为是重点院校，当时全国 6 所师范院校之一，学生素质比较高，所以它的教室每到周末都是满的。我们西北政法大学的学生学习精神也蛮好的，一到周末整个教室基本都是满的，没有人或者很少有人出去玩。那时候有几首歌曲很流行，像"青春啊青春，美丽的时光"，你们听过这首歌吧？是一部电影上的歌，我们一上大学唱的就是这首歌。然后就是《80 年代的新一辈》《泉水叮咚》，当时大家爱听的、爱唱的就是这几首歌。那时候校园广播一打开就有这样的很催人上进的歌曲，没有流行歌曲，流行歌曲是 80 年代后期才有的，83 年以前基本上没有流行歌曲，都是民族唱法和美声唱法。

记：您大学时候有什么印象深刻的老师或者同学吗？

关：我们入校的时候平均年龄将近 24 岁，我是 61 年出生的，有比我大 11 岁的，50 年出生的，51 年、52 年、55 年、56 年的也很多。很多同学都是身怀绝技，比如说我们班有一个上大学前是在乡里的广播站工作，弄这些广播器材很厉害，很会使用麦克风。我们当时开始上学的时候，老师比较紧缺，上课 5 个班挤在一起，在大礼堂上课。有一个管麦克风的姑娘，她弄不好这个麦克风，每次都是我们这个同学去搞的，一弄就弄好了，这个印象比较深。还有一个以前是放电影的，有一次电影队在我们学校里面放电影，是录像电影，结果放不好，他就上去帮他们弄好了。陕西高校很多，当时我们西北政法这一届在整个陕西高校是很有名的。我们班有一个师级篮球队的，在部队上师级篮球队打主力，后面 80 级的也有一个是师级的，两人配合在陕西高校里面拿过冠军。还有一个拉小提琴的，曾在陕西豫剧团。我们学校的乐队，就是拉小提琴，搞的管弦乐队，在陕西高校义演里面也拿过一等奖。光我们班会拉小提琴的就有 8 个，拉得很好，多才多艺。因为初中、高中学习压力很小，没事干，所以他们城里人就拉拉琴什么的。当时我们班还有车间主任，我们班长就是，入校的时候好像有 8 名党员。

记：老师呢？有什么印象？

关：老师水平参差不齐，有的老师是从公检法机构调上来的，调上来后就上课,讲实务还可以,理论不行。有几个老师是很有水平的,比如周伯森,他是湖南人,讲刑法的,80年就开始招研究生了,他在刑法界影响比较大,现在已经过世了。我们学校里面有个老师叫杜辛可,他是教逻辑学的,现在叫法律逻辑,他很有风度,课也讲得非常好,讲话很重的陕北口音,他是杜聿明家族的。我们开的这个法理课程,当时叫做国家与法的理论,这方面有个老师是湖南人,他的板书都是纵排版的,不是横排的,字写得非常漂亮,但是他的湖南口音重,我们听不懂。西北政法学院的学生基本上是从陕西、甘肃、青海、新疆招来的,所以基本上听不懂南方人讲话。当时我们法律教研室的主任马珠彦老师就当翻译,别的老师用湖南话讲,马老师就用陕西话翻译过来,马珠彦老师不会普通话,他讲陕西话。当时老师讲课都是哪里人讲哪里话,很少用普通话讲。这些老师政治上非常坚定,进行的都是很传统的马克思主义法律理论教育,所以我们大学里接受的教育都是比较保守的。

记:没有那种思想比较活跃的老师?

关:那时思想活跃的老师也有,但是比较少。马珠彦老师的课就讲得很好,他是讲法理的,就是国家与法的理论,他从头讲到尾,不要稿子,每次都是两只手拿着粉笔在玩。我们说他记性好,他不光记性好,口才也特别好,特别能讲,我们2003年大学毕业20周年聚会的时候还见到过他,身体还不错。

记:您大学生活中有什么印象比较深刻的事情?

关:那个时候大学生们的思想,应该还是比较开放的,大部分同学对于国家的发展考虑得还是比较多的,包括自身的权益、忧国忧民的思想。有一件事情,当时我们吃饭怎么吃,你们应该想象不来,是用餐证制,一个人一个餐券,早中晚三餐,比如早饭,餐券交了以后,一人发一份,一碟花生米,一碟蔬菜,然后呢就一碗稀饭,一个馒头或者一个发糕。中餐就是两个馒头,一个蚂蚁上树,就是粉条里边放点肉末。你个人没有选择的余地。后来大家发现这个制度不怎么好。当时我们有国家补贴,我一个月是22.5块的补贴,22.5块那时候是很管用的,相当于一般工人的工资,工人好的话一个月有50块的工资,差的一般30块,22.5块相当于我们吃饭国家已经管了。但是学校将国家发的这个钱换成餐票,我们就觉得这样不行,而是应该把餐证换成饭票,我要吃什么、吃多少我自己决定。我们提出意见后,学校还是没改,还是继续搞餐票,然后学生就写大字报,因为那个时候大字报是合法的,75年、78年《宪法》规定的,"大鸣、大放、大字报、大辩论"都是合法的。大字报就是字很大,写在报纸上张贴在校园食堂里面。张贴完以后,要求学校派人来食堂里面体验,结果上面来人体验过之后,还是没解决。有一个周末我们决定干脆不在学校里边吃饭,拒绝吃食堂的菜,集体带校徽,到外面吃饭,我们队伍已经组织好了。我们班有个人画了一幅漫画,漫画上边画了一个管后勤的校长,还画了总务处的处长、膳食科的科长几个人,然后把他们丑化一点,但是没说是谁,再在下面写道:"谁说伙食不好,谁说不够吃,我怎么长得这么胖!我怎么这么扎实!"刚好那几个人都挺壮实的,那时候胖子不多,不像现在到处是胖子,就把这个东西贴在食堂里面,校长和科长过来一看,上面画着他们,又黑又丑。看我们要出去游行,学校就开了个会,把这个餐证制改成饭票了。每个月每个同学发30块饭票,你想吃多少就买多少。那时候在争取自己权利方面还是敢讲话的,敢主持公道。再有一个是81年中国女排在日本拿了世界杯冠军,还有中国男足冲击82年西班牙世界杯,小组赛中国上半场0:2落后沙特,下半场4比2赢回来,大家很激动,都自发地跑到离我们学校五六公里的钟楼去游行。足球比赛是晚上进行的,所以我们游行都是晚上。那时候中国足球队不错,比现在国家队强得多。

记:那个时候你们是在哪里看的比赛?

关:学校里面有几台电视机。大家一起看的时候气氛很好,每进一次球大家就大声吼。那时候年轻人都有一腔热情,对于国家的事情还是蛮关心的。

记:您当时的专业是行政法吗?

关:我是大学毕业后才开始学的,我们大学当时没开这课。

记:当时大学里面不分专业吗?

关:不分。

记:那您是如何走上行政法教学道路的?

关:我大学毕业后当时是作为师资被分到中南政法学院,当时中南政法学院正在恢复。一个西北政法学院叫周振华的副校长,一个西南政法大学叫王家惠的副校长,由他们两个来筹建。当时我们分配的时候基本上是哪里来哪里去,我们西北的就不可以来南方,当然国家机关需要的除外,当时严格实行计划分配,自己没有选择余地,比如说有好的地方你想要去,这是不可以的,有的同学想到县里面去,但是不行,你必须服从分配。当时我们作为师资由周振华带过来10名,任教后就跟了廖晃龙老师,他是50年代搞行政法的,我们就跟他学习行政法,他是我最开始学习行政法的老师。到85年上半年,司法部办了全国第一期行政法师资培训班,我正式起步是从这个培训班开始的,培训班当时有将近六十人,这个师资培训班现在叫做"黄浦一期",从3月份到8月份开了半年,只办过这一期。现在很多行政法的知名教授都出自那里,像苏州大学的杨海坤,上海交大的叶必丰,山东工商大学的孟鸿志,西北政法大学的王周户等。

记：您选择行政法专业是工作的需要还是有其他什么原因呢？

关：我那时对历史和政治比较感兴趣，我高考时历史和政治考得很好，当时对于那些法律的程序，比如诉讼法要记期限、日期，被告、原告这些东西不感兴趣，我比较侧重于理论思考，觉得行政法与政治理论比较对我的"胃口"，因为里面涉及很多权力限制的问题，比较接近政治理论，所以我选择了行政法的研究，我的研究在行政法哲学、行政法基础理论方面比较多，对行政法形而上的研究做得比较好，是比较少见的，基本上对于行政法每一个理论问题，我都有自己的认识，而且都有成果，有著作或者有"厚实"的论文。

记：行政法专业在发展过程中有什么重大的争论吗？

关：行政法倒是没有什么争论，按照我个人的看法，行政法发展过程是不大正常的，非常重要的一个原因，就是行政法学和行政法工作没有区分，我们的很多行政法学家是在做行政工作，比如说帮政府制定一个行政法规范，帮政府制定一个有关行政管理的规则，帮地方政府做点有关政府法制方面的工作。我们国家的行政法学总体来说理论上的思辨比较少，我个人认为大多数的行政法学家基本上的定位都是行政法的工作而不是行政法学的研究，所以我在2005年第3期的《法学家茶座》中写了篇《"学者"与"学究"》讨论这个问题。在中国行政法学乃至整个法学界缺乏学究，所谓的学者是有的，但是缺乏学究。我以前是反对学究的，认为搞学问不能成为学究，但现在中国需要学究，需要的就是这样一个对某个东西进行理性思辨的学者，我把他叫做学究型的学者，否则，我们和别人还是有很大的距离。在中国，行政法学总体格局远远落后于私法研究，比如民商法的理论研究。落后的原因是我们这个法与政府工作太接近，而且搞行政法研究的人很多是政府机关的，或者他们也愿意接近政府机关。去年我在

苏州大学做讲座时就讲了这么一个观念:中国的行政法研究要远离行政法的实践。有些人认为研究应该与实践结合,但我认为行政法的研究要远离行政法的实践,因为中国现在的行政法实践,很多问题都是很不清楚或者很混乱的,如果学者还在行政法实践中掺和,而且还和政府工作者、政府机关搅在一起,这样下去是不利于推动行政法学的进程的。所以行政法学应该有自己的一套独立的学术规范,而这个学术规范应该是超前于中国行政法实践的,应该站在行政法实践之上,而不是在行政法实践之下的。所以我的研究一向是在理论方面,不太喜欢去研究具体的东西,比如行政法学界很多学者研究行政行为,我基本上就不太去思考这方面的问题,当然偶尔也写一篇这方面的文章,但我认为它在行政法理论里面是一个非常小的环节。

记:那您认为我国的行政法学理论研究的整体发展状况和其他发达国家的行政法学有什么差距?

关:差距就在于我们的行政法学理论研究还没有形成自己的一套方法论,没有自己的一套概念系统。我去年写了一本书叫《比较行政法学》(法律出版社出版),谈到了这个问题,行政法学要成为一个学科,首先必须有方法论,一套概念系统,有可依靠的理论基础,然后形成一套基础理论。我们国家行政法学的现状是理论积淀太单薄,理论基础太单薄,就是我刚才所说的行政法学的研究者大多数热衷于行政法的工作,更愿意帮政府做些事,更愿意按照政府的思路来做事情。我们国家行政法的实践性,或者说实用性太强,相对地超出了这个理论体系,而且多数学者也不愿意坐下来思考这些深层次的理论层面的东西,这是我的一个基本上的判断。

记:您对当前我们国家的学术氛围有什么评价?比如说学者心态方面您有什么看法?

关:整个学术界,真正愿意思考的人,可能要少于从事法治实践的人,我前几年发表了一篇文章谈到,究竟什么是法学家,你必须有个界定,但是现在中国的行政法学家是林林总总、形形色色,有的人占有比较重要的资源而成为法学家,有的人因为人品比较好而成为法学家,有的呢,因为会搞公关而成为法学家,所以真正的法学家如何界定?我觉得这是一个值得学界反思的问题。因为现在很多人都说"我是法学家",但是真正达到理性思辨的法学家有多少?

记:您认为理性思辨是判断一个学者是否是法学家的标准?

关:对,不是说你对这个学科里面的某一个具体方面有所研究就是法学家,而必须对这个学科的基本价值、基本的方法论有一个深刻认识,才能叫法学家。像你会弹钢琴,钢琴弹得好,但不是音乐家,不是钢琴学家,而只是会弹。你会看行政法里面的某个问题,你只是一个法律工作者。法学家是什么?就是你对这个学科有一个总体的理念上的判断,关于它的价值体系、它的方法论、它的概念系统有一套东西能够解释。

记:根据您的观点,您认为法学家应该多搞点理论研究?

关:对。

记:那您比较推崇什么样的研究方法?

关:研究方法是多种多样的,是不定式的。美国思想家法伊尔·阿本德写了一本《反对方法》,指出在学术研究中不要刻意地讲究方法,在科学研究中要讲无政府主义,不要受规则的限制,不要受外界一些非理性东西的限制,科学研究就应该是这样。法学家对法学的研究也应该是这样的,不应该受外界非理性东西的限制,比如说实践层面的限制、制度方面的限制,甚至于意识形态层面的限制,如果你受的限制多了,那么你的研究不可能很科学。科学和价值观、意识形态不一样,科学的研究是没有价值判断的,而意识形态的研究是包括价值判断的。科学,通过研究,合理的就是可以承认的,不合理的就是不可以承认的。所以价值判断是制约中国法学研究发展的一个重要的问题。在法学研究中,由于大部分的学者们搞法律工作导致法学发展很慢,这就是由于我们有很多的价值判断制约了法学的发展,所以我们要发展的话,就要把很多方面的价值判断丢掉,回到社会的本质上来。

记:您对现在法学界的中青年学者有什么评价?

关:现在网络世界太厉害,网络世界有好处,但是它也有很多的问题,我对网络不熟,我喜欢用钢笔写文章,但是我用钢笔产出的不比用网络慢,而且我还刻意去回避网络上的东西。我大多数的时间还是在读书,我读书是从古希腊苏格拉底开始,基本每个当代哲学家的著作我都读,他们基本的政治哲学我都很熟。现在的很多学者都没时间读书,年轻学者哪有时间读书?从发表的文章注释就知道他有没有好好读书,在没有读书的情况下,想写出很好的文章,形成一个思想是很难的。人类文明发展到现在,是多少代人积累的结果,每一代人都是在这个链条上,这一代做了什么,那么下一代就该接着做什么。如果你不知道古代人做的是什么,古代人的思想是什么,难成为一个大思想家,所以现在很多年轻人写的文章一看就知道是胡拉硬抄的。比如很多人把法经济学博弈论的东西搅到行政法来研究,博弈论是高等数理的东西,不是一般学者能够搞懂的,他自己没搞懂,还在那里瞎讲一通。经典作家的作品很高深,很多人都看不懂。现在有些人搞行政法工作,他的文章太简单了,以至于一般的人看两眼都能看懂。这样的文章很难说是学术文章,在行政法领域有很多这样的文章。专业文章不能玄得让其他人都看不懂,也不能让其他什么人都看得懂,文章得有一定的学术价值。

记:那您在写论文这方面对青年学子有什么建议?

关:先多读书,不要急功近利,不要急着说我在核心期刊上发几篇。实际上我真正出成果是在93年之后。我83年毕业,毕业10年以后才开始有成就,93年之前基本上没发表过文章,一篇都没有。这段时间我都是在看书,亚里士多德的、孟德斯鸠的,读哲学著作,后来我写东西就非常方便,所以写的文章引注很规范,引处也很多,对问题的思考也能够上升到形而上的理论层面。我现在每年都会在核心期刊发表6篇以上文章,最多的达11篇以上,今年估计会发8篇以上。我的文章都很厚重,2万字以上,最长达4万字。

记:但是这种长时间的积累和现在这种环境,比如青年学者急于要评职称这种现实是不是有点冲突?

关:这个就是现在没有办法解决的问题,对于年轻学者们来说也是不公平的,怎么处理好发表文章和学术研究的关系,是年轻学者一定要搞清楚的,不能误认为发表文章就是学术研究,发表文章和自己的学问不是成正比的,不是发的文章越多学问就越大。有的学问很大,但他就是不发表文章,就像苏格拉底。年轻学者要处理的是你要谋生,你就不得不发表文章,但是也要知道发的文章是干什么用的,最终还是要做学问的,不能为了谋生而谋生,为了谋生而做学问,事业是事业,和谋生是两个概念。现在有很多人就是为了混饭吃而去做学问,这是不可以的。

记:行政法与其他专业相比,在中国不是一个很成熟的专业,您觉得这个专业的发展空间在哪里?

关:它的空间还在基本理论上,在行政法的方法论、概念系统上,现在最根本的问题就是行政法不像民法那样有一套完整的概念系统,行政法的概念系统基本上还没有建立起来,行政法的很多措辞,和政治学、行政学、日常生活中的用语基本上没有区分,所以整个行政法还是要作理性思辨。

记:行政法这个专业也是一个实用性比较强的专业。

关:实用性的问题对于学科来说不是问题,一个学科有个好的理论,那么它指导实务就很方便了,现在很多人说理论和实际相结合,从实际来研究,然后要适合中国国情,把实务和中国国情等同为一个事物。很多人说和实践相结合就是要和中国落后的管理方法结合,就是说大家构想了一个很好的制度,然后比较顽固、"左"一点的学者就说这个不适合中国国情,他把这个实践等同于中国国情是错误的。这就是我为什么要说学者要和法律实践保持距离,要有一定的超越性,要有自己的学术人格。我们可以制定一个行政法典,如果不成熟,可以先不制定这个法典,一个不成熟的东西弄出来后就是一个麻烦,就会给社会、给老百姓带来麻烦,而不会带来好处,我们的很多制度都是这样的,包括行政诉讼、国家赔偿制度。为什么我们的行政案件很少,行政机关的胜诉率很高? 因为这个制度设计本来就有问题,上海的统计好像是十万个的行政行为只有四点几的才提起行政诉讼,这正常吗? 这是上海的实际情况,说明这个制度是有问题的。在这种情况下,有些东西不成熟我们可以先不做,因为现在很多法律出台都是这样,学者们构想了一个不错的东西,但是政府还是不能接受,不能适应下去。按照我的想法,学者们应该坚持,不能说学者按政府的要求去做,那么这个东西本质就变了。如果不成熟,学者们慢慢做,慢慢改。研究要和实务适当分开,比如,美国的高校为什么学术搞得好,就是学者们的研究往往不会为外界所动,去年我访问了美国多所大学,问他们:你们每年的律考对教学有没有影响? 有没有按照律考的要求来教学? 我们现在高等院校受到律考的冲击。哥伦比亚大学法学院老师们就讲我们不考虑律考,而是严格按照法学教育的规律来做,事实上是没有考虑这个律考,从理论上、学理上来教学的法律院系,律考的通过率要高于实务的、重视律考的大学,这就是说高水平的法律院系看重独立的学术人格和学术价值,而不是政府需要什么,就马上学什么,国家需要什么,就马上做什么。

记:您赞成法典与其没有还不如先弄一个,再慢慢修改吗?

关:这个我不赞成,我觉得不成熟就不要弄,因为一旦制定出来以后就是致命的,有很多人都说中国腐败,最大的腐败是规则腐败,不是人员腐败,一旦规则腐败,老百姓一点办法也没有。规则搞不好,就先不要搞,一个不好的规则出来,导致的后果不堪设想,我们现在很多法律在这方面都没有做好。

记:您认为比较理想的学术环境是什么样的?

关:在中国目前情况下,我们还是不要过分地强调法学的学术研究要和政府的法治工作结合起来,特别对我们行政法学来讲,其实学术就要归结到学术的范畴中来,学术和实务是两个东西,要分开来,行政法学者不要成为行政法工作者,这是我在很多场合经常讲的,你是行政法学者,或者行政法学家,而不是行政法学工作者,也不是行政法工作者。

记:如果不只是讲行政法,就其他部门法而言,你觉得法律研究应该和实务脱离开来吗?

关:不是脱离开来,简单来讲,就是学术研究必须具有超前性,必须具有相对独立性,二者相辅相成。学术研究好比治病,应该是未病治病,没有发病就先治疗，而医生是治疗已发生的病，有了病人，然后再来治疗。学者们应该是这样的未病治病，而不是因病治病。

记：您对中国法律目前研究的状况能否简单评价一下？

关：目前整个法学研究比较泛行政化。很多指标就是行政系统来定的，学术运作也是在行政系统的作用之下进行。从整个体制来讲，学术不应该过分地行政化。学者应该保持独立的学术人格，现在很多学者缺乏独立的学术人格。学者们应该担负起为整个民族考虑的使命，不要为某一个历史阶段的事件或者历史阶段的任务而考虑，而应该为整个民族考虑，站在民族利益这样一个出发点。我们从77年开始招生，培养了这么多的法律人才，按理说我们的法治环境应该是很好的了，但是我们的法治环境是什么样呢？这个大家都看得到，还是存在很多的腐败问题，包括司法公正、整个政府的管理、法学的学术竞争，从大的格局来看，并不是让人很乐观。作为学者来讲，难辞其咎。现在对学者们的评价指标有一个就是有没有担任行政职务。所谓的知名学者，哪个没有行政职务？社会的评价机制可以是这样，但是对学者们不应该有这样的评价体制。比如你担任了行政职务，你的学术资源显然比其他老师来得方便，职务直接影响资源的来源，这也是学术搞不好的原因之一。学者们要做的事就是好好思考问题，但是一旦担任行政职务，哪有时间想？一篇文章也得要几天来思考，要几天来写吧，更不要说写一本书要花多少时间。所以作为学者来讲，一个是体制的问题需要解决，还有一个就是要人为地塑造一种独立的学术人格。

记：您觉得自己对行政法这门学科的发展有什么贡献？

关：贡献谈不上。我是第一个提出行政法的价值定位问题，行政法先要回归到价值上来，有一本专著《行政法的价值定位——效率、程序及其和谐》，作为全国行政法学界第一部专著收入《中青年法学文库》。第一个提出行政法的模式转化问题，还提出行政法的研究应该从私权展开，有一本专著《行政法的私权文化与潜能》，现在很多人写著作都引用我的观点。2008年出了一本《比较行政法学》，在今后几年可能会产生比较大的影响，我是对全世界行政法学的流派进行比较，一般比较行政法学是比较各国行政法制度，人民大学杨建顺教授将其推荐为他们研究生的必读书。

记：请您对现在的年轻学生提点建议或者希望之类的。

关：从学生角度来讲，还是应该保持一种奋发向上、朝气蓬勃的精神面貌，像李大钊先生说的"铁肩担道义，妙手著文章"，应该有这样的理念，这是李先生对法律人讲的。当然这种理念比较空，现在学生就业压力大，在就业面前谈"铁肩担道义，妙手著文章"是苍白无力的，但是不管什么情况下都应该保持一种精气神,不只是学生,学者也是这样,首先精神面貌要好,然后要有底气,有自己的思想,再一个就是要有神韵,有神韵就是要自信。我不管到哪,每天都练长跑,做文章时,我可以坐下来十几个小时不动。简单来讲,身体要好,心态要好,学习要好。做到这三个方面就不错了,心态好很关键,不要一次评优没评上就心浮气躁,身外之物一定要看淡,要淡泊名利,这个很重要。学习好当然也很重要,包括对自己专业的学习,以及专业之外的思考。

记:您觉得现在的学术规范执行得怎么样,具体有什么表现?

关:学术规范这个东西总体来讲我觉得执行得不好。表现很多,特别是中国评价机制是存在问题的,比如一个人评了教授以后就没有动力了,教授做出来的东西到底是不是自己做的,这个恐怕还是要考查的,现在很多教授是主编,拿着别人的东西,或者合著,拿着学生的东西。我觉得应该建立严格的淘汰机制,就像费城的交响乐团一样,一个月换一次人,评选的时候评选人在背后听,不知道拉的人是谁,很公平。不能评上教授一辈子就是教授,达到一定地位就不做了,真正坐下来思考问题的人可能不一定占多数。

记:但是这样会不会导致教授为了保住自己的地位而不停地为职务,浪费研究时间呢?

关:这个应该还有其他的机制配套,我个人认为,总而言之,该做的人、能做的人反而不好好做学问,有些在学术上很有天分的人做到一定的位置就不做了,而是忙于管理,忙于其他事情,但是又挂了学者的名,要出点书或者写点文章,结果就粗制滥造了很多东西,或者他自己没有劳动成果,但却拉着别人弄了很多东西。所以学术规范整个来讲还是执行得不好。

(刘　佳、夏　草)

焦洪昌
Jiao Hongchang

1961年生于北京,法学博士,教授,中国政法大学法学院副院长,博士生导师,北京市第二检察院专家咨询委员,中国宪法学会副会长,北京市第十二届人大代表,北京市人大法制委员会委员,农工民主党中央委员会委员。主要研究领域为宪法学、人权理论、宪政理论。在中国政法大学讲授宪法学、港澳台法制概论、外国宪法等课程。1997年3月至6月到美国杜肯大学进行学术访问;1999年11月至12月到芬兰土尔库大学进行学术访问;2006年7月至8月前往荷兰、奥地利、捷克进行学术访问。2002年获得中国政法大学"十大最受欢迎的教师"称号;2005年《选举权的法律保障》被评为中国政法大学优秀博士毕业论文。

主编过多本宪法学相关的著作和教材,撰写并在国家权威期刊、核心期刊发表论文20余篇,主持并参与省部级科研课题4项。担任中国宪法学会副会长职务,组织过多次学术研讨会和学术论坛,参与过一些国家立法工作。曾发表论文:《公民的迁徙自由权》《论法律人格权》《公民集会权利》《公民持有主张和表达自由的权利》《公民结社自由权》《公民的政治参与权》《关于"公民法律面前一律平等"的再认识》《我国宪法典中公民基本权利的完善》《宪政背景下中国检察权的属性定位》《公民对选举改革期待的调查与分析》《"国家尊重和保障人权"的宪法分析》《依法行政与宪政的关系》《中国宪政的历史经验》。曾出版著作:《霍布斯:社会契约论新探》(论文集),《宪法学案例教程》(知识产权出版社2004年版),《宪法学》(北京大学出版社2004年版,至2013年已再版到第五版),《公民私人财产权法律保护研究:一个宪法学的视角》《宪法制度与法治政府》《港澳基本法》《选举权的法律保障》。

> 我觉得那时候大学解决的核心问题是消除了社会第一次分配的不平等……考上大学之后就能改变自己的命运了。

记者（以下简称"记"）：请问您是哪一年参加高考的？

焦洪昌（以下简称"焦"）：我是79级的，可能比何勤华晚了两级。何勤华在北大时是跟李克强和姜明安一届的，我读过他写过的一些回忆性的文章。我觉得在中国宪政学界，从近代或者当下来说，西方宪政方面做得比较好的是龚祥瑞和钱端生。我是恢复高考之后中国政法大学的第一届。

记：当时分专业吗？

焦：我们那一届好像就403个人，不分专业，只有一个法学。那时候分两个部分，前六个班和后六个班，我在前六个班，也就是五班。

记：您当时为什么会选择报考法学？

焦：我虽然在北京，但是我所在的顺义县是农村。我们那时候高考并没有特别明确要考什么，跟我女儿她们这一代是不一样的。她们现在这一代想考什么、不想考什么都有一个非常明确的想法，我们那时候是没有的。

当时刚刚恢复高考，选择哪个专业实际上是由考分决定的，是在知道考分之后才决定要报哪个专业。我在当时填志愿的时候是很清醒的，我估计我当时的分数能上的也就是北京政法学院这样的学校，北大、人大、清华估计都考不上。所以我当时是这样填报志愿的：第一志愿报的就是北京政法学院，第二则是北大，第三才是清华，跟现在的报法不太一样。

我觉得中国改革开放30年了也没有解决一个基本的问题，就是身份和契约问题，也就是从身份到契约，我们现在还没到契约的年代，还是处在身份的时代，所以我当时报考只不过想要解决一个身份问题。我当时的身份是一个农民，只要能考上大学我们就改变了由父母继承下来的身份，这也是作为农民的我们最大的一个期待。就我的判断来说，农民在当时的传统社会能改变自己的命运只有三条路：第一是考学，第二则是当兵，第三就是当你的儿女发达了之后跟着儿女，也就是随户口。所以我们当时的第一个期望就是考大学。如果考上了大学就能改变户口，成为非农业户口，这在当时中国传统的身份社会是最好的一个选择。我们并不在乎是考了政法还是考了中文，这都无所谓。所以，其实当时我对政法并没有什么特别的期待或者其他的思考。

记：那您在高考之前，也就是中学时代时，当时是处于"文革"阶段，您有没有上山下乡到农场干活的经历？

焦：我本身就是一个从小在农村生活的地地道道的农民，所以我并不存在上山下乡的问题，也不存在对"文革"的反思问题。

记：那您当时读大学的环境是怎么样的？学习的状态如何？

焦：我现在回想起来，大学在我的概念里，跟你们现在的大学有很大的不同。基本上在这个大学里是两分的，我们那时候两分的概念是什么呢？那些比较成熟的学生，比如说像李克强、姜明安、何勤华，我觉得他们是自觉自主的，努力地去改变历史、承载社会，为天地立心，为生民立命，为往圣继绝学，为万世开太平。但是我念书的时候，就没有这个概念，只能说考上大学改变了我的命运。比如说在学习方面，学校安排了课程，然后我们就自己跟着老师去念书，也不会想别的，其实像我这样的人当时很多。我只是想着好好上课、认真学习，没有那么多的忧国忧民，也没有去改造历史、改造世界这样的责任感。我觉得上大学好好学习能改变自己的命运就很不错了。

我们每个人毕业了都有工作，只不过是工作好坏的问题。因为工作都是由国家来安排的。我现在反思，这并不是原初的本真。我觉得那时候大学解决的核心问题是消除了社会第一次分配的不平等，比如说你是农民的孩子，考上大学之后就能改变自己的命运了。不管你是高干、军官的孩子，还是工人、农民的孩子，在我们大学分配的时候，都是一视同仁的，原来的不平等都可以因此而铲平。所以说大学可以解决第一次原初的身份不平等。我觉得那时候我们毕业以后最大的平等就是来自于制度上的，所谓的制度上的反歧视，中国在当时确实解决了这个问题。

当然，后来我担任了教授、院长、人大代表以及社会上的其他各种职位之后，我发现其实现在的教育制度并不能解决这个问题，还不如原初。虽然学生在教育制度上能有博士或者硕士文凭，但是现在的就业实际上反而可能又要看原初的家庭条件。就是说你上了大学之后并不一定能找到工作，特别是农民的孩子，上了大学可能就意味着失业。所以在这个层面上，这是社会的新的异化。人们期待用政府的权力来改变这个异化，但是这可能只是个理想，政府去改变得越多，社会可能离我们期待的越远。昆德拉说：你越想建立一个理想的社会，其实离我们所期待的社会越远。现在就靠市场，而市场分配靠的则是金钱、权力或者是潜在的努力。

记：那当时大学的硬件条件是怎么样的？

焦：这个问题比较具象。大学的硬件是跟一个社会的经济发展相关的。我在读联大的时候教学设施都很差，但关键是在这个特定群体中的人是怎么看待的,用大学的硬件来判断人的成长发育虽然有一定的意义,但是这个意义是比较有限的。比如就中国政法大学来说,原来就一栋教学楼,大家都是带着马扎去上课的。如果用当下的大学来判断这就算不上一个大学,还不如一个中学。若用大学的硬件来评价对一个人的成长所起到的作用,我觉得可能差的环境更有利于人的成长。今天我在看我国台大的一个校训:敦品、励学、爱国、爱人。我认为大学校园传统的硬件并不能决定学生的未来成长,关键在于个人的精神风貌和思想状态。

1979年,中国政法大学校园里有北京歌舞团、北京戏校等,这哪像一个学校,早上起来的时候我们在一号楼,他们在二号楼,我们在读书,他们在唱歌,彼此之间就会发生矛盾。但我现在回过头来看,像这样大学的法学院设到一个有人文修养、有艺术修养的地方对于一个人的成长反过来说也可能是好事。所以当我回顾这段历史的时候,不是用一种悲哀的心情,而恰恰是以一种欣赏的眼光来看待的。只有这样的历史才能造就今天这样的人。所以我认为校园的变化并不是本质的,有本事的人能走出来,没本事的人仍然走不出来,这才是这个问题的核心。

> 所以现在我跟我的学生讲,首先是做人的问题,做人的问题不是靠讲思想政治来解决的,而是靠你的老师的言传身教,如果学生作为你的孩子你会怎么教导他。

记:在您大学四年中,给您印象比较深的老师有哪些?

焦:就这个问题,其实我也写过文章。在我的大学或者说人生里面其实有两个老师对我来说印象非常深刻。

从大的方面来讲,像江平老师是我特别敬重的老师。我觉得我对江老师比较认同的地方有两点:第一点,他给我们上罗马法,都是下午的时候上的,而下午同学们都比较困。我们当时是在408的教室上课,有一个桌子,一个讲台,江老师每次都是拖着自己有些残疾的腿走来走去,把我们带到古罗马的一种状态,比如他讲古罗马只有私法没有公法,让我们对这些域外的东西印象深刻。第二点,有一次他跟我说了一句话,让我挺震撼的。他说中国的政治体制改革现在就像一盘棋,下围棋的人说有两只眼才能博棋。他认为中国的政治体制改革和宪政改革也要有两只眼:一是新闻自由,二是违宪审查。新闻自由和违宪审查是中国宪政棋盘里的两个眼,没有这两个眼宪政是很难实现的。我现在搞了这么多年的宪政,对于这点的认识是非常深刻的,没有这两点,宪政是没法活的。

另外,我对江老师的敬仰还有两件事。第一件事,当年学生们要冲出校园的时候,他用自己的身体来阻挡学生,危险是可想而知的。他说:"你们真要出去的话,先从我的身上踏过去。"因为他是残疾之身,如果学生那么多的沉重的脚步从他残疾的身上踏过去,那后果不堪设想。第二件事就是他在被司法部免去校长职务的时候,跟我们全校教师作了一个告别,他反复引证陶渊明的一句诗:采菊东篱下,悠然见南山。他也谈到陶渊明的《归去来兮》,他当时说:"我现在回来了,我回到教师的身边,虽然我以前当了校长,其实我心向往的还是要当一个老师。我现在像陶渊明一样归去来,达则孔明,穷则渊明,如今我的心灵真正回归了。"听了他这样的演讲之后,我感到很震撼。

在中国政法大学,江老师就是一面旗帜,还有好多给我们上课的老师都让我印象很深刻,就好像每个大学都会有几个引导你的老师、说真话的老师、改变你命运的老师。在我的本科老师中,巫昌祯老师给我留下了深刻的印象,我只谈一个情景:在《今日说法》年终总结大会上(我们大概有一百多位师生在那做过节目),我抽到一个平面直角的彩电,三四十寸吧,大概六七千块钱。抽到以后,撒贝宁他们说:"今天是教师节,你可以把奖品拿回家或者献给你最喜欢的人。"当天在场的有巫老师,还有另外好多老师。我当时说:"我家也缺电视,但是我想把我的奖品献给我最喜欢的老师——巫昌祯老师。"然后巫老师说:"我人生最大的乐趣是什么呢?我们虽然是贫穷的,但是你们拥有一个世界,而我却拥有你们。你在这个时候抽了一个大奖,我绝对不能要的,你给我的心意我心领了。"我说:"我的心愿就是把这个给你。"但当时她怎么也不要,而我坚持要给她,后来电视台就把电视送到了她家里。

虽然说我并不是她的嫡传弟子,我是搞宪法的,她当时是给我们讲《婚姻法》的,但当时有100多个老师,我第一个想到的就是把奖品送给巫老师。发自内心讲,她给我们讲《婚姻法》,有一点是令我非常震撼的。她说,自由主义和伦理的界分在哪里?西方的立宪主义以美国为代表就是个人主义、自由主义。但是德国在社会法治国以后就提出了人性尊严,人性尊严和个人主义最大的区别是什么呢?就是对国家、对社会的关爱,社会不光为己,而且要为人。我觉得美国的个人主义、自由主义其实是让我们震撼的,也是让我们敬重的。但是当下光讲个人主义、自由主义并不能解决社会的核心问题,也就是说,你怎么关爱别人,国家怎么关爱社会的成员的问题。我觉得德国的所谓人性尊严的条款恰恰是中国需要学习的。现在不仅仅是个人抵抗、防御国家的问题,还有国家关注个人的问题,更主要的还有人和人之间的关爱问题。所以我现在带博士生、硕士生、本科生,谈到西方的人性尊严包括中国的人格尊严的条款,不仅仅是从西方的人权先进这样一个方面来考察,更主要的是从中国传统文化里找到一种资源,就比如"仁",在人和人的关系里边,我们也可以推出人性。一个是你关注自己,一个是人和人之间的关注。如果每个人都关注自己,这个社会就存在潜在的危机。但是,你如果考虑自己,也考虑别人,这就是和谐。所以和谐要讲四个层面:人和自然、人和社会、人和人、人肉体和心灵的关系。我现在在研究体育法,什么是体育?通过育体达到育心。如果你光讲别人、社会、国家能为你做什么,这个社会就没希望了。所以二三十年以前,从《婚姻法》这个角度,她讲的这些,不能用我们今天的话语来解读。但是,当时我读懂了,也影响我到现在。

其实这样的老师我还可以举出很多。所以现在我跟我的学生讲,首先是做人的问题,做人的问题不是靠讲思想政治来解决的,还要靠老师的言传身教,如果学生作为你的孩子你会怎么教导他。你教导他们的时候,他们没有一个不是真心对待你的,如果相互都能真心对待,社会还能不和谐吗?每个人都是老师,每个人都是学生,我觉得这其实才是人性的本真。

记:在您当时周围的同学中有哪些是您比较好的朋友或者说是您比较敬重的?

焦:这实际上就是所谓的我们与谁同在,我们怎样发展,怎样走向未来的问题。现在很多人说到什么名家,或者是拿上台面写到书上的总是那些在社会上比较有影响力的所谓的成功人士,这样的例子我能举出一大堆来,我们的社会总是以成败论英雄。但是,我觉得在我的同学里面真正能让我敬佩、看重的,反而不是这些通常所讨论的人。我的同学杨书文,他在最高检察院反贪局工作。他最让我敬重的是,在1979年分配的时候,用老百姓的话说他分得非常差,他是河南来的,最后被分到了河南,而且还不是河南的省级机关,而是被分到了驻马店地区的检察院,从最基层的办公室开始做起。后来下派到泌阳县检察院做副检察长,之后又回到驻马店检察院。然后从驻马店一下子被提到了最高人民检察院反贪局做预防犯罪工作。从这么一个人的身上,让我思考人的这一辈子怎样才算成功?他不管到了哪里都能全力以赴地去做,总相信自己是有用的,就像李白的话:天生我材必有用,千金散尽还复来。"我坚信我是个优秀的人,是个能成才的人,不管在哪我都做到优秀,做到优秀之后谁都不会漠视我的存在。"当然这里面也有一个政治运作的因素:领导是否喜欢你?但是最基本的前提是要做到优秀,你如果什么本事都没有,谁会看得起你呢?所以我觉得这个人是我非常敬重的一个人。

还有一个人,就是原来跟我同桌的薛宏伟,他是江苏人。在我的同学当中他也是我非常敬重的。他原来喜欢读的书和我们都不一样，像我是非常喜欢诗词、文学、书法、绘画或者是中国传统文化里面的四书五经之类，特别是五经，道德经、诗经、内经等等我都很有兴趣。而他则喜欢读一些战争类的书籍，比如像《战争论》等世界上最伟大的著作。他毕业以后人家说既然你对战争这么感兴趣，那就分到公安学校吧。后来他发展到了江苏省公安厅，现在是全国的侦破能手，重大的疑难案比如说福建的远华案等等，都会请他给全省的公安干警讲破案、讲法治、讲心理对抗。重大的案件谁去侦破，谁去跟那些人谈是个很麻烦的问题，比如说他是省长，你怎么跟他谈，平时他高高在上，虽然今天他没有权力了，可是你怎么面对他，这是很大的问题。像那些领导，尽管曾经是省长，是省委书记，但是当你在行使侦查权时，你是代表国家的，他们的反侦察能力往往很强，这时就需要以你的勇气和智慧去攻他的心理。薛宏伟能把那么多的高干给审判、拿下，这是非常不容易的，心理素质要相当过关。首先是要有平等意识，不管对方再牛，今天我们是要平等地谈一谈，我不靠我的权力和优势，我是靠证据、心理把你打垮，这就需要有钢铁般的意志，当然还需要很高的智慧。其他那些有着千万资产的成功人士我当然也是非常敬重的，但是同班同学中真正让我发自内心钦佩的就这两个人。

记：那大学给您留下印象最深的是什么事件？

焦：这是个挺复杂的问题，我当时有一个判断，中国在1989年以前，基本上是两翼齐飞的，也就是政治体制改革和经济体制改革同步进行。最近公开的一些材料，包括邓小平的改革，他之所以是个伟大的改革者，是因为政治体制改革和经济体制改革齐飞。

改革开放30年来最大的事件或者说最核心的问题是什么呢？可以有很多的总结。但是我认为改革开放最大的事件是实现了领导干部的限任制。什么叫限任制？就是废除了终身制。当下人能够安享改革开放的成果，最大的受惠就是实现了限任制。邓小平那时候试图实现限任制，1982年《宪法》基本解决了五类最高国家领导人的限任制：全国人大常委会的委员长、副委员长，国家主席、副主席，国务院总理、副总理、国务委员，最高人民法院院长，最高人民检察院检察长，每届任期5年，连选连任不超过两届，但是军委主席没有实行限任制。江泽民做了13年总书记，当军委主席的时间更长。还有我相信胡锦涛的10年里总书记、军委主席兼任国家主席，国家主席只有10年，总书记和军委主席也就实行了限制，而且一旦成为宪法惯例之后，将深刻影响中国社会。

> 用这样一种胸怀去看世界,经常仰望蓝天,去感受天上的星空和胸中的道德律,而不是在小的细流里面去思考,这样你活着就会有一个很大的提升。

记:有没有发生在身边的个人印象比较深刻的事件呢?

焦:我觉得我们那代人经常看《民主墙》《假如我是真的》等等。这类作品不但深刻地影响了我们,而且也影响了当下。

记:您对现在所从事的这个专业的兴趣是从什么时候开始的?

焦:我觉得我对这个专业的兴趣在刚毕业的时候其实还不是很明显,真正产生兴趣在很大程度上是和我在华政学习了半年有关,也就是司法部的青年教师培训。那是84年,在华东政法学院,当时是把全国最好的法学老师都集中起来上课,大概上了五个月,所以对我来说真正作为宪法老师的教育和培训是从那时候开始的。

另外还有一个原因,我自己在做宪法的讲学、研究时,觉得宪法跟部门法最大的不同在于:部门法比较讲究技术,而宪政则是一个宏大叙事。我觉得我自己不太擅长特别细微的问题。

记:在您所从事的宪法学专业研究中,您有哪些基本的学术观点,可以总结几点吗?

焦:我的基本学术观点有这么几个:第一,中国不论是法制、政治还是经济都应该渐变、改良。当然这并不是说在改良、渐变下我们无所作为。

第二,法学既要关注学术,又不能和当下擦肩而过。我们生活在一个伟大的时代,我不希望我的学生纯粹地去做学问,而是希望他们能和我们这个伟大的社会有所共鸣。目前我的学生中有两三个是在做纯学问的,但是对大部分学生我是希望他们能去改变中国社会。我希望有更多的李克强、更多的夏勇或者更多的董必武这样的人出现。认道很容易,但是把他们培养成有能力去改变社会的人,是非常难的。这不仅是我的想法,其实很多人都是这样想的。我的教育方式是多元化的,并不是说我的学生就必须去做学问,去考证。如果你有这个天赋成为学术大家,那你当然可以这样全力以赴去做。但是我更希望我的学生能进入到中国社会去,甚至说得直白点——进入到中国的权力社会。在你有了权力以后,你再去考虑民众、考虑法制、考虑宪政,再来推进这个社会就会比作为普通民众产生的影响更大。所以我现在有意地在培养我的学生进入到中国的权力社会,不是说要培养共产主义接班人嘛,如果哪里都没有你的声音,人大、法院、检察院、政法委都没你的声音,那你怎么去接班呢?所以要培养高端的人进入到这里面去,我希望我的学生能去接班,接班了才有能力去改变中国社会。当然,首先必须要适应中国社会,然后才能谈改变社会。

第三,在学术方面,因为保守主义,我更趋向于林来梵所谈的规范法学、法解释学、法教育学,我认为这是一个基本的研究路径。所以当我刚带的学生问我该读些什么书时,我就会推荐他们读些法学方法论方面的书。这就相当于学开车之前先要去读懂使用手册,然后再学着使用汽车去西藏、去美国等等地方,但是我并不要求他们去读关于汽车是怎么构造、怎么生产的书。另外,我认为法学的核心问题应该是要对当下的制度、法律抱有一个忠诚、敬畏的态度,而法解释学的核心就是要弄明白法是什么,要理解它。在语言哲学、法教育学的基础上,往上发展是宪法哲学,往下发展是法社会学,横向发展是法律史学,这些都属于法律解释学的路径。进行法律解释必须要遵循一个前提,也就是要尊重现行的宪法和法律。所以我们不能反社会、反政府,而要利用社会、政府和法律来发挥自己的才能为百姓做事。

第四,在法学范畴中,我更关注权利学,核心问题还是公民权利的保护,宪法也好、国家也好、政治也好,都要有一个基本的价值判断——权利是先在的,而不是政府和法律赋予的。由权利的研究推向制度、国际公约和中国的机构建构,而核心问题是要围绕权利学来展开宪法的研究。否则研究就没有灵魂了,研究的最终目的就是为了权利的保护。从德国的功能结构主义到主观价值客观法再到美国的司法立宪主义,都是围绕着权利展开的。

第五,我不光当教授,还参与管理,另外也参加了北京人大、全国人大、法制委等具体工作。在具体工作中才能发掘资源、发现问题,再而才能去解决问题。所以研究中国国情、解决中国问题,不能只是做纯粹的象牙塔的事,这样学生就不可能去跟社会交流。我做关于反就业歧视、健康权、体育法、社会保障等等的课题,学生也都能参与其中,比如奥运立法评估的课题,我的所有学生都能参与,三个月时间深入政府和人大的各个部门,与相关的官员连夜座谈,了解他们是怎么解决中国的相关问题的,在参与的过程中学生才能真正受益,如果只是呆在象牙塔中,怎么能发展呢?

王阳明有关于"行难还是知难"的论说,我认为相比"知难"显然还是"行"更难,老师要以身作则,做老师可以参政、议政,但是不能从政,纯粹从政完全脱离学校那就不是老师了,进入政府以后往往就会丧失话语权,就没有自由了,但是如果不参政、议政,或者议政不参政那你就不知道政府具体是如何运作的了,所以我参政、议政,但是不会从政,而且我现在这么做,以后也会这么做的。

> 宪法的司法适用，对一个民族来讲，你可以框定所有的条件，但是这个是历史发展的产物，即使今天已是春寒料峭，但因为到了春天，历史是不可阻挡的，所以我引用冯唐的话，宪政还没有到来，我们怎么能老去呢？

记：以宪法学为例，您认为我们国家的研究水平和其他国家的差距在哪里？

焦：我们国家宪法学和西方的差距，我认为首先不是法律人的差距，中国和西方的法律人间虽然有差距，但这个差距主要在于宪政实践方面，人家就职的时候把手按在圣经和宪法上面，而中国却没有信仰，在这种情况下谈差距就不是一个层面上的问题。王人博教授说过一句话：一个美国的宪政主义者不可能真正理解一个中国宪政主义者的痛苦，就像一个意大利球迷不可能理解中国球迷的痛苦一样。意大利球迷想的是能不能拿世界冠军的问题，而中国球迷考虑的则是能不能冲出亚洲的问题，在这种情况下我们谈问题就不是在一个语境下。所以我们如果只谈西方的立宪主义并不能解决中国当下的问题，我们只能立足中国目前的境况，我们未来要实现法治国家，现在也才刚刚起步，只能作好准备，作为法学家，我们只能告诉大家未来之路上需要注意的事项，甚至也可以描述下前景可能如何，但是我们遇到的问题也许是西方没有经历过的，我们的情况和它们并不一样，不能等量观之。

我们和西方在宪政事实上存在差距，但是从立宪者对立宪主义的渴望和急迫感上，我们显然是更为强烈。而这种渴望的结果主要表现为两方面，第一个是欲速则不达，第二个就是缓慢的进步，后者在五四的时候得不到赞同，像鲁迅、陈独秀、瞿秋白、胡适用白话文批判传统文化，瞿秋白说："汉语不亡，中国不兴"，认为必须要把传统文化全部给消灭掉。在这之后，学界认为要慢慢来，不能着急，一步步向前走。

记：那就宪法领域来说，学界出现过大的争论吗？在这些争论中您持什么观点呢？

焦：我觉得有几个争论还是比较明显的，比如就上海来说，第一个，郝铁川教授提出过良性违宪这个问题，而争论来自于中国改革开放 30 年，按西方的宪政主义三步走的观点来看，中国是一个宪政的国家，我们先制定宪法再实行宪政，还是说宪法还没有改，中国的社会现实已经超过了社会发展的前进方向，在这个时候，我们先违宪，然后再通过宪法对这个现实的东西给予承认，中国再改革。郝铁川教授契合了中国政治家宪政发展的路径，然后就往前走，而且实际上中国 30 年来也就是这么走过来的，很多地方没有宪法的文本。但是我认为这个东西是当下可以见效果的,比如我们还没有宪法说允许土地转让的情况下,就进行改革,把土地转让了,然后再修宪,这个虽然说也是个路径,但也可能是理想主义的,或是保守主义的,我觉得获得了这么个改革的成果,但失去的是整个国家民族多少年对法治宪政的一个期待,当我们对这个期待形成了这么一个观念说,宪法是根本的权威的东西的时候,我们碰到一个简单的改革的障碍,就突破了宪法,而实行了改革,然后再使宪法为改革服务,这实际上就是为了小的利益而牺牲更大的利益。对一个国家和一个民族来说,为什么我们不能先去修改宪法,然后让宪法设定改革的渠道,就像洪水一样,顺着渠道发展,这有可能是理想主义,但是在我是坚持的。这点我到现在也是不变的,所以年长了就是保守。

第二个,在中国比较大的宪政争议包括司法改革,包括宪法的司法化。我并不看好所谓的2001年"八一三"司法改革的批复,所谓的陈晓琪等以侵犯姓名权的方式侵犯了我国宪法保护的公民的受教育权,造成实体损害,应承担责任。我觉得这样一个批复本身是很简单和粗陋的,但是在中国宪法司法的适用是一个大趋势,宪政主义最终还是要走到这个层面。所以允许一些地方的法院作些尝试,然后全国人大常委会和最高法院作一个规制,实际上在我们这么大一个国家是应该允许试验的,因而对08年12月18号所作的废止,我是非常遗憾的。我在我所主编的《宪法学》的序言里谈了这个问题,我是用了几个隐喻的方式,比如美国学者说西北政法大学原来有个雕塑:一本宪法书上放了一个地球仪,现在被拆了,他作了一个评论就说中国的宪法学界在拆这个东西的时候,就表现出内心没有底气,真的觉得宪法顶个球,还说这个形象的喻示打垮了宪法学界的信心。我觉得我们这个民族需要有这个承受力,不能因为这么一个反讽,就把我们的自信心给打破了。我的一个指导思想就是宪法的司法适用,对一个民族来讲,你可以框定所有的条件,但是这个是历史发展的产物,即使今天已是春寒料峭,但因为到了春天,历史是不可阻挡的,所以我引用冯唐的话,宪政还没有到来,我们怎么能老去呢?

记:在法学研究方法中,您最推崇哪一种呢?

焦:这个问题我之前已经谈及过,我比较推崇的是法教育学的方法。我相信这样一句话:打开规范的天窗,去迎接宪法的阳光。就是说每一个国家宪法的文本和规范里边都包含了一些真理的因素,关键是需要一扇天窗去把这些因素释放出来,而恰恰是我们传统的一些法教育学的学者,他们既不尊重法学,也不尊重社会科学的规律,他们讲法学的时候,不能用法学的语言来把法学里边本真的价值东西释放出来。

我对我的本科、硕士学生都强调,要先把法律文本、法律条文都解读清楚。我们研究生考试就是解释一个条文,你可以写两三万字,美国的邱小平写表达自由写了十万字,一个德国人写人性尊严写了三十多万字都说不清楚。我们连宪法都没搞懂,就开始谈政治谈脱离法律,我觉得这违背法学的本真。所以我认为哲学、历史学、社会学都是研究方法,但是法学的基本研究方法必须从解释学、从规范入手,离开规范就偏离了法学,但如果只有规范那就不是完整的法学。

> 我对这个硬性要求论文发表制度是质疑的,但是它也可能有它的优点,如果不发表论文,学生的研究可能就懈怠了,我认为我们还是应该很谨慎,不能简单地只提指标。

记:能否请您评述下当下中国法学的学术环境?您觉得现在的中青年学者浮躁吗?您认为他们是否应该多发表学术成果呢?

焦:这个问题实际上也相当复杂,对年轻人来说,从学术认知方面,我们朴素的认知当然是多发表好,你在读期间没有学术论文发表,怎么能称得上博士呢?你研究什么了?

但是考虑到中国的学术环境,学术期刊和学术腐败的时候,会发现这样一个举措也可能起相反的作用,比如中国政法大学每年博士至少150名,假如一个博士都发表两篇论文的话,一年就有300篇,而核心学术期刊在中国法学界也就不到20个,有的叫季刊,有的叫双月刊,有的叫月刊,那如果一个学术杂志一个季度发表15篇论文,那现在要有多少本杂志才能满足中国政法大学的需求?中国的法学院差不多有500所,有博士点的我们就按1/5算,那也差不多有百八十所,如果要求博士发表两篇,硕士发表一篇,那我们的问题是有多少公开刊物能供他们发表,如果他们为了毕业,拿不出这样的文章,那只能想办法,比如说现在有很多的刊物收费,交四五千块钱就能发,它有可能根本就不看你的文章,而且中国还有多少法学教授,他们要评职称,他们也要发表。我并不认为在这样的学术刊物发表就意味着文章有价值。

我们常常发现,国家花了这么多钱去做科研课题,结果是什么呢?科研课题形成的精品,在我们学生买书、看书中几乎只是占到10%到20%左右,也就是说没有哪一个科研课题形成的科研成果是永恒的、是传世的、是大家传诵的经典,而恰恰是那些没有科研课题的人,踏踏实实在那做功课的人能写出些精品的东西来。课题并不意味着精品,发表论文也是如此。所以我对这个硬性要求论文发表制度是质疑的,但是它也可能有它的优点,如果不发表论文,学生的研究可能就懈怠了,我认为我们还是应该很谨慎,不能简单地只提指标。

记:那您觉得现在学术规范的执行到位吗?

焦:说到学术规范,就涉及执行机构的客观性,谁来执行?谁是裁判者?是读者还是一个委托的裁判机构,还是像杨玉圣他们做的学术批评网?学术规范是要执行,但关键是谁来执行。我们学校对于学生的论文是用打假软件,但现在出现的问题是什么叫抄袭?这在学术上鉴定是很难的。比如说你自己抄自己的算不算抄袭?引用马恩毛邓江胡的算不算抄袭?还有连续引用、引用过度、抄袭别人的观点而没有直接抄文字的算不算抄袭?判断抄袭应该是看核心观点、论述、材料还是其他什么呢?从规范的角度,其实这是很难界定的,但是我觉得有规范总比没有好,起码在形式上可以有所要求。另外还有些情况,比如我们有些学生论文是写得很好,不过前面的英文摘要偷懒了,直接到网上用翻译软件做了一个出来,结果整个文不对题,语句不通;转引外文资料却没有注明转引,这也是不符合规范的。

记:在您所从事的宪法学专业,您作出的比较大的贡献是什么?

焦:说实话,我觉得我没有什么贡献,都只是做些基础工作而已。硬是要罗列的话,主要有这么几个:

一是在中国的宪法学从传统的理论教学走向实践教学,中间有一个转折,我在这个转折中做了一些小小的工作。中国出的第一本宪法案例教学书是我编的,大概是1979年。

二是中国大陆和台湾地区是一体化的,对台湾地区的宪政,特别是对台湾地区的大法官的判例的研究将成为中国未来宪政的核心问题,所以在1979年我作港澳台地区法律研究的时候,就比较注重台湾地区的宪政和大法官的判例。

记:您认为宪法学还有哪些可以开拓的空间和领域呢?

焦:在传统宪法学深、透、厚的基础上,我觉得有一些交叉学科和新兴学科是可以开拓的。一个是人权法,其实国家一直想把人权法作为14门法学主干课程之一,现在好多学校也开始做了。

二是宪法学和一些关联学科,比如在中国,人大在传统六法的基础上又提出了社会法,我觉得社会法会成为今后研究的一个方向,所以我们学校现在也成立了社会法研究中心。社会法包括了社会福利、社会保障、社会救济、社会保险,原来都是传统的经济法里的内容,其实这恰恰是立宪主义的内容。中国构建和谐社会,最大的问题就是这方面没有做好。

三是法治下社会自治的问题。在传统的公共权力垄断的领域中,怎样回归社会,让社会实现自治?比方说发挥工会的作用,在法国法院的判决由司法直达给民间去做,美国有些监狱承包给私人公司。现在社区、机场、公共设施等大量的领域里公共权力都私人化,这是中国未来发展的趋势,既是宪法问题,也是行政法、经济法问题。我们国家管得太多了,管了以后又管不了,花钱又多,还不如让社会自治,人民自决,这是未来构建公民社会的核心问题。

四是西方第一代人权里面的生命财产自由需要限制政府权力的,我觉得应该进一步加强,我们现在这一方面做得还很不足。

记:那您觉得一个良好的学术环境应该是怎样的状态?

焦:我的一个基本判断就是要回归到个人的自治,个人的创作自由。我们有时候可能过分地把课题弄成重大攻关什么的,国家把钱投到这里,但是出的成果却不理想。现在是由国家预期交钱再出货,这样即使是名家也很可能不好好做了,丢给学生去完成。

其实一个真正的传世的学术成果应该是强调个人自由、个人自治的,所以从这个角度来讲,我认为国家在支持传统的社会科学重大攻关、重大疑难课题的同时,应该把更多的钱投入到已经形成的学术成果的奖励上,只有这样国家才能形成一个正确的导向,这也是中国学术机制的一个转化。

> 也许我们还不能拯救世界,但是要守住自己的灵魂。

记:能否请您简要评价一下中国目前的法学研究状况?

焦:对此,邓正来写过《中国法学向何处去》一书,基本上涉及三个问题:当下、存在的问题、走向未来,他把中国学术界分成四派。但我没有他那样的水平,没有办法对中国学术作一个基本的分类,我在读了朱苏力对中国各个大学法学的评价以后,也没有能力去作出一个基本的判断,我就作一个纵向的比较,我觉得中国在20世纪二三十年代,一些法学家可以说达到了中国法学的制高点,像钱端升、王宠惠、张君劢,都是大师级的人物,克林顿来中国的时候向中国领导人表达的第一点就是向中国最伟大的法学家王宠惠表示深深的敬意,因为克林顿是耶鲁毕业的,他说在大学期间读的《德国民法典》就是王宠惠翻译的,作为一个中国人,能把德语的《德国民法典》翻译成英文,这是非常了不起的。我认为中国学术界从纯学术角度来讲和二三十年代那些伟大的法学家相比还是有较大的差距,中国正是在二三十年代形成了一个百家争鸣、百花齐放的局面,现在新中国都成立60年了,还没有看到能与那批大师级人物相提并论的学者出现,这不能不说是一个悲哀。我们现在还没有能传世的东西留下来,我们自己也觉得很惭愧内疚。

记:您能给我们法科学子推荐一些阅读书目吗?

焦:我觉得法学的东西很多人都推荐过了,我读法律的东西真是不多,但是也有一些让我们感到震撼的论文,我们在编《宪政精义》的时候就编进去过不少。我觉得一些其他读物更对我有震撼的作用,比如《水浒》《红楼梦》《西厢记》《史记》《世说新语》《道德经》,这是我反复读的一些书,法学的经典我也读,像《联邦党人文集》《英宪精义》《社会契约论》等,但是兴趣不是那么浓厚。相比之下,那些古典的东西我更喜欢去读。

记:最后,您能给我们法科学子提一些希望与寄语吗?

焦:对于法律人来讲,我讲两句话,第一句就是能说真话的时候要说真话,我发现当很多人掌握政治权力与学术话语权,能说真话的时候却不说真话,真是有些悲哀,这是良心问题。第二句话是能做实事的时候要做实事,每当我们法大开会的时候,我总是要提建议:不要轻易地处分那些容易"出事"的教师,不要把他们视做包袱,因为某种意义上,他们是张显我们法大的包容与魅力所在。

在当下,能做到这两点,不要出卖灵魂,这是我对自己学生的期望,这也是一个底线,是最核心的。如果这两点都做不到的话,真的是我们教育的失败。也许我们还不能拯救世界,但是要守住自己的灵魂。

(蒋永锵、陈佳吉)

马忆南
Ma Yinan

1961年出生于江苏镇江市,1979年考入北京大学法律系,先后获法学学士、法学硕士学位。1987—1988年澳大利亚墨尔本大学访问学者。历任北京大学法学院讲师、副教授、教授。现任北京大学法学院教授,兼北京大学妇女研究中心副主任,中国法学会婚姻家庭法学研究会副会长,中央电视台《今日说法》等栏目专家,北京市人大立法咨询专家。曾任《中华人民共和国妇女权益保障法》《中华人民共和国婚姻法》《中华人民共和国人口与计划生育法》起草/修订组专家。主要学术著作:《婚姻法修改论争》(1999),《婚姻家庭法新论》(2002),《婚姻家庭法原理与实务》(2002),《婚姻家庭法学》(2004),《北京大学法学百科全书·民法学》(2004),《婚姻家庭继承法学》(2007);发表学术论文几十篇。2004年《婚姻家庭法新论》一书获第八届北京市哲学社会科学研究成果二等奖。2004年获北京大学优秀教学奖;2004年获中国法学会第四届"十大青年法学家"提名奖;2010年被全国妇联授予"全国维护妇女儿童权益先进个人"称号。自1992年起担任北大中外妇女问题研究中心研究委员,参与组织过1995年第四次世界妇女大会的NGO论坛和数次北大妇女问题国际学术会议,是国内妇女法律研究的开创者和妇女运动的实践者。1995年,与同行共同创办北大法学院妇女法律研究与服务中心,任第一任主任,该中心从事妇女法律的理论与实务研究,免费提供法律咨询,为贫弱者代理诉讼事务。该中心吸收了大量法学院研究生参与,成为他们接触社会、用法律知识服务社会的实习场所。该中心的出色公益活动已享誉国内外,为北大及法学院赢得了荣誉,树立了良好的社会形象。曾担任国家《人口与计划生育法》起草组成员,是该法草案的执笔人之一。参与了《婚姻法》《妇女权益保障法》和《收养法》

的修订,是执笔人之一。在这几部法律的立法活动中,表现出色,受到立法机关的好评。还参与了最高人民法院的几个司法解释以及民政部等部门的若干规章的起草。

2011年11月12日,正值中国婚姻家庭法学研究会第一次全国会员代表大会在厦门大学举行,我们《中国当代法学家访谈录》采访组在美丽的岛屿城市厦门对马老师进行了专访,作为《婚姻法》司法解释三出台后接受我们访问的唯一一位业内学者,马老师畅谈了近三个小时,让我们收获颇丰……

记者(以下简称"记"):晚上好,马老师,作为师门晚辈,很高兴能与您面对面,作这样一次专访,而不再是从电视里看到您。

马忆南(以下简称"马"):你们太客气了,我其实还够不上法学家的称谓,不过既蒙何(勤华)师兄抬爱,你们又是在婚姻法最受关注的时候来采访我,我就知无不言、言无不尽吧!

记:马老师是在1979年参加高考的,请您先讲讲读大学之前的生活吧。

马:我的父亲是安徽人,母亲是江苏人,他们在上海毕业的时候,因为母亲的出身不好,受到政治运动的影响,就一起被分配到了新疆乌鲁木齐。我是在父母去新疆的第一年出生的,由于对新疆的环境特别不适应,父母就选择把我放在我的外婆家,刚刚满月又把我放到了祖母家——江苏镇江,一直到九岁以前,我都跟着祖父母生活,九岁多以后,我才跟着母亲到了新疆,在那里上完了小学,继而读完中学并参加了高考。

记:作为正常读书参加高考的一代人,您对1977年恢复高考作何感想?

马:1977年的高考是在冬天进行的,我那时候上高一,可能高年级的同学更为振奋一些,而我最直接的想法是——这下知道以后接着读什么书了,不用再去上山下乡了,我们是没有何(勤华)师兄他们那代人那样欣喜若狂的感受的,更不知道什么叫改变命运的考试! 那时我还未成年呢,对上山下乡的艰苦也没有体验过,对前途的考虑更是模糊不清,所以没什么太多的感觉。我参加1977年的高考,是因为平时成绩好被推荐去参加的,我们有几个非毕业班的同学都是作为体验对象去参考,没有打算要考上,只是参与而已,我还记得当时就在一个中学的教室里面,与老三界的老大哥、老大姐们在一起考试,我们的一脸稚气和他们的历经沧桑形成了鲜明的对比,那次我们的成绩都不太好,没有人考上。

记:当年在新疆,报名参考的人多么?

马:有很多老三届的,具体考试的情况热闹到什么程度要他们才有体会,像我们这样的小孩儿根本没有切身的感受,体验不深刻、记忆也不清楚,我当时的心态就是去参加一次高考演练,是一次平常的考试,对它没有过多的关注。

记:后来您又是因何选择了法律专业?

马:我的父母是教师,我的弟弟和弟媳也是教师,可以说是教师之家,当时的我们填报学校和专业也不像今天的孩子们那么深思熟虑、反复斟酌,我父母都是中文系毕业的,我本来也想学中文,但是那一年北京大学给新疆的文科名额只有五个,分别是哲学、图书管理和法学,我要圆自己的北大梦就只能在这三个专业里选择,所以我考进北大时并不了解法学,是误打误撞报了法律系,我的第二志愿填报的是北京广播学院,专业是文艺编辑,跟法学根本就风马牛不相及。

记:您在北大的学生时光是如何度过的呢?

马:初到北京,进入北大校园,终于来到了自己梦想的殿堂,我对校园里的一切都充满了好奇和兴奋,特别是未名湖那一片的校园环境很好,让我充满了读书的欲望,但在法律系的课堂上,我一开始无法投入,除了专业兴趣尚未建立之外,条件艰苦也是一个原因,六个人住一间宿舍,很拥挤,睡在铁架子的木板床上,设施非常简陋。别说是我们学生,连老师们住的也都很差。

刚开始上课,连系统性的教材都没有,很多上课用的书其实就是油印的资料本,譬如第一学期的法学基础理论课教材,就是大开本的油印品,你知道油印么?

记:知道,小时候见我母亲打印过,先用带汉字字钉的打字机敲出来,然后用长长的油墨鼓一张一张地印刷,是一项很繁琐的工作。

马:对,就是这样,教材都是由任课老师自编的,可想而知他们当时付出了多少辛劳,书本拿在手上很久都散发着油墨香,不注意还会把字迹给抹花了。教材的体系也不是那么规范,以第一学期学的是国家与法的理论为例,全部是马恩列斯毛关于国家与法的理论的一些论述,没有真正的法理学体系。

记:由此说来,当年你们所受法学教育的水平几乎就依赖于老师的授课能力,可以这样理解么?

马:是的,课上得怎么样完全取决于老师的理论研究水准和思想开放度。

记:那么您对法学专业的热爱又是如何产生的呢?

马:第一学年以政治理论课程为主,只有两门法学基础科,其他都是公共课,也没有什么法学专业的课外读物,可以说还没有进入法学,整个人的思维和兴趣还没有投入到法学上来。后来才逐渐认识到,法律是一门神圣的学科,美国当代著名法学家博登海默说过,法律是人类最伟大的发明,因为别的发明使人类学会了驾驭自然,而唯有法律让人类学会了如何驾驭自己。毕业时法律系毕业生就业前景是相当广阔的,可以从事的职业很多,如进公检法部门、国家机关,做律师、教师、编辑和记者等,我之所以留校任教,是因为希望能够继续生活在大学校园那种浓浓书卷气的氛围当中,进可以思考社会发展,倡导正义;退可以教书育人,独善其身,还可因著作等身或者桃李满天下,受人敬重,可以在充满物质和金钱欲望的世界里,给自己留下清高的尊严。

回想20世纪80年代初,我在北大图书馆走廊报刊栏上看到遇罗锦、陶海南等离婚案报道和关于离婚标准的大讨论,在海淀剧院旁听杨秀兰诉余崇礼虐待案公开审理,婚姻法就像一个强大的磁场吸引了我。从此,我们结下不解之缘。我们这代学者赶上了国家法制建设快速进步的好时代,我们受益于从50年代过来的老一辈法学家的言传身教和大力提携。虽然他们有些已经离开了我们,但我们将永远铭记他们的功绩和教诲。

记:那具体影响您的老师是哪位?

马:我的本科毕业论文写的是离婚法问题,由王德意老师指导,毕业论文的写作对我后来的选择有导向作用,是我开始深入到婚姻家庭法学的源动力,后来因为王德意老师被调入全国妇联工作,学校急需一名可以接替他教学工作的教师,所以就跟我商量是否愿意接他的班,在这样一个契机的推动下,我终于走进了婚姻家庭法学的领域。

王老师是我进入这个专业的领路人,我一直很感激他。但在学术上对我的影响更大的是我的硕士导师李志敏先生,他在中国古文化史学方面的知识功底很扎实,对中国婚姻家庭制度史和中国民法史的研究造诣也很高,一生写了不少东西,我在帮助老师校对《中国古代民法史》与《中国古代婚制研究》两本书的时候,深切体会到了他的学术精神,真正学会了怎样做学问。最大的遗憾是他去世得太早,只有69岁,在他最后的那段日子里,尽管有我们这些门下弟子轮流去看他,尽力地整理、记录,但还是远未把他的学术思想全都表达出来,应该说这是我们中国婚姻家庭法学界的一大损失。

李老师给我的印象是充满激情、潇洒飘逸,充满了艺术家的气质,把法学的严谨和艺术的浪漫恰到好处地结合在了一起,他的书法雄浑洒脱,他还教我上课应该怎么上,做学问应该做别人没有做过的东西,扬长避短,发觉自己的强项。

记:我们在何老师的回忆中对李老师的生平也有所了解,也常感遗憾未能真正领略过他的风采,倒是李老师的夫人还每年都跟我们这些晚辈见面,您是不是因为对李老师的怀念而没有读博士?

马：之所以没读博士,是我的人生在那个阶段很尴尬,由于十年"文革"的关系,在学术界,我的辈分偏高,岁数却小,在当年的读博大军中恰恰是高不成低不就,而那段时间只有杨大文老师是业内的博导,要读博士就得离开北大去人大;其次就是家庭原因,我的孩子太小了,我放心不下。等到孩子长大了,自己也老了,实在是没有那个心力了,阴差阳错,最终放弃了读博士。我人生的选择总是被动的,从考大学开始,转专业也不允许,因为母亲出身不好,对法律还有恐惧感,进入大学之初,我本想毕业后做新华社记者,但是一切都未能如愿。

记：但是这并不影响您成为学界有影响力的专家,在您的同学之中,现在有学术成就的老师还有哪几位呢?

马：到现在这把年纪了,1979级的同学之中,在做学问上好像都不能算是出类拔萃,季卫东算一个,其他的人大家彼此彼此,差不了多少。

记：那还有其他印象深刻的事情吗?

马：印象深刻的事情就是中国女排五连冠带来的年轻人的爱国热情、意气风发,那时候群众大游行频繁,进大学的时候我还没有什么民主意识和成人观念,也不知道自己对国家和社会应该有什么责任,我不在核心圈子里,处于边缘,一直到西单民主墙的后期和海淀区人大代表竞选,我才意识到已经是一个成年人了,是北大的学生,而对于国家的概念、法学人的自豪感与社会责任感是慢慢被唤醒的,是我在澳大利亚访问学习期间才清晰地建立起来的,是经受了自我管理、民主政治、法治社会理想的洗礼才完整构成的。

记：正是基于此,您才会从《今日说法》开播至今,为这个普法栏目担任了十几年的嘉宾吧?

马：你说的没错,这确实是普法的工作,但我们不能要求一个大学教授仅仅停留在这个层面,所以我更注重理论的研究。

记：说到理论观点,在您眼中,婚姻家庭真正的价值体现在哪里?

马：中国古代社会几千年的社会和国家的根基是宗法家族制度,中华民族是世界上最重视家庭价值的民族。但自清末一百多年来,对于传统家庭制度的批判和鞭笞几乎是各种文化革命不可或缺的主题,"五四"先贤们几乎是对传统家庭制度进行了地毯式的轰炸,在他们笔下,家庭已不再是温情所在,而是专制的桎梏与牢笼。

按照梅因的说法,现代化是一个由家族本位的"身份"社会向个人本位的"契约"社会转型的过程。陈独秀也主张应"以个人本位主义,易家族本位主义"。中国传统社会以家庭为核心的民间社会,是否不适应现代性;中国步入现代社会是否唯有将传统家庭制度彻底打倒,现在看来,恐怕尚待商榷。

一个健康稳健的自由社会，必须有发达的社会中间层，即各种小共同体，而家庭是这些共同体中最重要的一部分。"文革"的结束使得家庭开始重拾独立和尊严。改革开放后，人们越来越意识到家庭的伟大价值。但融入世界的潮流也使得我们的家庭开始面临新的冲击与挑战。世界性的消费至上文化和个人享乐主义的强化，让人们更注重自我感受和自我满足，忽视了传统家庭观念和责任道义。

伴随中国经济的繁荣，家庭的价值确实需要重新恢复元气。就在今年中秋前不久，很多人都在谈论一个与家庭价值密切相关的重大公共政策，那就是新的《刑事诉讼法修正案》（草案）取消了"大义灭亲"的内容，规定近亲亲属可以拒绝作证，回到了孔子所倡导的"亲亲相隐"。这一举措赢得了广泛的赞扬和肯定，因为这一规定避免了对基本的家庭伦理和人性的破坏与摧残，维护了家庭的情感与价值，从而也是在维护人的基本情感与尊严。

记：新中国婚姻法的 60 年历程，是否帮助我们实践了爱情、婚姻、家庭的价值呢？

马：2001 年《婚姻法》是针对社会丑恶现象的，之前的两次《婚姻法》颁布都引起过离婚高潮，1980 年《婚姻法》的颁布，使得"文革"之前和"文革"中积累下来的离婚案都在那个时候爆发了，很多离婚都是基于真实感情变化的离婚，包括感情不和、喜新厌旧等，但在"文革"前被认为是不具有正当性的，是不允许离婚的，这与 1950 年《婚姻法》颁布后的离婚高潮是不一样的，后一个是反封建的，是政权变化引起的社会变动，符合当时的意识形态、反封建的社会需要，前一个是思想解放和人性解放导致的，人们真正用自己的离婚实践践行了婚姻自由的思想。

记：眼前的事实是，《婚姻法司法解释（三）》导致了恐婚现象再次抬头，你不觉得这是法律的失败么？

马：其实大可不必因法而"恐婚"，法律是为可能出现的婚姻破裂而准备的，正常的夫妻不用去担心。

《婚姻法司法解释（三）》已由最高人民法院颁布实施，这部司法解释受到社会各界的广泛关注。正如许多人批评的，《婚姻法司法解释（三）》确实过于技术化、过于算计，较少考虑亲情、爱情这些婚姻家庭特有的因素。但大家不要失望，中国的婚姻家庭关系的基本面不会因为一部司法解释而改变，中国的婚姻家庭法整体上仍然是理性的、有节制的，婚姻家庭事务绝大多数还在家庭自治的轨道上运行。

事实上，司法虽然有权基于保护理念介入婚姻家庭关系，依法保障弱者权益,但首先应该尊重个人对家庭生活事务的自我决定权,实施的干预必须适度。司法在许多时候只置身于婚姻家庭关系的外围,只是在当事人不能自行解决和权益受到侵害并请求干预时,才被动地介入进行干预。但若涉及家庭暴力或未成年子女,法律则秉持相对积极的态度,在必要时主动干预。因为前者属于保护人身安全与人格尊严之要求,这是宪法保障的基本权利,高于家庭生活自主权;后者则是基于对未成年人受支配之困境与无援用法律之能力的事实认知。

国家权力往往作为自治与权利的保障者和补充者的角色出现并发挥作用。当公民自治有悖于公共秩序和善良风俗时,法律和权力就会出现,成为婚姻家庭关系的调整器。而当公民自治无法取得一致即争议无法解决时,法律和权力又会作为最终的争议解决方式出现,这种方式往往以司法的名义或补充性条款的名义出现。《婚姻法司法解释(三)》中大量的条款都属于这种情况,都是首先允许当事人自行协商,在协商不成的情况下才由法院依据一定规则判决。

亲情、爱情、过错,这些都是婚姻家庭的特有因素,但问题在于如何在司法实践中把握这些因素,这是司法者最大的难题。我们不能假设法官是全能的超人,具有无限的理性。法官和我们普通人是不一样的,我们看到的婚姻家庭有和谐的也有不和谐的,但绝大多数是和谐的;法官面对的婚姻家庭都是不和谐的,不然谁去法院打官司呢?另外,现在的婚姻家庭案件多数是财产利益之争。法官审理案件有审限的限制,在有限的时间内要实现案结事了,不得不依靠一些技术性规范来断案。《婚姻法司法解释(三)》主旨是通过更细的规则处理具体的婚姻家庭纠纷。在法律允许的范围内,我们完全可以自己协商处理家庭纠纷,绝大多数人的道德境界肯定比法律底线高,亲属、家人依然"温情脉脉"、值得信赖和依靠。婚姻家庭是具有特殊意义的社会机制,家庭成员之间相互承担义务,约定关爱与互助,分担各种风险,它仍然是我们社会中最温暖、最甜蜜、最有益也最受珍视的机制。所以,不要对婚姻家庭失望,更不必"恐婚"。

记:现在很多业内人士对《婚姻法司法解释(三)》颇有微词甚至质疑,你认为这是什么环节出了问题?

马:是陷入了价值困境,一部着眼于指导法官审判的司法解释,竟然能够引起如此大的社会震动,根本原因在于不同婚姻家庭价值观的冲突。

中国传统的婚姻家庭观认为,婚姻的功能是传宗接代,婚姻的起点和归宿都是家庭(家族)。世系的传承与延续高于个人的价值和幸福。由于个人在身份上隶属于家庭(家族),便没有个人财产或夫妻财产的概念,与之相应的是家庭财产关系同居共财。

近现代以来,中国家族血缘社会已经解体,社会的基本结构已从过去的扩展家庭转变为核心家庭,夫妻关系成为家庭关系的主体,传统的家庭同居共财制为夫妻财产制所取代。

个人主义在现代婚姻家庭法上具有重要意义,在家族本位的古代婚姻家庭法向个人本位的近现代婚姻家庭法发展演变的过程中,个人价值和个人自由清晰呈现出渐趋彰显的态势。家族依附和身份关系对个人的束缚大大降低,"个人"不断地代替了"家族",成为民事法律所考虑的单位。近代以来的婚姻家庭法是以个人本位的婚姻契约观为基础构建的,强调人格独立,宣扬人格平等,在一定程度上确立了当事人决定和管理自己家庭生活事务的自由。20世纪60年代末以后,当事人的离婚意愿更加受到尊重,许多国家先后采纳了破裂主义离婚标准,只要"夫妻感情确已破裂",即可离婚。另一方面,现代婚姻家庭法为人们提供了更多选择余地。双方当事人不仅可以基于自由意愿,对关系存续期间的婚姻住所、家庭姓氏、夫妻财产制等予以选择,而且在离婚时,也可以对离婚程序,离婚时的财产分割、子女抚养,离婚后的救济等事项作出自主安排。

与一般民事财产法相比,婚姻家庭法由于深受传统社会价值体系的影响,并担负着维护家庭伦常秩序和社会利益的重任,个人主义的空间历来受到限制。中国家庭普遍采用的是婚后共同财产制。这意味着在传统同居共财制解体之后,财产共同的观念仍然延续了下来,只是从前是家庭成员共财,现在却是夫妻共财。其间蕴涵的一个文化心理就是现代中国人仍然把家庭作为一个不可分割的共同体来看待。在西方人的价值体系中,宗教信仰是最重要的,它使得人的精神有了归依。没有宗教信仰的中国人更多地依赖家庭,因此家庭有着特别重要的意义。中国人主张在利己的同时必须考虑家庭共同体的利益,由此形成的是对家庭共同体的认同和对夫妻财产共有制的认同。

《婚姻法司法解释(三)》的若干条款基本是按照调整市场经济的财产法规则设置的,忽视婚姻家庭的团体性价值而偏向个人主义。如第7条规定婚后一方父母出资为子女购买不动产且产权登记在自己子女名下的,认定为夫妻一方的个人财产;由双方父母出资购买不动产,产权登记在一方子女名下的,按照双方父母的出资份额按份共有。第10条规定离婚案件中一方婚前贷款购买的不动产归产权登记方所有。这些规定都体现出明显的个人主义价值观,不符合婚姻法夫妻共同财产制的基本精神,不利于均衡保护婚姻双方及其父母的权益。它使得婚姻法的立场向怎样"算清楚经济账"这个方向上倾斜,客观上会导致中国的家庭因"算清楚经济账"而勾心斗角、离心离德的社会后果。

婚姻家庭财产关系是不能根据一般财产法规则处理的。夫妻、父母子女、兄弟姐妹等特别的人伦关系不是出于功利目的创设和存在的,而由亲属身份所派生的财产关系也不体现直接的经济目的,它所反映的主要是亲属共同生活和家庭职能的要求,不具有等价有偿的性质。在一般民事财产法领域,同一法律关系中的权利和义务一般都具有对价关系,其实质是双方主体的利益交换,权利和义务的区别十分明确。而在婚姻家庭法领域,某些法律关系中的权利和义务是紧密地结合在一起的,两者甚至是很难区分的,近亲属之间的抚养、赡养既是彼此的权利,也是彼此的义务。家庭共同生活必然带来财产的共享和分享,千丝万缕、盘根错节如何分得清你的、我的。不动产利益有登记簿记载,其归属可以清晰界定,而在家务劳动和情感、时间、精力上的投入和付出,其价值法律却无法准确测算,一方如何能够补偿另一方的人生?《婚姻法司法解释(三)》非要将双方父母赠与夫妻的不动产认定为按份共有,将一方婚前贷款购买的不动产划归产权登记方所有,将夫妻一方个人财产婚后产生的孳息和自然增值认定为个人财产。《婚姻法司法解释(三)》是用一般社会关系的原理去解释家庭内部关系,用调整市场关系的规则去调整家庭关系,当然是不妥的,必然引起民众的争议。

在当下,我认为有两种极端的婚姻家庭观值得警惕:一种是传统中国的婚姻家庭观,视家庭利益绝对高于个人利益,忽略个人的价值和权利。这样取得的家庭和谐或对家庭的尊重其实是扭曲的,是以牺牲个人自由及个人权益福祉为代价的。而另一种婚姻家庭观,是极端个人主义的家庭观,无视家庭的团体利益,唯AA制婚姻男女个体利益至上。《婚姻法司法解释(三)》倾向于后一种价值观,这就是一部司法解释为什么在社会上造成这么大反响的原因。

家庭,自古以来就是中国人的根基,维护婚姻家庭的和谐应该是我们一贯的主张。从传统到现代社会,中国婚姻家庭的观念、形态以及财产法律结构在变化的同时也保持着某些不变的属性,如何尊重老百姓的生活原生态,达到情理法的内在统一,是司法解释无法回避的问题。

国家虽然有权基于保护理念介入婚姻家庭关系,依法保障弱者权益,但仍应尊重个人对家庭生活事务的自我决定权,实施的干预必须适度。国家干预必须遵循两个原则:一是法律保留原则,即国家对家庭生活事务干预须具有法律上的依据,以法律手段进行,不能非法干预;二是比例原则,即国家干预在时点、方式与程度上须与保护弱者权益的需要相对称,不能过度干预。

通过以上评析,可以发现我国婚姻家庭法的发展已呈现出个人自由与国家干预并进的趋势。国家权力已经退出了许多原来国家以维系社会公共利益、家庭价值或伦常秩序为理由而对于个人自由所作的限制,让其任由个人自主与家庭自治。而在原来法律不愿介入或是采取较消极态度的领域与问题上,例如对于家庭暴力或是家庭中其他弱势者的保护等,则是越来越积极地介入,这就是强化法律对婚姻家庭必要干预的趋势。这样的趋势与世界各国婚姻家庭法的现代发展模式是一致的。

记:最近这几年,在婚姻家庭的传统职能上,关于"代孕"的报道也屡见于各家媒体,对代孕技术应用,您持什么样的态度?

马:由于代孕情况下亲子身份的复杂以及伦理争议,世界各国对于代孕技术的法律规定不尽相同。目前,多数国家都将其明文禁止。2001年我国卫生部颁布了《人类辅助生殖技术管理办法》《人类精子库管理办法》,2003年在此基础上又颁布了新修订的《人类辅助生殖技术规范》《人类精子库基本标准和技术规范》《人类辅助生殖技术和人类精子库伦理原则》,对人工生殖技术进行规范,明文禁止代孕。但是由于这些主要是针对医疗机构和医务人员的规范,对代孕亲子关系的认定并未明确。另外,《人类辅助生殖技术管理办法》作为部门规章,只能对医疗机构和医务人员有约束效力,所以不能禁止人们到域外进行代孕,更有很多人通过地下代孕中介来寻求帮助。除此之外,在民法领域,尤其是《婚姻法》中并未涉及相关的代孕子女身份认定问题。如果发生代孕纠纷,则会产生无法可依的情况。面对我国现行法对代孕子女亲子关系的认定无所适从,我国立法有必要作出调整以适应人工生殖技术所带来的挑战,而不应该采取逃避的态度。

现阶段立法不宜开放代孕的原因,首先是"代孕"破坏传统的婚姻家庭模式和亲子关系,并对家庭产生负面的影响。代孕把生儿育女这个行动迁移至夫妻关系之外,牵涉到婚外第三者,甚至第四者,从而产生了多母家庭、亲属关系不清的家庭等,如果生儿育女可以脱离夫妻关系而发生,意味着几千年来的家庭模式发生天翻地覆的转变,传统的家庭模式瓦解。同时,供需双方如果产生好感,将会引起新的家庭矛盾。代孕同时容易引起社会伦理关系,继承、抚养等亲子关系的混乱,不利于代孕所生儿童的健康成长。代孕的出现,使某些家庭亲属关系混乱,母女姐妹间相互代孕,不仅打破了血缘的纽带,而且使父母子女的关系也需要重新界定,这就使家庭伦理,尤其使代际关系混乱,使中华民族以血缘人伦关系建立起来的社会价值体系和基本结构形式受到严峻的挑战。如1987年南非,一位50岁开外的中年妇女因女儿出嫁后多年不孕,为女儿做代孕母亲,那么,这个孩子究竟是该妇女的儿子,还是外孙?同样地,若姐妹之间可以相互代孕,如此伦理关系变得难以梳理。且若开放的幅度更大,允许单身的人或同性恋者委托他人代孕时,也势必将牵涉到更多的伦理争议。

其次,有偿代孕势必将子宫商品化,使女性沦为生殖机器。代孕母亲实际是由父权体制的传宗接代观念所催生,且易使经济状况较差的低社会阶层妇女,为谋经济利益而出租子宫,从而无可救药地沦为有钱人的生殖工具。代孕母亲会被社会视为女人物化为子宫的极致表现,将女性地位降低到一个婴儿制造工厂的机器,使得生殖过程如同一般商品的生产模式一样,被切割成几个破碎的片段,代理孕母在理论上已足以颠覆三合一母职概念的传统伦理。母亲被碎裂成不同的生理器官、组织与细胞。医学界取代了母亲,成了生命的起源与创造者。不同女人的卵子、荷尔蒙、子宫就成了医生创造生命的原始材料。如果女性可以靠怀孕与生产的能力赚钱,市场将根据代孕母的智商、肤色、健康与生育能力,为这些女性标价,贬低怀孕女性的人格。

最后,代孕有剥削妇女之嫌,因为通常会出借子宫的女性,多半没有委托夫妻富有,允许代孕将增加富人剥削穷人的机会,富人可能会找贫穷的女性代孕,而由于这些女性没有足够的谈判筹码或信息,可以保护自己的权益,纵使她们自愿为他人代孕,实际上也是一种剥削。同时,出钱委托他人代孕,等于是把儿童变相当做商品进行买卖,破坏人性尊严,违反儿童人权。以婴儿作为合同标的的代孕契约从根本上讲就是人口买卖契约,且属于定制买卖。奴隶贸易已成为历史的尘埃,代孕行为却试图将代生子女变成全球保护人权趋势下合法的交易。出卖方并不是通过拐卖他人子女来交易,而是打着人工生育的幌子将自己生育的子女作为金钱和物质的交换体。更有甚者,代孕还可能被用于器官买卖,比如代生一个婴儿来供给需求者的身体部分器官,这是对生命的严重亵渎。代孕契约一旦透过国际市场的交换机制,贩卖女性(子宫)与小孩的行为将很快地会被国际化。

我反对代孕的推广,但代孕的存废与代孕子女的亲子关系认定属不同层次的议题,因为不论合法或者非法,一旦婴儿出生,就必须根据法律确定他(她)的身份关系,而不能将之"消灭"或"视为不存在"。亲子关系认定是确定法律上父母子女权利义务的前提。亲子身份不明确就有可能引发纠纷,造成对子女监护权的争夺或推诿,影响父母子女之间权利的享有和义务的履行。在代孕现象屡见不鲜的情况下,代孕所生子女究竟应当归属代孕母亲、委托人还是精卵供给者?代孕情况下亲子关系如何认定?子女的法律地位如何?我们应在保障各方利益的基础上对代孕父母子女关系进行研究,寻找到一条明确确定亲子身份的道路。我国立法也应对代孕产生的亲子关系认定纠纷等作出回应。

记:听您这样一说,我国婚姻家庭法学的研究似乎是与国际学界有较大的差距?

马:也不是差距,应该算是两种范式、两种路径,中国的婚姻家庭法学曾经中断过,是不连贯的,受到其他因素的干扰也太多,跟政治气候也有关系,受到的冲击不少,有自身发展的阶段性和反复,我们大陆地区与台湾地区的差别很大,这在其他国家并不明显,我们的理念和思想学说变化非常剧烈。

记:请您谈谈你眼中的中国婚姻家庭法学研究现状好吗?

马:当然可以,全国目前有六百多所大学设法律专业,婚姻家庭法学的教学研究队伍迅速扩大,已形成老、中、青梯队,一批中青年学者脱颖而出。许多大学招收婚姻家庭法学研究方向的硕士研究生,几所大学还培养了若干婚姻家庭法学方向的博士生。从事婚姻家庭研究的学术团体和学术刊物也比过去多得多,这些都是可喜的现象。

自1950年《婚姻法》颁行以来,特别是改革开放三十年来的中国婚姻家庭法学研究取得了长足的发展,很多专题得到了深入、系统的研究。这些专题集中于诸如事实婚姻、夫妻身份关系、亲子关系、夫妻财产制、离婚理由、家务劳动的法律评价、离婚损害赔偿等。

婚姻家庭法学的研究视野不断扩大。以夫妻人身关系为例,在研究内容上已从过去只研究夫妻姓名权,婚姻住所决定权,夫妻生产、学习、工作自由权,到现在更多地研究夫妻配偶权、夫妻同居义务、夫妻忠实义务、夫妻日常家事代理权等;在研究区域上,已从过去多局限于中国内地,到现在面向国际及中国港澳台地区。

婚姻家庭法学在研究方法上有很大更新,已由过去单一的对法律规范的注释和评价,发展到现在多元的分析和综合研究。已从过去局限于法学自身领域的研究方法,发展到现在包括法经济学、法社会学等跨学科的研究方法,以及运用社会调查、社会性别分析等方法。

学术研究推动了婚姻家庭法立法。围绕1980年《婚姻法》的修改,《收养法》、《母婴保健法》、《妇女权益保障法》、《未成年人保护法》、《婚姻登记条例》等法律、法规的起草或修订,以及2001年最高人民法院《关于适用〈中华人民共和国婚姻法〉若干问题的解释(一)》和2003年最高人民法院《关于适用〈中华人民共和国婚姻法〉若干问题的解释(二)》等司法解释的制定,学者们撰写和发表了大量的专著和论文。以结婚法为例,学者们有关结婚登记制度的建议被立法采纳,有关设立无效婚姻、可撤销婚姻制度的建议也被采纳,有关非婚同居研究的建议亦被采纳。

现阶段中国婚姻家庭法学的理论体系更为完备,在司法和执法活动中的影响力进一步增强,为民众所普遍认可并对民众的婚姻家庭观念和婚姻家庭行为产生积极和广泛的引导作用。

中国婚姻家庭法学研究取得了一系列的理论成果。与整个法学研究一样，采取以立法带研究、研究又推动立法的互动模式，绝大多数成果属于立法研究或法律对策研究的性质。这种研究模式既是我们的长处也是我们的短处，优点是理论和实践相结合满足社会急需，缺点是真正的独立学术讨论还比较少。学者的研究一直都比较关注现实生活中出现的新情况、新问题，侧重于应用型研究，对于婚姻家庭关系的性质与功能以及婚姻家庭法的立法宗旨与立法原则、发展方向等基础理论进行研究的不多。此外，对中国现阶段婚姻家庭关系的系统科学的实证调查较少，对婚姻家庭法实施效果的研究关注不够，对国外的理论和立法翻译和评介的较少，特别是对亚洲国家和地区。这几年学界虽然发表的论文、著作颇多，但原创性重大研究成果不多。以离婚法为例，许多研究论文停留在归纳、转述他人既有研究成果上，创造性研究不足。这与研究者欠缺实际调查，不接触离婚法律实务，习惯于"闭门造车"式的研究方法有关。

记：请问您在学术研究中最推崇什么样的研究方法呢？

马：其实我几种研究方法都尝试过，在自己的论文和著作中都有体现，实证研究是婚姻家庭法研究最基础、最常用的，让我们更靠近社会真实，而女性主义的研究方法后现代主义的含义很重，女性主义让我们从全新的、批判的视角重新审视法律、法律制度、法律文化、法律现象，发现之前被忽略和隐藏起来的问题，过去我们都以为法律是中性的、客观的、没有性别偏好的，但站在女性主义的视角就完全不会这样看。法律实际上是有性别特征的。我在90年代以后开始尝试研究女性主义，当时，妇女权益保障法正在起草中，我敏锐地感到妇女进入立法机关的很少，妇女意志通过立法程序上升为国家法律的更少——很多女性人大代表的法律主张缺乏社会性别视角，并没有反映妇女的诉求和呼声。女性的地位是衡量一个社会文明程度的标志，中国社会的进步不仅需要依赖占一半人口的女性的努力，也必须伴随女性社会地位的不断提高，主要包括两性在获得各类社会资源的机会、自由选择权、人格尊严等方面实现完全的平等。我认为，法律是平衡社会利益、规范社会秩序的工具，不分性别以及同一性别个体之间的知识、财富的差异，对全体公民统一适用，因此，法律政策中体现的性别观念将对两性的平等发展产生积极或消极的影响。根据法律政策中体现的社会性别假设不同，法律政策所采取的性别平等模式也不同，不论这种"采取"是否刻意，法律政策因而可以分为"社会性别盲视政策""社会性别敏感（积极敏感/消极敏感）政策""社会性别主流化政策"。社会性别盲视政策，假定男女是处于性别平等的理想社会，没有阶层、地位差别；社会性别敏感政策，从女性的生理特征出发，假定妇女生来弱于男性。这两种政策忽略社会现实中男女两性在分工、资源、受教育机会及被社会认可程度等方面的巨大差异,维持固有的两性地位状态,无益于促进两性实质意义的平等。社会性别主流化的政策,看到女性地位不力是社会使然,尤其是社会性别机制的作用,立足于改革造成两性不平等的社会机制,实现两性权利、责任和机遇的平等,不因其性别而受影响。社会性别主流化的政策,致力于根本上促进男女两性的平等,是现代社会政策制定需要努力的方向,也可以成为纠正社会性别盲视政策和社会性别敏感政策的标准。

在发现了这些问题之后,我感到心潮澎湃,觉得这项研究为法学研究和实践开启了一扇窗户,是一个重要的分析思路,所以近年来,我都致力于性别与法律关系的研究,与同行们一起评估现行法律,探究法律是否存在明显的和隐性的性别歧视,性别因素如何影响立法和司法,着重考察保护妇女的立法在实践中效果如何,法律实施的效果是否达到了立法的预期。通过调查,我们发现在很多领域,表面上保护妇女的立法或对男女两性公平对待的立法并未达到预想的社会效果。法律实施对不同性别的人产生的效果可能是不同的。以邓玉娇案为例,尽管很多人认为该案判决已经最大限度地考虑了要求从轻处理的民意,相对于同类案件,对邓玉娇的判决,已经是很轻的处理。但我依然认为,邓玉娇当属正当防卫。标准正当防卫的规定,是在两个体力大致相当的男人在酒馆斗殴的基础上制定的,代表男性的价值观。因为缺乏女性的经历和体验,难免忽视女性的权利保障。立法者没有意识到,当三个男人用推搡威胁一个体力与他们相差悬殊并且在心理较量中处于弱势的女人时,如果要求这个女人等到强奸迫在眉睫时再奋起反抗,体力和心理上都处于弱势的女人获胜的机会微乎其微。这样的规定,难以体现女性的生理和心理特点,法律对权利的实质性的平等保护便难以实现。

立法的时候主要体现男性的社会与体验,不太反映女性的一面,所谓公平客观的法律对于男女两性而言不会是真正公平的,这是女性主义法学的贡献。

记:经济分析法学的方法现在也很流行,老师用它来研究什么呢?

马:经济分析法学的方法我同样尝试过,研究关于离婚救济制度与补偿的问题,我认为家务劳动的价值在现行家务劳动补偿制度中没有得到充分尊重。由于我国少有夫妻约定实行分别财产制,《婚姻法》将离婚时家务劳动补偿请求权仅仅赋予约定实行分别财产制的婚姻当事人,极大地限制了这一救济制度的适用范围。在共同财产制下,表面上看通过共同财产的均分,双方的经济利益都得到了平等的保障,但实际上,由于种种原因(如夫妻共同财产都资助给一方进行职业教育;对一方的智力、技能的投资还没有获得经济回报;对一方事业的支持尚没有体现在家庭收入的提高上等等),当夫妻共同财产很少,仅凭财产分割并不能补偿一方所付出的代价或损失时,就需要有补偿性的离婚扶养给付来加以救济。

现行的经济帮助制度不能有效地保护离婚当事人中弱势一方的利益。在实际生活中,夫妻双方对婚姻家庭的贡献和从中获得的利益往往是不平衡的。承担家务劳动较多的一方,其职业及其他方面的发展都会受到较大的牵制,其参与社会工作的能力和机会,以及由此获得的经济收入相对较弱。而承担家务劳动较少的一方,则由于对方的奉献和牺牲而在家庭之外的各个方面都获得较大的利益,如学业的进步,参与社会工作的机遇和事业的发展等都大占优势。倘若婚姻关系继续维持,承担家务劳动较多的一方还能够从婚姻持续期间的共同生活中得到回报(比如享受丰厚的夫妻共同财产、夫妻扶养等利益)。但是,一旦离婚,其全力倾注于家庭事务的心血将统统付诸东流,因为离婚时如果没有达到"生活困难"的标准则不能获得适法保护,即使达到了"生活困难"的标准所获得的帮助也仅仅限于基本的生活保障。现行经济帮助制度,无论从适用范围看,还是从裁判标准看,都不符合公平原则。

离婚损害赔偿的本质主要是以惩罚过错为目的的赔偿,而不是以填补受害者损失为目的的赔偿。它实际上是过错主义离婚法的保留。为了获得赔偿,需要证明对方有过错,夫妻在法庭上不得不互相攻击,或者相互揭露隐私,不仅容易助长伪证和诽谤,也有损法庭和当事人的尊严——法庭成了夫妻双方用充满恶意的语言互相攻击、伤害的场合。在马拉松式的离婚大战中,配偶间的怨恨或憎恨情绪愈来愈深,结果导致两败俱伤。受害妇女更需要的是弥补损失性质的补偿而不是复仇性质的赔偿。

离婚损害赔偿制度是一种现实成本过高的制度,不符合效率原则。一个制度的设立应讲究社会成本的最小化,在现实交易成本存在的情况下,能使交易成本最小化的法律才是最适当的法律。离婚损害赔偿制度增加了离婚妇女获取补偿(赔偿)的成本,使原本可以通过较少证据支持的弥补损失性质的补偿变得复杂化,增加了离婚妇女维权的难度。

离婚损害赔偿请求权为第二性权利,只有在第一性权利受到损害时,才可能因为对这个权利的救济而产生第二性权利。这个第一性权利即配偶权、身份权在法律里并未规定。在这些问题没有在法律上解决之前,没有足够的依据提起相关权利的救济之诉,这也增加了离婚妇女维权的难度。因而有必要在《侵权责任法》里尽早规定。

我们不应把夫妻间侵权损害赔偿和离婚捆绑在一起。在现代法制下,夫妻各具有独立的人格,为独立的权利主体,应该认为夫妻之间可以发生侵权行为,夫妻之间的侵权行为无论离婚与否都受法律调整。我国法上也并不否认夫妻间成立侵权损害赔偿责任,利用《侵权责任法》来救济当事人,可以更广泛、更彻底地保护受害者的权益。

创造性地构建离婚扶养制度是指夫妻一方对另一方在夫妻关系存续期间的经济上的合理分工导致的收入能力下降和其他合理的婚姻投入在离婚后予以补偿的法律制度。补偿性质的离婚扶养的主要目的在于,通过要求夫妻一方对另一方的婚姻投入加以补偿的机制,将失败婚姻的经济负担妥当地在夫妻之间加以分配,从而有效地抑制夫妻一方在自己获得利益后、支付报酬之前产生解除婚姻关系的动机。

通过经济分析法学的总结,我认为补偿性的抚养费数额的确定应考虑这样几个因素,其一是婚姻存续时间的长短;其二是婚姻存续期内一方对家庭作出的贡献,特别是为了另一方某种资格证书的获得、教育程度的提高等有助于其收入能力提高的活动而作出的贡献,例如在家抚育子女、辛勤操持家务,甚至出外工作以维持家计等等;其三是夫妻一方为了另一方收入能力的提高而作出的自我发展上的牺牲,例如对受教育机会、事业发展机会的放弃等等,这也属于一方为另一方作出的贡献,只是这种贡献更强调一方作出的影响其日后发展的特殊的牺牲。

记:说完学术观点与方法论,我们再讲讲学术圈吧,您认为当前中国的学术界、中青年学者们是浮躁的吗?

马:大多数都是浮躁的,整个国家的学术风气其实是很糟糕的。尽管有些人用理工科高高在上的偏见看待人文社会科学是不公平、不客观的,我也深恶痛绝这套东西,但身在其中,有时还不得不做些违心的应景之作去迎合一下现实的需要,说这套学术评价体系是在"逼良为娼"也不过分。《南方周末》曾讨论过这个问题,对于中国大学教育、科研体制的变革,提出了十大建议,如要砍掉多少硕士点、博士点,学科级别设置应废除,双学位也应该被废除,法科学生同时修经济学,这可能么?学的都是伪经济学,结果是两个学科都没有学好。

虽然不能独善其身,但我希望今后的婚姻家庭法学研究要真正综合创新,要在国外婚姻家庭法的理论资源中,提炼和抽取出有价值的、切合中国婚姻家庭的思想,并将这些理论元素有机地溶解在中国自己的理论框架和形态之中;要从当代中国的实际问题出发,创造出新的概念和理论范畴,形成自己的符合实际的理论系统。有了这样的理论系统,我们就可以获得与国际学术界平等交流对话的能力和实力。另外,要立足现实开发传统,把现实中国社会和中国婚姻家庭作为自己理论的立足点、出发点和归宿点；要从中国传统学术思想中开发可资借鉴利用的思想资源。我们要立足于我国的社会实际去调查研究，去概括总结。同时又要深入研究中国社会婚姻家庭文化史和思想史，从我国悠久的文化传统中汲取营养。这样创造的有中国特色的婚姻家庭法学，才可能对世界婚姻家庭法学的丰富和发展作出自己的贡献。此外，理论创新和学科建设还要倡导"学派意识"。要发展我国的婚姻家庭法学，必须建立起各有千秋的、相互友好的、百家争鸣的理论学派。这是繁荣学术的一条坦途。各学派在相互探讨、切磋与碰撞中，一方面可以深化学说，另一方面可以把中国的声音放大，在全球范围内产生影响。

记：那您期望我们的学术环境达到什么样的状态才算理想？

马：达到什么样的状态？起码我国台湾地区的学术风气就比大陆要纯洁得多，大陆学术界已经在变成官场和商场的大杂烩，在前面我提到的十大建议中，在职博士和硕士都应该全部被砍掉，学术产值带来的就是学术垃圾，社会虽然给我们带来了承前启后的机会，但又让我们觉得这个社会很虚伪，尽管身为北大的法学教授，但我没有发自内心的职业荣耀，有点对不起"教授"这个名称。你们也看到现在的各种报道了，一个导师一届带十几个博士，这怎么带？批量生产博士，导师连学生都认不全，太腐化了，我们国家的经济泡沫、学术泡沫等各种泡沫都应该被击破，否则贻害无穷，但是当权者没有魄力、既得利益者不会放弃，所以构成纠结的博弈，我们当中的很多人内心发虚，感到很无奈，做着自己不愿意做的事情，无法坚守自己的职业道德，坚守的人还得不到大家的尊敬，大家反而觉得他是傻子。智慧财富在流逝，国家智库日渐空虚。对学术界而言，这是一个虚幻的盛世，把水分都挤干了就没剩下太多高纯度的学术物质了。

记：就您个人而言，今后的研究往何处去呢？

马：我仍然会积极参与实践，这是学科的必然要求，但我又试图分开两者，做最纯粹的学术，可惜到目前为止还不能如愿。纯粹的学术要求一个人甘愿坐冷板凳，守住清高，对自己的作品精雕细琢。著作等身往往出不了传世之作的。

记：就现在来说，你觉得自己最大的学术贡献是什么呢？

马：不能奢谈贡献，我没有为学术领域贡献过什么。

记：十几年的付出不算是贡献吗？

马：唤起民众的法律意识，是我应尽的社会责任，只是一个副业，不算是我的贡献。你若非要问我有什么贡献，我只能说我在关键时刻保持头脑清醒，没有发表违心的意见和观点，没有为应付政治需要而做出让自己不安的事情，坚守住了北大人的操守。

记：老师如此谦虚，晚辈受教了。在您眼中，我们中国的婚姻家庭法学还有可拓展的领域或是哪些未解决的大问题吗？

马：我们的研究广度、深度都不够，婚姻家庭法学的研究还有很多未尽之事，我们对重大问题关注度远远不够，或许是没有能力足够的人，也可以理解为没有人来担当，就像《婚姻法司法解释（三）》其实是有违法性的，但很少有人提。譬如人类婚姻家庭法的走向这项基础性问题现在没有人脚踏实地去做，毕竟在应景状态下，时髦、随大流的东西更容易出成果。

婚姻法与民法的关系是我们一直没有深入解决的基础理论问题，婚姻家庭法应不应该作为民法的一部分，还是要继续保持独立性，一直没有说清楚，新中国成立之初我们跟随苏联的法学理论认为它是独立的，让婚姻法成为了独立的法学系统，后来重构法学理论体系，又觉得大陆法系主流的思想是应该采纳的，要把婚姻法回归民法，于是又稀里糊涂地回归了，根本没有形成我们独立的思想体系，婚姻法真的和民法一样调整的是平等主体的民事关系吗？婚姻法是不是民法，回归民法真的正确吗？我看未必。

记：那对于婚姻法在公法化的言论，您又作何解释呢？

马：计划生育法是公法的一部分，但不能算是婚姻家庭法的一部分，那是国家承担的义务，婚姻家庭法只不过反映其中的生育职能而已，婚姻家庭法的国际走向是跨社会法，把社会救助等内容也包含进去了，但这都不是将婚姻家庭法公法化的理由，部门法的学科范围融合在扩大，原先明显的界限越来越模糊，正如法理学者不研究部门法会导致研究进行不下去，多种研究方法的综合是必须的，法学部门和法律部门的区分都已经不再清晰，这是社会发展的大势所趋。

记：看来是我辈的理论根基还不够深厚，让您见笑了。再请马老师为我们青年学子推荐几本专业内应读的书好吗？

马：从增强理论基础的角度上说，瞿同祖先生的《中国法律与中国社会》是法科必读书，还包括费孝通先生的《乡土中国》和《生育制度》，民法学基础理论方面有王泽鉴的"天龙八部"，婚姻家庭法领域有史尚宽的《亲属法论》与《继承法论》，国外学者的著作我建议看看梅迪库斯的《德国民法总论》。

记：请您再对我们青年学子提几点希望吧。

马：你们真正的读书时间太少了，应付考试的时间较多，心态非常复杂，现在的学生读书纯粹为了找工作，在法科教育大杂烩的时代，目标、方向、手段都是混乱的，不知道要干什么、该干什么，既不像美国、又不像德国。学习已经成为职业的敲门砖，不再出于爱好和热情、信仰，这是一个没有信仰的时代。年轻一辈中有信仰的人也有，但只是极少数；更多的人是觉得法律职业不错、就业前景还说得过去才来读书的,这些人中大部分将来会成为社会的中坚力量;还有一小部分是被动进入法学院的,身在曹营心在汉,只是来体验大学生活,将来他或许会成为逃跑的诗人、企业家,糟糕的就会白白浪费教育资源,什么都做不了。

当政治的、人生的、学术的信仰全都没了的时候,功利主义至上,大环境就显得太可悲,应该说是时代辜负了你们,不能给你们好的导向和指引。面对密密麻麻的学术制度要求,我们能要求你们做什么呢?拍案而起吗?不能——我们只能用世界学术史的发展来安慰你们,这种现象是暂时的。

其他的我就不说了,在中国的学术体系内,我们洁身自好,继续努力,静观其变吧。

记:感谢马老师的畅所欲言,我会记住您的教导的。

马:谢谢,也请转达我对何勤华师兄的问候,并希望他能来参加我们的年会。

(方　砚)

钱福臣
Qian Fuchen

1961年出生,黑龙江省呼兰县人。1979年考入哈尔滨师范大学中文系,1983年毕业并获中国语言文学学士学位。毕业后到呼兰县教师进修学校中师函授部工作三年。1986年考入黑龙江大学法律系,攻读法理学硕士学位。1989年毕业,在吉林大学法律系答辩,获法学硕士学位。同年留黑龙江大学法律系,从事法理学的教学和研究工作。2001年考入中国人民大学法学院攻读法理学博士学位,2004年毕业,获法学博士学位。现任黑龙江大学法学院副院长、教授、博士生导师。学术兼职有:中国法学会比较法学研究会常务理事、中国法学会宪法学研究会理事、中国法学会法学理论研究会理事、中国法学会西方法律思想史学研究会理事、黑龙江省法学会宪法学研究会会长。

主要代表作为:《中西宪法概念比较研究》(《法学研究》1998年第3期)、《宪政基因概论——英、美宪政生成路径的启示》(《法学研究》2002年第5期)、《我国编撰民法典之宪政意义》(《求索》2002年第5期)、《线状法律控制模式与网状法律控制模式——我国新时期法治建设的误区与必然走向》(《求是学刊》2003年第3期)、《我国宪政生成的基本障碍、条件与路径》(《云南法学》2004年第1期)、《网状控权模式:宪政的基础和生命形式》(《华东政法学院学报》2005年第3期)、《道德态势与社会控制模式需求定律——我国接受西方法治思想与模式原因的新解读》(《环球法律评论》2006年第3期)、《现代宪政的法权配置与运作规律》(《法学研究》2008年第3期)、《解析阿列克西宪法权利适用的比例原则》(《环球法律评论》2011年第4期);《美国宪政生成的深层背景》(法律出版社2005年版)、《宪政哲学问题要论》(法律出版社2006年版)、《民事权利与宪政——法哲学视角》(与魏建国合著,法律出版社 2010 年版)。论文多次被《高校文科学报文摘》和《人大复印资料》全文转载,并被《新华文摘》和《中国社会科学文摘》论点摘编。

记者(以下简称"记"):钱老师您 79 年开始本科学习,当时您的专业是中文。请问钱老师,那时您对中文专业和法学专业是怎样看的?

钱福臣(以下简称"钱"):我之所以选择中文,是因为我非常喜欢文学,从小就喜欢。上大学用功比较多的是中国古代文学、中国文学史以及中国历史。当时我对外语也比较感兴趣,英语用功比较多。我大学时通读过范文澜的《中国通史》。当时我对法学专业没有印象。后来要毕业的时候,涉及将来的选择的时候,我有一个同学叫谢伟东,他后来到最高院去了,他年龄比较大,我们这个班,我是最小的,他比我大 6 岁。他要考法学专业的研究生,考北大的国际法专业。当时他就劝我要考法学。当时我还经过了痛苦的选择。考研究生选择法律专业比较实际,将来走向社会能好一点。但是我个人不喜欢,最后就放弃了。

记:钱老师您读本科期间,经历了 80 年代科学的春天和文化的热潮。请问钱老师当时的学习生活和社会活动与现在的大学生有什么不一样?后来你毕业后的工作经历又是怎样的?

钱:完全不一样,就我本人来说,甚至有些极端,充满了激情。那时候的人都在学习,都很有激情。我当时社会活动参加得很少。有许多人办诗社等各种文学团体。那些活动后来国家是禁止的,叫资产阶级自由化。我参加的课外活动主要是书法协会,每周都搞一次书法展。我是农村出身,到了大学觉得很新鲜,接触了很多新事物,读了很多的书。我早晨 5 点就起来跑步,然后吃一点饭,念外语,之后上课,走在路上都在背唐宋诗词、先秦诸子散文、唐宋八大家的散文等,当时背了很多,《唐诗三百首》基本上都背了下来。下课时念外语单词。中午练字。下午没事就挤图书馆,有一次图书馆的门都被挤坏了,把我一件衣服刮破了。晚饭后还上图书馆,8 点多钟回来。我当时的爱好是拳击。我自己做个沙袋,挂在植物园,练拳击。当时我充满了激情,也很自信。那时候我不大懂法律,觉得搞法律就是做政治家。当时就在想,是要做鲁迅那样的文学家还是毛泽东那样的政治家?我当时觉得只要自己去做,没有做不成的事。那时我还可以考文学的研究生,我的古汉语和古代文学,成绩都是 99 分。我那时要考的话,顺理成章地就能考上文学研究生。我不想考研究生,而是想搞写作,想写小说体验生活。分配的时候,我甚至有段时间想到新疆去。后来被分到了呼兰县教师进修学校。我家在呼兰。我在那做中师函授,给中小学教师,主要给小学教师上课,我还下乡,呼兰所有的县,我三年都走过两遍以上。我当时想搞文学,但确实不适应社会,经历了很多事,后来自己忽然觉得,我不能把文学当做专业,而把生活当做业余,这样搞不出创作。应该相反,文学应该是业余的,生活才是专业。85年我曾考过一次研究生,当时我不想在呼兰生活了。当时我考的专业是明清小说,导师是一个叫陈毓罴的老先生,全国就录取一个。我由于准备不充分,没被录取。当时报名的时候我还在犹豫,我想报企业管理这个专业,因为受蒋子龙的《乔厂长上任记》影响,想做个企业家。还读了张承志的《北方的河》和张贤亮的《绿化树》。蒋子龙的《乔厂长上任记》,给人以社会的启迪;张承志的《北方的河》,给人以青春的启迪;张贤亮的《绿化树》,给人以人生的启迪。我受《乔厂长上任记》影响,就想报企业管理。后来去哈师大报名我才知道,企业管理专业要考高等数学。我的数学一直非常不好,所以我临时决定报明清小说专业。第二年我还给陈毓罴老先生写信,说要报他的研究生。后来10月份,我下乡时和警察有纠纷,然后就打官司,官司没打赢。打官司的过程中,我看到刑法法规的一本小册子。当时我甚至有点植物神经功能紊乱,到了抑郁症的程度,头发都白了1/3。我在呼兰县教师进修学校有个同事,他有一个中学同学,现在是北京一中院副检察长,他英语系毕业,85年考上了黑大(黑龙江大学)法律系研究生。经过这个同学介绍,我接触了法律。我要考研究生的时候,距离考试不到5个月。后来我报了黑大,当时黑大只有一个民法点。当时就觉得考不上,只是想先蹚蹚路。结果我还被录取了,因为那一年碰巧取消了综合考试和政治考试,就这一年取消了。

记:钱老师您进入黑大学习民法学,当时有哪些印象比较深刻的事?

钱:我当时考法律研究生有一个幼稚的想法,我想学法律出来以后到检察院,管公安局的那些人,因为我下乡时和警察有过纠纷嘛,就想到省检察院去。考上以后,在那学习的几年,我身体不好,于是练武术、练气功养生。黑大的法理专业可以培养学生到吉大去答辩,发吉大的学位。当时的民法带头人李元植教授分给法理两个人,其中我是一个。所以我就读了法理学研究生,师从吴方正教授。当时有一个比较年轻的孙育玮老师,现在上海师大。他给我们上马克思的经典著作选读课,我当时读了些马克思青年时期的著作,如《黑格尔法哲学批判》等。我还写了些论文,在黑大《求是学刊》上发表过一些。我读研究生阶段,曾出去查资料,比如去人大等学校,接触了外界。尤其是88年,第一届全国法学范畴研讨会。我们专业我们两个人去了,当时接触了一些法学家,孙国华教授那时才六十多岁,意气风发。张宗厚、公丕祥,那时都很年轻。我后来去吉大答辩,在吉大拿的学位。答辩委员会里有张文显、张光博、李放、王子琳、李永泰等教授,我觉得自己是井底之蛙。当时我就做学问,想出国。毕业那年是89年,出国很难,公检法和政府也不要人,所以我就留校了。

记:钱老师您留校任教到现在有21年,您的经历和思考是怎么样的?

钱:我留校是从事法理学的教学研究。我一开始是从事本科教学,教法理学,教学过程中发现统编教材有很多逻辑问题。我在省内的刊物上主要是《求是学刊》,每年都发文章。当时我们法律系的老师,科研意识不强,走出去和省外进行联络的意识也不强。当时我们和省外主要是吉大的张光博老师联络,参加张光博老师组织的活动。很长一段时间,我们法律系也没有到外边去读书的,和外边联系的不多。那时候黑龙江大学法律系在学术上都没有政法管理干部学院有名。我们法学院真正走出去,还是97年以后。97年新成立了宪法行政法硕士点。我就被调去宪法行政法专业当导师。所以我现在搞宪法,也是比较偶然的一个机会。我那时还在给本科生上专业英语,我和外语部严明教授一起编了一本《法学英语》。严明老师从英国带回来英文的不列颠百科全书。我翻译了宪法行政法部分,发现西方人的宪法概念和我学的宪法学不一样。后来我写了一篇《西方宪法概念研究》,97年发在《求是学刊》上;接着又写了一篇《中西宪法概念比较研究》,98年发在《法学研究》上。从此就搞上宪法了。

记:钱老师您开始宪法研究有一段时间了,现在您对宪法学有什么学术上的思考?

钱:我当时有个最基本的想法,研究宪法首先要研究美国宪法,美国宪法是成文宪法的典范。后来写的博士学位论文,就是《美国宪政生成的深层背景》,已在法律出版社出版。我通过研究美国宪政的背景,接触了思想史和宪政史,后来我出版了一本书叫《宪政哲学问题要论》。我今年出了《民事权利与宪政》,是我做的司法部的一个项目。我最近在读阿利克西(Alexy)的《宪法权利理论》(A Theory of Constitutional Rights),是英文版的。其实我就是一点一点在翻译,一边做笔记一边就翻译过来了。我比较感兴趣的,也就是将来研究的目标,主要是两个脉络:一脉以罗尔斯为核心,要追溯到洛克的《政府论》(下篇),还有卢梭的《社会契约论》和康德的《道德形而上学》。英文版的罗尔斯的《正义论》和《政治自由主义》,还有诺齐克等很多和罗尔斯争论的学者的书,我收集得很全。我的打算是,一概读英文原文,不再读任何译著,译著的错误太多。另一脉是宪法权利理论、阿利克西理论,还有哈特、拉兹、德沃金等的理论,所有这些书全读英文版。我认为中国的法学要发展,必须精通实证法学和纯粹法学,也就是现代法学。你再想搞法社会学的研究,甚至搞古典自然法学那种依靠直觉去研究的已经落后了,是西方19世纪的。我觉得要想成为一个真正的法学家,必须精读原文的著作。在这一点我比较欣赏邓正来的做法,把名利放在旁边,认真地去读,不要去听别人怎么说。现在法学界有很多人是宏大叙事,而且是在平面上重复。他的最后一篇文章和第一篇文章,水平是一样的。这可能是学界通病。要是真想作点研究,就要暂时把名利抛在一边,认真地去做。为什么我不再想读译著?因为不靠谱,很多著名出版社出的书也是一样,很多名人的译著也一样。比如查尔斯·比尔德的《美国宪法的经济解释》(An Economic Interpretation of the Constitution of the United States),有人居然翻译成《美国宪法的经济观》,书名都译错了。全书是从经济的角度入手,去解释美国宪法,而不是去写美国宪法条文显示出来的经济观念。Interpretation,它不是观念,它是解释。类似的错误举不胜举。宪法权利理论,一个是英美,一个是德国。我已经49岁了,我还想从头学德语。我收集的很多书都是英德对照,康德的《道德而上学》,还有维特根斯坦的《哲学调查》等,研究法律的确定性和客观性的人必须读维特根斯坦的书。我现在大致想法就是这样,我把我自己以前的都否定了,那是一个阶段,都过去了。要读原著,这一生要认真研究几个大家,尤其是西方的那些大家。我的观点是,我们国家传统上没有出过西方意义上的哲学家,也没一个真正意义上的法学家。法治不发达,不可能有真正意义上的法学家。我国著名的哲学家,包括先秦的所谓哲学家,他们的哲学都是只言片语的人生感悟,没经过严密论证。用我的话来说,那属于一种学术上的大写意,比如老子和孔子,人生经验都属悟出来的,不是论证出来的。二战以来,西方出了多少哲学流派,出了多少著名的哲学家;又出了多少法学流派,出了多少著名的法学家,全世界都在研究他们。而我国有哪个哲学家、哪个法学家是全世界都在研究的?我国的哲学家是学习者,西方的哲学家是创造者。现在有些年轻人,外语很好,我很佩服,但你要真正沉下心来,去读一读原版著作,比如阿利克西的东西或者罗尔斯的东西,比较起来你会发现我国现在的法学和哲学思维仍很粗糙和幼稚。哲学法学都是可操作的,最重要的是落实到制度上。这一点,我发现卢梭做得比较好,卢梭那时候就可以把理论公式化。我个人的感觉是现在人都比较浮躁,人生苦短,不想真正地去探寻真理。有的人成名很早,一旦成名就不再读书,去做别的去了。现在有多少学者天天在天上飞,哪有时间做学问?我现在行政事务也比较多,但我今年的年三十和大年初一我都在这,这个楼就我一个人,我就一点一点读。所以我自己写"推窗望月,闭门读书",来激励自己静下心来,不要想别的。

记：请钱老师说一下您对当前中国法制发展状况的看法？

钱：应该说法治发展得比较快，但情况比较复杂，好的和坏的都掺杂在一块。法治的发展，有它致命的障碍。障碍恐怕还是政治体制的问题。我曾经写过文章，法治的发展要有一个平向的网状的控权模式来互相控制。网状控权模式的动力不是来源于国家而是来源于个人，平等的个人利用程序互相控制，动力来源于人性恶，人性恶就是利益，为了个人利益来互相控制。我们现在做不到这一点，我们现在的法治存在着障碍，但是已经有了很好的基础，包括宪政。我写过《宪政基因概论》，就提出这一点。西方的宪政也好法治也好，它是先发内生的，因为有宪政基因。而我们的宪政是后发外生的，不但宪政基因缺位，还有反宪政基因遗存。我在人大博士答辩的时候，高鸿钧教授就问我："你这个宪政基因理论，能不能导致宪政虚无论？西方有宪政基因，就有宪政了。东方没有宪政基因，就不会有宪政了？"我的回答是不能导致虚无论。我说搞宪政要有宪政基因，没有宪政基因的话，是可以培植的甚至移植的。我们国家要搞宪政、搞法治，障碍就是宪政基因缺位，反宪政基因遗存。培植宪政基因，消除反宪政基因，这是一个过程，需要经济土壤和法治条件。经济土壤就是市场经济，搞市场经济就能够培养宪政基因。宪政基因包括个人权利诉求、政治权力多元、法律至上。现在国家的改革，已经为法治和宪政奠定了很好的基础。法律条件，我认为就是要完善民法。事实上民法最近发展很快，物权法已经实施，侵权责任法也已经实施，民法典也在筹建。经济土壤和法治条件都在进步。有了这两个条件，将来无论什么障碍都会走出，只是一个时间的问题。

记：钱老师您认为当前法学的教育和科研到了什么阶段？

钱：是一个需要突破的阶段。年轻的学者要踏实研究外国的法学流派和人物，现在都含含糊糊的，都不知道是利用第几手资料，只引他们的只言片语。法学要想突破，必须精研实证法学、纯粹法学。这一点日本和我国台湾地区学者的研究就值得借鉴。很多日本人一生就研究一个人物，如铃木敬夫，他就研究拉德布鲁赫。能不能让西方人也研究我们？像我们研究罗尔斯一样研究我们？有没有这样的值得研究的人？没有。不但现在，过去也一样。你看我们这些国学大师们，他们就是懂得多，他们的思想是否值得别人研究？国学大师一生都在研究别人，他自己的创造呢？恐怕这种发展还需要一两代人，我们现在的法学还处在启蒙阶段。

记：钱老师您是怎样推行自己的法学教育理念的？

钱：法学主要应该是一种技术层面的东西。我们国家的传统文化就是重道轻术。重道就是意识形态。我为什么老推崇纯粹法学呢？因为它研究技术。

我们国家法学技术方面的东西,很粗糙,甚至没有,导致我们的法治不行。重道轻术是传统文化,也是导致我们法治文化落后的原因。我举个例子,《易经》就是算卦的,算卦的就是术。但是封建统治者也是轻视术的,于是汉儒就写了《象》之类的东西,包括"天行健""地势坤""厚德载物"等等。汉儒把《易经》提到道的高度,《易经》的本来面目就没有了。如果像西方那样重视术、重视科学技术的话,那《易经》就是古人算卦的东西,能不能用实证的方法来研究它?它是算卦的东西,但它准不准?我一天拿它来算十卦,我验证一下它算卦准不准,如果准的话我再研究为什么。这样的话,我们古代的科学,对世界的认识,就不是今天这样了。但是古人不这样研究,一部分他用来算卦,另一部分他就抬高到意识形态上去了,没有真正地对它进行科学研究。它是不是伪科学封建迷信之类的呢,不能轻易地这样说,你得验证一下。我研究的《梅花易数》,就是算卦的,还有《大六壬》是术数三式中最高的东西。中国社会科学院有个老先生专门研究这个,还有道家的内丹术,比如符箓、算命。他对这些东西一一实践。真正科学的态度不是说这东西是迷信的,你要研究它、验证它。凡是你不理解的东西,你都说是伪科学封建迷信,这就简单了。就像我们到外星球去找生命先看有没有水、氧气,那是用地球上的局限的条件来研究生命,而别的生命可能和地球的生命不一样,这个方法就不对。所以我们的重道轻术,在法律研究中就不要了。不要老搞意识形态方面的东西,要研究技术,研究实证法学。转变观念的东西,比如当年提倡的权利本位、市民社会、法律现代化等就是一种启蒙,许多先驱在这方面都作出了杰出的贡献。启蒙的东西我们搞了30年,现在应该完成使命了,应该认真地搞技术、搞操作的东西,这个东西会促进法治。法治理念要体现在法律的具体的非常精微的技术当中去。比如说阿利克西的权重公式,对权利规范的对抗的原则进行权重分析。所以他的观点就是权利出于论证。基本权利在宪法中有了规定,然后在实施的过程中,法院是一方,当事人是一方,对权利进行理性论证,看哪个权重大。如果我们的学生都做到这一点,将来在社会中形成风气的话,法治不就实现了吗?

记:钱老师怎么看当下的科研成果评价标准?

钱:这种评价标准肯定是有问题的,都是形式上的东西,而且有的是可以运作的。现在还有个怪现象,学而优则仕。学问做得有了一些成果,就可以做官。所以我认为现在不是组织部在选拔干部,而是编辑们在选拔干部,那些大刊的编辑在选拔,在《法学研究》《中国社会科学》上发表几篇文章,你这个人的前途就有了保证。这种问题很多,但是没有办法,总得有个运作机制。

记:钱老师,请您谈谈对当代年轻学生的期望或者愿望。

钱:第一要务是好好学外语。首先是学好英语,英语一定要学,不管你原来学什么外语。最好还能学德语,学法律的人懂德语比较管用。要是搞民法和行政法,法国比较发达,那要学法语。北京一些年轻学者,他们至少会两三门外语。其次是,要想做学问,一定要踏实。西方学者不局限于哪些领域,什么都懂。你要在博学的基础上,选择几个人物来精研。你看邓正来就是研究哈耶克,读这个人物的所有的书,有关他的争论,都跟踪去读。你研究他,再从他的理论中受益,再研究别的问题。中国政法大学陈景辉做得比较好,就是研究实证法学,完全用英文。所以他博士一毕业,就在《法学研究》《中国法学》等刊物上发表了一些重要的学术文章。

记:钱老师您教学研究这么多年,对人生的感悟能不能和我们分享一下?

钱:感悟呢,就是无论什么时候,都得有一个主要的信念和理想,每天都得为这个活着。再有一个,人要执著。生活要简单,要突出主线,要持之以恒。这一生要确定,我要做成一件事就行。大多数人其实一生是一件事也没做成的。像鲁迅说的那样,要学大象,皮要厚,不怕挫折,但是始终往前走,虽然走得慢,但它始终往前走。我经常自我解嘲,我说我种的是树,需要时间,我不能看到别人收获了麦子,就把自己的树割掉了再种麦子。我一直有这个信念,我能做成这件事。虽然年龄已经很大了,虽然我种的参天大树还没长成,但始终在种这棵树。这就算感悟吧。

(欧 扬、秦贝贝)

宋方青
Song Fangqing

1961年生。法学博士,厦门大学法学院教授、法学理论专业博士生导师、立法学研究中心主任,兼任中国法学会立法学研究会副会长,中国法学会法理学研究会常务理事,中国法学会法学教育研究会理事,福建省法学会法理学专业委员会主任,厦门市人民代表大会法制委员会副主任委员,厦门市法制局立法顾问,厦门市第十一届、第十二届、第十三届人民代表大会代表。1999年9月至2000年8月,到英国伦敦大学做访问学者。主要从事法理学与立法学的教学与科研工作,为厦门大学法学理论学科学术带头人。2012年4月被评为福建省法学英才。

出版《法理学》(主编,厦门大学出版社2007年版)、《立法学》(参编,法律出版社2004年版)、《台湾涉外投资法研究》(独著,中国民主法制出版社2005年版)、《法理学》(参编,高等教育出版社、北京大学出版社2007年版)、《法理学》(参编,中国政法大学出版社2007年版)、《海峡两岸法律制度比较·宪法》(合著,厦门大学出版社1993年版)、《海峡两岸法律制度比较·行政法》(合著,厦门大学出版社1996年版)等著作12部,在《中国法学》《政法论坛》《现代法学》《法学》《政治与法律》《立法研究》等刊物上发表论文40余篇。先后主持"欧盟立法制度研究"(中欧高等教育合作项目)、"我国台湾地区涉外投资法研究"(省社科)、"授权立法研究"(省社科)、"立法与立法权的理论与实证研究"(司法部)、"立法权的配置与运作研究"(教育部)、"立法与和谐社会——以人为本的理论基础与制度化研究"(司法部)、"立法的民主化与科学化新论"(国家社科基金)等十余项课题的研究。

记者（以下简称"记"）：老师能否谈一谈您的求学经历？

宋方青（以下简称"宋"）：我上大学的经历跟你们是相同的，中学毕业后就直接上大学。我是高考制度恢复之后的第三届大学生，79级。实际上我们与77级大学生只差了一年半，所以我们77级、78级、79级三届学生统称为"新三级"，或者叫"'文革'以后的新学人"，当时我们三个年级的学生经常在一起上课。"文革"以后，最热门的专业非文、史、哲莫属，那个年代的人对于文、史、哲都抱有很大的兴趣。当时这三个专业的报考分数都比较高，尤其是中文系集中了大量优秀人才。现在比较热门的经济学在当时却是门庭冷落。我起初报考的是经济学，后来还是改报了历史学。

之所以填报历史学，首先是出于自己的兴趣，其次是由于我历史成绩一直特别好，比较有把握。当然，当时作为一名中学生，我对"专业"的认识还是很模糊的。进入大学以后，我觉得四年的学习生涯对我最大的帮助就是使我养成了一种求实的态度。因为我学的是历史，我们老师一再要求我们做学问一定要拿到一手资料，绝不能在不加核对的情况下重复使用二手资料。所以我们读书、写论文的时候，对任何一个资料都十分小心谨慎。

当时我们的图书馆还没有空调，热得要命，我们查资料的时候总是满头大汗。但正是这种习惯培养了我扎扎实实做人和做学问的态度。我现在也经常引用胡适的话，对我的硕士生和博士生讲："有几分证据说几分话，有七分证据不说八分话。"理论上，有种说法叫"论从史出"，即很多理论是从历史中得出的。我们经常说"观今宜鉴古，无古不成今"，也就是说我们只有懂得过去才能知晓现在和未来。历史学习会让我以更宽阔的思维来看待问题。历史一定是有经验教训的，过去的经验对现在的学习必定是有所助益。

历史是一门综合性的学科，它不仅有"史"，还涉及了文学、地理等等，因此大学又使我形成了良好的人文素养。毕业以后我没有读研。由于我的学习成绩比较好，在班上也一直是班干部，社会工作做得比较多，组织能力比较强，所以成为学校留校的对象。这是当时最好的选择之一了。当时有三个同学留校，其中有一个名额是去法学院。我当时觉得法学专业非常好，想在法律系教法史，正巧被我遇上了这个机会。

当时对留校学生的筛选是很严格的，面试的时候甚至要经过组织部的考查。我从中学以来就一直担任班干部的职务，在应变能力和表达能力方面都有优势。所以面试的老师对我的印象特别好，我也因此留在了法律系。

进入法学院之后，法律对我来说是一个全新的知识领域。当时我们的法律系主任叫盛辛民，他认为我有一定的思辨能力，历史学的功底又比较扎实，便建议我跟着他作法理学研究。通过征求各方面的意见,考虑再三,我认为抛弃纯粹的历史研究,而以历史作为自己的知识背景,找个全新的领域去研究,比较具有挑战性。顺其自然我就选择了法理学。而法理学研究必须具备部门法的知识。当时,我们认为"法理学指导部门法,部门法为法理学提供资源"。因此我的当务之急就是要把所有法学课程弄懂。很长一段时间里,我一直在补课。法学院每个老师的课我都会去听。有些课程我也要参加考试,上课的时候我都认认真真地做好笔记。当时工作压力不太大,我有时间专心投入学习。而真正督促自己的还是强的性格和强烈的求知欲望。

为了补全所有的法学课程,我还上了一个研究生课程班,虽然因不能获得学位而略有遗憾,但是我从中获取的知识还是为我后来的发展奠定了基础。我在法学院上课非常吸引学生,和学生也有很好的互动,这是因为我对自己掌握的新学科所怀有的热情使得我在备课的时候非常用心。我通过那些年的努力,在学科理论以及教学的基本方法上都有了比较大的突破。我听别的老师讲课,也很注重吸取他们的经验。

综合院校对科研十分重视,所以来到这里以后,在第一个阶段,我就比较多地涉入科研领域。为了使法学研究能与之前的历史学背景相结合,我找到了一个突破点——中国近代法律教育史。我从讲师阶段开始,研究的方向和领域主要就是法律教育。但是比较遗憾,我们当时的研究成果都发表在《厦门大学学报》(哲社版)的增刊上,而增刊很少被人家看到,所以影响力就比较小,但就同类问题的研究,在国内同行中我是最早之一。

在这期间,我也考虑到我的学位问题。当时我只是本科学历,但已经是硕士生导师,我觉得再去读硕士就没有意思了,于是我打定主意走博士道路。那时,我们厦大只有国际法的博士点,所以我准备报考北大。这里要提到另一个对我影响比较大的老师——沈宗灵教授。我本科毕业以后,1984年,到西政去进修,就是司法部的一个师资进修班,称为"黄埔一期"。我们进修法理学,老师都是当时中国法理学界最厉害、最重要、最有影响的法理学家,包括现在还健在的沈宗灵、孙国华、李步云等教授。这些老师把他们的研究心得传授给我们,对我们影响巨大。

1996年我准备考北大博士的时候,只有京津唐地区可以异地在职学习。当时我已经是副教授了,也有很多工作经历,而脱产学习必须把很多工作都全部中断,而没有工资对家庭的影响也很大。当时沈老师特地跑到北大研究生院帮我去咨询,并亲笔给我回了封信,告诉我只有京津唐地区可以异地在职学习。这封信我至今保存着。权衡之后,我临时改变方向,决定报考国际法。我的想法是首先要有学历的突破，其次要考虑到法理学与部门法学的结合。如果我有一个部门法学研究作为支撑，这对我研究法理学肯定是非常有好处的。

我的研究方向在法理学，但是我的兴趣点是在立法学。我觉得做学术，最重要的就是要找到自己的一块领地，在这块领地无人可以超越你，而你的成果能受到一致的认可。当然，前提是你必须比别人强，你研究得很深、很透。94年的时候我们学院开始让教师报课，我当时观察了法理学的学科体系，就发现我们中国立法学太弱。当时研究立法学的似乎只有北大的周旺生教授。我认为这方面的研究还有很大的空间，也相信自己在这个领域会有所发展，便当即选择了立法学，开设了课程。95年的时候，司法部要编一套立法学的教材。当时国内立法学学者"稀有"，我也参与了这本教材的编写。这是国内非常重要的教材，是司法部主持编写的第一部立法学教材，由周旺生教授任主编。这本教材坚定了我在这个方向作研究的决心。而那时厦门正好得到了经济特区的立法权，授权立法问题又是国内的空白点，我便对授权立法，特别是经济特区的授权立法作了大量的研究。到目前为止，关于经济特区的授权立法的研究，至少在研究成果上，应该说我是最多的。

考博的时候我也考虑到，必须将国际法与立法学结合起来。我想，通过对国外法律文本和制度的分析，对我的立法学研究也会有帮助。博士生涯使我遇到了人生的又一个老师——陈安教授。考博之前我跟我爱人一起去拜访他，向他表达了自己报考博士生的意愿。陈安老师对我说了一句话："方青啊，你要读博士，要黄卷青灯，要甘坐冷板凳。"我当时就说："从我自己的性格和人生的方向来说，陈老师你放心，这点肯定没有问题。"陈老师做学问很扎实，他最不喜欢搞花头。通过对我的了解，他觉得我可以报考。

但是我之后读博的经历是非常艰难的，因为我的专业转向太大了。我当时已经是副教授了，但导师组仍然要求我把自学考试的课程一一考一遍。所以我等于第二次恶补了一遍。以前我是听课，这次是应试的补课，就是我必须一门一门闭卷考，这个过程持续了半年，当时家里又有一系列事情，所以第一年是非常艰苦的一年。

博士期间我选择了研究我国台湾地区法律，偏重于我国台湾地区涉外投资法。之所以会作这样的选择，是因为在副教授阶段以及更早的时候，我对我国台湾地区法律的研究比较多。当时两岸的交往越来越频繁，海峡两岸的很多问题需要探讨。选择方向的时候，我已考虑到必须从一个新的角度来研究我国台湾地区涉外投资法。我想我可以结合过去对我国台湾地区法律研究的积累，以及法理学、立法学的知识背景来探讨我国台湾地区涉外投资法中的法理问题、制度问题以及法律文本中的立法问题。如果我能将自己原先的知识积累都放进去,这样的研究就不会与我的知识积累和过往的研究太过疏远。

99年的时候欧盟有一个项目,挑选一些中国学者去作欧盟法律制度的研究。当时我作了一个欧盟立法制度研究的课题报告,后来很幸运地被选中。从1999年9月到2000年9月,我就在英国伦敦大学亚非学院的法律系做访问学者。那一年很艰苦,也是我人生中一次重要的求学经历。1999年我已经38岁了,年龄比较大。那是我第一次出国,又是自己独身一人,我就背着一个双肩包,带行李到了英国伦敦。那一年的求学对我学术的提高和见识的开拓有很大的帮助。一年里,我首先是收集关于我国台湾地区法律问题的资料,看看国外一些人是怎么看待这个问题的。其次就是开展我当时申报的欧盟立法制度的研究。这个研究对于后来我从事立法学的研究是非常有好处的,他们的立法程序和理念,对我后来的帮助非常大。最后,就是到处走走看看,了解英国的风土民情。一年中我基本上每天都泡在图书馆。那时候图书馆9点钟开门,我每天早晨过去,坐到关门才回宿舍,一整天都在那。陈安老师来到英国后非常肯定我,说:"小宋还像个大学生一样,背着个书包。"

回国以后,我就面临两个任务:一个是评职称,还有一个是撰写博士论文。但是那时候我的身体不是很好,03年腰椎动了手术,有近一年的时间是无法正常工作和生活的,有一段甚至连生活都不能自理。当时博士论文的框架已经搭起来了,也是国内唯一一篇对我国台湾地区投资法进行研究的论文,但是正值两岸关系紧张,很多网站都屏蔽了,资料很有限,所以论文完成后我不是特别满意。作为一个过来人,我深切体会到要做好学问,身体就一定要健康。

在这我还需要特别提到我的博士生指导老师廖益新教授。他是我们学院年轻的老院长。他为法学院的发展可以说是呕心沥血,法学院发展到在全国法学院列居第八名的位置,他是劳苦功高,功不可没。他是我的导师,也是我的同事,他以榜样的力量在影响着我,教导着我,他对我的指导、帮助和支持也是令我终身难忘的。

记:老师您能谈谈"文革"对于求学的影响吗?

宋:这对我的影响很大。我的父亲是南下干部,曾经当过福建省建宁县的代县长、副县长。我从小在政府大院长大。但我从小就很要强,不愿意被人家说我是当官的孩子,所以我决心一定要比别人做得好。当时学工学农,到河滩挑鹅卵石,农村来的孩子挑23担,我一定挑25担。我一直做学校的学生干部,学习也比别人努力,我觉得我一定要靠自己的力量,不能让别人觉得我是靠我父亲的身份,沾我父亲的光。我从小就有一个坚定的信念:我不靠父母,我靠我自己的努力，我要离开那个偏僻的县城。

然而"文革"的经历是无法想象的痛苦。我父亲被打为"走资本主义道路的当权派"，被抓起来游街。我母亲读过高中，写得一手好字，在那时是算很有文化的人，解放初就当上了副乡长，因为"文革"受到挫折，她很要强，就不干了，在家里呆着，"文革"后才回到工作岗位。我印象最深的是枪声。我家住在县政府里，我和哥哥走在路上，突然就看见一个人提着鞋子拼命跑，后面一个人提着枪在后面追，枪声阵阵。"文革"开始的时候到处都乱糟糟的，整个社会秩序都乱了。记忆深刻的另一件事是有一天深夜，我母亲跟我说父亲被关在县招待所，当天晚上可能会被打。那天天很冷，我和哥哥随母亲到了县招待所，里面一片哭喊声，这个印象到现在想起都会战栗。后来因我身体不好，父母带我去了江西表哥那里。我表哥当时是江西"保皇派"，也很厉害。后来我父亲又被抓起来了，因为他是外来户口，营救他出来的过程非常痛苦，全家人都在焦急等待。听我表哥说，他到关押我父亲的地方看到一个女的被打倒在地上，浑身是血，濒临死亡，很血腥的场面。还有一个记忆也是难忘的。当时有个过去国民党的典狱长，被定为"历史反革命"，每天叫他到县政府报到，然后把他吊在家属区旁的树上。还有一件事也是难以忘记的。有一次我随在农村的大姨到她在农村的家避难，当时坐的是拖拉机，车上拉着一对夫妻，说是地主与她的小老婆，刚在县城批斗完，可怕的景象是，他们的鼻子与嘴巴是被铁丝连通栓在一起的。"文革"给我带来的心灵创伤让我不愿意再回想那些往事。

记：您在"文革"的时候学习是否受到影响呢？

宋：肯定是受到影响的，主要的影响是当时我们学工学农又学军，跟着工人农民去干活，然后还要军训。学习是比较随意的，不过在我们县城有一些福州下放的老师，他们对知识还是很重视，而且我个人很爱读书，学习成绩也很好。虽然整个学习的环境氛围不好，但是我个人从来没有放弃过读书，"我要离开这个县城，我要靠我自己"这个信念一直支持着我。但毕竟那个年代的学习条件是有限的，知识也是有限的，总的影响还是存在的。

记：您觉得您在立法学方面的一些主要成就有哪些？

宋：立法学某种意义上来说是应用法学，一定要与立法实践相结合。对理论的把握以及在实践方面的体验使我能够对立法学的一些问题进行深层次思考，更注重实践中问题的解决。厦门市人大在94年有了立法权以后，开始吸收厦门市有立法理论的学者参与立法。2000年我回国后，担任了厦门市人大代表和法制委委员。至今我已经做了三届市人大代表，两届法制委副主任委员。这对我的理论研究非常有益，因为我在立法的第一线，知道立法中存在的问题是什么,哪些问题需要我们进行研究,理论缺陷在哪里。从授权立法的问题到整个立法学理论,我都作了一些研究,发表不少相关的论文,如有关经济特区授权立法的系列论文。我最近开展的一些课题都是立法学中的热点重点问题,比如立法的民主化、科学化;立法中的以人为本;地方立法的问题等等。早在1994年我就开始给本科生开设立法学的课程,后来延伸到硕士生和博士生,而参与立法的经历对我来说,无论是进行理论研究还是教学都是大有益处的。2010年,中国法学会立法学研究会成立,我有幸成为副会长。

同时,我还在进行立法法理学的研究。传统观念上的法治主义思想更强调法律的去政治化,强调法制主义,然而实际上立法和政治是不可分割的,所以立法法理学解决的核心问题就是在法律和政治之间如何能够达到平衡?这是需要重点研究的问题,也是我今后的研究方向。

记:您觉得我国现在的法律体系和立法状况如何?

宋:中国现在的法律体系叫做"中国特色社会主义法律体系"。这个法律体系的建设经过很长一段时间,可以说基本框架已搭起来了,到目前为止,我认为还有几个问题没有解决:

第一是部门法的构建和协调。部门法之间、同一个部门法不同的规范性法律文件之间、不同部门法的规范性法律文件之间的矛盾冲突现象比较严重,部门法的建构还有待加强,拾遗补缺的任务还很重。

第二,从宏观上看,我们现在立法数量很多,但是质量上存在问题。中国的立法质量应该具有几个标准——价值标准、合法性标准、科学性标准、技术性标准。以价值标准为例,立法应当有一个基本的价值取向——使法律变成良法。最根本的问题是正义。立法需要公平,但是现行法律在实体和程序上都存在一定问题。法律要求人人平等,在立法上就要求平等,但我们的立法上存在着不平等,比如前段时间城乡二元化导致的同命不同价。现实生活中还有很多不平等的现象。

程序上的不公平,比如谁去立法、谁在主导立法?我们说立法的主体是人大代表,但真正主导的是不是人大代表?人大代表是不是真正由人民选举出来的?这些都是存在疑问的。《立法法》公布后,根据立法的民主原则设置了很多程序性的内容,比如公众参与讨论、听证。但是现实中真正掌握话语权、控制话语权的,不是公众,而是权力部门。如何实现立法民主化还是一个值得探讨的问题。

以合法性而论,政治学上的概念不但要符合法律规定,还要让人们认可它、服从它、支持它,这就必须确保程序公正、促进公众参与。民主程序的作用是什么?民主之后一定要集中,只有让公众参与了,才能达到心服口服的效果。立法上的民主前提即是大家的认同。但是现在不是这样。此外,我们的立法理念、立法技术都存在问题。

记:您觉得现在我国立法学研究和国外立法学研究的差距大吗?

宋:中国的立法学研究和国外的差距是很大的。国外的立法学研究从近代就已经开始了,而且侧重多学科的研究,注重法案的起草。而我国的立法学基本上是从20世纪90年代开始的,而且侧重于制度方面的研究,理念研究深度不够,跨学科的研究也少。到目前为止,我认为我国的立法学还有待扩展,特别是交叉学科的研究。同时,研究队伍不够庞大,成果也比较少。还有一个比较大的问题就是研究脱离实践,有些研究成果和实践是脱钩的,有些闭门造车的味道。

记:您在学术上的研究方法是什么?

宋:学术研究有一般的方法论,具体的问题需要具体的方法论。我主要用的是历史考察的方法、价值分析的方法、实证分析方法。对问题的研究一定要有问题意识,且要有中国问题意识,立法学研究,必须面对中国的立法实践,注意理论与实践相结合。每个研究领域都有自身的研究特点、理论背景、研究工具等,我们必须注意到。

记:您对现如今的法学教育有什么样的评价呢?

宋:我认为现在的法学教育有些面铺得太大,中国的法律院校有600多所,但是质量却参差不齐。有些院校两年、三年就能毕业,有些学校师资力量都不够,就把学科建立起来。早些时候有些根本不是法律专业的人也去教法律,他们连基本的法学理论知识都不具备。教授法律必须要有基本的法律理念,研究法律一定要有规则意识、公平正义观。法律人必须严格遵守规则。你可以进行批判,但是批判是为了改进。理论上的批判是为了理论的升华,制度的批判是为了完善制度。在制度没有改变之前,必须遵守它,正如边沁所说的:严格遵守、自由批判。而法律的信念、法律思维与法律方法的养成,是必须通过系统的法律教育才能达致的。

我觉得现在的法学教育应当是一种精英教育。中国现在处于转型阶段,素质教育是必需的。要使公民普遍具有法律意识,必须进行素质教育。但是在素质教育之下,精英教育的理念还是应该有的。当然总的来说现在的法律教育还是值得肯定的,至少培养了公民的法律意识,让公民知道了法律是什么,过去很多人并不知道法律是什么。

记:老师您如何看待法律本土化的问题?

宋：一方面，我赞成法律之中有普适价值的存在，这个是前提。但中国一定是具有中国特色的，中国的政治、经济、文化就存在普适价值转化的问题。普适价值进入中国以后，必须根据中国的国情作出变化。中国的很多问题都带有政治因素，应该从程序上，通过程序的设立来把握和完善。我们要研究如何使政治法律化。

记：您觉得当前我国立法学研究的环境如何？

宋：学术环境还是比较宽松的，具体的学术研究应该在现有的制度之内去完善。有些人现在总想着突破现有制度，这是不现实的。在现有制度之下，我们要怎么去完善？中国更适合走一条改良的道路，而不应该进行疾风暴雨式的革命，绝不能牺牲老百姓。有一些制度层面的事情没有做好，没有程序正义，更无所谓实体正义。但这些年已经好多了，法治观念越来越强。老百姓抱怨，实际上抱怨的也是具体办事过程中出现的问题。程序上，人们总想要突破规则，为什么要突破规则呢？是规则本身的问题，还是其他问题？

我国的立法走到今天，总体上还是不错的，但是法律实施过程中出了问题。为什么实施过程中会出问题？是不是法律文本有问题？良法是必须要追求的。追求公平正义是一个主旋律，追求的过程中，价值目标是有冲突和矛盾的。这就涉及价值取舍的问题，可以有选择，但是至少要确保公平正义。公平是最重要的，西方为什么选择法治？因为人性恶，必须要有一个规则，要有外在的东西来压着它。我们一定要有规则意识。

记：您对现在法学界有什么样的看法？

宋：真正扎扎实实做学问的人比较少，大家都比较浮躁。高校过度强调量化考核，这是很严重的，使学界产生不了精品。大家要争课题，真正做出来的课题精品又有多少呢？事实是很少的。中国刊物有限，就出现其他的问题了。我们现有的体制，很多时候不是看文章的质量，而是看刊物的等级，以数量为标准来衡量你的学术。所以大家都很浮躁，做不出精品，也很难产生大家。政策性的原因导致我们的学术过于行政化了。我们国家对学术还不够尊重。

以我个人来说，我还是很喜爱我的学术研究。我也希望我的硕士、博士能够作出很好的成绩。我很喜欢学校的环境，可以思考自己喜欢的问题，能够和年轻人在一起，一直处于一种年轻的状态。

记：您对青年法律人有什么样的嘱咐呢？

宋：第一是基础一定要打扎实，不要急于求成，学问是做出来的，要吃得苦中苦。一定要选一本好的教材好好读，把基础的东西搞清楚、搞懂。理论功底要扎实，理论的东西是以一应万的，有了扎实的理论功底，相应地，我们就会有很强的认识问题与解决问题的能力。第二要注意捕捉专业的前沿理论,我们需要注意前人的研究成果,但不能总研究前人已经研究过、不能产生新意的东西。作学术研究一定要有创新意识。第三是要进行跨学科的研究,这样能够提高学术的研究层次。第四是要保持求实的态度,学术上要规范、严谨。第五就是要多看书,多思、多想,要有探索精神和创作意识。

(黄筱群)

徐国栋
Xu Guodong

1961年出生于湖南省益阳市。从1978年至今，获西南政法学院学士学位、中国政法大学硕士学位、中国社会科学院研究生院博士学位；曾为意大利罗马第二大学访问学者；历任江西大学法律系助教，中南政法学院讲师、副教授、教授，民商法典研究所所长，厦门大学法学院教授，罗马法研究所所长，民商法博士生导师，哥伦比亚大学访问学者。经历丰富、兴趣广泛，喜四季海泳。

主要著作为《民法基本原则解释》（中国政法大学出版社1992年版，1993年获中国图书评论学会第七界中国图书奖）；《民法学》（合著，司法部规划教材，中国政法大学出版社1994年版）；《罗马法与现代民法》（中国人民大学出版社2004年版）；"民法典译丛"（分为"周边国家"、"欧美"和"非洲"3个系列）。承担司法部"民法典草案"项目，于2001年底完成一部民间民法典草案，与全国人大委托的北京专家组成的班子起草的民法典草案相并行，以起到集思广益、汇集多方意见和看法的作用。该草案已由社会科学文献出版社于2004年出版。

记者（以下简称"记"）：徐老师，您是怎样走向法学研究的道路的？我们很想了解您的这段经历。

徐国栋（以下简称"徐"）：我77年高中毕业后到农村插队，当时正值上山下乡的末期，进城的途径就是高考。我78年考上大学，但在填报志愿的过程中对文科、理科的区分不甚了解，对政法专业也没有太多概念。当作家是我当时最大的心愿，但我的语文成绩只有67分，恐怕要与中文系失之交臂。政治倒是考了 90 多分,于是就有熟人建议我报考西南政法学院,而我的中学老师也认为政法专业不错,我的家庭出身又是革命干部,因此各方面条件都很合适。

然而,当时的政法专业并不热门。各院校的政法专业不仅就业不好,甚至可以说在当时学法律是一件很危险的事。"文革"期间,学法律的总是难逃厄运。"文革"时,我家住在县武装部大院,公检法部门就在旁边,再稍远一点是三中,当时红卫兵进进出出的情景至今仍然历历在目。学生在那里静坐,喊着:"公检法的屁股坐歪啦,坐歪啦,就是坐歪啦!"那时公检法部门许多干部无奈之下只好把行李寄存在武装部,只身逃往乡下去了。这就是我们学习法律的时代背景。

所以我选择了政法专业,真可谓是"误入法门",一点好处都没有。当时的口号是"学好数理化,走遍天下都不怕",文科地位卑微,文科生被视为笨蛋,中文系、哲学系倒是贡献了很多行政干部,而学法学的就是笨蛋中的笨蛋。今天在法学如此热门的情况下,人们已很难理解当时的情况。

记:徐老师能谈谈在法学四年学习中让您印象深刻的事情吗?

徐:首先,大学的形象就使我感受到理想与现实的巨大落差。想象中的大学应该是很雅静的,像个花园一样,但我一进大学以后看到的却是个大工地,而且当时还在施工中,一放炮炸山的时候脸盘大的石头直接砸在地上。

在大学里,我根本就不喜欢法律。入学的第一篇作文中我说:"法律"在我心中是一个苍白的字眼,因为经常和恐怖的事物联系在一起。那时,一说到法律我们想到的不是民法,而是刑法与枪决杀人。那时候县城里,每到执行死刑,就把罪犯押在卡车上,插上标子,游街,然后在河滩上一枪毙倒。还有人在枪眼上扎根棍子,把裤子剥掉,露出生殖器。这些都是我们亲眼看到的,看完以后几天都吃不下饭。所以在大学里我一方面想当作家,另一方面又讨厌法律,以至于当年西政的好多课程我都没有去上。

然而,尽管我一直认为自己的成绩不够好,但是到了毕业前夕,经大家统计,我班有两个学生"大旗不倒",其中一个就是我。我的各门科目的成绩全部都是"优良",没有"及格"或"不及格"的。当然,毕业前的最后一次考试让我栽了下来,得了两个"及格"。

我从来不认为大学教育是老师的教育,反而觉得同学之间的交流弥足珍贵。我们同学中好多是老三届的高中毕业生,我们的年龄差距有的高达 15 岁,相当于一代人的差距。我的年纪小,在当时班级里排行倒数第三,我初出茅庐,而其他同学已饱经风霜,因此我从他们身上受益良多。我记得有一个北京的同学,他在边疆当过战士,知识广博,马恩全集、列宁全集他都读过,在宿舍里跟他聊天，就是一种学习。那时候我大部分时间都待在宿舍，很少去教室听课。我现在想，大学的功能不在于师生之间面对面的教习，而应当是提供一个广阔的平台，可以让学生自由发挥，从中自学到很多东西。

当时的学校显然没有这种开明、包容的态度。有一个80级的湖南同学，他也是志在作家，总是缺课，结果受到学校令其退学的处分。我一听到这个消息很后怕，我能安全、顺利地度过大学四年真是无比幸运。后来我对母校的建议是应当给予学生更多的自由。打个比方，一家工厂设定生产目标为茶杯，那么按照一般的程序操作，产品不出意外统统都是茶杯，如果生产失败，也只是出现一个破的茶杯。倘若不是一个机械化操作的工厂而是一个具有一定创作自由度的平台，那么也许能生产出脸盆来也未可知呢。所以大学的教育功能不能仅仅体现在课堂上，它有很多不同的环节，包括优美的环境、个人的交流、图书馆的使用，等等。学校是一个丰富的平台，绝不能模式化、课本化。所以我当了老师后从不强求学生来听课，一个老师在课堂上点名只能证明自己彻底失败。如果你讲得好，学生乐意听，他自然会来。如果有人不来听课，那么你也应该相信他在图书馆里做他认为重要的事情。现在，学生缺课完全不会影响我的情绪，因为我完全相信我自己的这一套理念，也从不怀疑我讲的东西的价值。

总结一下，我对大学印象最深的，其一是破烂的校园，让我知道了大学和自己想象的不一样。其二是我在大学里的自学生涯，包括我的英语也基本是自学成才。所以，我的阅读能力比较强，但是发音问题严重，放弃听英语课，是因为我天生不喜欢挤牙膏式的教学而喜欢突击式的学习。

西南政法学院的学习环境比较宽松，考试不用百分制，成绩只分为优、良、及格或不及格，75分是良，84分也是良，因此同学之间的差距很含糊，学习压力也不大。我们的学风比较反潮流，看不起那些撅着屁股读书的同学，觉得他们不懂生活，不懂得图书馆。那时候，图书馆管理很宽松，一个人一次可以借12本书，但是这对我来说还是远远不够。我们班有些少数民族的同学不喜欢去图书馆，我就把他们的借书证拿过来，这样一来我一次就可以借24本、36本书。虽然我没有好好地学法律，没有好好地上课，但是也没有闲着。大学里我读了很多书，大多是经典的社科类、人文类著作。

我今年9月份要去意大利开一个会，会议是关于卢梭的社会契约论以及民主的原则。我说他们找对人啦！在中国的法学界里找一个通读过卢梭全部著作的学者，舍我其谁！早在大学时期我就读过卢梭的几乎全部作品，除了一本当时尚未出版的《一个孤独的散步者的遐想》。现在找我开这个会，写一篇关于卢梭的文章真是小菜一碟。

记：徐老师，您能谈谈当时报考研究生时的想法吗？

徐：我在大学里没有好好上课，应付考试完全是用死记硬背的那一套。我的法律是怎么学的呢？我的同学遇到一些问题没搞清楚便会回寝室讨论、辩论，我在一旁被迫地听，到后来加入他们的辩论，在这个过程中学到一些东西。这就好比我们寝室里有个同学喜欢邓丽君的歌，他一放音乐便如醉如痴，刚开始我们觉得吵死了，到后来觉得很不错，再后来就会跟着唱了。

毕业以后面临分配问题。一开始我希望能分配到法院或检察院，去积累一些生活素材，为今后的文学创作作准备。当时我们去参观江西省检察院和江西省法院。法院的人劝我们千万别去他们那里。他们说旧社会的衙门气势宏伟，当事人看到腿就软了，咕咚一声跪下来："法官大人，请为我申冤！"而现在的法院都是借的房子，环境破烂不堪。所以当事人一进去，比法官还牛。有个原话，当事人说："你是要饭的，我也是要饭的，我们在要饭的这个问题上是平等的。"他的声音比法官还大。参观了检察院以后，我对检察院的印象还不错，所以最后志愿填了江西省检察院。但是后来我却被分配到江西大学。

刚进江西大学工作的时候，我还很郁闷。当时民法吃香，民法的教学岗位竞争激烈，搞民法是吃肉，搞民诉就是喝汤，而我被分配到民事诉讼法的教学岗位。但是后来我就觉得爽透了。民诉是大学三年级的课，这样一来，我反而没有什么讲课任务，成天就是备课。正是这个自由给了我在图书馆畅快地读书的机会。另一方面，作为一名刚入校的老师，我也感受到很大的压力。面对这个工作，我既担忧又害怕。此前我并没有好好学习法律，因此深知自己的知识储备不足，难以教导我的学生。而我们的同事有一些已经是硕士，他们常常有意无意地给我们本科生造成一些伤害。比如我们有一位北大历史系毕业的老师，他就老是说："你们本科生啊……"，虽然我们的确是本科生，但听了这种话语还是很难受。另外，平时与他们研究生交流起来的确很有压力。在这种情况下，我只能选择自强不息，不断地提升自己，于是便开始考研。81年、82年的时候统编教材普及，我就从头开始读，因此，我正式学习法律，实际上是从大学毕业以后开始的。

记：徐老师，当时您选择中国政法大学是基于什么样的考虑呢？

徐：1983年，也就是我在江西大学工作不久的时候，司法部在西南政法大学开办师资培训班。我上的是民诉班，但是同时还有一个民法班。这个民法班的老师可谓是名家荟萃，佟柔老先生等都是当时的讲课老师。我就申着去听课。当时江平老师讲西方现代民商法，七天七讲，一天讲一讲。江老师口才很好，魅力非凡，大家都被他折服了。我也被江老师迷倒，所以就决定报考江老师的研究生。当时只有人大、中政和社科院有民法硕士点,于是我就选择了中国政法大学。

记:那您是读完研究生就报考了博士吗?

徐:我在读硕士的时候有两个考虑:一个是必须提高自己,不沦为他人的笑柄;另一个是当时我已经结婚,自己能力和价值的提升有利于解决家庭团聚问题。当时的硕士生很稀罕,所以硕士生毕业以后,我很想有一个自己的家。在这种考虑下,我作了两手准备:一方面,准备考博,但当时和我一起报考博士的人都太牛了,像王卫国、顾培东都已经是知名的学者。我觉得我能考上的机会很渺茫。因此另一方面我也联系了工作单位,当时找到了中南政法,他们也给我开出了很好的条件,比如两室一厅的房子,这对我来说还是颇具吸引力。

后来因为种种原因,我考上了委培生,这对我打击很大。我们读书的时候生源分为三类:一类正式生,一类委培生,还有一类在职的。我向来都是正式生,对于考试也拼尽全力作了充分准备,最终成绩也是名列前茅。但是这个委培的头衔对我来说真是奇耻大辱,而且委培的条件还很苛刻,要求我在70小时内找到一个委培单位。当时我定了一条寻找路线,先到湖北再到湖南,湖南不行再到山东,结果中南政法一口答应,并且解决我的房子问题、家庭团聚问题。所以后来我的正式户口等都落在武汉,然后在北京上学。

记:您能谈谈研究生生活中让您印象深刻的事吗?

徐:我这个人没有别的爱好,就是爱读书,而我又不太爱在教室里读,就爱在宿舍里读。但是在中国政法大学,我的同学大部分都不喜欢读书,都喜欢聊天、侃大山。研究生最后一年我要写论文,必须读书。但是我们宿舍里很多同学都要看世界杯足球赛,这样一来,我们的矛盾就很尖锐。于是我写了一个告示贴在门上,给每个喜欢侃大山的同学加了个"刀"字:"安徽的水果刀、内蒙古的大砍刀、黑龙江的山刀,在此期间禁止入内。"于是我成为了全班的公敌。

在我自己写的毕业个人总结里,我深刻地反思了这件事,到底是我的错还是别人的错?尽管我是少数,但我觉得我没有错,这是我的权利。我的个性很强,总是按照我认为正确的规则行事。但正确的规则往往不是功利的规则,而是理想的规则。就像现在,厦门大学总有很多人乱停车,有车位不停,非要停在走道上。我从上个学期开始就和他们作斗争,我按照正常途径向领导反映,因此得罪了很多人。但是最后人们还是按照我认为正确的方式来停车了。要是有人乱停车,我就当场照相,然后一级一级向上反映。大家也都会认可这种结果。但是一般人不会像我这样做事,他们通常会遵循功利的规则。

我怎么读书呢?我们宿舍一楼楼梯下面有一个三角形的给清洁工人放工

具的空间。这个空间首先被范忠信所用。范忠信在硕士生阶段就发表了很多论文,他是通过关系才得以利用这个空间的。为了逃避和班级同学的矛盾,我就待在这个空间里读书。我还在里面安了个灯,虽然空间实在是狭小,放一张桌子、一把椅子就感觉气都喘不过来。

但是最后和同学的冲突还是很激烈,毕业聚餐的时候我也被排除在外,我当时觉得非常难受。值得安慰的是,我的一篇论文在《西北政法学报》上发表了。所以后来我就有一个梦想,如果我当了教育部长,一定要保证每个学生都住单间。西方就是这样,否则就是对人性的一个极大的摧残。在没有个人空间的条件下,人要么成为人精,要么成为疯子。你不读书,我不能干预你,但是你不读书,你却干预我了。

记:您是如何走上民法研究的道路的?顾培东老师曾经提到过,说您如果不作民法而作宪政研究的话,会更加得心应手。

徐:知我者顾培东也!大学里,我在同学之中年龄是比较小的,而顾培东已经很有阅历了,因此我是仰视他的。那时候他就一边看马恩全集,一边做笔记。我在武汉从教后,发表了一篇《论我国未来民法典的认识论基础》,当时顾培东在四川挺火的,他看到这篇文章后就给我打了电话,说:"国栋啊,我出飞机票,你来成都聊一聊。"那篇文章就是探讨立法与司法的关系问题,顾培东认识到了此文的价值。有人也提到,我的博士论文不是民法论文,而是宪政论文。

大学里我读了很多哲学、历史的书,所以一开始对于搞民法的小问题就兴趣不大。从民诉转到民法研究,一方面是由于江老师的魅力,另一方面,民法的天地确实要比民诉广大得多。我的硕士论文就是关于诚信原则,后来诚信原则被归入了民法基本原则,所以我一开始就是做民法基础理论的。我的自信从何而来呢?我认为自己是一个文学青年,怀有一颗文学的心灵,一直对自己的抽象思维很自卑,但是在博士论文答辩的时候老师们都称赞我抽象思维很强,从那以后这就成为我的一个强项了。

调到厦门大学的时候,我的考虑是避免同行竞争,不要喧宾夺主。所以当时他们的民法掌门人说要谦让重要岗位给我,我就说:你让给我干嘛?我就是搞罗马法的。他们不知道厦大的罗马法渊源是中国最深的,陈朝璧、周枏、米健、老徐四个大家,全国有哪个大学是有四个罗马法学者的?当时厦大有三个办学优先:中国台湾地区、海洋、特区,我加了一个罗马,变成四个:台海特罗。后来这一说法成为我们院领导的通说——罗马法是我们的一个强项,随之罗马法也成为了一个重点学科。

当时民法学声势甚旺,但罗马法还是冷门。我作为一个还有些地位的民法学者,刚开始听人家讲徐国栋是搞罗马法的,心里也很不舒服。不过后来还是过了这一道心理关卡。事实上,研究罗马法比研究民法的要求要高。罗马法更具有国际性,它对外语、史学阅历的要求都很高。以前我们博士生只有在报考民法基础理论失利的情况下才会选择罗马法,后来发现罗马法更难,所以现在的情况都反过来了。

我研究罗马法,有一个基本原则,就是别人做过的,我们少做或者不做;前人没有做过的或做错了的,我们就多做。前人所作的研究很多只是将外国老师的讲义翻译成中文。外国老师的讲义再好,也是二手资料,我们应力图超越二手资料,接触并驾驭第一手资料。另外,我们应不以私法为限,就我个人来讲,我的下一个出版计划就是"罗马公法要论"。

现在参加罗马法国际会议时我就感到很自豪,因为我代表的是中国。每一次会议都要交论文,并且是用意大利语写成的论文。用中文写已经很有难度了,更何况要用意大利语写,这个在国内没几个人能做到。

记:您现在研究的罗马法、民法基础理论和国外的研究相比,有什么差距?

徐:就民法基础理论而言,与东欧国家比,我们不会输给他们。尽管以前我们一直都是学习东欧苏联,但是他们的社会科学论文废话太多。与西欧、北美的国家相比,我认为我们也不落后。

我国的罗马法研究与国外还是存在一定差距。东欧国家的学者对于原始文件的利用能力比我们强,而且他们国家在这方面的投入很大,用意大利语、英文写著作可以直接在华沙、布达佩斯出版。另一方面,它们研究罗马法的学者人也比较多,而我认为,我们中国真正研究罗马法的学者几乎全部在厦大,并且大部分都是学生。真正研究罗马法,靠的不是口号而是成果。

记:能谈谈您所研究的学科在今后的发展方向吗?

徐:民法基础理论方面,我想进一步完善民法哲学研究。我最近完成了家庭法哲学三部曲:第一篇是在吉林大学部门法研讨会上写的《家庭法哲学两题》,说明了什么是家庭法哲学,发表在《法学与社会发展》上;第二篇是在《东方法学》上发表的《父母与未成年子女关系的法哲学透视》;第三篇文章是《论民事屈从关系》,发表在《中国法学》2011 年第 5 期。

罗马法方面,研究空间还很大。研究完罗马私法要论以后我就要开始研究罗马公法。我最近把罗马公法的内容梳理了一下,分为两个部分:一个是总论,关于罗马公法的历史。另一个是分论,讲其中的财税法、刑法、行政法、人口管理法等等。另外,我要研究罗马的国际法。一个人的精力有限,不可能研究所有的领域,因此只能尽力做自己感兴趣的事情。民法哲学的继续拓展、罗马公法的开拓、罗马国际法的研究这几点是我今后的努力方向。

如果这些研究完成,我们将带给大家全新的罗马法印象。因为前一辈人的研究只谈到了罗马私法,而我要告诉大家,罗马除了私法以外,还有公法,罗马公法里面还有很多门类,还有国际法。

记:能谈谈您这几十年来在学术上的贡献和成就吗?

徐:我认为我的贡献是对潘德克吞学派学术成就中缺点的扬弃。潘德克吞学派产生于170年前,奠定了德国法族民法的基本形象、基本假定。尽管我们两国相隔遥远,但是我们的基本体系是相同的。这个体系非常美、非常对称,使民法充满了魅力和逻辑性,但是它为了这种逻辑也作了很多牺牲。我做的主要就是拆解潘德克吞民法学。

第一个问题是平等的假定。例如我国《民法通则》第2条"中华人民共和国民法调整平等主体的公民之间、法人之间、公民和法人之间的财产关系和人身关系"中这个平等的假定是不成立的,而且应该看到,西方民法基本不讲平等。社会主义国家讲平等讲得很多。然而,平等原则究竟是宪法原则还是民法原则,这个本身就是有争议的。父母子女之间、夫妻之间,不可能真正做到平等。所以我所作的努力,就是把传统的民法形象改变了。

第二个是权利能力问题。权利能力是平等原则的进一步展开。我的研究证明权利能力的平等是一种假设,其基本前提是"所有的生物人都应是法律人"——这本身就是平等的另一种表达。萨维尼就抛弃了这个表达,他只承认人们在出生的那一刻都是法律人,而后来你有所作为了,就根据你的功过奖惩,由此让你的能力多于他人或者少于他人。所以我开拓了平等这个领域,进一步证明了不平等的现实性。

第三个问题是民事法律关系的人文性,这是萨维尼最得意的贡献。学习罗马法的一个好处,就是能够回溯到比潘德克吞法更早的时候。潘德克吞法对罗马法进行了改造,但是改到最后有些就改歪了。我们大部分大陆学者达不到对这种"歪"的认识,因为他们的知识链条往往以潘德克吞法学为起点,罗马法中,法律关系的概念还没有明确提出,但是隐含的意义是有的。这个关系不是仅限于人与人的关系,还包括人与物的关系、动物与人的关系。所以,这样的法律关系并不人文,但更加符合现实。

第四是私法是否可能的问题,私法的可能有两个假定,第一个是平等的假定,你不能支配我,我也不能支配你;第二个是意思自治的假设,意思自治是否可能?如果抛开人的强而智假定,进入弱而愚假定,意思自治原则就破产了。

第五是身体财产的问题,"物"的含义是人身之外,占有一定空间,并且具有价值的对象,不包括人本身。通过我的研究,我认为把人身看做物的客体更加科学。因为人化的法律关系理论有两个局限:其一是排除了人与物的关系;其二是排除了人本身作为客体的问题,永远把人当做目的。实际上,人具有一定的场景性,在一定的场景下,他是主体;在一定的场景下,他又是客体。

还有一个是全球化的问题,这个问题不是赶时髦。有一个盖尤斯魔咒,指的是市民法是某一个城邦为自己制定的法律,一旦市民法不是为某一个城邦制定的法律,它就不是民法了,所以民法是国际法的对立面。但是制定民法者,天然地有一种世界主义倾向。比如民事权利能力制度的创立者,他就不会考虑调整对象的国籍,而是对所有生物人一概赋予权利能力。他是超越国界来思考这个问题的。再比如欧盟,它要制定相应的民事法律,就产生了一个三级体制——市民法、国际法、跨国法(欧盟法),法律的级别多了一级,而这恰恰不是法的本意,这样对于传统民法典形象的改变就很大。

最后一个问题是私法之争。如前所述,如果平等不可能,理性不可能,那么私法自治何以可能? 所以我个人认为我所做的工作,概括起来是"两个改变"。第一,改变了传统民法的形象。建构一个与潘德克吞法学不一样的法学,同样深具魅力。我还从方法论上破解了潘德克吞法学一个致命的缺陷:过度概括。平等的问题之所以发生,就是因为它过度概括。从大陆法系的理论来说,如果不能抽象概括出基本原理,就不能称其为法理学,但这是一种很古老的方法。

不断地抽象,就会不断地牺牲个性,过度抽象就会牺牲很多个性了。之所以前面有很多漏洞被我抓住,就是因为潘德克吞法学方法论的缺陷——过度概括。比如为什么要把平等原则提升为民法基本原则,涵盖民法的所有内容? 事实上是涵盖不了的。如果把它作为夫妻关系的基本原则,则毫无疑问可以涵盖。所以社会科学方法论的一个革命就是把 Macro-ranged-principle 转为 Middle-ranged-principle,从宏观原则到中观原则。但这个问题也不仅仅是潘德克吞法学的问题,而是整个大陆法系的问题。

英美法系就不存在这些烦恼。他们从来不作过度的理论提升,一个原理往往只适用于 500 字,顶多 5000 字,所以漏洞就很少。如果我们现在要重构理论的话,一定要把原则降低,不搞过度概括,满足于一个原理只适用于 5000 字、10000 字,不要贪求适用于 500000 万字。因为你概括不了,没有那个能力,世界太复杂了。

第二,我改变了罗马法的传统形象。比如大家认为罗马法就是私法,现在我说还有公法,还有国际法。过去人们认为罗马法中有三种身份,现在我说有五种身份,又增加了两种——宗教上的身份、名誉的身份,这些都是言之有据的。

民法有一个从结构主义到解构主义的演变。我正在解构的是潘德克吞民法学。之后我也希望能够建立一个新的像意大利人所说的厦门学派。我相信通过我们的努力这个愿望是可以实现的。

记：您能谈谈对当今学术界的评价吗？

徐：我对我们中国学界的评价就是：绝望。现在我最担心的就是我的作品被引用，只要被引用就意味着被篡改。中国的同行从来不讲对方的一句好话，绝对不给对方写书评，大多书评都是作者自己组织的甚至是作者自己写的。写同行的书评有一个前提，就是要阅读并认同同行的作品，不是出于朋友关系，而是真心真意地觉得它好。这点对于我们中国人来说是一个天大的困难。如果一个人有了自己的山头，有了自己的社会地位，基本上就不读同行的作品了。要读的话也是断章取义，根本不能明白你的意思。继而若要让他觉得你的作品好，那更是难于上青天。文人相轻，文人相仇，是长久以来一直持续的状况。

很多时候，即使你的观点已经变化了，他依旧只看到你从前的观点。因此被中国的同行引用意味着巨大的不幸。我极少看到中国同行进行正确引用，即使是你的学生，在吹捧你的观点的同时也在篡改你的观点。有的时候你最不在意的观点反而又被如获至宝地引用。似乎越是靠近你的人，越是难以理解你。我也反思过是我讲得不清楚，还是文笔不好，让人无法理解。在人文主义民法观通俗化的工作中，我把这种民法学说的内容编成顺口溜，编成三句半，可还是徒劳。我认为原因在于读者没有保持正确的态度，没有耐心，没有静下心。有时候我说治理中国的学界，就应该像治理中国的足球一样，有大动作。

记：徐老师，您能谈谈对现在学术规范和学术评价体系的看法吗？

徐：学术规范要看个人的定位。如果觉得自己是流氓就按流氓的方式行事，是君子就按君子的方式行事。我把自己定位为君子，所以，对于他人的观点，我个人从来都是作好注释、说明来源的。在我写博士生论文的时候，什么《研究生法学》，什么地方报纸，一些根本都不算公开发行的刊物，上面的好文章我都会引用。朱苏力说我"用垃圾材料写出一本好书来"。当然，我并不认为那是垃圾材料。开会的时候，有的老师指出不能引用三流刊物，当时我就立即反驳。假设有个观点你确确实实是从三流刊物、末流刊物上看到的，又不愿意引用它，这怎么办呢？要么你不引用了，要么就是扯个谎，说是你自己说的，这就不够规范了。因为我从善如流，不耻下问，在学术规范问题上就没有犯过什么大错。

对于学术评价机制，我真是无话可说。我进入教育界快30年了，日夜不停勤奋地工作,却总是听到很多负面的评价。有人说你不搞项目,有人说你不懂教书、不懂作研究,所以我觉得现在这个评价机制是不可思议的。我认为自己很努力,做得也不错,而且在学生中、在国际上得到好评。但是在国内,却往往得不到好的评价。比如今年我的科研分1280分,是全院第一名,第二名才600多分,一般人也就是几十分、一百分。但我就是得不了优。按照现在的学术体制,如果我没有项目,不能招研究生,甚至在考评的时候都有可能不合格。幸好意大利人救了我,他们给我一笔钱,让我办一个意大利语班。因此,这个评价体制给了我们极大的打击。人家在做事情,你不出力帮忙也就罢了,还要打击人家。像我这种人,做学问已经走火入魔到伤害家庭的程度了,做学问已经成为我首要的必需了,如果不让我做学问,我都不知道要做什么了,还有必要考评审查吗?

可以说我们现在的大学是一个大型的洗钱厂。你看看科研经费,很多都是学校里老师自己的钱,研究生招生,要培养费,从学生那里收了钱又还给老师,这么来回流转。这已成为中国教育史中最大的灾难——洗钱,是"文革"以来最大的灾难。除此之外,大学城也是对中国高等教育极大的摧残。我去杭州的时候感受很深。大学城只是捂热房地产的一个工具。老师上一堂课要跑30公里,坐快速公交要一个半小时,自己开车去要两个小时,累得半死,这对教育难道不是摧残吗?

前一段时间我出国与意大利学者交流,提到大学收费的问题。在意大利很多学校是不收费的,因为纳税人已经交过税了。学杂费也是根据社会主义原则,钱多的多交,钱少的少交,没有钱的不交。有人就问我们社会主义国家怎么收费?我就跟他说:"为什么你不能认为意大利是社会主义国家?"现在我们已经忘记了什么是社会主义了。社会主义是一种分配方式,从这一点来看我们现在已经根本不是社会主义国家了,是比资本主义还资本主义的国家。欧洲才是社会主义,看病基本不要钱,你看看我们看病多贵!我妻子前一段时间住院,一下花了我8000多块钱。病不起,像我们这种收入是病不起的。这是很可怕的,看病一天1000多块钱,你还敢说你是社会主义国家?所以我们要重新反思,什么是社会主义,什么是资本主义。在意大利,看病、上大学基本上都是不要钱的,那才是社会主义国家。

记:您能谈谈培养学生的经验吗?

徐:长期以来,我跟学生的接触都比较少。我的做法是如果你是可造之材,我们会给你提供机会,包括出国的机会。如果你是不可造之才,我不理你就是了。我认为身教是很重要的,言教的话就是听我的课,我保证我的每一节课都是作了充分准备并且尽心尽力讲的。有人说你传我秘籍,教我心得,这完全错误。你要是跟我学,那就听我一门课。我肯定是会用最好的姿态展现我自己。你要是跟我聊天,对不起,真的没有时间。

记:徐老师,您能提供一些阅读书目或者阅读路径吗?

徐:就罗马法专业而言,最重要的是要知道如何运用第一手资料,《学说汇纂》、《法学阶梯》、《优士丁尼法典》是必不可少的。我最近在做优士丁尼《法学阶梯》的评注,这个工作耗尽我 15 年的精力。厦大的学生之所以有自己的风格,其中一个很重要的原因就是重视第一手资料的使用。评价他们的作业的时候,以利用原始文献为上,以利用第二手资料为下,得高分的都是利用原始文献的作品。有些学生一开始很怕这种方法,但是后来就渐渐习惯了。因为在我们的教学、作业之中,都是使用这种方法。

一个学生表现自己最好的舞台就是每次交的作业。我们老师没有别的更好的途径来了解学生,学生的作业写得好,我就认为他好,我就是通过这种方式来发现人才的。一旦发现优秀的学生,我们就会给予很大的鼓励。

记:最后一个问题,徐老师,请问您以后的研究方向会涉及宪政吗?

徐:我最近在长沙参加了宪政的研讨会,写了一篇文章讲述罗马宪政,发表在《现代法学》上。但是我觉得不能把做宪政当大头吧,因为人生很有限。

(黄筱群、佟思进)

陈桂明
Chen Guiming

1961年4月出生于江苏海安,2010年11月27日在北京因病去世。1980年考入西南政法大学法律专业,1984年考入中国政法大学民事诉讼法专业,1987年留校任教,1991年在职攻读中国政法大学博士学位,系全国首位民事诉讼法学博士,1992年破格晋升为副教授,1996年破格晋升为教授。曾任中国法学会《中国法学》杂志社总编辑,中国人民大学教授、博士生导师,中国民事诉讼法学研究会会长,中国法学期刊研究会会长,中国卫生法学会副会长,最高人民检察院专家咨询委员会委员、民事行政检察业务顾问,最高人民检察院"百千万"高层次人才培养工程导师,司法部专家咨询委员会委员,全国司法考试命题委员会委员,中国全国法律援助基金会专家顾问,《法制日报》法学专家顾问。

主要教学与研究领域为民事诉讼法、仲裁法、司法制度等。发表论文百余篇,出版论著十余部,主要代表作有:《诉讼公正与程序保障》《程序理念与程序规则》《程序安定论》《民事诉讼中法院职权的弱化及其效应》《论推定》《诉讼契约论》《我国民事诉讼上诉审适度之检讨与重构》《诉讼欺诈及其法律控制》《民事举证时效初探》《缺席审判制度研究》等。先后多次主持和承担国家级与省部级科研项目。参加过多部法律和司法解释的起草和论证。执教期间多次到美国、英国、法国、意大利、澳大利亚、韩国等地考察、讲学或做访问学者。

记者(下文简称"记"):您读大学之前的经历是怎么样的?
陈桂明(下文简称"陈"):我们这个年龄段的人经历都差不多,上大学之前接受的教育很简单,有的人没有上过高中。现在很多人不能理解,为什么不上高中就能上大学,其实像我这样上过高中的人也没学到什么东西。在"文革"期间没有像样的课程,没有像样的教材,小地方也没有像样的老师。在课堂上大家也没有好好学习,因为没有升学压力,就是应付,混日子,所以上过高中与没上过高中也没有太大分别。从某种意义上说,真正接受教育是从大学开始的。

1977年开始恢复高考,我是1978年高中毕业,1980年读大学。在我上大学之前,教育已经开始整顿了,但毕竟是百废待兴,一切都不正规,基本还是延续以前的混乱局面,虽然也在逐步地好起来,用现在的标准来衡量,当然不能算是正规的教育。

记:前一段时间有一部电影叫《高考1977》,刚刚恢复高考时的情形是不是像电影中描述的那样,大家对高考的热情很高?您选择高考的初衷又是什么呢?

陈:当时参加高考的人还是很多的,我1978年高中毕业,我的绝大多数同学都参加了高考,只是有些复习得好一点,考的分数高一点就被录取了,那个时候上与不上大学的人也没有很大差别,学习的成绩、知识的总量并没有太大的区别。现在看看高考开始几年的题目,简单得难以想象,1977年是分省高考,有的省在讨论是不是要按照当时的初中毕业水平出题,很多省觉得即使按照"文革"前初中毕业水平考试也做不到,所以分数的高低并不能表明人的素质的高低。从这个意义上讲,上大学是一种命运,是一种偶然,我的很多同学,素质是很好的,但当时考的分不高,后来也没有坚持,就错过了这个机会。

我1978年考过一次,除了数学分数低一些,其他的成绩都还可以,我前面也提到,那时候题目是初中水平,只要用功复习,分数很容易上去,所以那时候我还是有信心的,准备补一补数学继续参加高考。

记:高考填报志愿的时候是您自己选择的法律专业吗?是喜欢还是其他原因?

陈:是我自己选的。我当时的第一目标就是上大学,并没有其他太强烈的愿望说一定要学什么专业。我们当时也分文理科,因为我数学不好,所以要选文科,文科的学生绝大多数学文、史、哲。因为"文革"刚刚结束,高考前几年的专业很少,可选择的余地也很小,一般的大学都开设文、史、哲的专业,像法学、经济学、新闻学这些专业,虽然已经有了,但设立的学校并不多,像法学专业大概只有几个学校开设了。我认识的人中有78、79年考到西南政法的,他们觉得西南政法校风、学风非常好,教学质量也很高,所以我最终报考了西南政法。那个时候我们没有一本、二本的概念,只有重点、非重点之分,重点院校我报的西南政法,普通院校报的华东政法,都是政法学校。后来才知道,其实西政、华政根本没区别,当时没必要跑到重庆去上大学,去华政更好,离我家很近。但那个时候不懂。

记:到了西政之后,您的第一印象是什么?

陈:第一印象就是学校的办学条件非常简陋,之前完全想象不到,学校里的主要建筑除了一个老的教学楼外,就是刚盖的四个学生宿舍。当时学校介绍说,西政是全国最强的,图书馆有30万藏书,现在看来这个数量是很少的,我们经常借不到书,图书馆是空的,可看的书都被借走了。

西政是1977年恢复,1978年开始招生,比其他几个政法院校都早,它的法律专业也是在"文革"之后最早恢复的。"文革"期间一直坚持把法律专业办下去的只有北大、吉大和湖北大学。"文革"后中央在决定恢复高考制度的时候,四川省向中央申请恢复西南政法学院,中央很快就批准了。因为恢复得早,所以出现了这样三个结果:一是条件极为简陋,因为没有时间准备;二是拥有很好的师资,西政的老师都是最早到位的,那时毕竟老师人数很少,所以后来恢复的院校就没有那么多老师了,因此西政在当时很有实力;三是有一批很优秀的生源,想学法律的学生因为选择余地很小,很多都选择了西政。

记:当时西政法律系是怎样设置的?

陈:当时叫政法专业,后来才改成法律专业,我们那时候招了10个班,大概400名学生,规模还是挺大的。

记:课程设置和现在有什么区别吗?

陈:区别还是很明显的。比如说"法理学",当时学的是"国家与法的理论",当然到目前为止,"法理学"的学科课程内容也不是很确定,每个学校教的也不一样,这个另当别论,但大家至少都叫"法理学",这与"国家与法的理论"内容完全不同。部门法中刑事法律方面相对来说比较强,在本科阶段给我们留下了深刻的印象,刑法的总则、分则、各种罪名等都比较好理解。民事法律课程就相对弱一些,因为当时民事经济往来比较少且极为简单,当时没有商品经济的社会背景,有的老师也没有见过合同这样的东西,所以学的东西比较简单,商法、公司法、破产法这类课程都没有开设。法律是一门应用性的科学,需要相应的社会基础,否则就没办法开设这个课程。从教学体系来说跟现在还是有一定的区别的。

记:在您四年大学生活中,哪个或哪些老师、同学对您的影响最大?

陈:很难说是某一位吧,首先说说老师,西南政法大学的全体老师,他们可以说是我一辈子的良师益友。一方面是西南政法大学恢复得早,集中了全国一批最优秀的老师,水平比较高,这在当时很难得,另一方面是在"文革"期间,这些老师都经历过磨难,"文革"后国家百废待兴,他们回到学校后,意识到法律对国家的重要性,他们的勤奋、他们的敬业精神很让我感动。有这样一个优秀的老师群体,就塑造了一个很好的学生群体,西南政法早期校风是很好的。现在这样的好老师已经很少了,这跟国家的政策有一定的关系,现在管理部门鼓励老师作科研,老师们主要的精力没有放在教学上,加上社会上诱惑很多,不少老师在外面做兼职等等,这种教学跟当年是没办法比的。

同学的情况也是如此,不是一位或几位,大家都在一起读书一起学习,共同的学生生活是一个互相影响的过程。当时有一点跟现在不同,就是大家的经历有明显的差异,不像现在的学生都是由学校到学校,当时有的同学是从军队过来的,有的以前在机关工作,有的在农村、工厂工作过,有的经受过很多坎坷,每个人的生活背景、家庭背景、工作背景都不同。另一方面是年龄相差很大,我们班最小的14岁,最大的30岁,虽然当时国家有规定年龄不得超过25周岁,但实际上超过的很多。因为这些差异,大家进入同一个学习环境之后,相互的影响作用还是很大的,对社会的感受也是比较真实的。可以说,这样的环境有利于个人的成长,我觉得这是当年西政校风的一个组成部分。

记:您读大学的时候有教材吗?

陈:很多课程都没有教材,都是老师拿着讲义讲,学生记。基本上老师讲的每句话都记下来,老师也是很认真的,都是字斟句酌之后才讲出来的,我们每一门课都是厚厚的几本笔记本,可惜现在已经找不到了。教科书是1984年我们快毕业的时候才有的,其实就是讲义,有的还是油印的。

记:您后来读研究生为什么选择了民诉专业呢?

陈:学法律和学民诉对我来说是很偶然的。当时读大学报考法律专业时没有考虑太多,没有像很多人说的那样,考虑到"文革"后要进行法制建设,要为社会作贡献等等,我相信很多人是和我一样的。学民诉就更偶然了,考研考什么呢,就那么几门主要的课程,刑法、民法、诉讼法,招研究生的学校又很少,当时最强烈的愿望就是要读研究生,进一步深造,刑法、民法竞争性太强,所以选择了诉讼法。本科在西南政法,读研就想去北京,当时认为北大、人大应该竞争很激烈,所以选择了中国政法大学,当时就是想避开竞争最激烈的学校(事后才知道中国政法大学其实竞争更激烈),对民诉这个专业也没有太多的理解。人生中偶然的因素占很大的比重。

记:您研究生毕业后就留校了,当时研究生学历很高了,工作应该是可以任选的,您当时对于工作是怎么考虑的?

陈:我们都是被"强迫"留校的。因为当时没有博士生,最高学历就是研究生，我们在研究生阶段是比较优秀的，又发表过论文，老师觉得我们很适合做老师，所以就被学校留下来了。现在研究生和博士生留校是不太可能的，但在当时不难。当时各个机关单位都很缺人，中央机关、国务院、最高法院，我们都可以去。虽然机关的工资待遇也不高，但起码可以解决住房问题，虽然不是太好，但至少有地方住。留校连住的地方都没有，我们当时住"筒子楼"，两个人一间，条件极差。所以大家都不愿意留校。

记：您留校工作，研究生的学历已经绰绰有余了，为什么又继续考博了呢？

陈：博士读的在职的，因为既然留校了，还需要对专业进行提升。中政大有诉讼法的博士点，是最早的博士点，也是唯一的一个，有了这个条件，而且觉得不耽误什么，有深造的机会学学也可以，所以就考了博士。我的导师陈光中先生是研究刑诉的，但教育部把诉讼法作为一个专业，所以他可以带民诉的学生，我读博士完全是他动员的。考博士也带有偶然性，如果当时陈教授不动员，我也就不考了。但是如果不读，起点可能就低一点，后来是什么状况就不好说了。因为我们是第一批博士，所以参与的学术活动比别人多一些，包括后来评职称等方面也比一般人要快一些。像我个人就是破格的副教授，破格的教授。不能说自己一点努力也没有，但相对多的因素是偶然的，所以我经常对年轻人、学生说，不是说人的一生总是奋斗的结果，有相当多的偶然性，机会对人来说非常重要。但对每一个人来说，你能做到的就是努力，机遇、机会等只能等待。人能把握住的就是你自己，别的你可能无能为力。人到中年，很多问题想开了，看得很清楚了。

记：您有自己一套独特的教学方法，其中一个是"改革实践课"，能不能给我们介绍一下？

陈：我1987年留校，那个时候开始有教材了，但是非常简单，老师上课就是照本宣科，学生就被动地听、记。我觉得这种教育非常枯燥、死板，甚至有时候觉得完全没有必要。讲的都是教科书上的东西，学生为什么要花一个小时听这些呢，所以就产生了一个强烈的想法——课程需要改革。法律是一个实践的课程，所以我就向学校提出开设一个改革性的课堂，改变一下以往的教学模式，考试也不像其他课那样。我带了一个小班，按照自己的方式讲课，使课堂上的气氛活跃起来，比如在讲中国现行的法律条文时，课本上都有，我就会讲一些外国的做法，这样在课堂上就可以给学生多一些课本之外的专业信息和知识，这些都是要准备的，课前我自己要多作些研究，多读些资料，多花些功夫。现在看来很简单，但在当时是很难的。总之就是不完全按照教科书上的东西讲，然后给学生课堂讨论的机会，调动学生的积极性。考试也是采用不同的方法，我采用笔试加面试的方法,面试就是口头谈,也相当于讨论课,是需要花费时间和精力准备的。当你在回答的时候,其他人也在听,实际上对其他人来讲也是一种学习。现在看也没有多少新意了,但在当时也是打破了传统的教学模式,活跃了大家的思维,不再是简单的被动的接受,而是增强了师生之间的交流。这种方式也不一定就是好的,但肯定有好的一面。不能说是我发明的,但是我比较早采用,作为一种辅助的手段存在还是有价值的。

记:当时学习资料、教科书都很少,您是通过哪些途径找资料呢?

陈:当时是想各种办法、通过各种途径。最近这些年,尤其是近十年来,网络的发展为教学科研提供了很好的条件。你们现在学习的环境跟我们当时学习、工作的环境差别太大了,现在什么资料都找得到,关键是看还是不看、读还是不读的问题,而不是有还是没有的问题。包括写文章也是这样,以前我们作研究写文章的一个基本功就是查资料。当时没有计算机,只能靠纸质的书,所以我们就"泡"图书馆,学校图书馆、北京图书馆,然后作大量的卡片记录,我前些年搬家的时候还有,一箱一箱的,但后来都扔掉了。

记:现在学生写论文基本上都是直接从网络查资料,虽然方便,但学习的能力却倒退了。现在人们常说一个词,"浮躁",您觉得法学界的中青年学者对学术的态度浮躁吗?

陈:总体上是浮躁的,包括我自己也是这样。不可能再回到过去了,但这也不能简单地说是一种倒退,现在大家都这样。就说查资料,现在的学生还需要去图书馆找资料吗?不用了,网上一搜就找到了,老师课前还去图书馆查资料吗?不去了,课前花很短的时间就能从网上找到资料。现在老师和学生很多精力用在了学习、教学以外的事情上,令人担忧。

记:您曾任中国政法大学国际教育学院的院长,一直在做国际学术交流这方面的工作。您对现在的出国热有什么看法? 在外国学到的东西对中国的实践能起到多大的作用?

陈:我是一个没有海外教育背景的人,谈这个话题有些心虚。但我觉得大家对出国学习应该持一个冷静的态度。我们这茬人,出去的,不少是为了镀金。真正学得很好的,很少,相当多的所谓的留学背景就是一种镀金的背景,很多人出去后就待在华人圈里,连外国的图书馆都没有进去过。有人开玩笑说,这些留学的人在中国谈外国法,在外国谈中国法,学的都是一些皮毛的东西。这些不是我说的,是在外国带了几年的朋友自嘲亲口告诉我的。

学术研究是讲究分工的,一个学者的外语不行,这确实是他的天生不足,但这完全有办法弥补,并不是说他不能研究外国的东西,因为有大量的人把外国的东西翻译过来,这样就省去了你翻译的时间,省去了你自己去读原文的时间,你一样可以去研究,甚至能做得更好。所以无论从学生出国学习的角度还是从老师作研究的角度,如果你真的想学、想去研究外国的东西,至少可以这样说,不是非出国不可。我非常赞赏李阳这个人的做法,他说:"我没有出过国,而且坚持不出国,我就是要打破这样一个神话,我要证明外语是可以在中国学的,而且可以学得很好。"他就是用自己的经历证明了这句话。其实就是这样,学习不一定要到外国去,不认真学、镀下金就回来了也没多大用。社会在进步,镀金的这种效应可能也会慢慢地减弱,谁也不会因为你出国学了两三年就认为你真正懂得了外国的法律,现在的人不会这么简单地看,以后更不会。所以老师也好,学生也好,如果真想出去,不要带着镀金的想法,而是带着一种学习的想法,一种作研究的想法去,扎扎实实地做一点事情。

我在国际学院主要负责教育交流,这不是一个行政机构,很多人误以为国际教育学院是把老师、学生派进派出,不是这样的。我之前做的一件事是把美国的硕士学位引进到中国,就是在中国读书,拿美国的学位,这跟刚才那个话题是相关的,你不一定非要去美国读书。虽然出国会有一个好的环境,但你可能用不上,大家都很忙,你又有多少机会与美国的教师、同行交流呢。你的外语半生不熟,又有多少时间在图书馆、资料室查资料呢。从学校回来又是中国人扎堆,说汉语,谈中国的事情,这样学两年没有太大的意义,与其这样,还不如就在国内学,虽然不一定比在美国学得更好,但是可以节约时间与成本。这也是一种新的尝试。

记:在您这么多年的学习、研究生涯中,您的主要学术观点有哪些,主要关注过哪些问题?

陈:一个人很难提出被大家所公认的与众不同的观点,这种说法一般是别人恭维,部门法的研究是大家共同努力的结果,逐步的积累使得一门学科的理论越来越丰富,使得整个群体学科知识的积累越来越丰富,这是大家学习、教育、研究的结果。如果说我自己曾经对哪些问题关注过、研究过,倒是可以说一说的:

一是关于诉讼模式的问题。我认为这是诉讼法一个很核心、很重要的问题。我们的习惯是法官包办,当事人有了纠纷进了法院就由法院做主,这实际上忽略了很重要的一点,就是民事诉讼是为了解决纠纷,而解决纠纷的基础是当事人的意愿。解决什么样的纠纷,在什么范围内解决纠纷,以什么样的方式解决纠纷,能否解决纠纷,解决纠纷的效果怎么样,这些必须与当事人的意愿相结合。比如有的家庭男女双方长期处于分居的状态,男方的钱不往家里拿,女方起诉要求男方支付子女的抚育费。这是一个真实的案例,就是这样一个诉讼要求,最后法官包办的结果就是判决双方离婚,判小孩归女方抚养,男方每月支付一定的抚育费。这就是最典型的职权主义。法官认为这样过下去还不如离婚呢,离婚之后男方每个月支付钱给女方,而且还便于执行。对于法官来讲这样是最好的,但符不符合当事人的意愿呢?不排除有的夫妻就是不愿意离婚。在这个案子中,当事人的诉求中没有要求离婚,法官凭什么判决他们离婚呢。所以我一直主张改变中国的"超职权主义"诉讼模式。

二是关于当事人举证与法院调查的关系问题。过去很多法官调查取证,而不是由当事人举证,而且很多当事人也同意法官调查,但这并非好事。因为诉讼并不是简单的是与非的问题,一个案件总是有些方面对被告有利,有些方面对原告有利,证据不由当事人来提供的话,就会产生很麻烦的问题。法官拿出证据的时候,对方会觉得不公平,认为"也有对我有利的证据,你为什么没拿到呢"。所以应该把这个权利还给当事人,对各自有利的证据应当由当事人举证,如果当事人拿不出证据,法官判他败诉,这在形式上是公平的,当事人也会口服心服,这就是诉讼的规律。所以我主张强化当事人的举证责任。

三是关于诉讼契约的问题。这也是我比较早关注的问题。传统的观点把诉讼法看成是公法,只有在私法领域才重视契约。其实民事诉讼法是一个公法与私法衔接的部分,我们总体上把它定位于公法,但是这个公法解决的问题很特殊。民诉要解决的是民法上的问题,民法调整的是私权的问题,因此我们应当承认诉讼契约的存在,这样会使诉讼效果更好,更加节约、方便、快捷。

诉讼契约是指当事人之间以直接或间接发生诉讼法上效果为目的的合意。比如管辖的问题,双方当事人现在都在北京,但合同是在广东签订并履行的,为什么诉讼法一定要规定合同签订地或履行地才有管辖权?双方自愿在北京打官司,这样方便快捷,双方达成一个契约,法律上为什么不认可呢?这是没有道理的。诉讼中有很多是可以达成契约的,我觉得这是诉讼法未来的发展方向。

四是程序保障、程序的安定性问题。程序保障实体,它是不能反复的,所以诉讼法的设计一定要以此为基础,如果经过正当程序解决的问题轻易地被颠覆了,那么司法就缺少安定性,整个社会就缺少安定性。人们发生了纠纷为什么愿意交给法院处理呢,因为经过法院处理之后这个纠纷就终结了。但如果这个结果可以轻易地颠覆、推翻,那人们就不敢、不愿打官司了,这是司法中的一个大问题。所以我从理论上呼吁,建议从一系列法律制度上落实这个问题。司法公正需要保障,但绝不能以"司法公正"这个口号去破坏程序的安定性,破坏程序的安定性,社会永远没有安定。

之所以谈这个问题,是因为中国现实中存在这种问题,法院轻易地就把以前的裁判否定掉,使司法丧失了权威性。裁判不是不可以推翻,但必须讲出正当的理由来,比如二审否定一审,应当指出一审的错误所在,是事实认定错了,还是法律适用错了,之后才能去否定。但现在有的法院根本不讲一审有什么问题,就直接以"本院认为……"处理,这就违反了法的安定性。到了再审,应该更加严格,不能轻易地启动。但实际上,再审的启动太频繁,最高院现在设立两个立案庭来审查再审的立案问题,由150多位法官负责立案问题,这是很难理解的,因为这些都是已经生效的案件,为什么还要动用这么多的司法资源呢?这样就无法保障法的安定性,法律秩序不能稳定下来,最终将损害司法的权威性,给老百姓的印象就是根本没有最终的判决,我找找人,案子可以翻过来,翻过来后,你找找人,再翻回去。这是一个必须解决的问题,我一直很关注。

记:您如何看待民诉"执行难"的问题?

陈:一个判决在合理的时间内得到解决、执行,可以维护司法的权威性,如果一个判决生效后在很长的时间内得不到履行或根本无法履行,那么还要这张判决书做什么用呢?大家关注的是怎样去解决这样一个现象,大量的研究在讨论怎么提高执行的比例、效率,在我看来问题的实质还是完善、健全立法。我们的执行程序实在是太粗糙了,甚至可以说太落后了,应该在立法这个层面上去完善它。我建议在民诉法之外单独制定执行法,因为这里面的问题很复杂,不是简单的几个条文可以说清楚的,而且这也是立法体例的一种,比如日本和我国台湾地区都采用这种立法体制,这样可以使执行法更加详细、健全。作为一个学者,我看到的是制度层面的问题。至于执行难的其他的东西,当然也很重要,但不是简单地采取什么方法就能解决的,比如诚信体系,中国缺乏诚信的社会环境,这是跟社会结合在一起的,不是单纯的司法问题。诚信问题怎么解决,我相信是有办法的,但这需要较长的时间,短时间内是不可能解决的。所以从诚信这方面来解决执行问题,不是说不行,但能有多大的效果不好说。法律人应当从法律制度上来考虑,不让不诚信的人占到便宜,不让守信的人吃亏。法律制度有引导的一面,但在很大程度上要纠正、控制不诚信的、非法的、消极的、黑暗的行为,这是法律制度的功能所在。所以我相信,如果立法得到完善,这种执行难的问题就会在最大限度内得到解决,我认为这是最根本的。

记:您在作研究、写文章的时候最常用什么研究方法?

陈:部门法的研究方法还是比较综合的,比如比较法,引进西方各国的某些制度等。这是必要的,我们每个人也都在做的。现在的司法制度特别是民事诉讼制度,从技术来说学的是西方的,这要承认,这是个模仿的过程,但在模仿的基础上要有创新,要符合国情。另外还有逻辑的方法、实证的方法等等,都是经常采用的方法。

记:中国现在的民诉研究与其他国家相比,最大的差距在哪里?

陈:差距还是很明显的。诉讼法所构建起来的是一个国家的司法体系,从民诉角度来说是一个解决纠纷的体系,如何解决纠纷是与国家的传统、国情密不可分的。我们现在建立起来的这套诉讼制度,可以说是学习西方的结果,它的基本的框架对中国来说是基本适用的,但是我们仍然认为中外的差异性很大。这个差异性也是我们学者研究时需要特别关注的,也是我们制度创新所需要关注的。我认为我们对这种中外差异性的研究以及对这种差异性的创造性构建关注是不够的,需要大家的共同努力。

记:您认为现在中青年学者应当多发表文章,还是应当潜心作研究慢慢积累以后再发表文章呢?

陈:对于学生而言,多练练笔写写文章,作为一种学习方式,我是很赞成的。因为一个人的研究都是慢慢积累起来的,不可能从来不写,写一篇就能直接发表到核心期刊,要有一个提升的过程,从这个意义上来讲,多写是好事。但是在这个信息社会,我们看到的另外一个现象是文章太多,谁都在写文章,而这些文章里面创新的东西很少,含金量很低,很多文章都是互相抄来抄去的。这样的成果在学界占的比重太大,而真正有用的成果有多少呢?唯一能得到的就是个人的名誉、头衔、职称等等。有人说学界存在大量的文化垃圾,从这个角度来看,我反对大家多写,不应该过分重视数量。一个人的精力是有限的,有的学者一年出几本书,我不相信他能写出什么好的书来。这是我们现在法学研究一个见怪不怪的,任何人都难以改变的现象,但至少个人要保持一份清醒,这是非常必要的,对于这种现象连基本的判断都没有了,就更糟糕了。

记:您认为现在学术规范执行的情况如何?

陈:学术规范也不容乐观。一方面抄袭、剽窃等侵权行为是普遍存在的,法学界也发生过几个名案,很多学者包括我也有所感受,比如我曾经发表的一篇论文,就被一个法院的法官全文抄袭,一万多字的论文他改了不到五百字,主要改了文章的开头和结尾,中间一个字不差,最后在全国法院系统得了优秀论文二等奖。有人让我去打官司,但我根本没这个精力,我目的何在呢?把他的奖金要回来吗?这对于我来说是没必要的,但这种现象确实很严重。我们应该强化打击力度,现在教育部也很重视这个问题;另一方面是法学研究的规范性如何进一步正规化的问题。教育部颁布了一套要求学报执行的注释体例,让大家哭笑不得,但也不敢反对,大家都不懂如何按照那个方法去引注,它给作者、读者、编者都带来了很大的麻烦,而且没有多大的意义,这完全是劳民伤财的事情。

记:现在每本杂志的注释都不同,您认为有统一的必要吗?

陈:我是主张统一的,但可以有一定的差异性。比如连续编码是比较合理的,但有的刊物使用分页编码,有的使用尾注,这些我都不反对,但是注释需要符合其基本的功能,方便阅读、方便研究、方便作者和读者就可以。

记:您在从事民诉研究的过程中,对学校、对学科发展作了哪些贡献呢?

陈:这个群体是有贡献的,我只是这个群体里的一分子。应该说近十几年民诉学科的发展成就还是很显著的,从基础理论到具体制度,研究的积累都是很可观的。比如诉讼标的理论、既判力理论、诉与诉权的理论、诉讼契约理论、程序选择权理论、程序安定理论、判决要件理论、诉讼法律关系理论、程序保障理论、诉讼模式论等,这些年有大量的积累,研究更加深化,这不是一个人的作用,而是一个群体共同努力的结果。

记:您认为民诉未来的发展空间在哪里?

陈:理论是不断地丰富、发展、创新的,不要担心后来者没有可研究的领域,永远都不存在这样的问题,科学是无止境的。

记:您能对青年学生提些建议吗?

陈:我最大的希望是大家能克服浮躁。现在的学生知识面很宽,学习渠道很多,资料很多,手段先进,这些都为大家摄取更多的知识带来了很大的方便,但是问题在于不能静下心来研究,深度不够。学生还是要以学为主,应该把尽可能多的精力放在学习上,现在学生活动太多,演变成一种校园运动,有时候跟学校的管理结合到一起,比如做学生干部、参加社团活动等等,我觉得太多了就不好。

研究生、博士生要读的书,核心部分还是与专业范围相关的书,但也不限于专业,比如学民诉的不能只看民诉,还应当多看看民商等实体法,因为它们是不可分的。此外我也主张拓宽知识面,除了法律专业书外,经济、管理方面的知识也很重要,这要结合你的专业来确定。另外像文、史、哲这些知识是人最基本的文化素质,是需要一辈子去修炼的。

读书是人生永恒的主题,一个人的学业是有终点的,但读书是没有终点的。

(冯渊曦)

高 祥
Gao Xiang

1961年4月出生,山西省柳林县人。现任中国政法大学比较法学研究院院长,教授,博士生导师,《比较法研究》主编,中国政法大学国际银行法律与事务研究中心主任,澳大利亚法律中心主任。1981年毕业于山西师范学院吕梁师专英语专业,获大专文凭;1987年毕业于北京外国语学院英语专业,获学士学位;1990年毕业于中国政法大学民法专业,获法学硕士学位;1997年毕业于澳大利亚新南威尔士大学法学院,获商法公司法专业法学硕士学位;2001年毕业于澳大利亚南威尔士大学法学院,获国际金融法专业法学博士学位(PhD in law)。2004年1—3月任耶鲁大学研究学者,同年4月获澳大利亚堪培拉大学法学院终身教职。曾任山西省柳林一中高中英语教师、最高人民法院法官、河北省秦皇岛市中级人民法院副院长、中国人民大学客座教授、澳大利亚邦迪大学获姆费舍尔全球贸易金融研究中心高级研究员,以及澳大利亚首都地区高中法律课程设置和审定委员会委员。现任北京市海淀区人大代表、北京市法学会比较法研究会会长、北京法学会常务理事、中国国际经济贸易仲裁委员会仲裁员、美国国际银行法律与事务研究所信用证法律与事务专家组成员、美国《约翰梅森国际商法》杂志编辑委员会顾问、澳大利亚法学会国际法委员会中国核心小组成员、联合国国际贸易法委员会《联合国独立担保与备用信用证公约》研究专家组和反商业欺诈小组成员等。长期从事国际贸易法、国际金融法和公司法、银行法等领域的研究与实务工作,曾出版英文专著 The Fraud Rule in the Law of Letters of Credit — A Comparative Study(2002年,伦敦),在澳大利亚《新南威尔士大学法学杂志》(The University of New South Wales Law Journal)、英国《劳氏海商法季刊》(Lloyd's Maritime and Commercial Law Quarterly)、美国《宾西法尼亚大学国际经济法杂志》(University of Pennsylvania Journal of International Economic Law)等国际著名法学杂志上发表一系列英文论文，其中三篇被节录编入英美教材，三篇被译为波斯文。现为教育部双语教学《公司法》示范课程、海外名师项目等的承担者。

多重身份的转变并没有消磨高祥老师内心最纯粹的意志与性情。作为教师，他体贴考虑学生切身利益，因为他深知他人视若草芥小事对学生往往是决定人生之举；作为比较法学研究院院长，他谨记权衡学院人事与公务，极尽所能为师生提供更融洽的科研学术氛围，因为他深知良好的情绪与氛围是效率提升的保证；作为海淀区人大代表，他不忘为群众呼吁所求，因为他深知群众的信任是自己最坚强的后盾。他凡事力求完美，谨守今日事今日毕的古训，这也成就了他的今天。与高祥老师的交谈是愉快的，因为他嘴角总是挂满笑容，乐观向上的性格总是能感染周边的人，使交谈者倍感暖意又颇受鼓舞。

记者（以下简称"记"）：高老师，您好！我们的采访是以口述的形式将您之前的学习、生活以及学术过往进行记录，并借此了解您所处的时代状况，这对于我们所正从事的法学史的记述与后续的研究都大有裨益。所以我们的采访时间跨度是比较大的，包括您上学前的一些情况。那么，您能大体谈一下上大学之前的生活状况吗？

高祥（以下简称"高"）：我在上大学之前的生活很苦。我于1961年出生，家在山西吕梁，那个地方条件很艰苦，而据说我们村至今再没有出一个本科生。我开始上学时我们村的学校只有一个民办教师代课，上课是在小窑洞里。我犹然记得当时我随父亲帮别人修理门窗，那个老师在村里问有没有孩子愿意上学。我当时一口答应了，就开始了学生生涯。记得当时上课是复式班，一、二、三年级都在一个班，挤在一间小窑洞里，上课甚至都没有桌椅。由于我父亲是油漆匠、木匠，我就从家里拿了一个小桌子到学校，在炕上席地而坐，也有同学搬几块石头当桌子。后来那位民办教师做了村妇联主任，公社里派来一个公办教师和一个民办教师。他们来以后开始在村里自己修学校，那时候才七八岁年纪，便从事各种劳动帮助建学校。由于老师来自外地，生活不方便，于是男生负责帮老师挑水，女生就负责生火，大家勤工俭学拾麦穗等。到小学三年级毕业时已经修整好三间窑洞，也有了桌椅板凳，这都是我们勤工俭学的结果。至今我还记得我的小学第一课是"毛主席万岁",最后一课是"打倒大叛徒、大内奸、大工贼刘少奇"。上四年级时,学校在旁边的村子,每天跑校。我家在我们村最西边,学校在我们村东边的另外一个村子里,所以我去上学要穿过整个村子,特别远。当时家里很穷,村里也没有什么钟表,村里人以鸡叫和天上月亮的位置确定时间,每天天不亮就起床去上学,上两节课后回家吃早饭,之后再去上课。那时候很穷,每天吃两顿饭。更为痛心的是,在小学三年级时我父亲就去世了,只有我与母亲相依为命,家中没有劳动力,没有工分,领不出口粮,秋天放学后还得上山拾拣粮食,很晚才回家吃饭。就这样跑了三年。之后便去读高中。当时我们县只有五所高中,我上的叫三交中学,在三交镇,也就是刘子丹去世的地方,在黄河边上,离我家20华里。我们每两周回一趟家,因为当时每周休息一天,于是学校决定两周合并休息一次,方便同学回家。学校的师资比较差,记得有的只是本地高中毕业就给我们代课。那时候的课程不多,主要以劳动为主,写的文章也多是批判文章。

记:您高考情况如何呢?

高:当时我们高中两个班共有120多人,我们班有67人,另外一个班40多人,78年我们班只有我一个人考上了师范学校,第二年有两个人考上了师范学校。我们县78年包括老三届一共有八百多考生,一共考上21人,其中一半是专科。我的两位数学老师也参加了,但没能考上。我考的是理科,对大学根本不了解,当时也不懂,志愿都瞎报,第一志愿报了北京大学,第二志愿是山西矿业学院,没有报吕梁师专,所以最后被这个学校录取感觉很奇怪。我数学考了35分,物理54分。如果78年不去补习的话我数学只能考4分,就是因为当时"四人帮"粉碎后拨乱反正,数学老师教了一点正常课业——因式分解,这4分我能拿到,其他的代数、解析、几何什么的一律没学过。我们是吕梁师专第一届。在学校选址方面还有一个趣事。不知道是不是真的?说成立吕梁师专是要放在交城县的,因为华国锋是交城人,后来没成,不过也没有建在离石(当时吕梁地区驻地,现吕梁市离石区)。而是放在汾阳,因为那里有一个师范学校。当时一共招了数学、物理和英语三个班。对于吕梁师专的三个专业,我都没敢报,因为我基本都没学过。我是被分配到了英语专业。据说当时一共招了150人,英语是一个班,30人。到我毕业时,外语慢慢热起来了。毕业后我被分配到了柳林一中,县里唯一的重点中学。我们县当时共有7人考取吕梁师专,其中五个物理专业,一个数学专业,一个英语专业。我比较幸运,不像物理专业那样还需竞争,而是直接进入重点中学。我的第一批学生是柳林县初中英语老师,因为我刚报到就被县教育局借调到教师进修学校培训老师,教了他们半年我就回到高中。但进修学校继续办，于是我一边教中学，一边教他们，所以当时柳林县的初中英语老师基本上都是我的学生。那时候进修学校每节课补助五毛钱，算是不少的额外收入了，因为别人是没有兼职的机会的，所以我的生活还不错。当时还没有开始成人教育什么的，以为我一辈子就是中学英语老师了。我的家境一直很差，上大学时17元奖学金，我还要养活我母亲。当时我们是每人每月6斤白面，20几斤粗粮，别人是将粗粮换成细粮，而我则是将细粮换成粗粮，节省下来供养母亲。等工作之后情况大有改观，每月有40多元工资，而且还在进修学校继续教授英语，赚取一些外块。这一直延续到我读研究生时期。当时，我与北大数学系的一位老乡利用暑假办高考培训班，他讲数学，我讲英语。开培训班一方面能为县里的教育作贡献，自己还能赚取学费，可谓一举两得。到现在我跟县里的关系一直都很好，经常联络。

记：您如何从中学英语教师转到法学这一领域呢？

高：工作没两年，国家需要大批高质量英语老师，于是委托北外、上外、广外等几所高校在全国培养英语老师。其中北外在山西、河北、黑龙江、青海和内蒙古五省每省招收12人。现在回想起来，我感觉不论是考研、国内还是国外的考试，当时考北外是最难的，还需要笔试和面试，很严格。国家教委委托北外招收60人，而实际上我们那一年并没有招满，在青海只招收了10人，宁缺毋滥。我就在北外读了本科。而之所以学法律主要和我小时的经历有关。1984年北京成立了律师函授学院，于是我就在那里学习法律，只是想知道公平正义等。在北外学习的两年期间我准备考研，结果顺利考取了中国政法大学。于是我就在法大学习三年，因为我英语比较好，感觉自己要扬长避短，便想读国际法专业。就在这个时候，美国把时任巴拿马总统诺列加抓起来，说他贩毒，使我对国际公法失去了兴趣，就转考国际私法，虽然我成绩很好，但阴差阳错我被转到民法。不过恰是学民法后我才体会到这才是我应该学的。所以，其实有很多事情都不是你能计划的，我学外语、学法律都是在我并不是很了解时开始的。法大毕业后我便到法院工作，而其实我是想去做律师的。

记：那时候做律师的多吗？

高：多不多其实对我来说并不重要，我有自己的想法，不轻易为别人所动。现在公务员这么热，我的学生考的不多，也不知道他们是不是受我的影响。之所以去法院是因为我毕业时是1990年，刚经历了政治风波，那时候进京受限制，要留京的话就要进大机关。我当时联系了最高检、民政部和最高人民法院，都同意我去。我最后选择去最高院，想干两年出来去做律师。但那时进去后就无法脱离了，人家不让你出来。不像现在，可以辞职。

> 我觉得律师是个自立、自己的职业,不需要依靠别人。至今我常挂嘴边的话仍是"自由最重要"。

记:您当时为何要选择做律师呢?

高:在潜意识里我喜欢自由自在的生活,而我的成长也基本都是通过自学实现的,可以说我的自理能力比较强。我当时考研虽然没有上国际私法,但我上课还是跟着上,后来做案子也做这个。我当时学外语的时候学法律,学法律的时候学外贸。我都是自学的。我觉得律师是个自立、自己的职业,不需要依靠别人。至今我常挂嘴边的话仍是"自由最重要"。机关自有其乐处,但对于我来说,其问题在于很多情况下你无法做主。做律师可能很辛苦,辛苦与否全由你决定。其实做任何事,要做好都很辛苦。在我们现在的政治生态下,已经从律师中选拔人大代表、政协委员甚至常委等了,在法治国家搞法律的人都会有用武之地。国外的法学院的培养目标都很明确,就是培养律师,而律师就是法律人。奥巴马、布莱尔、前几日来华访问的澳洲总理朱莉娅·吉拉德、澳洲的国防部长之类的都是律师出身。国外法学院培养的就是职业法律人,并没有像我们似的,说法律是精英教育,要培养什么卓越法律人才之类的。口号很多,但学校不知道到底要培养什么样的人,学生的学习目标也不明确。这些其实是很虚的东西,只要把律师的基本功、写作能力和逻辑思维搞好,无论从事何种职业都能做好。律师之所以成为政治家、社会活动家,就在于他们能独立思考,善于表达。目前的体制内存在诸多羁绊,很多情况下不容你独立思考,而律师则更为自由。

因为单位不让走,律师是做不了了,于是我便想调到一个国营单位。当时是外贸热,这就跟我之所以研究信用证很有关联。我是个不喜服输的人,喜欢弄明白别人可能觉得啰嗦的很技术性的事,信用证与提单、票据等技术性的东西相关,很多法律人可能不愿在这些东西上下功夫。听说当时考试的有80多人,最后只招我一个,但是没去成,因为法院不肯放人。现在看来,我觉得在法院呆下来也还可以,我的法律功底并不深厚,但是在法院天天和法律打交道,而且是实实在在的法律打交道,也就提高了我的法律水平。

> 虽然事务繁忙,但我仍觉得苦中作乐,与我一直以来积极乐观的精神状态也大有关联。我认为人一定要保持积极向上的心情去生活更容易获得幸福,悲观容易使人陷入烦躁与不安。

记：您到澳大利亚继续深造是在法院期间获得的机会？

高：是的，当时我得到澳大利亚政府奖学金，自费我是去不起的。我父亲去世早，我和母亲相依为命，因为农村妇女地位低，我13岁就开始操持家务。由于我年纪小、个子矮，没有扶过犁，其他农活我基本都干过，比如种西红柿、辣椒、南瓜、小麦，等等。印象深刻的是有一次我去刨一块有六分左右的地，我本想上午去干一会儿回来，但由于好久没干，手上不一会儿就起了好多血泡，我一咬牙一直干，连中午饭也没吃，到下午干完时满手是血。其实，干活吃不饱还并不是最为难过的事，最让人难受的是被人欺负。不过，经历了这么多艰难困苦后，现在我常常觉得这是最大的财富，使我很容易满足。现在，虽然事务繁忙，但我仍觉得苦中作乐，与我一直以来积极乐观的精神状态也大有关联。我认为人一定要保持积极向上的心情去生活更容易获得幸福，悲观容易使人陷入烦躁与不安。

我并不过多为今后打算，只是将今天的事情做好，兢兢业业，不亏待自己，不亏待别人，仅仅将明天的事情大体计划下。当然对于日后也作大致规划，但我基本上还是专注于做好眼下的事。我一般会今天的事今天完成，所以有时会熬得很晚，这也导致我睡觉较晚。正是由于能完成今日的事，所以我一般负面情绪不太多，睡觉睡得好。我对自己的学生也都强调健康、自由、开心最为重要。

参加维也纳联合国贸易委员会专家组会议

记：您回国后转到大学教学岗位是怎样的情形？

高：其实不然，我不是一回来就来到大学的。出国前我在法院。我是90年去的最高院，95年6月去澳大利亚留学。澳大利亚政府给了我5年的奖学金，我在澳洲读了硕士和博士之后于 2000 年 10 月回国。第二年又去秦皇岛中院挂职锻炼,02 年底回到最高院。挂职期间,在英国、美国和澳大利亚比较好的杂志上发表了一些文章,在英国出版了专著,萌生了离意。当时中国政法大学正在引进人才,在王卫国老师的邀请下,我提交了申请,但由于 SARS,学校不能召开人才评价会议,迟迟没有作出最后决定。此时,阴差阳错,澳大利亚堪培拉大学在世界范围招聘。所以说人生极具戏剧性。我从澳大利亚回国后还经常在下班后的晚上在网上读一下澳洲的报纸,突然看到了招聘启事,而那天正好是招聘的截止日期。按照招聘要求,需要提交一个申请表,而此时照此再去准备材料已经来不及,我也深知 HR 主要负责审核材料,是纯手续问题。于是我就把材料发给 HR,同时抄送给法学院院长。而巧合的是,当时他还在办公室,很快就回复问我能否顺利离开法院前往学校任职。我就回答,按照国家规定获得政府奖学金需要回国工作满 2 年,而我已经符合规定,具备可以自由择业的资格。当时我在最高院的领导是万鄂湘院长,我已经跟他不经意地提起过此事,觉得不存在什么问题。之后,堪培拉大学就通过电话进行面试,随后又派专人来京面试和商谈。最后确定聘用我时几乎与中国政法大学在同一时间。于是我去澳洲时就将档案转到中国政法大学。中国政法大学也愿意为我留职。

  我赴澳的主要目的还是为了孩子。我女儿四岁半到九岁半的五年时间都是与我一同在澳洲度过的。我回国后她考入北京市重点中学八十中读书,很好的学校,朝阳区唯一的市重点中学。但是她在澳大利亚是上午九点上课,下午三点便放学,而回国后则要每天六点多就起床,晚上十一点才能休息。我觉得她太辛苦。

  本来我应该于 04 年 1 月赴堪培拉大学任教的。但当时最高院派我去耶鲁参与一个合作项目,是有关司法改革的课题。如果我突然离开,有可能导致合作项目不能按期进行。于是,我与堪培拉大学协商,当时的院长是尤金·克拉克(Eugene Clark)教授,去年已经成为法大首位"千人计划"的入选者来到法大,他对我极为宽容,说如果在战略上考虑需要去美国的话可以晚些时候来堪培拉大学。于是,我 1 月去了耶鲁,3 月底回国,4 月 8 日便正式奔赴澳洲。

  当时我本来还要去维也纳主持一个联合国国际贸易法委员会反欺诈会议,但我不好意思再跟堪培拉大学谈及此事,说今天要去耶鲁,明天要去维也纳。在到达学校两天后,与院长熟了,聊到此事,没想到他督促我立即启程,并亲自驾车载我去奥地利使馆办理签证。于是,我 4 月 12 日又从堪培拉赶赴维也纳。到堪培拉大学后我就与院长成了很好的朋友。他人非常好,去年入选我校"外专千人计划",还受聘为中国网专栏作者(网址:http://www.china.org.cn/opinion/eugeneclark.htm)。我去后不久他转任澳大利亚查尔斯达尔文大学法学院院长,其后他还到美国两个法学院做了创始院长。

记:您之后又回到中国政法大学是出于怎样的考虑?

高:我在赴澳前与徐显明校长已经谈妥我两年后回校。去堪培拉大学最主要的目的是为了孩子。他们也是引进人才,条件是得工作满两年才能保留移民身份。到了之后,我才了解到我是堪培拉大学第一个真正引进的人才,这是HR告诉我的。虽然澳洲的全球化程度很高,他们的人员来自世界各地,但我之前的都是先有身份再申请工作去的,而我不同。于是学校便去移民局咨询引进人才的移民的事情该如何处理,而恰好堪培拉办公室的"头儿"是堪大毕业生,于是就很顺利地办妥了。虽然我在堪培拉大学做满3年便可申请带薪回国,但因为之前与徐校长的承诺,我并没有再作逗留。回国一年后我便去堪大想彻底辞掉那边的工作,但是堪大依然愿意留我继续任教,并承诺给我副教授的职称。澳洲的大学教授比较少,堪培拉大学法学院当时只有院长一位教授,副教授已是很高的待遇,但我还是下决心回来了。在此种情况下,学院还愿意让我留任,一直延续到2015年,所以至今我仍是堪培拉大学的教师。

记:您能谈一下比较法学研究院的基本情况吗?

高:最开始是1986年成立比较法研究所,2002年成立了中德法学院和中美法学院,2009年学校将以上三个机构整合后形成了现在的比较法学研究院,此外还有《比较法研究》编辑部,所以也可以说是四个单位合在一起的,总共40多人。现在学院分两个方向招生,即中美与中德。比较法学所不招收学生,但与中德一起带。中德法学院自04年开始便与五所德国大学合作,分别是弗莱堡大学、法兰克福大学、慕尼黑大学、汉堡大学和科隆大学,向其输送学生。德意志学术中心每年给我20个奖学金名额,实际上每年能最高达到23名。去德国的学生不仅免学费还供应其生活费,现在又从国家留学生基金委员会要到5个名额,所以每年最多能赴德28人。自08年至今已经向德国派遣了108名硕士研究生,其中有58名攻读博士。中美方面,有四所学校我们可以每校输送两名学生交流半年,分别是福特汉姆大学、密歇根州立大学、威廉·米切尔法学院以及印第安娜大学法学院。现在的问题是因为需要通过雅思或托福考试,所以往往是学生的英文不能达标。我们的老师、项目、学生都是一流的,最为需要的是宣传,比较法可研究的领域也是很广的。在我们的人员中,有32名为教师,除一名外其余都至少在国外待过一年,其中有17人在国外获得博士学位,所以整体的科研能力很强。

作为院长,我自己的主要职责就是为大家创造优良的学术环境。我认为好的院长就是要为师生服务,尽力帮助并带动师生取得更好的成就。记得我刚到院里时在一个小饭馆吃饭,看见两个学生,说是比较法学院的,他们不认识我,聊起来说有一个中美的女同学要出国攻读硕士,结果院里说没有规定不能办。我说这是好事呀,就决定帮忙问问,我觉得学生取得成绩对双方都是有益处的。我现在尽量给他们开绿灯。其中另一个学生说要去旁听一门课,学院不让去。我也觉得这是和学习切实相关的事情,是好事,于是我就去协调。一天忙来忙去都是这种事。这些事情对我来说可能并不难办,但对于学生来说却往往是关乎其人生成长的大事。所以要换位思考,更多为学生和老师考虑。人生漫漫,多帮助别人自己还能获得快乐,何乐而不为?

> 就法学教育而言,国外的法学教育是职业教育,而国内的法学教育则是学历教育,这与我们的体制大有关系。

2004 年在耶鲁大学

记:您能通过在海外交流与学习来评价一下国内的教育体制吗?

高:就法学教育而言,我觉得相差很远。国外的法学教育是职业教育,而国内的法学教育则是学历教育,这与我们的体制大有关系。正如之前讲过的,国外法学教育培养的往往是律师,职业目标明确。而且国外一般都不是直接攻读硕士学位,往往是工作之后对某一专门领域感兴趣才去读,有助于自己在某一领域的专业上的提高。我在新南威尔士大学攻读硕士时,学校开设众多课程供学生选择。学生在按照学分要求完成自己所选的课程之后,学校颁发一个学位证书,证明你曾在此学习,并满足了该学位的课程要求。而博士一般是面向那种想从事理论研究的人士的,很多是大学教师或者意欲从事教师职业的人士。澳大利亚全国一年招收的博士恐怕都没有中政的多。国外的法学教育是职业教育,本科是给你饭碗的;硕士是在某个领域想提高一下;博士则基本上是为从事理论工作和大学老师这种职业设计的。国外招聘人员,往往会直接公开,不论是博士、硕士还是本科生都可以参加,唯一的评定标准就是招聘岗位的基本职责要求。之后便一一面试,挑选最适合从事此工作的人。我去堪培拉大学也是如此。我去的时候,招聘的是讲师职位,我不到18个月拿到了高级讲师职位,都是通过竞争得来的。再比如,国外招聘秘书,秘书只从事自己职责内的事务,不像国内一样。我去奥地利使馆办理签证是院长自己开车送我,而不会让秘书处理,因为秘书有自己的事情要处理,招聘时没有说这是她的职责。但是国内不同,很多情况下列明的招聘条件只说要什么学历年龄等等,并没有详细的职位描述,而是入职后才安排具体工作。比如,最高院每年只说招聘几名博士、硕士,但进去干什么很多情况下都是不知道的,进去再说。这是体制问题。国外在招聘时需要考虑预算问题,而国内的这些配套都不够精细。所以我觉得国内外教学目的、培养目标都存在很大差异,国内即使读到博士也是学历教育,而英美则是职业教育,就是培养理论研究人才的。国外很少看到博士从事律师职业,我在澳洲也只见过一名博士律师,因为从事律师工作,很多情况下本科就够了。这种差异导致国内外教学内容与方式也不同。国外的本科生课堂一般是不允许教师随便发挥的,你必须教律协等专业组织要求你教的内容。而硕士则是教师自己爱教什么教什么,一般都是教自己的研究领域和专长,这样学生才能学到自己想提高的专业知识。博士就是基本上由学生自己研究了。

记:那您觉得在中国引进此种制度是否可行?

高:这涉及人事制度问题。我觉得现在在私营企业就是可以的。他们需要中专程度的员工时便不会招聘本科生,是以职位为导向的。而在其他岗位,很多便是依据学历高低来确定收入的多少。国外与此不同,即使你有100个博士学位,如果你应聘的是秘书岗位,也只能获得秘书的待遇。所以,国外很少存在所谓"红眼病"的说法,因为应聘职位都是符合自己意愿的。国外职称也不像国内,需要教授或副教授也都是公开竞聘,你有本事达到人家的要求,在竞聘者中出类拔萃,你就上去了。整个体制都是如此,美国时任总统小布什并不是因为其父是总统才当上的,别人也不会说他是靠关系上去的。因此,只有从观念上着手改变才有可能从根本上解决问题。现在私营企业因为是竞争机制,这方面做得还是不错的,岗位明确。

记:高老师,您在国外从事多年科学研究,也融入了国外学术圈,而对于中国学术圈现在也有体会,请问能否比较一下二者?

高:你是说浮躁的问题吧。我觉得国内真正静心做学问的人好像不多,因为整个学术评价体制存在问题,很多情况下重量不重质。就评职称而言,需要考虑发表几篇论文。我现在是杂志主编,在国外通常并不在意发表哪一类杂志,当然也是有一定的评价,但是大家并不完全以此为标准,因为文章好坏与否与杂志并无太大关联。我以前在国外发文章,主要看杂志的读者群。而国内为评职称粗制滥造了不少文章。当然国外也有职称晋升,其所依据的是学术成果的影响力,由专家进行评定而不在意具体的篇数,所以整体的学术气氛不浮躁,是良性的。这都影响到办杂志的方向了。就《比较法研究》而言,之前定的基调是基本不发联署名的文章,很少发年轻人的文章。我接手并了解情况后,作了一些改变。第一,只发与比较法有关的文章,因为我不想做没有特点的同质化刊物;第二,发年轻人的文章,当然业已成名的学者往往法律修养与底蕴确实深厚,但在最新的知识方面由于语言与时间的限制,可能不如国外的博士或者其他年轻学者;第三,不限制作者人数,而只在意文章质量。我有位国外同事,他们所有的文章都是四人合写,全部发在全球顶尖杂志,合作文章可能更具价值,因为四个专家提炼出来的东西会比一个人的要好。我在接手《比较法研究》之后开了两次大会,第一次是把北京的《法学研究》《中外法学》《中国社会科学》《中国法学》《清华法学》等编辑请到一起,共同商谈如何办好杂志。第二次是把《比较法研究》历任主编、副主编、所长,如陈光中、贺卫方、高鸿钧、龙卫球、舒国滢等都请过来,探讨怎样办好这个杂志,他们也赞同我的主张。

记:将学生培养到您所认为应达到的标准,应该怎样做?

高:现在学生的论文抄袭率的问题已经到了不得不严格把关的程度。所以,好学校都是良性循环的,严格的机制是一切运作良好的保证。我觉得其实现在学生存在的学术问题与老师也有关系。就我自己而言,报考我的研究生,我一般要求他们的论文题目在第一或者第二学期就确定下来,而且在毕业之前的10月份要将论文第一稿交给我,而不是像有的学生在答辩前几天才交给导师。作为老师,要严格要求学生,督促其认真完成,这一环节还是极为重要的。老师操点心,对学生督促紧一些是大有裨益的。

记:对于如何让学生更快地在学术上成长起来,您有什么好的建议?

高:硕士生每年入学时一般要进行学生—导师的双向选择。选我作导师的很多,我要作出选择,我都会面谈。首先是谈兴趣,当时我在商法专业带学生,但其实我应该去国际法学院,因为大家以为商法是公司法与证券法等,而我主要关注国际贸易和金融法的内容。基于此,我会问学生是否对我研究的领域感兴趣。我认为兴趣很重要。有孩子不睡觉去打游戏，很累，但是为什么他还是愿意，就是因为有兴趣在。所以我会对学生说，如果对我的研究方向不感兴趣就不要选我。其次，现在分工越来越细，就学术而言，做我感兴趣的信用证那块自己并不感觉累，就是因为有兴趣在，也就容易出成绩。所以说，凡事要有所专长。现在会英语的人很多，但是真正英语好的并没有多少，也正是这个问题。所以对于学生而言，要学会定位。我有个学生很聪明，他对很多事都感兴趣，却是受我批评最多的。我建议他应该有所专长。

> 商法理论应当以商人的实践为基础，要善于吸收新鲜理念。

记：您有哪些主要的学术观点或者想法？

高：我现在主要研究信用证和独立担保。其实信用证与独立担保是相同的，但我国现在不承认国内独立担保，只承认国际独立担保。现在最高院也在商议司法解释问题。有人认为承认国内信用证与独立担保会破坏我国的担保法体系，说担保人的风险太大，我不以为然，觉得这些商业工具实务性很强，是由商人在商事活动中发明和运用的，法律人只应当规范并理顺其中的关系，使之公平运行，而不应当横加干涉。商法理论应当以商人的实践为基础，要善于吸收新鲜理念。由于我们的商法观念不够发达，在处理商法问题时往往用民法观念来解决。而民法讲求公平，商法讲求效率，二者存在区别，不能混同。我认为无论信用证，还是独立担保都是私权上的、合同上的东西，而以所谓担保人风险太大为由不承认，是计划经济时期的思想。这是合同问题，当事人觉得可以，根本不应过多干预，这又不是消费者权益保护法，不需要强加干预。对于当事人之间已经订立的合同，如果否定就等于给人家重写合同，横加干预是违背市场经济和契约自由原则的。独立担保的国内外不同待遇证明国内市场还不够开放。我原来在最高院民四庭工作，而民四庭又是专设的涉外庭，涉外庭的设置本身便是中国还不够开放的典型证明。这既是观念问题也是制度问题。所以，我现在特别鼓励我的学生如果有机会能够走出去看看，对自己的世界观很有益处。我们现在培养的人，很多情况下认为这个世界非黑即白，非错即对，但对于从事法律工作或者对于做人来讲，其实并非如此，有很多复杂性因素需要考虑，灰色的东西很多。对错因人而异，标准不同。国外文化包容性更强，人们的幸福感也更强。有人说这次金融危机中国没有受到影响是我们的制度好，而我觉得中国没受影响，好像我们在下雨时没有被雨淋着，并不是因为我们的雨伞好，而是因为我们还很幼稚，还没有出门走入雨中。

朱福惠
Zhu Fuhui

1961年5月生,武汉大学法学博士,先后任教于湘潭大学、西南政法大学、厦门大学。现任厦门大学法学院教授、宪法学与行政法学博士生导师,社会科学研究处处长,厦门大学学报(哲学社会科学版)副主编。兼任中国宪法学研究会副会长、福建省法学会宪法学研究会副会长等职。

在法律出版社、中信出版社、厦门大学出版社出版专著和合著4部,主编教材3部,公开发表论文40多篇。

记者(以下简称"记"):朱老师,您能谈谈您高考选择学校和选择专业志愿时的情况吗?

朱福惠(以下简称"朱"):我上大学的时候可选择的文科专业不是很多,那时候高考报考的形式跟现在不大相同,每位考生只能填报一所重点大学。我是80年上的本科,当时选择湘潭大学主要基于两个原因,一是因为湘潭离我家很近,只有一百多公里的路程,我家在农村,对于外界环境所知甚少,跟我同样分数的同学多数都去了省外的名校,我觉得离家近的省内名校也有优势。第二个原因,我们当时专业的选择更多考虑个人爱好,而不去考虑就业的问题。当时文科里面,招生最多的是中文、历史、哲学、马列这四个专业,法律专业招生较少,在湖南也就西南政法学院招生数比较多一点,但是总的来讲,法学的地位还不高,所以我本科就选择了历史专业。

记:那么,可以谈下您报考武汉大学法学博士研究生时的想法吗?

朱:选择博士研究生读法学,我主要基于两方面考虑,一是基于我对政治史的看法,我本科学习的时候,法律方面的书籍是比较少的,但是我研读了国内外一些政治史方面的著作，这些著作中有对于社会发展规律中各种因素的分析，总体来说，感觉国外对政治史的研究更加客观些，尤其是国外学者对近代政治史的研究，特别重视科学技术、宗教、经济、法律这些重要因素的影响，不太讲个人的作用，也没有更多的关于政治权力在社会进步中的关键作用之类的论述。我当时觉得这些论述至少在方法上比较可靠。后来，我就比较多地去读一些经济、法律方面的书，但当时法律只有教材比较多，我较多地读些宪法学、法学基础理论之类的与政治学比较有联系的一些教材，虽然当时主要是从政治史的角度来选择一些其他学科的知识，但从此，我对宪法学和法理学有比较浓厚的兴趣。二是我选择武汉大学的宪法学专业除了对宪法学有兴趣外，还与崇拜武汉大学的名气和何华辉教授的学术影响力有关。武汉大学在当时的高校中是很有特色的，法学学科实力比较强，而其他人文学科与法学之间的支撑与融合也比较好，我当时去读博士研究生，就选择了有关宪法文化和宪法史方面的研究方向，主要考虑我本科的知识还用得上。当时我的导师何华辉教授对我说：你要做宪法史，就要做好宪法思想史。实际上我一直想致力于宪法学说史与思想史的资料收集工作，但由于我能力有限，到现在还没有作出什么成果，也许到我60岁左右的时候，我不太忙于一些行政事务时才能开始做些宪法史方面的研究，因为现在作宪法史研究一没时间，二没经费。但我还是觉得我们宪法学的硕士研究生和博士研究生，对于宪法史和宪法学说史不了解应当是一种缺陷。

记：能谈谈您博士研究生生活中，印象深刻的事情，以及对您影响比较大的师友吗？

朱：对我影响最大的当然是导师何华辉教授，因为在我一生的求学道路上，何老师对我的影响是最大的。我的导师何华辉教授对我有两个要求，他跟我讲：你在学术上要有明确的研究方向。因为我当时写了一篇文章给他，题目是《论宪法产生的文化条件》，后来发表在《法学评论》上，对于这篇文章何老师提出了许多修改意见，主要是论述不够集中，法理的基础不好，文章的资料收集不够全面等等。我以后写文章都送给何老师审读，他都提出非常多的修改意见，这些意见对我以后从事学术研究发挥了重要作用。尤其是何老师认真和严谨的学风对我影响最大。何老师的第二个要求是，年轻的时候要多做点学问，不要老想做行政。但是，我对这句话理解不深，也没有遵守，把很多时间浪费在行政事务上，现在回想起何老师的话，感觉非常正确。

其次是师兄弟周叶中、童之伟、秦前红和汪进元等，我在读博士研究生的时候，周叶中、童之伟两位师兄已经在很多高端刊物上发表一批论文了，很有学术上的创造力和影响力，也有自己的思想，这点上我一直向他们学习。他们观察问题的能力对我影响很深。秦前红法学功底很深，文章也很犀利，我常常向他求教，现在还是这样。汪进元兄为人随和，对同学之帮助不遗余力，是好师长。

我博士生毕业的时候，当时全校有好几个人的博士学位没有拿到，论文答辩通过了，但被学校否决，不过当时大家的心态还比较正常，都在反思自己，而不是责怪他人。没有通过的人，反而促进了他们的发展。那时候的学术标准，还是坚持得比较好的。到现在，我自己也在努力坚持这一点，因为坚持学术标准，对学生是有益的，而不是有害的。

记：能谈下您从事学术研究20多年来自己的基本观点与贡献吗？

朱：我对宪法学没有什么贡献，下这个结论不是谦虚，而是陈述了一个客观事实。宪法学在中国有两个基本问题需要解决，一是本土化问题。我们从近代改良运动开始，就已经把宪法作为改造中国的途径予以考量了。到了戊戌变法的时候，西方的政治制度和宪法制度已经比较全面介绍到了中国。辛亥革命的时候，我们已经开始了建立共和国与宪政体制的实践，民国时期，译介了大量西方的政治学和宪法学著作，有了诸如王世杰、钱端升等一流宪法学家。20世纪50年代以后，走上了以苏联为师的道路，苏联1936年宪法的基本框架，就是五四宪法的模板。可以这么说，直到上世纪50年代，中国的宪法学都是向西方学习，但是到了80年代以后，我们最大的问题是宪法学的本土化问题，宪法上的分权与制衡、法治、人权这些基本原则，还有国家机关的组织与活动原则、程序，宪法解释与宪法适用等基本问题能不能本土化以及如何本土化的问题。学术界很多学者都有论述，我国现在知名的宪法学者都有或多或少的学术贡献，但我本人却在这方面没有任何研究。我觉得，中国的宪法学本土化成功的话，就意味着思想启蒙的成功。

二是宪法如何推动社会进步的问题。因为社会科学就是为了推动社会的进步，终究要与社会实践相结合。法学、历史学、哲学都是从不同的角度，基于不同的视角，借鉴不同的知识体系去探索研究人的问题。社会科学的进步是整体的进步，各个学科之间尽管会有程度上和方式上的差别，但终究会在宏观层面保持一致。我国有许多宪法学者在理论和实践上做了大量的工作，有些甚至是开拓性的工作，但我本人在这方面做得非常少，所以也没有什么学术上的贡献。

虽然我对中国宪法学的发展没有作出自己的贡献，但我仍然努力地研究一些宪法学的基本问题，今后想在以下三个方面做些研究工作：第一，重视宪法学说史和宪法思想史的研究。虽然我在这个方面没有发表很多作品，但在教学上一直在进行这方面的尝试与实践，我自认为自己是比较早意识到这一领域重要性的学人。第二,进一步研究宪法文本。我想和我的同事一起翻译世界各国宪法文体。因为文本不仅体现制宪者的思想,它本身也是一种技术。宪法解释和宪法适用都离不开宪法文本,也许这些工作能够为未来中国宪政的实践做点基础性的工作。第三,试图在宪法研究方法上作一些探索。在宪法学方法论上,有学者强调文本的比较研究,当然不是为了文本而文本,而是试图把实践与文本相结合。我们还需要从实证的角度进行探讨。我相信在10年左右的时间内,我们在实践分析、文本分析上面能够取得一些突破,从而能对宪法方法论作出一些尝试。

记:朱老师,宪法学在近30年来出现了不少争论,您能谈谈您对于这些争论的看法以及态度吗?

朱:我觉得从80年代开始,宪法学界对一些基本问题的争论是非常重要的,对中国法治建设过程起了很重要的推动作用。在1986年贵阳召开的中国宪法学会成立会议上,争论的两个主要问题,一是关于宪法序言的效力问题,这个问题至今都是宪法学界争议颇大的问题。我的导师何华辉教授在这方面的观点是:宪法序言是从繁到简,从有到无,这是他多年研究的心得。当时,宪法学界对宪法序言的效力有几种观点,有整体效力说,有部分效力说,也有无效力说。二是关于违宪审查和宪法监督的问题,当时争论最多的是公民能否作为违宪主体。有学者认为普通公民只能作为违法主体,但是不能作为违宪主体,因为只有拥有宪法所赋予的行政权力的机关与团体才能在实质上作出违背宪法的行为,才能成为违宪主体。一般公民要构成违宪主体,要组成社会团体才可能实施违宪行为,而这时的违宪主体显然已经不再是公民个人了。现在回过头来看这两个方面的争论对推动中国宪法学的发展产生了积极作用。

上世纪90年代以来宪法学界争论的问题比较多,但主要侧重在关于公民基本权利和违宪审查制度的问题。公民基本权利的研究主要集中在基本权利的概念、性质和类型方面,这方面出版了大量的著作,多数宪法学者都参与到这个问题的讨论中去了。违宪审查制度的研究也是重点,集中在违宪审查的体制与机制,中国应当建立什么样的违宪审查制度,宪法的司法化等问题上。对这些问题的研究表明中国宪法学开始走向成熟。

当前中国宪法学争论的热点问题是宪法解释和宪法适用的问题,主要集中在宪法解释的形态和形式,中国的人民法院能否适用宪法以及是否存在宪法适用的实践等现实问题。对这些问题的争论将有助于推动中国宪法学的进步。

当然也有关于宪法学方法论的争论,有些学者坚持价值分析的研究方法,对宪法文本与宪法实践持批评立场。更多的学者转向分析实证主义的研究,更多关注规范分析。

我觉得中国宪法学在推动社会进步上的作用还有很大的空间,为什么会出现这样的问题?主要是方法论上比较落后。

记:您觉得大学教师是否需要科研经费,科研经费有什么重要作用吗?

大学教师要不要科研经费,这个问题学术界观点各异,但是我觉得还是有必要的。我们中国的大学,尤其是文科院校,科研经费的规模不大。但实践证明,科研经费是需要的,没有科研经费,多数作不出原创性成果。我举一个例子,最近炒得沸沸扬扬的富士康员工自杀案例,我国的劳动者权益保障已经是很突出的问题,要研究这个问题,坐在办公室看几本书,也能写篇文章出来。但要真正掌握第一手资料,写出来的论文才会有说服力。而要从事调研就必须要有经费,调查企业劳动保障情况,实地了解劳动者的生存状况、劳动状况和心理状态等等,作为一个研究者,这些都是应该了解的。只有掌握了大量的数据和资料,写出来的著述才能真正为立法提供科学决策依据。否则,大家都写劳动权、休息权、获得报酬权,文章的产出可谓洋洋大观,但是其中的内容却是大同小异,真正有原创性的文章寥寥无几。当然,我不是说从事劳动权理论研究就没有意义,而是说大家不要都作理论探讨,能够在学理上产出创新成果的学者毕竟不是多数,而只有极少数才有理论建树。多数学者要到实践中去检验理论,去创造新的知识,才能真正对社会有贡献。

科研经费还可以支持团队建设。现在的社会科学已经不是一个人可以通过感悟、直觉等方法作出成果的,即使从事最为基础的理论研究,也需要翻译、收集、整理资料等复杂的前期工作,这些工作需要一个团队来做,而组织团队就需要有经费支撑。

不过,如果潜心从事基础理论研究,特别是作一些学说史方面的研究,则需要由政府基金会或者高校提供科研经费资助,以鼓励在理论上产出创新性的成果。

记:朱老师,您能谈谈对学界评价机制和学术规范这方面的看法吗?

朱:这个问题非常重要,自然科学的评价机制我不是很清楚,但是社会科学的评价方法现在可谓是混乱异常。我们并没有形成一个能为大家所接受的评价体制,这与我们的社会结构和心态浮躁很有关系。现在大家都只能说好话,不能批评,事实上善意的批评有助于提高学术质量,但容易得罪人,所以无论评价什么样的作品基本上都是只说好话,这不利于学术进步。要从制度上建立一套完整的机制,保证学术评价的公正性和客观性,对事不对人。同时,学术评价必须尊重社会科学的规律,不能把自然科学尤其是工科的评价标准拿来评价社会科学。社会科学的评价本身也需要多元评价,有些应用研究很有价值,可以体现研究者的水平,但却得不到应有的重视,这是不科学的。在社会科学评价中,必须坚持重视原创性的成果,必须坚持质量第一的原则,在质的基础上去看量,如果为了追求量而损害质的话,宁可不要那个量的增加。

至于学术规范的问题,中国的学术规范问题是非常复杂的,主要表现为两个方面,一是学者心态过于浮躁,也存在抄袭和剽窃的问题。这些都是功利主义造成的,把学术作为获取利益的手段,而不是将学术研究作为自己的责任与使命。这种情况要通过建立相关的学术规范体系来解决。现在的著述还没有完全解决规范问题,主要表现在引证方面以及语言方面不够规范。很多文章标点不规范,语言运用不当,造成文章质量下降。有一些调研报告,无头无尾,缺乏逻辑。其实,我们缺少严谨而规范的学术报告与论文,学术失范的现象太过普遍。要解决这些问题,有赖于学术共同体的自律,有赖于学术共同体的每一个人共同维护培养学术事业。大家都愿意以建设者的身份来维护我们的学术体制,既包括我们这些教师,也包括你们这些学生,在建设学术环境上,我们每个人都是平等的。我们需要花相当长的时间来完善这个体系。

记:结合您几十年来教学和研究的经验,能请您提一些对法科学生在求学和人生道路选择上的建议吗?

朱:法科的学生总体来讲素质是相当不错的,80年代中期以来,法科学生的高考成绩一直稳居前列,可以说是很有培养前途的,现在的主要问题是就业不好,作为法科学生,要关注的东西太多,有社会问题,有学习问题,有就业问题等等。这些问题都对学生的学习产生很大的影响,无论是本科生还是研究生,想读书而又认真读书的人越来越少,基础比较差,这是一个值得关注的大问题。

由于研究生招生规模太大,教师带的学生太多,教师又有太多的事要去处理,所以研究生的问题比本科生还要突出。主要是质量不过关,写作能力与表达能力都不太好。现在学生的写作能力,特别是中文写作能力大为下降。有的硕士论文我看了之后真是不知道要说什么好。长此以往,我们的法学研究人才将面临严重的质量问题。

所以,我希望我们一起来关注法科学生的培养质量,努力提高学生的道德素质和研究问题的能力。

(卢　然、卢煜林)

胡光志
Hu Guangzhi

1961年9月生,汉族,四川省都江堰人,重庆大学法学院副院长,教授,博士生导师,巴渝学者特聘教授,中国法学会经济法研究会常务理事,中国银行法研究会常务理事,中国民主建国会重庆市第二、第三届委员会常委,民建中央法制工作委员会委员,重庆市政协常委,教育部人文社科课题专家评审库成员。

曾为西南政法大学经济贸易法学院副院长、《现代法学》编辑及英国牛津大学访问学者。先后公开发表学术论文60余篇,参与撰写并出版专著8部,主编或参编国家级、省部级和校级教材10余部,主持或参与完成国家级、省部级和国际合作课题10余项。先后获得国家级奖项2项、省部级和校级教学研究与科研成果奖10余项。

> 学习法律的学生要敢于面对现实,要树立改变现实的信心。的确,即使我国法律发展得很快,我们也在迈向法治的路上,但是毕竟我们离法治还是非常地远。在中国人情社会、关系社会的情况之下,必须要有一定的思想准备,如果没有就显得很稚嫩。每一位学习法律的学生在毕业后都会面临很大的挑战,要有勇气去面对它们。

记者(以下简称"记"):您本科毕业后,是如何走向法学研究的道路的?我们很想了解您的这段经历。

胡光志(以下简称"胡"):我本科是西南政法大学法律系80级的,1984年毕业。毕业之后,学校统一分配,我就被分到四川的阿坝师范专科学校。

现在回顾这段经历我觉得很值得珍惜,因为那里很锻炼人。当时上课的老师比较缺,我是重点大学的学生,又是学法律的,所以学校对我很重视,给我压担子。我主要上政治思想品德、法学概论和形式逻辑等课程。1990年,我考上研究生,又回到了西南政法大学读民商法专业。读研期间因为我发表文章比较多,思想也比较活跃,加上有师专教学的经历,所以西政就想把我留下,毕业后我就留在西南政法大学的经济法系,开始了我的学术之路。

记:您在西政的求学经历中,印象深刻的有哪些老师呢?

胡:印象深刻的老师很多。我觉得一个人要成长,除了自身的努力,必须要有前辈的指点和提携。而老师对学生是无私的,他看中你这个学生,就会真心实意地帮助你提高。我就是在老师们的引领、指导、帮助、提携下成长起来的,包括我的年级老师、任课老师、硕士研究生和博士研究生阶段的导师,他们都是我的引路人。

我跟随恩师李昌麒先生的时间很长,李老师对我的影响既有人生上的指引,更有学术上的指引。正因为李老师这两方面的影响,才使我今天有那么一点成绩。1994年左右,先生在组织编写一本产品质量法研究方面的专著,当时我留校不久,从师专那边调过来,生活很拮据,常常从事一些律师事务以补贴家用,先生听说我能写一点东西,就几次来动员我参加他的课题,让我非常感动。完稿之后送出去评审,对我写的那部分专家的评价很高。先生自此认为我适合作研究,是可塑之才,就经常让我参与学术事务,给我提供很多的锻炼机会。这对我而言是个锻炼,我从中体会到了李老师是怎么做学问的,以及他严谨的治学态度。在他的影响下,我开始潜心做学问,1997年评上了副教授,1999年考上了博士,再后评上教授,当上博导。

记:您在2004年去英国牛津大学做访问学者,请问您对这段经历有何感触?

胡:首先我觉得各国有各国的历史和文化传统,西方的大学和国内大学差异非常明显。

牛津大学作为世界一流大学,培养了那么多的伟人、名人,确实有其深厚的积淀。我对这所大学的第一感觉就是找不到大门在哪,后来才知道根本就没有什么大门,这所学校是分散的,是以各个学院为单位组成的联合体,它才是真正意义上的以学院为基点发展起来的大学城:通过各个地点兴建学院,然后学院之间慢慢联结成街道,最后慢慢形成一个城市。所以每个学院都有自己的大门,但是整个牛津大学没有统一的校园和大门,从这点来说整个大学是非常开放的。

胡光志老师在牛津

但从另外一个方面来看,英国的大学也有保守之处,那就是每个学院要进去是不容易的,必须要出示证件或校园卡。非大学师生员工要进入学院,往往要交纳一定费用,具有旅游、参观的性质。总体上说,牛津大学是非常开放的大学,但是深入到其中,也可以看出内部非常严谨。

牛津大学的教授和学者为人都很有礼貌,很谦逊。他们工作认真,做事严谨,但基本上不会加班。我在国内,为了评副教授、教授,经常熬更守夜,不分上下班的时间,最忙的时候平均一天只睡四五个小时。但他们不一样,他们只要下了班,就不再去想工作,就不再去谈公事,而是去消遣、休息、旅游。

我还有一个印象,那里的大教授、大学者,未必会有很多成果,有的学者被聘为教授可能是成果很多,有的学者则可能因为一两篇出色的论文或一本很有影响的书。但在中国往往行不通,就算是已经成名的教授,每年也会被要求写一些东西。虽然这样可能会发挥一些人的潜能,但我常想,这样的做法真的就能逼出伟大的人和伟大的创作吗?我们常常被迫挖空心思、冥思苦想,找灵感,找火花,发文章,找出版。国外大学没有这么严苛的要求,为什么却培养出了那么多的伟人、巨匠?

去了国外一趟,感想颇多,但回国后又不得不适应我们自己的生活工作方式。在英国的时候,我并没有感觉很匆忙,在那留学的同仁经常会一起聚聚,但回国后同一所学校的同事反而一年里也聚不到一次,就是因为大家都在忙,忙着应付各种指标和各种任务。

记:您回到西政后,又是如何来重庆大学任教的呢?

胡:当时重庆大学法学院刚成立不久,迫切需要引进一些在国内有一定影

胡光志老师作学术报告

响的学者,以扩大知名度,并为申报经济法博士点作准备。高校人才的流动,未必不是好事,它既能促成学术的交流与繁荣,也能展现人生的一种价值。考虑再三后就来到这里,之后一直在此从事教学科研工作。

记:您在重庆大学的教学经历和在西政时相比有没有不同之处?

胡:教学经历对我而言并没有太大的变化,变化一是在学生方面,二是在研究平台方面。重庆大学的本科生比西政少,硕士生、博士生在总体上也比西政少,西政本科生的数量很大。但重庆大学的硕士生和博士生的数量在许多学院都超过本科生的数量。此外,重庆大学是"211"和"985"学校,是一所综合性大学,就研究平台而言具有它自身的优势。

在具体教学方面,变化并不是很大,就我个人而言,我的风格依然保留,在西政时我讲课比较受欢迎,在这里同样比较受欢迎。另外我也在进行一些教学改革方面的探索,比如在经济法学科领头作经济法基础课程建设,进行一种新的教学探索。近期,正在进行的法学本硕博互动式教学,效果还不错。我认为,既然是综合性大学,法学本科生、硕士生、博士生都有,那么老师就不能将其分成三个层次每个层次都分别面对面地教,这样就都是单向交流了,如果在三者之间、三者与老师之间进行串联,就会逐渐形成传帮带氛围,做到多方互动,使低年级的学生感觉到向上研究的阶梯并非遥不可及,要上一个新的台阶并不是很困难的事。这么做很有效果,特别是本科生,很欢迎这样的课。

我最近刚上完一学期的新生研讨课。刚进入大学的本科生对于学习法律没有经验,很多学生很迷茫,不知道从何处着手,怎么学习。所以,重大教务处专门开了新生研讨课,使新生进校的第一年就有和教授面对面交流的机会。新生研讨课一共八个学时,四周的时间,每周都会给新生进行小班化教学,这对本科生教育来说是个重大的举措,效果很好。在我那个班的最后一堂课上,我进行了本硕博互动式的教学试验,在我带的博士生和硕士生中各选两名,和新入学的本科生一起面对面的交流。本科新生在新校区,平时很难见到老校区的硕士生和博士生。这次本硕博互动式课堂教学,使他们觉得获益良多。这样的课程非常有价值。

记:您来重庆大学之后就继续从事经济法的研究吗?

胡:我自从在西政留校后就一直在经济法学院讲授经济法的课程。我对经济法的第一感觉就是这门课很难讲,感觉当时的经济法体系散、乱,又缺乏自身独特的理论,而且还得紧跟时势,因为很多东西涉及的就是中央的政策和文件,以及国务院会议的精神等等。这些内容学习法律的学生能够接受吗?他会怀疑你的理论出自哪里,逻辑性是否严密。所以我觉得这门课不容易讲,在备课时就特别注意,既然选择留校就要站稳讲台。当时尽管我的教学经验很少,对经济法的了解也不是很深入,但幸而第一次讲课就得到了同学们的欢迎,从而树立了信心,也树立了要好好去研究经济法的决心。

经济法需要研究的课题很多。我最先开始研究的是市场秩序法,主要是产品质量法。之后,我花了较多的精力研究了证券内幕交易,2002年出版的《内幕交易及其法律控制研究》就是这一研究的成果。但证券内幕交易毕竟是一个很微观的问题,在研究中我发现不从宏观上着手,很难将研究拓展下去,于是我开始关注整个金融乃至整个宏观调控法的问题。我发现经济学界的一个最新术语使我产生了震撼,这个概念就是虚拟经济。因为经济虚拟化是人类经济发展的一条重要脉络,特别是现代社会已经进入被一些经济学家称为实体经济与虚拟经济并存的"二元经济"时代,而实践方面历次经济危机往往都首先发生于虚拟经济领域,这也是一个不争的事实。于是,经过两三年的研究,2007年我出版了《虚拟经济及其法律制度研究》。我觉得这本书的最大价值,不在于提出了什么观点,而是倡导了一种关注、借鉴经济学最新成果研究经济法的思路。我自信,虽然目前法学界对我的这一研究并不完全了解和接受,但随着美国金融危机的爆发、蔓延,以及今后世界经济格局的变化,其价值可能会在今后逐渐被人们所认识。

近年来,我的研究开始转向经济法基本理论方面。经济法学的变化很快,在改革开放中经济法研究始终是最前沿的问题,往往流质易变。但是通过对经济法进行深入的理论探讨之后,我觉得经济法确实不同于传统的行政法,也不同于传统的民商法,有其存在的独特价值。但我刚从事经济法教学研究时,中国经济法学界对其价值论证还不是很充分,一直到上世纪90年代中后期,学界才得出了两个基本理念:经济法存在的一个根据在于市场失灵,经济法存在的第二个根据则是政府失灵。这两个失灵就确定了经济法存在的基础,可以说是上个世纪经济法研究最伟大的成果。迄今为止,我们基本上还是把这两个根据作为经济法生存与发展的两大基石。

但由于经济法缺乏自身独特的系统的理论支撑,使我在讲课时还是觉得有一些苦闷,虽然我的课比较受学生欢迎,但从内心而言,很多地方自己也没有研究得很深入,甚至觉得上课的系统性、逻辑性都存在问题。每一节课都是有逻辑的,但是从总体上来看逻辑性就有所欠缺了。基于这些原因,我一直在反思:经济法的理论根源到底应该从哪里去寻找?之后,我开始从经济法与民法、行政法的区别找起,追溯到部门法划分的依据即法现象、法与国家,再追溯到人,最后我认为研究经济法的存在依据,必须从人性中去寻找。所以,近几年我研究的重点就是——人性经济法。

我将人性作为切入点进行研究,2007年在《现代法学》上发表了《通向人性和谐之路——民法经济法本质的另一种解读》,在《政法论坛》上发表了《论经济法的人性价值》,去年又在《现代法学》上发表了《政府失灵的人性追溯》。我认为,政府失灵的最根本根源是人性的冲突。无论是市场失灵还是政府失灵,作为经济法的两大支柱,实际上都是人性冲突的时代体现,因此,两个失灵是人性冲突在市场经济时代的表现方式,也是经济法得以产生的最深刻的原因。这是我目前研究的一个重要内容。

记:这是您对经济法学界的学术贡献吧。

胡:至于说是不是贡献,还有待历史的检验和他人批评指正。我从不敢妄言自己有什么贡献,这套理论首先是我长期思考的结果,所以我比较珍惜它;其次,我将它发表出来只是为了让大家多一些思考的素材和思考的路径。因为从人性的角度思考经济法,以前是很少有的。发表了数篇文章之后,我在参加经济法年会时,发现一些学者和后生们已经开始从这方面入手进行研究了。记得经济法学会现任会长吴志攀教授在《中国法学》发表的一篇文章中,认为在现在经济法学的研究中,有学者从人性的角度去探讨经济法的根源,是一个趣向。我觉得"趣向"这个用词很好,表达了我的初衷所在,即能引起人们的兴趣,给经济法的研究开发更广、更多的研究路径。

我认为,经济法的存在,就是人性冲突发展到当今的一种结果。自由资本主义时代,政治国家和市民社会这两个领域并没有发生很大的交叉,当时公法和私法的划分足以解决很多问题。但是后来我们发现,市民社会和政治国家本身就是一对矛盾,人性的冲突在这两个领域不断地扩张,孕育出不同的人性冲突类型,并逐步演变为市民社会人性与政治国家人性的冲突,这就是经济法所要解决的问题。

记:同样是宏观调控,同样是强调政府的作用,您如何看待经济法和行政法之间的区别？您认为从哪些方面可以深层次突显经济法作为部门法的特点所在呢？

胡:我主要是从人性本身的发展规律找出民法调整人性冲突的领域,行政法调整人性冲突的领域,以及经济法调整的新的人性冲突的领域。我认为行政法的价值,就是追求人性秩序。行政法把国家机器的运作确认下来,以国家暴力为依托,以政权等级为基础,以命令与服从为基本特征,目的就是保证人性的秩序。民法的价值则不同:在奴隶社会、封建社会,秩序的价值太过强大,几乎忽略了人性的自由。在这样的情况下,资产阶级革命使得自由的价值脱颖而出。实际上,天赋人权也好,生而平等也好,最基本的人权法也好,最终都是要用民法来体现的,而民法的价值就是人性自由。

经济法追求的是秩序和自由之间的人性和谐。我把人性界定为五性,所谓人性是人天生的潜意识中存在的心理趋向,包括生、性、群、强、乐。生,就是生存,这是每个人潜意识中的第一需求;性就是两性,人类的繁衍,也是人类存续的方式;群就是群居,就是社会,它意味着人必须以群体为生存方式,谁也离不开谁。后来在学子们的质疑中,我对五性的归纳进行了反思,开始意识到这五性将人和其他动物的界限划分得不是很清晰。经过反复思考,我认为必须要加上第六性——理。人和动物最大的不同就是他是讲理、究理的动物,相互之间要讲理。我认为再蛮不讲理的人都在讲理,只不过他讲的被我们认为是"蛮理"。理,延伸到最后就是共同的理性,共同的理性会衍生共同的规则,包括道德规则、法律规则等。我这么研究是想得出人性的几个规律,包括人的自私性、人的社会性、人的竞争性和人的自治性。这些都是法律产生的依据,也是法律分工的基础。经济法正是人性发展到一定阶段的产物。我个人认为,我现在是在探究一种经济法之所以存在的更为深刻的原因。

记:就是说,经济法应该起到承载市民社会和政治国家之间的桥梁作用。

胡:既是一种桥梁,也是一种调适。我认为法律就是人性冲突的产物,而且是调适人性冲突的规则体系,在阶级社会主要是统治阶级意志的体现。法律的分工,就是按照人性冲突的类型化,以及这种类型化的变化而来的。以前奴隶社会的时候怎么可能想到去制定太空法？因为那时候人性的冲突仅限于地球上的某一个角落,还在家庭与家庭之间,氏族与氏族之间,部落与部落之间,后来演变至国家与国家之间。直到科学发达后,人与人之间的争斗已经发展到太空,这才有太空法。所以,经济法的产生不能说没有人性的基础。

记:老师,您前面谈到了我国经济法理论上趋向成熟的发展过程,请问您对我们国家目前的经济法研究现状有什么看法?

胡:第一,目前的经济法研究队伍越来越壮大。第二,研究者的素质越来越高。第三,研究的方法和途径不断地在拓展。因此我觉得经济法作为一个新兴学科是很有希望的,这是我的估计。当然,研究中也存在着不足,还有很多的问题没有探索清楚。比如两个失灵是目前公认的经济法理论的支撑,但我认为还没有彻底,所以我还在追溯。

记:您对目前的学术氛围有什么看法呢?

胡:我觉得目前学术界在学术研究的规范化方面做得很好,比如说学术打假的呼声兴起,我认为是非常正确的。但是对于学校规定的课题数量、研究指标,以及要发表、出版多少成果等,我并不认同。

首先,我认为量并不代表真正的成果。人们总说当前是知识爆炸的时代,这个说法我一直觉得很不科学,因为知识爆炸的结论无非是统计了社会上每年报刊有多少、书出版了多少等,但以此定义知识爆炸是错误的。比如说全世界有一万份杂志,或者一万本书,不等于里面都是全新的知识,其中大部分是历史知识的重复和沉淀,仅仅是在某些书中提出的一些论点可能是新的。不能说杂志和书本的数量翻了多少倍,知识就翻了多少倍。其实,借用经济学的一个术语,叫做边际效益递减,第一本新书可能有90%的内容是新知识,但是在这本书的基础上再出第二本书,可能就只有70%是新知识,第三本就更少。所以不能用这个方式来统计知识量,因为这个量的本身无法决定知识的量,无法决定真正的创见。

其次,我认为最伟大的贡献,也不是数量可以衡量的。有时你只有一点贡献,但是这一点就足以引领人类走向另外一番天地。比如说蒸汽机的发明使人类迈入工业文明时代,但是发明蒸汽机的人当初是否受到量的逼迫呢?牛顿的三大定律三言两语就可以说清楚,难道非要写出三四本甚至三四十本专著不成?所以我觉得伟大的创造、伟大的发明,并不受文字、论著数量的制约。如果硬性要求一位学者要有很多的创造,写很多的东西,那很多时候就会有弄虚作假的现象出现。

最后,我认为这种通过制度化方式规定学者的学术生产量的做法是不符合文科发展规律的。文科方面,要提出一个真正全新的观点,是很不容易的,必须经过磨练,经过真正的苦思,或者经过艰难的实践,才能有所得和有所创。

记:的确因为量化的要求导致当前学术界的腐败现象,导致很多老师迫于生计不得不每年苦思冥想发很多文章,但无法保证有质量过硬的学术创作,您在《现代法学》担任编辑,经常审核论文,是否也发现论文的质量问题呢?

胡:这肯定发现过,我在《现代法学》做编辑的时候,发现在全国的投稿中,有50%左右的文章,一看就知道是赶出来或拼凑出来的,有很多明显是文字垃圾。正是基于科研量化的要求,中国甚至出现了这样的市场:不少期刊杂志开始进行版面出卖,只要没有政治错误,交了版面费,什么样的文章都可以发表。所以说过度注重量化的制度会导致恶性循环和学术不端,会导致一些杂志社和编辑腐败。

记:您认为这是评价机制的问题吗?

胡:仅仅以数量的指标来考评教授和晋升职称,我认为这种评价机制很不科学。这种机制下纵然学术著作汗牛充栋,但其中多少是真正的创新呢?其中的知识创新度又有多少呢?可能有99.9%都是他人知识的组合,是一种改头换面,甚至是抄袭。

记:您在牛津大学做访问学者时,那里的学术评价标准又是怎样的呢?

胡:据我了解,那里的一些老教授往往就凭一两篇文章或者一本著作功成名就,甚至有的学者没有写文章,没有出过专著,但是他的演讲获得了大家的认可,在全国,甚至欧洲都赢得了很好的反响,这些就成了他成功的资本。评价一个人的学术影响不是看他们发表了什么,发表文章只是一个评价因素,但不是决定性的因素。有些学者的观点,通过演讲、演说得以传播,虽然他们一篇论文未发,但人们觉得这种观点和理念很创新,就可以得到大家的认可。而我国目前的科研量化环境迫使教授出书,发文章,而且必须公开发表或出版。尤其是,教授每一年都会有新任务、新指标,必须得完成,不完成考核就不合格。很多学校的很多很有建树的名家,每一年都会面对这样一个很尴尬的问题:你今年考核达标吗?

记:您觉得我国的高校有没有可能引入国外的一些评价机制呢?

胡:我觉得迟早人们会对考核的标准进行反思和改革,因为文章发表多少、发表在什么层次的刊物上,相对于作者的创见来说,都不重要。但目前中国的现状是,因为原来的底子薄,人们的创见少,加上人们的思维习惯,很长时间可能都要通过制度化的量来考核。这样实际上一方面可能会刺激人们的积极性,逼着人们去创新,但是另一方面很可能会压抑人们原本应该有的创新。比如说我有个体会,曾经为了评副教授、教授,我不得不把思考很多年的人性经济法搁置了,以完成学校的任务为主要目标,这样就只能依着学校的指挥棒去研究那些你未必很热衷,未必很有兴趣,也未必能作出贡献的领域,结果是精力都被用来应付完成指标了。所以,我认为,这样可能会把有些人该有的创见性的东西给抹杀了。

记:最后一个问题,您对当前学习法学的年轻学生有什么期望呢?

胡光志老师和其部分弟子

胡:我认为学习法律的学生,首先,要树立法律人的自信和理念。既然你选择了这个学科,你就要努力具备法律人应有的思维和素质,因此就必须要在这方面下工夫,要和一般人在看问题、处理问题方面有一些差异。法学教育的特色,就是要体现法律人的理念,要有法律人的自信。其次,为什么要有法律人的理念和自信?很多人现在认为学法律没有前途,无论是就业,还是中国的法制环境,都让他们觉得不尽如人意。但是这恰恰说明目前的环境更需要法律人的努力。就就业情况而言,我们国家法官、检察官、律师在总人口中的比例,简直不能和西方发达的法治国家相提并论,但为什么就业环境仍不理想?一是因为我国经济确实欠发达,没有那么庞大的开支,二是因为岗位的固定化导致了现有的法律人和未来的法律人之间在岗位上的冲突,造成很大的就业压力。但我觉得这些都不能动摇我们作为法律人的信心和理念。

关于我们国家的法制环境,我认为首先不管怎样,改革开放以来我国开始强调法治,我们的党也特别重视法治,至少30年来我国法治取得的成就是历史上前所未有的,这必须要肯定。其次,虽然我们现在的法治状况离真正的法治目标和法治要求还有很大的差距,但这不可能一蹴而就。中国毕竟有数千年的传统文化,这种传统文化某种意义上说是排斥法治的,它讲究人情,讲究等级,讲究君君臣臣、父父子子,讲究儒家的传统,是非法治化的一种理念。所以在中国目前的情况之下,法治理念的形成还需要几代人的努力,而法律人正好在这个过程中能够发挥巨大的作用。

其次,我觉得学法并不难,只要用心领悟,法学是非常易懂的。法律本身就是从人的内心反映出来的规则,它必须要符合人性,符合生活的规律,它就是生活规律的一种格式化、文字化,所以法律并不神秘。我倡导的一个口号是:法律就在你身边,法律就在你心中!

最后,学习法律的学生要敢于面对现实,要树立改变现实的信心。的确,即使我国法律发展得很快,我们也在迈向法治的路上,但是毕竟我们离法治还是非常地远。在中国人情社会、关系社会的情况之下,必须要有一定的思想准备,如果没有就显得很稚嫩。每一位学习法律的学生在毕业后都会面临很大的挑战,要有勇气去面对它们。

(严佳斌、茹 茹)

王虎华
Wang Huhua

　　1961年12月生于上海。华东政法大学教授,博士生导师。兼任中国仲裁法学研究会常务理事、上海仲裁委员会仲裁员、上海市法学会国际法研究会副总干事。曾担任华政国际法学院首届院长、国际法研究中心主任、WTO研究中心主任,国际法学专业硕士研究生导师组组长。系1979年华东政法大学复校后的首届毕业生,本科和研究生均毕业于华政。1984年赴武汉大学法学院进修;1992年获香港大学毕业同学基金会奖学金,应邀赴香港大学法学院进行课题研究;1996年赴比利时根特(Gent)大学法学院做学术研究和进修。主要从事国际法的教学和研究。

　　主编和参编《国际公法学》《国际公约与惯例》《CEPA框架下"两岸三地"经贸一体化法律体系的构建》《国际刑法学》《国际法律大辞典》《中国律师大辞典》和《辞海》等15部论著。在《法学》《政法论坛》《政治与法律》《学术季刊》《法学杂志》《法制与社会发展》《高等学校文科学术文摘》和《人民日报》《解放日报》以及香港《大公报》等报刊上发表学术论文和专访100余篇。兼职从事仲裁员和律师工作。

记者(以下简称"记"):老师,首先感谢您抽出时间接受我们采访。这次采访主要是谈一些您过去学习中的事。请问在读大学之前,您工作过吗?

王虎华(以下简称"王"):我在读大学之前已经工作了一年。大致是这样的:"文化大革命"期间,我国的初级中学和高级中学都是两年学制,初中毕业考试及格的学生都可以直接升入高中,不需要高中入学考试。按照这样的学制,我本来应当在 1977 年高中毕业。然而,似乎命运注定要我与教育和大学结缘。1976 年粉碎"四人帮",邓小平同志复出并亲自主持中央的科技和教育工作,国家宣布恢复高考制度。这对我们这一代人具有划时代的意义。于是,我们那一年的应届高中毕业生全部没有毕业,被统一安排继续留读高中。而实际上,我们留读的所有学生都在补课和复习,准备参加高考。就这样,我真正毕业的时间已经是在 1978 年了。

在"文化大革命"期间,我国的教育体制遭受了巨大的冲击。"文革"结束后,教育系统拨乱反正,百废待兴。由于刚恢复高考,全国绝大部分的中学都缺少教师,我的母校也不例外。基于我的文科成绩比较优异,于是我被学校留下来当了语文教师,兼授历史课,直到参加 1979 年高考。期间,我担任过初二年级的班主任,还担任过高中年级的语文课和历史课教师。

> "文化大革命"是中国历史上一场人为的特大灾难,是一场史无前例的噩梦。是邓小平等一批老一辈革命家在"文革"的废墟上重整山河,指引中国走向了光明,挽救了党,挽救了国家,也拯救了我们这代人。

记:老师,既然谈到了"文化大革命",您能谈谈您的感触吗?

王:"文化大革命"发生于 1966 年 5 月,我当时还不满 5 岁,还没有上学。后来我正式上小学时,"文化大革命"的浩劫已经在中华大地如火如荼地展开了。"文化大革命"贯穿了我整个的中小学时代,给我留下了极其深刻的印象。

记得在我上小学时,虽然教师仍然坚持上课,学生也每天能够到校坚持学习,但校园的教学秩序已经混乱不堪。经常有学生打骂教师,学生之间也是经常地打闹,甚至在教室里公然起哄。教师已经管不住学生,也不敢管教学生。"文革"时期,知识极度贫乏,除了学校统一下发的课本之外,无论在学校还是在社区,几乎没有可供借阅的课外书籍。

到了中学,正常的教学几乎停顿。我记忆最深的莫过于写大批判文章,"反击右倾翻案风"。校园内到处都是丑化邓小平同志的文章和宣传画。直到 1977 年,学校的秩序才逐渐恢复正常,学校开始安排学生恶补落下的课程。

"文化大革命"表现为怀疑一切、打倒一切,全面内战,把全国搞得乌烟瘴气,一片混乱,学校也无一幸免;它殃及人们生活中的各个方面,至今想起仍然令人匪夷所思,莫名其妙。我觉得,"文革"有四点值得我们反思:

其一,"文化大革命"破坏了我们国家的政治体制。"文化大革命"集中表现为权利斗争,"踢开党委闹革命",向所谓的"走资本主义道路的当权派"夺权。由极少数野心家把持的"中央文革小组"主持着中国政治的方向。"文革"中,我们的国家主席刘少奇竟然被诬陷为"叛徒、内奸和工贼",被挂牌游行示众;一大批有胆识的党和国家领导人被打倒,特别是邓小平同志受到迫害,对中国的政治经济造成了不可估量的损失。"文化大革命"使个人崇拜和个人迷信疯狂到了极致,领袖被神化,确立了一人独大的政治体制。"文化大革命"是毛主席晚年所犯的最严重的错误,被"四人帮"无限利用并无限扩大,最终酿成了无法挽回的灾难,使我国的政治生活走向了无边的深渊。

其二,"文化大革命"彻底破坏了中国的法律制度。"文革"中,作为国家机器的公检法司被砸烂,政法院校被解散或者合并到其他院校和科研单位,法学教师被遣散或下放,国家宪法形同虚设。前国家主席刘少奇同志在"文革"中挨批斗时,手里举着《中华人民共和国宪法》,但是,我国宪法最终却也无法保护他,他最终被迫害致死。

其三,"文化大革命"把中国的经济推向崩溃的边缘。毛主席号召阶级斗争必须年年讲、月月讲、天天讲,于是,全国各行各业天天搞所谓的"阶级斗争",甚至晚上还要继续搞大批判。经济建设违背客观规律,许多行业虚报产量、谎报数据(人称"放卫星")。种植粮棉的农民竟然缺粮少衣,个别地区的农民甚至沦为乞丐,"文革"中饿死的老百姓也不在少数。

其四,"文化大革命"给中国社会造成了整整10年的文化沙漠,殃及子孙后代。"文革"中,一大批知识分子受到冲击,各个领域的专家、教授和学者被戴上"反动学术权威"的帽子,有的被送到"五七干校"学习,有的被关进"牛棚"改造,有的在本单位被监督劳动。"文革"中,文化艺术被污蔑为"毒草"而遭到禁锢;"造反有理",交白卷成英雄,教师不上课,学生不读书。

"文化大革命"是中国历史上一场人为的特大灾难,是一场史无前例的噩梦。是邓小平等一批老一辈革命家在"文革"的废墟上重整山河,指引中国走向了光明,挽救了党,挽救了国家,也拯救了我们这代人。

> 我感到自己作为一名"政法"大学生,背负着沉重的责任和使命。我意识到,前面的路虽然是鲜花铺地,但也荆棘丛生,唯有勤奋努力、刻苦学习,才能披荆斩棘,勇往直前。

记:那么老师,当听到恢复高考的消息,您是怎么想的呢?

王:听到恢复高考的消息,令人激动、振奋和憧憬。

在"文革"中,大学,对我来讲,连想都不敢想。听到恢复高考的消息,我首先意识到人生最重大的机会降临了,顿感到心潮澎湃,激动万分;其次,拼搏的时刻到了,我感到有一种激荡人心的振奋;最后就是对大学校园的憧憬和遐想,梦想着迈进大学校园的美好瞬间。总之,当时只有一个信念,就是一定要考上大学。除此之外也来不及多想,因为当时,我们已经落下了许多课程必须补上。

记:老师您能谈谈您的高考经历吗?比如在哪里参加高考?当时填报的志愿等等。

王:我是在上海市奉贤地区参加高考的。记得当年,我的许多老师也赶来陪考,场面非常热闹和壮观。

我当时报考的第一志愿就是华东政法大学(复校时称华东政法学院)的法律专业,事实上,1979年华东政法学院复校后首次招生的专业只有一个法律专业。

记:那么当您进入华政的法律系时是什么样的感觉呢?

王:当时我的感觉很好!当我迈进这座以"政法"命名的高校时,一股强烈的自豪感油然而生。想到自己近乎忘我的刻苦努力,梦想终成现实,忍俊不住内心的喜悦和自豪。同时,我感到自己作为一名"政法"大学生,背负着沉重的责任和使命。我意识到,前面的路虽然是鲜花铺地,但也荆棘丛生,唯有勤奋努力、刻苦学习,才能披荆斩棘,勇往直前。

记:王老师,在您大学学习中,您感觉印象最深的、最佩服的是哪位教师呢?

王:在我大学的学习期间,有许多值得我念念不忘的老师,至今我还能如数家珍。例如,苏惠渔教授、陈鹏生教授、朱华荣教授、黄勤学教授、孙克强教授、俞志清教授、王绍堂教授、黄慧琴老师、翁关发老师、杨展伦老师、雷宇宁老师

1982年获得"全国先进集体",全班同学合影。第四排右五为王虎华老师

等等。

令我印象最深的老师莫过于我的班主任雷宇宁老师。雷老师毕业于西南政法大学,她做我们班主任时才不过40岁出头。我永远记得她充满热情的爽朗笑声,还有她那对学生母亲般的爱。记得有一次我患急性肠胃炎,雷老师得知后,在自己家里为我熬了汤并亲自送到我寝室。在我大学本科学习阶段,我还听说过许多关于她爱护学生的动人故事。

令我最佩服的老师莫过于苏惠渔教授。苏老师毕业于北京大学,还在我念大学期间,他已经参加了审判"江青、四人帮反革命集团"的律师辩护团。他现在是我们大学的功勋教授。苏老师具有深厚的法学功底,学术渊博,口才雄辩,他的讲课深受我们喜爱。苏老师为人谦和,极具个人魅力。他对学生爱护有加,虽然他从不严厉批评学生,但他深得我们敬重。

记:老师,能和我们谈谈您大学的生活吗?在您的同学中,您最为佩服的是哪位同学?有什么令您印象很深的事情呢?

王:大学期间,我在上海同学中年龄最小,在全班同学中,我也是小弟弟。在我的大学同学中有许多让我佩服的大哥哥和大姐姐。例如,我们班级的副班长史建山、团支部书记郁忠民,他们对同学的无私、友爱和真诚,都给我留下了深刻的印象。

最为佩服的同学莫过于我同班同寝室的曹建明同学。他有超乎寻常的毅力,每天早晨6点之前起床跑步锻炼,7点之前到教室学习外语,就是在吃早饭时,他还会一边背外语单词。除了上课,其他时间他都会在教室里看书。每周星期天傍晚回家吃一顿晚饭,饭后就马上回到学校,直奔教室里看书。在大学本科的四年中,他的作息时间犹如钟表一样准时。年复一年,四年如一日,功夫不负有心人,刚到大学时,他的高考分数和学习基础一般,正是由于他的勤奋和刻苦,临大学毕业时他获得了全优的学习成绩。

印象很深的事是在大学三年级时,有一天上午上课,一位老教师走上讲台说,今天我还没有备好课,大家回去自学。他的一句话引起了同学们的一阵哄笑。这一事件对我的触动很大,印象极深。在我的印象中,那位老师很慈祥,对学生也很友爱。我想,他可能是来不及备课。事实上,在我读大学本科的时候,法律教育刚刚起步,法学书籍寥寥无几。因为我们是华政复校后的首届学生,所以,我们的老师实际上与我们同时进校,大部分教师与我们一起边学边教,真是难为了他们。当时,我在座位上呆住了,顿时为老师感到脸红。我暗想,如果我今后做了老师,一定要认真备课,生动讲课,定要让学生肃然起敬。

记:老师,对于您现在所从事的专业,您是从什么时候产生兴趣的呢?

王：我现在从事的是国际公法和国际刑法的教学和研究。早在大学本科学习时，我们国家已经开始对外开放。对外开放，就得进行国际交往和国家之间的合作，这就需要国际法的支撑。上世纪70年代末和80年代初，法律对中国社会而言几乎是一片空白，国际法更是如此。我们这一代人从小生活在一个封闭的社会，对外开放，给我们开启了一扇放眼世界的窗，我们渴望了解外部世界。随着对国际法课程学习的深入，我深深地体会到，国际法的发展，已经上至外层空间，下达公海海底，覆盖南北两极。一个国家的发展和强盛，离不开国家之间在政治、经济、文化、科技等各个领域的交流和合作，而维系国家间交流和合作的连接点就是国际法。1979年进入大学之前，我还没有听说过国际法。所有这些，都使我对国际法的学习兴趣愈加浓厚。

> 我是一个普普通通的教授，从我就任大学教师的第一天起至今，我始终淡泊名利，从不好大喜功。

记：老师，那么您为什么选择从事现在这个专业的教学和研究呢？

王：我们这代人有个信念，那就是一切要听从党的安排、听从组织上的调动。事实也是如此，在我大学毕业时，我听从组织上的安排留校任教，刚开始时从事刑事法律的教学研究，后来又听从组织上的安排，从事现在的国际法教学和研究。当然，由于我自己对国际法专业的兴趣和爱好，使我在这个领域的教学和科研其乐无穷，成果丰硕。在我国加快经济建设和对外开放的进程中，我感到，国际法在我国大有作为，大有前途。

记：那么在您所从事的这个专业中，您感觉值得称道的是什么？

王：我是一个普普通通的教授，从我就任大学教师的第一天起至今，我始终淡泊名利，从不好大喜功。虽然在我校撤系建院时担任过国际法学院首届院长，但我更喜欢专心教学和科研。在我的院长任期届满后，考虑到自己的时间和精力不够，我毅然决然，急流勇退，专心从事国际法的教学和研究。总之，我没有什么值得称道的贡献，只能说，我做好了自己应当做的工作。

2003—2006年，在我担任国际法学院首届院长期间，根据学校的战略安排（准备扩建为大学），在学校的正确领导下和国际交流处的直接参与下，我亲自挂帅，积极尝试中外合作办学，亲自与香港城市大学代表谈判，亲自起草合作协议，并于2004年获得我校中外合作办学"零"的突破。2005年，我校成功地招收了第一届国际合作班学生，并延续至今。

2003年，在全国抗击"非典"的特殊时期，我组织研究抗击"非典"中的国际

1997年3月王虎华教授在日内瓦

法问题,向上海市政府"抗击'非典'领导小组"提交了《抗击"非典"的国际法调研报告》,得到了上海市政府的充分肯定和通报表扬,并由上海市教委将该调研报告发送到全市各高校和科研机构。

2003年底,我获得了"中国—欧盟法律和司法合作项目"(编号:PMO/DF/02/041)。这是一个横向的国家级研究课题,欧盟资助了29384欧元科研经费。这也是我们学校首次获得欧盟与中国政府间的法律和司法合作项目。2005年,我负责的课题组出版了专著《CEPA框架下"两岸三地"经贸一体化法律体系的构建》(上海人民出版社2005年版)。值得高兴的是,我通过这个项目,培养和锻炼了我们国际法的学科队伍。我组织青年教师、博士生和研究生共计12人参加到项目中来,从项目的策划、组织和管理,到项目的调查、研究和创作,直到项目的总结、宣传和推广,我们的青年教师和研究生在本项目的研究工作中得到了锻炼和提升,加强了我们国际法的学科建设。截至2009年9月,我还培养了硕士研究生、博士生和博士后共62名。我还亲自招聘和培养了青年教师6名,他们现在都是我们学校的中青年骨干教师。

记:老师,对于您所从事的专业,您基本的学术观点是什么呢?

王:在长期的国际法教学和科研工作中,我曾发表了一系列论著,有的学术观点获得了学界的广泛认同,对国际法学科的发展产生了一定的影响,为国际法的学科建设尽了微薄的力量。例如:

第一,关于国家主权与人权的辩证关系。随着国际人权法的蓬勃发展,传统的国家主权学说受到了严峻挑战。西方学者提出了"人权高于主权"和"人道主义干涉"的理论观点,美国等西方国家还为此进行了一系列的国家实践,甚至公然入侵他国领土。对此,作为国际法学者,我感到有义务也有责任阐明国家主权与国际人权的辩证关系。我认为,主权与人权都是国际法的原则,是国际法的重要组成部分。主权原则是国际法的基本原则,也是最核心的国际法原则;人权原则也是国际法的重要原则。国家在行使主权时,不得侵犯别国的主权,不能违背人权的一般国际法强行规则;而人权的国际保护则首先必须尊重国家主权,实现人权的过程也是国家主权的体现。国家主权与人权的关系是辩证统一的。为此,我分别撰写并发表了《国家主权不容侵犯 国际犯罪罪责难逃》(《解放日报》专家论坛,1999年5月14日第3版,后被《高等学校文科学报文摘》1999年第4期转载),《论国家主权与人权》(《法学》1999年第6期,后被《高等学校文科学报文摘》1999年第5期转载),《论国家主权与国际人权的辩证关系》(《华东政法学院学报》2002年第5期)等系列文章加以论述和澄清。

第二,关于"人道主义干涉"的问题。我认为,《联合国宪章》制定以后,"人道主义干涉"及其理论被国际法所否定和摒弃。但在西方和我国学界对"人道主义干涉"的理论仍然存在着"合法论"的错误观点,有的混淆了与联合国体制下人道主义救援的本质区别。"人道主义干涉",不仅在理论上是错误的,而且是违背国际法的,其实质是否定国家主权、干涉别国内政。为此,我发表了《人道主义干涉的国际法学批判》,刊登在《法制与社会发展》2002年第3期,并相继被《高等学校文科学报文摘》(2002年第5期)和《中国社会科学文摘》(2002年第6期)转载。

第三,关于国家的国际刑事责任问题。我认为,国家不能承担国际刑事责任。国家是国际法的主体,也是国际犯罪的主体,但国家不是国际刑事责任的主体。国家的行为总是由其代表人物策划并具体实施的,在国家发动侵略战争的情况下也是如此,代表国家的个人因其行为而构成国际犯罪的,该行为应归责于国家,据此,国家应当承担国家责任,而该个人则承担国际刑事责任。国家是抽象的实体,不能承担国际刑事责任,国家不是国际刑事的主体。为此,我发表了《国家刑事责任的国际法批判》(《学术季刊》2002年第4期)。

记:老师,那么在各种法学研究方法中,您最欣赏哪一种?

王:法学研究的特性决定了其研究的方法一般是综合使用比较法、归纳法和演绎法等研究方法,除了个别细小的问题研究之外,法学研究几乎不可能只使用一种研究方法。上述比较法、归纳法和演绎法是我在法学研究中经常使用的研究方法。

记:老师能谈谈在国际法领域,我们国家的高校与其他国家的高校差距在哪里吗?

王:我国的高校与世界一流大学甚至二流的高校普遍存在着很大的差距。

2005年8月王虎华教授陪同联合国国际法院院长史久镛大法官参观华政松江校区

究其根源,可归咎于我国高校的学术体制和学术环境存在弊端。

首先,在我国高校,教育资源相对集中在少数领导者手中,在"官"本位上的教师,无论是职称评定、出国访问,还是各种荣誉,当官的教师经常性地可以"近水楼台先得月"。这就使得高校教师普遍存在浮躁的心态,其突出表现为许多教师崇尚当官,而无意潜心教学和科研。这是很不正常的现象。

其次,教师在学校教育问题上无职无权。虽然我们强调教书育人,但课时的限制使得教师在课堂上也只能是单一地传授专业知识,很难想象在课堂上能够做到教书育人。教学不等于教育,教学只是教育的一个组成部分。在我国高校中,普通教师乃至博士生导师一级的教授,在学校的教育方面没有话语权、没有资金。所谓没有权利就没有义务,没有义务也就没有责任。

再次,在我国高校,对教师的评价体系简单。目前对教师的评价,主要是看发表或出版的论著数量以及课程和课时的数量。这样的评价体系势必造成教师追求数量,轻视质量的浮躁氛围。在这样的学术体制和学术环境中,教师一味追求提升自己的职称和职务,而忽视了教育的根本职责。

最后,大学城的盲目建设,虽然在客观上为国家培养了更多的大学生,但在另一方面,也暴露了教育中的突出问题。其一,大学盲目追求大而全的学科建设,没有条件的学校也在赶时髦,重复开设新专业,造成了资源配置上的极大浪费,同时也弱化了本来应当做强做大的优势专业。其二,两地办学,极大地浪费了人力和物力。管理顾此失彼,很难到位;路途上三个小时的颠簸,教师讲完课匆匆忙忙赶班车,师生之间根本无法交流。

在这样的教育背景下,我们的大学孕育不了大师。

记:您认为法学界的中青年学者现在浮躁吗?

王:是的,目前的中青年学者普遍浮躁,追求名利的也不在少数。但他们也似乎被逼无奈。首先,如上所述,由于我国高校的学术体制和学术环境存在的弊端,中青年学者普遍崇尚当官,一味追求职称职务,对学术追求数量,轻视质量。其次,中青年学者承受着重大的经济压力。在目前形势下,没有家庭背景的中青年学者,想要购买一套住房都是难以实现的梦想,可以说,目前我国的法学院校包括法学界尚未形成良好的学术氛围。

记:老师,在您的专业中,我们还有哪些发展空间,或者说还有哪些需要开拓的新的领域?

王:中国国际法的研究现状与国外的研究水平相比,还有较大的距离。就国际公法而言,我们对国际法基础理论和国际法专题理论的研究不够深入,对国际法新领域的研究相对薄弱。其中,最为欠缺的是对国际法基础理论的研究。例如,关于国际法渊源的理论。目前,中外国际法学者对国际法渊源的研究几乎空白。我国学者大多援引《奥本海国际法》的观点,认为国际法的渊源是指国际法的形式渊源,即国际法的规则产生有效性的方式,而不是指国际法的实质渊源,即某一国际法规则的实质内容的出处(例如特定的条约或其他法律文件)。国内学者对国际法渊源的概念莫衷一是,但无论如何定义,均没有阐明其实在的理论基础,也没有展开深入的研究。与这一基本理论问题相关的还有一系列的问题,诸如:国际法渊源的理论意义和实践价值,国际法渊源与国际法的关系,国际法渊源与造法性条约、契约性条约的关系,契约性条约与国际法的关系(契约性条约是不是国际法的渊源)等等。又如,我们对国际法成案的研究缺乏耐心。国际法案例已经出了多个版本,但是,几乎所有的版本都没有能够对案子本身的案情作出精确的叙述,有的案子甚至写得让人看不懂。这就是说,作者本人并没有认真研究案子。试想,连案子本身都没有描述清楚,又如何能够对案子进行理论分析和总结呢?这可是基础中的基础啊!

> 作为青年学子，在大学里首先应当把专业知识学习放在首位，大学生的主要任务是学习专业知识；研究生、博士生则应当在学习的基础上加强学术研究。在校学生除了听课，学习教材和教辅之外，还应当针对每一门课程，阅读相关的论著，以巩固、提高和加深专业知识。大学生在大学里学习的程度、广度和深度如何，不仅会体现在学生的毕业论文水平上，而且会决定一个学生在将来工作中的竞争力。

记：谢谢老师接受我们的采访，最后，能否请您给我们的学生提几点希望？

王：在我的教学和研究实践中，我发现时下一些很奇怪的现象：

其一，有许多的本科生热衷于参加各种与学习和学术无关的活动，很少有同学系统地阅读教材以外的论著。

其二，有不少的研究生热衷于各种考试（学生自己戏称"考证"），甚至报名参加会计师、经济师等考试。研究生三年中几乎没有系统地阅读本专业的论著，研究生毕业论文开题时，竟然还有学生不知道如何选题。

其三，博士生大多忙于撰写学校规定要发表的文章，疏于学习和研究本专业学术领域的前沿问题，博士论文反而敷衍了事。

所有这些现象说明，时下的学生并没有把专业知识学习和研究放在首位。当然，就业形势严峻等一些客观因素也催生了这些现象，但这种极不正常的现象，其主观原因还在于学生本人。因此，我希望——

作为青年学子，在大学里首先应当把专业知识学习放在首位，当然我也支持学生适当地参加文化、体育甚至社交活动，适当参加社会实践，但是，大学生的主要任务是学习专业知识；研究生、博士生则应当在学习的基础上加强学术研究。在校学生除了听课，学习教材和教辅之外，还应当针对每一门课程，阅读相关的论著，以巩固、提高和加深专业知识。大学生在大学里学习的程度、广度和深度如何，不仅会体现在学生的毕业论文水平上，而且会决定一个学生在将来工作中的竞争力。

所谓研究生，除了学习，还应当研究，发表学术文章和撰写高质量的毕业论文。研究，则必须建立在大量的学习和总结的基础上。当然，研究生为了出国而参加出国语言考试，为了就业而参加司法考试和公务员考试，这是无可厚非的。而我想说的是，时下的研究生似乎都在忙于这些考试，有的甚至还参加其他不必要的证照考试，而对毕业论文反而敷衍了事，这是不足取的。

时下的博士生，有很大一部分人会从事实践工作，其实博士生应当是学术型、研究型的学者。博士生应当在学习和研究的基础上，了解和掌握本专业学术领域的前沿问题,并对其中的一些问题有自己独到的理论观点,应该成为某领域的专家。

作为青年学者,最为重要的是能够静下心来,潜心钻研。青年学者要学会抵御外界的诱惑,耐得住寂寞。所谓"试玉要烧三日满,辨材须待七年期"。只有这样,才能打造自己的学术地位,也只有这样,才能成为某领域的专家。学术研究不仅是青年学者的职业,更是崇高的事业。深厚的学术功底是一个漫长的积累过程,一是要大量地阅读和学习,这是基础;二是要潜心地研究,这是学术积累;三是要学术总结、著书立说,这是学者的初级目标。一个优秀的学者应当立论于社会,服务于社会,运用学术改变社会,推动社会的进步和发展。

(吴　玄、夏　草、顾　婷)

余敏友
Yu Minyou

1961年12月生,湖北省麻城市人;武汉大学文学学士(1983年),武汉大学法学硕士(1986年),澳大利亚墨尔本大学法学硕士(1994年),武汉大学法学博士(中澳联合培养,1995年)。澳大利亚墨尔本大学法学院亚洲法研究中心访问学者(1990—1992年),澳大利亚墨尔本大学法学院研究生(1992—1994年),德国海德堡马克斯-普朗克比较公法与国际公法研究所访问学者(1999年2—8月),瑞士日内瓦大学国际问题高级研究生院"国际组织研究项目学者"(2001年6—12月)。现任武汉大学法学教授、博士生导师,武汉大学WTO学院院长,教育部高等学校人文社会科学重点研究基地——武汉大学国际法研究所副所长(主持工作)。兼任中国法学会世界贸易组织法研究会副会长、中国世界贸易组织研究会常务理事、中国国际法学会常务理事、中国联合国协会理事、湖北省法学会国际法研究会副会长、湖北省经团联常务理事、深圳市世贸组织事务中心高级顾问、武汉仲裁委员会仲裁员。2004年入选教育部新世纪优秀人才支持计划,现已是我国知名的世界贸易组织法研究专家,我国国际法学界公认的中青年学术骨干和学术带头人之一。

自1986年7月开始,在武汉大学国际法研究所从事国际公法、国际组织法、世界贸易组织法的教学和研究工作,先后指导硕士研究生、博士研究生和博士后人员多名;在世界贸易组织法、和平解决国际争端法、联合国法、国际贸易法等方面的研究成果具有一定的独创性,其中有些成果填补了国内法学研究的空白;主持和参加中外科研项目20多项,已出版专著、主编或参编的著作10余部,其中《世界贸易组织争端解决机制法律与实践》荣获湖北省社会科学优秀成果二等奖（2000 年）、教育部普通高等学校第三届人文社会科学研究成果法学三等奖（2002 年），合著《WTO 争端解决机制概论》荣获司法部法学教材与法学优秀科研成果三等奖（2002 年），合著论文《武力打击国际恐怖主义的合法性问题》荣获司法部法学教材与法学优秀科研成果二等奖（2006 年），《深化国际法教学改革，培养具有国际竞争力的法律人才》获第六届高等教育国家级教学成果奖一等奖（2009 年）。《国际公法》入选 2010 年度国家精品课程。在《澳大利亚商业法评论》、《中国国际法年刊》、《中国国际私法与比较法年刊》、《国际经济法论丛》、《中国法学》、《法学研究》、《法学评论》、《国际贸易》、《中国软科学》、《国外社会科学》、《法学杂志》等中外刊物上发表过有关联合国法、WTO 法与其他国际法问题的学术论文 60 多篇。

> 当时农村条件很差，我们住校，食堂的状况，你们是想象不出来的。

记者（以下简称"记"）：您对"文革"还有印象吗？

余敏友（以下简称"余"）：我是 1961 年出生的，1966 年"文革"开始时，我还很小，没有什么印象，1968 年开始上小学，1973 年开始上初中，1976 年开始上高中，可以说，"文革"十年（1966—1976）正是我上小学和中学的时期，我对"文革"仅有的印象就是，几乎生产队和公社每天都开大会，我们小孩就跟着大人去玩。批斗的对象就是地富反坏右分子及其家属。先是贫下中农上台控诉新中国成立前地主怎样欺压剥削劳苦人民，接着就是高呼口号："打倒地富反坏右分子！踏上一只脚，让他永世不得翻身！不吃二遍苦，不受二遍罪！"最后就是被批斗对象游街示众！小学时候老师教的也是"文革"的标语口号，家庭成分不好的同学也就成了我们批斗的对象。那个时候一个老师从一年级教到五年级，都在一个教室，主要就是教教语文、数学。到了初中，既要批林批孔，又受"读书无用论"的干扰，还要走"五七道路"，因为本身就是农村的，学校有自己的农场。另外还要修水利，修万亩桑园，把大山开成梯地，栽上桑树，实际上那些山上根本不长东西。还有就是"破四旧"，挖坟山，老师带着我们干，挖完把砖头捡回来，建自己的校舍。那个时候全国都要搞毛泽东文艺思想宣传队，学唱革命样板戏。我们学校不仅分文体班，而且成立宣传队，会吹打弹唱和有文体特长的同学就是我们羡慕的宠儿,有的拉二胡,有的唱样板戏。我们在学校学的东西很少,我记得初中的时候有个刚从麻城师范毕业的英语老师,第一次课大家还去听一听,后来就都不听了,她也就不教了。因为当时受"马振扶公社中学事件"影响,我们有同学就把"英语"从贴在墙上的课表中挖掉了。初中的时候还有地理、历史课,但主要的课还是语文和数学。

当时农村条件很差,我从初中开始住校,食堂的状况,你们是想象不出来的。每个人每周带一小袋米和一小罐咸菜,一日三餐都吃一碗蒸饭和一点咸菜。蒸饭过程大体是,每个人把三四两米洗干净后放在自己饭钵里,然后放进一个用水泥和砖砌成的大蒸笼(灶)里,每层可以容纳60个左右的饭钵,一共5层,总共可为300人供饭。每个饭钵不大,大概可以装三四两米饭,也可以放点蒸菜在里面,家庭条件好点的同学,尤其是过了春节以后,就放一小片腊肉或者鸡蛋在里面。做饭的除了一名正式炊事员外,还有值班学生帮忙。午饭和晚饭一般没有什么惊喜,早餐常常会有新发现。通常我们都是晚上五六点吃完饭的时候,把盛满洗净的米和干净的水的饭钵放进蒸笼(灶),晚上十点左右才生火,十一二点就能蒸熟,然后就放好,等到第二天早晨五点左右再加热。那时候没有电,只有煤油灯。老师早晨六点就把我们从被窝里拖出来,先做广播体操,跑几圈,再早读,最后七点半才到食堂吃饭。吃饭时把碗拿出来一看,就发现饭里面肉可能不见了,鸡蛋也可能没有了,更惨的就是还有意外的收获,趴着一只老鼠,已经蒸死了。怎么办?就把死老鼠一丢,照吃不误。因为都是农村孩子,不是在意不在意的问题,能有碗饭吃就不错了!

记:请您谈一下上大学之前的这段求学经历。

余:我是79年上大学,新三届里面的最后一届。大学以前一直在乡下上学,小学、初中、高中,一共是十几年的时间。还要边上学,边干点农活,从小学就开始做放牛娃,我就经常开玩笑说我是放牛娃出身。初中、高中的寒暑假,一般都要干农活。那个时候还是大集体,要挣点公分。冬天主要是修水库,我就到工地里干活。那个时候可以看的书也不多,主要是老师讲。有些同学数学不行,一般来说语文都还可以,写写批判文章,写写小字报。组织活动的话,一般就是念报纸,批林批孔。我看《水浒传》就是在批林批孔时期看的。那个时候我还是我们中学的名人,因为成绩好。成绩好主要体现在两个方面,一个是所学的课程分数高,都名列前茅,我大概除了体育、文艺以外,数学、语文成绩一般都是全年级第一。另外就是很会写文章,学校里面大批判稿子之类的东西,我写出来的都是范文,其他同学要学习,甚至有个别老师也要学习。那个时候学校外面是战天斗地,农场里也需要有宣传员,修水利也要有宣传员,我就是当时的宣传员,就是写稿子表扬大家。相比其他同学来讲,我是比较幸运的,因为成绩好,当时还是学生干部,被大家选为学习委员。那时候也经常帮老师批改其他同学的作业,应该说是老师的得意门生。

> 我们当时就是他们的榜样,最重要的是打破了一个神话,就是只要通过自己的努力学习,农民的孩子也是可以上大学的,这在以前是不可想象的。……所以我们这一代人非常感谢邓小平,他给了我们一个很重要的机会。

记:您是什么时候参加的高考,恢复高考这个消息对您产生了怎样的影响?

余:我 1978 年第一次参加高考,考试的成绩几乎接近中专线。1979 年复读,第二次参加高考。因为 1978 年夏季就毕业了,所以那个暑假就和身体比较健壮的农民兄弟一起在水田里摸爬滚打,后来到学校复读的时候身体就出现了问题。当时疥疮流行,因为吃的、喝的、住的条件不好,我就染上了疥疮。在高考前一段时期,我站不能站,坐不能坐,睡不能睡,全身瘙痒,各种方法都试了也没用,人都变形了。当时我虽然受疥疮折磨,但没想到高考成绩还不错。

当时我们那个中学有两位考进武汉大学,一位考入北师大,一位考入现在的武汉理工大学,一位考入现在的中南财大,还有一位考入河北地质学院(不知道这个学校还在不在)。我们这几个人当时在我们公社轰动一时,后来比我们小的同学还跟我们说,我们当时就是他们的榜样,最重要的是打破了一个神话,就是只要通过自己的努力学习,农民的孩子也是可以上大学的!这在以前是不可能的事情。"知识改变命运"这句话对农村的孩子来讲很重要。以前上大学是推荐工农兵学员,如果家庭没有什么背景,不是领导干部的孩子,基本上是没有希望的。我家没有任何背景,穷得叮当响,三代赤贫。所以我们这一代人非常感谢邓小平,他给了我们一个很重要的机会。从我自身经历来讲,我从学校接受的教育是人民史观——人民创造历史,但现实教育我的是英雄史观,往往是某一个领导人,特别是处于元首地位的领导人,他的政策可能改变一代人、一个民族甚至一个国家的命运。因此,对于现在讨论得沸沸扬扬的高考制度改革,我个人觉得最公平的,就是不管什么背景都参加考试,这样才有可能给那些贫民子弟一线机会。现在各个高校都在搞自主招生,但最后能通过自主招生这条路进入大学的基本上没有贫困家庭的孩子。

> 那时候,教材很有限,图书馆的座位也不多,所以图书馆总是座无虚席。……后来我留校教书,也碰到一些家庭比较困难的学生,我就开玩笑说,穷人有穷人的财富,那就是时间。

记:您当时报考武汉大学选的就是法律系吗?

余:我当时进武汉大学的时候法律系还没有恢复,好像是1979年开始恢复,但1980年才开始招生。我以前还不知道有武汉大学,到武大来之前去的最远的地方是我们麻城的县城。当时到麻城还是因为高考成绩出来后我们政治课老师带我们几个上线的同学到麻城体检和填报高考志愿。我当时的高考分数应该达到了武大的录取分数线,但不是很高,因为比较喜欢读书,加之当时图书馆学专业招的人比较多,就报考了武汉大学图书馆学专业,后来也就很幸运地被录取了。

武汉大学和我过去所在的农村相比,真是天壤之别。我因为家里穷就享受了甲等人民助学金,不仅不交学杂费,而且每个月还发给15.5元人民币的生活费。另外每个月还有两块钱,可以买点牙膏和其他生活用品。食堂里不仅有大白馒头、米饭,还有2角5分一份的红枣烧排骨,有些菜是四五分钱一份的。进了武汉大学既感到新鲜,又感到困惑。我们那个班(武汉大学7901班)来自农村的孩子大约占了80%,那时候我不会讲普通话,有一个来自上海的同学听不懂我讲的任何一句话,好在有来自麻城县城的同学,他就成了我的翻译。我那个时候什么课都喜欢上,但英文不好,我是从大学才开始学英文的。图书馆学专业尽管是文科,但要学的科目很多,例如,高等数学、普通物理都要学,更不用说文史哲了。1979年我刚到武大的时候,整个武汉大学教职员工和学生人数跟现在法学院的人数差不多。因为老师少,有些课就上大课,就是老师在第一个教室上课,其他同学就通过电视在其他教室收看。有时候不仅是同一个年级不同专业的同学上同一门课,而且还和高年级同学一起上课。老师特别敬业,诲人不倦,同学敏而好学,精英意识强。

那时候的教材也很有限,图书馆里的座位也不多,所以图书馆总是座无虚席。特别是星期天的时候,武大的树林子里面坐的都是在看书的同学,现在坐在林子里的人也有,但主要是谈情说爱的。那时候星期六还要上课,星期天也很少出去,每到星期六晚上,在小操场就有场露天电影,门票5分钱。电影票模样和武汉轮渡公司轮渡票有些相似,所以有些调皮的同学就把轮渡票当电影票,把电影票当轮渡票。那时候每周看一场电影、每月看四场电影,对我而言是无法承受的,看场电影对我这样来自农村的大学生还是一件很奢侈的事。所以别的同学看电影的时候,我们几个来自农村的同学就到教室去自习、看书,晚上回来就听他们讲。

　　后来我留校教书,也碰到一些家庭比较困难的学生,我就开玩笑说,穷人有穷人的财富,就是时间。我们当时主要就两件事情,一个是看书,另一个就是锻炼身体。那时候去体育教研室借个篮球,几个人打打篮球,锻炼身体。要不就围着珞珈山跑,绕着东湖跑。那个时候八个人一间宿舍,我们还能坐下来看书,也去图书馆看书,谁最早去就占个座位。有些书在图书馆就一本,比如库达科夫的《现代国际关系史》(世界知识出版社 1959 年版),谁先拿到就坐在那里一直看。还有周鲠生的《国际法》,是内部印发的,只有一两套,所以大家就开玩笑说,想要考上武大的国际法,除了英语、政治以外,把这几本书借到了,基本上就能考上了。到了冬天图书馆还有煤炉取暖,夏天有电扇,所以大家都愿意待在那里。

　　记:您后来是基于什么考虑选择了法律专业?

　　余:选择读国际法有几个原因:第一,当时武大法律系的办公室就在我们宿舍,就是现在的梅园四舍的一楼,我住在四楼,每天从那里经过,大概也受到影响。第二,当时公审"四人帮",我们几乎每天都看电视转播,国家要搞法制,像我这种从农村出来的平民子弟天生就梦想着公平正义。第三,当时正是改革开放初期,党中央要搞重大项目建设,其中就有宝钢项目。我国政府为了宝钢项目就和德国、日本的公司签了不少合同,后来国家政策调整,其中就涉及有些对外签订的某些合同要停止或终止,德国和日本的公司就根据合同条款向我国政府索赔甚至漫天要价,国家有关部门就请武汉大学韩德培先生等做法律顾问。韩老他们的意见被采纳,为国家挽回了数亿元损失,不仅《武汉大学学报》对此作了报道,而且韩先生回来后还向武汉大学中层以上的干部做了报告,我感到国际法在对外开放中很重要,前景光明。第四,我在大学一年级下学期就对自己所选择的图书馆学专业(尽管武汉大学图书馆学专业至今仍在中国排名第一)产生怀疑,认为自己不大适合这个专业,加之当时大家都在讨论人生的价值到底是什么,自己对未来也有困惑,曾经向高年级的同学讨教过,也向有关老师求教过,其中有老师建议我可以报考法律系研究生。上述因素使我在大学二年级下学期时就开始考虑为大学毕业时报考法律系研究生作准备。

　　当时我们图书馆学专业要求我们什么都要学一点。那时候的学生都有一个文学梦,认为最好的专业就是中文,中文系的学生走路都是看天不看人的。中文系 77、78 级还有不少小有名气的诗人和作家,每到周末他们就会组织活动

朗诵他们的诗歌。我当时学了不少中文系的课,尤其是读了不少鲁迅的著作,还有莎士比亚全集,应该说打下了一点人文基础。当时武大推行学分制,除了必修课之外还有选修课,不管其他什么专业,只要有兴趣就可以学,所以我在大学期间,除图书馆学专业的必修课外,还学了不少中文系和法律系的课程。那时候上课都是抢座位,抢前排座位,老师一下课就会被同学围着问问题。到了大学三年级的时候,我还跑到法律系国际法研究生教室听课,像余劲松、黄进、万鄂湘等,他们读研究生的时候我们就已经跟在他们后面学。武大还有一个很好的传统,就是你来听课只要不捣乱,老师和同学就不会赶你。当时听他们讨论就觉得怎么还有这么前沿的问题,所以就问问他们当年是怎么考的,有什么经验,还把他们之前备考的笔记借来作为经典来读。一听说哪个地方、哪本书里面有老师讲到的东西,我们都会想尽一切办法去找。也不管是多大名气的教授,我们都会直接找上门去求教,只要你是谈学习,老师都不会拒绝你。

　　当时我们大学同班同学想报考法律系研究生的有三位,我们三个经常在一起交流,还私下协调,我考国际公法,另外两位一个考国际经济法,一个考国际私法。研究生入学考试以后,我就出去实习了,回来之后就听说成绩出来了,我还入围了,然后就积极准备复试。其他两位同学没有入围,但所分配的工作很好。那时候我们大家都是很好学的,对法律有憧憬,对公平正义有追求,对人生充满美好向往,而且受武大韩先生的影响,所以就自然而然地选择了国际法专业。但是进来之后才知道压力非常大,当时有中南政法学院、西南政法学院、安徽大学考来的同学,他们本科都是学法律的,我们武大考取的同学有学英文专业的,也有其他专业的。既不是学法律也不是学英文的只有两个,一个是我,另一个是学世界史的。我的压力特别大,毕竟没有系统学过法律,进来之后不仅要补法律专业课,而且还要学好英文(基础英文和国际法专业英文)。当时来自美国圣路易的华盛顿大学法学院的福布莱特教授 William C. Jones（钟威廉）给我们上了两年课，他是国际上著名的中国法专家，翻译了中国的大清律、民法通则。他用英文给我们讲美国法律的时候我们有些听不懂，后来他就想用中文讲，但用中文我们更听不懂了。当时学校很支持我们学习，给我们国际法研究生每个人都配了个打字机和收录机，听"美国之音"提高外语水平。我们学外语的同学也很好，帮助我们从 Standard English 开始，教我们怎样记笔记，怎样听。应该说研究生三年对自己还是一个很大的挑战。因为我是农村出来的，父亲在我上初中的时候就双目失明，母亲在我研究生一年级下学期时就因中风而半身不遂，尽管家人很支持我读研究生，但还是希望我在经济上能照顾一下家里。因此那时候除了学习以外还要照顾家人。我早在大学时期就勤工助学，寒暑假有时不回家，因为回家路费也是一笔钱，正好假期图书馆需要人帮忙，就能既挣点钱，又省点路费，还能学到新知识。研究生期间国家给的奖学金多一点，所以还是能省点钱给家里寄回去。学习方面我也有个偏好，就是看到好书就不惜代价也要买回来，所以现在想起来那几年尽管不容易，但走过来后发现自己成熟了。那个时候大家都有一种责任感，认为社会需要我，我就要为国家的繁荣富强、法治和正常发展贡献自己的力量。当然国家给我们的机会也多，而且我从上大学到研究生毕业都靠人民助学金和奖学金支持，还给分配工作，这是我国高等教育精英时代的优势所在，现在我国高等教育已经进入了大众化时代，对不少来自农村的大学生来说，毕业以后有个稳定的工作就不错了。

记：您研究生毕业之后就在武大任教吗？

余：我1986年夏季毕业就留校了，我们那一批留校的不少，有五六个，但现在就只有我一个还在武汉大学。其他同学后来有去美国的，就留在美国了，也有的调到其他部门去了。我是1987年考取在职博士研究生，1990年10月受国家教委公派到澳大利亚墨尔本大学从事联合培养博士项目，1994年初回到武汉大学，1995年5月博士论文答辩，我是武大博士研究生教育历史上读博士学位时间最长者之一，长达八年之久，想一想中国抗日战争也就八年，是够长的了。当然，我是在职攻读学位，而且其中有三年半在国外。到澳大利亚学习，也是一个很大的挑战，以前不知道中国跟西方国家到底有多大的差距，到澳大利亚之后才知道差距的确非常大。1999年到海德堡马普国际公法与外国公法比较研究所作了半年的研究，2001年又到日内瓦大学国际高级研究生院作了半年的研究。在职称晋升方面，我1986年留校当助教，1988年被评为讲师，1995年被评为副教授，2000年被评为教授。这就是我工作和学习的一些简单经历。

> 我不是一个赶时髦的人,对某个问题的关注不是因为该问题热而是很多年前就开始了解,一旦盯上一个问题就不会轻易放弃,在掌握各个方面的信息之后才敢写点东西出来,不是不怕坐冷板凳而是性格使然——我是牛年笨人。

记:您对WTO研究的兴趣是从什么时候开始的?

余:我1983年大学毕业后考入武汉大学国际法研究所攻读国际法硕士学位,师从梁西先生,以国际组织法为主攻目标,重点研究国际经济组织法,尤其是世界银行集团、国际货币基金组织、关贸总协定等普遍性国际经济组织的法律制度。对关贸总协定争端解决机制的兴趣则始于1984年我学习"国际贸易法"课程。当时我就《关贸总协定》第22和23条所写的课程论文,可以说是我第一次对《关贸总协定》争端解决机制的深入接触。尽管我硕士论文是联合国系统发展援助制度研究,但是国际经济组织法一直是我长期研究的重点领域,留校以后我承担了国际法专业本科生国际组织法的教学任务,后来到澳大利亚留学也是以国际组织法与国际贸易法为研究重点。1994年初回国后,我根据在澳大利亚留学期间的积累和准备,兼顾国内外国际法发展与研究动态,在梁先生指导下,以GATT/WTO争端解决机制为博士学位论文选题,撰写了《世界贸易组织争端解决机制研究》的博士论文,并于1995年5月通过论文答辩,该博士论文被评为湖北省首届优秀博士论文。后来在此论文基础上,我又花了将近两年时间根据世界贸易组织的发展作进一步修改,最后以《世界贸易组织争端解决机制法律与实践》为书名于1998年交由武汉大学出版社出版。这是国内关于WTO争端解决机制问题的第一本专著,反响不错,先后荣获湖北省社会科学优秀成果二等奖(2000年)和教育部普通高等学校第三届人文社会科学研究成果法学三等奖(2002年)。现在我在国内学术界(尤其是在WTO研究领域)有一点影响也就是因为这本专著奠定了基础。回顾这些,总结自己的学术经历,之所以选择WTO法为自己的长期学术研究领域,是自己的兴趣、社会的发展、长期的跟踪、老师的指导和国家的需要等多种因素共同作用的结果。

我现在也指导硕士、博士研究生,发现其中不少学生都弄不清自己的主攻方向。现在法律和法学发展都很快,不能不研究新潮的热点问题,但不能什么流行就跟什么。我不是一个赶时髦的人,对某个问题的关注不是因为它流行,而实际上是多年前就开始了解它,一旦盯上一个自己感兴趣的问题就不轻易放弃,在掌握各个方面的信息之后才敢写点东西出来,不是不怕坐冷板凳而是性格使然——我是牛年笨人!我经常给自己的学生讲,一定要挑选一个自己有基础、有兴趣以及社会比较需要的专业问题长期跟踪研究,而不是什么流行就跟什么,流行的也不一定都是好的,譬如说流行病。所以一定要看自己喜欢什么,不要怕孤独寂寞。我现在能作出一点成绩也是用笨人的办法,二十年盯一个问题当然和一年盯一个问题肯定不一样。我就是从 WTO 争端解决机制入手向 WTO 其他法律问题扩展来研究世界贸易组织的。从某种意义上讲,WTO 体制有两大驱动机制,一个是多边贸易谈判机制,它使 WTO 贸易体制不断更新以适应世界贸易发展的需要,像最近的多哈回合。另一个就是争端解决机制,世界贸易规则谈得再好,在实际应用过程中,也会存在隐藏的问题或者谈判中不得不妥协的问题,需要通过争端解决机制予以解决,以此通过个案处理的办法推动多边贸易体制稳步发展。再说世界贸易组织,不仅涉及法律方面的问题,而且还涉及国际政治经济、国内利益集团、政府和企业以及公民之间各种错综复杂的问题。目前在经济全球化和金融危机的冲击下,WTO 正处于世界经济发展和全球治理的风口浪尖,值得认真深入研究的问题越来越多。

记:您最欣赏的法学研究方法是哪种?

余:法学研究方法有多种,从流派来讲有自然法学派、历史法学派、规范法学派、社会法学派、批判法学派等等。我个人比较推崇的是实证与规范分析方法,尤其是我在组织翻译英国著名国际法专家伊恩·布朗利代表作《国际公法原理》以后,对他用实证与规范分析方法对国际法进行研究所达到的科学高度,印象深刻,十分推崇。我们国内法学研究现在最缺乏的就是这种科学态度与方法。布朗利讲,在他的眼中,国际法就是法,而且他要证明国际法在现实国际生活中的独特作用。我们国内现在某些国际法学术研究,不是掌握的信息不全,就是先入为主,不作认真深入的研究,事情没有搞清楚,就急于下结论。实证与规范分析研究方法要求研究者客观地看待问题,不要先把自己卷进去;研究者要有一个科学的态度,严谨科学地进行分析,第一步是把事情或现象描述清楚,第二步把涉及的法律问题理出来,第三步用法学原理与方法分析研究该事情或现象与法律规定或法律理论之间的关系,最后找出解决问题的法律途径或解决方案。我个人认为法学的实证与规范分析方法,是区分法学与其他学科的最重要方法之一。当然,我们还要了解其他研究方法,如法律和经济分析方法、法律和政治分析方法、法律与历史分析方法、法律与哲学分析方法,还有多学科和跨学科方法等等。对于法学来说,核心的方法还是规范与实证分析,其他的方法可供参考。从法学与法律的发展来讲,法学与法律都是人类经验的产物,但又不是经验的简单描述,要超越经验并经得住时空的检验;法学是富有理想的科学,追求的是持久而普遍的和平与公正,法学其实是培养富有正义感与法治理想的现实主义者。

> 如果只沉湎于习惯定式,而不根据现实需要予以改变,我们和国外的差距就会越来越大。

记:就国际公法来讲,您觉得我们国家跟其他国家的差距在哪里?

余:这个差距要看怎么比,一是与发达国家比较,二是和其他发展中国家比较,三是与最不发达国家比较。1949年新中国成立以来,各国国际法的发展差距是有的,这和各国参与国际社会生活的程度以及在当代国际法律秩序中的地位是相关的,有些国家是领跑者,有些是追随者。现行国际法律体制,主要是由欧美主导(尤其是在美国领导下)建立起来的。在1949—1978年期间,我国仍然是继续进行社会主义革命(我们从小所受的教育就是长大以后要成为社会主义革命事业的接班人),自然而然对于西方居支配地位的现行国际法律秩序持批判和反抗态度。党的十一届三中全会以来,我国实行对内改革、对外开放的政策,对现行国际法律秩序的态度也发生了重大变化。随着我国对国际生活的参与日益深入,普通老百姓对国际社会的恐惧心理渐渐消退;随着我国实力的日益增强和在国际社会的地位日益提升,我国政府在处理各种国际问题时也越来越自信。我国参与的国际组织、缔结和加入的国际条约的数量,也在一定意义上体现了我国对国际事务的参与度,而且我国这几十年发展最快的法律部门就是涉外经济法。现在面临的最大问题就是随着中国经济实力的增强,比如在应对当前全球经济危机和气候变化问题(如哥本哈根会议)上,国际社会对我国的期望值也在增加,希望我国承担更大的责任,作出更大的贡献。新中国国际法60年的发展,我个人认为,前30年是和平共处、破旧立新求生存,后30年是改革开放求发展。经过这60年的发展,现在我国政府又提出了国内创建和谐社会、世界创建和谐世界的奋斗目标。在参与国际法的制定方面,现在我国与主要国家的差距在日益缩小,但在国内急需建立政府部门协调机制和公私伙伴关系机制。因为就建立国际法律制度而言,要保护自己的利益并使中国国家利益和世界共同利益协调,先要知道利益在哪里,中央政府各个部门之间要协调,中央政府和地方政府之间也要协调,官民之间更要协调。我国要在国际社会中真正而实质有效地发挥应有作用,就必须首先在国内建立这种协调机制和完善健全其他各种相关法律制度。与参与国际法的制定比较,在运用国际法方面,我国与外国(尤其是欧美国家甚至其他新兴经济体)差距比较大,我国政府部门对运用国际法缺乏自信,底气不足,尤其是对运用国际司法机构就更没有信心了,担心控制不了局面,怕输"国际官司"。好在现在有个试验田——那就是 WTO 争端解决机制,这两年我国在 WTO 争端解决活动方面非常活跃,2009 年甚至被称为"WTO 争端解决活动的中国年"。目前,从官方到媒体到网民日益感到,中国在 WTO 争端解决活动中胜败都是正常的,希望这能有助于培养我国政府和人民对国际争端解决机构的积极态度。

在培养国际法人才方面,我国与外国(尤其是欧美国家甚至其他新兴经济体)差距就更大了。国际法人才,首先必须知识面广,除法律(包括本国法、外国法、比较法和国际法)外,还要学习世界历史、国际关系与政治、世界经济与贸易金融、世界地理甚至宗教、哲学、文化,最重要的是至少精通一门外语(如英文或法文),同时必须时刻关注世界形势与时事政治。其次,要专业能力强与基本素质高。国际法律语言(包括中文、英文)能力,国际法律运用(如法律的拟定、解释与适用、辩论、谈判与纠纷解决)能力,国际法律信息处理(如收集、检索、分析、加工)能力,国际法律沟通(书面和口头)能力等都要求达到一定的专业化水平。再次,不仅具有国际视野、国际法治观、世界公民意识,而且要有爱国主义与国际主义相结合的精神。最后,关注国际法实践和学术发展动态。现在我国自己培养的国际法人才,在数量和质量方面,都远远不能满足我国在全球化时代继续推进改革开放和创建和谐社会与和谐世界的需要。海量信息的数字化时代与跨国交流便捷的因特网时代,对国际法教学和人才培养既创造了前所未有的机遇,也提出了严峻而现实的挑战。我国与发达国家在国际法教学和人才培养方面的差距不是缩小了而是扩大了,这需要我们在观念和体制上进行重大改变,现在大家几乎都意识到这一点,但真正要付诸行动往往阻力重重。我认为,最大的问题是,无论是老师还是学生,都依赖传统的、不费力的教学与学习模式。如果只沉湎于习惯定式,而不根据现实需要进行改变,我们和国外的差距就会越来越大。

> 学好国际法,反霸平天下!选择国际法,实现人生理想!

记:您对我们青年法学学子有什么建议?

余:与我们这代人相比,现在的年轻人首要的优势就是从幼儿园到小学、初中到高中,受到了比较完整的基础教育;其次,生在网络时代,长在高等教育大众化时代,上大学容易;最后,聪明,英文好,自我意识强,心态阳光。但也有缺点:第一,现在真正能够坐下来认真研读一两本书的人可能不多,因为时间有限(校外的世界太精彩,诱惑多),人们急功近利,喜欢断章取义,知识零碎不系统,有人开玩笑说现在的大学生(甚至绝大多数知识分子)是有信息没有知识,有知识没有文化。第二,不善于接受别人的意见和批评。现在的大学生基本上都是独生子女,从小爷爷、奶奶、父母都只说好听的,幼儿园、小学老师只讲动听的,初中、高中老师只讲中听的,大学老师就更不会吝惜悦耳动听的赞声了。然而,他们大学毕业之后走上职业场所,老板对他(她)的要求和在大学的要求就不一样了。现在的年轻人一定要学会接受批评,正确对待批评,要在受批评中学会成长,光有阳光没有雨露不行。第三,就是合作意识太差,怕吃亏、怕做事。无论是在学校学习还是工作,给你做事其实也是给你锻炼的机会。"事非经过不知难,书到用时方恨少。"在做事的时候慢慢发现自己有哪些不足的地方,这也是对自己能力的培养。开始怕吃小亏,到后来什么亏都不能吃,最后就什么亏也不给你吃,你就没有任何的机会了。

与我们这代人相比,21世纪的中国和世界给年轻大学生们提供的机会更多,对大家的要求也更高。从我国经济社会法律的发展来讲,现在我国经济社会的发展快跑到世界其他国家前面去了,洋为中用的东西不多了,古为今用的东西少了,需要我们自己去发现、去创造。这个时候没有独创精神,没有开放的心态,没有包容心,没有长远的打算就有愧于这个充满奇迹和惊喜的时代。

法学是使人聪明的学问,国际法学是激发人类理性追求世界和平正义的富有创造性和开放性的法律科学。我希望我国有更多的青年学子学习国际法。学好国际法,反霸平天下!选择国际法,实现自我升华!

探求改革现行国际法律制度和实现人类持久和平与普遍正义之路,扎扎实实地推进国内法治与国际法治的进程,使我国在国际法律社会中尽快完成新成员向核心成员的角色转变直至最终成为举世公认的建设和谐世界的领导者,在中国法与国际法互动过程中推动国际法的中国化,清醒、自信、坚定地推进中华王道文化的国际法实践对具有西方霸道文化基因的现行国际法的改造,使世界国际法真正体现世界各大文明精华并成为维护全球社会长治久安、公平正义、和谐发展的法律资源,是21世纪我国国际法学子应当承担的历史重任。我相信,我们年青一代的法学学子一定会不负众望,作出令世界震撼的巨大成绩!

(孙　科、王海军)

傅士成
Fu Shicheng

1962年生于天津蓟县。1985年毕业于南开大学法学系，毕业后一直在南开大学法学系（现法学院）任教至今。

2002年9月开始，在南开大学周恩来政府管理学院政治学理论专业在职攻读博士学位，2007年5月获法学博士学位。先后任讲师、副教授和教授。先后担任南开大学法学系副主任、主任，法政学院院长助理、副院长，现任法学院党委书记，兼任中国法学会行政法学研究会常务理事、北京大学公法研究中心客座研究员、中国国家行政学院行政法研究中心兼职研究员、天津市人大常委会法制工作顾问、天津市人民政府法律顾问、天津市人民政府司法鉴定委员会委员、天津市高级人民法院专家咨询委员会委员、天津市人民检察院专家咨询委员会委员、天津市仲裁委员会仲裁员、天津市律师协会会员处分复查委员会委员、南开大学法律顾问等。1998年获南开大学优秀青年教师一等奖。2001年被评为天津市优秀教师。2002年被授予天津市"十五"立功先进个人荣誉称号。2002年获天津市社会科学优秀成果一等奖。2004年获天津市首届优秀青年法学家称号。2009年获天津市优秀教学成果一等奖，2011年获南开大学教学名师称号，2011年获天津市教育系统优秀共产党员称号。先后到日本、韩国、美国以及我国澳门、台湾地区学习或进行学术访问、交流。

主要研究方向为行政法、行政诉讼法、国家赔偿法。代表著作是《行政强制研究》，该著作获天津市第八届社科优秀成果一等奖，南开大学社科优秀成果奖。在《中国法学》《法学家》《行政法学研究》《南开学报》等刊物发表论文30多篇。

> 经过研究,我形成了一个基本的看法,在我国社会转型时期,许多过去行之有效的约束人们守法和遵循行政行为的办法已经失灵,而新的办法或"办法体系"远未真正建立起来。行政强制的法律规范化程度较低,滥施行政强制和行政强制不足的现象并存,是我国转型时期的特点。从加强依法行政和保护人权出发,行政强制不应成为法治国家实现行政职能的唯一选择,但在建设法治国家的过程中,强制作为备而不用、备而少用、备而慎用的力量,又是不可缺少的。与此同时,法律公正性的感召力,道德规范的约束等非强制性因素的作用,是绝对不可忽视的。理性的政府和社会,绝对不能把法律内容和行政职能的实现仅仅寄托在强制上。

记者(以下简称"记"):傅老师您好!很荣幸能有机会与您畅谈您求学、治学经历及法学界的往事,先从您求学的经历谈起吧。

傅士成(以下简称"傅"):我是天津蓟县人,高中时就读于蓟县一中,1981年考入南开大学。记得我们上高中时才开始学习英语,考大学时英语成绩是按50%打折算的,考80分,算40分。高考报文科专业需要考语文、数学、历史、地理、政治、英语。上大学之所以会选择南开,原因是作为天津人感觉南开是最好的学校。而之所以选择法学,是因为在自己的内心深处感觉法律很神圣、很神奇。当然,客观地说,那个年代主要是在老师的指导下报考的。当时我高中的历史老师是南开大学毕业的,报考时受他影响比较大,他说要选择一个专业性强的专业。我是85年7月份大学毕业的,毕业前一年学校就已经决定把我留校了。85年年初到7月份,司法部在中国政法大学举办了一个行政法师资培训班。我作为未毕业的本科生被送到了这个班,作为师资来培养。当时主要是跟着应松年老师和朱维究老师学习,这个培训班后来被戏称为"黄埔一期"。这个师资培训班对我学习行政法、研究行政法起到了重要作用。之后就在南开任教了。一个本科毕业生直接上大学讲台,这在现在来说是不可想象的。2002年开始在南开大学政府学院在职攻读政治学理论专业博士学位,2007年获得博士学位。

记:您本科时,南开法学系开设的课程主要有哪些?

傅:课程有"法学基础理论";"民法学",当时没有民法基本立法,就是总论和分论;"刑法学";"中国法制史"等等,没有"国际经济法"。除此之外现在的14门主干课基本上都有。我读本科时,南开大学还没有行政法教师,就是请应松年老师和朱维究老师从北京每周过来上一次课,当时这种现象在很多学校都是很正常的。

记：当时老师讲课的方式和现在有什么区别，是否受苏联的影响？

傅：从现在的眼光来看，很多老师都是刚刚归队的。有的是原来当过老师，"文革"期间不能继续任教，后来又归队的。大部分是原来学习法律，毕业后从事其他工作，后来才当老师的。他们很多是50年代末60年代初学法律的，受苏联的影响还是很大的。当时我们系主任叫潘同龙，他"文革"时就去研究俄语了，在业界很有名，后来又回来当法学系系主任。使用的教材和教师所受的法学教育，受苏联的影响还是很大的，这应该是刚刚恢复法学教育后全国的基本状况。81年我入学时，法理学使用的教材是北大陈守一、张宏生主编的《法学基本理论》，是粉碎"四人帮"后的第一本法理学教材。《民法》用的是中国政法大学的油印本。后来当佟柔先生的民法教材出来时，我们的民法课也快讲完了。

记：您对"文革"有什么印象？

傅：66年"文革"开始，因我年龄尚小，突出的记忆不多。我印象最深的就是背毛主席语录。我记得小时候，在一次很大规模的群众集会上，让我上台背毛主席语录。我还见过领导来检查工作，两个人见面时，用毛主席语录对话。比如，一个人说"下定决心"，另一个人要说"不怕牺牲"；一个人说"团结紧张"，另一个人应该说"严肃活泼"。要是对不上来，就说明毛主席语录学得不好。

记：在您求学过程中，哪位老师对您影响比较大？

傅：中学时代我的历史老师方槐对我影响比较大。在做人做事上，我们原来的系主任潘同龙老师和周长岭老师对我影响比较大，潘老师视野比较宽，俄语和英语都很好，当时教我们"国际私法"；周老师在专业上用功很深，当时教我们"法理学"。这几位老师对我的影响是多方面的。

在学术上，应松年老师对我的影响比较大。无论在我起步阶段，还是日后的工作中，应老师给了我多方面的指导和帮助，也提供了很多机会。应老师对年轻人非常宽容，尽其所能提供帮助。

记：您的《行政强制研究》在2001年出版，是国内研究行政强制最早的著作，能否谈谈您对行政强制的看法？

傅：这本书是2001年出版的，但是我在很早就开始关注行政强制这个问题了。这本书写得很辛苦，从确定选题到完成大概用了6年的时间。《行政诉讼法》实施后，行政处罚、行政许可虽然也有很多问题需要研究，但学界对行政处罚和行政许可基本问题的认识有共识。而行政强制呢，只《行政诉讼法》在第11条第1款第2项规定了行政强制措施（对限制人身自由或者对财产的查封、扣押、冻结等行政措施不服的）。行政强制措施是什么？行政强制措施是不是行政领域的所有强制？行政法理论中还有一个行政强制执行，行政强制执行和行政强制措施之间是什么关系，当时说不清楚，学界对这个问题各持己见。在上世纪90年代中期的一次行政法学术研讨会上，应松年老师、方世荣老师等都认为这个问题还说不清楚。我当时认为这是个有价值的问题，从而就开始进行研究，但实际上研究起来非常困难。因为当时资料很少，现行立法对这个问题的态度也不明晰，也没有人去梳理法律对这个问题究竟是什么样的立场。经过研究，我形成了一个基本的看法，在我国社会转型时期，许多过去行之有效的约束人们守法和遵循行政行为的办法已经失灵，而新的办法或"办法体系"远未真正建立起来。行政强制的法律规范化程度较低，滥施行政强制和行政强制不足的现象并存，是我国转型时期的特点。从加强依法行政和保护人权出发，行政强制不应成为法治国家实现行政职能的唯一选择，但在建设法治国家的过程中，强制作为备而不用、备而少用、备而慎用的力量，又是不可缺少的。与此同时，法律公正性的感召力，道德规范的约束等非强制性因素的作用，是绝对不可忽视的。理性的政府和社会，绝对不能把法律内容和行政职能的实现仅仅寄托在强制上。

大陆法系的德国很早就有这样的法律。美国采取的是行政机关向法院对行政相对人提起诉讼的方式。在研究过程中从其他国家的做法上吸收了一些内容，但我们现在这个提法并不是沿袭任何一个国家，而是我们国家独有的。

记：《行政强制法》（草案）的内容和您的理念有无差距？

傅：《行政强制法》在2002年左右就开始起草了，现在的《行政强制法》（草案）吸收了行政法学界很多学者的主张，大体上也与我《行政强制研究》一书的基本思路和想法相契合。用一些学者的话来说，就是应该让强制性权力，甚至一切权力，带上镣铐起舞。这句话特别能够体现行政强制立法的精神。我们现在对《行政强制法》（草案）提意见，主要是涉及一些具体的细节、具体的制度操作上的问题。

《行政强制法》（草案）2005年全国人大常委会一审，2007年二审，2009年三审。原来预计2009年年底会通过，现在看来争议比较大，其中有原则上的争议，也有细节上的争议。我举几个例子，一是行政强制措施的设定权。行政强制措施设定权的主体是谁？是中央立法主体独有，还是地方立法主体也应该有？行政强制措施设定权是应该由法律垄断，法律、行政法规垄断，还是行政规章也可以有一些？我认为，从法律保留原则出发，应该由法律垄断行政强制措施设定权，但实际上很难做到。因为中国地域辽阔，有时也不能不给地方一些设定权。有时国家统一的强制办法在此地有效,在彼地可能无效或作用不大。二是行政强制执行体制。我们现在实行双轨制,行政主体作出行政行为,给行政相对人确定义务,但行政相对人不履行义务,这时候该怎么办呢?按照规定在这种情况下,行政主体有执行权时,可以自己执行;在行政主体没有执法权时,必须通过向法院申请执行,这是非讼执行。《行政强制法》草案也是坚持双轨制,但是对这两条轨所占的比重有所调整。怎么调整呢?只有法律规定行政主体能自行执行的,行政主体才能执行;没有规定的,都需要申请法院执行。我的看法是,如果是这样规定的话,法院的工作量会急速膨胀,问题就在于此,法院准备好了吗?法院现在的工作量已经很大了。这样不但进一步加大了法院的工作量,也无助于法院执行体制的改革。这么多年法院执行体制的改革,从学理上来看,就是把法院的执行部分按照行政机构的性质特点建立,就是弱化审判权的运行方式,使执行部分在组织上进行行政化建制,执行活动的行政特色更突出。现在继续把这些东西添加在法院身上,无助于调整和推进改革进程。

我的一个观点是在行政主体作出行政行为后,行政相对人不履行行政行为为其确定的义务,需要使用一定的方式让行政相对人履行,这个方式是全部向法院进行申请。法院负责什么呢?不像现在,申请之后法院负责审查和执行,法院应该只负责审查。审查以后再决定是否发放执行令,执行令是英美法系的做法,在我们国家不一定叫执行令,也可以叫其他名字,如裁定。法院可以裁定执行,也可以裁定不执行。如果裁定执行,那么具体执行就回归行政主体,法院不用背负这个包袱。法院的这个审查是非诉讼审查,这样做的好处在于把违法的行政行为挡在了强制执行之外,对相对人权利是一种保护。避免因行政相对人当初没有提出诉讼,从而必须承担违法行政行为为其确定的义务。

从总体上说,《行政强制法》在我看来,已经基本具备了通过的条件。

记:在这个过程中,会不会存在程序虚设的问题?

傅:这种担心是有的,在现实生活中也是存在着这样的问题的。但是这个问题不是仅仅增加几个立法,改变几个条文就能解决的,需要提高人们对法律信守的程度,包括公职人员对法律的信守程度,对司法的尊重程度,还要有司法自身的水平、能力的提高等等诸多因素的改变。此外还需要一些制度建设上的变化。这是一个历史的过程。我相信虽然现在我们存在很多问题,但是总体还是呈递减的趋势。

记:您接下来会侧重哪方面的研究?

傅:这几年一直在思考行政机关解决纠纷机制问题,尤其是解决民事纠纷机制问题,从传统行政法理念来讲就是行政裁决。这也是我博士论文的选题,我博士论文题目就是《当代中国行政裁决制度研究》。

我关注这个问题的时间也比较长了,93年就写过这方面的文章。应老师主编的研究生教材和"十一五"规划教材当中,关于行政强制和行政裁决的内容也是由我承担的。我的一个基本看法是,改革开放以后在加强法治建设的过程中,由于对诉讼维权的片面推崇和对诉讼外纠纷解决机制不正常的"打压",纠纷更多地依赖法院通过诉讼解决,客观上造成了法院案件数量的大幅度增加。法院受理的案件2008和2009年突破了1000万件大关,且每年以大约10%的速度增长,出现了"诉讼爆炸"和法院应接不暇的局面。法院和法官很难做到从容审判,法院裁判的公正性也受到越来越多的指责。所以必须找到其他的方式来帮助解决纠纷。

近年来,多元化解决纠纷机制的研究成为学术热点之一。有学者把司法调解纠纷和民间解决纠纷都纳入多元化纠纷解决机制当中,但对行政机关解决纠纷机制关注不多。实际上,行政主体在进行管理过程中解决纠纷是有巨大便利的。改革开放初期,很多单行法律常常把解决行政管理过程中的纠纷,作为主管行政机关的职责加以规定。但近年来,一些立法或对已有法律的修改,却把行政机关解决纠纷的职责向外推,如《道路交通安全法》《治安管理处罚法》,把原来属于主管行政机关解决纠纷的职责推给了法院,使法院的压力无形增大。此外,现在信访成为很头疼的事情,当事人为什么不用诉讼渠道而用信访,因为诉讼成本太高。司法诉讼应该是权利救济的最后一道防线,现在法院不能从容应对,这样就容易出错,越出错,人们就越不信任,慢慢就会形成恶性循坏。现在需要有机构来分担法院的一些职责,让法院做到从容审判。另外,现实中有些纠纷是涉及政策实施的,如拆迁问题,这些问题有时会引起群体事件。说实话,这些纠纷让法院解决是为难法院。所以行政机关要承担,过去行政机关承担过,现在应该继续承担。在许多国家,行政机关是承担一些解决纠纷职责的。多元化解决纠纷机制也应该包括行政机关解决纠纷机制。

行政解决纠纷不是让行政主体把所有民事纠纷都过道手,它是有范围的。一个基本原则是行政裁决解决的民事纠纷应该是与行政管理有关的纠纷。什么叫有关的纠纷呢?举个例子,如企业污染,环保部门应该对排污的企业进行处罚。同时,污染还是一种民事致害行为,受害者可以去法院提起民事诉讼。其实,引发处罚和引发民事诉讼的,是该企业的同一个污染行为。也就是说企业违反行政性法律、法规的行为,同时引发了一个损害赔偿的民事纠纷。这个民事纠纷就是与行政管理有关的纠纷。对这个纠纷,在环保部门实施行政处罚的同时一并加以处理,比只能另行通过民事诉讼处理,要有优越性。

行政解决纠纷是不是由从事管理的行政机关同时也裁决纠纷? 如果是,就无法解决现在已经出现的一个问题,用管理的方式解决纠纷,有时不但没有解决问题,反而使矛盾激烈化。我主张,行政机关解决纠纷,不是由从事管理的行政机构同时承担解决纠纷的职能,而是在行政机关内部实行职能分立,使承担解决纠纷职能的机构专门化,并且这些专门性机构在业务上应该独立,不接受本机关领导的直接领导和支配。在某种程度上,专门性机构应该更像司法,是"像"司法,而不是"是"司法。这一点是借鉴了美国的行政法官制度。在美国,无论是哪个机构的行政法官,都不受本机构行政首长的直接领导和支配,职责也不同于其他人。在构建行政机关解决纠纷机制过程中,应确立这样一个理念,即同一个机构或同一个人不能同时承担两种相互冲突的职能。

日本法学家棚濑孝雄认为,任何纠纷的解决都有两种类型:决断型和合意型。行政机关解决纠纷包括决断型和合意型。鉴于调解在我国的实践和调解存在的局限性,在发挥调解优势的同时,应重点研究行政机关决断型的纠纷解决。

记:您认为法学院学生在学习过程中,如何寻找切入点?

傅:对于研究生而言,我个人的看法是,尽可能选择比较具体的问题进行研究,针对具体问题寻找新的资料、新的视角,使用新的方法,这样才容易出新。在研究具体问题的过程中,不要把一个问题人为地归为是行政法或者宪法的问题,要善于运用多学科知识,多角度看问题,要善于运用相关学科的研究成果。因为有些问题是法学特有的,有些问题本来就是多学科都关注的。总之视野要开阔,角度要新颖,方法要多样。

记:能不能介绍一下您上课的情况?

傅:我给研究生开设的课程有行政法专题和国家赔偿法专题。给本科生开设的课程有行政法和行政诉讼法,还有一门案例分析课。案例分析课由多位老师共同讲授,每位老师负责自己研究领域的案例评析。这个课程很受学生欢迎,上课效果也比较好。上课的方式一般是上课时给学生提供案例材料,让学生当场分析,这样能训练学生在短时间内分析问题和解决问题的能力。把学生分成原告方、被告方、法官,各自从各自的立场出发发表意见。上课的方式可以是灵活多样的,但一定要保障信息量充足,保障学生有收获。

我认为学生作研究应该保持一定的持续性。我以前有一个学生,他现在在上海当律师。他的毕业论文是关于公共利益界定的,我当时建议他作法律文本研究,就是把现行法律、法规和司法解释中规定公共利益的条款全部整理出来,然后进行分析。这个研究取得了一些新认识。我希望她持续关注这个问题。后来又有学生在前面研究的基础上,继续作关于征收、征用中公共利益判断的研究,也取得了一些新认识。保持持续性,即指一个人在一个方向上坚持往下做,也指一个单位中不断有人在一个方向上持续做下去。

记:您如何看待现在的学术环境?您怎样看待要求中青年学者多发表成果的做法?

傅:著名数学家陈省身说过,好的研究机构,就是把最优秀的人找来,不要管他,让他自由地研究。我最近看何兆武老先生的《上学记》,有人问他,当时那么困难,为什么西南联大培养了那么多大师级的人物?他说:"我们当时到云南之后,没有任何组织纪律,没有点名,没有排队唱歌,也不用呼口号,早起晚睡没人管,不上课没人管,甚至人不见了也没有人过问,个人行为绝对自由;可以完全自由地转系,自由地讨论,喜欢的书才看,喜欢听的课就听,不喜欢的就不听、不看,当面提出质疑无所谓,甚至骂骂不喜欢的老师也无所谓。"何兆武与陈省身说的应该是同一个意思。现在各种考核、报表、规矩太多,研究人员常常应接不暇。当然,还有其他方面的一些问题。

发表研究成果,不仅是对中青年学者的要求,也是对各年龄阶段学者的要求。作为学者应该发表自己的研究成果,特别是有价值的研究成果,这是你的本分。但目前的做法,过于注重形式,使潜心研究,特别是"十年磨一剑"不大容易做到。

记:您能否为我们介绍一些优秀的书目?

傅:我个人认为,法学专业的学生不一定只读法学类的书籍,其他方面的书籍也是必须要阅读的。根据我的阅读经历,像金观涛的《在历史表现的背后》,孙隆基的《中国文化的深层结构》,张中行的《负暄琐话》《负暄续话》《负暄三话》等都是很值得玩味的书。法学专业类书籍,像梁治平的《法辨》《新波斯人信札》,顾培东的《社会冲突与诉讼机制》,龚祥瑞的《比较宪法与行政法》,王名扬的《行政法三部曲》等都是值得玩味的好书。

记:在宪法行政法方面,您认为您的最大贡献在哪里?

傅:谈不上什么贡献。有人说我的《行政强制研究》是国内第一本研究行政强制的著作,我从来不这样认为。客观地说,贾苑生、李江、马怀德在1990年时就出版了《行政强制执行概论》小册子。只能说我这一本书是比较早的。

(周会蕾、李远明)

高全喜
Gao Quanxi

1962年生于江苏省徐州市，籍贯河北省唐山市。北京航空航天大学法学院教授，人文与社会科学高等研究院院长。曾就学于南京师范学院、吉林大学和中国社会科学院研究生院，师从贺麟先生，1988年获哲学博士学位。曾任职于中国社会科学院法学研究所。研究领域为政治哲学、法哲学和宪政理论。

在海内外出版学术专著：《法律秩序与自由正义——哈耶克的法律与宪政思想》《休谟的政治哲学》《论相互承认的法权——〈精神现象学〉研究两篇》《何种政治？谁之现代性》《现代政制五论》《立宪时刻：论〈清帝逊位诏书〉》等。主要论文有：《格劳秀斯与他的时代：自然法、海洋法权与国际法秩序》《国家理性的正当性何在？》《论国家利益》《论民族主义》《论宪法政治》《宪法、民主与国家》《法律与自由》《法律的宗教分析》《中国现代法学之道：价值、对象与方法》《休谟的法学方法论转换及其内在机制》等。主编有：《大观》（学术季刊）、"政治与法律思想论丛""法政思想文丛"等。

记者（以下简称"记"）：高老师，您的童年正好处在"文化大革命"期间，您的家庭有没有受到过冲击呢？你对"文革"有怎样的看法呢？

高全喜（以下简称"高"）：当时我的家庭是受到了一定的冲击，我的父亲曾经被打成过"右派"。但是父亲对我是讳莫如深的。周围的街坊邻居，父亲单位的同事也从来不会跟我这个小孩子说起。我对父亲被打成"右派"的事并不了解，只是隐隐约约地感到父亲有些异样。直到后来，我上大学了，我才知道原来我的父亲曾经被打成"右派"，原因是他向单位的领导提了意见。父亲被打成"右派"之后就被下放到了农村，受了很多苦。

我们家住在徐州郊区的一个小城镇里，一家五口除了父亲，都是农村户口，在那个吃饭穿衣全凭粮票布票的时代，我们就是"黑人黑户"。平时不会感到有什么特别的差别，但是到上学的时候，就觉得与别人家的孩子有很大的不同。城里的孩子有城镇户口，他们初中毕业、高中毕业就留在城里工作。而我是农村户口，这意味着我毕业之后就得回到农村去。当时下乡的青年有两种，一种是城里的青年下乡，一种是农村青年回乡务农。我就是属于后一种，感觉前途非常渺茫。家里的生活也非常困难。我们一家五口人，我还有弟弟妹妹，全家只能靠父亲一个人的微薄工资养活。由于没有粮票，我们家得买"黑价"的粮食。为此，身体不好的母亲每天上山打石子（铺路用的石子）。这些经历都是我儿时的同学所不曾有过的，我从很小的时候就体会到生活的艰辛与父母的苦难。

现在年纪大了，回想过去的往事，留在心里的往往还是一些美好的东西。人生中的美好事物往往总是与痛苦相联系的，痛苦的美好。我在大学里学的是文学，很能体会俄罗斯文学、音乐、诗歌中的那种咀嚼痛苦的美好感情。人生中印象最深刻的往往不是那些快乐的时刻，而是那些让你最痛苦的时刻。

记：虽然您的童年有些不同，但是您高中毕业后还是顺利地考入了大学。那您上大学的情况大致是什么样的呢？

高：我算是改革开放恢复高考的第一波大学生，79级的。77级、78级的绝大部分都有过上山下乡的经历，他们年纪比较大，甚至有父子同班的情况。79级也有很多年纪大的同学，但也有一小部分是应届的毕业生。我就属于后者，不过，当时我高中并没有毕业，二年级的时候回乡报考，就考上了大学。所以我在班里算年纪比较小的，没有广泛的阅读积累，也没有社会工作的经验。

当时的大学生和现在的大学生有很大的不同。那时的大学生都有过各种各样的艰苦经历，对学习格外珍惜，也非常用功。我们那个小城镇里，当时一个年级也就只有一两个人考上大学。我上学时的心情是复杂的，有自豪感，更多的还是对未来的强烈渴望，有一种为国家、为社会尽一份力的强烈渴望。这同现在的许多年轻人是很不一样的。那时候的生活虽然艰苦，但人的精神非常饱满。现在的孩子虽然见识多了，但内心的世界却非常小。他们不懂得民族、国家、理想，只是沉浸在自己的乐趣当中。

记：您在上大学的时候，就对法律感兴趣了吗？

高：我们那个时代的人，由于经历的关系，比较喜欢读书。我考大学报考的是文科。当时我对于法律没有什么感受，不像现在认识到社会变革中法律的重要性。我小时候爱读书，但能读到的书不多，都是像《艳阳天》《敌后武工队》《青春之歌》一类的书。到了大学才知道托尔斯泰的《战争与和平》《安娜·卡列尼娜》等经典著作。所以我在大学里就拼命地读书。几年之内，我读了大批中外的，特别是西方的经典作品。慢慢地，我感觉读文学书籍不是那么过瘾了，它们不能解决我思考的问题。后来我就开始读理论书。起初我读了当时一些反映时代风潮的书，如美学、文艺理论，还是觉得不够深刻，于是又开始读哲学书。在大学的后半段时间里，我专注于理论书籍的阅读，政治经济学的、社会学的、文艺理论的、哲学的、政治学的理论书都读。只是我当时唯独没有读过法律的书（黑格尔《法哲学》《马克思恩格斯选集》除外），当时整个社会对于法律也都没有多少认识，也没有什么法律的书籍可读。后来我才了解到，当时的法律书刊受到严格控制，法学教材都是老师自己编写的，而且封面上还印着"保密"的字样。

我对哲学著作的阅读是从读法国启蒙运动时期的著作开始的，比如伏尔泰、狄德罗、卢梭等人的著作。后来，我发现德国的理论更加深刻，于是又开始读德国的作品，如黑格尔、康德、马克思的专著。我读黑格尔的书就觉得特别难，他的《小逻辑》《逻辑学》《精神现象学》，我花了一年多的时间反复地读。当时的阅读只是达到一个似懂非懂的程度，我的体会却是很深的。那就是德国的书能够锻炼和提高人的思维能力。我常跟我的研究生说，书有两种：一种是知识性的书，只是起到丰富专业知识的作用；另外一种是思辨性的书，它们的观点不一定正确，但逻辑却是非常严密，具有穿透性。这后一种书就要反反复复、扎扎实实地读。当我读过德国的书籍之后，偶尔再翻阅法国的著作，就会觉得非常轻松了，对它们有了批判的能力。有了这样的积累，我后来就考取了吉林大学西方哲学史的研究生。

可以看出，我的人生指向不断在变换。我是跟着问题走，跟着我的思考走。我觉得，人的一生不是由你的职业注定你要干什么，而是应该由你的志趣决定你的职业，决定你选择做什么。我想改革开放之后的这一代，很多人都具有这样的性格。

记：高老师，您的兴趣从文学转到了哲学，然后读了哲学系的研究生，那您对于法律的兴趣又是在什么时候产生的呢？你又是怎样走上法学研究的道路的呢？

高：这跟我的经历有关系。其实我在吉林大学的硕士学习并没有结束，二年级时我又提早考取了中国社会科学院的博士研究生。这件事起因于我在《光明日报》上看到的中国社会科学院研究生院的一份招生简章。简章中说哲学所的几位老先生要招收博士生,其中就有贺麟先生。当时中国社会科学院研究生院由于正在建校舍,所以比普通高校晚半年招生。于是我就给贺先生去了一封信,询问像我这样正在写毕业论文的学生可不可以考。贺先生很快就给我写了回信,说我可以考试。于是我在征得哲学系同意的情况下参加了考试,并被录取。我在1985年底就到了中国社科院哲学所,跟随贺麟先生读德国哲学的博士研究生,当时我只有23岁。1988年,我26岁时拿到博士学位,成为我们那一年级里,也可以说是当时社科院最年轻的博士。当时我们一个年级就是一个班,总共30多人,涵括社科院当时所有授予博士学位的专业。现在我们班的同学几乎全都是事业有成的人,要么是我国某个学科研究的学术领军,要么是副部级以上的干部,其中副省长就有4个。

当时我们这一届里,还没有法学专业的博士,那时中国社会科学院也没有开始招法学博士研究生。法学博士可能是我们之后两届开始招生的,徐国栋可能是社科院招收的第一届法学博士,当时我们还住在同一幢楼里面,现在法学所的所长李林,民法学的孙宪忠,大概也是当时社科院第一批的法学博士生。社科院的法学硕士招生较早,比如梁慧星,就是社科院最早一批的法学硕士,好像是1981年毕业的。

我上学的时候,对于法学的了解还是很少的。十多年前,大概是1998年前后,我才开始涉足法学,现在我的主要研究方向是政治哲学、法哲学、宪政等内容。这一学术转向固然是基于我的人生取向,但缘起还是由于我的一场病。1988年底我留在中国社会科学院研究生院工作。1989年之后,社科院出台了一个规定,要求社科院没有参加过工作的或工作不满两年的年轻人都得到基层去锻炼。于是我们一批人就到了河北省保定的易县接受社会锻炼。当时一起去的还有张志铭(现中国人民大学法学院教授),他当时是在《中国社会科学》杂志社做编辑,被分到了易县的法院,我被分到了易县的县委宣传部。正是在这个时候,我得了一场重病,当时直接就被送到了北京的医院,而且在医院一住就是三四年。出院后,我就一直在家养病。这样前后大致有十年的时光过去了。在这十年期间,我独自读书思考,基本上脱离了学术思想界,其间只是偶尔参与一些美术圈的活动。

1998年,当我恢复健康重新工作以后,开始重新思考人生的取向。按理说我的哲学基础是很好的,跟随贺麟先生研究德国古典哲学,早在90年代就在北京三联书店和我国台湾地区锦绣书局出版过有关黑格尔与宋明理学两部专著。

贺麟先生在哲学界拥有同冯友兰相当的重要地位,在法学界可能相当于吴经熊的地位。蒋介石就曾好几次接见过他。新中国成立后,毛泽东也接见过他。因此,在哲学领域,贺麟先生是绝对的权威。有贺麟先生做我的导师,我作哲学研究本是顺理成章的。但我是属于果敢、笃实、意志力比较强的人。我感到鸦片战争以来,中国的社会制度虽然不断变化,但并没有实现真正富有成效的变革。我们还远没有建立起一种优良的政治与法律制度,从而使得人民获得自由、民主与幸福,使得国家真正地强大起来。我觉得在未来的伟大变革中,纯粹的哲学研究不可能发挥至关重要的作用,至少在我关切的问题方面,情况是这样的。于是,我就毅然改变专业方向,开始对法学、政治学、政治经济学,尤其是宪政理论,产生了浓厚的兴趣,大量阅读这方面的书籍,一步一个脚印地重新学习。这样慢慢就促成了专业上的转向。

记:高老师,您研究法律跟我们法科专业的人非常不同,您对法律的认识应该也会和我们不同,能不能讲一讲您在研习法学时的一些特殊的体会呢?

高:一个非法学专业的人,研究法律可能反而会有某种额外的益处。也许我无法用法学专业的思维来思考问题,但是我可以按照自己思考和理解问题的维度来把握法律问题,原来因为学科分类而被割裂开来的东西,就有可能被综合起来。中国的很多问题都不是某个单一的学科所能解决的,问题很复杂,如果只从一个部门法的角度去思考,往往就像是盲人摸象,看不到问题的全貌。这也是法学教育的一个盲点,我们过早地进行专业分科,过早地把学生束缚在部门法当中,这样的教育让学生很难去思考真正的问题。而我就完全不受这些条条框框的束缚,完全跟着自己的问题去阅读。我常常开玩笑地说,我通过写作《法律秩序与自由正义》,实现了从哲学到法学的转向,从研究黑格尔哲学转到了研究法理学与宪政理论,这是一个从零开始的再学习,这本书对于我,就犹如一篇法学的博士论文。

记:您从法学之外,循着自己的兴趣走到了法学领域。经过这么多年的研究与观察,您认为目前中国法学研究的状况如何呢?

高:我认为法学是一个综合的、系统的理论。我研究的是法学中的一些基本原理,不属于具体的部门法,有些边缘性质。通过这些年的学习与研究,我对于中国现在的法学教育和法学研究可以说是喜忧参半。

同建国之初的情况相比,改革开放 30 年,我们的法学教育、法学研究确实取得了不小的成绩。从现在法学教育的规模,社会对法律的需求,法律工作的职业化等方面来看,我国法学的变化与进步是显著的。但是,如果从一个更高的层次来看,我们这样一个有着五千年文明传统的民族,我们这样一个迫切呼唤法治国家的时代,对于法学实际上是有着更高的期待的。我们的法学同英美国家的法学相比,甚至跟民国初期取得的成就相比,都是相当落后的,这样的状况让人感到失望。

我们法学界比较平庸的专家太多,而思想性的大师几乎没有。但是法学是能够成就大师的,时代是需要法学大师来塑造的。现在所谓的法学家对于中国当下的时代要求到底作出过什么贡献?他们所做的与民族精神、时代意识、国家制度所需要的一整套变法之道有什么关系呢?现在的所谓法学大师不过只是徒有其名而已。他们怎么能和真正的大师相比,跟我的导师那一辈学者比都差远了。我对他们其实没有任何的指责。法学界有尊重老先生的传统也是很好的。中国目前法学研究的不足在一定程度上是由于历史造成的。"文革"期间,对政法学界的批判是非常剧烈的。当时对于政法界的老先生的整治是非常残酷的。很多法学精英在这一时期都被清除了。剩下来的一些人,他们的精神其实也已经被彻底打垮了。所以"文革"之后,法学从民国时期传承下来的元气已经没有了。今天我们的法学道统要完全从头开始建立起来。从这个意义上讲,我对于中国目前的法学理论研究是不满意的。法学界平庸的专家太多,而真正有能力又有精神来构建这个民族的法学精义、法律制度的人几乎没有。这是令人感到悲哀的。

就拿晚清民国时期来讲,面对社会的重大转折,我们法学界还是有一批伟大的法学家的,比如沈家本、康有为、梁启超、伍廷芳、杨兆龙、吴经熊等。在中国从一个传统王朝转向一个现代国家的苦难过程中,是他们担负起一代法学大师的变法之道。而我们这60年或者30年中,出现过哪些大师呢?可以说一个都没有。再拿日本的明治维新为例,当时推动这场改革的主力,有一批是伟大的宪法学家。世界各国在转变时期都出现过许多伟大的法学家,比如法国的西耶斯,德国的萨维尼,美国的建国者们等等。他们与时代共命运,开法学制度的先河。相比之下,我们这30年出现过哪些大师呢?当然,中国的整个学术都很凋敝,法学更是如此。我们的法学界看上去非常繁荣,法学教授数以千计,法学文章汗牛充栋。实际上真正可圈可点的东西,真正有价值的东西,符合时代要求的东西又有多少呢?

有人说,现在的法学是未熟先烂,这一点我有同感。中国的法学界现在很浮躁,甚至堕落,研究状况非常糟糕。置身法学这十多年,我看到它的繁荣,同时也看到繁荣背后的颓废。作为一个非法学专业的人进入到法学领域,我的感觉是非常复杂的。可能我的看法不客观,有很大的片面性。但无论如何,我觉得我们对这种状况应该有所警惕。这样下去的话,中国的法学用一句古话说就是"伊于胡底",将会毁掉的。现在有很多人学法律,因为它是一个"饭碗"。但是法律人的事业除了安身糊口之外,还应该有公共性。法律要维护社会的正义,法律人要有一种社会的担当。从整个法学来讲,它的任务是要构建一个社会的正义秩序,要为一个社会经济和文化的繁荣奠定一个制度的基础。我们的法学有过多的商气与官气,这对我们构建正义的宪政制度是非常不利的。

记:高老师,中国现在的法学研究确实存在很多的问题,我们的宪政制度也不够完善。面对这么多的问题,您是怎样进行您自己的法学研究的呢?

高:我自己这十年来的法哲学研究有一个发展和转变的过程。我的研究一直处在一个探索的过程之中,还没有完成。刚开始,我的学习是为了补充我的法学知识。我一直觉得法学是一个非常"硬"的学科,它不同于文学和艺术,是同经济学一样有着一个坚硬内核的专业。它有自己的概念话语,有自己严谨的部门法分类,它是一个封闭的理论体系。它需要有一种专门的法律思维,而这种思维是很难建立起来的。我自己到目前来说,还没有完全建立起这种法律的思维,更多的还是一种哲学的思维。要以法律为职业的人,首先就得具备这样一种法律思考的逻辑能力。在这一点上,我自己还是不及格的。所以我力图通过自己的学习来做到这一点。从严格的意义上讲,我不能算是一个法学家。所以,我屡屡拒绝你们的采访,不是客气和谦虚,而是不具有这个资格。我不是法学家,更不是法学名家,要不是你们的何勤华校长来电话要我随便谈点感想,我是不愿列入你们这个系列的。

但是,我要强调的另一方面是,光有法律的思维还是不够的。法律的思维能够让你成为一个法律的专家,但是如果要有更大的成就,就还得具备其他的素质。比如,一个源自法律人的政治家,就还得具备政治的思维。要成为一个理论家,你就还需要社会学的、哲学的思维。我们现在的部门法教育对于培养学生的法律思维是有成效的,但是在法律之外,经济学的、社会学的、哲学的、政治学的思维培养,我们的教育还没有做到。我能够在法学界立足,也是因为法学还是需要有思想史的支持,需要法理学的支持。宪政制度的建设也需要思想史的支持,这也正是我的兴趣所在。

我这些年从事法学基础理论的研究,对于宪政问题的思考,可以用"一个中心问题,三个思想传统"来加以概括。三个传统是指英美的、法德的以及清末民初的法政传统,一个中心问题就是宪政制度的构建问题。我这些年以及将来要做的研究工作就是梳理三个宪政的思想传统,为中国宪政制度的构建提供一个思想理论的基础。这也是我过去研究黑格尔、哈耶克、休谟,现在研究格劳秀斯、民国宪政以及中国百年来的法治变革所围绕的主题。

记：高老师,您的研究集中在法律的基本问题上,您也是一位法理学家。您认为,现在我们法理学界的研究状况如何呢?

高：我认为中国现在的法理学教条主义严重。这表现在两个方面。现在的法理学只是从概念到概念地照搬西方的理论,和中国的现实没有联系。我将这种教条称为西方式的教条。还有一种教条是中国式的教条。这种教条就是过于强调中国的特殊性,过于强调现实,强调所谓的本土资源,片面地教条地理解中国的现实、中国的特色。实际上我们国家目前正处在一场伟大的变革当中。我们既不是西方的现代社会,也不是中国过去的传统社会。西方的制度在中国是不适用的,而中国过去的所谓本土资源也同样不能适应。这两种教条主义明显地主导着现在的法理学研究。这使得我们的法理学研究缺乏思想,缺乏真正活的、富有精神的思想。我认为这是我们现在法理学研究的问题所在。我们看到的法理学研究,或者是一种实证的调查性的研究,或者是对西方直接翻译过来的东西的一种简单运用。我们缺少对这个民族两百年来和西方碰接之后的社会变革的真实理解。我们不知道这个社会的规则是什么,应该是什么,怎么加以改变。我们没有能够提供一种既能赋予个人自由,同时又能够实现社会正义的制度设计。这两个教条主义让我们的法理学无法产生出富有思想性的经典著作。

可能因为我自己是学思想史的,我的认识会跟别人有所不同,感受也不一样。人们或许认为法学理论只要提炼出一般的法律概念,提供一般的法律原则就可以了。这对于一般的法学研究是足够了,但是我认为作为一个民族的法学精义,则是远远不够的。在这里我赞同萨维尼的观点,民族法学确实是需要一种精神贯注的。这种精神是要有思想的,它是要能够涵括古今历史演变的,它是要能够汇集中西千年法律文明之精髓的。没有思想的理论肯定是肤浅的,也是不能承担我们这个时代的要求的。这个时代从某种意义上来说是一个堕落的时代,但它也是一个转型的伟大时代。它是需要真正有思想性、精神性的著作的。法学是能够为这个时代提供思想精神的原动力的。我们并不要求法学著作都要有这样的担当,但是一个民族确实迫切需要有这样的著作。可是现在我们的法学名家中谁又在做这样的工作呢?没有这样的支撑,我们的法治国如何能够建立起来呢?西方国家在转型时期曾经涌现出了一大批伟大的思想家。而我们60年来,没有出现一部富有法律思想的经典性著作。在这一点上,我对中国的法律思想的研究是相当失望的。虽然我没有这样的能力,但是我可以有这样的感慨。在这一点上,我们数以万计的法律人还有什么好说的,我们应该感到惭愧。

记：对于您谈到的中国的宪政制度的构建问题，是否应该是宪法学者考虑的问题呢？

高：中国的制度构建是全方位的。宪政制度并不只是宪法学家专业份内的事情，它需要全社会的培育，当然，宪法学者在整个制度构建中要有大的担当。但是就现在的状况而言，中国的宪法学者很难完成这样的担当。社会改革的结果呈现为一种宪政制度，但是社会变革的动力未必是从宪政制度中来的。可能是一些偶然的因素最终促成了宪政制度的变革。历史上很多的伟大变革就是一些突发事件引起的。辛亥革命不就是四川的保路运动引起的吗？西方历史中很多的社会革命也是一些偶然事件诱发的。在这里就需要宪法学家或者法律思想史家有一种发现这种动因的能力。现在社会上很多的维权活动，或者政治体制改革中很小的一个变革，都有可能引发连锁性的扩展，从而能够触发一场大的社会变革。这就需要宪法学家、法学家看到这种社会变革中的内在需要，然后去推动它的发展。宪法学家在宪政制度变革中的担当并不是说要去构建一个系统的理论，而是要去发现社会裂变中的一些关键的点和面。这就需要宪法学家真正具有宪法学家的智慧。法学家需要这种智慧，要能够看到普通事物背后的东西，然后加以推动促成制度的构造。这个时代需要的就是这样的一批法律人。

记：高老师，您认为一种理想的宪政制度应当具备哪些思想的要素呢？我们的法学家在现有的制度下能够有哪些作为呢？

高：我认为，一个社会的一些最基本的价值是不分特殊性与普遍性的，也不分东西方差别的。我们对社会问题可以有不同的看法，可以有阶级的、民族的、地域的差别，但是在一个基本的道德底线上是要有一个共识的。所谓"人同此心，心同此理"。在这个底线上没有东西之差别，也没有古今之差别。人之为人，就应该受到作为人的起码的公正对待，应该享有人之为人的尊严。

法律人在这里应该更加关注这些基本的价值对于法律的意义。依据社会结构的不同，法律可以分为不同的法系，也可以有社会主义与资本主义的不同的法律。我认为这些不同都是后发的，有它们存在的合理性。但是法律人应该关注得更多的是人的基本的权利、基本的自由，以及维系这一权利和自由的基本的制度构建。中国当前当然存在千千万万的问题，但是，法律的那些基本的道德和正当性问题，对于公权力的肆意妄为的制度约束，一句话，就中国目前而言，基本的权利保障制度的建立才是最为重要的。

中国目前的很多学者恰恰对这些基本的权利保障问题置若罔闻。我想，我们法律人是应该有基本的良知的。如果连法律人都没有了良知，那还怎么能够期盼其他人能有所作为呢？还怎么期盼一个宪政制度的建立呢？

记：高老师，最后您能不能给我们的年轻学子们提点希望？

高：我想，去年我为《重大法苑》撰写的发刊词可以作为这个问题的回答。那篇文章的题目叫《做一个有思想的法律人》。首先，我认为，我们要成为一个有技艺的法律人。学习法律首先是要掌握一门独特的技艺。这是第一层的锤炼。学习法律就是积累知识，正如我前面所说的，法学是一门非常"硬"的学科。法科学生首先要扎实地掌握法律的知识，要将知识转化成技艺。其次，要做一个持守正义的法律人。法律人要以建立一个公正社会为职业准则，所谓法律就是维护正义的事业。我读到一本书，叫做《法律人，你为什么不争气》，我觉得很好。书里面有马英九撰写的序，他谈到了法律的伦理问题，法律人的"希波克拉底之誓"。法律人要捍卫正义和秩序，要具有道德伦理的持守。最后，做一个有思想的法律人。法律需要实务的操作，但是一个法律人要有更大的抱负的话，光有法律的思维还是不够的。为什么社会应该是正义的，为什么一个社会制度要维护正义的规则？这就需要有思想，思考古往今来的社会历史演变，思考人类社会的各种法律制度的设计，思考法律、社会、政治之间的关系，思考人性，思考罪与罚的问题，等等。我希望年轻的学子们能够做三重美德叠合起来的法律人。这才是一个卓越的法律人。

（肖崇俊、马维佳）

郭 锋
Guo Feng

1962年生,籍贯四川,法学博士,教授、博士生导师,中央财经大学法学院院长,院学位委员会主席,中央财经大学法硕教育中心主任,教育部新世纪优秀人才支持计划入选者(2007年),兼任教育部高等学校法学学科教育指导委员会委员,中国法学会证券法学研究会会长,中国法学会商法学研究会常务理事。从1983年开始从事票据法、公司法、证券法的理论研究,是国内中青年学者中该领域理论研究的主要开拓者。主要学术观点对国内立法、司法产生了重要影响,并为国内外学术界不同程度地采纳或引用。2000年以来,致力于建立中国证券市场民事赔偿机制,引发了众多投资者状告作假上市公司的浪潮,并促成和协助最高人民法院制定颁布了关于证券市场虚假陈述民事纠纷案件审理的司法解释。担任了亿安科技、大庆联谊股东民事赔偿案首席律师。《远东经济评论》《华尔街日报》《光明日报》等认为其在中国证券市场发起了一场投资者保护运动。

从1986年9月开始在中国人民大学执教,并在国内高校率先为本科生、研究生讲授票据法、公司法、证券法三门课程,此外,还讲授民法总论、民法分论、商法。共为本科生讲授5门课程,为研究生讲授5门课程。历任中国人民大学和最高人民法院联合开办的"高级法官培训班"主讲教师,还应全国人大常委会法律工作委员会、最高人民法院、司法部、中国证监会、中国人民银行以及有关省市的邀请多次作专题学术报告。2004年底调入中央财经大学法学院从事民商法的教学和研究。从1987年开始,参加《票据法》起草工作,并是起草小组正式成员;从1986年开始,参加《公司法》起草工作;从1993年开始,参加全国人大财经委组织的《证券法》的起草工作。参加了《证券法》修改工作。协助最高人民法院、中国证监会起草、修订了多部司法解释、部门规章。

> 西南政法就是填着玩的,后来没想到我被录取了,就这样读了法学。因为吃得好,我到西政半年就长了十公分。

记者(以下简称"记"):非常感谢郭老师接受我们的采访,作为青年学生,我们很想了解一下您的成长经历,请老师给我们谈下吧。

郭峰(以下简称"郭"):好的,我是62年出生在四川省西充县,西充县是属当时的川北行署管,就是现在的南充市。我出生于困难时期之后,"文化大革命"的前夕,从小就感觉到吃不饱。我在我们村上的小学,在乡里上的民办中学,小学5年,初中2年,后又到区里上高中,高中2年,这9年学习后,就到了78年。78年是恢复高考的第二年,因为我从理科转到了文科,所以当年就没有考上。之后就到县城里去复习了一年,79年的成绩刚好够西南政法的分数线。当时我填报了五个志愿,我记得第一志愿填的是四川大学中文系和历史系,但是我不够川大的分数线,于是就被最后一个志愿西南政法录取了。

郭峰老师中学毕业证

在西政读了四年,大二的时候我就准备考研究生,一定要考北京的,要考最强的学科。当时人民大学的民法是最强的,佟柔老师在那儿,所以就积极备考。后来83年考上人大法律系读民商法研究生。86年毕业后留校当老师。我们那届有6个学生,我们之前的第一届是王利明等三个人,第二届是龙翼飞、刘春田等三个人,第三届有我们6个人,就留了我一个人在法律系教书。之后91年读了在职博士,95年博士毕业,我当时是跟郭明瑞、吴汉东一届的博士生。在人大工作了将近二十年后,在04年底调到中央财经大学一直工作到现在。这就是我个人简单的经历。

记：郭老师您出生在"文革"前夕，少年时期也亲自经历了"文革"十年，您对当时的印象能给我们谈谈吗？

郭：当时我太小，没有太多印象，而且我家在农村，我感觉当时是城里人搞斗争，农村人一开始没搞，后来才搞起来。那时候有印象的可能就是66、67年的时候，我们农村搞运动，斗地主、斗反革命。我记得当时我们村里有个人把印有毛主席像的报纸垫到床席子底下，就被抓起来作为反革命来批判，说他是侮辱毛主席。另外我还记得那个时候把地主们揪出来批斗，说他们新中国成立前是如何剥削穷人的；还有就是对样板戏《红灯记》《沙家浜》等印象很深；再有就是读书的时候搞向造反派学习，要"又红又专"；再有就是当时搞"农业学大寨"，学校里要建农场，我们都到高山去开垦荒地，那时候都没时间学习。

记：那您现在再看那段历史，对那个时代有什么看法呢？

郭：我不像50年代出生的那批人，我那时候还小，更多地是觉得好玩。我们当时接受的教育是：我们是"生在新中国，长在红旗下"，过的是世界上最幸福的生活，我们的国家是世界上最好的国家，我们的人民是最幸福的人民。

记：郭老师您刚才谈到您一开始并没有报法律专业，那是由于什么原因，您选择了学习法律呢？

郭：我开始报的是中文系和历史系。这也和我们那个年代的经历有关。因为之前读书的时候是"文革"时期，能看到的书很少。当时把很多文学作品，特别是描写爱情的说成是"黄色文学"，不允许我们看。但是越不让我们看，我们就越想看。78年前后非常流行手抄本小说，我还记得当时的《第二次握手》这部小说。那时候没有法律，也不学数理化，所以有才的人都想当作家，当文学家，要去学中文，学新闻，这就是我们当时的想法。我们当时对法律没什么印象，不知道法律是什么概念，但是对中文却很感兴趣，中学时，我的作文经常是被当做范文来读的，后来考大学的时候没有考上中文系，就落到法学了。我记得那时报志愿的时候，别人叫我不要填法律，因为法学专业的招生是按照绝密专业招生的，要求出身成分要好，当然我家是贫下中农，这没问题，但它另外还要像军队院校那样要求身体条件，我当时个子小，眼睛又近视，报法律专业希望很小。所以西南政法就是填着玩的，后来没想到被录取了，就这样读了法学。

记：您考进西南政法之后，对学校的印象如何呢？

郭：我以前在乡下生活，之前最远只去过县城参加高考，从没去过城市，也不知道大学是什么模样。但是一踏进西政的校园，当时是大失所望。这里有一个故事，我上大学是我爸送我去的，当时拿到录取通知书，上面写着地址——"重庆市沙坪坝烈士墓，西南政法学院"，于是我们就从南充坐班车到了重庆。

郭峰老师本科时的日记

本来班车是先过烈士墓再到沙坪坝，我心想要从大地方往小地方找，就到了沙坪坝才下车，结果下车才知道烈士墓过了，又从沙坪坝倒车到烈士墓。那时候8月底，当天下着大雨，我一到校门，就看到要往山上爬，那时没有台阶，一条土路都是烂泥，我打着光脚板，爬不上去，心里想着："这就是大学啊？这么破破烂烂的。"那时的西政才刚复校，之前在"文化大革命"的时候，西政的校园被四川外语学院占了，复校之后川外就把最破烂的部分还给了西政做校园。所以第一个感受是当时西政的校园很差。但是我的另外一个感觉是西政吃的东西很不错，米饭、馒头、豆腐、肉都有，比我读中学的时候好多了。我读中学的时候一个月才吃一次肉，半个月才吃一次豆腐，而且都是吃粗粮，根本吃不饱。因为吃得好，我到西政半年就长了十公分。

记：说了初步的印象，您能回忆一下您在西政的学习生活吗？

郭：现在回想起来当时的生活还是很有意思的。一个是我们当时一个班的同学之间年纪差距比较大。像我们的班长当时都二十七八岁了，都有老婆、孩子了。而像我当时进校的时候才刚满17岁，因为是农村出来的，很多方面的东西都不懂，他们年纪大的同学，有的下过乡，有的当过工人，阅历很丰富，我们就能从他们身上学到很多为人处世的东西。

这方面我们也向78级的学习。我们当时入校后，西政就只有78级和我们79级两级。现在有人说法学界有个"西政78级现象"，其实我们79级出来的学者也很多，像尹田、张卫平、赵旭东等等都是跟我一级的。从那时起78级和我们79级之间就培养了很深厚的感情。比如像现在湖南省省长周强，他是78级的，我和他当时就经常在一个教室里复习。78级的同学年龄比我们大，对我们比较关心,他们身上有一些比我们成熟的东西,对我们来说是带来了一种示范效应,带领我们往前走。另外,由于是头两届学生,那时的师生关系特别好,老师们对我们特别照顾,经常请我们到家里去吃饭,甚至有的老师有事出去了,就把家里的钥匙交给我,让我给他看家,还帮我们改文章,给我们指明以后的方向等等。

另一个是西政的学术气氛特别浓。因为学校离城里远,我们又没钱,所以就只能专心学习。当时我们生活就是"三点一线"——宿舍、饭堂、图书馆或者教室。因为正是改革开放初期,所以当时的学术氛围可以说比现在要自由,我们可以怀疑一切,否认一切。不像你们现在的大学生,整天都在考虑自己怎么找一个好工作,我们当时办了很多墙报,使劲地阅读西方启蒙著作,像孟德斯鸠的、卢梭的,可以说是如饥似渴。我们当时就是思考中国未来的走向,中国怎样建成民主法治的国家。我们这批人思想上比较解放,就是在大学时受了很多启蒙思想家民主、人权、法治思想的影响。另外就是老师们因为深受"文化大革命"之害,深刻地感到法治的重要性,这是共识,他们都认为中国要搞民主,要搞法治。那时候的我们不断地探讨这样一些东西,学术的气氛非常浓厚,而不是只学习教科书上的东西。那时学校的教科书很薄,刑法教科书我记得只有一百零几页,我到考试的时候把它全都背下来了。所以当时考试的西政一届600多人中我考了98分,第一名。

除了学术的讨论,我们同学之间还有很多关于人生价值的争议。我记得当时《中国青年报》刊登了一篇署名"潘晓"的文章——《人生的路呵,怎么越走越窄》,里面提出一个观点,说人都是自私的,主观为自己,客观为别人。这样就在《中国青年报》上引起了一场大讨论。我们同学之间也跟着这个话题讨论,还写文章给《中国青年报》投稿。通过这场讨论,我们对人生观有了自己的认识。还有就是我们对社会现实问题的关注。我记得当时有个轰动社会的案子,就是新疆的一个知识青年,叫蒋爱珍,她在建设兵团,受了迫害,出于义愤,开枪杀人了。这个案子,如果按照新《刑法》(79年《刑法》)是要判死刑的。我们的老师就组织我们讨论这个案件,好多老师还写文章说她是义愤杀人,不应该判死刑,应该判无期。像这种问题我们当时都参加了讨论。

记:那您在西政求学时还有没有其他印象深刻的事情呢?

郭:有的。印象最深的事是我在大学的时候去办案子。大二的时候我刚学完刑法,到成都附近的一个亲戚家过春节。春节之前,我姐姐写信说她们单位有个人是冤案。他是在"文化大革命"后期,看了一些所谓的"黄色书籍",像《红与黑》、《红楼梦》一类的,还给周围的中学生讲,后来被抓起来说他看"黄色

郭峰老师本科时办理刑事案件

书籍",还毒害、诱骗青少年,被判了好几年劳教,被放出来之后他就一直去申诉,但是从单位到公安厅都说那件事是"事实清楚,证据确凿",不给他平反。我姐姐就希望我去调查一下。我不敢跟老师说,就瞒着学校自己决定去调查了。当时我想以什么身份去呢?我一个大学生,去了人家会问我怎么知道这个事呢?谁派你来的?所以我就想到学校那时有《西南政法学院学报》,我就冒充自己是学报编辑部派来的。这件事发生在什邡市,当时离学校很远,火车、客车都不通,只有货车通到那里。我就一个人拿着学生证坐货车到了那里。我那时找到他们宣传科科长,去调查了解那个人的情况。我说我们学报编辑部接到申诉,我作为学法律的大学生,编辑部就派我来了解这个事情。开始那个科长很紧张,不愿接待我,还说都是那个人的一面之词。我就跟他说我是学校派来的,一定要他接待我,要他跟我讲那个人的情况。后来他没办法,就跟我说了一些那个人的情况。然后我又找了那些所谓的"受害者",他们那时候也都长大了,有20多岁了,我就问他们当时是不是有"毒害"的情况,他们说根本没有,都是假的。他们也都签了字,弄好证人证言后我就把这些材料收集好。之后再去找他们的领导,他们就再也不接待我了,甚至还要把我扣起来。假期里我就把材料都整理好,然后准备去四川省公安厅、司法厅替他申诉,但却连门都进不去。那时公安厅看门的一个老头见我一个大学生要见公安厅领导,要申诉替人平反,就教育我说:"你一个大学生根本没参加过社会工作,什么都不懂。你怎么就知道他是冤枉的?这种事少管,好好学习就行。我们这里是不可能让你进去找领导的。"我心里就觉得这个社会太黑暗了,明明错了的案子,为什么连申诉的机会都不给。

回到学校后我就把资料详细整理好,寄给他们温江地区的公安厅。过了不到一个月,一天刚下课,我们年级主任就找到我,问我假期都干什么去了。我说我就去了亲戚家过年。他说没别的事了?我说没了。他又问我假期是不是去调查案子了?我就说,噢,是去了,我都差点忘了。然后我就把我弄的这件事情跟老师讲了。老师就教育了我一通:"你不好好学习,去弄这些做什么?社会复杂得很,那个人说他自己冤就真的冤啊,公安局能随便抓人吗?"他又问我是不是给公安局写信了,他告诉我现在公安局已经来信了,说要我们把资料再寄过去,他们要详细调查。再过了一个月的时间,公安厅就真给那个人平反了。再后来开年级大会的时候,我们年级主任就在会上表扬我:"79级10班的小郭锋",学习成绩好,刑法考了全年级第一名,而且假期还能调查案子给别人平反,很值得表扬。当时作这个调查都是自己掏钱,完全凭自己的热情,现在回想起来印象还特别深刻。

记:从这件事我们能看出您身上法律人的那种正义感和您处理事情的那种灵活、机智。那除此之外,在西政期间还有没有印象比较深的老师和同学呢?

郭:印象最深的老师就是西政经济法的一个元老——张序九老师,他是当时的老前辈,李昌麒都管他叫老师。这个老教授那时对我很关照。不管是生活上还是人生理念上,他都给我灌输了很多东西。他也是"文化大革命"的时候受到迫害。他总是带着批评的、思辨的眼光来看待社会。他鼓励创新,鼓励坚持真理,鼓励我们对一些陈规陋习要敢于怀疑。他对学生非常关心,经常问寒问暖,看你有什么困难就帮你解决。当时他看到我比较困难,夏天没有凉鞋穿,就把自己的鞋拿给我穿。我有时到他家去吃饭。他还鼓励我考研究生,他开始要我考本校的,我跟他说我想考北京的学校,考人民大学佟柔老师的研究生,他也非常支持。

特别是我考研究生那年,考完试后,大概3月份,佟柔老师就到我们西政讲学,那时我们西政有个民法师资培训班,江平、佟柔老师他们都会来上课。佟老师当时住在我们的招待所,张老师就把我带到佟老师那里,把我推荐给佟老师。他跟佟老师说,郭锋为了考你的研究生,用了两年时间作准备,连续两个假期都没有回家。因此佟老师对我也非常地好。当时他问了一些我家里的情况,还问了一个专业问题,我记得题目是"保险合同是不是附条件的法律行为?"好像答案应该是"不是",我回答的是"是",结果佟老师说我答错了,但我那时很不服气,我就坚持我自己的观点,跟佟老师辩论。后来我又连夜写了3000字的文章,第二天交给了他。佟老师回北京以后就让我复试的时候免试,直接入校学习。

谈到同学,在我的同学中,不同的同学对我产生了不同的影响。比如我们当时办墙报,做专栏,有的同学对哲学问题作了不少思考。现在新儒家思想的代表蒋庆,当时就写了很多文章。有的同学学习特别努力,像现在的湖南省省长周强,他是出身湖北农村,上学的时候经常背个黄挎包,戴着眼镜,平时说话也不多,随身带着饭盆,在教室里就拼命地学习,我和他经常在一个教室学习。还有现在天津高院的院长李少平,那时一天到晚捧着本英语书不停地练习。这些很好学的同学,对我们影响很大。特别是78级的这个群体给我们创造了很好的学习气氛,他们思想开放,学习刻苦,我们就跟着他们学。78级的张穹,现在是国务院法制办的副主任,他在读本科的时候就在《中国社会科学》上发表文章,让我们很受影响。所以大学毕业的时候我也发表了两篇论文,一篇发表在我们的学报上,一篇发表在北京的《法学杂志》上,另外投稿的还有七八篇。我们那时除了读文章就是不断地写文章,因为没有现在的就业压力,学习的环境是很好的。可以说我们大学四年基础打得好。

> 人民大学的票据法、公司法、证券法这三门课都是我第一个开的,他们现在都算是继承我的衣钵。这种开拓能让你走最前沿的路。

记:您刚才提到您本科时刑法学得很好,但您现在主要是从事商法领域的研究,您是何时开始对现在从事的专业感兴趣的呢?

郭:我读大学的时候对民法就不感兴趣,而对刑法和哲学感兴趣。自己发表的第一篇论文也是关于刑法的。后来我在规划人生发展的时候,根据当时整个国家的法制发展环境,觉得民法比刑法更有发展、更重要。在大学二年级我就思考这个问题,一是我觉得国家搞改革开放,要发展市场经济,经济越发展,民商法就越重要,所以我觉得民法更有前途。二是从学科上讲,刑法典已经颁布了,而民法典还没有,所以民法的探讨、研究空间更大。还有从社会需求来说,民商法与社会经济生活紧密联系,找工作会更容易,就业的待遇可能也会更高。我就是从这几点考虑,要学习民法,即使不喜欢它。后来转向民法的学习后,就使劲学,结果学得不错,在整个年级中我考了第一。后来读到了梁慧星老师的文章,他的文笔很好,我很受震撼,于是就坚持研究民法了。

记:那老师您进入民法研究领域后,是怎么想到要从事商法方向的研究?

郭:进入民法后,感觉到民法里也有很多方向。我是佟老师带的第三届研究生,第一届的王利明在研究民法,第二届的龙翼飞在研究婚姻继承法,刘春田

人大求学时与王利明等同学合影

在研究知识产权法,而商法那时研究的人还没有,我觉得这个空白总得有人来添补,然后我就跟佟老师商量说要研究这个方向。我最开始研究的是票据法,然后是公司法、证券法。我读研究生期间就把精力放在这三个法上。佟老师也非常支持。

我研究这三个部门法的时候,这三部法律都还没有颁布。后来就正好有立法的机会,96年中国人民银行给佟老师寄了信,说准备起草票据法,请佟老师参加,他们当时把佟柔老师的"佟"字都写错了,写成儿童的"童"。佟老师收到信后马上就把我叫到办公室说:"郭峰你研究票据法研究对了,马上国家就要制定法律了,我又不太懂,你去参加吧。"当时的经费都是由人民银行出,在桂林开会,要坐火车过去。佟老师就这样把这个参与立法的机会给我了。后来公司法的起草也是这样。第一次起草的时候不叫公司法,叫公司条例,是87年在烟台,由原先的国家经委组织,江平、沈四宝、王保树等学者都参加了,我代表人民大学也参加了。证券法也是,第一次起草,组专家班子的时候我就进去了。人民大学的票据法、公司法、证券法这三门课都是我第一个开的。这种开拓能让你走最前沿的路。

记:郭老师您作为我国商法方面的权威,能为我们不熟悉这个领域的学子讲讲您的基本的学术观点吗?

郭:在这几十年的研究中,有这么几个观点:一是在法人所有权这个问题上,就是关于股份制和股份制的产权,我比较早地提出股份制是实现法人所有权的最好的机制这一观点。从法律上说,股份制是实现所有权多元化的有效机制。89年以前,我发表文章认为股份制是通向私有制的桥梁,当时还受到批判,但我现在仍然认为中国的走向就是私有制。

二是关于民商合一和民商分立的问题。早在96年我就在论文中提出,这个问题没有绝对的标准,但总的来说,我们国家不应该采取民商分立的模式。商法的发展时间已经很长,商法典的内容已经不断被掏空了,像公司法、票据法、保险法等都被拉出来了。商法典就只有个总则,现在海商法还在里面。证券法是新兴的。更甚至,我觉得民法典都没有必要弄,就是一些人想要名垂青史,非要弄出个"典"来。现在随着经济的发展,没有必要把所有的法律揉在一起。

三是在证券法方面,关于投资者的保护。这方面应该说是我自己对我们国家法制建设贡献最大的一块。我在2000年前后,在以前研究的基础上发起了"投资者保护"运动。通过案件启动了中国的"投资者保护"运动,通过这场运动形成了投资者可以到法院去起诉的这样一种机制。最后这场运动的成果就是产生了最高法《最高人民法院关于审理证券市场因虚假陈述引发的民事赔偿案件的若干规定》,这是我帮助起草的,里面的主要观点、理论都是我提出来的。这个制度建成之后,很多关于虚假陈述的案子都来作共同诉讼,我也亲自代理了一些。由此使得上市公司不敢轻易作假,通过这场运动把作假降到了最低限度。

记:您是我国商事立法的先驱,在您参与商事立法的过程中,有没有出现什么大的争论呢?

郭:我并非是搞宏观的商法典,而是具体的商法,像公司法、票据法、证券法。立法中最容易产生的争论就是,集团利益、机构利益和普通投资者利益平衡的问题,这是很难掌握的。主要的阻力来自具体立法的部门,像保监会、证监会、银监会等等。他们在参与制定法条的时候,自觉不自觉地都会掺进自身的利益,站在机构和集团的角度去设计条款。而像我们学者的观点是要更多地保护弱者的利益,更多地倾向老百姓,倾向普通投资者,倾向消费者,他们信息上不对称,经济上处于弱势,本来就需要保护。这种观念的交锋就体现在条款当中,争论非常大。

我记得在起草最高院的关于虚假陈述的司法解释的时候,我们在香山开会,为这个事情,我跟别的起草人吵起来了。当时我们说要搞因果关系推定,除非你举证,否则只要有损害事实,就推定上市公司有过错,还有券商要承担连带责任。证监会有的人就不同意,说你这样就把证券公司搞垮了,上市公司也没法做了,这样赔偿的力度太大了。我们就争起来了。我当时说你们机构很多人都是强盗,证监会法律部门的一个领导就说那投资者就是小偷。我反驳说你们证监会怎么能这么说呢?你们证监会不是保护投资者利益的么?这个事就反映了很多法条都有部门利益的驱动。再比如我们起草票据法的时候,当时争论关于票据无因性的问题,我们说按照票据法的原理,就是要坚持票据行为的无因性,但银行的人就不明白,就不同意,认为自己的风险太大。争过很多次,最后还是没有坚持无因性,在我们的票据法中就写票据行为应该要有合法的债权债务关系,这个就是违背票据行为无因性的。后来就只好通过最高法的司法解释来纠正,说没有合法的债券债务关系,票据行为也是有效的,这样才符合法理,票据才能流通,才有信用功能。更可恨的是有时候个别学者也站在机构利益的立场上,不负责任。

记:从您刚才的讲述中我们知道我国的商事立法还有很多不足和需要完善的地方,那您觉得我们国家跟国外发达国家和地区相比,在商事法上的差距是什么呢?

郭:法系不同,特点不同。应该说从国际商事立法的发展来说,现在的经济、金融高度发达、高度技术化的背景下,英美的制度更能适应现在经济社会的发展状况,尽管现在出现了金融危机,但其原因不在于法律制度本身,而是社会经济方面出了问题。大陆法系因为法典化的问题,修改程序比较复杂,不够灵活,比较落后,不大适应现在经济的发展。

中国法存在的问题,一是从立法形式上看还是在过多地学习法典形式,法典化的思维其实已经不大能适应经济社会的高速发展。像我们现在学习法典的意识,就容易将我们的思维固化,纯粹地讨论一些理论的、抽象性的东西,我们就容易进入一种误区,脱离实际。二是由于我们国家不是像西方社会那样的真正的民主法治国家,我们整个对法律的决策机制还是政治主导,没有把法律作为一个严谨的科学,而是把法律作为政治的工具,用短期政治上的功利的观念来取代法律本身应有的理念。因此体现在立法上,往往是政治决策高于法律条款,导致很多法律总则部分都是空洞的政治口号。像公司法里写的:公司中基层党组织的活动按照中国共产党的章程办理,这都不是应该写进法律的东西。三是我们的法律条款太原则,具体性、技术性、操作性不够。与美国的相比,他们的一个救市方案,每一条都写得非常细致,会限制公权力的任意膨胀。反观我们,像公司法、证券法、保险法等都是很"粗"的法。另外我们老是觉得一个问题出现了,马上就应该立法,一立法就能解决了。其实很多东西是不应该由法管理的。法律不是万能的,不是立法就能解决问题的,还有一些可以通过道德观念、自律、自治来管理。我们法律还是责任机制很强,激励机制太少。

记：老师您刚才跟我们说了我们国家立法的缺陷,那我们国家要进一步完善,您觉得途径是什么呢?

郭：人类社会的东西是共同的。西方人搞市场经济很多年了,很多东西人家已经经历了,我们现在遇到的一些所谓的"新问题",别人一百年前就有案例了。所以共同的东西还是要遵守和参考的。如何结合中国国情,主要还是司法机制问题。法律之上的观点还是应该要坚守的。观念的问题解决了,体制才能更加完善。

记：您刚才对我国的商事法律谈了您的看法,现在能不能请您谈谈在您的研究中,您最喜欢采用哪种研究方法?

郭：这个没有统一的标准,我是主张多元化,因为法律本身有历史法学、现实法学,有公法学、私法学,有理论法学、应用法学,因此不能用一种统一的研究模式去适用所有的法学二级学科。像研究理论法学和现实法学不同。像我们研究部门法学的,就不能研究高度抽象的,而是具体解决实际问题。最高院把你请去,很多时候是要你对具体的案件提出解决的方案,而不是提出抽象的观念和理论。不同的专业学科需要不同的知识。部门法学更注重实证的研究,来解决实际中遇到的问题。还是应该多元化。

记：在现在金融危机的大环境下,您觉得在我们商事法律研究领域中,特别是金融法律领域,我们新的发展、开拓空间在哪里呢?

郭：这个问题是当前比较重要的,也正是我们着力研究的方面。我们证券法学研究会今年上半年到日本去考察了其证券法领域的一些问题和机制。现在我觉得金融危机给我们金融法学提供了很好的,思考未来五六十年中世界和中国构建全新的法律制度,特别是经济、金融方面法律制度的机会。我举个例子,最近 20 年,在金融领域,从欧洲到亚洲,已经发生了重大变化,特别是有价证券,商品经济的特点就是证券化。现在整个世界,传统的证券被金融商品取代,通过金融投资概念,把民法的投资概念综合了,最后可能取代有价证券的概念。像这次日本修法,有个观点就是可以不用有价证券的概念了,传统的有价证券制度可以被淘汰了。金融投资的概念会动摇有价证券的理论,包括物权法中的相关概念。我们就在思考要建立中国市场的统合,现在我们最新的思路把保险法、公司法、证券法、投资基金法等合为一体。像我们投资者,会买基金、国债、股票等,受到的是不同的部门法管理。而在日本是统一一个法进行管理。中国需要把这些法律整合,这是一个大的整合任务,是一个革命性的变化。另外,还要建立一个大的金融统合监管机制。我想现在主要的任务就是应该构建中国未来五六十年的金融市场制度,这个任务如果在我退休前能完成就不错了。

> 作为法律人,就应该有法律的价值观,公平,正义,平等,自由,尊重程序的观念。这些都是法律人应该坚守的最基本的方面。这样你才能毕生来从事这个事业。

记:您谈了对自己学科发展的看法,那您作为过来人,能评价一下现在的中青年学者么?您觉得我们目前的中青年学者浮躁吗?

郭:商法中研究氛围还是不错的,现在研究队伍比较大。其中是有区分的,一个是理论商法,一个是部门商法。应该说研究具体的商法制度很活跃,更前沿,更能引导国家的商事法律制度的发展。相比之下,研究商法理论现在跟不上,比较弱些。但其实我个人认为,"商法"这个概念可能都已经过时了,再过十年、二十年可能就没有这个概念了。商法其实就是民法中的特别法。因此我觉得我们不要过多地研究商法中一些不切实际的东西,更重要的是应该把共同的规则抽象出来,但现在没有人做这方面的工作。甚至有的人却沉迷于搞"商人通则",现在法律上还有"商人"么?

记:您觉得这是一种浮躁的表现么?

郭:不,这不能算是一种浮躁,只是没有意识到自己应有的任务。现在的中青年学者不浮躁,都比较务实,很多青年教师对国外原文资料的掌握都是不错的,都比较注重资料的考证。从我的观察来看,商法学界的人总的来说素质是好的。

记:近期媒体上报道了一些学术失范的事件,您觉得在我们的法学研究领域中,学术规范执行得如何呢?

郭:这么说吧,在法学界,像我们这批受过传统法学教育的人是很注重学术规范和学术道德的。这就是示范效应。现在出问题的主要是出在不是法律科班出身的人,没有法律根基,投机取巧,但这样的人肯定是会越来越少的。还有就是现在的博士生和硕士生,由于他们缺乏传统的扎实的法学训练,在科研的压力下,会出现抄袭这样的问题。不过,我觉得法学界占主流的学者们还是非常严谨的。

记:那么您觉得我们的中青年法学学者是多发表文章好还是少发表文章好呢?

郭:我觉得这个不能一概而论。像我们这个年纪的这批人,还是应该追求质量而不是数量。有的学生也反映,某位老师这本书跟那本书的观点、内容都差不多。当然教科书可以这样,但专著和论文如果都是重复的,那就没有什么意义了。

记:但当前各高校研究机构给学者的科研任务的压力很大,如何能平衡这个关系呢?

郭:在现在的科研压力下,对年轻一辈的人来说,在现行的评价体制下,还是先完成科研任务,在数量的基础上尽量突出质量。我读研究生的时候也发表了将近20篇论文。对已经是教授的人,我觉得是应该追求质量的,应该去引领整个学术学风。

记:您说得很有道理。但您也说了,现在的学术评价体系不尽合理,那么您在这种环境下觉得我们应该如何营造一种良好的学术氛围呢?

郭:应该依靠这批可以引导中国法学学术走向的学科带头人。我们这些人应该带头来争取改变这样的学术风气,不要怕得罪某些部门,学术和行政应该保持一定的距离,学术应该有它一定的独立性,就应该有这样的责任感,尽量保持学术的独立性。其实你学术越独立,权力部门、行政部门就越尊重你;你越是变成附庸,他们反而会觉得你可有可无,不尊重你。如果学术界自己能够独立地形成自己的学术规则,引导这个学术氛围,那么行政部门肯定会听从你的意见。因此我们这批人责无旁贷,要冷静地思考和规划未来的发展。

记:再请您简要地评价下中国当前的法学学术研究状况。

郭:也是分两个层次来谈。从理论法学上我觉得研究不乐观,应用法学上前瞻性的研究还不够。理论法学主要是不能保持自身应有的独立性,当然这受制于我们整个社会环境和文化环境对它的影响,因此可以说这方面的研究没有多少真正有历史价值的东西,很多都是"应景式"的研究,特别是在"课题"的指导下。研究本身应该出于自己的兴趣和专长,为什么要跟着课题走呢?这样的研究是没有出路的。很多真正应该研究的没有得到认真的探讨。但这不完全是法学家的责任,主要还是没有把法学当成一门科学来对待,这也是现在的一个难题。

部门法学的研究还好一些,毕竟它本身的技术性比较强。但是存在的问题是过多地受制于现实情况和一些利益纠纷,受利益的驱使,很少从学科的规律性,从世界法律发展的共同特点来看问题。因此显得前瞻性不够,拓展的勇气不足,还有对具体制度的设计也比较欠缺。

记:谢谢郭老师给我们谈了您的成长经历和学术之路,最后您能为我们想今后从事这方面学习的年轻学子推荐几本书,提出一些建议和希望吗?

郭：关于书籍我建议多读西方启蒙思想家如孟德斯鸠、卢梭、伏尔泰等的书。我觉得既然是学法律的，作为法律人，就应该有法律的价值观，公平，正义，平等，自由，尊重程序的观念。这些都是法律人应该坚守的最基本的方面。这样你才能毕生来从事这个事业。另外，我觉得法律人要始终站在少数弱势群体的利益上来研究具体的制度和规制。法律各种规则的制定应该向弱者倾斜。还要对公权力保持怀疑和监督，一个政府不可能自动地保护人们的利益，要有监督的约束。最后，就是既要有远大的理想，又要有踏实做事的能力。我们学法律的，都是对未来社会的规划者，应该保有对未来社会的憧憬和向往，这样才能引领社会的发展和进步。同时还要有踏实的做事风格，最终才能取得成就。

（余　莉、聂　潍）

蒋 月
Jiang Yue

1962年出生于浙江省嵊州市。1980年考入西南政法学院法律系，攻读学士学位，毕业前考上母校民法专业硕士研究生，师从著名婚姻法学专家杨怀英教授。1987年6月开始在华东政法学院法律系民法教研室任教。1990年8月调入厦门大学法律系任教。主要研究领域为婚姻家庭法、继承法、劳动法和社会保障法。

曾出版《人民调解制度的理论与实践》（群众出版社1994年版，获福建省社会科学优秀成果青年佳作奖）；《社会保障法概论》（法律出版社1999年版，获福建省社会科学优秀成果三等奖）；《夫妻的权利与义务》（法律出版社2001年版）；《社会保障法》（厦门大学出版社2004年版）；《中国农民工劳动权利保护研究》（第一作者，法律出版社2006年版）；《农村土地承包法施行研究》（第一作者，法律出版社2006年版）；《婚姻家庭法前沿导论》（科学出版社2007年版，获福建省第八届社会科学优秀成果三等奖）；《英国婚姻家庭制定法选集》（第一译者，法律出版社2008年版，获福建省第八届社会科学优秀成果三等奖）。主要论文有：《我国应建立离婚后扶养费给付制度》（第一作者，《中国法学》1998年第3期）；《夫妻财产制与民事交易安全若干问题研究》（《法学》1999年第5期）；《夫妻财产制基本问题研究》（《民商法论丛》第15卷）；《配偶身份权的类型与外延界定》（《法商研究》1999年第1期）；《我国夫妻财产制若干重大问题思考》（《现代法学》2000年第6期）；《中国家庭暴力问题实证研究——以福建省为例》（第一作者，《金陵法律评论》2006年春季卷）；《改革开放三十年离婚法研究回顾与展望》（《法学家》2009年第1期）。《中国改革开放三十年婚姻家庭立法的变革与思考》（《浙江学刊》2009年第3期）。

> 在填报高考志愿表时，因为特别崇尚公平、正义，朦胧中感觉读法律更能接近自己的理想，就没有接受老师的建议，报考了西南政法学院。从此我走上了法学这条道路。幸运的是，入校后，我的确喜欢这个专业。

记者（以下简称"记"）：您对"文化大革命"有印象吗？

蒋月（以下简称"蒋"）：没有太深的印象了。只记得1976年，我母亲工作调动，我便跟着母亲从安徽回到故乡浙江。当年，我是初一学生，在杭州下了火车后，看到大街两边的墙上贴了许多"打倒四人帮"之类的政治标语。在安徽祁门生活时，我住在历口镇上，能了解到的外面的事情不多，倒是对学校里经常组织的学农经历记忆深刻。记得有年暑假，我母亲回乡探亲了。一天，我与同学约好第二天早上去附近农村帮助割稻，便事先设了闹铃。可是，凌晨两点半，我突然醒了，误把时钟看成五点多，赶紧跑出去找住在附近的同学，在同学家门口大喊，把同学全家都吵醒了，这才知道搞错了时间。但是，回到家中，生怕睡过头，不敢再睡，折腾到5点多，又出门约同学一起坐车去农村。现在回想起来，学农生活对于城镇的小孩，是一种锻炼，能接触到迥然不同的生活环境和经历，没有觉得有多么辛苦，大家在一起劳动很开心。

记：您是回到浙江后考上大学的吧？

蒋：是的。我回到原籍后在一个镇上继续读初中。那时候，老师时常要求我们写诗。我记得曾经写过一首《新长征》之类的诗，尝试着借鉴当时一些歌曲中的歌词，背景很宏大，很受语文老师肯定。"文革"结束后，有相当长的一段时间，氛围是比较自由的。

记：您后来考上了西南政法大学，怎么会想到要选择法律这个专业呢？

蒋：我是1980年读大学的。当时，考生获取信息的渠道非常少，父母文化水平不高，记得当时是在学校里，由班级老师帮助我们填高考志愿，我的高考分很高，老师就叫我填报厦门大学会计系。但是，在我当时有限的认识中，会计就是一个账房先生，一天到晚打算盘、点钞票，我觉得自己不喜欢这样的工作。班主任要求另一个高分男生填报西南政法大学，可是他好像不喜欢法律。所以，正式填表时，我与那位男同学违背老师要求，调换了志愿院校。从此我便走上了法学这条道路，事实上我也的确喜欢这个专业。

记：看来您和那位同学是"各取所需"了。

蒋：是呀，很幸运。其实，我所以选择法学专业，也与当时的两件社会重大事件有关:一件是渤海二号钻井船沉船事件,1979年11月左右,渤海二号钻井船在渤海湾迁往新井位的拖航中翻沉,当时船上74人中,72人死亡,直接经济损失数千万元。为此,当时的石油部部长等一批高级干部受到处理,直接责任人员进入了司法程序。另一件是新疆的一名军人认为自己受到了冤屈,结果动用枪械伤到了人,因为事出有因,对于他应当承担什么样的责任,众说纷纭,有很多媒体进行了报道。大家都认为这是一个法律问题。这两件事让我觉得学法律将来能够伸张社会的公平正义,肯定很有意义,就想着去学法律。

记:您进入西南政法学院后,感觉怎么样呢?

蒋:学习上,西政确实为学生提供了相当好的专业培养方向。80级入校时,78、79级的师兄师姐时兴讨论青年马克思、黑格尔,他们在学校食堂外面的墙壁上张贴了许多辩论文章,都是用毛笔写的。我们端着饭碗羡慕地看着高年级的同学谈论那些我们从未接触过的新鲜话题,那种学术争鸣、氛围及学术深度,让我们感觉到空气中充满了学术民主、学术自由。当然,老师们的授课很精彩。其实,当时教学条件不好,很多课程是电化教学,我所在的80级甲大班(包括四个班级)的同学,一半在一个大教室听老师面授,另一半同学就只能在隔壁的另一个大教室观看电视教学。但是,老师们深入浅出的教学,课堂讲授、小班讨论、法庭观摩等多种教学方式以及师生之间的良好的交流互动,使我们打下了扎实的专业功底,受益终身。记得给我们讲民法课的老师,他可以用大学生一天的生活为例,将民法的基本理论生动地解释清楚,这样的课,当然受到学生欢迎。老师们理论功底深,大多又曾从事过法律实际工作,讲课时总能将理论与实际紧密联系,对学生的专业培养效果真可谓好极了。在后来的多年法律职业工作中,当面对新的法律问题或者疑难案例讨论,几乎都可以本能作出合理的判断,这与本科时受到良好的法律思维训练有关。还值得一提的是,那个年代,学生们的学习热情很高,真正是如饥似渴地读书。从一定意义上说,母校老师们的职业素养和形象影响了我后来职业的选择。当年我们调侃地称母校为"稀烂政法学院"。因为校园里,多数路是土泥地,下雨后,走路的师生多了,路就成了烂泥地。我记得,下雨天,学生都要穿雨鞋去教室、去食堂,鞋当然是脏得一塌糊涂。现在回想起来这段生活,觉得很亲切。另外,西政食堂的伙食相当好。离开母校多少年了,回忆起来时口头似乎还能找到那个好味道。

记:西政的优秀老师中,哪些人给您留下深刻印象呢?

蒋:像讲民法的赵勇山老师,讲授国际共产主义运动史的老师,讲外国法律思想史的老师,讲授古汉语的张老师等等,深受学生喜爱。为了有更好的位置听课,大家要提前去教室占位子。给我们作报告的周枏老师,能把博大精深的罗马法理论、民法理论讲得通俗易懂、深入浅出,这对于一个刚踏入法律之门的年轻学生而言极为重要。我正是听了民法的学术报告后,喜欢上民法的。西政有一个特别好的制度,任课老师主副搭配,每位主讲老师都配有一名辅导老师,辅导老师都是专业教师,主持讨论课,他们出席主讲老师上的每一课,对课堂授课情况十分了解。当年我们的讨论课很多,通过激烈讨论消化课堂上学到的知识,对于观察、分析、解决专业问题的能力的培养非常行之有效。

记:在您的同学中,您最为敬重的有哪些呢?

蒋:有多位同学对我帮助很大。杨露瑾是我的同学、舍友,在日常生活中给了我很多帮助。她是位很有爱心的女生,对人体贴入微,像个姐姐似的,经常替我打饭、排队。我的入党介绍人张建华同学,他在我们班算是年纪较大的同学,担任过一段时间的班长,在成长过程中给了我很多引导。还有师资班的胡泽君同学。我到校报到时,因为托运的行李遇到点问题,没有到达学校。胡泽君把她自己的衣服借给我穿,为我解了围,我对她一直心存感激。

记:您毕业时面临的职业选择除了当老师以外还有其他的吗?又是什么原因促使您从事法学教育呢?

蒋:我 1984 年本科毕业时实行工作分配。法律系毕业生,多数当然被分配到法院、检察院、公安局,不过,那时法律师资很缺乏,不少同学被分配去学校当老师。我想当老师,觉得在大学里做一个有学术造诣的学者很不错,就像我们的老师一样。西政的老师对我人生的影响挺大的。我是在基层法院实习的,实务工作对我吸引力不太大。但是,我已经快毕业了,才真正决定考研,几乎是到了考研报名快截止的那几天,才报考母校的民法专业。当时的我很简单,不像现在的学生,有些人大学一年级就定了考研的目标。

记:您研究生毕业以后在华政工作过吧?

蒋:没错,这段工作经历也是很珍贵的。我进入华政工作,要感谢张贤钰老师,他是婚姻家庭法领域的前辈,给了我很多帮助。江浙一带的人,一般都认为在上海工作是件了不起的事,去上海工作是我从小的梦想。华政留给我很深的记忆,在那里我第一次以老师身份给学生上课,还做了班主任,和当年班里的一些学生至今都有联系。华政于我是第二母校,在那里我完成了角色的转换,对它有很深的感情。

> 现在的婚姻家庭法很大程度上是社会福利法,通过法律进行社会利益的再一次分配,类似慈善这样的第三次分配。

记:您对您所从事的专业,有什么基本的学术观点呢?

蒋:首先,婚姻家庭法、劳动法、社会保障法是在市场经济环境下保护弱势群体的法律。制定这些法律时,必须要关注弱势群体的特点。倘若用合同法、商法的观点来制定婚姻家庭法、劳动法和社会保障法,就不可能达到应有效果。在家庭法领域,最重要的事实是妇女事实上没有取得与男子平等的地位,无论是经济、家庭生活方面,妇女仍然处于受排挤的状态,处于非常明显的弱势地位。所以,要真正体现对弱势群体的帮助和照顾,仅仅拥有平等的观念是远远不够的,有时候,在事实不平等基础上机械地谈论法律平等,恰恰损害了弱势群体的利益。其次,现在的婚姻家庭法,很大程度上是社会福利法,通过法律进行社会利益的第三次分配。如果以往我们还看得不够清晰的话,那么从2000年左右以来,家庭法的福利性质越发凸现。人们不结婚,不走入婚姻家庭的传统结构中,依然可以生活好;而走入婚姻家庭则意味着需要承担更多的责任,因此,如何进行价值取向和制度建设,充分发挥福利法的功能,值得深思。尤其是儿童问题,长期以来,照顾儿童的责任由父母来承担,仅是家庭法领域的话题。改革开放以来,在人口大规模流动的环境里,国家必须帮助父母履行责任,才能更好促进儿童的健康成长。仅仅要求父母承担抚养义务,违反义务时便处罚他们,剥夺这样或那样的资格,并不能解决所有的问题。家庭只是社会的细胞,是在社会大环境下存活的,光考虑家庭是不够的,很多问题和社会是连带的,即使父母尽责,孩子仍可能发生问题。研究家庭法不能局限于婚姻家庭领域。再

次,在劳动法和社会保障法领域,要大力推进社会保障制度(社会保险、社会福利)的建设,提高个人抗拒风险的能力,使个人不仅能够依赖传统的亲属制度,而且能够依靠更强大的平台。在工商业社会,个人抗拒风险的能力比较弱,少数的巨富或许可以勉力为之,但像环境污染这样的问题,纵然有家财千万,也不足以保证全家安全。在过去社会里,一个穷人家的孩子上不起大学时,只能向亲戚朋友借钱,实在借不到,只好放弃上学机会。现在社会发展阶段,面临同样问题,可以申请助学贷款、学费减免、社会爱心捐助等。社会需要推行社会保障制度来提升每一个成员的生活品质。最后,劳动法是市场经济条件下的基本法律之一,要重新认识劳动者与用人单位之间的关系,我更愿意把它表达为劳资关系,不能再用过于传统的理论来涵盖新的发展阶段的劳资关系。来自美国的雇主与中国的劳工之间的矛盾,就不能再用人民内部矛盾来解释。总体来说,劳动者、资本家是两个不同的利益群体,是市场经济下基本的社会关系,应当进行多元化思考。尤其在当前的社会转型中,要多方面地认识社会关系的划分,才能更好地协调不同利益群体之间的利益分配,达到共同进步。

记:《劳动合同法》颁布后,引起了各方争议,您的观点如何?

蒋:我持肯定态度,我认为,中国的《劳动合同法》不是制定得太早,而是制定得太晚。中国大陆地区如果能早三年颁行劳动合同法,我们今天遇到的劳动领域的问题可能会少一些。有一种看法是把世界经济危机带来的动荡都算在劳动合同法上。其实,这是不客观的。在某种程度上,劳资双方是利益共同体,只有合作才能够实现双赢。通常情况下,若资本没有与劳动者的劳动相结合,是没有办法创造利润的,而劳动者则通过资方提供的工作岗位实现与生产资料的结合,创造价值,从而谋生,共同发展对双方都有利。如果说改革开放之初20年间,我们的投资人还看不到这一点的话,近几年已经出现的"用工荒",已经明显地说明了离开劳动者,资本也会失灵。经过30多年的改革开放,国民财富大大增加,用人单位获得了长足发展,对劳动者的保护以及待遇也应当同时得到适当提高,让劳动者合理地分享到社会进步的成果。做不到这一点,就会引发劳资双方的矛盾和冲突。我觉得不同的利益群体有不同的声音,很正常,规范不同利益群体的法律不可能众口一致叫好。例如,《公司法》《证券法》等商法是维护投资人利益的,没有见到劳工群体反对出台这样的法律,《劳动法》和《劳动合同法》对资方有所约束,许多企业主或投资人就认为《劳动合同法》不合时宜,要求修改。这是什么逻辑?中国能永远依靠低成本的劳动力来发展经济吗?在我看来,《劳动合同法》保证劳动者参与到用人单位制定规章制度过程中,是要使劳动者与所在企业利益挂钩,如果没有劳动者和企业同心同德,企业是不可能有长远发展的。无论是企业主,还是普通百姓,都不能只要求别人如何如何,而一旦要为社会或别的群体的合理要求付出自己的成本时,就一百个不愿意。目前,很多资本已经完成了原始积累,是不是应该考虑劳动者在实现了生存愿望后也是要发展的?无论是发展经济还是发展其他,一切都是为了使人们拥有更高质量的生活,要使人们过得有尊严。在自己的国度里,劳动者拿着较低的劳动报酬,享受着极有限的福利,付出了劳动却还没有尊严,情何以堪呢?一个月不吃鲍鱼,不会有任何问题,三天不吃饭能成吗?社会应该满足不同利益群体的合理的利益诉求。

记:在社会保障领域,将来有没有可能消除城乡差别?

蒋:我主张国民待遇平等,无论是农村村民还是城市居民,他们都是同一国国民。新中国成立以来,城乡分割导致了很多不平等,但是由于历史欠账太多,目前情况下要求立刻一刀切来实现城乡居民所有待遇平等,恐怕很难做到。好在已经认识到城乡两极分化不合理,国家现在采取的政策和立法已经在朝这个方向努力,比如户籍制度改革、对进城务工人员子女受教育权的保障等。人是出生在城市还是农村,不是自己选择的,父母的身份决定了孩子是做农民还是城市人,但是出生以后,社会应该给予他们选择权,而不能搞出生地歧视。

记:现在有些地区把农民的宅基地、承包地集中起来,收归集体所有,用来发展商业,您如何看待这种试点?

蒋:中国的农村究竟应当如何发展,土地利益应当如何分配的确非常值得研究。工商业化过程中,城市发展不断蚕食着农村土地,土地是一种稀缺资源,只会减少,很容易成为矛盾的集中焦点。我认为很有必要进一步完善农村土地承包法。现在的土地承包一包数十年不变,涉及几代人的命运。我在浙江、福建、广东等地作过土地承包调查,有的村采用抽签方式决定所分的土地,运气不好的家庭,抽到较差的土地,那么几代人都得承包这些比较差的土地。人的问题是复杂的,人会生老病死。如果刘家原来人口多,随着老人陆续去世而又没有新增人口,那么他们已经承包的土地该如何处理呢?人口减少了不回收土地就不合理,回收了就违背"一包到底"的规定。再比如张家本来人口少,后来新增了几口人,但村里土地都已承包出去了,他们没地可分,又该怎么办呢?特别是妇女的土地利益,因为涉及男娶女嫁习俗,就变得更为复杂。我从事家庭法和妇女问题研究多年,感受现行土地政策在性别平等、性别差异方面关注不够,因为在传统农业社会模式下,婚嫁半径小,都在同一个乡或者邻村,然而,现在工业化、城镇化过程中,情况大不相同了,贵州妇女嫁到了福建,她娘家的承包地对她而言还有什么意义呢?另外,嫁出去后根据《土地承包法》当然允许她到夫家分承包地,但夫家所在村的土地都分光了,新媳妇的土地利益怎样才能实现呢?如果已婚妇女离婚了,她的土地利益又该如何保障?在制定公共政策时,性别平等视角很重要,如果没有注意到这一点,各种新政策的落实会遇到很大问题。总而言之,制定公共政策时,应当作尽可能多的调查研究,多听取不同声音,应该抱有更加开放的心态;要鼓励多样化的探索,中国幅员那么辽阔,东西部、南北部地区差异很大,没有经过实践检验,我们很难说某一种改革就一定适合所有的农村。像你刚才提到的改革试点,从承包到户、到集约化来进行新农村建设,也有建设得很成功的例子,关键是一定要尊重农民的自主性。倘若农村老年人的养老问题可以得到合理解决,那么解决其他问题的难度就会降低很多。

记:您曾经提出我们要制定一部具有法典性质的完善的《婚姻家庭法》,那么您认为我们目前的《婚姻法》还有哪些方面需要改善的?

蒋:《婚姻法》在2001年进行了小修小改,但仍然存在着不少问题,我期待国家能在适当的时候制定一部具有法典性质的《婚姻家庭法》。有六个方面需要改善:一是关于性别平等,现行法仍然不彻底。二是一些具体制度的建设,比如亲属制度。中国实行独生子女政策多年后,亲属网络发生了深刻变化,人口政策给婚姻家庭结构带来的重大影响,还没有在法律上体现出来。例如,过去是几个孩子共同赡养一对父母,现在是两个孩子赡养好多位长辈,社会发展阶段不同,我们遇到的新问题也会层出不穷。三是关于夫妻关系的规范,无论是人身关系还是财产关系,目前的法律释明不够。不难看出,离婚率的上升是无法阻挡的趋势,婚姻关系变得尤为脆弱,所以法律在制定过程中一定要考虑到实际生活中出现的各种各样的情况,进一步细化,使得有法可依。四是关于父母子女关系问题。新道德的宽容以及两性观念改变使得男女两性关系发生了很大变化,非传统形式的两性关系已经不是个别人的行为,非婚生子女增多,这类两性关系及其所生子女的权利保护,值得关注。五是教育的复杂性和多样性,家庭法应当有一些引导性规则促使个体多样性培养。传统观念只认可某种精英模式,比如考上名牌大学才受到社会推崇,其他似乎都不受到肯定,这种价值观太过单一,需要检讨。六是区际、国际之间婚姻家庭关系的调整。中国现在有多个不同法域,涉外婚姻家庭关系越来越复杂,这些都需要法律制定相应规则给予调整。

> 中国要推出自己的具有世界影响力的法学理论,不能再亦步亦趋跟着西方工业化国家走,我们已经到了应该和可能产生自己法学大师的时代。

记:在各种法学研究方法中,您最欣赏哪一种呢?

蒋:我十分赞同学术研究的百花齐放、百家争鸣,唯如此,才能为推动学术的繁荣,创造出更多更好的研究成果。如果说,以前法学研究更多是作理论上的梳理,那么,现阶段的法学研究,已经到了实证和理论研究并重的时代。法律制定实施后,在实际生活中,是否发挥了立法时预想的效果,光靠理论研究是不能得出客观结论的。近些年来,从事学术研究的法律实务工作者越来越多,这是一个好现象,他们了解法律实践,容易发现法律适用中遇到的问题。我提倡更多学者作实证研究,通过实地调查等,检验法律,发现问题,找到原因,然后提出具有针对性的解决方案,改善法律及其适用效果。遗憾的是,从事实证研究的条件还比较差,一是实证研究需要的数据和案例检审,存在很大难度,公共数据平台太少,许多单位或部门以数据不宜公开为由谢绝调研者;二是实证研究需要较多资金投入,而法学研究的经费来源渠道并不多,金额也少。当然,无论从哪一个层面看,现阶段对法学实证研究的重视都很不够。

记:您认为法学界的中青年学者现在浮躁吗?现在学术规范执行得如何?

蒋:长江后浪推前浪,这是历史规律。总体上,中青年法学工作者是个积极向上的群体,他们视野开阔,外语好,思维活跃,没有前辈们那么多的条条框框和顾虑,有许多超越前辈之处,但也有一些明显需要改进的地方。

关于学术规范,我个人比较感慨的是评价体系存在的问题。例如,评价一个学者学术水平,现在不是由同行来评价而是由杂志编辑来评价。如果一个人的论文发表在某权威刊物、核心刊物上,那么就说明这个人有水平,反之,论文发表在一般刊物上,就认定这个人学术水平不高或较低。这样的评价机制无疑是必须改进的。我觉得学术评价依据应当多元化,不能将评价标准唯一化。有的学者善于发表文章,有的善于行动,直接参与或推动立法,哪类学者更有作为呢?需要强调的是,法律是一门应用性学科,在大革命时代是一种革命的工具,而在和平年代就是推动社会进步的工具,有人拿这个工具鼓吹某种价值观念,你不能否认其功用,也许20年以后有人采用这篇文章的观点,最终成为立法依据!有人当下就通过法律行动改变了一部分人的某个方面的生活,或者改变了某些社会利益关系,究竟何者作用更大呢?

记:您可以简要地评价一下中国改革开放以来的法学研究状况吗?

蒋:我近些年来一直在思考这个问题。80年代的大学生是亲历中国法制发展过程的一代人。我们的法学研究和30多年来的改革开放是并行发展的,取得了很大成就。有些人觉得,与西方工业化国家相比,我们的法制仍然落后,但是,我认为,与30年前相比,今天的进步是惊人的。现在这个阶段,我认为,有两件事非常值得关注:一是很多人动辄以西方法律的标准来评判中国问题。即使是纯粹探讨中国问题时,普遍的学术评价仍会去关注作者是否有参考、借鉴外文资料,法学研究无时不关心外国如何如何,这是我担忧的。借鉴西方法律经验,的确能够开阔视野,更好地提升自己,但是我们不能唯一化,不能不从本土中汲取学术营养。保持自己民族内在的优秀的东西是核心、根本的命题。文化是灵魂,没有自己独特的文化,一味依赖外国只能跟着别人走。设想一下,如果全世界只剩下一种文化的话,是不是很可怕呢?二是中国要推出自己的具有世界影响力的法学理论,不能再亦步亦趋跟着西方工业化国家走,我们已经到了应该并且可能产生自己的法学大师的时代,因此必须有独创性的法学理论,这也是作为法律人的使命。

记:最后,能否请您给我们年轻学子提几点希望?

蒋:希望学子们拥有更宽大的胸怀和远见卓识,能够把自己的专业学习和服务社会的理想、责任结合起来,在实现自我价值的同时,为国家社会作出贡献。

(陈 艳)

潘剑锋
Pan Jianfeng

1962年生,福建省建瓯市人。1979年进入北京大学法律系学习,先后取得北京大学法学学士、硕士学位。现为北京大学法学院教授,博士生导师,党委书记、副院长,国家司法考试委员会委员、中国法学会会员、中国法学会民事诉讼法学研究会副会长、民事诉讼法学专业委员会委员、法律文书研究会副会长、北京市法学会理事,兼任北京仲裁委员会仲裁员。1999年10月至2000年9月任日本新泻大学法学部助教授。曾在日本早稻田大学、九州大学、新泻大学、关西大学发表学术演讲。学术研究领域主要为民事诉讼法学、司法制度和仲裁法学。

著有《民事诉讼原理》一书,主编或副主编关于民事诉讼法学、法院与检察院组织制度等教材五部,在中国《法学研究》《中外法学》《政法论坛》及日本《法政理论》等法学刊物上发表学术论文四十余篇,在《工人日报》《法制日报》《人民法院报》等报纸上发表文章若干篇,另与他人合著著作和编写教材若干部。参加律师考试和国家司法考试大纲的编制工作,多次参加国家律师考试和国家统一司法考试命题工作。2003年随国家司法部代表团到日本、韩国考察日本和韩国司法考试情况,参加"中国司法考试发展改革纲要"的起草。参加《律师法》《公证法》等多部法律制定或论证工作,以及最高人民法院有关司法解释的起草或论证工作。先后在国家法官学院、国家科学委员会、中共中央党校、上海市高级人民法院、北京市高级人民法院等地讲授法学课程。作为嘉宾,参加中央电视台《社会经纬》《今日说法》《十二演播室》《法治在线》《法律讲堂》等节目的制作。1995年获司法部育才奖,2001年获北京大学优秀教学奖、

2001年获中国法学会第四届全国诉讼法学中青年优秀科研成果奖。2005年,主持的"民事诉讼法学"课程被评为北京大学精品课程。2007年获华北七省市自治区法学会学术论文一等奖与北京大学"正大奖教金"。

> 我认为北大最优秀的还是它的学生,这是有形的。无形的包括北大的氛围、传统,看不见摸不着,但是能够切身地感受到。

记者(以下简称"记"):请您先谈谈从高考填报志愿到大学入学的经历吧。

潘剑锋(以下简称"潘"):我79年考的大学。那时法制刚刚恢复,法律还不是很热门。原来有法律系的院校招生较多。当年北大79级招了一百八十多人,还增加了一个国际法专业。我在福建考,看到北大法律专业招收名额比往年多了一两个,虽然当时对法学还没什么认识,但是希望来北大上学。说得不好听,有点误打误撞,进了北大法律系。现在的学生,接受的信息量很大,各方对填报志愿都有指导,而我们不然。当时能上大学就很不容易了,全国也就招二十多万人。上北大更不容易了。

记:初入北大,您对北大的氛围有什么感受?

潘:北大是所有学生向往的学校。我的一个亲戚送我,说我们从正门进吧。迎新生是在南门,我们特地绕道从正门进去。进去以后,见到办公楼前的草地上有不少上届的学生在看书,马上感觉到北大的氛围很好。老生们对新生也非常和蔼。老生帮新生搬行李的传统,现在还延续着。入学以后,开展入学教育。有地理学的名师给我们介绍北京的地理状况。进入学习阶段后,教我们的老师,大多很有名望,如教法制史的肖永清老师,教刑法的杨春洗老师,以及沈宗灵老师。

记:您对北大的第一印象是氛围很好,那么入学开始学习以后,体会到的法律系的氛围又是怎样的?

潘:除了学校的入学教育,法律系老师也向我们介绍专业概况。我记得时任法律系副主任肖永清老师给我们讲了两点:一个是本科时期的课程设置。过去我认为法律是专政手段,觉得还是刑事侦察这类比较有趣,我自己后来搞的诉讼法,当时听都没听过,而肖老师详细讲了诉讼法的概况。另一个是要珍惜时间,珍惜北大提供的条件。除了优秀的教师以外,我认为北大最优秀的还是它的学生,这是有形的。无形的包括北大的氛围、传统,看不见摸不着,但是能够切身地感受到。

记:您大学里有什么记忆深刻的事情吗?

潘:那时候"文革"刚刚结束,人们各方面的热情都很高。老师们非常敬业,非常认真地教学。实事求是地讲,由于"文革",他们专业上的教学研究被中断了很久。但是他们的敬业精神,比现在有些老师还强。北大的前辈,大至写文章、搞科研,小至批改作业,就是看到学生写了错别字,也会在旁边打个问号。我们刚入学的时候,"权利"和"权力"的概念搞不清楚,老师会帮我们一一指正。我觉得这一点,现在的一些老师是不如当时的。老师上课非常准时,也不会提前下课,上完课还有答疑过程。只要没有特别的事,都会在办公室给学生答疑。更可贵的还有"质疑"制度。这个制度,恐怕现在的绝大多数学校都没有。比如星期五时,老师抽学号,被抽到的到教研室进行质疑。"质疑"就是他提问题,你来回答。多数问题都是上课讲过的,少数问题上课没有明讲。实际上学生是有压力的。我记得我被质疑过一个问题,是关于经济基础决定上层建筑,为什么不同的国家法律制度不一样。当时并没有特别理解,但是很深地记住了。

我的同学学习都很用功,比如季卫东,有课就在教室学,没课就在图书馆学。由于当时教室紧张,学生自修主要去图书馆。季卫东走路都比别人快。他既聪明,又用功,取得成就也是当然的。有的人想模仿他的这种学习作息安排,模仿个一两周可以,但是再模仿下去就不行了。每年新年钟声响起的时候,通宵自修教室里还是满的。在这个氛围里,任何人都有无形的压力,都不得不努力学。我认为这是促进北大学生走向进步、更加优秀的动力。

> 从学生的成长中,教师完全能够体会到一种安慰。教师在学术之外对学生的影响,在塑造整体素质层面而言,可能更大。

记:除了季卫东,还有哪些同学让您印象深刻?

潘:我上学时年龄比较小。我是62年出生的。我那一届,大的有51年出生的,小的有64年出生的。海子是我们这一届的,也是年纪比较大的。这些年纪比较大的同学,他们待人接物、处事方式上显得比较成熟,对我们这些年纪小的同学是有积极影响的,包括尊敬老师、擦黑板、给老师倒水等。还有一点,这些大同学非常珍惜时间。比如和我同寝室的张晓辉,后来在云南大学法学院当院长,主攻民族法。他的用功程度,基本可以和季卫东相比。我们这些小同学从校门到校门,某种意义上来说,和这些当过兵、插过队、在工厂工作过的大同学相比,珍惜学习机会的愿望,不如他们那么强烈。

北大还有很好的社团以及优秀的学术讲座。当时比较多的是文学讲座,王蒙、白桦、刘绍棠等都来过。他们很有成就,也很有思想。听一次课,就有很大的收获。还有文化方面的讲座,如李德伦,会带着录音机甚至乐团来北大,听到乐章之间我们会鼓掌,但他告诉我们,乐章之间不能鼓掌。这种潜移默化的作用,对我们影响很大。我现在带研究生,会推荐他们去听某些本科的课。因为北大多数老师,都比较有特点,或者说有强项,思维方式上、表达方法上、学习方法上,都很有特色。即使从功利角度上讲,不说50分钟,能有5分钟受益就够了。这5分钟很可能是这个老师多年的心得,如果你自己悟的话,可能要三个月、五个月,甚至一辈子可能都悟不到。因此我会督促我带的学生,多看书,多听课,多记录心得。

当时我们和老师接触的机会比较多。至少有1/3的同学,老师都能对上号。我们去求教老师时,除了课本上的知识,老师还会教授一些学习方法,讲授人生经历。比如康树华老师,教青少年法学。我到他家去,只是请教一个很普通的问题,结果谈了两个小时,确实有"听君一席话,胜读十年书"的感觉。我读本科时,抚顺搞了一个青少年犯保外帮教活动,杨春洗老师就非常热心地派我和另一个同学去参加。读书时那些老师的影响,有的是有形的,有的是无形的,当时可能没感觉,现在想想,确实是非常无私的。我现在上课,深感在一些基本功的传授上,前辈老师给了我非常良好的影响。

记:那您印象最深的老师是哪位呢?

潘:杨春洗老师。他给我们上了一年刑法课。他非常敬业,基础问题讲得很清楚。他考试也有特点。一学期总则上完,他问我们上课辛苦吗?课程多吗?我们说很辛苦,课很多。他就说,那总则我们不考了。当时大家非常高兴。等分则上完,杨老师又问我们,上学期我们总则没考,连同分则一起考吧。大家觉得答题写字很累,杨老师就说,那我们口试。同学们又问考试的范围,杨老师就说,范围:总则一题,分则一题。考试时他就准备了两个盒,一个装总则的题,一个装分则的题。虽然学得很累,但是学得很扎实。我们复习时聊天说,以后也要像杨老师那样考学生。

对我影响更大的是我的硕士生导师刘家兴先生。刘老师的特点,是非常强调基本功的训练,他说要把民事诉讼整个体系搞懂,有个"笨"办法,就是每一章学完,都写一篇体会。我发现这是个很好的方法。要写论文,就要把所写问题的核心搞懂,这是很重要的。采取这样一个方法,使得基础知识扎实,使得对学

潘剑锋在北大未名湖畔

科的理解很系统。我认为,一个人如果想被称为学科内的"专家",至少对这门学科的把握要非常系统化。如果说只是某方面有心得,不能被称为这门学科的专家。刘老师的这个办法,使得我们对民事诉讼法的系统非常熟悉。他的这种训练,对我的学术是有很大促进作用的。

刘老师也批评过我,认为我有一定的畏难情绪。他希望我能锲而不舍,迎难而上。这方面我现在虽说做得不是最好,但是他对我是有很大影响的。另一方面,在如何处理师生关系上,他给了我很大的影响。我留校后,刘老师说,我们过去是师生,以后就是同事。他当着学生的面都叫我潘老师。碰到直接叫我名字的老师,刘老师就会对他们说,潘老师已经参加工作了,要以"老师"称呼他,至少在正规场合,要这么称呼。从这个小的地方,可以看出他做事非常规范。另外,对学生的工作和生活,他都非常关心,真的是"情同父子",我们是很近、很自然的关系。北大有个传统,正式上讲台之前要试讲。留校老师执教前,会请教研室的老教师来听听试讲。我写的教案,刘老师看过后,仍是连错别字都会改出来。试讲通过后,就可以上讲台,给本科生上课。我第一次上讲台,刘老师在教室的窗户外听了两次,一次听了半节课,一次听了一节课。这件事他十几年后提及,可见他对我是怎样的关心。他怕他在教室里听课,我会紧张。他对学生的关心关怀,是很自然的,在无形中影响你。我现在领悟到:老师老师,一方面要有东西教给学生,另一方面也要表现出师德。我的老师当时给我讲的具体知识,我可能已经忘了,但道德品质的影响是很大的。我一直希望后辈的老师,在这一点上向前辈老师学习。我现在参加一些会议,仍能从前辈老师身上看到这些品质。而我们这一代,做得就不如前辈好。比我们更年轻的一代,可能做得还不如我们。原因比较多,如功利方面的考虑多了,不能从学者、教师的职业中体会到足够的乐趣。从学生的成长中,教师完全能够体会到一种安慰。教师在学术之外对学生的影响,在塑造整体素质层面而言,可能更大。

> 我觉得我们整个国家的民诉法发展过程,同我们整个国家的民事法学发展过程是相伴相随的。民诉法作为应用型学科,有个突出特点,必须与立法和司法实践相结合。民诉研究必须关注国家立法、司法的现状。

记:您是如何选择民事诉讼法专业,从事民诉法的教学研究的?

潘:中国传统上都是重刑轻民,重实体轻程序,不过现在民诉也成为显学了。我选择专业时,觉得刑法、民法竞争比较激烈,选择民诉的话,成功的几率比较大。另外,我个人对民诉也是有兴趣的。刘老师讲课时,涉及解决问题的程序、步骤,似乎很抽象,但是刘老师能提炼出法理学上的道理,甚至人生的哲理。刘老师有个口头禅,"总而言之,统而言之,法从理出",他会概括,这个理论发展规律是怎么样的,符合怎样的基本法理,这对我影响很大。我并非对民诉有了很大的把握以后再报考的,主要原因还是这两个。

潘剑锋在日本与日本学者交流学术

记:那您在师从刘老师之时,就确定了以后要从事学术研究工作吗?

潘:我想我个人的选择和我的生长环境有关系。我父母都是老师。我性格比较内向、拘谨，不太愿意和复杂的社会接触，觉得还是学校里的社会关系比较单纯，另外我觉得我表达能力还可以，综合这些方面，我比较适合做教师。我小时候的理想，第一是大夫，第二是老师，第三是记者。我个人觉得，我在北大，算是一个合格的老师。学生就业的时候，会咨询我做什么好。我就说，这个问题我讲课时讲过啊，讲课讲到制度建设的时候，我说合适的就是最好的，职业选择也是这样，要根据自己的性格、能力选择。说个小插曲，90年代很多人下海，也有人找我做律师，但是我没有去。如果那时去了，可能我现在就是一个律师事务所合伙人，可能比现在富有，但是当时叫我去做律师的人现在说，还是你做老师好。对两个职业进行比较的话，我觉得各有得失，但对我来讲，还是做老师最合适。

记：您在二十多年的学术生涯中，对民诉专业有哪些基本的述评？

潘：民事诉讼法从"隐学"成为"显学"，现在关注的人比较多。司法改革中，民事审判改革的内容很多。一个学科获得大的发展，其中一个表现就是在法学界和整个社会获得更大的关注。现在搞法理的也开始写审判方式改革的文章，甚至有时候谈及法院审级的问题，虽然在我看来，他们谈的这些问题并没有触及要害，但毕竟也是一种进步。另一个表现是研究队伍壮大，科研成果增多，硕士点、博士点增加。我觉得我们整个国家的民诉法发展过程，同我们整个国家的民事法学发展过程是相伴相随的。民诉法作为应用型学科，有个突出特点，必须与立法和司法实践相结合。民诉研究必须关注国家立法、司法的现状。如果关注不够，那就是处于不正常、不健康状态。研究要发现问题，应用型学科的问题，更多地来自于立法、司法实践，实践中出现的问题，必须要求理论给予回应。否则的话，不说理论没有价值，至少应用的空间就小了。缺少社会价值、社会实践意义的应用型学科，是不会有很强的生命力的。

与其他学科的发展过程相似，民诉法也有一个从注释法学到理论法学的过程。现在民事诉讼法理论的研究，仍然很不深入，对一些基本问题，比如诉讼标的理论、既判力理论、审判权理论、诉权理论，研究得比较少，还处于"对策法学"的状态，有什么问题就谈什么，这是一个不足。在方法论的应用上，我们民事诉讼法学做得还很不够。我们现在看硕士论文、博士论文，都会谈到这篇论文运用了什么方法。我认为，一篇论文总得有一个主要方法，别的方法往往是辅助性的。现在有的论文，运用了十几种方法，表面上显得多角度、多方法，但是一篇文章中，要表述一个核心观点，使用多种方法可能得出不同结论，会互相矛盾。所以只要告诉我哪一个是主要方法就行。另外，在使用方法的时候，有没有注意到方法本身的规律性？比如要表达一种制度的改造，就有理论联系实际

2006 年，潘剑锋在韩国参加国际学术会议

的必要，如果不了解实际，那改造什么？如果要对外国的相关方法进行研究，那必然会用到比较的方法；要对过去的制度进行研究，必然用到历史的方法。方法和课题是有关联的。以比较法为例，要注意不同国家不同社会名同实异的情况，制度的名称可能一样，但是内涵可能不一样，如果简单类比，就会得出错误的结论。例如，调解和判决的关系。有学者在文章中说美国的调解制度发达，通过开庭审理判决结案的只有5%，证明调解结案的达到90%以上。在我们国家，一审没有开庭审理是不能作判决的。而在美国，有不应诉判决、合议判决、简易判决等制度，如果不了解这些制度的话，就会认为不开庭审理就是调解结案。这就是没有搞清制度的内涵造成的错误结论。民事诉讼法如果想有一个质的飞跃，就必须实现方法的突破。当然，现在关注的人多了，研究队伍多了，中青年学者中也涌现出不少很优秀的学者，但是和国外相比，深层次的研究还是不多。当然，我对民诉法的发展是充满信心的，因为我们还有很大的空间可以发展。看看日本的民事诉讼研究，他们研究得很细，突破的空间就很有限。我们没有说的或是说得不清楚的地方还有很多，民诉法是一门朝阳学科。另外我觉得，民诉法的研究很有意义，它是程序法里的一门基础学科，和社会、民众的距离很近。而同为程序法的刑事诉讼法就不一样，它经常关注人权、宪政这些角度。在社会经济发展迅速的今日，肯定会出现很多新型民事纠纷。在解决方式上，我强调比较多的是纠纷解决方式以及具体制度与纠纷性质的相互对应性。

> 有的人看重物质的享受,有的人看重精神的愉快。和学生交流,有的老师就会感到很愉快。这其实是一个个人价值的判断与选择的问题。

记:现在有人认为法学界虽然很繁荣,但是有"泡沫",中青年法学家也存在浮躁情绪。对此您怎么看?

潘:我基本上同意这种说法,但并非所有人都很浮躁、很功利,很多中青年学者也在踏踏实实地潜心做学问。浮躁的根源,也在于社会,现在的社会环境和我读书那时不一样,有太多的诱惑,生活品质比过去要求更高,客观上自觉不自觉地会受到引诱,以个人的力量抗衡它,比较难,现在学术成果的评价机制,也绕不开它。比如评教授,要求在核心期刊发表论文八篇,如果不用这个标准,那又用什么标准?评价机制大体科学,但是有很多地方存在问题,学者的影响力,往往也与其发表文章的多少有关。一旦评价机制成为一种规范或指向以后,大家就都照搬这个模式,学术必然出现"水分"。比如有的学者写的文章很好,分量很足,但评教授要求八篇,而他只写了七篇,他为了评上教授,只能硬凑出八篇。能说是他这个人浮躁吗?我就向法学院提过,要更多地关心青年教师的成长,要以有效的机制解决他们生活上的后顾之忧,不然他们也走入这个"潮流"中了。很多人都认为学界很浮躁,但如果自己置身其中,不成为"潮流"的一分子,也是很有难度的。

记:那您理想中的学术环境是怎样的?

潘:北大创造的环境就不错。据不完全统计显示,北大多数老师,在社会上分担的业务很少。据反映,某些学校的老师让自己的博士生来代课,或是无故停课。北大资源比外校多,这不假,但是传统的力量、前辈的榜样以及高素质学生的压力,使得北大的老师能够非常专心地从事学术。我在北大讲课,同在普通院校讲课的感觉是不一样的。在某些学校,不管讲的内容多么重要,多么有趣,下面的学生照样睡觉,醒来就玩手机。老师讲得好不好,这些学生是没有兴趣的。在北大给本科生上课,对多数老师来说是一种享受。另外,我认为,人活在世上,基本的生活条件要保持。单纯只讲教师道德,只讲奋斗,少数人能够做到,但大多数人肯定都做不到。对学者而言,关键还在于想要什么。有的人看重物质的享受,有的人看重精神的愉快。这其实是一个个人价值的判断与选择的问题。

记:您能从专业的角度,对目前中国法学发展的状况作一个评价吗?

潘剑锋与自己的学生在一起

潘：整体上还是很繁荣的。从科研成果和研究规模上看，出了不少好的著作和翻译作品，也涌现出不少新生代的学者，无论学术观点还是学术规范，都有很大进步。我虽然从来不会为当今形势大唱赞歌，但是无论怎么批判现在的缺陷，我仍然认为，只要法学在社会生活中有地位，它就是有前途的。我们要去除的是影响法学研究规律性发展的因素。社会和法学界现在都意识到了研究中的一些偏差，正在用实际行动纠正这些偏差。虽然存在一些问题，但中国法学仍是有希望的。

记：能请您为年轻学子推荐一些阅读书目吗？

潘：现在信息爆炸，能看的东西多了，但是人的生命是有限的，太多了，看不过来，就不精通，不扎实了。我们那时教材都没有，都是油印的，一旦出了一本新书，就抱着那本书研读。比如高铭暄老师的《中华人民共和国刑法的运用与诞生》，我对这本书的评价是很高的。当时刑法的参考书很少，我非常认真地看过这本书，这本书详细地分析了每个条文。基础性的学科，学生可以自己选择一本比较准确、逻辑性较强的教科书来看。不要小看教科书，要编好教科书很不容易，教科书要求准确，不能出问题。还要看一看专业方面的专著或者不同学者的论文。可以了解不同时期的不同热点。另外还有翻译著作，如高桥宏志的《重点民事诉讼讲义》，罗森贝克的《证明责任》。日本兼子一、竹下守夫的《民事诉讼法》，虽然是本教材，但是看了很有收获，我觉得那是大家的手笔，主文一种字体，附文一种字体，引注又是一种字体，编起来很不容易。另外，还可以看看最高裁判所的相关裁判,具体的案号都写在上面。还有谷口安平的《程序正义与诉讼》,其中有几篇文章是很经典的,用最简明的语言把民事诉讼法几个基本的问题写得很清楚。此外,《审判要览》就是最高法院收集的每年的案例,我一直主张要看,它来自于活生生的社会事实,是法官亲手办案后的切身感受。总的来说,书有很多,先大致浏览,觉得哪本有意义,可以拿来精读。书不在多,而贵在有用。

记:最后,请您对法科学生提出一点期望吧。

潘:我还是老生常谈,一个是基本功的训练,包括基础知识、研究方法的掌握以及文章的规范性写作。一定要多练,多感悟。我一直认为,所谓大家的创新,都得益于基本功。这是我强调的一个基本方法,或许外人看来没有什么新鲜之处,但是对我而言,是最实用的。

(卢　然、董　能)

史彤彪
Shi Tongbiao

1962年生,山东昌邑人。现为中国人民大学法学院法理教研室教授、博士生导师,全国西方法律史研究会副会长,中国法律史学会常务理事。1981—1988年就读于中国人民大学法律系,接受本科和研究生教育。1988年留校任教。攻读硕士学位期间,师从吕世伦和谷春德两位教授,研习西方法律思想史。十几年后,又师从曾宪义教授,获得法律史博士学位。

研究领域为法理学、法律史和比较法律文化。1988—1989年,参加北京讲师团,在北京顺义县木林中学担任初中一年级(4个班)的英语教学,每周24节课,被评为先进个人。2005—2006年,积极支持中组部的"西部对口支援计划"去援疆,挂职于新疆财经学院法学系,被教育部授予"对口支援西部地区高等学校工作先进个人"称号。

曾出版《自然法思想对西方法律文明的影响》《法律大革命时期的宪政理论与实践》《中国法律文化对西方的影响》《威严与尊严——中国法律文化宏观比较》《反社会心理》等著作;在《法学家茶座》《法制日报》等期刊发表论文数篇。

> 人如果浮躁,就会变得不真诚。人如果不寂寞,就无法取得知识的实质。所以我经常和我的学生说,当别人浮躁的时候,你们千万不能随大流,因为这样的人都会过早地被社会淘汰。表面上被别人感觉傻,没有和别人一起玩乐,但是老天不负有心人,当你要回报社会、塑造自身的时候,你的基础知识就远远比别人扎实,就能脱颖而出。能做到"别人皆醉我独醒"的确不易!我们是名牌大学,毕业时大家都拿到了文凭,但是扪心自问你这张文凭中的含金量到底是多少?我想你们学生自己最清楚,如果学无所得,怎么能对得起内心的安定?怎么能对得起父母的心血?

记者(以下简称"记"):首先想请老师谈一谈您当年高考的经历,为何会填报法学专业?

史彤彪(以下简称"史"):说起来非常惭愧,我第一年高考比录取分数线低13分,没有被录取。我的太爷爷是武举出身,我的爷爷是文举出身,我的父亲曾在山东的一所师范学校读书,在抗日战争时期学校遭受到日本鬼子的轰炸被迫解散,所以家族中有着崇尚学习的传统,觉得"万般皆下品,唯有读书高",只有认真读书才会有前途。第一年落榜时,我哥哥就让我去部队当兵,是我父亲非常执著地鼓励我继续考大学。在几个兄弟中父亲对我关照最多,农村的体力活都让我二哥去干,现在回想有些事情依然让我非常感动,哪怕是家中水缸滴水不剩,我父亲依然不同意让我去挑,非得等到我哥回来让他去挑。所以说我今天有这样的成果离不开我父母的呵护,也离不开我二哥的帮助。

第二年复习的过程中我吃了很多苦,无奈的是那个年代农村孩子要有出息只有考大学这一条路,所以必须吃苦,不能有怨言。那年我花了不到8个月的时间将初中、高中所有的课后练习题重新温故了一遍。我的文科水平较高,数学较差,尤其是对平面几何方面的知识缺乏兴趣。别的同学通过加几条辅助线的方式就能将题目迎刃而解,可是我就是不行。每次模拟考试我的几何成绩都是零分。当时我就定下了数学考试"逢几何题必放弃"的原则。没想到那年高考数学试卷没出现几何题,所以能够考上人民大学是万分幸运的。

我的总分排全县第一名,家里人非常高兴。我清楚地记得,我拿到成绩单的那晚,父亲吃完饭后什么话也没说就出去了,过了很久父亲背着买来的一麻袋西瓜回来了。他将西瓜小心翼翼地摆在桌上,对我说:"孩子,吃吧,这次尽情地吃吧!"当时农村的条件不好,吃西瓜也是种奢望,所以足可以反映出父亲欣喜、高兴的心情。那年我们复习时住宿的条件非常差,大冬天房子内没有炉子,从窗户的缝隙呼呼灌风,屋里的尿罐都会被冻破冻裂。卫生条件也不好,虽然有澡堂子,但我们学生一没钱二没时间去,男生身上脏得都爬满了虱子。到模拟考试的前夜,我们就先回到宿舍清理身上的虱子,为的是第二天好集中精力做题。虽然现在说起来有些夸张,但是当时的情形就是这样。说实在的,那一年真的很苦,但是苦尽甘来,我们班当时有一大半学生考上了大学。当时若不是恢复高考制度,农村中许多人都还走不出艰苦的生活环境。

之所以选择法律这个专业有以下几方面的考虑:首先,我是来自农村的,当时有个很朴素的想法,认为学习法律之后能够为家里出些力、帮些忙。其次,当时有位早于我来北京的就读于北京政法学院(现今的中国政法大学)的同学叫王立山,他建议我学习法律,某种程度上说受到了他的影响。最后,当时虽然法律从业人员不多,但是我感觉法律工作人员在社会中有很高的地位,是一项很神圣的职业。当时作这一选择的原因和根据还是太浅显。我现在觉得,在国家的发展过程中,根本无法离开法律,能够将自己的职业和国家的发展联系在一起是一件非常幸福的事情。

记:史老师,那您进入大学学习法律初期,对大学和自身的专业有着怎样的印象呢?

史:当时进入大学后感觉大学和自己心目中的印象还是有很大的差距,特别是大学一年级学校开设的课程对我们学生来说都非常抽象,感觉和上高中政治课没什么区别。现在看来,法理专业的课程若要吸引学生必须结合案例教学,让学生体会到法理是一门很基础、很重要的学科,绝不能伤了孩子们的心,让孩子们产生抵触的情绪,认为学习法律并没有太大的意义。如果把法理课讲好的话,一是可以加强学生学习法律的兴趣,二是可以使得孩子们尽早进入学习法律的状态,为未来课程的学习奠定良好的基础。

记:史老师,在大学期间哪些同学、老师给您留下深刻的印象?

史:大学阶段给我印象比较深的、对我影响比较大的同学是吉林。吉林是北京人,我们俩同龄,都是1962年出生,但是他给我们的感觉是特别成熟,考虑问题比我们周全。上学时吉林对我帮助很多,让我记忆犹新的是平生自己第一次买的手表,就是通过吉林母亲买的。后来在研究生阶段我们就分了专业,各自发展。还有王引平,他在我们班级年龄最大,我们都叫他"老大哥",他人很实在,和他接触是一件非常愉快的事情。他是山西人,有一年回老家过春节,他还特地从老家为我邮寄来一本山西风景的挂历,并送我一双翻毛皮鞋,现在想想都让我感动(老大哥现在中国石化当副总)。还有一位是王新清,河南人,我们俩很谈得来（王新清如今在中国青年政治学院任常务副院长）。

还有一位名叫白志金，他是城里人，家里条件不错，对待同学特别热心，而且出手大方，为人豪爽，每月月初总是主动带我们农村孩子出去改善伙食。当时我想学习英语，但苦于没有录音机跟读英语。他二话不说，就将自己的录音机借给我，还叮嘱我要好好学（白志金一直在哈尔滨做律师）。

最后一位是张民，他很有头脑，文笔功底扎实。从某种程度上说，我现在写作的风格受到他的影响。当时张民在学校广播站工作，他告诉我学校要组织广播站征稿活动，奖品是一本稿纸，问我是否参加。现在看来稿纸是再普通不过的用品，但在当时可是很有吸引力的。我就答应了，写了篇关于对党的认识的文章，张民看后专门为我修改，确实增色不少。这篇稿子获奖了，并在广播站全文播发（张民现为包头中级法院院长）。

大学期间同学们之间互相关爱、互相帮助的事例比比皆是。现在想想，一个人的成长离不开别人的帮助。

我觉得孔庆云先生是对我影响较大的老师，他的到来使我们班级的学风发生了巨大的变化。在他当班主任期间，我们班级连续三年被评为"北京市优秀班集体"。当时，法律系对学生入党有严格的人数限制，但是对我们班级却例外，不限人数。我们班级有30人，后来入党的达到17人。孔老师和学生的关系非常融洽，毕业时我们以宿舍为单位请老师吃饭，孔老师绝不摆架子。另外，曾是律师出身的孔老师一直教导我们学习法学不能死记硬背，要从实践方面去夯实基础。我也是在他的影响下，走上教学这条道路。当时在本科时我有个强烈的愿望，毕业后回老家山东的高院做刑事审判工作，我还特意研读了一些我国台湾地区刑事方面的书籍并认真做笔记。而孔老师强烈建议我考研究生，因为他觉得我的性格、专长都适合于搞学术研究，适合于从事教学工作，甚至在秋游时将我专门拉到一个角落和我谈人生规划。最后我还是听从了孔老师的建议，现在回顾我的职业选择道路，也有许多感慨。若当初选择从事公务员的工作，可能现在也会有所发展，但是觉得教师这一人类灵魂的工程师的职业更加适合我，我走的道路是适合自己的，我心里也很踏实，我赚的每一分钱都对得起自己的良心。

在课堂上我时常会教导我的学生，告诉他们时刻要反思自己所做的事能不能对得起自己的良心。父母不在乎孩子能给家里赚多少钱，而在乎孩子是否能够平平安安生活，好好地过一辈子。我想人生最幸福的时刻莫过于中年事业有成，回到老家时，能够看到扶着门框的老父老母那期待的眼神。

记：史老师，据我们了解，您于1988年至1989年在北京顺义县中学任教，

2005年期间在新疆挂职,您对这两段经历还有印象吗?

史:我写简历写到此段经历时,心情总是激动。当时,我感觉这些时光还是很漫长的,毕竟离家很远。1988年8月,研究生刚毕业的我,被分配到北京讲师团顺义分团支教。起初,不适、牢骚、怨言自然少不了;渐渐地,倒有了一种因"祸"得福之感:远离都市的喧闹、免去了琐事的缠绊、省了无端的麻烦。于是,自己就有了这样一个好的著书氛围。12月底,第一本书写完了,交到了出版社,但因种种缘故未能面世。好一阵子,我是在难以言表的思绪陪伴下度过的。后来慢慢想开些:"天要下雨,娘要嫁人",由它去吧!没想到,三年多后却突接清样,刹那间,一股无可名状的感觉涌上心头。

我在中学负责教初中一年级4个班的英语,一星期要上24节课。虽然教学工作非常紧凑,生活条件也不好,但是我感觉能够和学生天天生活在一起,感受到学生对于老师的崇拜感以及孩子们的淳朴,是非常快乐的事情。除了给学生教英语外,课外我还给他们讲法律。虽然是离北京一百多里的地方,但是学生对知识闭塞的程度以及对知识的渴望程度对我冲击很大,所以每年我对志愿前去山区支教的老师都充满着佩服之情,因为人的一生时光很短,但是能够将自己所学到的知识和别人分享真是人生价值莫大的体现。另外,躲避了城市喧嚣的我找寻到了一个回归本位的地方,在那里我经常踢足球,打乒乓球就是在那儿学会的,锻炼了自己的体魄。虽然自己的经济收入在支教期间有所损失,但是我的精神生活却得到提升,我很留恋那里,前几年我还特意回去故地重游了一回。

后来去援疆,是中组部组织的一项"支边"活动,当时院领导找我谈话动员我前去。虽然开始时我犹豫过,毕竟自己对新疆的情况所知甚少,孩子还在念初中,但是我感到自己是一名共产党员,且活动也是由中组部发起的,必定是一项很神圣的任务,所以经过短暂的思想斗争后决定服从组织的安排。我们这批人受到了高规格的礼遇,每人身带一朵大红花,由包机接送。在机场,我们受到了中组部副部长等领导们的热烈欢送,行李都是由武警直接交办托运。到达乌鲁木齐,一下飞机就锣鼓喧天,那场面让同行的援友们都有种大干一番的激动感觉。现在想想,这样的待遇和景象今生很有可能就这一次了。

我刚到新疆财经学院,就往他们的图书馆"钻"。让我吃惊的是,学院的法律图书少得出乎意料,整个法律系资料室的专业书籍居然还没有我自己的多,当时有种心酸的感觉。

现在回想,那次的"支边"活动让我在经济上损失了一些,因为缺乏条件;另外,由于没有精力,失去了不少公开发表文章的机会,但是学生对我的尊重、老师对我的认可等这些非物质的财富,又是无法用金钱换取的。

这两件事情让我非常自豪!

记:史老师,能否就您研究的领域谈一谈我国和国外之间的差距?

史:在我研究的法理领域,就我们国家的研究程度来说,自己觉得不是非常满意。现在许多高校将法理和其他部门法分裂开,将法理变成一门抽象的、枯燥的学科,甚至有很多法理方面的文章让人一知半解,仿佛是空中楼阁,只能远观、无法触及,这是让人忧心的现象。法理是其他法律学科的基础,虽然需要讲理,但也要结合实例。我和一些大学的老师在交流时经常会产生共鸣:如果文章只有自己能懂而无法让他人理解,那文笔再好的文章也只能是高级垃圾,没有存在的必要。

另外,我感觉西方研究这一领域的学者的知识面非常广,许多学者都通晓历史。可是我们国家从事法理研究的人员的知识面就显得比较窄,虽然对西方的东西很有研究心得,但是对我国古代的历史却掌握甚少。研究西方学说的目的不仅仅是了解,最关键还是要取其精华,去其糟粕,为中国所用,把它变成我们思考问题的角度,用他们的思想作为自己研究的参考线索。可笑的是,有些西方学者在本国不能得到重视,在中国却能够得到高度的肯定。中国法理学术界的学者如果在写文章时,不引用外国作者的著作,似乎就会产生文章是否有缺陷或者文章本身是否有很高的学术价值的疑问。这些都是需要克服的东西。

最后,法理界研究的问题还是比较单一,对某些社会热点法律问题的研究热情还不够。法理学者的文章存在案例和理论相脱节的问题,阐述案例的目的往往在于引出理论而非将两者结合进行系统的分析。

记:史老师,据我们了解,除了研究法理学,您还从事了人权方面的研究工作,能否为我们谈一谈您在这一领域研究的历程呢?

史:在人权研究方面,导师谷春德教授对我的帮助很大。中国人民大学在中国最早成立了"人权研究中心",由谷老师和郑杭生老师牵线挑头,我承担了《人权新论》和《人权史话》两本书部分章节的写作。我感觉在中国从事人权研究的工作是非常必要的,需要将法理、宪政、人权三者密切相连。虽然人权保障过程需要立法的推进,但是目前在中国主要还需依靠法官来对个案进行定性,所以法官应起到重要的作用。我在课堂上一直对一些法官们强调:"法官站在历史和未来之间(借用美国名律师丹诺的说法),你们的脸面向未来就代表一种文明,你们的脸扭转过去就代表落后。你们要立于时代的前沿,敢于顶住社会各方面的压力,不拘泥于现状,不人为地扭曲,对个案作出独到而又客观的判决,为司法改革的推进作出自己应有的贡献。"

记：史老师，目前法学界存在一种学术现象，部分中青年学者呈现出"学术浮躁"的状态，急功近利。您对这一学术现象是如何看待的？您觉得一个良好的学术环境是怎样的？

史：现在的学生和我们那代人生活的环境不同。当年我们都是穷苦出身，人也很实在和朴素，不像现在的学生对物欲过分地追求。学生本来应该是踏踏实实地学习，当然我也能体会他们的苦衷。所以我的心里对这一问题充满着矛盾。

现在某些导师在学术上弄虚作假，非常浮躁，有的人甚至将蒋介石的英语名字翻译成了常楷绅，实在是可笑至极，也悲哀至极。在这样一种环境下让孩子们静下心来读书，说实在的大人没有做好榜样。整个社会是浮躁的！如果长此以往是非常可怕的，社会表面的繁荣掩盖了很多问题。父母的愿望是希望子女进入大学后能够拿出比当年高考还要足的尽头来对待学习。尽管学业压力不大，但大学同样是一个接受知识、理解知识的阶段，而且对学生的阅读量要求更高。这个时候父母盼望孩子打好学习的基础。在人大，有些学生原先都是省里的"尖子"，但入学后考试成绩不及格。孩子的父母来找我，我只能在孩子的学习方法上给予一些建议，别的我无力相助。

现在的文科学校，大学生上课情况呈现出两头多中间少的态势——第一节课和考前复习的那节课门庭若市，平时上课却稀稀拉拉。如果这样的情况让大学生的父母知道，他们会作何感想？家里省吃俭用的钱用来供孩子读书，但是他们到大学又做了些什么？

在课堂上，我也感觉"西方法律思想史"这样一门课程的到课率，没有实体法学的高。现在学生非常注重实用主义，怠慢了向人文世界的扩展机会。大学的一般情况是，考前借用笔记，互相整理复印笔记，作弊现象屡屡可见。

人如果浮躁，就会变得不真诚。人如果不寂寞，就无法取得知识的实质。所以我经常和我的学生说，当别人浮躁的时候，你们千万不能随大流，因为这样的人都会过早地被社会淘汰。表面上被别人感觉傻，没有和别人一起玩乐，但是老天不负有心人，当你要回报社会、塑造自身的时候，你的基础知识就远远比别人扎实，就能脱颖而出。能做到"别人皆醉我独醒"的确不易！我们是名牌大学，毕业时大家都拿到了文凭，但是扪心自问你这张文凭中的含金量到底是多少？我想你们学生自己最清楚，如果学无所得，怎么能对得起内心的安定？怎么能对得起父母的心血？

记：最后请史老师给我们青年学子提一些希望和建议。

史：每年我都会将《威严和尊严——中西法律文化宏观比较》这本书，赠送给人大法学院法理专业的研究生,在书中我会给他们写一句话作为纪念。今日我通过采访这一平台将这句话和广大的青年学生作一互动,希望能够产生共鸣。这句话是:读好书、走好路、做好人。社会对我们学法律的学生的期待是非常高的,父母对孩子的期待也是非常大的,我们的一言一行应该对得起社会对我们的培养,挥霍时间的人生并不光彩。

(王　冠、陶业峰、顾寅跃)

张 旭
Zhang Xu

1962年生,辽宁省黑山县人。1985年6月毕业于吉林大学法律系,获法学学士学位。1988年6月获吉林大学法学硕士学位,并留校任教。1993年10月获吉林大学法学博士学位。1995年至1996年被国家教委委派到安特卫普大学进行博士后研究。现为吉林大学法学院教授,刑法学博士研究生导师。兼任中国犯罪学学会副会长,中国刑法学研究会理事,中国犯罪学学会预防犯罪专业委员会副主任,中国刑法学研究会国际刑法专业委员会副主任,吉林大学欧洲问题研究中心副主任。

记者(以下简称"记"):请问张老师为什么当初您求学时选择法学专业？

张旭(以下简称"张"):说起这个事情,不知道你是不是知道当年有部非常著名的电影,叫做《流浪者之歌》。我看了这部电影,看到了电影里的律师对家里人的帮助,感受到律师的风采,觉得学法律很神圣。另外我觉得学法学能够为人们的生活提供一种实际的帮助。所以我最初学法律的想法就是做一名出色的律师,只是有点遗憾,我大学毕业后没做成律师,而做成了老师。

记:为什么张老师您选择了吉林大学？

张:这应该是比较偶然的因素。我高中时候不是太用功,原本以为考得不错,成绩下来后,发现考北大有困难,再加上那时是预先填志愿,所以觉得填吉林大学成功的把握比较大。那时候吉大的法律系也是很出名的,再加上我家是辽宁的,离长春比较近。

记:您求学时候的学习生活和业余活动与现在的大学生有什么区别？

张:和现在的学生相比区别还是很大的,我们上大学时业余生活很贫乏,平时基本上晚上都是上自习,偶尔去看一两场电影是很奢侈的享受了。所以大部分时间都是在读书,这并不是说当时是基于某种追求,只是觉得在业余时间看点书,多了解点相关知识,可以使生活更充实些。我家是住在县城的,上大学前接触的东西比较少。上大学的第一年下半学期,我发现学校图书馆的藏书特别多,所以我几乎每周都要借很多书,后来我大体统计了下,我大学期间读了一千多本书。不过我读得比较杂,有的是国外的汉译名著如休谟的《人性论》、密尔的《论自由》,再有就是小说也看了很多。

记:您求学的时候吉大的法学专业是怎样的情况?

张:当时我们吉大法学专业就两个,一个是法学专业,一个是国际法专业。因为我英语学得不好,只能到法学专业学习。

记:您是在研究生毕业后留校任教的,请问您当时本科毕业的时候情况是怎样的?

张:我觉得大学时我还是比较幸运的,加上那时候看书比较多,所以考试成绩还都是比较好的。当时考核制度是五分制,我大四毕业的时候各科全都是五分。不过我当时还没有考研的想法,因为当律师一直是我很强烈的愿望。在我大学毕业的时候,国家出台了一项新政策,就是免试推荐研究生制度。院里的老师和我谈,希望我能继续读硕士,因为我是系里唯一一个全科五分的学生,而推荐名额只有一个,所以他们觉得我是最合适的人选。我当时也比较犹豫,考虑很久,决定抓住这个机会,就这样开始了硕士研究生的学习。不过我后来偶尔也会因为这个事情而没有做全职律师而感到懊悔。

记:您研究生毕业后,对于留校任教是如何考虑的?

张:是有些偶然因素的。我硕士毕业那年已经结婚怀孕了,而且我爱人已经在长春市工作,所以不大可能选择去外面工作。我个人从来没有想过要把当老师作为一种事业去做,也联系了很多校外的单位,想尽量去一个比较适合自己的行业。后来当时的院长找我谈,因为我是唯一一个免试读研究生的人,加上那时候大多数同学不太愿意选择留校做老师,所以希望我从自己读研究生是免试推荐的角度去慎重考虑留校的事情。另外,学院也不支持、不推荐我去外面工作,所以综合各方面因素,我最后就留在了吉大。

记:其他老师也谈到过他们出于偶然而把教师作为事业,不过现在他们谈到教师事业,觉得非常热爱这项事业,张老师您是否也有相同的感受?

张:现在回想起来确实如此,尽管当初入门的时候有一些非自愿的因素,但是我在学校工作五年期间读完在职博士之后,对于做老师渐渐感触就比较深了,到现在对教师这个行业越来越喜欢了。我现在每天接触这么多学生,首先心态上保持了年轻,另外有这么多学生在身边,生活也不是那么单调无聊。这些学生年纪小的像我自己的子女一样,相处还是非常融洽的。所以我这些年感觉做老师是整个人生中非常重要、非常美好的一段。

记：您作为一个刑法学的研究者,现阶段对刑法的研究本身也到了一定的高度,目前您关注刑法学的哪些方面？

张：对于法学的研究,我最初对法理是比较感兴趣的,但当初我读研的时候恰恰没有法理专业,只有法律思想史、法制史和刑法。进入刑法领域并不是我最初的想法,我一直感觉刑法刚性强,不太适合女性。但经过这些年的研究,从一个女性的角度而言,对于研究刑法,我是真的一点也不后悔。在这个领域的研究不敢说达到多高的程度,与法学院其他老师相比,我研究的特色在于关注面比较广。我对刑法的关注面主要是刑事法学领域。留校以后,我曾四次出国交流、留学,其中去德国三次,每当我与德国的学者、教师交流的时候,总会有种强烈的感觉,他们在谈论刑法的时候总会从哲学的层面加以评析。所以我觉得要进行深层次的理论挖掘,如果没有一定的理论深度,那么你的理论本身就很难站住脚,也很难具有很强的说服力。在进行整体刑法理论的思考时也要保持一种理论的融汇和贯通,要有总体思想来贯穿。我是1995年在比利时作的博士后研究,后来是1999年、2001年、2005年分别在德国作访问,整个这一阶段虽然我关注的重点是国际刑法,但是更多的是从大刑事法学的层面去关注。目前我思考的很多问题是从整体刑事法学的层面来展开的。我很赞同储槐植老师的刑事一体化理论。我也一直在想,从犯罪学的角度去思考,从刑事政策学的角度思考和从刑法学本身思考,对犯罪问题的把握会有什么不同？三者之间的内在联系是什么？如果能把这三个学科融会贯通来考虑,对刑法中关于死刑、刑罚轻重的认识,刑事政策的选择,会有什么不同？现在我关注比较多的,应该是从宏观的方面入手去考查刑事政策的形成和变化过程,探究犯罪现实的因素和国家整体打击犯罪的形式之间的相互影响。我的想法是能不能从犯罪学、刑事政策、刑法学三者关系角度入手,对刑法学中的基本问题,特别是死刑和重刑有一种全新的诠释。刑事法学是一项应用性比较强的学科,所以我在跟学生交流和指导他们选题的时候也一直在强调,搞刑事法学的研究不能完全停留在云彩之上,去搞一些非常玄的东西,这对实践是没有帮助的。不论理论上怎样挖掘,但立足点都要放在现实中国的刑事立法和刑事司法层面,找到解决现实问题的指导方法。所以我关注的一方面是宏观的学科联系,另一方面就是现实问题的解决。我们法学院几个从事不同部门法研究的教授开了一门叫以案释法的课,引导学生不仅从理论层面认识问题,另外还要关注具体实际问题如何解决才合理。现实当中很多东西确实和我们法律相关,像许霆案、钓鱼执法、"躲猫猫"等看起来是个简单的现象,但这个简单现象的背后要是仔细挖掘起来就值得深思了,这就关系到法理如何说明,特别是法和道德之间,以及刑法和民法、行政法之间的界限如何划分,我觉得这在未来法律发展过程中扮演的角色可能很重要。我们现在不知不觉中都在谈论刑法的民法化、民法的刑事化,都在向一个融合的方向发展,这个时候关注一些具体的案例,以案例为契机去发现法律变革过程中的一些问题,我觉得这对未来的法律发展还是很有价值和意义的,另外在指引公众方面也能起到一定的作用。

记:张老师您对学习法律的学生有什么建议与期望呢?

张:现在的学生比我们那时候聪明而且见多识广,但同时也有明显的弱点,比如不够勤奋。现在很多学生都是从就业的角度去考虑,认认真真地读几本书,自觉琢磨一些问题,这些都是他们所欠缺的。作为一个博士、硕士来说,或者是作为一个学习法律的人士来说,修养与品质的形成,需要慢慢的积累,需要对知识进行搜集与积累。如果学生不读书,不关注现实问题,慢慢地可能难以真正形成一个法律人的品质。大学的教育是一种养成教育,这种教育需要靠我们努力,慢慢吸收各种知识从而变成自己的东西。如果只是从找工作出发,关注于各种证书的考取,即使得到了很多证书,综合素质也会很弱。我总告诉我的学生多拿出时间去看书,去思考问题,并不是要解决某个具体问题,而是培养一种思考问题的能力和对问题的见解,这样无论将来走到哪里都是很有帮助的。总之,现在学生最欠缺的还是勤奋,勤奋的学生所占的比例太小,这也和外边的诱惑比较多有关。

记:请问张老师,我国的这么多热点案件是否推动了法制的发展?中国法制的发展状况是否尽如人意?

张:这个问题要看从何种角度去理解,这么多年争议比较大的案件的出现应该标志着法治的进步。这些事件之所以成为热点,说明有很多人去关注它、思考它,这也说明关注中国法制发展的人越来越多。我认为很难保证对于每个案件的处理都能达到令人满意、绝对公正和无懈可击,我们关注的是这些个案的背后所存在的问题。从整个法治的发展来说,关注的人越来越多,案件的讨论越来越深入,无形之中也为处理有瑕疵的案件提供一个前进的方向。比如一个案件处理后,80%的公众都是不满意的,那么下一次有关部门处理类似案件就该吸取这个教训,考虑这个案件该如何处理以让更多的人去接受。作为法律也不能说有个绝对的判定标准,就目前的社会状况来说,能被大多数公众所接受的处理就应该算是个相对公正的结果。从整个法律发展的速度来说,它与一个国家的政治、经济发展的联系是非常紧密的。现在与我上大学的时代相比,法律的氛围、人们的法律意识、国家的整体法律水平,都有了非常明显的提高。那个时候随便说点东西,哪怕是理论的创新,都有可能被贴上"资产阶级自由化"的标签。现在即使某些研讨会中比较"左"、比较激进的想法,也会被作为学说、观点来看待,所以在我看来我们国家法治在向前发展应该是没有任何疑问的。当然在现实的情况下,涉及特定问题的时候,有一些学者或公众感觉到处理上有一些问题,怀疑在法治的发展过程中出现了倒退和无法让人接受的障碍。对此我们不应片面地看待,就像经济发展过快也需要一个缓冲,不可能永远用最快速度发展。所以,对于法治的发展,作为学者来说应该持有一种理性的态度,允许有些地方出现放缓,甚至局部地方出现回流、停滞的状况,只要整体是向更好的法治的方向发展即可。从这个意义上说,中国的学者不应该太挑剔,应从总体上、从纵向上来考查法治的进步,而我们能做的就是推进这个进程的发展。

记:您认为现在的法学教育是否存在不足?您对于现在的法学教育有什么自己的见解?

张:我从 2005 年开始就一直从事教学管理工作,以前对法学教育了解得不是很多,在从事了五六年的教学管理的工作后确实发现现在的法学教育面临了很多需要思考的问题,作为大学的法学教育来说是为了培养将来的法律人才,但是目前面临比较大的问题在于是要进行一种精英化的教学,培养学生的理论贯通能力和真正指导实践问题解决的切实能力,还是进行一种类似技能的普及,如只教给法条,使其遇到案件时能借助法条作出处理。从 2009 年开始我们对培养方案作出了调整,在调整的过程中我们也在不断地对相关问题进行思考,到底是向精英化的方向发展,还是让法律变成一种能够被大众所接受的纯粹的工具。从我个人的角度来说,我觉得法学教育,特别是重点大学的法学教育,还是应该向精英化的方向发展,这样才能保证未来的学生走向社会能够在立法层面、司法和法理层面站得更稳,方向更坚定。如果只是将法律作为一种工具,一旦面临了复杂的问题,或者在立法和司法的层面上出现问题,就会难以应付。我现在对于这种工匠式的培养方式感到担忧,因为只是简单地应用法条的话,可能用不了这么多时间和精力去培养学生的这种能力,而只需要一个简单的技能培训就可以了。但是作为整个法学教育,我们也感觉到这不是一个学校、一个学院自身能解决的问题,它与国家的就业形势、学生努力寻求的目标和学习的目的都是联系一起的。现在进行工匠式的培训就和就业问题联系在一起,通过司法资格考试就是学生面临的基本问题。其他学校是否也存在这样一个问题,那些没有法律基础的法律硕士司法资格考试的通过率远远高于学过法学的学生,这是一个值得我们深思的问题。为什么学得越多通过率越低?所以现在学校也比较矛盾,如果一味地强调对学生基础理论的培养,那么可能在法条的记忆和简单问题上有所忽视,实践方面也或多或少会受到影响,同时也可能导致学生通不过司法考试从而对其就业造成很大的冲击。所以学校的老师包括从事教学管理的老师也很矛盾,是满足大众的意愿被学生就业牵着鼻子走,还是从培养高质量的法学人才入手?可能有些人觉得这并不矛盾,只有真正从事法学教育的人才能明白这两者之间的冲突,这也是现在法学教育所面临的一个问题。我想过从学校设立不同的班级入手,一类专门从事培养法律工匠,教授实践的技能以便学生将来成为律师、法律顾问,另一类专门培养高质量的法律研究人才,将来从事法律的研究或者是成为政府的立法专家。然而,一个培养方案里面要安排诸多方面的内容,解决两者的矛盾,难度非常大。

记:您能为我们法科学子推荐一些阅读书目吗?

张:我感觉对学法律的人来说,诸如休谟的《人性论》、密尔的《论自由》、罗尔斯的《正义论》,表面上看对于你学的部门法律没有什么影响,但是它背后所体现的东西和思考问题的框架会给人带来很大的影响。我当时看这些书籍应该在82年左右,算起来有20多年了,但是我在思考某个问题的时候,这些书能在不经意间给我一点启示。另外,拉伦茨的《法学方法论》是很值得一读的。再如,张明楷老师的《法益初论》,可以从理论方面引导我们去思考一些问题。看书是一种很高级的享受,它需要我们去慢慢品味,反复琢磨,这样坚持下去,形成一种积累,对人的理论修养的培养,对于一个人认识问题方式的培养都是非常重要的。

记:您对于科研成果的数量和质量是如何看待的?

张:这只能看做是一个指标,但不能作为绝对的指标。现在对于一个学生或者学者的考查应该具有一个标准,如果没有标准的话就无法进行客观的评价。所以在某些情况下,一个人发表的论文的数量和质量可以一定程度上反映其研究水平和学术成果。但如果只把成果的数量与质量当做唯一的标准,这样就存在很大的问题,从现有的情况来说,法学期刊中进入 CSSCI 的数量是非常有限的,在 CSSCI 期刊上发表论文是非常困难的,其中可能还夹杂社会不正常的因素,比如人情、关系、有偿出稿,那么这个评价就有失公正,因为有些人可能学术做得很好,但不善于或者不屑于走人际路线,那么他发表文章的机会就会少一些。不是说现在发表文章都是靠这种非正常的方法,但是肯定不能排除这种因素的存在。然而,要打破这种评价指标模式是很困难的。借助学术委员会作为一个有效的补充应该是个不错的模式。

记：对于这么多的教研工作,您是否存在一些关于人生和学习的感悟?

张：我认为应该抱有一种大度的心态,不管是做学问还是在生活中处理相关的事情,它都是一种非常重要的个人修养。如果时常以一种平和的心态,理性地看待问题,自己会感觉比较轻松,也会让周围的人感觉舒服。我的感悟就是自在、随性,不要过分地强迫自己去做一件自己不愿做的事情,无论在什么时候只有喜欢它才能好好地去做,我们可能因为某种原因强迫自己去做了不喜欢的事情,这势必造成未来的一种后悔,所以尽量遵从自己的意志去选择,虽然可能面临的问题比较多,但也保证了在未来的工作中更有干劲。

记：您还有什么追求和愿望有待于实现的?

张：现在我年近50,生活压力比较大,没有以前那样的充沛精力,要从事教学管理,每天都忙得不亦乐乎,所以做点想做的事应该是最大的愿望了,那样就可以考虑自己愿意考虑的问题。做学问也是,针对自己感兴趣的方面写点文章,这方面没有很明确的目标,希望能静下来把这些年思考的东西向某个方向深入一点,或者在某个领域形成一个比较成型的思考问题的心路和线索,现在看来这个是比较奢侈的想法,估计近五年没有办法达到。

（欧　扬、夏森磊）

张志铭
Zhang Zhiming

1962年出生，祖籍浙江台州天台，生长于衢州开化，1983年获北京大学法学学士学位，1986年获北京大学法学硕士学位，1998年获中国社会科学院研究生院法学博士学位。2005年5月至今在中国人民大学法学院工作，任教授、博士生导师。此前曾任中国社会科学院《中国社会科学》杂志社编辑、副编审；中国社会科学院法学研究所副研究员、研究员，法学理论研究室主任，《法学研究》副主编；中国社会科学院研究生院教授、博士生导师；最高人民检察院国家检察官学院教授、副院长、党委委员，《国家检察官学院学报》主编。

主要研究领域为理论法学，在法治与公共政策、司法原理和制度、法律职业、法律解释、法律关系、法律规范、法律价值、法律体系、表达自由、诉讼证明等方面皆有较为专深的研究。在《中国社会科学》《中国法学》《法学研究》等刊物发表理论文章70余篇；主要著作有《法律解释操作分析》《法理思考的印迹》《世界城市的法治化治理》（合著）、《走向权利的时代》（合著）、《法理学》（合著）等；主要译著有《惩罚与责任》（合译）、《法律与革命：西方法律传统的形成》（合译）、《转变中的法律与社会：迈向回应型法》《人的权利与人的多样性》（合译）、《宪法的政治理论》《法律和法律推理导论》（合译）等。作品曾获诸多奖项，如论文《当代中国律师业——以民权保障为尺度》曾获第一届"胡绳青年学术奖"和第二届"全国青年优秀社会科学成果一等奖"，论文《中国社会主义法律关系新探》曾获中国社会科学院第一届青年优秀科研成果奖，译作《转变中的法律与社会》和《法律与革命》曾先后获中国社会科学院第二届青年优秀科研成果奖和北京市高校第三届哲学社会科学优秀成果奖等。

记者（以下简称"记"）：感谢张老师在百忙之中接受我们的采访，首先请您谈谈对三年"大跃进"的印象好吗？

张志铭（以下简称"张"）：虽然三年"大跃进"时我年纪尚小，但对那个困难时期的印象还是挺深刻的。当时每人每月的定粮很少，每个人一天的口粮不到一斤，所以只能早、晚两顿都吃稀饭，中午吃米饭辅以红薯、南瓜一类，烧柴全靠自己到山里砍伐。那时的物资相当匮乏，过年买二两山核桃都要彻夜排队，买好点的糖果要托人去上海买，就算是在如今看来是垃圾食物的板油在当时也是极为抢手的，非通宵排队无法获得。

记：那对后来的"文化大革命"，您的印象应该更深刻吧？

张："文化大革命"时期家庭出身极被看重，我是中农家庭出身的还算好，最好的是贫雇农家庭，那才是根红苗正。"文化大革命"时期还提倡闹革命、不读书，以张铁生这样的"白卷英雄"为荣，打乱了正常的教学秩序。不过我觉得全国各地的情况也许是各不相同的，我就读的小学、中学以及高中在地处偏远的衢州开化，那里虽然经济上很不开化，那个时代背景下也的确没有什么书可读，但是那里的人在观念上还是重视学习的。我读书时评选的"五好学生"、"三好学生"，学习好都是其中的一项因素。在我的成长环境中，学习好还是很重要的，只是没有什么可学的。

那时政治挂帅，流行说别人反革命，很多人经常为政治立场而大打出手。这点在生活中有十分明显的体现：小朋友画五角星都一定要画正，否则要挨批评，上纲上线；每家都有毛主席像章，就比谁家的像章大、谁家的像章多；小学有红小兵、中学有红卫兵，肩扛红缨枪，臂上戴袖章。在那个只闹革命不抓生产的时代，物质上匮乏，政治上荒唐，搞个人崇拜。现在真是不堪回首，一个民族竟能狂热荒唐到这个地步！这造成了很多悲剧，害了很多人。后来的伤痕文学就是因此而生，我认为忘记历史就是背叛，忘记过去就可能重复过去，我们应该从各个层面思考这个时期的问题，避免因健忘而重蹈覆辙。当时毛主席的逻辑就是通过不断搞运动的方式从"天下大乱"达到"天下大治"，现在我们的思想政治教育仍然受其影响。现在的社会虽然变化很大，但我们的思维方式与当时相比是不是发生了很大的变化是值得深思的。

记：您认为"文化大革命"的思维方式留下了后遗症？

张:我读大学时"文化大革命"的思想仍有遗留,当时系里的领导在大会上训导我们:学法科不需要学外语、喇叭裤不能穿、流行歌曲是靡靡之音、女生不该留披肩发……虽然都是从善意的角度出发说的话,但从发展的角度看这些观念太陈旧落后了。

记:"文化大革命"结束后,各项制度开始重建,高考制度也被恢复,终于有书可读了,您在听到这个消息后是怎样的心情呢?

张:当然很高兴啊。科举制度使布衣百姓能成王侯将相,实现人际的纵向流动,读大学为很多基层老百姓提供了改变命运的机会。在恢复高考之前,就有工农兵学员,可以作为政治待遇推荐入学,很多上山下乡的知青都为了获得这个入学机会付出了很大的代价。而高考的恢复不但为一般人提供了读书的机会,对农村的孩子更是重大的转机,这是改变命运的机会。我是老考生,77年第一次高考我刚初中毕业就通过了年级、学校、县的层层选拔参加了,尽管没考上,但作为县里层层选拔出的四个在校生,感觉很荣耀。作为地处偏远落后山区的考生,凭着那时的记忆力和上进心,要不是连一本历史、地理的教材也没有,77年就能上大学了。那里的教学状况是很难想象的,经常是老师、学生同场考试,结果学生考上了,老师却名落孙山。我79年考上了北京大学法律系,现在想想运气的成分居多。那个时候考上大学的孩子可是真正的天之骄子,考上大学不但对个人来说是光荣的,甚至能成为家庭、村庄、县城的大事。在我就读的开化中学,升学率极低,很少有人能考上北京大学。虽然我记忆力好,学习比较刻苦,发展比较全面,没什么偏科问题,但能上北大还是让老师们很惊讶的,包括我自己也认为能考上有运气的成分存在。

记:您当时报考的专业就是法律吗?

张:是。当时更多人愿意学老牌学科如文、史、哲甚至新闻,少数人能朦胧地感觉到法律是有用的,更多人选择法律可能是觉得法律职业是份有魅力的工作,受人尊重,在政治上可靠并且先进。法律当时是绝密专业,必须被认定为政治上可靠,"根红苗壮"才能通过政审,出身不好是不能读的。我有个同学就因为家里是地主成分,77年高考考上了但却连大学也没能上成。

记:那张老师您进法律系是对法律有什么了解吗?

张:我当时对法律可说是毫无了解。1978年十一届三中全会后法律问题才开始被关注,1979年我入学时还没多少法律出台,也没有什么像样的法学教科书,那时开始有了老师自己编写的《国家与法的理论》,是油印本。由于法律制度荒废了很多年,大家都没什么法制意识,而且在"文革"时很多法学学者都四散开了,比如谢怀栻老先生被发配到新疆呆了近20年,他们虽然有精深的法学造诣,但是在那种边远之处也没法发挥。

记:进了当时的北京大学法律系,您感觉好不好呢?

张:进了北大感觉当然不错。当时的北大法律系之所以强是因为它还存在着而别的学校却不能生存。其实应该说不是北大法律系强,而是北大很强。那里对民主科学的追求,人文的环境熏陶给学子创造了一个很好的氛围。

记:能谈谈您印象比较深刻的老师吗?

张:我本科毕业时报考了法理学的研究生,当时是几大名师合招的,有陈守一老师、张宏生老师、沈宗灵老师、刘升平老师。后来分配学生时我成了刘老师的第一个硕士研究生。

记:能谈谈他们给您留下的印象吗?

张:他们都非常敬业。如果就学术而言,当时中国固有的东西少,大量外国的东西涌入。沈老师留过洋,外语好,在"文革"期间也没有间断从事外语翻译,所以在法学恢复重建时能先声夺人,沈老师当时讲授的西方法哲学课就很经典。

记:您觉得"文化大革命"对他们产生了什么影响?

张:文、史、哲的传统似乎在新中国建立后从没中断过,但法学在"文化大革命"时期可以说中断了。中国的法学传统不断在更替。1949年后曾引入苏联的法学理论,聘请苏联法学专家进行示范教学。1978年后中国的法学理论体系进行了彻底更新,这就要求先清理前苏联的法学影响。国内很多法学专家深受前苏联法学理论的影响,在一定程度上构成了他们的包袱。另外,"文化大革命"时期闭关锁国,外国的资料很难读到,加之许多老辈法学家也没有外语阅读能力,因此改革开放后他们在摆脱旧影响的基础上在法学研究和教学方面也是从零开始的,起步很艰难。另一方面,"文化大革命"时人人自危,有很多新中国成立前就很有学养,甚至有专著的老一辈认为自己这辈子都不会再碰法学了。就是因为这样,在我到中国社会科学院工作时法学还被作为新兴学科对待,甚至法学研究状况还被普遍认为是幼稚的。有很多老先生没有留下真正学术专著不是因为他们没有受到良好的教育或没能力写,而是因为政治运动致使他们荒废了法学研究,待复出时已经是迟暮之年,还要参加诸多社会活动、进行教学,所以他们做主编或参与法律制定多,但是已经没有时间和余力撰写学术专著了。

记:在您的同学中,你最为欣赏的是哪位同学呢?

张:跟我同级的同学年龄差别比较大,有三十多的,也有十几岁的。我们班里年纪最小的是海子。他原名查海生,入学时才15岁,是个天才型的人物,高考时数学拿的是满分。虽然他是学法律的,但却在文学诗歌上很有成就,被誉为"中国的普希金",在文化传承和续造上他是功不可没的。还有近期从日本回上海交通大学法学院做院长的季卫东教授,他是江西省的文科状元,上大学之前他担任过农村的大队支书,是个很成熟的人。虽然我们的整体学习风气都很好,都特别珍惜来之不易的读书机会,但当时他的勤奋用功是无人能及的,我真没见过这么用功的人,真是早出晚归、无时无刻不学习。

记:能谈谈大学四年中让您印象深刻的事情吗?

张:细节意义上讲就多了。就说我刚上北大那会儿,正逢海淀区人大代表竞选,只有一个代表名额。我发现北大真是个人才辈出的地方,北大学子群情激昂,纷纷参加竞选,发表竞选纲领,进行演说,真是国家兴亡匹夫有责,位卑不忘忧国。

记:那毕业后是什么促使您选择从事现在这个专业的教学和研究呢?

张:从事教学和研究是顺其自然,而不是自我设计的结果。北大毕业生在当时是奇货可居,那时社会上法律人才奇缺,我们的就业选择面很广。当时毕业生里考研的学生比例也只占不到全体的40%,不过我身边的人都选择了考研,于是我也就随波逐流了,考研算是我机会主义的选择。许多同学认为我应该从政,但从政需要机缘。在读研后我有一段相当复杂的心路历程,种种原因使我没有选择从政,而是在东碰西撞间走上了教学研究的道路。虽然做学者、教授需要有天分且要长期坐"冷板凳",但我个人觉得这个职业还是很不错的,甚至是最好的。

记:在您的教学和研究中,你形成了怎样的学术观点呢?

张:我作研究的特点是喜新厌旧,喜欢针对问题,面对挑战,所以观点还是比较多的。我前后潜心研究过法律职业、法律解释、法律方法、司法理论、法治、法律关系、法律规范、法律价值、法律体系、人权问题、执行体制改革、法学教育、信访制度改革等诸多方面的问题,在研究中我倾向于做一名拓荒者,不愿意"炒冷饭"。你可以说我是"猴子掰苞米",但是我自己认为一个问题做明白了,就不会为追求成果的数量而进行重复操作。读书研究不仅在于认识和解决问题的"事功"名利意义上的追求,更在于决疑解惑、明理悟道意义上的自我完善和自我满足。我欣赏并致力于成为不断地在研究领域中开拓创新的学者。作研究的学者有以思想见长的,也有以学问见长的,有的是思想家,有的是学问家,我本人可能更偏向于思想。虽然这个年代不是一个思想的年代,写文章的人可能比读文章的人要多,但我还是执著于思想,并且我的一些思想还是能被人注意到的,网上也经常会流传。可惜的是一些人很有思想但不一定会被注意到,因为在这样一个浮躁的年代,太多的人急于改变物质待遇,来不及、也不愿意静下心来作真正的文化传承和理论创新。但是,中国不应该成为读书人少、写书人多的国家。

记:张老师,在您的法理学研究领域里,您认为中国与其他国家的差距在哪里呢?

张:这个问题不能这么简单地讲。法学跟科技不同,法学是一门人文社会科学,它偏重于人文。科技的先进落后可以量化比较,但人文社科很难作量化比较,可比较的应该是在学术规范方面。因为中国是个后发国家,致使我们关于现代化、"赶英超美"、"与国际接轨"的说法比较多,乍听之下好像是因为中国法学落后多多所以要走向国际,其实每个国家的法学家主要思考和解决的都是自己国家的问题,学科是有共同性的,但很多问题并没有共同性。美国有美国的情况,中国有中国的情况。另外也要特别注意文化和学术交流的局限性,中国学者讲美国的情况在美国学者眼里会被认为是小儿科,美国学者对中国的情况也多是皮毛的了解。所以在一定意义上法学理论是无所谓差距的。"走向世界"、"走国际化道路"是一个模糊的说法。一个好学者为什么必定要能说外语?很多外国大牌学者不会说外语,也不认为自己有必要学外语。而在中国就会有人一方面怀抱着拯救世界的理想,一方面又在文化、理论上很自卑。我认为中国改革开放开启了一个非常伟大的时代,伟大的时代会致使人们去考虑一些更加宏大、深层次的问题,这与长久的和平会引领人们在细致的层面上做文章不同。当代中国需要、也必然会产生了不起的理论家和思想家。

记:在您的专业领域中,出现过什么大的争论吗?你的观点如何?

张:争论点有很多。法治与人治、法律的阶级性和社会性、法律继承性、法律移植、法律与政策的关系、法律与中国社会的转型如何相适应、姓"资"还是姓"社"……这些宏观层面意识形态色彩很浓的大争论、大分歧,使得中国的法学理论很难专精化并形成相对固定的学术话语空间。乱世英雄起四方,你方唱罢我登场,这也是时下学术界和法学理论界的一种乱象。不过,话题、话语再怎么变,最终还是要汇聚到中国社会在治道问题上的法治化转型上来。

记:在各种法学研究方法中,您最欣赏哪一种呢?

张:我更倾向于采用逻辑分析的方法。在中国社会科学院时我带教的博士后里有过几个逻辑学博士,有些人看我的文章觉得我是搞逻辑出身的,因为我写文章比较讲究,有点像是画工笔画,追求对问题在概念上的系统把握和展开,喜欢精细化,追求精确表达。当然学界之中也有些学者的文章是写意派的,开合度很大,不屑于精确表达、作茧自缚。在我看来这只是不同的学术风格而已。

当然中国法学要发达,进行精细化的分析是必不可少的。很多人写文章时追求表达的痛快淋漓,缺乏真正严谨的思维,这经常会导致学者争论了半天"问题"却不知问题之所谓,甚至发现争论的根本不是一个问题。这些都启示我们去追求学术研究的规范化、精细化。

记:那您认为有些文章的不精细化会不会是学术界的一种浮躁氛围导致的,尤其是一些中青年学者的浮躁?

张:现在整个社会都很浮躁,不仅仅是中青年学者。不过现在的法学研究者里还真有能耐得住寂寞的人,也有中青年学者甘愿坐"冷板凳"、潜心做学问。本来著作等身已是对学者成就最高的评价,但现在都要求著作超身了,所以就出现了各种比拼赶超的努力,有大量文章不是全作者自己执笔,有各种合作出版书籍的,有一贯做主编出版书籍的,或者出版一些重复的东西等。举个例子,有人由副教授升正教授的申报里自述有上千万字的科研成果,而你想想,钱钟书先生一辈子笔耕不辍才写了两三百万字,年纪轻轻著述千万,一天抄到晚也很难呀,这其中的水分可想而知。

记:您认为这是不是现在学术规范执行得不好造成的呢?

张:这是一个学术规范执行不力的问题,但终归还是一个制度导向、学术风气的问题。有很多原因,最大的原因在于学术的行政化,行政干预过多,评职称、评奖、拿课题等都要用铅字作铺垫,这就很难形成学术研究的自主空间。其实,学者的知名度是与发表文章的质量成因果关系的,而不取决于发表文章的数量。可是我国的制度导向却是使知名度与数量成正比。一个人学术水平的高低应该如何衡量?可以以跳高作个比方,如果你一生中有一次越过了2.4米的高度而大多时候只能跳过2.2米的高度,而有人一生中绝大多数时间都跳过了2.3米但从没超过这个高度,那么两者谁更有水平呢?我认为还是你水平更高。评价学者学术水平的高低道理也是一样的。中国的制度导向是鼓励学者每年发表的成果多多益善,完全借助于铅字的堆积来获得各种职称、课题以及奖项。各种评选机制致使很多真正的学者在这种环境中很难存活,而且这种制度导向诱发的各种问题愈演愈烈,比如现在大量的政府官员考评时也有这种发表需求,于是很多杂志就应运而生,有内部的、公开的、半公开的,名目繁杂,浪费巨大,有些日理万机的政府官员甚至比整天从事学术研究的学者成果还多,真是让学者"汗颜"。这种现象太不正常了。

记:您认为一种良好的学术环境,应该是怎样的一种状态?

张:最重要的还是要有学术自尊或尊严,在此基础上才谈得上学术自主、学术规范的问题。现在中国的学术环境很不理想,整体上缺乏学术自尊、自爱的风气,学术评价都是按照行政的方式操作,这种体制导致了学术发展的阻滞,学术功能的丧失。

记:张老师,您有丰富的编辑经验,能谈一下您的编辑经历,并从杂志的角度分析一下这种现象吗?

张:我是干专业编辑出身的,法学界我这样专业编辑出身的不多。1986年我从北大研究生毕业后到中国社科院《中国社会科学》杂志做了八年多的专业编辑,主管法学、政治学等,后来在中国社会科学院法学所做《法学研究》的副主编,再后来在国家检察官学院的《检察官学报》做主编,现在又主编《法学家》。专业编辑与一般编辑不同,专业编辑的首要工作是编辑,其次才是研究。我做编辑就是要审核文章写得好不好,一个编辑的水平高低要看他的审读报告写得好不好。办好法学学术杂志不容易,在这方面有很多工作要做。比如做杂志要有自己的作者群,与作者建立良好的信任关系,同时要办好杂志尤其是在当下又要不怕得罪人;杂志要有自己的风格和追求,并体现在装帧设计、栏目编排、选题组织等方面;要有规范的审稿制度,不能因人而异,看官位、地位来约稿或者退稿。当然在中国这样一个关系社会很多事说来容易做起来难,一般人会有很多顾虑。

记:您认为现在中青年学者是多发表成果好呢,还是少发表好?

张:好的成果多发表,烂的成果就尽量少发表甚至不发表。文章千古事,得失寸心知。古人以"立言"为人生最高成就,现在著书立说却成了最容易不过的事。在学术界年轻人要出头必然有竞争,他们为了评奖、评职称而不得不写文章,这些竞争机制都与文章的数量有关。即使有人潜心钻研写出一篇"金刚钻"级别的文章,但是仅凭一篇文章评不上副教授、教授。因为别的竞争者都是著作等身甚至著作超身,自己又岂能甘落人后。所以就算有人由衷地想要当一个潜心学术的学者,在现如今的大环境下也多不可能。现在反反复复的行政化的学术评优,真是把学者的责任心和道义担当消耗殆尽啊!

记:在您所从事的这个专业中,您感觉您最大的贡献在哪里?

张:我离盖棺论定还早呢,但既然问起了,也可以总结一下自己所做的事。首先,我觉得自己是一个好编辑,法学界很多学者的成名作都是经由我在《中国社会科学》上发表出来的,在其他各种编辑、译校工作中,我可以说为很多学者朋友做了漂亮的"嫁衣"。其次,我觉得自己算是一名好的研究者,在社科院法学所我担任了10年专职研究人员,做了许多现在看的过眼、有见地的研究,我也可以算是一名好的译者,翻译或组织翻译了很多书。诸多大型的法学翻译项目我自己都是组织者和操作者,这些译著使法科生有书可读,使硕士、博士论文有文可引,在很大程度上改变了中国法学的生态和样态。最后,我也觉得自己做了很多有意义的学术组织工作。粗略谈谈,贻笑大方了。

记:老师您的贡献很卓越啊。

张:其实也没什么可炫耀的。名利并不重要,但不管做编辑、翻译还是研究,一旦决定做了就要认真做,不要怕吃亏、怕付出心血。特别是针对问题的研究,是为了提出有可行性的方案,但决策选择是别人的事。学术研究不在码出文字的多少,而在质量重于数量,以开拓创新、道义担当为旨趣。

记:最后,能请您为我们法科学子推荐一些优秀的阅读书目吗?

张:每个人都有自己的心性取向,应该给每个人留出读书完成自己的知识建构的空间。总的来说要多读,不仅仅局限于法学书籍,非法学的书籍也要尽量多涉猎,这些都能带来很好的启发。

(马维佳、肖崇俊)

徐 瑄
Xu Xuan

1962年生。现任暨南大学法学院知识产权学院副院长，教授，博士生导师。广州市第十三、十四届人大代表，广州市第十三届人大财经工作委员会委员，中国法学会知识产权研究会常务理事，中国高校知识产权研究会常务理事，中国律师协会会员，中国法学会会员，国家知识产权战略专家库成员，广东省知识产权战略特约顾问，广东省教育政策研究与法制建设咨询专家。主持教育部、国务院侨办、国家知识产权局等省部级学术项目3项，其他学术项目12项。目前承担国家社会科学基金重大项目"贯彻科学发展观实施知识产权战略研究"（首席专家），并从事建构系统的对价与平衡的法哲学方法论研究。

曾发表论文:《知识产权正当性——兼论知识产权法中的对价与衡平》(获广东省首届哲学社会科学优秀成果一等奖、教育部高校人文社会科学优秀成果三等奖)，《"以人为本"社会主义宪政理念实现的制度条件——从宪政视角看马克思人的发展学说》《和谐社会的制度设计原理和社会构造方法——从理想宪政的视角看马克思的共产主义学说》《社会机制运行条件和法律发生机理——以"对价机制"构建社会机制》《专利权垄断性的法哲学分析》《从EL-DRED案看美国版权法价值转向》《关于知识产权的几个深层理论问题》《智慧的财产权构建如何可能？——以自然法为分析方法对WTO框架下"知识产权"的解读》《财产权及其交互性——马克思和科斯发现了什么》《视阈融合下的知识产权诠释》等。

> "格物致知"的道理,都体现在法学当中。法学是通过"格物致知"的法律化过程达到观念世界来实践和验证真理的学问。从哲学的抽象世界(观念世界)进入到法学的具象世界,这个过程本是痛苦的,但我当时并不觉得痛苦,反而觉得很新奇。

记者(以下简称"记"):徐老师,您好!我看过您的资料,您原本是学哲学专业的,能谈谈您的求学经历吗?

徐瑄(以下简称"徐"):我本科是辽宁大学哲学系的,后来在北大哲学系读研究生,转到法学是出于偶然的原因。事实上,学哲学也不是我最初的愿望,中学时代我文章写得很好,当时想当作家或是记者。

我是1980年的应届高考生,考了全校第一名(当然,那个中学不是很出名)。上世纪80年代初,文、史、哲是大学最热门的专业,法学相对不受重视。本来我报考了辽宁大学中文系,但是被哲学系录取。一开始我还想不读了,但是母亲建议我先去看一看。一番了解之后,我发现哲学系有美学、逻辑学、心理学、基础物理等教研室,令我大开眼界,觉得哲学很丰富,可以学习的东西很多。只是我的性格既感性又浪漫,学哲学比较辛苦。读大二时,听了北大朱德生教授讲的西方哲学讲座,让我茅塞顿开,才觉得走进了哲学的殿堂。后来还听了一位北大老师讲的音乐美学课,他挑了两首乐曲,一首是宗教音乐,一首是古典音乐,边播放边讲述乐曲的历史与内涵,令我十分震撼,受到音乐的洗礼。就是这两堂课,让我下定决心去北大求学。

记:在大学里您接受了哲学与艺术的熏陶,应该很快乐吧。

徐:不尽然。后来我翻看自己的日记,发现当时记录的都是痛苦。"文革"刚结束不久,社会正处于一个价值转换的时期,从小一贯认定的东西,全部被颠覆了,不得不重新寻找坐标。一种迷茫的感觉持续了很久。

记:那您后来在北大寻找到了什么?

徐:如果你想寻找思想的根源或是把精神生活作为生活的必要内容,那么一定要去北大。在北大,不管有多少困惑,都会有一种归属感,一种找到了家的感觉。我在北大如鱼得水,感觉一进校门,整个心灵就安宁下来。毕业这么多年,我每年至少要回一次北大,有时出差到北京时间很紧,我也会在离开前赶去未名湖边看看,北大在我心里一直有特殊的地位,北大精神引导我无尽地追寻、无穷地遐想。我在北大读了两个学位,1987年到哲学系读硕士研究生,十年后的1997年,又攻读法学博士,博士读了四年。

记：在北大这些年,您有什么印象特别深刻的事情？

徐：我1987年入学时,正是北大思想特别活跃的时期,哲学系尤其如此。北大有"四大侃家",就是四个特别能聊的同学,据说他们能够聊上四天四夜,最后人都睡着了,嘴里还说个没完,说出来的还很有逻辑。我在北大经历了很多,养成了严谨刻苦的学术作风。我是学马哲的,对马哲的经典有深入的研究,这也为我以后的学术思想奠定了基础。

到了1997年考入法学系(现在是法学院)的时候,我需要的已经不止是单纯的思想和精神了。那时我已转入法学界,当了多年的执业律师。法学系里也是名家汇集,在那儿可以见到世界上最优秀的大律师、大检察官、大法官。众多大人物云集北大,也属平常。在我眼中,北大法学院承载了北大精神,并将北大精神变成对公平正义的具体追求和实现。在离校感言中,我这样感谢北大法学院："感谢北大,你不仅给了我系统的法律知识,也把正义给了我了。"

在暨南大学法学院

记：研究生毕业后您直接去了暨南大学吗？

徐：是的。北大哲学系毕业后,1989年1月我到暨大当老师,教哲学。后来很快增加了一门法律基础课,当时要求一个老师至少要上两门课程。因为没人讲法学课,领导就安排我去备课。我先是利用空余时间自学,并去中山大学进修,准备参加司法考试,当时还叫律师资格考试。经过三个月的准备我就通过了考试,同时进修也结束了,我有了上法学课的资格。讲了一段时间课之后,我觉得还应该从事一些法律实务工作,因为法学是一套偏向应用的知识系统。

到了1991年,我算真正入行法学界了。一开始我对法学并不了解,后来才意识到,"格物致知"的道理,都体现在法学当中。法学是通过"格物致知"的法律化过程达到观念世界来实践和验证真理的学问。从哲学的抽象世界(观念世界)进入到法学的具象世界,这个过程本是痛苦的,但我当时并不觉得痛苦,反而觉得很新奇。对具体事件穷尽法律之理,这让我很有发挥的空间,也开启了我的实践智慧。

我刚开始做法律实务时还有个小插曲。通过了律师资格考试之后,我申请了兼职律师执照,并认为自己能从业律师了,很高兴。之后的大半年,我一直在家里研究法条,等人上门来找我打官司。心想:我已经是律师了,在司法厅登记注册的,应该有人"慕名而来"吧。可想而知,半年中一个案子也没接到。后来经别的律师提醒,我才知道自己距离让人"慕名而来"还远着呢。从这也可以看出,我之前一直沉浸在哲学的美丽世界中,实践经验是很少的,对社会的很多情况、法律具体操作情况并不了解。"应然世界"和"实然世界"的差别,我是深有体会的。但哲学一直让我保持认真与单纯,沉浸在"应然世界"使我有一种愿景的力量,在这种力量的支持下,我的律师业务渐渐拓展开来,我也在"实然世界"中体会到苦辣酸甜。

在"实然世界"中追求"应然世界",在残酷的现实中构建理想,一直是我从事法学理论和实践的动力。这让我总是充满激情地去从事法律工作,并很快在律师界干出了一点名声。

记:您当律师时主要从事哪一类案件?

徐:那时候对实习律师的要求很严格,实习期间刑事、民事、行政案件都要做,每种案件至少做两个,我在一年内都办完了。后来暨大成立了一个律师事务所,我任副主任,一边管理律师、培训律师,一边办案子。那一阵子做公司和房地产方面的案件比较多。

我觉得自己的性格不适合办刑事案件。一旦涉及人的生命与自由,对于我而言是太沉重的负担。曾有个故意伤害致死的案件,我认为自己的辩护可以让被告免于一死,因为情节较轻、没有恶意。但是二审还是判了死刑。二审判决后我去见了被告的母亲,她没有说太多,只是不断对我说"谢谢你",后来整整两个月我吃不下、睡不着。从此以后,我下定决心不办两类案件:刑事案件、离婚案件。一类涉及人的生命与自由,另一类涉及人的私密情感。离婚案件的当事人会把从相识到离婚的所有过程和细节讲给律师听,我的心理很难承受。这个原则我从未打破过。虽然训练出了一些法律理性,我本质上还是一个感性的人,甚至在法庭之上,我受了委屈也会"当庭流泪",——被同行认为不适合当律师。

实际上,我和大多数法学院的老师一样,教书是主业,同时兼职当律师。过了一段时间,在接触了各种类型的案件之后,我觉得在实践领域只是重复了,没有必要再周而复始,所以决定歇业了。1997年我决定考回北大读法学博士,觉得自己应该在法律理论上更深入研究这些年来积累的法律经验。

> 好比一起跑步,成熟的宪政国家知道自己为什么要跑,要跑去哪里、目的地是哪里,它们一直在"领跑"。而我们是追寻宪政体制的发展中国家,"跟着"一起跑却不知道目的地为何。可能有一段时间跑得很快,但如果没有明确的目标,缺乏持久的动力,在跑得越来越累的时候,很可能就不愿再跑下去了。

记:您为什么选择了知识产权这个领域?

徐:选择知识产权领域也是机缘巧合。我是法理学博士,我的导师是著名法理学家赵震江教授。本来我想专攻一个理论法学问题,但一些事情引发了我的思考,使我的博士论文研究最终落在知识产权方向。

多年的律师工作,我原本不曾怀疑法律规则本身有什么问题,公平正义应该都在规则之中,但是一个知识产权案件引起了我的反思。这个案件我是原告代理,被告侵犯了技术秘密,本来并不复杂,却在执行环节出现了问题。被执行人自己拿出一个销毁记录,声称已经执行完毕了,实际上却将设备转移到别处。我很快找了转移场所,再去找执行法院时,法院却让我另案诉讼。这让我无所适从,如果设备不断被转移,我就只有不断重新提出诉讼。看似是一个法律漏洞,实在令我深思,我开始思索知识产权究竟是什么——知识产权不同于物权,物权销毁后就不能再用,知识产权却不然。然而财产法将知识产权当成物权一样的财产权去保护,这合适吗?

依照我对法律的信念,法律应该给予通过诚实劳动而获得的财产足够保障,被侵权后肯定可以得到救济。但在另一个知识产权案件中,原告花了巨大的心血和巨额成本投入一项技术,被侵权后虽然胜诉,但获得的赔偿不足损失的1/100,提交的所有损失证明,都被认为是依据不足。我十分感慨,一个国家如果不能给予科技成果有效的保护,那就很难期望有什么技术上的进步了。这促使我展开对知识产权的研究。

1998年的时候,我在进行博士论文选题,正好发生了美国司法部意欲拆分微软的案件,这引起了我的兴趣。微软在知识产权法的保护下成长为巨人,美国司法部又要把它拆分,道理何在?由此,我重新考虑起知识产权法的正当性问题。这一案件让我了解到,即便在美国,"私权神圣"也是有条件的。美国的权利法案看来并非那么天经地义。国会的立法权即便是保护权利,也要受某种限制。很多东西需要再次思考。当然,一个基本的信念没变:法律必须保护劳动回报。疑问是:法律保护劳动回报形成一定规模之后,又要对其制裁,这究竟是为什么?是否劳动不应该获得持久的激励?为了解答疑问,我在知识产权领域里一干就是十几年。

记:那您找到答案了吗?

徐:我认为找到了,答案就在"对价与平衡"理论里。在这些年中,我研究了知识产权这一权利的正当性基础。权利人总希望收益越多越好,使用者却希望成本越低越好,两者如何才能达到平衡的状态?我发现要实现这一平衡,反而应该不对价、不平衡。知识产权这一权利建立在信息之上。信息一旦公开,就具有了公共性。一个想法产生后,我们通过在表述的著作上署名、通过讲话录音或其他的方式,只能证明信息的所有人。财产权的真正含义,是一个人完全掌控财产的能力,而知识产权就其自然形态而言,是无法掌控的。要保持掌控,权利人只能不说、不写、不发明,但同时也得不到任何收益。这就意味着知识产权外部性的对价,在公共的范围内,以法律保障权利人掌控的权利,那么权利人应该向公共利益支付对价,以达到平衡。否则,不对价就会保护垄断。因此,权利人当然该受到限制。

想通了这一点之后,我很兴奋。2003年,我决定到中国社科院跟梁慧星老师进行博士后研究,主题就是知识产权的对价问题,并以美国1998年版权延长期限法案的宪法诉讼为背景资料,获益良多。对价理论是英美法系衡平原则的体现,而我国近年的民法研究,往往遵循大陆法系的思路,要引入对价概念可能有衔接的问题。后来梁老师的一个博士生专门从事英美合同法中的对价研究,他的博士论文有一句引言:"对价之于合同法,犹如猫王之于摇滚乐"。它是帝王条款,能产生万法、约束万法而不被约束。我多年来研究对价,其实就是在寻找法律的真理、寻找正义的标准。我认为对价原则甚至可以作为审查我们所有法律正当性的一个标准。

博士后期间,我在研究知识产权对价问题的基础上,进一步研究了美国宪政和知识产权之间的关系。我发现宪政是西方国家一整套系统的、有机的制度,而我们总是学习其中一些片段,"知其然,不知其所以然",学"标"却学不到"本"。就整体机制的立法而言,我们与西方国家相比,好比一起跑步,成熟的宪政国家知道自己为什么要跑,要跑去哪里,它们一直在"领跑"。而我们是追寻宪政体制的发展中国家,"跟着"一起跑却不知道目的地为何。可能有一段时间跑得很快,但如果没有明确的目标,缺乏持久的动力,在跑得越来越累的时候,很可能就不愿再跑下去了。西方国家通过启蒙运动达成了为什么要跑,要跑去

与美国商务部长骆家辉在一起

哪里的共识,而我们就缺少这样的共同愿景、共同价值、共同目标的启蒙。因为缺乏共识,我们的现行法律体系在法律移植中只移来了法律,却没能移来其背景和精神。更进一步说,一个伟大国家的共同愿景实际上是无法移植的,也不需要移植,但我们没有把它和我们的法律统一起来。

我从知识产权出发去寻找,逐渐进入一片更广阔的天地。我认为,运行良好的知识产权制度是有前提的,需要良好的国家制度安排,满足"充分供给和激励创新"之间的交互性条件,让国家体制中的不同部门同时行动起来,才能把知识产权激励机制运行好。美国商务部长骆家辉来中国访问时,访问了暨南大学知识产权学院并发表了关于知识产权的演讲。我主持会议并让我的学生问了他一个问题:"美国在 200 年前就制定了专利法,促进创新。而我们知道,不同的文明阶段有不同的知识产权制度,甚至在同一个国家不同的发展时期,知识产权制度也有差异。请问和美国相比,中国处于什么时期,它的知识产权法应该是怎样的?以怎样的保护高度为宜?要知道,在同一个时期,美国的专利法只登记不审查,并且明文规定不保护外国专利。"从中可以看出,我们的制度还有太多不足,要解决整个法律体系乃至整个国家制度建设统一性问题,要走的路还很远,首先要解决方法论问题。关于这个问题,我认为还是应当回到经典的马克思主义中,为良好的制度寻找一个正当性的前提。

记:看来您心中有超出法学的更大关怀。

徐:是的,我这两年在做政治哲学,这些年来我研究了国家各个方面存在的重大问题,包括宪法问题、知识产权问题、财产权问题、土地问题、农民问题等一系列社会问题。我现在还在广州市第十三届人大任财经委专员,努力推进财政公开。通过研究发现,民法上的财产权保护,与国家财产分配制度有莫大的关系,现在社会出现大量的问题,都与分配不均衡有关。"对价与平衡"理论对于解决这些制度均衡问题,对于解释百余年来困扰中国的一系列难题,都是有用处的。而分配正义的正当性问题,应该是政治哲学或宪政哲学的任务。

记:制度的平衡,是通过各方博弈实现的吗?

徐:并非如此。在各方博弈之前,宪法应首先制定一个符合社会正义的政治框架,由国家允诺为没有竞争力的弱势群体提供基本的人权保障,然后才进一步保障市场的公平竞争、各方自由博弈。另外,在各方博弈之前,还要制定公开、公示、公正、公平的政治框架和信息公开系统,使竞争有公平机会、平等基础的前提。政治框架和经济框架之间应该布局均衡、结构合理、比例适当,这就是宪政体制的内涵。要实现均衡布局的宪法原则,需要利益冲突各方的共识,达到"共同同意"。如果没有宪政共识对立法的约束,各方会博弈出一个"丛林法则"的国家而不是一个"和谐社会",万万不可让"丛林法则"成为宪法原则!

纵向来看,这些年的进步是巨大的,我们已经有了一个很好的国家制度雏形。比如说,我们有了《物权法》,虽然制定得比较粗糙,没有很好地吸收多年来的民事立法成果,但毕竟我们有了追求宪政体制的"发动机"。

记:但经常出现《物权法》对抗不了一些拆迁条例的状况。

徐:这一点不用着急。在土地上设立权利,是很讲技巧的。一个民主政治国家的治国水平,很大程度表现在规定土地财产权的立法技术上。如果技巧掌握不好,可能到处是"钉子户",如果技巧娴熟,就不会产生太多问题。依我看,只要用对价和平衡的和谐精神解决具体的拆迁问题,物权会得到最大的保护。拆迁不会成为一个很严重的社会问题。和谐拆迁需要的智慧与法治国家的智慧是相同的,需要以适当的程序、步骤为前提。如果今天和谐拆迁做到了,和谐社会就不遥远了——和谐拆迁应该是建设和谐社会的主要内容。

> 所谓的理想宪政,无非是落实这四句话:人尽其才、物尽其用、地尽其利、货尽其流,这是所有宪政国家一致同意的制度目标。

记:那么在利益明显分化的情况下,共识体现在何处?

徐:共识体现在宪法和法律之中。比如说,我认为法律中蕴涵的公平正义价值,就可以成为人们的共同信仰。翻开党章看一看,共产党成立之初的理想,不就是要在全世界实现公平正义吗?公平正义难以一下子实现,如果最初的制度安排造成了利益分化,形成不同的利益群体,那么共产党的出现就是要消除这个差异。我认为,共产党的目标就是要消除贫穷和不公,完全实现公平正义。

我研究"对价与平衡"理论,觉得它完全符合马克思主义和共产主义的理想,马克思主义的理想实际就是要呼吁建立一种平衡的宪政体制。如果缺乏平衡的宪政体制前提,而立法保护财产权的博弈,就会造成两极分化,甚而导致社会革命。所以,当下中国的法治建设,必须完成一个共识。宪政体制有它的结构性安排,其中各方确实存在一些价值、视野、立场上的不同,利益则更加不同。那共识又是什么呢?共识就是超越各方固有圈子之外的理念,是对共同原则、共同利益的承认,有了这个"共同承认",各方利益集团都得受约束。只有利益冲突各方受约束,才能实现共同目标、共同理想、共同愿景。这应该成为真正意义上的、所有人的"共同价值"。

在哈佛大学

记:是普世价值吗?

徐:可以说是,也可以说不是。说是,在于人类都有基本的关于公平、正义、人权、博爱、生命尊重等方面的价值判断,不管利益怎样冲突,在这些方面是可以形成一致的,这也是达成共识的基础。说不是,在于每个国家都有自己的利益,没有一个所谓的"人类利益"。价值判断是普适的,但具体的价值分配则是国家的、民族的、个人的。现在我们的问题在于,立场决定视野,视野决定观点,观点决定主义,主义决定信仰,不同人群为各自的信仰斗争,就导致了不可调和的冲突。如果宪法和法律不能调整这些冲突,不同的人群就无法和平相处。因此,宪政要为不同人群的主义和价值作一个良好的制度安排,这就是法律在当今中国的任务。如果制度安排出现问题,"左"和"右"还是会打架,多元化形成的冲突也无法化解。我们建立的共识应该成为我们的根本原则,根本原则可以讨论,但起码相互允诺"不打"、"不骂"、"不害"作为根本原则,这总是能达成的。

记:那怎样才能达成您所说的共识呢?

徐:这就要靠"观念革命"和教育。多年来,我努力推进"观念革命",但法学界响应者不多。我们共同的愿景,就是实现国富民强。为此,我们必须分工合作。个人、企业、政府都应努力。建设一个强大的国家最终是为保障一个强大的个人,所以个人尤其要勤奋起来。衡量一个国家的进步,知识总量的增长数、财富总量的增长数、个人自由的增长度这三个指标是最重要的。

对我们国家而言,百年来的梦想是一致的,就是为了实现国家的强盛和人民的幸福。不同立场的人群,对于这一点完全可以实现共识。从孙中山时代到今天,这个理想是一脉相承的。所谓的理想宪政,无非是落实这四句话:人尽其才、物尽其用、地尽其利、货尽其流,这是所有宪政国家一致同意的制度目标。为了实现这四个目标,人们才联合起来,共同建立良好的国家。各种主义是从这些目标中产生出来的,如果主义冲突的话,不妨回到制度目标本身,为这四个目标而磋商、妥协、谈判、坚持。这就是"观念革命"。主义争执不休时,放下主义不谈,只以这四个目标为制度好坏检验标准,造就一个伟大的国家,其实并不困难。

记:徐老师,您对当前法学学术研究的状况有什么评价?

徐:我个人的爱好比较广,阅读范围也很宽,很多学科都有涉猎。不敢说评价,经过纵向和横向的比较,我认为,这30年的改革,中国人在人类法律文明史上,通过对法律的运用与实践,贡献了中国的法律经验。中国法律文明的实践创造了人类文明的奇迹并正在继续创造奇迹。但是,目前法学思想和法学研究的水平,并没有超过上世纪30年代,研究者在智识上也没有超过两三百年前的欧洲大陆。法学界乃至人文社会科学界普遍存在"食洋不化"、"食古不化"、"食今不化"的现象,没有出现类似欧洲大陆启蒙运动中那些伟大思想家、法律家、哲学家、政治家、科学家等精神领袖,连一个马克斯·韦伯都没有。当然,时代会呼吁并造就自己需要的伟人,未来的法学一定会繁荣。

现在很多法学学者局限部门法范围内。大多数人长期致力于私法研究,公法方面努力不足,更缺乏宪法知识(宪法知识成为"宪法专业学者"的知识)。而公法学者又缺乏民法、私法的知识,这些都被称为"法学家",并参与立法,造成了很多没有共识性的部门立法。各个部门法之间常有狭隘的利益冲突,公法研究的会议上,有人号召公法学者要向私法学者"开刀"。这种态度很可笑,也很危险。各个部门法学者在自己研究的领域内,立场决定视野,很难跳出来。

记:很感谢徐老师分享您的思想,您对法律学子有什么希望和寄语吗?

徐:法律是寻找人生价值和真理,获得人生财富的必由之路。好法律使人们正当的生产和生活有了可能性并正在逐步成为现实。法律人不仅要熟悉法律,更要寻找并创造最好的法律,学会用最好的规则指导自己的人生。坚守好法则,一定会有好人生。

(张　琪)

张中秋
Zhang Zhongqiu

　　1962年生,法学博士,江苏省南京市溧水县人,现为教育部人文社会科学重点研究基地中国政法大学法律史学研究院常务副院长,教授,博士生导师。1984年毕业于华东政法学院,获法学学士学位;1987年毕业于中国政法大学研究生院,获法学硕士学位;1998年毕业于中国政法大学研究生院,获法学博士学位。1986—2003年在南京大学法学院任教,并任南京大学亚太法研究所所长,主持《南京大学法律评论》。1989年晋升为讲师,1995年晋升为副教授,1997年破格晋升为教授。

　　曾应邀赴美国、德国、法国、日本、韩国及我国台湾和香港等地参加学术活动和讲学。发表论文100余篇,其中在美、德、日、韩、法及我国台湾地区学术刊物上发表论文多篇;出版著作10余部,其中专著5部,代表作有《中西法律文化比较研究》、《中日法律文化交流比较研究》和《原理及其意义——探索中国法律文化之道》。获教育部和国家学术研究奖4项,其中个人奖2项,合作奖2项。研究方向为法律文化,关注的课题是中国法律文化原理。

　　记者(以下简称"记"):非常感谢张老师接受我们的采访,首先请您谈谈在"文革"期间的经历。

　　张中秋(以下简称"张"):我是60年代初出生的人,当时物质条件差,文化意识形态单一,但记忆中的童年还是很快乐的,有清新秀丽的自然风光和无忧无虑的大量时光,不过教育基础不好,学习的内容主要是时政性的,印象中每年都有政治运动,到了小学后期,"批林批孔"开始,我们都写大字报,参加红色小分队的活动,亦多次到当地的新四军根据地山区接受教育。那时最多的是学农,跟着老师开荒种地,学工主要学习拖拉机、水泵等简单知识,多少有了一些感性认识。

记：您作为法律史专业的老师,对"文化大革命"这段历史是如何看待的呢?

张：历史是无法改变的东西,不论你怎么评论,它就是那样,所以我们必须面对。现在看来"文化大革命"是一段弯路,甚至是荒唐的,就法律来讲,它不止是中断而是抛弃了清末以来的中国法制进程,但中国社会有它自身的规律,这个弯路也许是必然的,没有这段经历,就不会有后来的改革开放,亦不会有后来整个中国对自身的深刻反思。就像人的一生一样,历史有弯路亦是正常的,但毕竟是向前的,我们要宽容地看待它。

记：您听到恢复高考的消息是什么感觉呢?

张：我们当时对大学没有什么认识,恢复高考前有工农兵大学,但感觉和自己没关系。我读高中亦是去学农,当时的想法是要不要去当兵。所以,恢复高考的时候,没什么大的感觉,但老师很兴奋,老三届亦很活跃。后来有人考上大学,就认识到这个事情非常重要,对于我们农家子弟来说,这就等于是跳龙门了。但又因为是生长在乡村,对大地总是有感情的,那时有一部小说叫《人生》,里面的主人公高加林,热爱土地,但他看着远方黑暗处闪烁的城市灯光,却又向往。这大概代表了我那时的心情。

记：您考大学的时候就是一心想学法律的吗?

张：我上中学的时候,对历史、地理很感兴趣,所以我填报的大学志愿是历史系,但没有被录取,后来就进了华政的法学专业。

记：您进了大学后,对整个学校有什么印象呢?

张：我 80 年上大学,第一次到上海很兴奋。当时学校的条件不好,但对于我们乡村来的孩子来说很不错了。那时没有正式的图书馆,白天是食堂,晚上就用做图书馆,运动场地亦不够,但学校领导有理想、有精神、能吃苦,他们工作在帐篷,把房间让出来供教学和学生用,很是值得敬佩。大学一年级的时候,我们专业课不是很多,晚上就在食堂看学校的杂志,我很爱看小说,什么都看,觉得很享受。那时的同学很刻苦,很朴素,年纪差距很大,有老三届的,亦有应届生,大家相互交流,收获不小。印象最深的是每天晚上的夜谈,谈到很晚很晚。那时是行政班,每个班都是一个集体组织,我是班里的学习委员,班里搞集体活动时大家纪律性很强,充满了正气。现在的学生自由感很强,和我们那时不一样。我最怀念的是上海的书店多,还有物价便宜。我是农村来的,不交学费,基本生活靠国家补助,每个月 23 元 5 角。我每月用 17 元作为生活费,年底有时还有 50 元的困难补助,这在当时是很高的了,用不完的钱就拿去买书。当时上海的学术气氛很浓,有很多书,有公开的亦有内部发行的。我几乎每个周末都去上海各大书店,一边看书一边买书,到我大学毕业的时候已买了1000多本书。我读大学的时候对哲学有了兴趣,记得卢梭的《社会契约论》和《论人类不平等的起源和基础》,我拿到手后,都是通宵读完,很受震撼,他的主权在民的思想很适合我们那个年代。还有黑格尔的《小逻辑》,虽然不是很懂,但对其思辨的思维很欣赏。我一直喜欢历史,当时华东师范大学的学术氛围比华政浓,我经常去华师大看同学,借机向华师大历史系78、79级的同学学习,有时就参与到他们的讨论中去,这让我在思考上追求深度。可以说,大学阶段的求学热情,是我后来从事学术研究的一个重要的预备阶段。

记:您在华东政法大学的四年学习阶段,有没有印象深刻的老师和同学呢?

张:有的。华政的老师很热情,对学生很关爱。其中有位王绍棠老先生是教法史的,因我对历史的兴趣,所以就去拜访他。王先生人很好,热情接待了我。我当时写了篇文章,是对太平天国天朝田亩制度的探讨,王先生为我认真地加以修改,这对一个大学生来说是莫大的荣幸,我深受鼓舞和感动。王先生是研究唐律的,我后来亦研究唐律,多少亦是受这个影响。我还记得我那时是学习委员,我请王先生给我们做个演讲,他欣然答应了。他说,对于文科的同学来说,发明创造是很难的,一点点的进步亦是发明创造,如果你把发明创造看成是很长很大的突破,那你很难会有成果。这句话对我很有启发,我后来跟同学讲,知识是个积累的过程,认识是渐变的过程,顿悟亦是在渐变的基础上发生的。我后来考研究生,考的是法制史专业,但分数没有别人高,学校劝我转法理,起初我亦同意了,但当时对法理确实兴趣不大,原因是内容教条,和政治没有区别,不像法史有学问。所以,当中国政法大学成立法制史研究生班时,王先生问我要不要去,我很高兴地说要去。然后我就去了北京,现在想来当时最大的心愿应是去北京。

记:能不能谈谈您最近的研究心得?

张:我高考前想学历史,到了大学后对法律逐渐有了兴趣。法学是博大精深的,但我对法学的兴趣主要集中在法学理论和法律史学。后来我研究法律史,觉得它是"根"。这些年我研究的是法律文化,关注的是中国法律文化的理论问题,亦即中国法律文化之道。走上这条路,对我来说有所必然。我生长于清秀自然的江南农村,天性中有乡土社会的求实倾向,同时又有对空灵文化的向往,所以,从探求法的历史到追寻它的文化原理,似乎成了我研究历程中的一个自然选择。我的研究路径是从法史到法文化,从法文化到法原理。在这方面,出了一点成果,主要是《中西法律文化比较研究》《中日法律文化交流比较研究》和《原理及其意义——探索中国法律文化之道》。《中西法律文化比较研究》从 1991 年初出版以来已出到第四版,最近一版是在法律出版社出的,从内容结构上说,初步实现了我对中西法律文化差异、求同、会通的比较。顺便说一下,这本书除了在国内受到重视外,我在日本的书店里亦看到过,美国国会图书馆东亚部亦收藏了本书。《中日法律文化交流比较研究》这本书不厚,但它牵连到我近 30 年的时光。早在 1981 年,我正在华政读书。有一天晚上,我到了阅览室,里面有一本中国台湾地区的刊物上登了一篇题为《中日法律文化交流小史》的文章。这篇文章吸引了我,我仔细地把它读完。让我意想不到的是,发达的日本居然还接受中国法律文化千年的历史,而中国法制近代化又居然是从引进日本法开始的。这使我惊讶不已,其印象之深迄今不忘。遗憾的是这篇文章没有分析,亦缺乏比较,于是我就想干一件弥补缺憾的事。到了 2003 年,我总算把初稿完成了,后来又改了几稿,到 2009 年才出版。《原理及其意义》这本书是一部论文集,它记录了我近十年来对中国法律文化之道的探索,亦代表了我对中国法律文化原理及其意义追问的最新思考。现在很多人在研究法律文化,但坦率说他们研究的不是法律文化而是法律制度和法律思想,因为他们的研究和以前这类研究没有什么区别。法律文化关心的是法的观念、原理和价值体系,总之是理论性的。法律文化是贯彻在法律之中的,但它不是法律制度或某个人的法律思想本身,而是起支配作用的精神力量。所以,现在法律文化研究似乎很热,但实际称得上法律文化研究的成果寥寥无几,大多是冒牌而已。

记:在您的领域中,有没有出现比较大的争论?

张:在我研究的领域中有过比较大的争论,就是对中国传统法律文化价值的认识,简单说有否定、肯定和折中三派。我开始作中西法律文化比较时,对中国传统法律文化的价值有怀疑以至于某种否定,但进入 90 年代,我的认识发生了变化。譬如,我前几年写了一篇探讨传统中国法的道德原理及其价值的文章。像这样的文章,我以前是不会写的。因为我自 1980 年开始学习法学起,就领略到了传统中国法因其"礼法结合"所形成的法律道德化和道德法律化而受到的广泛而严厉的批评。这些批评已深深地刻在我的脑子里,其影响大到对自己任何稍有不同的想法,哪怕是本能的不满都形成某种压制。面对强大的批评声,即使心有疑惑亦不敢随便提出,似乎一提出就有为"人治"辩护之嫌。现在回过头来看,这个看似纯粹的个人经历,其实浓缩一代人和一个时代的特征。我这样说的意思是,像我这样生于上世纪 60 年代,又在 80 年代初进入大学学习法律的人,有两个先天不足:一是深受政治意识形态和现代化话语的影响;二是接受法律实证主义的教育。前者让我们要么把传统当做封建专制加以批判,要么把传统与现代化对立起来;后者使我们将法律与道德分离。不幸的是,这两个不足成了我们那一代法律学人共有的理论和专业基础。如果再加上自己的根底不足,那就很难理直气壮地说出自己的看法了。我后来写决定这篇文章的因素,除了专业上的认识外,背后还有几个与之相关的问题意识。一个是费孝通先生讲的,在全球化的今天如何做到"文化自觉"。这一直促使我思考:对待中国传统法律文化我们如何有"文化自觉"?这可不是个小问题,它关系到我们法律学人对自己民族历史的主体性和文化价值观的觉悟。另一个是日本学者沟口雄三曾在一次国际会议的演讲中提到的:"中国知识分子的历史课题是摸索中国文化传统下法的原理(法源在于权利还是在于道德),或者在私营经济活动日益活跃的现状下,探索如何对共同性和个人性的关系作出原理的说明。"对我们来说,这同样是贯穿历史与现实的重大课题。还有一个是目睹现实中国,一方面因它的发展深受鼓舞,一方面又为它层出不穷的问题而忧虑。我以为当下中国的最大问题不仅在于制度亦在于人,人的问题不仅在于规范更在于道德。如果我们的制度、法律和人都没有道德,或者说缺乏德性,那后果是不堪设想的,但传统中国在这方面有丰富的资源可供我们汲取,这使我对中国传统法律文化的价值从怀疑到某种肯定。

记:在您的研究中,您最乐于采用的是哪一种研究方法呢?

张:最早的时候,我们喜欢采用很多方法,觉得方法越多越好。其实,方法的好坏在于它是不是能解决问题,方法跟着问题走,如果一个问题用传统的方法可以很好地解决就用传统的方法。比如说文字考订,这个还是要用传统的方法更好。从我自己的研究经历讲,我喜欢比较和思辨的方法,在比较中寻求异同,在思辨中抽象概括。当然,历史的方法亦很重要,它讲究材料的扎实和对规律的把握。但对一个法律学人来说,法学的方法,亦即法理分析是最重要的,否则你作的就不是法学研究。

记:您觉得我们国家和日本相比研究差距在哪呢?

张:日本学者的特点是扎实和精细,有的亦达到了精深,有的还力图在理论上有突破,但总体上来说,他们的理论不够博大。在扎实和精深上,中国现在的学者赶不上日本学者,但另一方面,中国学者的优势在于有宏观性视野,这与中国文化哲学传统中的天下观有关。

记:在我们中国法发展的过程中,怎样做到把中国传统法文化和西方先进的法文化进行融合呢?

张:法律文化,不管是同类型的还是不同类型的,都可以交流。因为文化是人类产出的东西。但不同文化之间必然有差异和冲突,然而这种冲突是可以克服的,依靠的是人类理性对理想和自尊的追求。日本在这方面的态度是"大胆引进,善待传统",这是一种理性但很现实的方法。中国拥有日本十倍以上的人口,有比日本大得多的国土,还有世界性的哲学,就是以天下为己任,而这是日本所没有的。这些形成了它们之间的差别,中国在解决自己的问题时还在想着天下的问题,日本走的是现实主义的路径,它能比较迅速有效地进入先进国家。中国要学习日本现实主义的道路,但要超越日本,就要有理想的现实主义路径。日本完全是用实用的方法解决现实本土问题,中国要有为世界作贡献的心态,要有作为大国的世界担当。

记:您觉得在中国目前的情况下,走理想主义的现实路径有可操作性吗?

张:应该说中国目前都是实用主义。但中国问题本身具有世界性,不考虑国际是不合适的。现在世界正处于转型期,中国模式对世界有吸引力,现在有很多学者,特别是国际政治学者在考虑这个问题。未来世界的体系不可能仍是西方主宰,必然是多种体系的融合,而中国在这方面必须要有担当。我们不是为了担当而担当,而是中国本身拥有世界性。走有理想的现实主义路径,目前的操作性虽然不明显,但是有极大可能。

记:您觉得自己最大的贡献是什么?

张:一个人的贡献,别人说比自己说好。如果非要说的话,我在中西法律文化比较方面,运用文化类型学和原型理论,透过对中西法律文化的比较,提出中西法律文化存在着诸多差异。在这些差异中,对"人"是什么——德性的存在还是理性的存在——的不同理解和设定,是中西法律文化最大的差异所在。中西法律文化的这些差异只能说是不同,很难说是不好,而且无论差异有多大,大家都是文化中的人,在人的本质属性上是一致的,因此,在人的文化原理层面上,中西法律文化具有同一性,即在人的文化原点、原理及其展开的轴心和结构模型上有共同性,所以,中西法律文化的交流本质上是可行的。这个观点的理论贡献,一方面在于对中西法律文化进行了辨异、求同和会通的比较;另一方面在于从文化原理上解读了中西法律文化的同一性,这个认识既可检讨中西法律文化交流的历史实践,又可分析和推论中国法律文化在当下的构成及其未来走向。

在中日法律文化交流方面,我透过对唐与清末中日法律文化交流的比较,发现人类法律文化发展的不平衡引发了它们之间的交流,交流中起支配作用的是基于人类生活的共性和个性所形成的法律文化的同一性与差异互补性原理。在这个原理的作用下,通过人这个历史主体的参与和推动,人类法律文化的交流从理论上的必然转变成现实。唐与清末中日法律文化的输出与输入,乃是同一性原理和差异互补性原理在交流中发挥各自和相互作用的结果,即通过继受与变通的协奏,调和激进主义与保守主义的紧张关系,调适域外先进文化与本土固有传统,利用文化亲近因素化解和获取交流中的难与易。《中日法律文化交流比较研究》是目前该领域中第一部具有学理意义的比较法律文化作品。

在中国法律文化原理方面,我透过对中国法律文化的理论探讨,认识到中国法律文化原理是道德原理。道德原理的含义是,道是事物的结构,表示万物的有序性;德是事物的属性,表示万物的生生不息。其中,道是德的存在形式,德是道的存在依据,两者合二为一构成事物的统一性,亦即统一原理。道与德在哲学上被抽象为阴与阳,在法律上转化为礼与法或德与刑,这样,从阴阳合一、阳主阴从的万物原理,转化成了礼法结合、德主刑辅的法律原理。如果不带现代人的偏见,我相信在传统社会的中国人看来,道德作为中国法律文化的原理,亦即传统中国法理之根据所在,理论上不仅具有充分的正当性,事实上亦是他们理想的至少是合理的现实生活的一部分;而且由于这个原理扎根于万物有序与生生不息的自然之理,于今除了要遗弃它一些旧时精华而今糟粕的东西,如过度尊崇权威和维护等差的"三纲"礼教外,更因为它在精神上肯定和追求有德的人、向善的法与和谐的社会,契合人类真、善、美的理想,所以依然具有某种程度的普适性和持久性,即使与西方法的自由原理相比较,亦永有其价值,因为道德与自由都是人类所必需的。这恰好表明,我们的先人几千年的法律生活,并不像一般教科书所叙述的那样无甚可取,而是在给我们留下悠久丰富的法律文化传统的同时,又赋予了我们义理深邃的法律文化哲学。

记:您觉得我们现在的中青年学者浮躁吗?是多发表文章好还是少发好?

张:从法学群体来讲,现在还没有什么流派出现,虽然有这样的苗头。中青年法学家大部分还是在追求学问,他们中有相当部分人把学术当成生命对待,可以说这样的学者是真正的学者。还有部分学者是"双肩挑",在做学问亦在做行政工作,但优秀的学者应该花更多的时间来做学问。可是现在中国的实际情况是,如果你不做行政工作,那你的学术资源就要受到限制,从而影响你的学问。我认为一个人可以做学问,而且可以做得很好,人文社会科学的性质完全适合个人,因为它是对思想的追求,要的是个性,而个性和思想往往是难以合作的。但亦要承认,学科需要群体,一个人是撑不起学科的。所以,如何在学术和学科之间形成合理的关系,这是当代学人所面临的难题。此外,还有相当部分人对学问并不热心,把大量时间花在社会活动上,其中有很多是与学术没有关系的,纯粹是为了赚钱。我看现在发表文章多的优秀学者有,成果少的优秀学者亦有,量和优秀并不矛盾。不过,年轻学者应该知道,量不代表质,而且量不应该违背基本原则,比如不能重复发表,不能抄袭,量应该是在遵循基本原则的前提下完成的。

记：您觉得一种良好的学术氛围应该是什么样的？

张：从体制和机制上讲，我觉得良好的学术氛围就是教师把心思放在教学和研究上，有完善的学术评价体制和激励体制。在这个体制和机制还没有健全的情况下，我个人觉得，如果单位能够提供基本条件，我就满足了，我就自己做学问。

记：您刚才谈到中国目前的学术研究状况和我们的高等教育体制有关，在您看来，我们要完善自己的高等教育体制，当前可以做的比较重要的改革措施是什么？

张：在高等教育上，我的看法是，大学领导应该民选，选出的大学领导应该有大学精神，大学精神在于尊重学术、尊重教师、尊重学生，并在大学推行民主化管理。另外，大学应该引进竞争、淘汰机制，增强大学的活力。还有，考核不能没有但不能频繁，尤其要考核实质的东西，而不是形式主义。

记：听了老师的话觉得受益匪浅，最后希望老师对我们年轻学子提供一些建议。

张：一个人来到这个世界不容易，所以作为人来讲，应该有志向和追求。有了目标后，就要坚持下去，中间可能有反复，但坚持下去就能实现。我的体会或许不足为训，但如果你想做学问，而且是想做真学问，那我建议你，在态度上要诚，在志向上要高，在钻研上要一心一意、全力以赴，在方法上要先博后专，做到博中有专，专中有精，精而后通，达到了通你就入道了。中国文化的最高境界就是道，有了道，你就从容了。

（余　莉、聂　潍）

周少元
Zhou Shaoyuan

1962年生,安徽寿县人。法学博士,博士后。安徽大学法学院党委书记、教授、博士生导师,中国法学会会员,中国法律史学会常务理事,安徽省法学会法律史研究会总干事。安徽大学中青年骨干教师,安徽省高校中青年学科带头人培养对象,安徽省高校学科拔尖人才。

主要从事法制史、法律思想史和传统法律文化的教学与研究工作,公开发表学术论文四十余篇,出版专著二部(其中合著一部),主编、副主编教材各一部,参编教材多部。主持并完成科研项目多项,主持司法部项目"中国法律教育问题研究",教育部项目"宽严相济与中国刑法传统",安徽省教育厅项目"中国古代文官制度研究"。参加国家项目"清史法律志",国家社科项目"明清民事规范的法律调整",教育部项目"明清时期徽州法律文书研究"。担任国家项目《中华大典·法律典·行政法分典》副主编。科研成果多次获奖,教学获安徽大学青年教师优秀教学成果奖一等奖。2008年被评为首届安徽省中青年法学家。

记者(以下简称"记"):周老师,您好,很高兴能有机会采访您。首先能请您谈谈大学前的一些生活和学习情况吗?

周少元(以下简称"周"):上大学前呆在农村,那个时代信息还不是很灵通,教育条件也不是很好,但农村十几年的经历给我留下了深刻的印象。农村人质朴,农村的中小学老师非常敬业。当时我们文化知识方面学得不是很系统,因为那时还处在"文革"期间,但对人的品格塑造还是有它独到之处的。我印象比较深刻的就是经常参加劳动,从小学到中学都是如此。学校搞建筑,就让学生去运砖瓦等建材,当地有什么水利工程就让学生去帮忙,农忙季节就让学生帮助干农活。回过头来想想,经常参加劳动对人的性格的养成、品格的塑造还是很有意义的。

记:高考时您报考的专业就是法律吗?后来为什么选择法律史?

周:法学专业,从最后填的志愿看是第一志愿第一专业,但从填志愿过程来说最初的想法不是这样的。我记得当时一开始报的是安徽劳动大学政治系,后来老师看后给我改成了安徽大学法律系。那时候报志愿就那么回事,都是自己蒙一个,然后拿给老师看,老师觉着合适就报上去,不合适就改一下,不像现在还要查信息、认证。

法律史不是我自己的选择,1984年大学毕业后留校任教,我被安排在法律史教研室,但开始不是教法律史,而是教司法文书,原来教这门课的是陈炯老师,他后来被调回老家江苏无锡了,于是我就被分到法律史教研室代这门课,再后来司法文书改由诉讼法教研室老师讲授,我就这样逐步接触了法律史,后来就一直从事法律史教学与研究了,到现在快30年了。

记:您大学及研究生期间,最佩服的老师是哪位?

周:当时对安徽大学法律系的印象是师资力量非常棒。上个世纪80年代,安徽大学法学学科在全国综合大学中名列前茅。尤其是法律史学科,1982年在全国率先招收法律史专业的硕士研究生,如果那时安徽大学招法律史博士生,我觉着是完全够格的,陈盛清先生、周枏先生、汪汉卿先生招博士不会比别的学校差,但我们学校是省属高校,在国家整体教育布局上处于弱势。陈盛清教授、周枏教授都给我们上过课,陈老讲中国法制史总论,周老讲罗马法,是系统地上了一门课,我们80级和79级在一起上这门课。那时老先生都给本科生开课,陈安民先生讲行政法,王镕先生讲经济法,朱学山先生讲国际法,这些老教授或系统讲一门课或开过讲座。我们对这些老教授非常崇拜。周枏教授上课的风格、语言给我印象很深,他是苏南人,讲话我们一点都听不懂,他上课时,有两位老师把苏南话翻译成普通话,但能听懂苏南话的老师普通话讲得又不标准,这样一来又要借助于大量板书。所以周枏先生讲课的时候,他旁边站好几个人,有做翻译的,有写板书的。

我接触的老师比较多,他们的人品和学识都对我产生了深远的影响,如汪汉卿先生和张晋藩先生。我跟汪老师时间很长,我入学时他是我们辅导员,给我们上中国法律思想史课,读硕士时,他是导师组负责人。汪老师是非常值得尊敬的先生。在他那一代老师中,因为许多都是"文革"中断好多年后重新走上讲台,脱稿讲课的不是很多。汪老师讲课不看讲稿,当时觉着这种形式非常新颖,并且讲课的声音、语调、语速适中,听起来特别悦耳,教学效果非常好。我留校后他做系主任,由老师变为领导,跟他读硕士后我又变成学生,我跟了他20多年,直到他2003年去世。汪汉卿老师经历比较坎坷,在北大读书时身体不太好,好像曾休学一年,毕业后在社科院法学所工作过,在北京附近农场干过。他老家在皖南,在北方生活不大适应,后来就要求调回安徽,去了一个中学教书,一直到1979年安徽大学复建法律系才被调过来。据说,汪老师担任中学教师时,教学效果就很好,为人也好。后来他做了安徽大学的校长,有时出差会路过曾经执教过的中学,据校办同志说,只要听说汪老师回来了,学生们就会夹道欢迎他。他调到合肥工作后,过去的学生还会利用出差等各种机会过来看他。汪老师当时备课很认真,也看了很多书,书上都留下了眉批、注释,对我们也产生了无形的影响,我们做学生的再忙也没老师忙,汪老师能读这么多书我们怎么不能？这让我们很不好意思。汪老师教育学生有独到之处,如果学生有些做法不合适,他不会直接批评你,而是想法让你自己感觉到做得不对,并且能够让你知道应该怎么做。当学生遇事拿捏不准时,他不给你讲大道理,而是帮你分析让你自己懂得怎样去选择。什么叫导师,从汪老师身上我体会到"导"字的另一层含义,上课,指导论文,参加学位论文答辩,这只是做导师的最基本职责,在汪老师那里,我感到导师好像导演,给学生提供舞台和空间,把学生推到前台,为学生的进步与成功提供机会。汪老师去世后,很多人怀念他,校园贴讣告的地方摆满鲜花,我在安徽大学31年了第一次见到这样的情景。学校食堂的工友、菜市场卖烧饼的师傅都到他家里吊唁。这不是因为他是教授、校长,而是人格魅力的体现。

2000年,汪汉卿先生推荐我跟张晋藩先生读博士。张先生在中国法律史方面的学术造诣是极为精深的,他对中国法律史学科建设宏观上的东西把握得很精准,特别是对中华法系的领悟,应当说达到了相当的深度。张先生是他们那一代法史学者中最杰出的代表。张先生对待学生就像对待自己的孩子一样。他以人品和学识赢得学生的爱戴。我听说张先生在过去的政治运动中,不止一次地受到过学生的保护。他对弟子一往情深,我们那时上课都是去张先生家里,师母为我们准备好水果、茶水,我们上课时师母做饭,上完课就在那吃饭,非常融洽的师生关系。这些往事回想起来特别温馨。

如今,我也为师多年,并成为硕导、博导。想想前辈师长,我感到无论是修养还是学识,远不及师长。在他们面前,我是永远的学生。

记:您可以简要地评价一下目前法律史研究状况吗？您对自己的研究最满意的是哪些方面？

周:法律史的整个研究状况,我理解得还不是很全面、深入。总体状况,应该说,在全体同仁的努力之下,推进的速度还是比较快的,学科的发展、体系的建设都有了很大的发展。我个人感觉,对古代的东西研究得不够,在整个学界里所占的比例不高。古代的东西研究起来费劲,得去读史料,吃力耗时,还给人感觉没什么用,这会影响学者的情绪。法学界对法律史是有偏见的,更何况社会上呢?对民国法律史的研究,我个人感觉,中国学者的成果还不是很丰硕。各个层次的学生,对民国法律史都不是很熟。我指导过一个在职法硕刑法方面的论文,作者写保安处分的问题时,呼吁引进、移植和建立保安处分制度。我当时就说从法律史的角度看,你这个提法是值得商榷的。我们不是没有保安处分制度,民国刑法里就有。从古代的中华法系到大陆法系的转型,民国时期已经作了很多探索和尝试,如果我们忽略这段历史,就太不经济了。民国时期的法制建设,无论是经验还是教训对我们今天法制建设都有参考价值。

　　我个人在一些小问题上有一些粗浅的认识,比如,汉代的春秋决狱。我和汪老师合写过文章,表达过对春秋决狱的看法。我们不是太赞同对春秋决狱的负面评价,我们也认同春秋决狱确实有不按法律办事的一面,但为什么不按法律办事?并不是没有法律,汉承秦制,法律还是比较健全的,把制度放在一边是有原因的。我们感觉到,春秋决狱是汉代从法家指导思想到儒家指导思想的转变过程中,指导思想与法律制度的冲突导致的。儒家思想面对的是法家法律制度,统治者只好把法家制度先放在一边,用儒家思想来指导司法实践,慢慢地把儒家思想向制度里渗透。你看留下的不多的案例,绝大多数判决,春秋决狱比依法办案结果要轻得多,如果说春秋决狱就是稀里糊涂的想怎么搞就怎么搞,那恐怕是不符合历史事实的。还有就是关于清末法律制度改革,我写过一些文

陕甘宁边区高等法院旧址

章,对于清末修律的指导思想,我们可以重新解读,从三次上谕发生的变化,结合当时的时代背景来看,清政府还是作了有益尝试的,试图把新的东西和旧的东西进行调和,当时的出发点还是有可取之处的。另外,关于《钦定宪法大纲》,我们上学时认为它不值得一提,但我们细想,它不是没有进步意义的,横向的比,比如和法国比是差,但纵向比,中国几千年有这个东西吗?有宪法这个概念吗?用宪法维护皇权,过去皇权需要这个东西来维护吗?用宪法来维护皇权本身就说明在当时看来皇权还是有点问题的,不得已才需要法律来维护它,这是有其文化价值的。再有,我对法学教育也比较关注。关于传统律学和现代法学的关系问题,我请教过张先生,他认为传统律学就是法学,不然从逻辑上讲不通。西方也是不同时期有不同的法学,每个时期有每个时期的表现形式。那么我们能不能借用法学这个概念来关照一下中国传统的法律学术?中国在不同时期也有不同的体现,战国时期法理学比较发达,商鞅改法为律为律学发达提供了载体,注释的形式被广泛使用,近代我们把法学从日本引过来,开始有了在形式上更像是西方法学的东西了,从这种角度来看,传统律学是刑法为主的特有的法学形式。为什么关注这个问题,主要是我考虑现在我们的法学,虽然叫法学,但更多的还是律学。我们还没有真正地把法学当做法学,从课程体系、教材的设计到上课内容的讲述,还是受传统的律学思维影响比较大。我们现在的某某法学其实就是对某某法的解释,只不过我们过去注释的是刑法,现在面宽了而已。传统的律学就是为政治服务,与法律不一致的东西是不能讲的,否则后果很严重,所以研究来研究去就是跟当朝的现行法律保持高度一致。这就导致一个结果,中华法系解体了,法律学术的体系也散了。同是注释形式的西方注释法学却在一个时期成了古代法向现代法过渡的桥梁,获得了新生,得到继承和发展。我们知道西方注释法学注释的并不是当时有效的法律,而是罗马法,如果当时也是注释正在适用的法律,那可能也不会有后来。法学跟法律是不是一定要亲密接触?当然,我也说不清这个问题。再就是关于法学教育与司法考试的关系。法学不等于法律,法学院不等于法院。实务部门不宜对大学法学院寄予过高的期望,我们培养的是人才的半成品。司法考试只能解决一个问题,就是考察未来从事实务所需要的最基本的知识素养,至于这个人将来是不是一个合格的法官、律师、检察官,不是考试考出来的,而是需要未来的实践和职业训练。这一点,日本的做法值得借鉴,司法考试通过者要进研修所研修。考过司法考试只是说明你在知识素养上符合法律人才的条件了,但还要进一步的训练,比如说法官学院、检察官学院,教会你怎样从一个学生过渡到一个合格的法官、检察官,教会你一些实践的技术性操作。这样理解的话,本科法学教育与实践之间的关系,不是很难处。否则,就让法律院系很尴尬。

记:您曾关注过法律史哪些比较大的争论?

周:法律史争论很多,我觉得大的方面,还是如何对待中华法系传统的问题。我们要建立现代法律文明,建设中国特色的现代法律文明、法律体系,怎么能把几千年的东西甩掉呢?我们需要用心平气和的态度来看待传统。

记:您如何看待当前法学界的学风问题?中青年学者浮躁吗?

周:我感觉我们不如前辈扎实。搞传统的东西既费事又费时,不如去搞一些与现实联系密切的东西。纯法制史的文章有些刊物一年都不发一篇,有的法学杂志根本就不发。理论法学不被重视,中青年学者真正钟情学术的不是很多,功利思想比较严重。当然,这是有客观原因的。

记:您认为一种良好的学术环境,应该是什么样的状态?

周:很随意的状态,压力不要太大。

记:您能否对法律史学科进行一些展望?

陕甘宁边区审判史陈列馆

周:前两天在黄山开了一个有关法学学科建设战略规划的研讨会,法律史学科,只是顺便提到的,没有被作为独立学科来看待。何勤华校长作为法史学者强调了法律史学科建设的战略意义,其他非法律史专业的学者也注意到这个问题了,比如中国政法大学黄进校长就提到,我们未来的战略要不要关注传统?

如果说国家的战略关注到中华文明的复兴问题,那么我们法学学科的战略要不要关注中华法系的价值?这个问题,应该说面临的形势不是很乐观,至少目前来看在讨论稿中没有受到应有的重视。法律史的研究和教学确实面临一些问题,外部了解不多,内部兴趣不大。说实话,有的法学院,在设计教学内容的时候,对法律史重视程度不够。关于法律史的未来,我觉得关键是抓住学生,使法律史教学内容、讲课方式得到学生的欢迎和认可。大环境不是我们能轻易改变的,但是我们可以通过小环境影响大环境。我们要考虑改革"课堂法律史",包括教材的设计、课堂的讲授,让学生感到法律史不是我们原来想象的那样,法律史跟现实是有关系的,对将来的实务工作、理论研究都是有帮助的。同时让法学界同仁感觉到,法律史不是跟自己学科无关的,自己的学科研究需要法律史的支撑。如果这些问题解决好,就能得到法学界和学生的认可和好评。我也作过尝试,站在现实的角度,回顾文化传统,哪些是与现实有关联的,然后对应起来。这个工作有意义,难度也比较大,需要对传统非常熟悉,对现实非常了解。比如说关于现在社会关注的刑事政策问题,弄清楚中国历史上怎么搞宽严相济的,立法上、实践上怎么做的,有什么经验教训,意义是不言自明的,对我们今天刑事政策的深化、理解和执行肯定是有帮助的。再比如关于共同犯罪问题,应弄清中国历史上是怎么做的?中国古代的做法是造意为首,这是中国思维,我们现在是根据共同犯罪中行为人所起的作用、所处的地位来划分主犯、从犯,是西方思维,是哪里有病哪里开刀的方式。传统共同犯罪理论认为,既然是共同犯罪,那么应该弄清这点子是谁出的,重点打击出点子的人。这跟我们现在的思路是不同的。这些做好了,我们的法律史学科极有可能走出一条既符合时代潮流,又具有中国特色的道路。

记:日本和中国台湾地区学者,都对史料进行不厌其烦的梳理,您怎样看待这个问题?

周:我觉着这种做法值得我们学习,离开了史料,法律史无从说起。我刚才讲的法律史跟现实的关联必须有"书斋法律史"的基础。现在的学生就相当于消费者,他们不会去农贸市场采购,而是必须有人批发后送到小的市场,送到超市,我们做教材就是做这个批发零售的工作,但前提是有东西可卖,因此,必须有一部分学术造诣精深的学者,扎扎实实地搞好"书斋法律史"的学术研究工作。"课堂法律史"这样的中转工作由我们高校教师来承担是比较合适的。

(李耀跃、汪　强)

施天涛
Shi Tiantao

1962年1月生。法学教授、博士生导师,清华大学法学院金融与法律研究中心主任。先后获西安交通大学文学学士,中国政法大学法学硕士、法学博士。兼任北京市政协常委,中国商法研究会常务理事,中国证券法学研究会副会长,北京市高级人民法院特约监督员,北京仲裁委员会仲裁员。曾任新加坡东亚政治经济研究所研究员,美国斯坦福大学法学院访问教授。

出版学术著作10部,发表学术论文四十余篇,其中代表著作有:《商法学》(法律出版社2003年版);《公司法论》(法律出版社2005年版);《关联企业法律问题研究》(法律出版社1998年版);《财产法》(合译,中国大百科全书出版社1998年版)。

就我个人而言不主张学生在校期间实习、工作,我希望学生在校期间能够抓紧时间多读书、读好书。读书不是一味地死读,要使用边读边思考的方法。边读边思考是阅读的基本要求,这样才能发现问题,才能真正理解所读书籍的真谛,进而为自己所用,收获多多。如果只读不思考,就是死读书,是非常浪费时间的,也是没有效率的不良习惯。很多学生只是为了读书而读书,特别是将一些较为权威的书籍,奉为宝典,一味地信从,从不怀疑,这样的读书是很难有创造性的。书籍能引导我们进入高尚的社会,并结识各个时代的最伟大的人物;书籍是最好的朋友,生活中遇到任何困难,都可以向它求助,它永远不会背弃你;书籍并不是没有生命的东西,它包藏着一种生命的潜力,与作者同样地活跃。不仅如此,它还像一个宝瓶,把作者生机勃勃的智慧中最纯净的精华保存起来。

记者(以下简称"记"):在您上大学之前是否有工作的经历呢?

施天涛(以下简称"施"):我当时处于一个非常特殊的时期。虽然我是60年代的人,但是我的受教育情况却与50年代的人相仿。我是1978年高中毕业,赶上了"恢复高考"的好时机,就与比我大十多岁的人一起步入考场,参加了决定自己今后人生命运的高考。所以我在上大学之前没有工作的经历。我上大学时是1979年,当时我年龄相对小一些。

记:能否给我们谈一谈您高考的经历?

施:那时中国的大学录取率非常低,可以说能够入学的都是响当当的人才。作为60年代出生的应届生,与50年代的那些考生相比处于绝对的劣势,因为受到"文革"等"政治风波"的影响,缺乏学习的基础,所以对考试知识一无所知。

入学后我才发现班级同学的年龄参差不齐,我是班中年纪最小的。由于年长的学生社会阅历丰富,善于和老师交际,所以我们年龄小的学生经常遭到他们的"压迫",我们学习环境也很压抑。在这样一个"三代同堂"的大学里,往往是那些50年代出生的学生更占有优势。

记:您对"文革"还有印象吗?

施:我是1962年出生的,对1958年开始的"大跃进"没有什么概念,对"文革"时期的一些社会状况还是有些印象的。当时社会秩序十分混乱,根本没有所谓"崇尚学习"的风气,学制被大大缩短,我们小学、中学和高中加起来总共也就是九年时间。学习期间学生运动的频率非常高,整天开会、搞活动,影响了学生正常的学习生活。我觉得最有意思的一件事情是我们学生课余无所事事,就到河里捡白色的鹅卵石背到山坡上砌字,很远很远就能看到山上这个字。

记:那您听说"恢复高考"的消息后是作何感想的呢?

施:当然很激动!在高中毕业的时候,我已经开始思考自己人生的发展方向了。虽然那个时代是一个不要求学生读书的时代,但是我却没有对自己放下要求,在艰苦的条件下读了些文学方面的书籍,当时也是一个文学青年。我从小也是一个热爱学习的孩子,在不断地学习中,我的脑海浮现出了考大学的梦想,对大学充满了向往和期望。也许是机缘巧合,当我正思考这个问题的时候,国家给予了我们这些热爱知识的青年一个深造的机会,提供给我们一个发展的平台。当我听说"四人帮"被粉碎了,高考又恢复了,心里非常地激动和兴奋。尽管在文化课方面十分贫弱,但是在心理方面已经作好了充分的准备。当年高考的那一批学子学习基础比较差,高考考上的也比较少,只有那些喜欢看书的,才可能顺利通过高考。现在回想,如果当时没有良好的阅读习惯和一定的知识储备积累,那高考对我来说也绝非易事。

现在回想,1976年10月,"文革"结束以后,开始终结持续十年的混乱状况,社会要逐渐走向正轨,要使中国的人才培养重新走上正常的轨道,必定要有一个合理的人才选拔机制。而恢复高考已是人心所向,大势所趋,这与邓小平的英明决断密切相关。高考,不仅是许多人命运的转折点,而且成为一个国家与时代的拐点。它是一段值得珍藏的历史,是一种历久弥新的记忆,是一个永留史册的传奇。

记:当时您报考的是法律专业吗?

施:就我当时所处的环境来说根本不会,也不可能知道有法律这个专业,实际上法律专业从1977年就开始招生了。我一共参加了三次高考,前两次失败的原因是我的数学不好。因为数学这方面没有接受全面系统的教育,自己平时看的也大多是文学方面的书籍。后来,经过一个老师的点拨,说国家教委出台了一项政策,规定如果报考语言专业,数学成绩将不计入学生的总分,只是作为参考。得到政策消息的我立刻开始恶补英语,考入了大学的英语系。当时的主要矛盾是能否考上大学而非选择入学后的哪个专业,因此我一开始并没有学习法律。入学后,我发觉自己对英语根本就没有兴趣,也不愿意把研究外语作为自己的终生职业。于是,我就开始看一些英语以外的其他书籍,也在有意识地寻找其他领域作为自己以后的职业。

记:那您是何时正式转向学习法律的?

施:法律进入我的视野的时间还是比较晚的。当时的专业比较少,文科基本上就是文、史、哲。意识到学习外语并不适合喜欢思变的我后,我就将学习的重点放到了副课上,课余广泛阅读诗刊和其他期刊,逐渐将精力集中到哲学上。那时许多非哲学专业的学生都抱着应付老师的态度来对待这门课程,唯独我不同。所以许多哲学专业的老师都非常喜欢我,劝我今后报考哲学系的研究生。因为当时不存在转专业,不像现在可以转专业、读双学位,要换专业基本上只能去读研究生,所以哲学就成为研究生报考专业的第一意向。后来由于该门学科辅助性教材较少以及要求通读的原著书籍较多的原因,我放弃报考哲学系研究生的想法。在我为今后人生的发展苦闷的时候,我遇到了一位西北政法大学毕业的好友。他在了解了我的情况后建议我学习法律。那时候我在读大三,就是在这样一个偶然的机缘下我走上了学习法律的道路。起初,我搜集法律教材,学习起来觉得还是很容易的。我花了三个月的时间复习报考北京大学的法律系,可惜没有考上。但是我并没有气馁,反而乐观地认为自己仅仅花了三个月的时间就能考出低于分数线几分的成绩充分证明了自身具有考取法学硕士的能力。大学毕业后,我被分到一个大学教授英语课程。工作后,我所在的单位规定员工在工作两年后才能报考研究生,且在工作期间总共只能报考两次。两年后,我信心满满地参加了第二次研究生入学考,可是事与愿违,我又没考取,而且感觉还不如第一次考得好。主要原因可能还是没有听过法学的课,对基础知识的把握有一些问题。后来,被逼到绝境的我顶着各种压力终于在第三次也是最后一次的机会下考取了法学研究生,完成了自己的人生转折,步入了法学研究领域的殿堂。

记:在您读大学的四年中,哪些老师给您留下了很深的印象?

施:在大学期间,我并没有将十足的学习精力投入英语学习上,所以给我留下深刻印象的专业课老师并不多。但是有位姓宋的教授哲学的老师却给我留下了深刻的印象。在她的日常教学过程中,很少能够发现像我这样对哲学如此热爱的非哲学系的学生,所以我们在课余一直探讨哲学问题,交流想法,奠定了很深厚的师生感情。后来宋老师也转行研习法律,成为了一名经济法学的硕导。

记:就您的研究领域而言,您的基本的学术观点是什么?

施:在公司法领域,目前的公司法教材显然不能满足教学的现实需要,我写的《公司法》通过更新和拓展相关知识,对现行教材进行革新以适应现在的教学需要。根据读者的反应,这本书应该已经达到了这个效果。

我的专业是民法,毕业留校任教后开始教授商法。那时,开始正式研究商法,此后便以商法为基本研究领域,主要是公司法。商法要反应现代社会经济的特征,要注重与金融的结合。我认为商法仅调整经营性的财产关系,不调整人身关系。

我一直关心关联企业的法律地位的问题。关联企业是指为达到一定的经济目的而通过特定手段所形成的企业之间的联合。首先,关联企业表现为一种企业之间的联合,它是一种企业群体,如企业集团、康采恩组织等。这种联合的成员企业在法律上仍保持着各自的独立性,但在经济事实上却很可能失去了其自主性。其次,从关联企业所形成的手段上看,它主要是通过资本参与的方式,如基于转投资行为而形成的公司之间的持股或控股关系,典型者如母、子公司关系。企业合同也是形成关联企业的一种方式。最后,关联企业的形成主要是为了追求一定的经济目的。形成关联企业的目的和动机是多种多样的。一般而言,它是适应市场经济和社会化大生产的需要而追求规模效应的产物。其具体的经济目的和动机可能是基于垄断市场的考虑,也可能是基于避免风险、降低成本、寻求合作、逃避税赋等方面的考虑,还可能是出于加强竞争能力的考虑。从法律角度来看,其目的则是一企业通过一定的手段以达到支配控制其他企业经营管理的效果。关联企业这一新的经济现象的出现和形成,对现行法律是一个巨大的挑战。关联企业所产生的利益冲突势必要反应在法律上。这就是公司法上所承认的"公司是独立的主体"这一假定被现实的经济事实推翻了。因为在关联企业情形下,作为关联企业的成员在事实上须听命于他公司,接受他公司的控制。这种控制权的存在引发了一系列法律问题。这些问题包括公司法上的从属公司少数股东及债权人的问题,证券法上的内幕交易问题,税法上的"非常规交易"问题,及垄断法上的反垄断问题,以及国际法上的跨国公司问题。关联企业的出现所引起的利益上的冲突与矛盾已经引起了人们的高度重视。一些国家的国内立法已经采取积极的应对措施。通过比较,我们发现这些国家法律对关联企业的态度基本上可以归结为两种模式:一是在一些国家中,关联企业虽已受到立法上的重视,但只是零碎的,而没有试图建立起系统的调整和规范关联企业的法律制度,其普通公司法仍然扮演着极为重要的角色;二是与此做法相反,有的国家已经为关联企业建立起了一种取代公司法一般原则的法律制度。

记:您觉得目前的商法领域是否需要建立统一的商法典?

施:我觉得没有必要。法典并不能适应扩散化的商法发展模式。当然,法典形式是否在立法中起到必要的作用这个问题很难从绝对的角度回答。所以在相对的情况下选择不要法典的形式更能产生良好的效果。

记:那您觉得在您的研究领域内还有哪些值得拓展的地方?

施:信托,也是我比较喜欢的领域,可能会继续关注。我翻译的《财产法》,可能会为民法学界提供一些素材。今后我将继续修订《商法》和《公司法》教材,这项工作难度很大。我想尽力打造出一部经典的教材,能够多次出版,而不追求著作的数量。首先,必须总结目前商法和公司法的运作机制,寻找出其中的问题,然后再思考建立一个体系的方法。传统的理论体系存在问题,但是现在还没有找到合适的理论去替代,这个工作需要有人去做,我想去探究这些问题,目前完成了其中一部分内容,以后会继续做下去。

记:就您的研究领域而言,您觉得国内和国外是否存在差距?如果存在,主要表现在哪里?

施:我觉得我国的经济法研究水平已经大体赶上了外国。虽然国外的经验需要继续学习,但我觉得目前最重要的是"本土化"问题。现今经济法的研究问题应主要表现在"本土化"上。我们国家经济法也有三十多年的实践了,现今需要总结我们的经验,将国外的一般性规则和本土具体问题相结合来考虑,进而形成自己的东西。

记:您的研究领域是否存在过争议?对此争议,您持何观点?

施:存在过"民商合一还是民商分立"的争议。我认为民法与商法应是两门完全独立的部门法。首先它们各自的调整对象不同,其次民法与商法不仅在指导思想、价值取向等理念方面具有根本的区别,而且在具体法律制度方面,也是格格不入的。两者之间的调整方法和手段是不同的,尽管两者有着千丝万缕的关系。商法是一门独立的学科,但不等于说我们需要一部商法典。

记:在众多法学研究的方法中,您欣赏哪种?

施:首先是传统的古今、中外的比较方法。什么是比较?比较是将容易混淆的历史内容排列在一起,进行分析,找出它们的异同,即同中求异,或异中求同。特别要着重找到它们的不同点。"有比较才能鉴别",这样才能深刻地理解和把握所学内容的本质特点,且容易加以区别。运用比较法,对准确掌握历史知识,把握历史发展规律,是很有好处的。

其次,就是法解释学的方法。大体来说,法解释学可以发现弥补成文法之不足,发展出一套理论体系,作出一些有创建的解释,从而扩展法律条文的使用范围。回顾中国经济法学研究,我们发现经济法学界在锐意创新的过程中,严重冷落了法解释学等传统的研究方法,直接导致经济法理论解释力的削弱和经济法研究法学特质的减损。作为法学的子学科,传统法学研究方法应该成为未来中国经济法学的主流研究方法。未来经济法研究方法必定是多元的,研究手段必然是综合的、协调的,研究体系也一定是动态的、开放的,但其核心却应该是恒定的,即传统法学的基本研究方法不应被动摇、更不应被抛弃。

最后,我认为商法的学者们应该积极使用法经济学的理论来研究经济法学的问题。法经济学是运用有关经济学的理论、方法研究法学理论和分析各种法律现象的学说。法经济学理论的核心在于,所有法律活动,包括一切立法、司法以及整个法律制度事实上是在发挥着分配稀缺资源的作用。因此所有法律活动都要以资源的有效配置和合理利用,即效率最大化为目的,所有的法律活动基于此论断都可以用经济学的方法来分析和指导。近年来,由于我国的经济发展和经济体制改革以及法制建设碰到了一系列需要法学家和经济学家共同努力加以研究和解决的重大理论和实践问题,为了探求解决这些问题的方法和途径,人们在深入研究中国实际情况的同时,也开始注意吸收经济学分析法学的有关理论。法经济学的研究在不断推进着,最后将会革新中国传统法学。法律经济学已成为一个重要流派,一种国际性法学思潮的事实将改变中国传统法学的固有结构。法律经济学的发展将促进中国法律发展,法律经济学在中国的发展乃大势所趋。

记:您觉得现今的中青年学者是多发表一些文章好还是提倡学而不著呢?

施:这是因人而异的。我个人并不会为了追求成名或者为了大红大紫而过多地发表一些无用的文章,这么多年我就是这样平平淡淡过来了。对一个学者而言,发表文章的数量是毫无意义的,反之发表文章的质量却是衡量学者是否具有学术贡献的唯一标准尺度。

记:施老师,能否对您的研究领域进行一个总体的评价?

施:可以。这些年,我们商法领域的学者对商法研究水平的提升作出了巨大的贡献,这点是有目共睹的。虽然如此,但是商法的整体研究还是处于非常低的阶段,所以商法研究道路任重而道远。不过反过来讲,这并不能说明我们商法学者工作不认真,能力不出色。正是因为商法的起步较晚,基础比较薄弱,所以我们商法的工作者相对其他部门法的学者而言付出的艰辛更多。

记:老师能否为我们法科学子推荐一些阅读的数目?

施:别的研究领域我涉及不多、也不深,所以不方便给你们推荐。就我研究的领域而言,我建议你们读一些外国名家的书籍,从中感受别人的思维方式,拓宽你们自身的视野。作为商法专业的研究生应当多学习一些金融学的知识。

记:最后请施老师给我们青年学子提一些建议和希望。

施:就我个人而言不主张学生在校期间实习、工作,我希望学生在校期间能够抓紧时间多读书、读好书。读书不是一味地死读,要使用边读边思考的方法。边读边思考是阅读的基本要求,这样才能发现问题,才能真正理解所读书籍的真谛,进而为自己所用,收获多多。如果只读不思考,就是死读书,是非常浪费时间的、也是没有效率的不良习惯。很多学生只是为了读书而读书,特别是将一些较为权威的书籍,奉为宝典,一味地信从,从不怀疑,这样的读书是很难有创造性的。书籍能引导我们进入高尚的社会,并结识各个时代的最伟大的人物;书籍是最好的朋友,生活中遇到任何困难,都可以向它求助,它永远不会背弃你;书籍并不是没有生命的东西,它包藏着一种生命的潜力,与作者同样地活跃。不仅如此,它还像一个宝瓶,把作者生机勃勃的智慧中最纯净的精华保存起来。

(王 冠、吴 鑫、陈 艳)

李祖军
Li Zujun

1962年2月生。1980年进入西南政法大学法学系,先后获法学学士、硕士、博士学位。本科毕业后即留校任教,在诉讼法教研室从事教学、科研工作,现任法学院诉讼法学科教授、博士生导师。

代表性著作有:《民事诉讼目的论》《调解制度论:冲突解决的和谐之路》《契合与超越》。在《中国法学》《现代法学》《法学评论》等期刊上发表学术论文数十篇。主要讲授"民事诉讼法""行政诉讼法""仲裁制度"及"律师与公证"等课程。

西南政法大学几十年来所形成的精神与魂魄,离不开一批又一批富有个人魅力的老师们的课堂教学,而今天,拥有二十多年教龄的李祖军教授也成为了其中当之无愧的一颗明星。他的阅历、他的音质、他的语言、他的气质……让不足1米7的李祖军成为了西政今日的一张铁嘴、也成为合唱团中无人可以替代的领唱人。在高校普遍"重科研、轻教学"的今天,李祖军教授感慨地说:"只有学生对老师的评价才能称为评价老师水平高低的唯一标准"。

> 我也不知道谁基于什么原因推荐我。那时我才13岁,还没发育,个头很小,成绩也说不上好,那时候也不讲成绩,更多的可能是平常表演节目才被推荐上高中……大概是因为我会表演节目,能说会道,用乡村的话就是嘴特甜。

记者(以下简称"记"):您是1962年出生的,也是算比较早地踏入了大学的校门,当时是基于什么原因去考大学或者说去考西南政法的呢?

李祖军(以下简称"李"):我是1962年出生的,长在乡下,父母都是农民,有4个兄弟姊妹。我从小长在比较艰苦的环境中,因为自己是老大,很小就知道要照顾兄弟,要替父母减轻负担。因为很穷,所以从小到大都要干农活,割草啊、放牛啊、施粪啊,每天早上都要做这些事情,然后去读书,放学回家以后还要去打猪草、做饭。我大概五六岁的时候就上小学了。

记:当时是什么环境致使您这么早去读书的呢,是家里面的要求么?

李:(家里面)倒也没有,因为是在乡村嘛,你能读并且聪明就行了。小学五年,初中两年,然后高中也是两年,我77年高中就毕业了。

记:那这样说来,您是15岁就高中毕业了?

李:对。1977年毕业那年,一来要花很多心思为家里做很多事,二来高中毕业的时候基础很差。我们是乡村中学,要学农、学军、学工,要去工厂,要去拉练学军,还要一天到晚去农村劳动。所以数学、物理、化学等科目已经完全荒废,就剩下一些自己的天分了,比如我很会背一些那个时候富有时代特色的诗歌;会唱一些现代京剧和"文革"时期的歌。我们那个时候上高中还是推荐的,不是考的,我也不知道怎么就把我推荐上去了。我曾经出过一本书叫《契合与超越》,在那本书的前言部分,我用很简短的语言回忆起这段经历,我也不知道谁基于什么原因推荐了我。那时我才13岁,还没发育,个头很小,成绩也说不上好,那时候也不讲成绩,更多的可能是平常表演节目才被推荐上高中,那时候名额很少,一个班五六十个人只推荐七八个上高中,大概是因为会表演节目,能说会道,用乡村的话说就是嘴特甜。

记:您高中毕业以后好像还当过一段时间的小学老师,能给我们讲讲这段经历吗?

李:1977年底上完高中我就回到乡村小学当代课老师,1978年开始全代,就是包班。所谓包班就是给你一个班,50个人,什么都要教,语文、算术、唱歌、图画、常识,后来慢慢地就有历史、地理诸如此类的科目,反正小学所有的课程我都教。1977年国家恢复了高考,事实上我一开始教书就已经开始高考了。所以说我等于1977年就参加了高考,一边教书一边复习,但是对于我来说考上的难度是很大的。因为我的数学、物理、化学完全荒废,而且那时候好像不分文理,我估计那年我甚至有零分的科目。我也就语文好点,背毛主席诗词还算可以。1977年没考上,然后是1978年、1979年、1980年两次(一次是预考,预考之后才能正式参加高考)一共是5次参加高考,就是说当老师的同时我一直在参加高考。那时候包班,从早上一直要上到下午,所以自己只有早上起早,晚上加班,以前空余时间是做农活帮父母减轻负担,1977年以后除了教书就是复习,5年正好把我少上学的5年时间都给补回来了。我在1980年就进了西南政法大学。

> 即使三四百人的课堂,我讲课也从来不固定在一个地方,还是像当小学老师时一样巡堂,这是要有很好的声音作基础的。

记:那当时又是什么原因促使您选择了西南政法大学呢?

李:说起为什么要上西南政法大学,这个故事我经常跟我的学生讲。大概1978年,我们小学有了个小的黑白电视机,乡村农民花3分钱买一张票,就可以来看电视。我平常基本上是不看这个东西的,也没有机会去看,但偶尔也有忍不住的时候,偶然的机会看到了一部电影《人世间》。我推荐我的学生去看,虽然这部片子效果不好,也比较老,但是有老一代的配音演员,这些人的声音太棒了!这部片子不知你们看过没有,曼索尔和他的情人是巴基斯坦的一对恋人,彼此深深地相爱,可是他女朋友一直被她后母歧视。曼索尔是个大学生,毕业后去宗主国英国留学,女友留在家乡受到后母的虐待,后来怀孕了就被赶了出来,而父亲又去世了,所以流落烟花巷,嫁给了一个流氓,生下了一个儿子。她把儿子交给了曼索尔的一个同学来抚养,这个同学是个法官,这个孩子长大以后也走了父亲的路,去英国留学。曼索尔留学归来的时候,女朋友已经变成流氓的妻子,在烟花巷卖唱,曼索尔当然要把这个女子拯救出来,但是她毕竟是流氓的妻子,这个流氓知道曼索尔是著名的大律师,就通过他的妻子敲诈曼索尔,拿钱去赌博,去做坏事。后来儿子回来以后成了一个年轻气盛的公诉人,流氓就威胁自己的老婆,扬言要去揭发大律师包养别人的老婆,告诉他儿子自己的母亲是一个妓女。作为一个女人来说,儿子算是她生命中最重要的价值,她忍无可忍就开了枪,这个案子就出现了,曼索尔是她的律师,公诉人是儿子,审判法官就是养这个儿子的曼索尔的同学,虽然它违反诉讼程序,违反回避原则,但是这个故事特别动人。

记:这部电影当时影响力应该特别大吧,这已经不是我第一次听人说起这样类似的经历——因为看了这部电影而选择了西南政法大学。

李:恩,这是一部非常经典的老电影。我特别喜欢曼索尔的论辩过程,这个儿子不知道被告是自己的母亲,认为她是个妓女,拼命地想打败他父亲。但是作为辩护人来说,虽然她是个妓女,但只卖艺不卖身,是社会迫使她成为这样的人,她是一个善良的母亲。其中的论辩非常精彩,在论辩方面我很少有崇拜的人,但是他的论辩迫使我想成为像他那样的大律师、演讲家。为了自己的目标,再加上西政是当时唯一的政法类重点学校,我就报考了西政,考之前也作了充足的准备,训练朗诵,练声。那时候我每天要去山里有水有风的地方练嗓子,所以我现在的嗓子特别好。即使三四百人的课堂,我讲课也从来不固定在一个地方,还是像当小学老师时一样巡堂,这是要有很好的声音作基础的。这和从小一直练声、朗诵大量的诗歌散文有关,上大学后我也一直坚持,但凡有唱歌、朗诵、领诵、领唱绝对是我。

记:当时您是1980年进的西政,当时西政给您的印象是什么样的?

李:我们来的时候西政可以说是一片狼藉,从宿舍楼到教学楼、到食堂那条主干道,整个都是烂泥路,泥里还有很大的石头,走路必须备雨靴,十分狼狈。我们上课的教室有的还是牛毛毡的棚,宿舍楼倒是刚修好、崭新的,剩下的全是旧楼。

记:当时上课的老师,您还回忆得起来么?

李:能记得一些比较有名的吧。教我民诉的是谭兵老师,刑法是赵长青老师等等,还有很多。

记:您平时和您的同学主要是以什么形式交流的呢?

李:我当时是团里的一个副书记,专管文艺方面,比如当时我识谱,听收音机里的歌,然后记下来,去教其他同学。我们的交流方式就是散步、看露天电影、跳交际舞,我性格比较活泼开朗,所以和大家处得都很不错。

记:看来当时您的文艺活动相当丰富,那专业方面您怎么平衡呢?

李:我个人认为我是我们年级最努力的学生之一。我来自农村,起早贪黑已经是一个生活的习惯或者说生活的要求,个人比较争强好胜。那时候在学习中的竞争,大家完全是有默契的,虽然刚才聊了很多学习之外的生活,但事实上我们90%以上的时间都是在学习,一天到晚在图书馆读书,也不交女朋友,每天早上六点起床是铁定的,因为卫生间和过道里是不关灯的,就在那看书,晚上也睡得晚,十一点熄灯后还要在路灯或者卫生间灯下看会儿书。

记:您当时主要看的是哪些书?

李:我不是想做演讲家吗,所以大量阅读逻辑、哲学、散文方面的书,以及那个时候能收集到的演讲家的奇闻轶事,思考他们如何利用声音和场景,把演讲的主题发挥到淋漓尽致。

记:您在大学的时候法学类的书是不是比较少?

李:也不是很少,但是那个时候法学类的书主要是教材。我们学校那时候有很多50年代的教材和文章,还有苏联翻译过来的书。到了大学后面两年,有一套叫"西方法学名著译丛",我攒起很少的生活费买下来了,尽量读。

记:那您读研究生是基于什么样的原因?

李:大学毕业后,当时民法教研室的柯淑清主任要求我留校,这是一个直接原因。间接原因就来自于我骨子里的争强好胜,其实一开始我并没有考研究生的愿望,农村孩子不知道大学读完以后还要读研究生、博士生。但是毕业那年,有些同学直接考研究生了,感觉上研究生比本科生要高一个档次,内心深处的这个心思被撩动了。其实我毕业那年没考研究生,留校一个重要的因素就是留下来考研究生,第二年也就是1985年我考了研究生。

记:当时好像本科生毕业以后都不大愿意留校,都是到外面谋求更好的工作,尤其是像西政这种学校,您当时有没有考虑去高院等单位工作?

李:有啊,那个时候像我们这种成绩较好的学生干部去四川省高级法院,甚至去司法部都没什么问题。但是基于我想做演讲家的想法,我对留校也没有排斥,加上有柯老师的挽留和考研究生的愿望,就留在了民法教研室,第二年本来想考民法的研究生,但是被诉讼法的常怡老师拉过去了,就读了诉讼法的研究生,导师是谭兵教授,毕业后就留校了。

> 一个默默无闻的人永远不会带来争议,有争议的一定是比较著名的人,从大学到研究生,哪里有不同观点哪里就有我,只要有争论的地方就有我,这是源于内心深处的一种挑战的风格。

记:当时您的研究生生活有什么有趣的事情?

李:研究生生活可能比本科要乏味一些,因为大家年龄比较大了。如果要说有什么值得回忆的话就是读研的时候更多地为父母考虑了,所以一边读书一边出去打工。当时重庆已经有很多这样那样的培训班了,我就去那里讲课,还会帮老师代课,办些小案子,还会去电台主持晚间节目,也去文化馆唱歌。当然,学习上会因此有些耽误,但是完成学业是没问题的。

记:研究生阶段哪些老师是您印象比较深的呢?

李:读研究生阶段最大的奇闻轶事就是关于王锡三老师,教我们民诉课。老人家是日本留学回来的,他对民诉中最为重要的一些理论——诉权理论、诉讼标的理论和既判力理论——非常重视,几乎两年下来一直在讲诉权理论和标的理论。期末考试是开卷,允许我们带书和教材,我们每个人都是把所有能拿去的书背到了考场上。我们甚至有个同学用旅行车推了一车书去考试,我算拿得少的,也用军用挎包背了一包呢。但是考试的时候书实在太多了,根本不知道要翻哪本。老人家也没有规定考试时间,我们就一直从上午考到了下午。研究生的三年,总的来说还是比较顺利的。1985到1987年,全国的政治环境有点摇摆不定,一方面西风渐进,另一方面要清除精神污染,弄得人不知所措,我是一个比较爱说话的人,难免会招致这样那样的流言。但我的感觉是:一个默默无闻的人永远不会带来争议,有争议的一定是比较著名的人,从大学到研究生,哪里有不同观点哪里就有我,只要有争论的地方就有我,这是源于内心深处的一种挑战的风格。

记:您研究生毕业以后有没有单位过来要您?当时又是什么样的契机使您留在了西政呢?

李:有啊,毕业以后我可以去司法部或者高院,但是最后还是因为常怡老师的缘故留在了西政。可以说我在西政这么多年,一方面是对教学工作的喜欢,另一方面是对常老师的一种尊重,有时候回忆起这一辈子,常老师对我影响很大。如果我不在西政,应该会是另外一番人生,我有时候也会想如果没有成为一名老师,我肯定会成为一个一流的律师,可能会赚很多钱,但是对提升生活品质可能没有什么帮助。我这辈子最欣慰的是我在做着自己喜欢的事,老师应该是我骨子里比较喜欢的职业,无论多么辛苦,只要能站上讲台,总会找到自己最大的价值,展示自己。

记:您还记得第一次站上西政讲台是什么样的感受?

李:虽然我以前并没有在大学上课的经历,但是有很多在社会上的培训机构上课的经验,再加上做过几年小学老师,站上讲台可以说是轻车熟路,也没有陌生感。我就这么开始了民诉的教学工作,一上上了二十多年。期间还去读了个博士,博导是常老师。

记:那您的博士生的生活是什么样的呢?

李:那时候作为一个教员,当时算是公认的了,很能讲。大概 1996 年的时候,我已经是副教授了,是破格提拔的,因为科研教学都很优秀,特别是教学方面。我 1991 年代表西政参加司法部的教学评估,得了大奖,民诉被评为 A 级优质课,我是主讲老师。那时我已经成名了,在教学上已经得到公认,也办了很多案子,是很多企业的法律顾问,社会上有很多朋友,也有一定的名望,但是考博读博对我来说是有特殊意义的,不是钱所能取代的,所以读博士那三年基本上是完全脱离外面的干扰,读得很认真。

记:李老师,您读博士的这个时期很微妙,当时有很大一部分老师都下海、当律师、经商或者去北京,您刚才也说了,您可以成为一个非常优秀的律师,您有没有受到这方面的诱惑?

李:完全没有。我那个时候发现自己真的比较喜欢教书,而且教书不影响你享受做律师的感觉,你可以兼职出去做律师。从经济的立场,你也可以得到适当的钱,我对金钱一直是这个态度,需要钱,但太多也没用,所以我越来越发现自己喜欢这个工作了。

记:那您有没有考虑过像部分老师那样去北京教书,以您在西政的名望应该没有什么问题?

李:当时也还是因为常怡老师,总觉得我是不能走,很多人走了以后他都很伤心,他经常拉着我的手说:"不能走"。我自己也从来没想过要离开,我也不是很在乎外面的名或者利。

> 我个人认为人立于世,你不必是一个全能,什么都行,这样的人世上也没有……如果你方方面面都要很突出,都要去和别人一比高下,第一,不可能;第二,你把自己的人生也弄得太辛苦了。

记:李老师,这二十多年,您在学术科研方面最大的贡献或者说是您做过最多的事情是什么?

李:学术方面的贡献呢,一个是民事诉讼目的理论,还有就是诉讼程序对于实体公证价值,即程序的独立价值,这两个方面我有比较深的研究,创立了利益保障目的论的学说。

记:您的经历和我们见到的一般的博导不一样,应该说您把工作的重心放在教学上,那您对现在高校普遍存在的重科研轻教学的现象怎么看?

李:我是一个非常务实的人,对整个中国法制的推动来说,我更主张到一线去。通过个案,通过演讲,让每一个可以接触到我们的人清晰地感到什么是法治,什么是法治的未来。我不主张弄一些只有学者才能看懂的东西,孤芳自赏,游走于各种学说之间。我从来不拒绝任何讲课的邀请,这是源于我本身对法治的一种追求,为了把自己这么多年读书所得的一点体会尽可能传达给更多的人。在大学,虽然说科研是一个重要的手段,但是每个大学都应该着力鼓励培养演讲家,无论多么先进、多么高深的理论,必须要靠这些人,深入浅出地、通俗易懂地并且富有魅力地教给学生,培养他们灵活的思维和缜密的逻辑。

记:作为一个成功的老师,您认为如果一个学生要成为像您一样的老师,要从哪些方面开始培养自身的素质?

李:法学院的老师通常有一些问题,他们不是毕业于师范专业的,完全是靠着一种本能。他们可能是好的学者,但不一定是好的老师,这两者之间是不能画等号的。成为一个好老师要知道怎样去表达,富有逻辑的有说服力的表达。说实在的,在西政,我最著名的一个方面就是讲课,善讲,迄今为止在西政还算是最受欢迎的老师。原来我们学校有廖俊常老师,被誉为"铁嘴",廖老师退了以后，我就被西政的学生传说是"铁嘴"了。学校有很多学生非常崇拜我，有很多学生来听我讲课，说不上趋之若鹜，但也绝不算少。我上课非常随便，嬉笑怒骂，因为我办案经历比较多，算是重庆有一定知名度的律师，有一些"硬骨头"的案件别人还是会来找我，说："老师，我要你的才华，我要你的影响力，我们已经输得没有底了，要是你来代理还输了，我们也就认了。"说起来，我自己本身是在四川农村长大的，小时候家里也比较穷，我和学生说过，我去上学的时候都要经过一个小镇子。这个小镇里有很多我的同学和老师，他们都是城市户口，每天我经过这个小镇的时候就很怕见到他们，非常自卑，也不太会说话，胆小，经常绕开这个镇子跑到学校。我讲这个事情是想让我的学生们了解一个乡下的、胆小的、很自卑的、虽然能讲却不敢讲的孩子经过艰苦的训练仍然可以成为学生们眼中的最好的老师之一。这个经历对学生们是非常有教育意义的。再有就是有教小学这个经历，教小学要教拼音，说普通话，要会在理论上表达，我有4年时间去锻炼。另外，《人世间》这个片子让我有了想成为律师的坚定的信念。也许可以从以上几点找到现在成功的一些踪迹吧。

记：同样地，您作为一个优秀的老师，您希望把您的学生培养成什么样的人？

李：我希望我所有的学生，无论你的科研多强，无论你的笔头有多强，一定要有良好的表达能力，必须有灵活的思维能力，还有就是对局面的控制能力，与人的沟通能力，否则你就不配做一个法学院的学生。我个人认为人立于世，你不必是一个全能，什么都行，这样的人世上也没有。我只希望他们在某一个方面有专长，并且不断努力把它发挥到极致，得到人们的公认，那就可以立于世了。在全面发展的基础上你一定是有一两个方面特别显著，这也是我常给我的学生灌输的思想。如果你方方面面都要很突出，都要去和别人一比高下，第一，不可能；第二，你把自己的人生也弄得太辛苦了。

记：最后能谈谈您对自己日后的教学和研究有什么构想吗？

李：最近想写一些东西，另外应我的研究生和博士生的要求，想通过我自己的人脉组织一次关于诉讼法的学术交流。主要还是继续教书，我不会离开讲台，一个大学给我的最重要的就是讲台，其他都不重要，我想多培养些年轻人，把自己的对于法治和人生的一些经验传达给他们。

（秦贝贝、方　堃）

沈开举
Shen Kaiju

1962年2月生于河南省固始县，1984年毕业于郑州大学法律系并于当年留校任教，法学博士，中国民主促进会会员。现任郑州大学法学院常务副院长、教授、博士生导师；郑州大学宪法与行政法研究中心副主任，郑州大学中国土地法律研究中心主任；民进郑州大学主委、民进河南省委副主委，民进中央社会与法制委员会副主任，河南省政协常委。兼任中国法学会理事，中国法学会行政法学研究会副会长（2003年起），国家行政学院行政法研究中心兼职研究员，北京大学软法研究中心兼职研究员，河南省法学会常务理事，河南省法学会行政法学研究会副会长，河南省人民检察院专家咨询委员会委员，河南省人民政府法制咨询专家，河南省公安厅特邀督察员、执法监督员，郑州市人民检察院专家咨询委员会委员，郑州市中级人民法院专家咨询委员会委员，郑州大学校长法律顾问等。

独著《行政征收研究》（人民出版社2001年版）、《征收、征用与补偿》（法律出版社2006年版）、《行政责任研究》（郑州大学出版社2004年版）；主编《行政补偿法研究》（法律出版社2004年版）、《城市房屋拆迁法律规制研究》（中国检察出版社2009年版）、《行政法学》（郑州大学出版社2009年版）、《行政实体法与行政程序法学》（上下卷，郑州大学出版社2004年版）、《中国行政许可法概论》（青海人民出版社2003年版）、《交通行政法》（中国人事出版社1996年版）、《〈国有土地上房屋征收与补偿条例〉条文解读与案例评点》（中国法制出版社2011年版）；参编《中国当代行政法》（中国方正出版社2004年版）、《依法行政实施纲要读本》（中央党校出版社2004年版）、《行政法与行政诉讼法学》（法律出版社2005年版）、《行政法学》（复旦大学出版社2003年版）等；发表论文《论行政强制措施》（《法学研究》）、《行政强制措施与行政强制执行研究》

(《海峡两岸行政法研讨会文集》)、《行政法部门划分与行政法学体系分类研究》(《郑州大学学报》)、《WTO与中国行政法治》(《人民日报》)、《WTO与我国行政裁决公正性研究》(《中国法学》)、《论行政实事行为》(《中国法学》)、《论行政补偿的标准》(《河南社会科学》)、《城市房屋拆迁的宪政思考》(《郑州大学学报》)、《论行政强制执行权及法院在行政强制中的作用》(《法治论丛》)、《委任司法初探——从行政机关解决纠纷行为的性质谈起》(《郑州大学学报》)、《美国行政征用补偿市场价值计算方法解读》(《行政法学研究》)等60余篇,多篇被人大复印报刊资料《宪法学、行政法学》转载。

记者(以下简称"记"):沈教授好,非常高兴今天能够采访您,能请您谈谈读大学之前的经历吗?

沈开举(以下简称"沈"):我老家在大别山,也就是刘邓大军挺进的大别山,地处河南、安徽和湖北三省交界处。这个地方出了很多位将军,像许世友将军、李德生将军、郑维山将军等等。毛泽东主席手下有两员战将,南有许世友——南京军区司令员;北有郑维山——北京军区司令员,加上沈阳军区司令员李德生等。在一、二次国内革命战争中,成千上万的信阳儿女献出了宝贵的生命,总共走出一百多位将军,其中80多位后来成为高级将领和国家领导人。她在历史上可谓是一片红色的土地。

我1962年2月出生在河南信阳的固始县,那时家乡非常贫穷,正值三年灾害,饿死了很多人。尽管父亲当时是生产队的会计,但我出生的时候依旧是饿得全身浮肿。等我消肿以后,又得了面神经麻痹,导致嘴歪眼斜。过了一段时间,嘴病愈了,但左眼一直斜视,这成了我童年最不愉快的事情。17岁那年,我参加了高考,但由于眼斜,考上了却没能成行,空欢喜一场。于是父亲决定把我的眼睛治好,并鼓励我来年重新参加高考。后来去信阳地区人民医院做了斜视矫正手术,经过40多天的恢复,就好了。1980年,我第二次参加高考,病愈后的我很顺利地被郑州大学法律系录取。所以,我拥有一个多灾多难又十分幸运的童年。

记:您多次谈到了父亲,他是不是对您有着很深的影响?

沈:是啊。我的父亲是一位农民,一生都在生产小队、生产大队工作。他曾经当过18年的生产队会计,期间也做过几年大队民兵营长,接着又担任了20

多年的大队会计,直到 60 岁退休才随我来到郑州。前不久,老父亲刚刚过世。他生前一直是家族的长老,很有威望。他干了一辈子会计,清正廉洁。按说会计握有实权,很容易贪污,很多人往往因为群众反对而干不了几年,他却干了一辈子,还干得很好。父亲乐善好施、一生向善,看到要饭的人,他总要多给一点。父亲的言传身教对我产生了很大的影响,让我懂得如何善待穷人、善待最底层的人。我想,继承父亲为人处世的种种精神和品格,才是对父亲最好的纪念。

> 在度过了童年的苦难经历后,我背负着家庭、老师和同学们的期望来到郑州大学。我当时一直告诉自己,你是代表着班上很多同学来上大学,要珍惜这样的机会。

记:您刚才谈到经历了两次高考,才圆了大学梦,能给我们具体讲讲您的这段求学之路吗?

沈:刚才我讲到,我生长在一个非常典型的中国农民家庭,我能从大别山、从农村走出来,也是脱离贫困。我曾想,高中毕业干什么?父亲说可以考虑做一名民办教师。我听后,觉得一生就在一个小学里呆一辈子,似乎心有不甘。又考虑去当兵,但由于身体原因,也只能作罢。于是只剩下了考学这唯一的出路。

我上中小学期间恰逢"文革"十年,学的知识很不完整,比如没有学过拼音。我是在一个行政村里读完了小学、初中,条件非常艰苦,师资力量也薄弱。直到高中,我才到乡里读书。我们那一届足有四五百人。老师中最高的学历是中专,后来来了一位河北张北师范的张姓老师,当时被打成"右派",他的学历最高,是大专。好多课都没有老师,如外语,所以只能改学其他的课程代替。数学老师也很典型,讲着讲着"卡壳"了,只能先去别处请教再教我们,惹得下面的学生哄堂大笑。当时的环境就是这样。

我记得 79 年,校长的孩子考取了武汉大学数学系,这在当时是很不容易的。我第二年考上了郑州大学法律系,这一年我们学校就两个考上本科,另外一个同学考上了信阳师院。你想,四五百名学生中考上本科的就我俩,其他的包括十几名考上大专、中专的同学,所以说,获得这个学习机会真是非常不容易。在度过了童年的苦难经历后,我背负着家庭、老师和同学们的期望来到郑州大学。我当时一直告诉自己,你是代表着班上很多同学来上大学,要珍惜这样的机会。今天或许有人觉得这是句场面上的话,但当时我的确是怀着这样的心情。太多人因为没考上大学只能马上回家干农活,就是我们通常讲的"脸朝黄土背朝天"。改革开放后,那些同学或当兵,或经商,发展起来了,真是为他们骄傲。对比现在的高考招生,当时的招生比例实在太小了。

记:您对当时的法律系印象如何?

沈:80年全国有20来所大学开办法律系,郑州大学在1980年第一次开始招收法律系学生。它将政治系一分为四,分成了政治系(现在叫公共管理系)、哲学系、经济系和法律系。原先77、78、79级的老政治系学生可以按志愿分配到各系。所以到了82年就有77级法律系的毕业生了,比如赵秉志教授、田土城教授、赵建文教授。我与现任郑大法学院党委书记安立民都是郑州大学法律系成立后的首届学生。当时司法部给予了我们很大的支持,拨了几十万用于购买警车、建立图书馆和物证技术实验室等。

记:面对来之不易的学习机会,您是如何度过这四年大学生活的呢?

沈:在大学期间,我没有担任学生干部的工作,因为当时的同学中有的是党员,有的当过兵,还有不少已经参加过工作,他们年龄比我们大,更有管理的经验。所以四年中,我把很多精力都投入到学习中去。我和三个好朋友成立了读书小组,美其名曰"奋进会",其中郑毅、张志斌毕业后都考上了北大研究生,分别师从肖蔚云先生和芮沐先生,现在均在美国从事律师工作。2009年年初,我在美国访问的时候,还去拜访了他们俩。另一位好朋友张春峰现在在河南新乡市的一个县担任检察长,我则是大学毕业就留校了。由于当时四个人年纪比较小,所以也是一腔热血,发奋读书,没事儿的时候,就聚在一起讨论、交流读书心得。与此同时,国家那种积极向上的状态也感召着我为中华之崛起而奋发读书,追回过去被耽误的时光。记得当时我最喜欢和最感兴趣的是军事和经济学。我学的虽然是法律,但我喜欢研究军事,研究其中的战略思想,这是受恩格斯影响。我的政治经济学学得相当好,成绩几乎是满分。后来,又受刘国任老师的影响,开始对西方法律思想史产生浓厚的兴趣。我本科的毕业论文就是《论亚里士多德的法律思想》,并获得了优秀。在刘老师的推荐下,我留校教授法律思想史,后来又转向教授法学基础理论。

> 正是这次机会促使我走进行政法的科研和教学队伍。……这次学习让我有幸结识了许多大家,改变了我的命运,影响了我的一生。……这个班后来被称做中国行政法学界的"黄埔一期"。

记:您最初教的是法律思想史和法学基础理论,那您为什么想到从事现在行政法专业的教学和研究呢?

沈:1985年的一件事情改变了我的命运。那个年代的师资是非常缺乏的,很多情况下都是大学毕业教大学。为此,司法部便在全国委托一些高校举办各种法学师资培训班。1985年2月,时任法律系党总支书记的马南教授派我前往中国政法大学进修行政法。我当时还不太情愿,因为有人建议我学经济法,以后可以当律师。马老师语重心长地告诉我,行政法是新学科,以后会有很好的发展前景。正是这次机会促使我走进行政法的科研和教学队伍。

当时全国共有40多位老师前去接受为期半年的培训,而法大对这个班也非常重视。给我们上课的老师有:当代法学泰斗王名扬教授,他是学贯中西的大法学家,改革开放30年来的中国行政法学是处在一个王名扬时代,可以说我们今天仍然生活在王名扬时代;时任中山大学校长、美国哈佛大学博士夏书章教授,他是研究行政管理的,而当时行政法和行政管理的联系很密切;哈佛大学博士、华东纺织工学院(东华大学前身)的周世逑教授以及留学归来的安徽大学陈安明教授,北京大学宪法学教授龚祥瑞先生。此外,还有后来成为中国法学会行政法学研究会第一届总干事的张尚鷟教授以及现任中国行政法学研究会会长应松年教授。这次学习让我有幸结识了许多大家,改变了我的命运,影响了我的一生。至今,我依然从事着行政法的教学、科研工作。这个学习班后来被称做中国行政法学界的"黄埔一期"。现在活跃在行政法学界的一批人——像现任教于苏州大学的杨海坤教授,上海交通大学的叶必丰教授、朱芒教授,国家行政学院的杨小君教授,西北政法大学行政法学院院长王周户教授等——都是当年这个班上的学员。从1985年学习回来以后,我便开始教授行政法。

记:您对中国行政法这么多年的发展作何评价?

沈:和其他部门法律相比较,行政法的发展是比较晚的。当然,从法系来看大陆法系要比英美法系更早一些。由于受大陆法系的影响,中国的行政法起步较早。从清末到民国,我国行政法受日本影响,日本则受德国影响,而德国是向法国学的。事实上,清末立宪的很多现代法制都和日本有联系。高中课文《藤野先生》里就描绘了"成群结队的清国留学生"前往日本留学的情景。从日本的美浓部达吉、田中二郎、盐野宏,到中华民国时期的范扬、白鹏飞、张金鉴、林纪东,尤其是林纪东,他的书影响很大。所以中国的行政法起步还是比较早的。然而,中国大陆地区直到80年代以后才真正开始研究行政法。原因在于:一方面,1949年以后,中国大陆地区行政法历史的传承被国民党政府带到中国台湾地区,随后在台湾地区逐渐延续下来。当代一些著名的行政法学者有翁岳生教授、吴庚教授、廖义男教授、城仲模教授等。另一方面,1949年以后,中国大陆地区的法制是向前苏联学习的。五六十年代的法学研究受前苏联功勋法学家维辛斯基的理论影响较大,直到改革开放早期,我们还在学习前苏联,没有建立起自己真正的行政法学科,像我上大学时接触的行政法就是马诺辛的苏维埃行政法。

这些年来,我感觉我选择研究行政法这条路是正确的。从事一个新的学科既有缺点也有优点。虽然前人留下的东西不多,但更易于后人创新,白手起家。中国行政法学界在王名扬、张尚鷟、罗豪才、应松年等老一辈法学家的带动下,奋发努力,发展很快,取得的成绩也很大,不仅在立法上,而且在学科建设、人才培养,尤其在推进国家依法行政、建设法治政府方面,发挥了不可替代的作用。

第一,在立法方面,我们制定了《行政诉讼法》,我也是积极参与者之一;制定了《行政复议条例》,后来被修改为《行政复议法》;还制定了《国家赔偿法》《行政处罚法》《行政许可法》,推动了《政府信息公开条例》的制定。这每一步都与中国行政法学界的努力分不开。2004年国务院颁布了《全面推进依法行政实施纲要》,提出十年建设法治政府的目标。这个纲要的建议稿当时有两个,其中一个就是中国法学会行政法学研究会起草的,袁曙宏先生是牵头人,我是参与者之一。下一步我们要推动《行政强制法》的制定,推进《行政诉讼法》、《国家赔偿法》的修改。从更长远的角度看还要推动统一的《行政程序法典》的制定。

第二,在学术研究方面,我们经历了从无到有的过程。从1983年王岷灿教授主编的中国大陆第一本行政法学教材——《行政法学概要》至今,全国已经出版了600多本行政法学的教材。从自考、专科、本科到硕士、博士生的培养,从自编教材到国家统编教材的编写,使得教学逐步走向规范化,在学习的过程中不断完善,取得了巨大进步。在法学译介方面,王名扬先生带头做了大量的工作。他推出了行政法四部曲——《英国行政法》《法国行政法》《美国行政法》和《比较行政法》,可惜最后一部尚未完稿老先生就去世了,留给中国法学界永远的遗憾！永远的痛！这是没有办法弥补的。我觉得王先生的成就在今后若干年也是无法逾越的丰碑。正如我前面说的,我们依然生活在一个王名扬时代。对国外法学作品译介,使我们在缺乏国外资料的情况下,能站在一个比较法的视野上考虑很多行政法的理论和实践问题,从整体上提升了中国行政法学研究水平,扩大了学者的眼界。除王老之外,一批年轻的学者在翻译方面也做了很多工作。具有代表性的有:中国人民大学的杨建顺教授做了日本行政法的大量翻译工作,如翻译了盐野宏的《行政法》,他又亲自写了一本《日本行政法通论》。在德国行政法翻译方面,作出比较大贡献的有周伟教授、高家伟教授、于安教授,他们翻译了一批德国行政法方面的书,如塞夫的《德国行政法》、哈特穆特·毛雷尔的《行政法学总论》等。

第三,在学术著作方面,如今有那么多的国家社科基金项目、部级项目得以进行;有那么多的专著、博士论文得以出版,这在过去是没法想象的。从改革开放算起,前20年行政法学界大部分时间都在编写教材,而这几年则通过科研立项、出版博士论文等,涌现了一大批行政法学术专著。如果说前20年走的是"粗放"路线,那么这10年来我们在向精细化方向不断发展。这是一个很好的进展。

再讲讲博士、硕士点的建设。如今全国有约88所高校、科研院所具有宪法学与行政法学硕士点,有17所高校设立了宪法学与行政法学博士点。我所在的郑州大学就有宪法学与行政法学的博士点,也是河南目前唯一的一个法学博士点。通过这些硕士点、博士点的建设,推进了宪法与行政法专业高层次人才的培养。应该讲,这几年是有很大成绩的。

另外,行政法学者还有一个很大的特点就是务实。我们积极参加社会实践,积极投身行政法治建设中去。很多学者都是"三栖"、"四栖"型的,既能教书、搞科研,又能为官、当律师。比如中国法学会行政法学研究会名誉会长罗豪才先生就曾经担任全国政协副主席、致公党中央主席,还担任过最高人民法院副院长;还有许多的副会长也是如此,像江必新是最高人民法院副院长,张春生担任过全国人大常委会法工委副主任一职,汪永清则是国务院副秘书长,袁曙宏由国家行政学院副院长调任国务院法制办副主任,应松年教授担任过国家行政学院法律部主任,胡建淼教授担任浙江工商大学校长,马怀德教授担任中国政法大学副校长,方世荣教授担任湖北省委党校副校长等等。行政法学者中还有很多知名的大律师,像应松年教授、袁曙宏教授、马怀德教授、胡建淼教授、刘莘教授、宋雅芳教授等。我从1986年取得律师资格证开始,也兼职做了二十多年的律师。所以说,通过理论与实践相结合的形式,有利于把行政法的理念传播到实务部门中去。另外,通过行政法学研究会的努力,有力地推进了我国的依法行政工作。过去行政就是行政命令,就是领导说了算,哪会有依法行政!历史地看,现在的变化如此巨大,真是非常不容易!我是这个过程的参与者、亲历者。从1985年参加中国法学会行政法学研究会第一次会议,到1988年晋升为理事,2003年又在老一辈法学家无私的培养和信任下,当选为中国法学会行政法学研究会副会长,我感到非常荣幸。不论是做律师、做学问、教书育人,还是投身到立法、依法行政的实践,都是接触中国社会很好的方式,从而对中国当代法治建设有深刻的了解。毛主席在总结中国革命胜利的经验时讲过:如果没有革命理论,如果没有历史知识,如果没有对中国革命现实的深刻了解,要取得中国革命的胜利是不可能的。我觉得这番话也适合于行政法学者。法律是治国的学问,要解决中国法治建设中的问题,就必须了解中国国情,我们不能"悬在半空中"做学问。看到这么多的立法成果,培养了那么多学生,出版了那么多学术著作,作为一名行政法学者,应当感到很充实。总而言之,这些年来,在老一辈行政法学家的带领下,能参与这些工作我着实感到非常荣幸、非常幸运。我为生活在这样的时代感到骄傲!

> 我在参照民事、刑事法律的基础上,对行政法部门和学科体系作了划分。我认为行政法实际上存在着三个独立的法律部门:行政实体法部门、行政诉讼法部门和行政程序法部门。……在此基础上,可以建立起三个独立的行政法学科:行政实体法学、行政诉讼法学和行政程序法学。

记:在您所从事的这个专业中,您感觉您的最大贡献在哪里?

沈:在学术上,我功薄蝉翼。我曾琢磨过,在行政法方面,自己究竟作了哪些贡献?我这样觉得:在行政法学的部门划分和学科分类上,至今已出版的六百多本教材大同小异,体系上没有自己的特色。行政法存在诸法合体的问题,它将实体法和程序法混在一起,体系庞杂凌乱。于是我在参照民事、刑事法律部门划分的基础上,对行政法体系作了划分。我认为行政法实际上存在着三个独立的法律部门:行政实体法部门、行政诉讼法部门和行政程序法部门。在此基础上,应建立起三个独立的行政法学科:行政实体法学、行政诉讼法学和行政程序法学。在我看来,实体和程序不分、司法程序和行政程序不分,主要源于法国。法国是成文法系国家,但行政法在法国是判例法,很少划分实体和程序。其他国家也受此影响,时间一长,体系就乱了。我为此写了《行政法部门划分和行政法学体系分类研究》一文,并与我的同事们合作出版了《行政实体法学》《行政程序法学》《行政救济法学》一整套教材,可以说这套教材是600多本书中唯一的"另类"。这种"三元论"体系的建构是对是错,任人评说。如果要说贡献的话,就在于和别人不一样,一切出于自己独立的思考。

另外,我是中国大陆地区较早系统研究行政补偿法问题的学者之一。目前,全国各类研究生、本科生行政法学统编教材中的"行政补偿"一章大多是由我承担的。《征收、征用与补偿》是我国第一本全面介绍财产征收、征用与补偿问题的学术专著。我所主持的国家社科基金项目并主编出版的《行政补偿法研究》以及即将出版的《外国行政补偿制度研究》、译著《财产征用——赢得正当补偿的策略》等,作为一系列成果把中国对行政征收、行政补偿制度推上系统化研究的阶段。

我的第二个国家社科基金项目是有关2004年修宪后的中国土地管理制度改革问题,是直接对《土地管理法》修改问题的研究。还有,关于城市房屋拆迁法律规制研究是我承担的一个司法部项目。这些研究成果也被报到国土资源部和国务院法制办。前不久,我将《要守住十八亿亩耕地红线,中国必须确立集约节约利用土地的国家发展战略》一文递交给民进中央,民进中央主席通过调研后又递交给温家宝总理,总理作了批示。李克强副总理也作了批示,并专门到国土资源部进行了相关调研。现在我们郑州大学成立了一个中国土地法律研究中心,还开通了网站。我有一个设想,今后再成立一个土地法专业,开展公私法交叉研究和教学工作。

我的第四个兴趣点主要在政府纠纷解决机制研究领域。这些年来,我一直认为,不管是什么机关、组织,名称并不重要,只要它是在行使居中裁判的权力,符合独立、公正、被动、中立等司法特征,它就是司法,就应当按照司法规律办事。我们不仅要有国家管理、社会管理之分,还要有国家司法、社会司法、行政司法、民间司法之别。为此,我先后写了《委任司法初探》《WTO与行政裁决公正性研究》《论法院是纠纷解决的最后一道防线》等一系列文章,阐述这个观点。我想,我们要有一个"大司法"的概念,承认人民调解、行政调解、行政裁决、行政复议等活动的司法性。我们讲法院是最后一道防线,但它并不排斥其他机关或组织行使司法权。

二十多年来,在跟随法学界的前辈、同仁们一起研究的同时,我着重研究的就是这几个问题,当然这些还只是初步的研究,今后还有待更多的后来者一起努力。

记:您是从什么时候开始对这些问题产生兴趣的?

沈:我想是农民家庭出身,造就了我对农民具有深厚的感情。我从小经历的时代,让我了解到中国最下层老百姓的疾苦,也让我了解到农民的贫困。直到今天,农民依然是贫困的。我近十年来一直研究"三农"问题、土地问题,特别是最近研究《土地管理法》的修改以及城市房屋拆迁问题。"三农"问题非常引人关注,征收征用会对农民的权利造成极大的威胁。在中国,人为地划分城市和农村户口,采取不同的政策,给予异样的待遇,其根源是不合理的城乡二元体制。这种体制在政治上,导致农民和市民在法律上不平等;在经济上,导致农民蒙受巨大损失。过去在计划经济时代,人为地压低农产品价格使得农民蒙受剪刀差之害;而今是市场经济时代,应该发挥市场的作用,不应该对农民权利进行不合理的限制。特别是对农民集体的土地,为什么不能抵押、不能投资入股?为什么对两种社会主义公有制的土地不能平等对待?中国要实现现代化,如果没有农村的现代化,怎能有中国的现代化?农村问题不解决,必将拖中国现代化的后腿;农民问题不解决——不能作为市场经济的参与者,中国就不是十三亿人口的大市场,而只是四五亿的城市人口大市场。所以,中国要现代化就应该解决好"三农"问题。另外,从历史上看,农民问题始终是关乎国家长治久安的重大问题。中国历代封建王朝几乎都是农民起义推翻的;中国共产党领导的革命依然被称做土地革命,打的是"打土豪、分田地"的口号;新中国成立初期有土改;后来成立初级社、高级社、人民公社,也都和土地有关;改革开放,又有安徽农民搞的土地联产承包责任制。这些都值得持久关注。我研究的另一个问题是城市房屋拆迁法律规制,涉及城市最底层老百姓、最弱势群体的利益问题。我一直在想,为什么我会研究这些问题?这离不开我与生俱来的农民情结。所以在我讲课的时候,常常就有同学猜到我是农民出身。

对于行政法部门划分和行政法学体系分类的思考,也源于我长久以来的研究体会。一提到行政法,好像实体与程序不分是历来如此的,而且行政法学界也一向认为这是行政法有别于刑事、民事法律部门的一个显著特征。倘若如此,那么随之而来的诸多问题就是难以自圆其说的。当我们表述行政法概念的时候,我们就必须弄清楚我们所说的行政法是实体意义的行政法,还是程序意义的行政法,或者是二者兼而有之;当我们表述行政法特征的时候,我们也必须弄清楚我们所理解的行政法的特点是行政实体法的特点,还是行政程序法的特点;当我们表述行政法内容的时候,我们也必须弄清楚我们所说的行政法内容是行政实体法的内容,还是行政程序法的内容,或者是二者兼而有之。诸如此类的问题,一方面反映出行政法部门内容混杂,另一方面也使行政法学的研究缺乏严谨科学的理论体系作指导。所以,我提出借鉴刑事、民事法律部门的划分和学科分类经验,把行政法部门分立为行政实体法、行政诉讼法和行政程序法,并进而形成行政实体法学、行政诉讼法学和行政程序法学学科,对于科学界定行政法部门和建构行政法学体系,摒弃行政法实体与程序不分的旧观念是一个大胆的尝试。

另外,像对于政府纠纷解决机制的研究、对城市房屋拆迁的研究、对土地制度的研究,也都是社会现实在催促着我。我有一个习惯,就是一定要带着问题来研究问题,不搞"无病呻吟"。特别是对于土地问题,我现在正尝试着从交叉学科、从部门行政法角度考虑,拓宽研究的视野。

> 我虽是一介书生,却始终怀着"位卑未敢忘忧国"的情怀,坚持"天下兴亡,匹夫有责"的信念。……作为一名政协委员和民主党派人士,我时时关注民生以及国家在发展过程中的种种问题,并提交了很多议案。

记:您认为治学的过程中,应该保持一种怎样的心态?

沈:我虽是一介书生,却始终怀着"位卑未敢忘忧国"的情怀,坚持"天下兴亡,匹夫有责"的信念。我非常敬仰中山先生,先生一生奉行"天下为公"、奉行"民有、民治、民享",这些理念是我非常推崇的,是宪政思想的体现。我喜欢书法,经常挥毫"天下为公",并将这四个大字挂在办公室里。记得一位同事来我办公室,看到那块写有"天下为公"的牌匾,觉得在这个人人争钱、私行天下的时代,这样的信仰有些不可思议。然而,我时时告诫自己虽是一介寒士,但也要以心忧天下为己任。虽然人微言轻,但还是要有一点精神和追求。

2002年,我加入了中国民主促进会,现在担任民进郑州大学委员会副主委、民进河南省委常委、民进中央社会与法制委员会委员,当过一届郑州市政协常委,现在是河南省政协委员,所以我的身份可能有些特别,是民主党派。在党外,为人民工作、为国家效力依然是我的信念。作为一名政协委员和民主党派人士,我时时关注民生以及国家在发展过程中的种种问题,并提交了很多议案。我认为这是应该的。每个人都对社会尽一份责任,为公共事务去服务奉献,社会就会变得更美好。当然不得不承认,理想和现实之间有时是有很大距离的。当出现矛盾时,我也会感到失落、无奈。我夫人有时劝我,你衣食无忧、生活不错,何必烦忧?的确,作为一名大学教授,社会待遇也不差,只是我觉得,在改革进程中依然存在很多不如意的地方。当然,执政党及时提出了"立党为公,执政为民"以及"情为民所系,权为民所用,利为民所谋"的施政理念,这就摆正了执政党与人民主权之间的关系;党又表示要"科学执政、民主执政、依法执政",以转变执政方式,这就证明中国在向民主化方向不断进步!无论是一党、一国还是一组织,只要以"天下为公"为目标不断奋斗,我们的党、我们的国家就大有希望!

记:您一直在关注农民群体,关注民生问题。前不久,广大农民工期盼已久的湖广高铁成功开通了,然而过高的票价让许多农民工们望而却步,而且铁路部门还停开了多次价格较低的普通列车,网上甚至出现了"被高铁"的名词。从客观上讲,高铁的投资非常巨大,票价定得高也符合市场运作。然而中国铁路作为公共产品,又有其特殊性。但是铁路票价的确定往往事先没有经过听证程序。您是如何看待这些现象的?

沈:这其中包括好几层含义。首先,高铁、普通列车应该同时并存,不能因为开通了高铁,而取消普通列车,正如高速公路和普通公路同时存在一样。高速公路的开通主要是为缓解拥挤,有钱的可以上高速公路,而普通公路则价格低些,乃至不要钱。由此可见,取消普通列车的做法是不对的。没有考虑不同社会阶层的人的不同需求,特别是承受能力,没有给予人们更多的选择机会,使得原本可以乘坐普通列车的人不得不去乘高铁,这是不合适的,这两者应该不是相互取代的关系。其次,公共财物可以分为纯公、纯私和混合三种类型。中国铁路就是纯公性质的公共产品,连混合的都算不上。它的价格不能完全依靠市场来制定,它的供给需要国家干预。因为纯公共产品所需经费多,市场不愿意干预,在这种情况下,就得由政府出面,票价应受到政府干预,不能由企业任意定价以至于大家都买不起票。最后,听证在中国基本上是虚设的。老百姓一听说听证,马上就害怕发抖。一开听证会,水价必涨无疑、油价必涨无疑,从来没有听说开了听证会而降价的。往往是你"听"你的,我涨我的,这就说明听证在走形式。不是听证本身不好,而是中国缺乏对政务官的制约机制。政务官机制不健全,民意制约没有发挥真正的作用。

随着经济多元化,公共财货越来越复杂。有些产品私人能提供,国家也能提供,何时由私人提供,何时由国家提供,得视情况而定。西方国家往往在经济不景气的时候,由政府利用国家力量来经营,等经济好转,再次市场化,这是种非常规性的国家经营。我觉得我们在搞市场经济时,国家在很多问题上,能依靠市场解决的就由市场解决,不能解决的就由国家出面来干预。另外,在应对经济危机时,出于对行业的保护,国家可以出面干预。比如这次经济危机,西方国家出手救市,进行国有化运动。而一旦经济好转,国家就进行回撤。但是现在我们国家手伸得太长,国有企业太多,像石油、天然气等行业就完全可以通过市场解决。过多的国家出面会导致国进民退,而应该的做法恰恰是国退民进。总而言之,我觉得国家应在以下两种情况下介入:一是社会需要但市场提供不了;二是市场失灵。国家不该越位的就不能越位。

记:《国家赔偿法》刚出台时,人们对它抱有很大的期望,然而,现在它又被戏称为"国家不赔法",有人觉得国家赔偿只是一个象征,人们对国家赔偿的诚意产生怀疑。您作为《国家赔偿法》立法的参与者,是如何看待这个问题的?

沈:《国家赔偿法》面临三个层面的问题:立法层面的问题,执法层面的问题和观念问题。

立法层面的问题主要表现在：首先，确认程序非常不健全。比如在刑事赔偿案件中，对下级机关造成当事人伤害，法律规定需要上一级机关确认，如果上级机关不予确认，程序就走完了。这是最要命的一条。其次，刑事司法赔偿和非刑事司法赔偿没有按照正当程序来解决国家赔偿问题。所谓正当程序是指遵循公正、公开的司法程序来解决赔偿问题，保障当事人的陈诉、申辩权。它的缺失则违背了正当程序的基本原则。

执法层面的问题主要表现在：以权代法、以权压法。通过非法、非正常的渠道干预国家赔偿，使得《国家赔偿法》遭遇到尴尬，类似的情况也发生在《行政诉讼法》上。

观念上的问题主要表现为中国人爱面子。行政机关觉得赔偿丢面子，所以他们更倾向于补偿，而不是赔偿。这是几千年来的思维传统，要完成转变需要一定的时间。所以，通过改善立法、加强执法、逐渐转变观念、逐渐总结经验，《国家赔偿法》的问题不难解决，这一次《国家赔偿法》的修改就解决了不少问题。

（马晶莹、郭文青）

王景斌
Wang Jingbin

出生于1962年3月,吉林辽源人。1985年东北师范大学政治系毕业,获学士学位,留校任教。1990年东北师范大学政法学院毕业,获法学硕士学位。2002年考入吉林大学理论法学研究中心攻读博士学位。2001年聘为教授。曾任东北师范大学政法学院法学系教授,法学博士,博士生导师,法学系主任,政法学院副院长。现任华东师范大学法律系副主任、法律系学术委员会主任,兼任吉林省人民政府立法咨询委员、吉林省法学会理事、长春市法学会副会长、长春市和沈阳市人民政府法律顾问。先后多次获学校优秀教学奖,1999年被评为东北师范大学"教书育人标兵"。2000—2001年被教育部公派去日本爱知大学法学部做交换研究员。在科研上,一直从事行政法理论与实务以及法理学研究,行政法学主要涉及行政法基本原理、行政救济法理论与实务、部门行政法学等领域;在法理学研究上主要涉及公法基本理论、部门法哲理化、公民法律素质教育等问题。主要著作有《制度正义与权利流失矫治》《部门行政法学》《行政法与行政诉讼法》等。在《法制与社会成长》《国家行政学院学报》《当代法学》《国际问题研究纪要》(日本)等中外杂志上发表学术论文90余篇,主持国家社科基金重大项目子课题"诚信文化与司法公信建设研究"及教育部、司法部和省级社科项目"当代中国教育行政法研究""地方政府实现文明执法对策研究"10余项课题,参与多项国家社会科学基金和教育部重大项目研究。

记者(以下简称"记"):王老师,您以前本科是学政治学的,是如何在研究道路中转到法学的?

王景斌(以下简称"王"):我以前是研究政治学的,后来转为研究法学,方向是行政法学。我从政治学研究过渡到法学研究,背景就是对当时学术研究环境的一种无奈,同样也是对自己的学术生涯的一种规划。但转到法学以后,我们近年来的学术研究环境形成了一种有些领域免谈的状态。比如说法治精神应该追求什么价值,这本来是没有国界的,但目前成为了一种禁区。再比如司法改革等敏感话题。我们再看行政法的司法审查,即法院要审查行政权,但实际上审查不了,原因是法院的位阶相对于行政来说"矮半级";还有行政权在利益的驱使下,导致膨胀。所以现在中国研究行政法也遇到了瓶颈,首先行政法制度上存在发展的瓶颈,其次行政法的学术研究也存在瓶颈。我认为制度是一种系统,我们研究的法律制度,是整个社会系统的一个子系统。如果大系统下的一个部分出了问题,就应该去改进它。而政治体制是整个国家制度大系统中起关键作用的部分,所以政治体制改革是绕不开的。中国社会当前的一些矛盾诸如拆迁等,最终都源于政治体制问题,所以法制要发展,改革政治体制是必由之路。中国的法制发展在改革开放后取得了很大的进步,但近几年进步的速度明显减慢,有些领域可以说是公开的倒退,比如刚才所说的一些学术领域出现了敏感区或禁区。

中国有种学术研究绝对分科的习惯,我觉得不好,很多是我们人为地划界,划分了学科,进一步细分出很多专业,然后这些之间形成了界限。为什么西方的学术进步情况较好呢?他们需要什么就去研究什么,学术上人为划界的痕迹不是那么重。这在西方学术史上也是有传统的,比如从孟德斯鸠到马克思、恩格斯,你说他们是经济学家还是哲学家、法学家?学习这些学术大家的经典作品,给我助益很大。在博大的学术大家以后,学术研究就往专的方向发展了。我觉得在读书学习期间,还是要对这些法律思想史的经典认认真真梳理,这绝对是受益的。

记:请问王老师,对您的求学和研究之路,有什么感悟?

王:要把学问做好。第一,需要勇气来打破一些所谓的禁区,做到独立思考。学问应该是属于世界的、属于历史的。第二,学问需要智慧,应做能做学术的聪明人。第三,勤于思考。第四,学识广博。我发现研究做得较好的学者,在人文社会科学和自然科学领域都有一定的积淀。所以说多学习一些、多掌握一些不是坏事。我做学术,走的不是设计好的道路,而是跌跌撞撞走过来的。我出生于62年,读中小学的时候,赶上"文化大革命",没有正规的学校教育,我们就到外面去画画,去追求自己的东西。父母给我准备了一些书,包括《罗丹艺术论》,还有达·芬奇的一些书。通过学习,感觉世界可以用线条和色彩来表达。那时我就对世界充满了好奇,由此引发了对文学以及社会科学的兴趣,一点点地就产生了考大学的想法。改革开放初期,出现了一派伤痕文学,主要讲述在"文革"中的压抑和委屈,以及被迫害的人获得平反以后,对人性和对社会的反思,非常具有教育意义。所以我产生了这个念头,将来要学法律,要从事社会管理,于是决定考大学。当时最朴实的想法,就是觉得当警察蛮好的,可以维护社会秩序,维护社会正义。而美术这方面要继续下去的话,我父母可能需要进一步的投入,花费比较大。所以我就想考文科,这样的话几本书就可以了,后来就考上了东北师范大学的政治学专业,这其中其实有一些曲折的故事。我读研究生的时候选择的是政治思想史,喜欢看思想史中的人物的丰富人生经历和教训。我喜欢近代思想史,因为近代充满了变革,各种学派接踵而来相继登场,中国近代思想史里就有改良派和革命派等。他们的思想都对我产生了启发,因为那个时代是思想变革的时代,和当前的变革时代有一定的类似之处,从法学的角度讲,当前我们的社会在向法治社会迈进,这是必然的。我研究法学以后,也印证了我之前研究政治学的一些体会,对社会的理解也比以前深刻了。社会制度是一个大的系统,包括政治制度、经济制度和法律制度等,不能仅仅一个部分单独发展,现在是政治体制改革束缚了法治的进一步发展,法学研究也遇到了相应的瓶颈,研究者们已经非常努力了,但这是法学研究者们解决不了的问题,这是我感到无奈的。我们作为法学研究者有这份责任,对我们这个社会到底处于什么样的状况,应该有个清醒的认识。现在的学术研究应该加大勇气,突破所谓的禁区。我给研究生上课时常说,如果不坚持世界文明社会共有的一些价值理念,那我们法学坚持些什么,研究什么?我觉得有时候要有勇气去表达,在某些场合也要适当地沉默,但在任何时候都不能说谎话。我写了一篇文章,叫《科学发展的法治保障》,提出的观点是官本位思想是阻碍中国社会科学发展的瓶颈,所以说科学发展观必须有法治的保障。

不论在体制内,还是在体制外,都要保持独立思考和不说假话。我用我的真实情感和学术伙伴交流,也真实地和学生交流,而不是用官样的话语来表达,所以我能赢得学生的尊重,也赢得社会的尊重。我在想这么舒适的环境提供给我,我怎能不好好做学问。但因为我身在长春,在学术影响力上确实受地域限制,和北京学者不同。我们经常能看到某些北京学者,其实学问不一定做得好,但经常有机会公开表达。其实身在北京也好,身在长春也好,表达机会的多少,并不意味着学术水准有高下之分。但为学生的发展和就业考虑,我希望他们到北京、天津或上海等地读博士。你们是80后,那我是60后,这么来断代的话,其实都是一代一代走过来的。学生有的时候开玩笑,说老师你的学术一路走来如何如何,我就笑说我还没到满腹经纶要去总结的时候,我们60后还正在奔跑中,走过了一段历史,还要继续走下一段历史。

(欧　扬、秦贝贝)

熊文钊
Xiong Wenzhao

1962年3月16日出生于湖北黄冈。毕业于中国政法大学,分别获得法学学士和法学硕士学位。1987年至今在中央民族大学法学院任教,1995年被评为法学副教授,1996年被评为北京市优秀青年骨干教师,2000年被评为法学教授,系宪法与行政法专业学科带头人,研究生导师组组长,民族法学专业博士生导师。同时任中国宪法研究会理事,中国行政法研究会理事,中国法学会法学教育研究会理事,北京大学公法研究中心客座研究员,中国人民大学兼职教授,国家行政学院兼职教授,苏州大学兼职教授。先后承担国家级和省部级课题十余项,出版《行政法通论》《现代行政法原理》《中国行政区划通览》《税务行政法》《行政诉讼法学》《大国地方:中央与地方关系法治化研究》《民族法制体系的建构》《公法原理》《城管论衡:综合行政执法体制研究》《少数民族受教育权保护研究》《中国民族法制60年》等学术著作十余部,发表《宪法是什么?》《民族法的性质》等学术论文百余篇。

行政法学的发展具有阶段性。早期政府扮演的只是"守夜人"的角色,英国的"圈地运动"就是很好的例证。后来随着社会生产力的提高,环境等问题成了社会的焦点,政府就必须介入。这就意味着随着经济的发展,政府在社会中扮演着越来越重要的角色。这是人民的期待,也是社会发展的要求,但并不意味着政府管得越多就越好,此时诞生的《行政法》就是起到了规制政府活动的作用。

记者(以下简称"记"):熊老师,首先请您谈一谈少时学习的经历。

熊文钊(以下简称"熊"):"文革"的到来打乱了正常的学习秩序,学校在我初一的时候就全面停课了。于是我从事了7年专业音乐演奏的工作。高考恢复后,我放弃了原先的音乐工作,通过自身的努力,考上了中国政法大学。

记:您对大学的第一印象是什么?

熊:法大的生活、学习条件非常艰苦。学校的领导都在板楼中办公,学生的宿舍都是由教师办公室腾出来的,冬天很冷,房间内时常忽忽刮风。入学后学校给每个学生分发了一件马甲,为的就是不让学生在宿舍挨冻。尽管条件艰苦,但同学们的学习劲头依旧十足。

记:请老师谈一谈您在大学的学习和生活经历。

熊:当时我非常珍惜这一学习机会。古人云:"两耳不闻窗外事,一心只读圣贤书。"但是我却十分关心社会时政,从事了一些学生会的工作。在我担任校学生会文体部部长期间,我多次组织学生的演讲比赛活动和音乐文体活动,并亲自谱写了《政法学院之歌》。令我印象最深的是我组织班级的合唱队参加了全市高校合唱比赛,并取得了优异的成绩。在大学期间,我热衷于文体活动,在全校小有名气,也得到了各方的支持和帮助。

记:在大学期间,哪些老师给您留下了深刻的印象?

熊:不仅本校老师给我留下了深刻的印象,而且还有许多当年给予我帮助的校外老师也让我记忆犹新。

记:在法大期间,哪些同学给您留下了深刻的印象?

熊:学生时期我和高年级的同学接触比较多,对他们的印象比较深。现任最高法院常务副院长的沈德勇当时是学校学生会主席,领导我这个学生会部长的工作。沈德勇是会里的"老大哥",工作能力极强,善于组织和协调各部门的事务,每次学生会里组织的大型活动都离不开他的指挥和协调。从那时起,沈德勇就显示出非凡的领导才干。

记:请您谈一谈从事行政法学研究的经历。

熊:在大学读书期间我打下了扎实的法理学基础,发表了许多文章,如《法与法律》。后来我的研究侧重点逐渐转移到了行政公法学上,开始研究行政公署的法律地位问题。可能我是最早研究这方面问题的学者,正是因为在这一研究领域有所创新,所以我的文章得到肯定,发表在相关的法学杂志上。

高校恢复办学后,熟悉行政管理实际运作情况的我对行政法学的研究兴趣日益浓厚。当时行政机关工作中的许多地方需要规制,有一定研究价值和研究深度。1984年参加行政法学研究班之后,我就确定了今后的学术研究方向。

记：在这么多年行政法学发展过程中是否发生过较大的争论？

熊：20多年前有过一次经济法和民商法的六年论战，虽然《民法通则》颁布之后论战休止，但是隐含着行政法与经济法之间关系争论的问题一直没有摆在桌面上讨论，行政法学者往往不愿面对这一问题。我在本科毕业论文写作时就针对这一问题展开讨论。现在看来，这个争论一直存在，这是中国法理学家留下的遗憾。对于法律部门的划分应当遵循一定的规则，符合逻辑学的同一律。错误地划分不仅影响了法科学子学习的热情和对知识结构的正确把握，也影响了民众的正常经济政治生活。

经济法既然是新兴的法学学科，换言之处于法学研究层次上的经济法学仅仅是一种宏观的视角，那么这种宏观视角的最大意义，不应当是检验哪一部具体的法律属于经济法还是民商法、行政法，因为立法者在审阅学者们提交的法律草案时，绝对不会计较这部草案中有多少经济法成分，多少民法成分或者行政法成分，律师在为当事人辩护时也绝对不计较他使用的是民法、行政法、刑法还是经济法的依据；经济法学不应当、也没必要为取消经济庭而鸣冤，因为经济法学的视角并非局限于此，经济法学者们也不需要论证经济法是否具有民法、行政法和刑法所不具有的优势，因为任何法律或者法学都具有自身的独特价值，具有其他法律或者法学不具备的优势。

记：作为长期从事研究行政法学的专家，您认为我国的行政法学与国外是否存在差距？如果存在，表现在什么地方？

熊：相对于行政法之母的法国和英美国家来说，我国行政法学的研究水平较为落后。国外的政府管理理念和一些学术理论对于正在转型的中国来说具有很大的借鉴意义，也为中国建设中国特色政治提供了一个很好的范本。但是，我国建设法制型政府的过程不应当是一个照搬西方经验的过程，所以我国的行政法学者应当有自身的作为，研究了解自己的社会特征。当然，我国的学者无需妄自菲薄。我们是法制后发国家的先进代表，我们总结出的一套经验正被东南亚的一些国家学习。

目前，国内政府转型过程阻力重重，一些所谓的"潜规则"能量巨大，制约着我国法制建设的健康发展。当前我国行政法工作者面临和所要解决的问题十分复杂，可以说是前所未有，西方国家行政法的发展历史虽然比我们长、积累的理论成果和实践经验比我们多，但由于各自所处的发展阶段和具体国情不同，西方行政法显然不能为解决中国当代行政法面临的具体问题提供直接的解决方案，更何况我国行政法学研究由于种种主客观的原因，长期存在"两个了解不足"的缺陷，即对"西方国家行政法的了解不足"与对"本国行政法所处的具体国情和环境了解不足",以致行政法研究在一定程度上存在从法哲学意义上阐发行政法一般观念、理想、价值的偏好,而对在各种具体环境下如何实现和体现行政法的价值和理想的研究不够重视、不够深入。当前我国行政法研究总体上仍未走出译介西方与价值启蒙的阶段。

在新的机遇和挑战面前,我国行政法研究者应当认真研究科学发展观和构建社会主义和谐社会的精神实质,以科学发展观为指导,在正确引导舆论和社会思潮,维护宪法、法律以及行政法治的权威方面承担起特殊的责任;同时,将行政法研究由价值启蒙引向以现实研究为主的新阶段,立足我国国情,进一步重视实证研究和细节研究,分析、借鉴西方国家的经验而不唯其是从,敢于超越,努力发展与完善具有中国特色的行政法理论和制度,进而在世界范围内为当代行政法的创新和进步,作出我们中国学者应有的贡献。

法制建构面对中西文化冲突应该注重本土特色,全球化背景下的中国法制建构是在前现代与后现代的巨大张力下进行的。中国法制现代化将继续承受改造传统法律文化的任务。面对中西文化冲突,我们应该保留优秀的民族文化底蕴,注重本土特色,借助本土资源,创造一种法制现代化的中国模式。

记:您认为我国在哪些方面可以进行制度创新?

熊:世界上的国家很少有行政处罚法这样的法律,我国《行政处罚法》原则的设定、处罚的方式等等都缺乏外国的借鉴模式,我国部分台湾地区学者对大陆的《行政处罚法》持相当肯定的态度。

记:熊老师,您对行政法是如何认识的呢?

熊:行政法学的发展具有阶段性。早期政府扮演的只是"守夜人"的角色,英国的"圈地运动"就是很好的例证。后来随着社会生产力的提高,环境等问题成了社会的焦点,政府就必须介入。这就意味着随着经济的发展,政府在社会中扮演着越来越重要的角色。这是人民的期待,也是社会发展的要求,但并不意味着政府管得越多就越好,此时诞生的《行政法》就是起到了规制政府活动的作用。现代行政法的概念越来越广泛,"控权"的范畴只是行政法的一部分。现今行政法除了具有控权的功能,也具备授权的功能。授予的权力越大,对其控制的要求也就越强烈,两者是辩证的关系。所以我认为行政法是授权和控权相结合的法律,是一种寻求平衡的法律。近代好政府的概念是不管事,现代好政府的概念是善于管事。

记:改革开放30年来,您认为我国行政法学的发展主要表现在哪些方面?

熊:我是较早介入行政法领域的学者,1984年还没有毕业的我自告奋勇地参加中国行政法研究班。早期曾写过一篇《回顾方知一路艰辛,展望更觉任重道远——新中国行政法学 20 年发展进程管窥》的文章,其中就写到我与现今著名法学家应松年等的交往往事。在这 20 多年,行政法学是中国所有法学中发展最快的一门学科。原先它处于被人遗忘的角落,现在已经成为一门非常显赫的学问。中国行政法及行政法学在 21 世纪将要面临更加严峻的挑战。这是因为,法的变革,绝非只是体制的重构和规范的修正,更是内在精神和价值的调整和超越。我们将要面对的问题不仅是要在体制上建立和完善一系列规范和原则,而且还要在思想观念上确立和发扬自由、权利的精神;不仅要建立经济繁荣的中国,而且还要在中国实现高度的民主和法治。

改革开放 30 年以来,我国行政法制建设取得了令人瞩目的进展,《行政诉讼法》《国家赔偿法》《行政处罚法》《行政复议法》和《立法法》等为代表的一系列法律的颁布,极大地推动了依法行政,建设社会主义法制国家的进程。《行政诉讼法》建立了民告官制度,使得对行政行为的监督开始走向法制化,成为我国民主法制建设中的重要里程碑。此外《行政处罚法》第一次提出了设定权问题,极大推动了我国行政处罚制度的发展和完善。

处在体制改革和社会转型期的行政法学者,始终以将行政法学理论应用于实践为己任,广泛深入地参与立法。以中国政法大学著名法学家江平、应松年教授为首的国务院行政立法研究小组站在立法第一线,对各项相关立法认真组织起草,积极论证,有力地推动了我国行政法制的发展进程。

在此过程中,中国政法大学的行政法学人与学界同道一起,怀着强烈的使命感,为推动行政法制建设和行政法学研究辛勤努力,作出了突出贡献。王名扬先生对我国行政法学研究具有奠基和开拓作用。在党和政府的关怀下,经过我国行政法学者的辛勤耕耘,我国行政法学初步形成了自己的学科体系并不断发展完善,取得了累累硕果。

记:您认为行政法学还有哪些拓展空间?

熊:我研究行政法学的范围非常广泛,可能引来部分学者对我的微词,认为学术应该就某一微小的领域进行精雕细琢。虽然我也很重视这样的方法,但是公法中某些领域的宏观问题也需要学者去考虑。我不仅对中国横向权力配置问题有所研究,而且对纵向权力配置有所探索。我感到我国中央和地方共有的一些权力分配的问题一直没有得到很完善的解决,学者对一些结构性的问题和区域发展问题没有认真地考虑。职能整合、权力集中可以带来高效的行政决策,但是必须与机构分权、组织分权、地方分权相结合。我觉得这是以后宪法学者研究的一个突破口和切入点。

另外,我时刻关注政府管理体制问题,提出了"大部门体制"理念。大部门体制是解决部门利益膨胀和冲突的极端手段,通过减少部门数量,整合机构职能,达到消弭部门利益膨胀的目标。必须明确,改革不是权宜之计而是立意高远,是为了长治久安。试图挑战改革的个人利益、部门利益、集团利益都只不过是改革逻辑中的必然牺牲品,必须服从于改革的长远利益和国家的整体利益。

确立大部门体制,可以减少管理层次,缩短议事链条,方便集中决策,明确问责行政。政府机构的设置按照大部门模式展开,将大大改变我国目前的政府机构格局,强化政府首脑和部委决策之间的联系,提升决策能力和整合政策资源的能力,减少部门之间的横向协调困难,也利于廉洁高效的政府运转体制的实现。大部门体制不是孤立的、单纯的裁撤机构、精简人员和整合职能,而是服务于完善社会主义市场经济体制、发展社会主义民主政治和构建社会主义和谐社会的伟大战略,根源于我国市场经济改革、民主政治发展以及社会转型的客观要求,最终落实于以人为本和科学发展的施政理念。从目前来看,大部门体制不会一步到位,只会是选择试点部委,积累经验,逐步推进。经验可以积累,改革不容试错,否则引发政策回潮,容易导致大部门体制改革的步伐受阻或者使大部门机构改革方案半途夭折。因此,以大部门体制为核心的政府机构改革需要目标明确、通盘规划、稳步推进。

记:前段时间媒体报道了部分地区学生冒名上大学的事情,您作为一名公法学者是如何看待侵害姓名权、受教育权等宪法赋予的权利的社会现象?

熊:前不久发生在湖南的冒名顶替案件确实引起了社会的震动。我国宪法体系对公民自由采用的是间接保护模式。宪法规则中超过 2/3 的条款是"机构条款",不到 1/3 的条款是保护公民权益的,所以存在许多值得完善的空间。

记:在法学研究的方法中,您最欣赏的是哪一种?

熊:理论联系实际,通过实证调查掌握学识的本质。必须以开放的心态吸收各界有用的事物。当然学习的过程必须有筛选而非一味地接受。

记:请老师给我们青年学子推荐几本阅读的书籍。

熊:西方《变革中的秩序》值得一读,书中提到变革中的政治制度不一定完全适合发展中国家的发展模式,它的价值在于为建设中国特色的社会主义提供指导和借鉴。

记:最后请熊老师给我们青年学子提些希望和建议。

熊:年轻的学者应当树立良好的法学观,一切从本国出发,以实际为立足点。行政法学起步较晚,发展的空间很大,能够作出成果的研究角度很多,所以我希望青年学者能够把握住机会,有所建树和作为。

(余 莉、聂 潍)

舒国滢
Shu Guoying

1962年5月出生,湖北省随州市人。1986年毕业于中国政法大学,获法学硕士学位。1993—1994年,获中国政府奖学金赴德国哥廷根大学(Universtaet Goettingen)进修法哲学和法社会学。现任中国政法大学法学院教授,博士生导师,校学术委员会委员,法理学研究所所长。兼任北京市法学会副会长,中国法学会法理学研究会常务理事。

在中国政法大学,长期从事本科生和研究生教学工作,先后讲授"法理学""法哲学与法社会学""西方法学名著选读""现当代西方法学专题研究""法学方法论"等课程。2002年5月中国政法大学50周年校庆期间,经学生评选和学校遴选,分别获得"最受学生欢迎的青年教师"称号和"优秀中青年学科带头人"称号。相继翻译出版了拉德布鲁赫的《法律智慧警句集》(2001年),考夫曼的《拉德布鲁赫传》,罗伯特·阿列克西的《法律论证理论》,欧根·埃利希的《法社会学原理》。被铃木敬夫教授誉为中国目前"拉德布鲁赫翻译第一人"。曾发表《战后德国法哲学的发展路向》(部级科研一、二等奖励多项),《从司法的广场化到司法的剧场化》《从美学的观点看法律》等文章。

> 当时在报考前后生效了几部法律,比如刑法,可能是这样一个契机,使我看到有这么多法律,觉得将来可以从事这个专业、做法官,于是就放弃了考文学系、当作家的理想。

记者(以下简称"记"):先请您介绍下高考填报志愿时的情形吧。
舒国滢(以下简称"舒"):我是被称为新中国"新三届"的学生。就我个人而言,考上大学是一个从农村进入城市的巨大跳跃,意味着从农业户口转为城市户口。这对我们五六十年代生长在农村的人来说,是一个巨大的诱惑,也是一个巨大的挑战。那个时候没什么想法,"跳农门"本身就是目标,跳到哪里、跳到哪个专业都无所谓。只要能通过高考,到哪里都一样。这是当时农村孩子非常朴实的想法。

我是在湖北随县(现在的随州市)参加高考。我所在的高中是个农村高中(当时叫做"随县小林高中"),是个不正规的、没有资质的高中,缺科很多。因此就常规而言,它不可能培养出能够考进大学的高中生。我们当时六七个毕业班,最后真正考上大学的也就两个人。当时的心态是只要考上大学就行。另外,1979年,文科专业当时最有吸引力的是文、史、哲。因此我们高三应届毕业生基本都想考这三个专业。我当时想报华中师范大学中文系。我的分数上这个学校是没问题的。但是后来我哥哥是我那个高中的老师,他在79年刚刚恢复招生的学校中看到北京政法学院,极力建议我考这个学校。当时我对北京政法学院毫无了解,对法学也不甚了解。唯一吸引我的是,当时在报考前后生效了几部法律,比如刑法,可能是这样一个契机,使我看到有这么多法律,觉得将来可以从事这个专业、做法官,于是就放弃了考文学系、当作家的理想。

记:初入北京政法学院,您第一时间的感触是什么?

舒:北京政法学院当年在湖北招了21个学生,我有幸成为其中一员。这个学校78年复校,79年开始招生。北京政法学院复校后是在废墟上建立起来的,和当时其他政法院校比,可能还要差一点。70年北京政法学院被停办后,基本被北京文化局的单位占用,比如北京歌舞团、174中学、北京戏校。我们来的时候,学校的院子非常破败,所有楼都很陈旧,蜘蛛网密布,教学楼的玻璃没有一块是完整的,就好像战争过后一样。不过对我来说是无所谓的,我是农村来的,在我之前17年的人生中,从没到过城市,即使是个破败的学校,但它毕竟是在城市,而且是有高楼的。后来的学习条件非常艰苦,早上吃咸菜、窝头、玉米粥,中午吃馒头,四年不变。住宿条件也很差,8个人一间,不足15平米,拥挤不堪,夏天热得简直难以忍受。也没有合适的教室,有时是露天上课,坐在马扎上,现在记忆里面最深的就是马扎。我们79级同学今年(2009年)要搞一个"相识三十年"的纪念活动,准备制作一个纪念性雕塑,大家想到的就是"马扎"。马扎比较简单,也足以代表我们那个时代的印记。

记:您本科四年中,印象比较深刻的老师是哪位?

舒:我们开学的时间比较晚,79年10月18号开学,比正常开学时间晚了一个多月。第一学年感觉没有什么特别突出的老师。第二、三学年,开始感觉到有些比较不错的老师,比如,国际法的两位老教授:一个是朱奇武教授,一个是汪暄教授,且不说专业素养,他们的英语就令人艳羡。朱奇武老师讲一口标准的牛津口音英语。我们那届学生,在高中阶段没学过英语,所以一听到二位先生流利的英语,我们的心里就会受到很大的冲击。另外,二位老师的风度也非常吸引人。此外,讲民法课程的江平老师也很吸引人,他讲课非常有激情,口才很好,讲课内容也非常有条理。当时还有一些中青年老师,授课也相当不错,像樊崇义、马登明等,他们嗓音浑厚,很有活力。

记:那么在您的同学中,有印象很深的吗?

舒:具体地说,我接触的同学,亲疏程度呈"梯级"分布:同宿舍、同班、邻近班、全年级。影响大的还是同宿舍的同学。这些同学当中,就年龄结构而言,我属于比较小的,有比我大三五岁的,最大的比我大十岁左右。同宿舍的同学年龄结构也反映了班级的年龄结构。年长的同学起到的作用是老师不可取代的,他们教我们怎样去应对复杂的社会生活,应对学习,应对个人的困难和困惑。

记:在您本科中,印象最深的事是什么?

舒:比如,当时中国女排夺得世界冠军,我们彻夜狂欢。记忆深刻的还有足球比赛以及改革开放的一些重大事件、中央的一些会议、改革的方案等。印象最深的恐怕还是国家从全民所有制的大一统体制到承认多种经济形式的过渡,特别是承认私有。过去我们这一代人所接受的教育就是什么都是集体的,思考也是集体的,总是从集体主义、社会、国家宏观的角度思考问题。这种制度上的变迁大大影响了我们的世界观、价值观,使我们开始从"简单"走向"复杂"。

记:那么您是什么时候决定从事法理学的教学研究?

舒:应该是大学四年级第一学期(1982年)的时候。我选择法理学,有两个原因:一个原因是法院实务经历。1982年7—9月,我在河北廊坊安次县的法院里实习,一开始做书记员,后来做陪审员。当时是抱着学习实务的心态去实习的。这三个月并没有给我积极的经验,相反却是消极的。我觉得我不太适合从事实务工作,志趣可能在于从事学术性工作。这是一个重大的转变。还有一个原因,此前曾有一个朴实的想法,学法学,最重要的是刑法。学习法律要掌握"刀把子",所以我在大学一、二年级里对刑法一直很有兴趣,但是实习以后我的想法改变了,因为我看到了在实践中是怎么操作刑法的。于是我偏向于更加超验的、思想性更强的学问领域,这就是在某种程度上思想自由的法哲学或法理学。

记:您是在报考研究生的时候就确定要从事法理学教学研究?

舒:那是肯定的。四年级第一学期就确立了志向,即报考法理学专业。

记：请您再谈谈您的研究生生活以及对导师的印象吧。

舒：有关这一段时期的生活，我在一篇文章《小月河畔，有一所大学叫政法》里进行了回顾。说起来，1983年对北京政法学院来说是一个巨大的转变。这一年学校更名"中国政法大学"。这一改变不仅仅是名称的改变，而是一个事件获得了放大型的效果。学校需要扩展，学院设置已经不足以表现它的"大"了，要有大师，也要有大楼和大的地盘。首先要扩展空间，后来选址在昌平，当时600亩土地，已经很大了，本部这个校园，现在也只有100多亩。另外也急需一批有资质的老师，于是学校迅速地从各地调集了一批老师，当时号称"八十户进京"。与此同时，从我那一届，迅速地扩招了一批研究生，83年我们那批研究生可能是当时全国人数最多的，127名。扩招之后给我们带来了天南地北、个性和背景差异很大的同辈。我们那一届研究生，有几个特点：一是不仅仅有应届生，还有一些之前从来没有进过大学的，其中有锻造工人、有火车司机。二是这批学生来自的学校很广。我印象比较深的学生一批来自北大，一批来自上海各院校。上海的学生主要来自华东师范大学、华东政法学院以及其他一些学校。这些同学各有特点。上海的学生很少来北京，这次给我们带来了全新的感觉。比如上海来的同学很有特点，他们思想比较开放，喜欢在一起讲上海话，搞小集团。另外，当时还调来了一批年轻老师，也是来自全国各个地方，从上海、西北、西南的几个政法学校以及北大调进来的一批老师，非常优秀。他们不完全是在专业上优秀，比如海子、唐师曾当时已经在业外小有名气。这些研究生和老师，年纪大体和我相仿，和他们交流比较多。他们思想活跃，开放，积极昂扬，充满才气，是大学四年没有接触到的。我感觉一个真正的大学应该是这样的。我真正的大学生涯，应该是从研究生学习阶段开始的。

我的导师是张浩教授。张浩教授当时在法理学界是知名的。他是全国法理学研究会副总干事。他本人的风格，是从民国学人到新中国成立初期学人过渡的那一类。据我所知，他在1949年以前考入北大，非常优秀。他当时同时考取的还有湖南大学。还没有毕业时，北京大学法律系撤销，于是就并入北京政法学院。张教授给我最大的影响主要还是做人方面。他为人正派，严于律己，生活和研究非常严谨，对待任何事情都非常真诚。他对我交的论文，非常仔细地阅读、批改、提出意见，这一点我印象深刻。因此他对新中国的制度、政策、学术、意识形态，不说感同身受，至少是从内心里体认的。这点在他的研究中体现得很明显。从他的问题意识到适用方法，比如唯物辩证法，政策与法的关系，是他那代学人经常关注的问题。从研究风格来说，张教授对我的影响并不是实质性的。

记：那您的研究风格、研究兴趣是如何形成的？

舒：我一开始的研究风格就和张浩教授不完全一样。我想把法理学和部门法结合起来，后来我才知道，这个属于规范法学。当然，当时意识上还比较朦胧。我的论文《论刑事法律关系》，就体现了这个思路。该论文是把刑法学和法理学结合起来研究。1985年我还在研究生求学阶段时就已经在武汉大学《法学评论》上发表一篇文章《刑事法律关系初论》。这篇文章在当时是有一点影响的，是刑法学中第一篇相关问题的研究论文。我记得，武汉大学的喻伟教授在编写《刑事法律大辞典》的时候还采纳了我这篇论文的内容。但规范法学这个起点在当时的学人看来，不是很高的。当时的学人的学问兴奋点主要在文化研究和哲学研究。比较而言，我的研究方向比较窄，主要还是局限在法学，没有一个很宏大的分析架构。

真正提升我研究视点的还是出国以后。1993年我获得政府资助，去德国哥廷根大学留学，接触了德国的法哲学理念，接受了德国思维的训练。他们的某些领域的研究让我感到震撼。比如说，当时看了著名的"格林兄弟"中的哥哥雅各布·格林的书《论法中的诗意》，让我很震撼，原来法学也可以从美学的角度研究！从此就打开了我思想上的很多东西，我开始研究法学与美学、法学与文学的关系，以前这些东西连想都不敢想，此后就成了我的爱好。在德国期间，我还阅读了大量国内读不到的东西，比如福柯、德里达、哈贝马斯、里克尔等人的著作。

记：那在经历了国外留学后，您认为中外学术水平的差距体现在哪里？

舒：我先不说差距，我先谈隔阂。我在留学后认为我们和世界有很大隔阂。去德国之前，我对德国法哲学二战之后的情况，根本不了解。我们是不了解世界的，世界也不了解我们。所以说我们与世界有隔阂。有些人听到我们和别人有差距就很不高兴，认为这就是说我们中国学问做得不好。我要强调说，不了解就不知道我们有什么差距。我们的问题和别人可能是相同的，但问题意识不同，所以解决方案就有差距。整个中国法学，从民国到新中国，大体上是抄袭大陆法系的。新中国，抄苏联，也算是抄大陆法系。但是大陆法系最重要的法教义学传统，我们一直没有建立起来。怎样注释成文法，怎样用体系性的学术宏观地解释成文法，这种法学传统，我们过去是不具备的。目前我们的民法学家写很多书，注释成文法，但这样的书不能叫做教义学注释。我们法的教条是怎么来的？都是西方抄过来的。西方的东西怎么来的？我们并不知道，于是停留于简单的照抄。同时，我们的研究又有一个很大的缺陷，就是缺乏分析的传统，这就意味着，我们对问题精细程度的把握不够，很粗放，大而空，对问题科学理性的解析成果很少。与西方法学相比,这里有很大的差距。这个问题,可能并不是新的,民国,甚至在民国以前中国整个学问的历史可能是一脉相传的。中国的整个思维方式是,不喜欢分析。因为分析离不开形式逻辑。中国人做学问,轻视逻辑分析和概念分析,不喜欢解剖式地把握问题。中国包括哲学、政治学,甚至自然科学,都往往喜欢宏观的把握,不喜欢微观的解析,喜欢大而化之的东西,不喜欢精细的、纯科学的东西。而我认为,法学恰好需要精细的研究。比如,我们面对同一个文本,有的解释是有说服力的,它的分析是精细的、有根有据的、从逻辑层面出发的,而不是从情感的、个人情绪宣泄的角度出发的。对于这个问题,民国的学者也没有开创像样的模式。即使是最优秀的学者,比如说我本人尊敬的吴经熊先生,他的研究方法也不属于这一脉,也没有把欧美的分析法学移植过来。我觉得这是一个缺憾。我现在意识到,整个中国的制度问题,可以转变为一些特别的问题。比如,司法领域出现的一些问题。实际上,现在的司法承受着不可承受的制度之重。司法该怎么解脱重负?我觉得需要一些方法。我近年在重点研究法学方法论,试图找到破解制度重压的可能的方法和途径。法学方法论不完全是指研究方法,它主要是解决制度适用的方法,论证方法,解释方法等等。如果我们不能为法官提供足够的法学方法论,那么法官就会随心所欲,果若如此,则国家的法制难以统一。

记:现在学术方面的一些问题,有人认为是浮躁情绪所致,有人认为是学术规范执行不力所致,对此您怎么看?

舒:学术浮躁来源于各方面,特别是现在的评价机制。现在是以数量考量一个人的成就,而不是以真正的学问、论文质量、学术见识来考评,这么一个单向度的考评导致学术评价制度存在比较大的问题。它使得每一个人,即使是真正有志从事学术的人也变得非常浮躁,因为他们面临着巨大的数目字要求的压力,可能造假、简单复制,去应付官方的数目字的评价,所以说这个原因很复杂。现在很多学人在批评学术的生产机制,每一个人又都在扮演双重角色,一方面是受害者,另一方面又在不断制造伪劣产品。这个过程中,人的品格就被肢解,或者说变异了。生产者不再认真对待生产,学术良心失落了,这样对于我们的学术,就会造成比较大的损害。重新寻找学者的学术良心,变得越来越困难了。当然我想,要改变现状的话,还是要从源头上做起。但是,什么东西一旦形成了传统,就有惰性,要改革,就可能损害某些人的利益,利益群体就会形成阻挠改变的力量。比如说,我们抛弃数目字评价,改用别的评价机制,那么会造成新的麻烦,至少相互之间会有人不服,有人会说,凭什么你一篇文章不写,学问比我高呢?因此,现在的机制还是有它存在的社会基础的,要改变现在的机制,是很有难度的,国家、科研机构都不敢轻易放弃它。所以一谈改革,我本人是没有多大信心的,它不是一个想干就能干成的事情。

记:最后请您对现在的学生提出一点希望和建议。

舒:我对现在的学生,有一个基本判断:他们都是应试教育过来的。这个判断说明,在应试教育体制下,为什么再也出现不了大的思想家,出现不了创造性人才,原因在于,应试教育下的学生不怎么会思考,也不怎么会创造。我对应试教育整体上是不满的。因为它基本上把学生的创造力、想象力榨干了。学生从初中、高中到大学,有个迅速的转变,这个转变就是,变得慵懒了。作为初中和高中的学生,他们一直应付考试,现在突然发现,大学是一个可以使人慵懒的地方,于是大家就松懈下来。现在,学生应该对于自己本身有一个思考。对于做人也好,做事也好,学生们均应该有一个反思。我总体觉得,新的一代人,尽管在应试教育阶段积累了很多的知识,但是并不比我们这几代人更有想象力和创造力。青年人应该考虑,自己这一代人,这个集体,应该担负起怎样的责任。这一代人,对社会和国家有什么样的期待?把自己的创造力增强,就是对于这个国家的一种负责态度。现在有的人,变得有些小民意识,认为自己反正也改变不了这个国家,于是自暴自弃,或者甘于沉沦,或者利用网络狂泻情绪。年轻人还是要有点雄心,最重要的是,要保持做事和做人的热情。

(卢　然、蒋永锵)

张斌峰
Zhang Binfeng

河南省光山县人,生于1962年5月11日。1995年获南开大学哲学博士学位。1983年7月至1985年8月、1987年9月至1992年8月在郑州大学哲学系任助教和讲师;1995年9月至1998年12月,在湖北大学哲学研究所(哲学系前身)任教,后任副教授;1999年1月至2005年2月在南开大学哲学系任教,于2002年初任南开大学哲学系教授、逻辑学专业博士生导师。现任中南财经政法大学法学院教授,法学理论专业硕士生、博士生导师。中国社会科学院哲学所、中国台湾大学(陆委会"中华文化基金"项目)访问学者。兼任中国法理学研究会理事、中国逻辑学会理事、中国墨子学会理事、中华孔子学会理事、中国符号学与语言逻辑专业委员会委员、中国经济逻辑专业委员会委员等职务。主要研究方向为法哲学(尤其是当代德国法哲学、法学方法论)、法律逻辑(法律推理与法律论证)、中国逻辑史、符号学(法律符号学、法律语用学)以及人文社会科学方法论等。

目前独立主持2007年度国家社科基金项目——法律推理研究——语用学与语用逻辑的视角,主持和承担省部级研究项目多项。已出版《人文思维的逻辑——语用学与语用逻辑的维度》《法律逻辑学导论》《符号学导论》《中国古典传统与西方现代自由》《殷海光学术思想研究》《E时代·新人类·新艺术》《殷海光文集》等著作,发表学术论文100余篇。

> 那时候是火红的年代,激情的年代,也是现在所说的民族主义的时代,渴求知识的时代。

记者(以下简称"记"): 您能不能谈一下您上大学的那段经历?

张斌峰(以下简称"张"): 我上大学的时候在我们班年龄并不算最小的,还有比我小两岁的。我来自大别山区,口音别人听不懂。很瘦弱,个子又很小,倒是上大学的时候个子长了不少,看起来比较文弱。那时候是火红的年代,激情的年代,也是现在所说的民族主义的时代,渴求知识的时代。当时教我们的都是从河南省内"搜罗"来的有哲学背景的老师,但好多老师都还保留着"文革"时代的知识结构和意识形态,照本宣科的多。有的还是边学边教,比如当时教我们西方哲学史的老师,他就是到北大旁听贺麟讲授的黑格尔的《小逻辑》,然后回来再跟我们讲。但是从这个角度上来讲,还是学了不少东西的,比如中国哲学史的老师,他并不善于表达,但他是张岱年先生的学生,功底很深厚。可惜我并没有得到他的传授,因为我先天不足,语文底子薄弱,但是我思想上比较"西化",上学的时候喜欢看西方的学术著作。当时父母比较重视孩子的教育,让我尽量上高中,支持我住校,并且让我努力考上大学,但我在初中和高中时代能读到的课外读物很贫乏。我高考的时候语文成绩居然没能及格,当然这个问题可能是家庭背景的影响,当时的老师也没有水准。倒是上了大学之后,我读了不少西方名著和中国古典名著,并且接触到了系统的哲学专业课,也了解了中国哲学史和西方哲学史,受到了最基本的专业训练。我那时候也是个理想主义者,我的同学也很有精英意识。我们1983年毕业,有四位考上北大、武大、吉大的研究生,这几位同学在读研期间就成立了一个组织叫做"振兴中原促进会",他们真是"天之骄子"啊。其实在现在的社会中,只要把自己的事做好了,社会发展就会很快了。但在那个时候,年轻人都很民族主义、理想主义,也很情绪化,对国家富强的期待很大,连女排的胜利都看成是一次举国的精神胜利。

记: 您在读大学的时候有没有印象很深刻的事情?

张: 我们上大学的时候班上充满了激烈的斗争,主要是权力斗争。因为在河南官本位的思想根深蒂固,在权力上明争暗斗。因为我年龄太小,当时比较糊涂的,也幸亏我是糊涂的。在大学时代官本位的权力斗争已经演绎得很充分了。我对这些人有一种距离感,甚至充满了憎恨和厌烦,这样就促进了我自由思想的产生。那时候我就想考研,当时班上有五个人考。但是这条路走得不太顺利,第一年没考上。然后我就选择了伺机再战,先留校任教。当时我们班只有我一个人留校。当然我也迁就了一下,为了留校,选了不太喜欢的逻辑学。

两年后即85年,就考上了南开大学。大学期间我觉得最重要的还是大学教育,有人说大学能把人分成等级社会,我倒不一定这么认为。

记:您在大学有没有印象很深的同学?

张:我记得当年考上北大研究生的有两个,一个叫任天成,后来没有搞学术了。另外一个是王中江,现在是清华大学的教授。还有一个考上吉林大学的,现在也是很有名的学者,中央党校的教授、博导,他主要研究马克思主义人学。另外一个考上武汉大学的,后来从政了。最后班上只有三个人坚持从事原来的专业,读点书,写点东西。

记:您上大学的时候生活是怎么样的?

张:当时的辅导员是军队转业的,经常训话,有时候甚至辱骂我们。所以我们就觉得很委屈,甚至很屈辱。当然他们当时可能是好心,但我还是有点憎恨的。那时候活动不是太多,我也有点孤僻,就觉得何必大家伙在一起折腾呢。我就记得当时教室里灰很多,因为当时的大学硬件设施很简陋,外面的路也没有修,全都是灰,也没有物业管理,就让大家打扫。但是大家一起打扫的时候,都是各向各的方向扫,搞得整个教室都是灰尘,拖地也不洗拖把,就用水泼一泼。很明显,这就体现了中国人的集体无理性,穷折腾,还不如一个人上。从集体活动和大学时期的管理就能看出来,当时的社会很不发达。因为物业是职业化的,军事管理的思维肯定难行,国家管制也不行。比如说军训,它产生的背景是发生政治风波之后,开始搞的。但是,军训之后就能把非安全因素变成安全因素,变成国家栋梁、国家人才了吗?"才"和"梁"毕竟是把人看做木头,我们大学生可不是国家的木头,我们是人。但在这个过渡时期,还是从负面促使了我们走向独立自主,至少对我来说是这样。我那时候比较瘦小内向,内向背后是压抑,这种压抑让我在大学政治化、红色化和集体无理性的锤炼中,培养了独立自主的性格。

> 大学时代对我来说主要还是培养了作为现在人的一个基本的人文素质,也大致地训练出了哲学的思维方式。

记:大学这段时期的学习对您的影响是怎么样的?

张:大学时代对我来说主要还是培养了作为现在人的一个基本的人文素质,也大致地训练出了哲学的思维方式。这个思维方式是很重要的,比如我后来做法理学,其实是个门外汉。但是我在看这些法理学著作的时候,用我们河南话来说,99%的内容看起来就像吃馒头喝凉水一样,很容易。如果让一个做实务的人来看,可能就很困难,但我们已经习以为常了。这就是大学训练的结果。那时候读的马克思主义的著作相当多,有时候还背,做笔记,做卡片。当时对黑格尔的异化思想也很感兴趣,因为了解异化就可以了解现代科技的异化,专制对人性的异化,这些都是很好的思维方式的训练。大学的沉淀对我后来的发展是有很大影响的。

记:您在大学一直都是学哲学的吗？那时候学哲学的人多不多？

张:我是79年在郑州大学读的哲学,当时是政治系,但是80年春天的时候分了专业。我们上大学的时候以自己的价值观和父母的价值观来讲,能找个"铁饭碗"就够了,所以老师分到哪儿就是哪儿,有的分到政治学系,有的分到经济学系。后来我们才发现从功利的角度看应该分到经济学系要好一点,但在经济学系也没有学到好的东西,从这个意义上讲我们学哲学也是一个幸事,至少更有思考力。

记:哲学应该是很难学的,那您当时是怎么学的？

张:虽然当时好的老师并不多,但我们新三届学生对知识如饥似渴,每天一大早就起来背外语和背书。那时大家都很喜欢读黑格尔和康德的书,特别是黑格尔的书,我读了之后就对马克思主义早期的自由主义思想很感兴趣。读书多的话,总会找到自己感兴趣的东西,随着阅读面的扩展,我也开始慢慢地了解西方学术,在西方学术中找到了自己的兴趣。但是我们没有别人幸运,当时别的学校都讲康德,我们却没有。如果那时候学校早点讲康德,对我的影响会更好些,所以有时候机遇也会制约人的发展。后来我想留校读点书,但留下来只能做逻辑学。我特别不适合做逻辑学,倒是适合做一般意义上的哲学,做思想。后来搞法理学我觉得知识面确实要广,这一点对门外汉来讲并不可怕,但是不能急功近利。无论做什么课题我们都争取从实证的角度考察,带学生去积极调研,调研的样本注重多样性,比如对同一问题不仅要有基层法院的意见,也要有高院、最高院的意见。

记:您是什么时候开始从哲学转向法哲学的研究？

张:2000年左右我在研究哈贝马斯的时候,觉得有一部分不好划分。比如讨论规范语用学,我是把它作为哲学语用学来研究的,但是从功能上讲,已经对道德和法律有影响,这就必须用法哲学的规范性来讨论。于是就对法哲学产生了浓厚的兴趣,开始阅读大量的书籍,进行研究。目前来讲,我认为法哲学还是法理学最规范的核心部分。我很认同考夫曼的法律哲学里面的观点,他说法哲学属于哲学,不属于法学,从人文学科的角度来讲,法哲学更偏向于人文学科。

记:您从哲学转到法理学后有没有不适应的感觉？

张：来中南财经政法大学之前，我在南开大学工作，调过来后就转行了。作为一个法学门外汉，从逻辑学到法学可以说是一个挑战，但我深信自己最终是能立住脚的。从法理学的角度来看，我觉得法理学的核心部分还是法律哲学、法律方法论，也是世界观和方法论的统一。有了哲学、逻辑学和方法论的功底，就可以从外部世界切入来研究法理学。改革开放以来，法理学、法哲学也是经历了一个很复杂的成长过程。因为法学不像其他学科，在改革开放以前几乎是没有的，更别说法学理论了。法学经历了从无到有，从最早的法学基础，到法学理论，再到现在法理学的高度分化。在这个过程中我也在不断地学习进步，因此虽然是挑战，但没有太强的不适。

> 我认为，从一般意义上来讲，法理学应该是"入乎其内，出乎其外"的。

记：您觉得就法理学来讲，我们有没有不足的地方？

张：改革开放以来，我们的法理学仅完成了启蒙阶段。我们研究和学习法学主要是用实证主义，这是我们学习法学的一个主要流派。当时，英美的分析法学、政治哲学和法律哲学也不断传入进来，导致我们忽视了大陆法哲学的传统。因为我们主要是传承大陆法系，而且在政治上是马克思主义，马克思主义的故乡又在德国，这样我们就有了一个基础，能很容易通过马克思及其故乡，得到一种回归。但是一直以来，这样的回归还都比较少，比如去德国的人很少，拿到德国博士学位的也很少。我认为对法理学的研究，不仅要借助英美的实证主义法学，也要回归到德国的概念主义法学和以哈贝马斯为代表的后分析法学。在现有的政治制度下，法理学没有像经济学那样完成高度的分化，包括在精英话语、意识形态上都还没有分化，仍在社会学和文学之间摇摆。法理学应该有多元的意识形态，应该有批判的功能，但现在主流的法理教材还带有强烈的政治意识形态色彩。虽然法学是开放的人文科学，但法学的自主性则是由它的内在视角所决定的，法学并非没有边际。总体来讲，对法学的研究，我同意高鸿钧教授的说法，就是法学是内在视角和外在视角的结合。外在视角就是现实主义法学，包括韦伯这一派，从社会的角度研究，内在视角就是分析法学。我认为，从一般意义上来讲，法理学应该是"入乎其内，出乎其外"的通过分析法学研究法学内在的规范性，然后通过实证主义法学研究现实的法律制度。法理学不光要有辩护论证的功能，而且还担负着批判的功能。

记：您现在主要关注的是法理学的哪一个领域？

张:学术是做得越小越好。我是根据自己的背景选择的,因为我以前是做中国古代逻辑思想史。学术研究就要敢于大胆假设求证,研究中国古代逻辑思想史很容易上当,因为"逻辑"这个词是西方来的,所以如果按照西方对逻辑的定义,那一定会以为中国古代没有逻辑,也没有科学。中国古代的学问主要是把握人文世界的学问,逻辑是研究言语行为的语用逻辑。而西方的学问是客观世界的学问,逻辑主要是理解客观物质世界的语形逻辑。最好的方法就是把这两种逻辑统一起来,这样对研究法学方法论和法学都很有好处。我转行之后,也是以这样的积累来研究法理学的。目前我做的工作也是以研究中国古代的思想史为背景的,就是要力争做得比较小,想把语用学的方法用于法理学的研究。2000年的时候发表了一篇文章《论哈马斯的"普遍语用学"及其方法论意义》,后来又写了一篇《从事实的世界到规范的世界——评哈贝马斯"普遍语用学"对言语有效性的超越与拓展》,还有一篇是《"理想话语情景"及其中国情景》,这几篇都是研究哈马斯的"普遍语用学"。后来我转到法学平台来,就可以以独立的方式,甚至把主要的精力都放在消化哈贝马斯法哲学的思想上。目前我给博士生开的一门课"经典著作导读",就是哈贝马斯的《在事实和法律之间:关于法律和民主法治国的商谈理论》,这本书是最难读的。我碰到过我国台湾政治大学的老师,发现我国台湾地区也有两所大学开这门课,但是是给硕士生开。对哈贝马斯的诸多研究并不是因为个人喜欢,而是我认为我们的法学需要这样一个学术的转型,从宏观到微观论证,再到语用学的转向。哈贝马斯的思想对中国走向民主法治国有着无比重要的意义,所以高鸿钧教授才会写文章论证"为什么哈贝马斯会如此重要",几乎在每个领域他都会给我们带来新的思考方式。

目前我在做的国家课题就是法律推理,以语用学为视角进行研究。在法律方法论和法哲学方面我主要在研究哈贝马斯的思想。目前我在编《法理学》教材,之后会再编《法律方法论》教材,还准备以哈贝马斯的思想为基础写两本书,一本叫《法与沟通理性》,因为我对法的理性观很感兴趣。我们学校法理学的发展整体来讲还是有一定的特色,主要是法律方法论方面,包括我所倡导的语用学转向,用语用学研究法律特点、法律论证、法律解释,也包括以语用学为基础研究哈贝马斯的法律哲学与法律方法论,以及在这个基础上的转换。目前我做的项目就有这样一个转向,用哈贝马斯的法律方法论更新、演变和推进法理学的知识体系。对于这个转向,我对自己的团队还是很有信心的,有一个团队的话,自己有什么思想就可以影响学生,更容易形成气候。我刚编了一本法逻辑学的教材,估计一二月份就会出来,2010年上半年准备把法律方法论的教材做出来,步步为营吧。在法学界我还是个小学生,把 ABC 的东西都要学一遍,力争做好。比如法理学的教材,还是要力争提到一定的高度。目前的教材有张文显教授的,还有付子堂教授的,这些教材都很有特色。我们编的教材也要尽量有自己的积累,他们有的我们也应该有,但是我们要有自己的论证,他们没有的我们也应该有,要反映新的学术成果。我们要以一流的法学家的论证为基础,提高法理性,使逻辑界定更加规范,案例更加经典。

> 首先,老师应该高扬法理学的大旗,把法律的理念、法治的理念和法律的信仰传承下去……让学生觉得法理学课是有营养的,把公平和正义传授给他们。

记:您对目前法理学在大学里的地位是怎样看待的?

张:高素质的法律人要有很强的法律思维能力,包括推理能力、逻辑能力和表达能力。我觉得同学们应该上升到这样一个高度。不能因为基础课上不完而取消了逻辑学。首先,老师应该高扬法理学的大旗,把法律的理念、法治的理念和法律的信仰传承下去,我觉得这是老师的使命。当然每个学校法律的侧重点不一样,比如中国政法大学,它的法理学很强,学生对法理学老师就很尊重,很崇敬,因为觉得他们很有思辨力,知识体系全面,根基很深。从这个方面来讲,一个学校不说要求有法理的大师,但至少有名师,知名的学者。他们作为中国法学界的知识分子,通过对法理学的研究,是推动司法改革、推进法治的代言人。当然,讲法理学也是一门艺术,思想要解放,还要有很好的口才,以此带动学生对法理学的兴趣,让学生觉得法理学课是有营养的,把公平和正义传授给他们。讲法理也要讲真正现代意义上的法理,要符合现代社会人的需要,还要有普世性价值。所以一个学校老师的努力和执著是很重要的。

记:您能不能自我评价一下这么多年在法理方面的工作?

张:总体来说,我认为我所做的就是在自己的角色里担当了一个相当个体化的责任。我们不是什么精英也不是什么天之骄子,只是承担了自己的角色应当担当的责任,是个老师就当好老师。我认为自己只是一个很普普通通的老师,只要把自己的事情做好就行了。但这不意味着没有精英意识,一定要有精英意识。知识分子要有独立的人格,独立的思想,还要有隔离意识,不能老被困在琐碎的生活之中。有人说自由主义者是流浪者,我不认为我是自由主义者,但我认为流浪可以让你隔离亲朋好友,甚至隔离世俗,可以独立地读书研究。我想我不能影响很多人,但至少能影响我的学生。法治也是这样,演进式的推进,而不是激进主义。中国法治建设需要有公共参与,每个人都参与进来。像周永坤教授、贺卫方教授,他们现在写的博客影响就很大,因为他们很有学养,这对推动中国司法和公平正义是很有效的。但是公共参与也要以学术为背景,区分不同的角色。我认为我现在还没有公共参与的资格,还需要好好积累法学的基本知识,培养法律的批判能力和分析能力。但是目前来讲,至少我可以影响自己的学生,他们也很认同,形成了内部的认同感和归属感,这样下去我们很快会成为一个有特色的团队,为推动学科内的发展作出贡献。我想推动中国法制的建设,需要法律人坚持法律的信仰,需要通过个案的参与和分析规范自己的行动,参与法治进程。

记:您对我们年轻学子还有什么建议?

张:对大学生来讲,受社会市场经济的影响比较大。一个是对传统礼仪的淡忘,比如对老师和他者都不太讲究礼节,缺少起码的礼节,举个例子说,现在的学生给老师发短信常常不留姓名。再一个就是对传统人文的淡忘,这也是"文化大革命"造成的文化断裂,把好的东西毁灭了。现在就需要一个回归礼仪文化、回归传统的过程。中国传统同样是法学的本土资源,不仅仅是习惯法,也包括中国的伦理道德,都是推进法治的资源。

(王海军　孙　科)

谭世贵
Tan Shigui

　　1962年8月出生，广西蒙山人。1983年毕业于西南政法学院法律专业，获法学学士学位；1986年毕业于西南政法学院诉讼法学专业，获法学硕士学位；2003年于中国人民大学获法学博士学位。1986年硕士毕业后留西南政法学院任教，1988年调入海南大学法学院。1993年起任海南大学副校长，2002年起任海南大学校长、海南省人大常委会委员。2005年5月至2006年5月，由中组部安排，在北京奥组委挂职锻炼，担任北京奥组委总体策划部副部长。2007年10月至12月，任海南省人大常委会副秘书长。曾被评为"当代中国法学名家"、"第四届全国十大杰出青年法学家"和"新世纪百千万人才工程国家级人选"。现为二级教授，浙江工商大学法学院院长，教授（西湖学者），浙江省人民政府特聘教授（钱江学者），浙江省人文社会科学重点研究基地——浙江工商大学诉讼法学研究中心主任，系中央组织部直接联系的专家，南京理工大学兼职教授，博导。兼任中国高等教育学会常务理事、中国刑事诉讼法学研究会副会长、浙江省高级人民法院咨询专家。长期以来主要致力于刑事诉讼法学、证据法学、律师法学、廉政学、司法制度与司法改革方面的研究。

　　2011年7月，记者敲开了位于杭州下沙高教园区浙江工商大学校内谭世贵老师办公室的大门。虽然时值暑假，但谭老师仍在伏案潜心研究学问。谭老师放下手边的工作，接受了我们的访问。从整个访谈中，我们看到了一位有志少年从山水之间走来，在那个艰苦的年代负笈苦读，并且历经青春葱葱，为了中国的法学和法学教育一直孜孜不倦至今的奋斗历程。

> 知识改变命运，激情成就梦想，创新铸造辉煌。

记者（以下简称"记"）：谭老师，您好，很高兴能采访您。首先能请您谈谈在上大学之前您的少年时代的一些经历吗？

谭世贵（以下简称"谭"）：我出生在广西蒙山县黄村镇的一个小山村里。村子在一个狭长曲折的大山谷里，要走上近一个钟头才能到达公路。村子不大，四周都是高山，村子有20多户人家，住得都很分散。

我出生时正好遇上三年自然灾害，生活十分困难。自懂事起，除了上山摘野果、背着父母偷偷下河游泳的童趣外，记忆中便只有生活的贫穷和艰难了。孩提时代，最大的愿望就是每隔十天半个月能吃上一顿猪肉。有几年，由于收成不好，全家人晚上只能喝稀饭；吃不上米饭，就常常以地瓜、木薯做主食。

我从小学到初中，学校离家很远，除了冬天穿着母亲自制的布鞋上学外，其他时间都是打着赤脚，每日往返十多公里。为了不迟到，每天天刚亮就得起床，匆匆吃下用开水泡的剩饭，就背起书包往学校赶；中午常常吃不上饭，下午只好饿着肚子上课。从小学到初中，我的学习成绩一直在班上名列前茅，并先后担任过学习委员、班长、少先队大队长等。但由于家庭没什么背景，父母都是地地道道的农民，因而初中毕业时我未能升入正规高中，而被分配进了半工半读的"五七学校"。学校除了有两间瓦房外，其余都是茅草房，从家里到学校足足有两个半钟头的路程，而且大都是崎岖的山路。学校一般是上午上课，下午劳动。劳动的主要内容是种地、砍柴。每个周末，我和同学们都要挑上百斤重的木柴走十多里山路到公社那里去卖，卖柴所得的钱用于改善生活。那时候我只有十五六岁，正值青春年少，当时的生活虽然很艰苦，但实际上有苦也有乐，乐多于苦，正所谓"少年不识愁滋味"吧。

记：谭老师是怎么考上大学的，对当时的高考，您有什么样的看法？

谭：我在"五七学校"毕业时（1978年）正好赶上国家恢复高考，那时我想考上大学就可以走出大山沟了，于是报名参加了1978年的理科高考。但由于上"五七学校"没学到什么知识，这一年的高考我总共只考了120多分，自然落榜了。但我父亲坚持让我继续参加高考。在他的连哄带压下，当年9月就参加了公社高中举办的文科补习班，因成绩优异，次年初进入了县高中举办的重点补习班。补习的这段时间，我知道自己要想走出大山，就唯有一搏了。于是，每天晚上睡得很晚，星期天也不回家，每到月底我父亲就会背上一袋够我吃一个月的大米到县城来看我,鼓励我好好学习。功夫不负有心人,1979年高考我终于取得了好成绩,盼来了大学的录取通知书。当时我家乡所在的广西梧州地区8个县共有400多万人口,那年高考,全地区只有4个考生被全国重点大学录取,而蒙山县有3人,我便是其中之一。接到西南政法大学录取通知书的那天,我异常高兴,几乎是连蹦带跳回到家把这个好消息告诉父母;这件事在整个梧州地区也传开了,都说"山沟里飞出了金凤凰"。

说实在话,除了生养我的父母外,我这辈子最应该感谢的就是小平同志。若没有他老人家恢复高考制度,我再努力,也走不出大山,而只能一辈子呆在山沟里。前几年,我到小平的故居和纪念馆拜谒参观,特地买了一尊小平的铜像供奉在客厅的电视柜上,每每看到他老人家,感激之情就会油然而生。还有,在我高考补习期间,我有幸得到了严正老师、施淑德老师、陈一龙老师、陈友泉老师、刘海平老师、陈永芳老师、邱建兰老师等许多老师的谆谆教诲和细心指导,特别是严正老师、施淑德老师还经常把我叫到他们家里,不但给我辅导功课,而且给我煮好吃的以改善生活,他们的认真负责、无私奉献和无限关爱,令我终身难忘,也建立起了深厚的师生情谊。一直以来,每到逢年过节,我都自然会给严老师、施老师打电话,既表示祝福和问候,更是希望得到他们的教导和指点。我常想,一个人的成功,除了靠自己的努力外,也离不开许许多多人的关心、支持和帮助。因此,懂得感恩,知恩图报,是一个人应当具有的基本素质,也是取得成功的必备因素。因为一个不懂得感恩的人、忘恩负义的人,慢慢地,就不会再有人愿意帮助他,支持他,自然他就不可能最终获得成功。我觉得,现在许多学生在这方面做得不是很好,需要我们老师重视对学生进行感恩教育,学生们也需要加强感恩意识的培养。

记:那么谭老师,您是如何选择考西南政法的呢?为什么会选择读法学这个专业?

谭:这事说来特别有意思。刚开始,我并没有报西南政法,当时理科的热门专业是数、理、化,文科的热门专业是文、史、哲,因此我的志愿依次报的是北京师范大学、华中师范大学、华南师范大学的中文、历史、地理等专业,那时根本不知道什么是法律专业,因此出于好奇,报的第四个学校才是西南政法学院法律专业。结果所报的前面三个学校因为我的分数不是很高,都没录上,那个时候信息闭塞,前面三个学校没录上也不知道,等拿到录取通知书,一看是西南政法学院的录取通知书,专业是法律,而且通知书上还赫然印着"绝密专业"四个字,当时感到既高兴又神秘。因此我读法学这个专业,多少有些偶然,当然也可能是与法学有缘吧。

记:您大学四年是怎么过的?

谭:1979年9月,我带着亲人的嘱托,满怀美好的希望和无限的憧憬,来到重庆,走进了西南政法大学的校门。出乎我和同学们的意料,西南政法刚复办一年,到处都是破旧的景象,一到下雨,路上满是泥泞。因为宿舍还没盖好,入学第一年被安排在东山大楼,我和另外7个同学住在一起,虽然拥挤,但也其乐融融。当时我们79级共400多人被分成甲乙两个大班,除英语和体育课外,其余的课程都是大班上课。我只在初中时学过一年英语,基础较差,因此根据测验结果被分到慢班,看到班上绝大多数同学都进了快班,我很不情愿,于是暗下决心,一定要把英语和其他课程学好,绝不能落在后面。

当时学校校舍少,教室座位不够,因此大家为了看书只好抢座位。每天早上,图书馆一开门大家便蜂拥而入;上午上完课同学们都会把书或书包放在书桌里占好位子,以便下午或晚上自修时能有位子坐。受这种气氛感染,我也加入了抢占座位的行列。我基础差,就要比别人更勤奋,因此我一心学习,不敢浪费宝贵的时间,对知识的渴望,让我忘记了其他。宿舍——教室——图书馆,每天就是这样单调的"三点一线"的生活,常常是连星期天也不休息,周末许多同学都出去玩了,而我仍然坐在教室里埋头读书。说来也许难以令人置信,大学四年,我连歌乐山(重庆市最高最大的一座山,西南政法学院就在山脚下)都没有爬过,班里发生的许多事情(如男同学和女同学谈恋爱等),都是在毕业后听同学们说起才知道的,那时我简直就是一个十足的书呆子。这样用功大约一年左右,学习就赶上去了,成绩在班里升到中上水平,特别是英语成绩有了明显的提高。

上大学后,我生活上的困难仍然没有减轻。我还记得,为了给我买一块"上海牌"手表,父亲足足挑了三十多担柴到镇上去卖;衣服也就三四套,仅够换洗。由于家里穷,因此我拿到了当时助学金的最高等级——每月17.5元。但助学金仅够吃饭,有时为了省下钱买几本专业书籍,我就只能到街上吃一毛钱一碗的面条,而且到了月底,钱花光了,常常是想着应该向哪个同学借钱,如果人家不借又怎么办?但这种日子磨炼了我的勇气和毅力。1981年暑假,因为没有回家的路费,我和其他几个家境贫寒的同学一起留在学校里。当得知学校有一幢旧房子要拆时,我们几个立即把这份活揽了下来。整整三个星期,我们头顶烈日,一身汗水,一身尘土,小心翼翼地拆着每一块砖瓦。完工后,每个人得到了40元的报酬。这是当时我有生以来通过自己的劳动获得的最多的一笔钱。用这笔钱,我为自己买了一个小收音机和二十多本专业书籍,于是可以每天用收音机来学外语、听新闻,提高自己的外语听力和普通话水平了。

记：那您又是如何考上研究生的？您对从本科到研究生求学生涯中的哪位老师印象最深？

谭：大学读的是热门专业，那个时候国家又包分配，自己一心想当法官、检察官，因此一直没有考研究生的打算。大四开始不久，也就是1982年10月份，我看到不少同学报考研究生，于是就抱着试一试的心理，报考了西南政法的诉讼法专业研究生。为了考研，有的同学已经准备了两三年，而我只有短短的三个月复习时间，于是我开始了"拼命三郎"般的生活，每天晚上看书都看到次日凌晨三四点钟，然后回宿舍睡到六点钟准时起床。那段日子真的是一段极度疲劳的日子，但又是一段我最为难忘的时光。当年西南政法学院招收18名硕士研究生，全国各地共有200多人报考，没想到我竟然考上了。随后的三年，我师从著名法学家、我国检察学的创始人王洪俊教授，系统地学习了诉讼法理论。

跟随王老师，不仅是学到了学问，从王老师的身上，我更学到了做人做事的道理。王老师在"文革"中因挨批斗，摔断了腿，虽经治疗，但走路还是有点瘸。为了让我们增长见识、了解实际，他不顾腿疾，多次带领我们几位研究生到全国各地参加会议和进行调研，使我们比较早地接触了司法实际，了解了前沿问题，也扩大了视野。每到周末，王老师和师母张云秀老师（在研究生部工作）总是把我们叫到家里，说我们学习辛苦，让我们改善一下生活。他和师母一边做饭，一边和我们聊学习、谈人生，我们总有说不完的话题，从中我们学到了许多书本上学不到的知识和做学问的方法，也切身感受到了导师对我们无微不至的关怀和家的温暖。王老师不仅是对他自己带的研究生关怀备至，对其他研究生也热情关心和照顾。记得有位同学生病了很长一段时间，需要服中药，他和师母就让这位同学每天到他家里熬药，有时这位同学有课，他们就亲自为这位同学把药熬好。在我们的学习上，王老师每学期开学时总会为我们开好书目，并且要求我们每读完一本书都要写一篇读书心得或相关论文，我们写出来后他还要认真审阅并提出修改意见。在悉心指导我们的同时，王老师还十分注意和我们进行学术交流，共同探讨问题，记得有一次他写了一篇关于建立检察学的设想的论文，他还让我们阅读并请我们提出修改意见。王老师热爱检察事业，在各种会议和场合，他都积极发表意见，为我国检察制度的建设和发展提出了许多真知灼见，倾注了无数心血。经过多年的努力，克服了许多常人难以想象的困难和痛苦（期间他心爱的儿子因病去世），他终于完成了我国第一本《检察学》专著，为我国检察学学科的建立奠定了坚实基础。王老师高尚的品德、严谨的治学态度、孜孜不倦的精神和热心助人的美德永远是我们学习的榜样，他平易近人、和蔼可亲、乐观向上的形象永远铭刻在我们的心中。

记:您是如何开始从事现在这个专业的教学和研究呢?

谭:1986年7月,我硕士研究生毕业,本来要去最高人民检察院工作,司法部的派遣证都拿到了,但导师执意要我留下,和他一起进行检察学的教学和研究工作,在王老师的再三劝导下,我选择了留校,从而也就选择了终身从事法学教育事业。经过一个学期的准备和诉讼法教研室安排的试讲,1987年2月底,我走上讲台开始给法学专业85级3、4班的学生讲授刑事诉讼法学和证据学两门课程。当时我自以为读了三年的研究生,给本科生讲课应不在话下,但实际情况大出所料。开学后的第二周,就有同学到法律系反映,说我上课太抽象,缺乏条理,也不生动,同学们听不懂,要求更换老师。听到这一消息,我心里很难过,也非常紧张,怕把我换掉。好在当时教研室主任廖俊常老师和教研组组长孙洁冰老师没有匆忙地作出决定,而是把我找去,让我再上三四节课后考虑是否更换,而且这两位老师针对我授课中存在的问题耐心地加以指导,同时还要求我对于同样的内容,要先听其他老师的课,然后加以琢磨,吸收其他老师的长处。在两位老师的鼓励和帮助下,经过自己的充分准备和认真讲授,我的课很快受到了学生们的称赞和欢迎,于是我信心大增,课自然是越讲越好。后来又给司法行政管理专业87级的学生讲授了一个学期的刑事诉讼法学。1988年上半年根据法律系的安排,我作为带队教师,负责85级40多个学生的专业实习工作。回想起那段初为人师的日子,我对廖俊常老师、孙洁冰老师以及教研室其他老师充满了感激之情。如果说研究生学习,确定了我的专业方向,那么在西南政法的两年教学生涯,让我最终无怨无悔地走上了法学教育之路。

在西南政法工作两年后,受海南建省办大特区"十万人才过海峡"浪潮的感染,我和爱人离开了工作条件优越的西政,来到南疆边陲的海南大学法学院工作。由于工作认真负责,积极肯干,业绩突出,我于1993年被海南省委省政府任命为海南大学副校长(年仅31岁)。上任后,校长让我分管全校的教学和科研工作,这给了我巨大的压力。我当时想,如果我自己的科研工作没做好,那么我就没有资格要求老师们做好科研工作。在这样的理念支配下,我开始以极大的热情和坚强的意志投入法学研究工作。岛内找不到的资料,我就利用出差的机会带回一捆捆的书籍;上班时间忙于学校事务,没有时间搞科研,我就利用晚上和双休日以及寒暑假来看书、调研和写作,可以说,我几乎把全部的业余时间都用到了学术研究上。

1993年12月我着手收集资料并进行构思,1994年寒假即开始进行《廉政学》的研究与写作。由于这是国内第一本这方面的专著,因此不仅难度很大,而且资料匮乏,以致中途有几次想放弃这一选题。但从小养成的吃苦耐劳精神和练就的坚强毅力让我最终坚持下来,于 1995 年 1 月完成了书稿,3 个月后法律出版社出版了这部专著。当我拿到样书时,闻着书本发出的墨香,我激动不已,高兴的心情难以言表。出版社首印了 3000 册,半年后由于该书切合反腐倡廉的需要而售罄,出版社又加印 2000 册。与此同时,随着研究的深入,我又撰写了 10 多篇有关廉政理论方面的论文。很快,我的研究成果引起了学界和有关部门的关注,多个会议邀请我参加,几家报刊约我撰稿,许多读者汇款购书。1995 年 10 月,我应邀出席了在北京召开的第七届国际反贪污大会,会上我以《建立反贪污经济机制》为题作了大会发言,引起了来自 80 多个国家和地区的与会代表的共鸣。

1997 年 9 月,江泽民在党的十五大报告中明确指出:"推进司法改革,从制度上保障司法机关依法独立公正地行使审判权和检察权。"我敏感地意识到司法改革将很快成为法学研究的热点问题,于是立即着手这方面的研究并申报课题,三年内先后获得国家社会科学基金项目 1 项和教育部研究项目 2 项。随后的几年,我作为项目主持人,积极组织课题组成员深入调研、分工撰写、集体讨论,数易其稿,在统稿时更是一丝不苟,精益求精,按期完成了这三个项目的研究工作。2000 年 12 月《中国司法改革研究》一书由法律出版社出版;2002—2003 年,作为国家社会科学基金项目成果的《刑事诉讼原理与改革》《司法腐败防治论》《中国司法改革理论与制度创新》三本著作先后由法律出版社出版发行。与此同时,我还结合课题研究,撰写了数十篇有关司法改革方面的论文。由此我逐步转入了司法制度与改革方面的研究,并取得了较大的研究成果。

我深知,作为大学教师,除进行学术研究外,教书育人也是一项极其重要的工作,而其中编写出优秀的教材,对学生的帮助和影响很大。因此,我将很大一部分精力放在了教材的编写上。1996 年以来,受司法部法学教材编辑部的委托,我先后担任了《律师法学》《刑事诉讼法学》《证据法学》三本统编教材的主编或副主编,并参加了《特别经济区法》和《刑事诉讼法》两本统编教材的编写工作。2002 年 5 月,我主持申报的普通高校"十五"国家级规划教材《中国司法制度》获教育部批准立项,成为海南省高校唯一入选"十五"国家级规划的教材。2006 年 8 月,我主持申报的普通高校"十一五"国家级规划教材《律师法学》《中国司法制度》双双获教育部批准立项,在海南省高校入选"十一五"国家级规划的三本教材中占了两本。

记:谭老师,您先后在西南政法、海南大学直至今天在浙江工商大学,长期从事法学教学工作,你对中国的法学教育有什么心得?

谭:我比较早地提出了法学专业开设经济类相关课程的设想,并进行了较为充分的论证。随着我国加入和逐步融入 WTO,我认为法学教育应当继续进行改革。具体有这样一些设想:一是更新法学教育的思想和观念,要走国际化之路;二是开设与 WTO 有关的课程或专题讲座,将"世贸组织法概论"列为法学专业的主干课程;三是开设 WTO 专业方向;四是开展与国外法学院(系)的合作办学;五是启动有关 WTO 的师资培训和教材编写工作。

我还分析过我国法学教育的发展、现状与问题,以及我国司法考试制度的建立及其对法学教育的影响。我认为在司法考试条件下我国的法学教育应当更新教育理念,调整教学内容和方法,优化教育资源;在兼顾法学教育发展的前提下我国的司法考试制度应当改革考试的形式和内容,修改考试的报名条件,公布考试的评分标准。为实现法学教育与司法考试的良性互动,我认为,政府应当确立一个统一的法学教育模式,建立法学教育质量评估体系,推动法学教育的对外合作与交流,同时促进司法考试对法学教育的合理化引导。

记:谭老师,您研究刑事诉讼法和司法制度等方面多年,能介绍些您的学术心得和成果吗?

谭:概括起来,我的研究主要反映在以下几个方面:

一是依法治国方面。依法治国方略提出后,在很多中央领导讲话、中央文件和教科书中还可以看到依法治国就是要做到"有法可依,有法必依,执法必严,违法必究"的提法,我认为,这既不符合"与时俱进"的思想,也不符合现代法治的基本理念。

1978 年党的十一届三中全会确定"社会主义法制"的基本要求是"有法可依,有法必依,执法必严,违法必究",这十六字方针是符合当时实际的,也发挥了巨大的作用。现在实行"依法治国,建设社会主义法治国家",如果其基本要求仍然是"有法可依,有法必依,执法必严,违法必究",这显然是一种"换汤不换药"的做法,是对依法治国的误读。

在现代法治视野下,"有法可依,有法必依,执法必严,违法必究"的提法本身已缺乏科学性。首先,"有法可依"强调的是法律的数量,而依法治国强调的是法律的质量,即以"良法"才能治国;其次,"执法必严"不符合司法公正、公平正义的要求,也违背"宽严相济"的原则;再次,发生了违法行为,产生了纠纷,双方当事人可以和解,如果是刑事自诉案件、民事案件、行政诉讼案件,均实行"不告不理"的原则,而且对于所有违法犯罪行为,如果超过了诉讼时效,就不再予以追究;最后,一味强调"执法必严,违法必究",也不利于和谐社会的构建。

此外，在"有法可依，有法必依，执法必严，违法必究"这一基本要求中也没有体现出司法在现代法治中的重要地位和作用，这明显不利于法治国家的建设。因此，通过研究，我认为，要真正实现司法独立，保障司法公正，树立司法权威，就必须在依法治国中给予司法应有的地位。

根据以上分析，我认为应当赋予依法治国新的含义即"科学立法，依法行政，公正司法，有效监督"的新十六字方针，并对其作了具体解读。

关于依法治国的这一研究，具有一定的创新性，也是我对司法制度与改革进行多年研究后，认为对于司法体制存在的问题，必须上升到依法治国的高度才能有效解决所作的一种探讨。这似乎已经超出了诉讼法学者的研究范围，但司法的许多问题确实是司法本身所不能解决的，需要在司法之外寻求途径。

二是刑事诉讼方面。我认为现代刑事诉讼具有专门性、强制性、合法性、程序性、国际性等特征。在国内我第一次将刑事诉讼原理归纳为 10 项，即诉讼公正原理、诉讼效率原理、司法独立原理、有效追究原理、保障人权原理、控辩平衡原理、有利被告原理、权力制约原理、保障诉讼权利原理和诉讼证据原理。在《刑事诉讼原理与改革》一书中，我和其他作者对各个原理的由来、内容或要素、意义或价值等进行了比较深入的探讨，并在此基础上对与此相关的刑事诉讼制度提出了一系列的改革建议，具体包括：取消审判委员会讨论决定案件的制度，扩大回避的适用范围和条件，完善禁止"单方接触"的制度，实现起诉状一本主义，逐步限制乃至取消法院的调查取证权，改革审级制度，强化并确保公安司法人员的素质，实行三审终审制，缩短刑事案件的诉讼周期，改革刑事诉讼的费用制度，实行法官、检察官个人独立及精英化，赋予犯罪嫌疑人、被告人沉默权，强化犯罪嫌疑人获得律师帮助的权利，保障律师的调查取证权并赋予律师在公安司法机关调查取证时的在场权，赋予律师刑事辩护豁免权、拒绝作证权，建立举证时限制度，完善证人出庭作证制度，建立健全证据规则，赋予被害人上诉权等。

1996 年修订《刑事诉讼法》以后，关于刑事诉讼改革如何继续推进问题，我提出如下建议：一是侦查权应由行政机关统一行使；二是实行起诉公开原则并建立相应程序；三是对如实交代罪行的被告人实行量刑折扣。

对法人犯罪的追究上，我在诉讼法学界较早提出要赋予犯罪的法人双重诉讼主体资格，即该法人是被告人，其直接负责的主管人员和其他直接责任人员同时也是被告人；对法人如何参加刑事诉讼应作具体分析，区别对待，具体分为两种情况；法人犯罪案件的诉讼程序应有自己的一些特色。

三是检察制度方面。我对各国检察制度从历史沿革、检察机关的设置和任务、检察官制度、检察机关的领导体制和活动原则、检察机关的职权等五个方面进行了较为深入、系统的比较研究,并较早地对我国检察制度的改革进行了探讨,认为应当大力开展检察理论研究,为检察制度的改革作出理论准备;完善检察机关参与民事诉讼的法律规定;扩大检察机关对行政执法机关的监督范围;扩大检察机关对国家工作人员的监督范围;取消免予起诉制度;增设检察机关的派出机构;大力加强检察队伍建设,提高检察人员素质;重点改革检察机关的领导体制,对检察机关应实行垂直领导;确立检察处罚权制度;处罚方法应适应法律监督的性质和特点。

四是司法制度与改革方面。我在有关论著中曾系统地分析和论述了西方国家司法独立的由来、理论基础、确立缘由,特别是所建立起来的比较完整和行之有效的保障机制,包括严格的法官任用制、法官不可更换制、法官专职及中立制、法官高薪制、法官不受民事起诉的豁免权、法官退休制、自由心证制度、法官惩戒制等。并提出我国实行司法独立所应解决的几个问题。也系统地探讨了司法的概念和特点、新闻媒体的功能和媒体监督的原则,分析了司法独立与媒体监督的相互影响,并提出了相关的解决方法,包括司法机关对待媒体监督的态度问题、司法公开问题、媒体监督的重点和方法问题、坚持媒体监督和维护司法独立问题。

我还分析过中国现代司法的发展趋势,提出了中国司法改革所应实现的三个目标(公正、效率、独立)以及所应采取的战略与策略(如建立全国司法改革委员会统一领导司法改革工作等),同时对司法独立问题、司法机构改革问题、司法公开问题以及证明制度、刑事审判、民事审判、行政审判、执行体制、检察制度、监督司法制度、保障司法制度、仲裁制度等方面的改革进行了较为系统和深入的研究,提出了许多改革建议。

我曾写过一篇论文回顾了中国加入联合国人权公约的历史进程与法制回应,分析了我国法制与联合国人权公约的主要差距,并且适应我国批准加入《公民权利和政治权利国际公约》的要求,提出了对我国法制进行改革的具体建议。

我对法院管理模式进行过系统而深入的研究,提出了构建自治型法院管理体制和矩阵型内部管理结构的设想。对我国法院管理的历史与现状、我国法院管理模式的演进路径与现状以及我国法院管理模式的改革实践进行了仔细的分析,并引入资源依赖理论和制度主义理论来解析我国司法权地方化和行政化的现状与问题及其成因。研究了我国法院实行自治型管理模式的必要性与可行性。通过对既有改革理论与改革实践的研究与探讨,认为要实现法院独立必须摆脱司法权力地方化,而要实现法官独立则必须摆脱司法运作行政化。为此,应当从我国法院长期以来自我进行司法行政管理的实际出发,借鉴外国法院实行自治型管理模式的成功经验和发展趋势,构建具有中国特色的自治型法院管理模式。具体是:成立全国和省级两级法院管理委员会作为全国性或全省性法院管理决策机构;各个法院成立法官委员会作为本院管理的决策机构,并成立法院管理局作为本院管理决策的执行机构;通过法院管理局之间形成的法院系统内部一体化管理体制,单个法院内部构建以法官为主体和以审判权为中心的法院内部矩阵型管理结构。

我在律师法学、证据法学、廉政学和防治司法腐败等领域也作过一些研究,如提出了完善我国律师辩护制度的建议;提出了"诉讼证明就是国家公诉机关和诉讼当事人在法庭审理中依照法律规定的程序和要求向审判机关提出证据,运用证据阐明案件事实、论证诉讼主张的活动"的主张;设想设立廉政学,尤其是比较系统地研究过司法腐败的防治问题,等等。

记:谭老师,您觉得在多年的研究中,你最看重的是哪一块的研究?您认为目前最需要解决的问题是什么?

谭:我觉得我作了多年的司法制度改革的研究,像 2003 年出版的《中国司法改革理论和制度创新》,2004 年出版的《中国司法原理》,2007 年出版的《依法治国视野下的司法改革研究》,都是有关司法改革方面的,而且近几年还一直在做。我认为,要建设法治国家,就需要提升司法的地位,保障和促进司法的公正、高效与权威。为此,应当开展司法学的理论研究,构建司法学的学科体系。我 2009 年发表的论文《建构法治国家的司法学体系》提出了这一构想。

我国目前司法改革的现状是缺乏科学全面的改革方案和统一有效的领导,几大系统各自为战,改革措施零敲碎打,在各自系统内的改革走到一定程度后,便难以实现重大突破。我认为司法功能的充分发挥和司法改革的进一步深化需要基础扎实、系统完备的学科体系的尽快建立。而我国从近代以来的司法制度研究的进展也为司法学科体系的建构准备了条件,使其建立成为可能。虽然从司法改革的实践来看,建立司法制度学已是顺理成章,但从理论与实践的有机结合、理论创新和制度创新的互动以及服务于建设法治国家宏伟工程等诸方面综合衡量,提出司法学这一新学科并进而建立起较为完善的学科体系,要多探讨它的科学性和前瞻性。我认为司法学学科体系应当包括司法原理学、司法体制学、司法管理学、民间司法学、司法证明学、比较司法学、国际司法学、司法伦理学、司法文化学、司法改革学、司法社会学、司法经济学、司法技术学等。可以预见,随着依法治国的不断推进,法治理念的深入人心,司法学研究具有广阔的发展与应用前景,司法学学科体系将逐步建立起来并不断

完善。

记:谭老师,您作研究这么多年,也做过海南大学的校长,对高校教师的教学科研工作有深刻的了解和掌握。您认为现在的学术环境如何?中青年学者应该怎样作学术研究?学术成果是多发表些好还是少发表但精益求精好些?

谭:我认为现在的学术环境不是很好,各高校过于重视学术成果的数量,学术评价过于看重项目级别,以至于大家都比较急功近利,显得比较浮躁,也都觉得压力很大。我以为,学术研究最好是确定一两个方向,然后深入研究,坚持不懈(如坚持10年、20年),最终一定能够取得比较丰硕的研究成果,并在相关研究领域乃至全国法学界产生较大的影响。当然,要正确处理好成果数量与质量的关系,肯定不是越多越好,在达到一定量的同时,应当努力在权威刊物发表若干篇高质量的论文和在有影响的出版社出版若干部高水平的著作、教材。

记:谭老师,最后您能否对法学院的学生提几点建议?

谭:我觉得学生在学习阶段的首要任务是要把专业知识学好,学扎实,不仅要看教材,而且要读相关的著作,特别是更多地看一些与本科课程或研究生专业相关的期刊论文,我一直不赞成学生在读书期间就搞职业规划,其实在人生的道路上有太多的偶然,据统计工作后能够专业对口的不到一半,我就是一个例子,读书时想当法官、检察官,但做了老师;后来校长当得好好的,由于突然的变故又当回了一名普通老师。其次,要学会与别人打交道,要尊重别人,要懂得感恩,做事要讲信用,还要注意换位思考,这就是通常所说的就成功而言,情商比智商更加重要。最后,在读书期间,要坚持锻炼身体,这既是日后胜任工作、幸福生活的基础,也是磨炼意志、培养毅力的重要途径。一个能够风雨无阻、坚持每天锻炼的人,也必定能够在日后的工作中百折不挠,坚持不懈,永不言败,克服艰难险阻,实现自己的人生理想。

(谢 舟、刘 颖)

王广辉
Wang Guanghui

1962年8月22日出生于河南省温县王召村。1984年毕业于北京政法学院,获得法学学士学位。1996年师从蒋碧昆教授,在职攻读硕士学位,1999年获法学硕士学位。1984年起任教于中南政法学院。1985年秋,被评定为助教,1993年被评定为讲师,1997年破格晋升为副教授,1998年取得指导硕士研究生资格,开始招收和指导硕士研究生,2001年破格晋升为教授,2005年7月被评为博士生导师,2006年开始招收和指导博士研究生。历任中南政法学院法律系学生党支部书记、国家法与刑侦教研室党支部组织委员、学生兼职辅导员即班主任。现为中南财经政法大学法学院学术委员会委员、法学院本科教学指导委员会委员、法学院宪法与行政法学系比较宪法与行政法教研室主任。由于教学和科研成绩突出,于1993年被司法部授予先进个人称号,2004年被中南财经政法大学作为学术骨干给予奖励和资助。

主要著作有《比较宪法学》《通向宪政之路——宪法监督的理论与实践》《社会转型与人权保障——中国公民基本权利及其发展研究》《中国宪法新论》(参编)、《宪法学》(参编)等。在《法学研究》《中国法学》《法商研究》《法律科学》等刊物发表学术论文50余篇。

> 我刚参加工作的时候工资低,条件不好,现在有条件了,想尽尽孝心,却不能实现了,想到这个还是有点心酸的。

记者(以下简称"记"):请问您对"文革"有印象吗?

王广辉(以下简称"王"):对于"文革"后期我还是略微记得一点的。比方说我们村里当时反"四旧",富农家里的桌子,还有我家里的香炉都是"四旧"的东西。我们就在院子里挖个坑,把这个香炉埋进去,因为家里是贫农,查得不严,所以这个香炉就保住了,但现在也找不到了。当时"文革"还是损坏了很多东西的,特别是文物。到"文革"后期,经常贴大字报,还搞贫宣队、工宣队,贫宣队到学校去忆苦思甜。我还记得小的时候到姨妈家去,就在巩义火车站广场等车的时候看到一个人,肩上背着白布,布上还写着"反革命分子"。现在看起来很荒唐,但当时很小,还没有辨别能力。

记:那时候有没有发生对您影响很大、难以忘怀的事情?

王:从个人的成长来讲,因为家里子女比较多,有七个,我排行老四,家庭的生活条件是比较困难的,而且从父母对子女的操劳来讲,是很辛苦的。因为家里子女多,所以父亲的生活特别节省,现在想起来心里还是很不舒服。记得他总是早上三四点就起来,拉一车苹果,跑个几十里地去卖,卖一天回来,可能连饭都舍不得吃。有时候在县城里卖,我们知道的话会去给他送点饭,但如果跑到其他地方,就要饿一天回来。父亲不到60岁身体就垮了,很大程度上跟当年的艰辛有关系。我参加工作不到三四年,他就去世了。我刚参加工作的时候工资低,条件不好,现在有条件了,想尽尽孝心,却不能实现了,想到这个还是有点心酸的。那时候在农村就是挣工分,一年到底一算账,别人还能分点东西,而我们不仅分不到东西,还要倒贴。

我比较喜欢读书,那时候读得比较多的是小说,都是《平原游击战》之类的,借到了就赶紧看,走在路上也看。我们当时的邻居正好在学校教书,他就跟我妈告状,因为我们邻村有个人读了大学以后,精神上受了点刺激,我们那里的话就说他"鹦"了,读书读傻了。所以,我妈就总站在离学校不远的路上喊我。

记:您考入温县二中的时候刚开始恢复高考,那么听到这个消息您是怎么想的?

王:那个时候刚刚恢复高考,对于我们正在读书的人来说当然是非常震惊的,大家都希望通过自己的努力考上大学。恢复高考之前,读大学要靠保送,必须是工农兵学员,有一定的背景。我们村里也有,跟领导有关系的,才能有机会被保送。

记:您读大学的时候是一开始就报的法律系吗?

王:我当时就读的是北京政法学院。那时候填报高考志愿没有什么明确的目的,最初的目的,是学了法律就不会到中学教书,而读其他专业很可能要回到农村教书。所以基于这样一个考虑,就选了个将来可能不会从事教师职业的专业。

记：您在北京学习期间有没有印象很深的老师？

王：当然是有的，比如江平老师，还有教法制史的薛梅卿老师，教诉讼法的严端老师，教婚姻法的巫昌贞老师，还有国际法的朱其武老师。对我来说，影响最大的应该是樊崇义老师，他既给我们上刑事诉讼法课，又是我们的班主任，所以我们接触的机会更多一些。

记：毕业了之后您自愿选择到中南政法教书，您是基于什么样的考虑作出这样的选择？

王：就业当时是国家安排的。如果当时我不到中南财经政法学院，那肯定是要回到河南的。虽然当时法律专业毕业生比较紧俏，到法院、检察院工作的可能性比较大，但我在机关实习了3个月之后发现对那方面工作的兴趣不大，每天都是按部就班地阅卷，然后写阅卷笔录，时间长了之后就没有新鲜感了。加上当时84年正是严打的时候，这种特殊的环境使得法律并不能发挥其真正的作用，所以就考虑到学校去，84年，中南政法学院刚刚恢复建校，需要大量的老师，而到这里来的老师们年龄差不多，起点也差不多，通过个人奋斗、个人努力，获得的发展机会更多一些，不像老的学校，老先生多，还要论资排辈。再一个就是当时在计划经济条件下，最主要就是住房问题，考虑到分房子，老学校这个问题非常严重，新的学校可能要好一些。当时还找了樊老师征求他的意见，他也很支持。另外，因为我性格上是喜静不喜动，比较喜欢搞一些学术上的东西，当然对这方面也有些兴趣，所以就到这里来了。

记：您在大学期间有没有印象比较深的同学或者是比较敬重的同学？

王：我们的同学年纪差别很大，最小的15岁，最大的20多岁，相差将近10岁。年纪大的已经参加了工作，阅历比较丰富，做事、说话、思考问题都很成熟。像我们的班长许志健，以及79级的蔡定剑，在当时对我们的影响是比较大的。

> 因为那时候刚刚恢复高考，我们能考上大学是一件令人感到很高兴、很荣耀的事情，所以条件的艰苦跟荣耀比起来也就算不了什么了。

记：在大学四年的学习生活中，有没有对您影响比较大的事情？

王：当时无论是生活条件还是学习条件都是很艰苦的。200多亩的校园里有北京政法学院、北京戏校、北京歌舞团、北京曲艺团。每天早上天不亮，唱戏的就起来吊嗓子，校园没有校园的样子。我们是10月份才开学，因为79级入校以后，教室问题、住宿问题暂时没法解决，所以当时给我们发的录取通知书上写着"入校时间另行通知"。拿了通知书之后心里还是没有底,因为我的中学老师是在"文革"前一年考上大学的,结果"文革"开始之后,他这个唯一入学的机会就错过了。一直到9月底才收到入学通知,说10月几号开学,这时候心里才踏实了。当时去了之后没有宿舍,住在办公楼里,一个教室住了二三十个人。上课就是14个班,前7个班在一个教室,后7个班在一个教室。体育场没有,运动场也没有。但是因为那时候刚刚恢复高考,我们能考上大学还是一件令人感到很高兴、很荣耀的事情,所以条件的艰苦跟荣耀比起来也就算不了什么。对于学生来讲,只要有书读,有老师上课就已经满足了,何况还有那么好的老师。

记:您那个时候是怎么上课的?

王:我们当时的教材都是学校印刷的,是老师编的讲义,像宪法、中国法制史、国家与法的理论(即现在的法理学),没有像现在这样统编的教材。讲的内容也不同,像法制史,当时讲的就是政治制度、法律思想、法律制度等,民法当时讲的除了原理性内容以外很多都是国家民事政策内容,宪法还好。

记:您在大学期间生活上有没有印象很深的事?

王:从农村刚到北京,感觉是多方面的。首先是很新鲜。生活方面当时是有助学金的,像我们农村去的基本上都是一等助学金,有21块钱,除了吃饭、买生活用品之外,几块钱的零花钱还是有的。生活基本是没有问题的,也是相当不错的。当时从农村到了城里最大的收获就是能吃肉,一天大概几毛钱就能吃得很不错。节假日,学校还会发免费的饭票改善生活,伙食要比平常好一点,感觉很幸福。

除了上课之外,学校也会请一些名人过来做讲座,比如相声大师侯宝林、指挥家李德伦等。当时系统科学刚刚兴起,还请了清华的老师讲系统科学。

记:同学之间会不会在一起讨论问题?学习生活是怎样的?

王:那时候也会讨论一些政治问题,但不像现在这样涉猎广泛,因为思想不像现在这么解放,讨论的问题范围比较小,观点不像现在这么尖锐,比较谨小慎微。包括老师讲课,稍微有一点尖锐的内容,可能就会有同学打小报告。当然,这个学生也没有什么敌意,因为在那样的环境下长大,可能就存在一种本能的东西。文艺活动方面,就鼓励跳集体舞,就是大家牵着手围个圈跳。其他就是鼓励大家搞社会实践,写写论文,写写调查报告。那时候杂志不多,专业方面就是《法学杂志》、《民主与法制》,其他方面就是《中国青年》。

记:您在大学期间可看的书多吗?

王:当时学校的书籍散失了不少,也没有什么图书馆,只有很大的阅览室之类的,但有一个便利条件就是我们可以到北京图书馆查资料,而且在王府井的书店也很方便,我们经常去那里买书。我每隔一或两个星期,就背个军用挎包,买一挎包的书回来,也就十来块钱。后来毕业的时候,攒了满满一木箱的书。那时候主要是因为学校的助学金能满足生活需要,其他方面就比较宽裕了,一学期从家里带几十块钱就够了。

> 我还是比较容易满足的吧,没有什么特别想干的事情,也没有什么特别不想干的事情。

记:您从事宪法专业是从什么时候决定的,基于怎样的考虑?

王:我到中南政法后首选的是中国法制史,因为在北京政法学院读书期间,学年论文和毕业论文都是关于中国法制史方面的,对这个感兴趣一些。当时的法学不像现在这么发达,很多都是政策性的,研究中国法制史的话就会更有意思一些。中南政法有一批老先生也是长期从事中国法制史的教学和研究,而且很有学问,所以就想选这个专业,向他们多学习一下,当时来讲多是基于兴趣。第二个选择才是宪法,但是后来分配下来是宪法,当然这样的分配也没有让我感到不舒服。我还是比较容易满足的吧,没有什么特别想干的事情,也没有什么特别不想干的事情。

记:后来您又是基于什么样的考虑选择读研?

王:当时有两个方面的因素,一是学校的要求,学校考虑到教师队伍整体的学历水平,就鼓励大家去读硕士。二是想继续深造,就师从了蒋碧昆老先生,蒋先生也是老一辈的宪法学家,学问很好。主要就是基于这两个因素选择了读研。

记:对于宪法这个方面,你有没有什么基本的看法?

王:毕竟从事这么多年的研究,观点还是有一些的。有些方面涉及具体问题,比如说宪法作为国家的根本法,怎么从形式到内容去考察它的根本性。而内容上的根本性也还是在不断发展的,从政治上的根本法到现在经济上、文化上的根本法,内容在不断拓宽。再一个就是宪法解释方面,在教学当中,一般是套用法理学中的法律解释,将宪法解释分为有权解释和无权解释。后来我就在想,如果说存在非正式解释或者说无权解释的话,那么跟宪法解释的目的怎么结合起来。宪法解释是因为对宪法理解有分歧,有分歧才有解释,解释的目的是要统一大家的理解,然后达到执行上的统一,如果是无权解释,那怎么来消除这个分歧。所以基于这一点我觉得没有无权解释和非正式解释这一说。宪法解释一定是有权解释,不能从逻辑上的对应来推断有了有权解释,就一定有无权解释。一定要考虑到宪法解释的目的是什么,国家有权解释机关所作的解释才是宪法解释,其他公民和个人的解释实际上是理解。谁都可以理解,只有有权机关才可以解释。这样就维持了宪法解释概念内涵的纯洁性。

另外,关于宪法学的学理体系,最近几年我一直在研究这个问题,也发表了几篇文章,大体上讲形成了这样的认识:宪法学应该建立学理性的体系,因为现在的宪法学是对宪法典进行注释的体系。一部分是宪法理论,一部分是国家制度、社会制度,再有一部分是公民权利,对应的是宪法典第二部分的公民权利义务,最后一部分是国家机构,对应宪法典第三章的国家机构。这样的体系实际上是对宪法典进行注释的体系。我所说的学理性体系一定要有一个逻辑主题贯穿其中,而不是按照宪法典的规定安排其结构。主要应该划为四个部分:第一个部分是原理论,讲宪法的基本原理,第二个部分是国家权力论,第三个是公民权利论,第四个是协调论,就是怎么协调国家权力和公民权利的关系。现在的宪法学体系基本上把宪法解释、违宪审查放在第一部分的宪法原理里面,我的想法则是把这些放在后面,因为这些是协调国家权力和公民权利关系的制度。整体来讲,我的这个宪法学体系就是始终围绕着国家权力、与公民权利的关系展开的。现在的体系把国家机关和国家制度分开,逻辑关系不清楚。我们现在的宪法学讲的基本上是国家方面的内容,对公民的权利很忽视,虽然在一些教科书中已经作了一些改革。在我的这个体系里面,国家方面的内容适当减少,着重讲公民权利。这样的话,宪法才和个人密切相关,真的是权利的保障书。此外,这样的体系有助于和比较宪法的内容区别开来,宪法学主要讲中国宪法,比较宪法主要讲不同国家的宪法。现在有些比较宪法的教材主要讲的是宪法的原理,这和宪法学的很多方面是重复的。我现在既上宪法学又上比较宪法学课程,就面临一个问题,把宪法原理的东西拿来给学生讲,可是学生已经学过宪法学了,这样就容易给学生造成一种重复的感觉,也不利于学生拓宽视野,形成宪法多样性的认识。

记:您觉得就宪法来说,我们国家跟外国相比,特别是以宪法为荣的美国,有什么差距或者是有什么可以借鉴的?

> 中国的宪法学目前面临的就是中国化问题,像民法、刑法现在已经完全转型,但宪法还没有。……一个制度的存在还需要一定的社会基础。

王:差距当然是很大的。一个差距就是我们现在的宪法理论没有形成自己的体系,过去是苏联那一套,改革开放以后是英美、德国、日本这一套,总之是没有自己的东西,这是最大的问题。12月份在山东开会的时候,我就说中国的宪法学目前面临的是中国化问题,像民法、刑法现在已经完全转型,但宪法还没有。90年代也热烈地讨论过宪法的更新问题,但是那个更新基本上是以西方为标准的,现在应该讨论中国化的问题。因为对宪法来说,有些东西确实有各个国家的特异性,我们现在是社会主义市场经济,我们国家的法制肯定跟西方国家是不一样的,拿西方的理论来解决中国的问题,有点文不对题。为什么会出现以西方的理论和学说为参照系的问题,根本的原因是我们并没有真正找到自己宪法制度及原理的理论源头。没有什么绝对好的制度和理论,符合一个国家国情的,就是好的,在这个问题上没有一个标准模型的问题。有些东西在别的国家实行得很好,但在中国不一定管用,因为有好多东西除了通过观察我们能看到,还有很多无形的、看不到的东西也在发挥作用。就像文化,它是潜移默化的,其中有的东西可能是你想摆脱却摆脱不掉的,也是想学却难以学来的。例如我们总是提到西方的分权,有些人主张把分权搬到中国。对这个问题,我觉得,分权这个架构,我们搬过来比较容易,但实行不了,从我们潜在的观念讲就实行不了。首先,我们缺乏"权力恶"这种观念,总是把权力看做好的东西,能给人带来巨大的财富和荣耀,从来不主动去防范。其次,西方除了讲权力之间的制衡,还讲相互尊重,制衡的同时又尊重,尊重的前提下又制衡。但在中国就缺乏这种权力尊重的意识,有的只是对权力的崇拜。假如我们仅仅看到权力之间的制衡而将其移植过来,那就会出现只讲制衡而不讲尊重的结果。最简单的例子就是,前些年法院和检察院闹矛盾,因为法院要求检察官进到法庭的时候起立向法官致敬,检察官就不愿意了,认为你代表国家,我也代表国家,凭什么我要向你敬礼?这个事情虽然小,但很能说明问题,机关之间缺乏应有的尊重。他们就不会基于公共利益的角度考虑问题,只会为了各自部门的利益互相"掐"。所以这个分权的架构搬过来容易,但是缺乏这种意识的话,就实行不了。一个制度的存在还是需要一定的社会基础的。

记:在您的教学和研究中,有哪种研究方法是您比较欣赏的?

王:我觉得应该是研究中国的实际问题,不要把国外的理论或者制度拿来当做时尚的东西把玩。最近几年我发现我们宪法学的博士生很多都是在研究国外的东西,有的其实只是研究国外的表面现象,并没有深入了解具体的情况。我并不是反对研究国外的相关制度,但最终还是要立足于中国问题的解决。最典型的是齐玉苓案件,围绕德国的第三人效力理论讨论得也很热烈,但就是没有考虑到中国的实际问题。因为德国的第三人效力理论有个前提,宪法是公法。但在中国的宪法理论中,宪法是根本法,既管公法也管私法,从这个意义上讲,把宪法适用到私法领域是没有障碍的。然而,在制度上由法院适用宪法是不允许的,因为法院没有适用宪法的权限,宪法的私法化也就无从谈起。这就只看到了国外有关理论合理的一面,没有结合中国的实情。所以我就一直在鼓励我的硕士生、博士生多研究中国的实际问题,找到中国问题的症结所在。有很多东西是中国特有的,比方说中国的政党制度、政协制度、文明建设,必须自己解决。

记:您觉得什么样的学术环境才更适合法学学者进行研究?

王:这个涉及制度和体制上的一些问题。对老师的考核不能单纯地从形式上、数量上要求,有的可能发表的十篇文章里面只有一篇是有价值的。当然,这个道理谁都懂,但具体怎么操作就很难了。所以现在这样的方法,也是没有办法的办法。因为评职称的时候毕竟还是要有一个标准,现在指标也是很紧张,总要有一个量化的标准考核。现在这个标准操作起来可能会简便一些,但效果不好,因为有些文章不是在短时间内能写出来的,需要经过深入的思考和研究,有的甚至可能需要3年、5年。再一个就是需要一个宽松的环境,对老师研究的兴趣、研究的方法甚至研究的观点来说,即便官方认为有问题,也要给予一定的容忍。当然,学术自由也不是想干什么就干什么,要有一定的规整,自己的研究要有一定的论据支撑。另外,对老师的教学,也需要给予一定的自由度,老师在课堂上谈谈自己的看法很正常,特别是在大学中,引导学生思考的过程肯定会涉及一些中国特有的情况,但作为老师来讲这个引导的度一定要把握好。

记:您觉得现在的学术环境跟以前相比是进步了还是退步了?

王:现在要好得多,因为过去有反自由化、反精神污染这些东西。在上世纪80年代末、90年代初,外国的东西已经很容易进入中国了。当时所说的自由化,是指反对社会主义的思想或主张,这也属于精神污染,但是执行起来的时候,就什么都套进"精神污染"、"自由化"里面,包括老师在课堂上讲到自己的观点被说是自由化。还有对整个中国来讲,虽然高校的制度是自主的,但这个自主是招生和管理的自主,对课程来讲还很难说是自主,而是国家定的。

> ……把宪法变成法学家和政治家的共同之法。政治家依法治国需要宪法,法学家所研究的宪法也希望为政治家所用。

记:您觉得针对宪法来讲,对转型期中国的法治建设有什么积极作用,宪法这个专业怎样在这个时期找到自己的方向?

记者与王光辉老师的合照

王：还是我刚刚讲的，要关注中国自己的问题，找到问题的症结所在，然后提出合理的解决方案。10月份我在中国人民大学做演讲的主题就是把宪法变成法学家和政治家的共同之法。政治家依法治国需要宪法，法学家所研究的宪法也希望为政治家所用。但要有个结合点，如果法学家总是研究西方的问题，政治家怎么用？政治家治理国家讲究实用和功效，不需要虚的东西。当然，政治家也需要提高人文素养，在政策的制定和管理方式上也有值得改进的方面。有些主张和建议在法学界喊得非常响，也指出了问题的症结所在，但就是提不出解决方法。理论上看起来是比较好的制度多具有理想成分，会有和现实冲突的地方。所以不研究中国问题，不依据中国国情提出解决方案肯定是不行的。在宪法学的研究和教学当中，当然也需要向学生多介绍国外的东西，但这个介绍只是为了让学生更好地思考中国的问题，要是把国外的制度作为一个标准化的模型，什么都往里面套，肯定是不行的。

记：您能不能总结一下这么多年来您对中国法学的贡献？

王：对中国法学的贡献我觉得这个说法太大了点。在宪法学的研究方面，我觉得对宪法学学理体系的构建，自己还是作了一些探索的。第二方面就是在比较宪法学上也作了一些探索和研究，出了一本书。我的做法就是力图克服把大量的宪法学原理放在比较宪法当中，造成比较宪法和宪法学过多重复的缺陷。我的《比较宪法学》前面的原理讲的是西方宪法观念的演变，也讲不同学者对宪法的不同理解，最后讲不同国家的宪法创制。我觉得不仅要介绍不同国家宪法的共同规定，更重要的是要介绍各个国家不同的东西，要从各个方面体现宪法的多样性。因为不同的民族，不同的国家，也需要不同的宪法，不能脱离了民族和文化传统。通过多样性的比较可以让学生们更容易了解当今世界宪法的多样性。其实,所谓各国宪法的普遍性也是概括的,实质上也不一样,也有差别,因为背后支持的文化有差别。

记:您觉得现在的宪法还需要怎样的修正才能达到一种理想的状态?

王:目前的宪法还是有很多问题,前几年我也在做关于基本权利体系的完善方面的研究工作。总的来看,宪法里面大的原则是没有问题的,有些方面可以通过宪法解释解决,而不能总是通过修改宪法的方式,因为我们的宪法修改是很频繁的,以宪法解释的方法代价比较低,而且效果也比较好。另外,宪法并不是内容上有大的缺陷,最主要的是要实施、落实到现实生活中。比较其他国家的宪法,或者国际人权公约,在宪法规定的基本权利方面,总体上讲是没有太大差别的。如果能将现行宪法规定的基本权利切实落实,就已经不错了。规定得再全面,不落实也是没用的。比如在人权保障方面,我们的法律还非常不健全,像结社自由、言论自由这样的规定没有法律支撑。不是说把人权写在宪法里就行了,关键是在于落实。

记:您觉得这种情况的出现是中国特有的,还是在其他国家也存在?

王:从大的方面讲,国外肯定比我们要健全。但从时间上讲,我们从过去不太重视立宪到现在逐步重视起来,是一个大的进步,需要一个过程。但这个过程不能太长,像出版自由、结社自由已经规定很多年了,却还没有具体的立法将其具体化。所以在国外有一个理论,叫做立法机关以不作为的方式侵害公民的权利,就是说权利没有得到保障的原因是立法机关没有立法造成的,无法可依。因此,立法机关应该合理立法、及时立法。特别是现在,我们其他方面的立法已经很完善了,但是人权立法方面还是要加强。

> 读书方面,开始应该广泛涉猎,然后再选择自己感兴趣的方向……如果想要继续做学问的话,要多去关注学术方面的发展和前沿的问题,当然是在基础打好的前提下。

记:您能给我们推荐一些可看的书籍或资料吗?

王:我很少给我的学生们指定什么书,但我鼓励他们尽量在某一个方面作出一定的成就。因为人的精力有限,书也多,不可能完全读完。我觉得应先完全了解这个专业,看自己对哪个方面感兴趣,然后作一个方向性的研究,朝着一个具体的方向不断积累,这样就会成为某一个方面的专家,当然基础的东西也要精通。有的博士生已经30多岁了,年龄上没有优势,如果没有一个自己的研究方向,就更没有优势了。所以读书方面,开始应该广泛涉猎,然后再选择自己感兴趣的方向,这样会更好一点。

记:您对我们年青一代的学子有没有什么建议或意见?

王:如果想要继续做学问的话,要多去关注学术方面的发展和前沿的问题,当然是在基础打好的前提下。要和现实保持同步,促进自己思考。另外,要积累一些资料,比如说我在研究比较宪法的时候,资料并不是现成的,是慢慢收集、积累起来的,包括一些非常典型的判例、事件,以及重要的学术文章,这样的话研究起来针对性会更好一些。有些学生专业知识不够扎实,有点难度的文章是不去读的,作为老师,就要在这个方面发挥引导作用,提高学生的学习水平。总是读很浅显的东西,提高是很难的。

(孙 科)

屈茂辉
Qu Maohui

1962年9月出生于湖南省新宁县。1985年湖南师范大学本科毕业,1999年获湖南师范大学法学硕士学位,2004年获中国人民大学法学博士学位。现任湖南大学教授、博士生导师,校学术委员会委员,法学部学术委员会主任,法学院党委书记兼副院长。兼任中国法学会理事,中国法学会民法学研究会常务理事,湖南省法学会副会长,湖南省法学会民商法研究会会长,教育部法学学科教学指导委员会委员。

曾出版《专家民事责任论》(湖南人民出版社1998年版),《用益物权论》(湖南人民出版社1999年版),《中国国有资产法研究》(人民法院出版社2002年版),《中国合同法学》(湖南大学出版社2003年版),《物权法·总则》(中国法制出版社2005年版),《现代物权法》(湖南师范大学出版社1993年版),《网络侵权行为法》(湖南大学出版社2002年版),《合作社法律制度研究》(中国工商出版社2007年版),《中国民法》(法律出版社2009年版),《经济法律通论》(中国人民大学出版社2010年版)等著作;曾发表《质权基本问题研究》(《法学家》1994年第1期),《民法是社会主义市场经济的基本法》(《人民日报》1994年5月4日理论版),《农村土地承包经营权债权性质驳议》(《法制与经济》1998年第1期),《论当代中国商法的性质、地位和体系》(《法学家》1998年第4期),《律师职务损害赔偿责任探讨》(《法律科学》1999年第3期),《市场交易的内在需求与物权行为立法》(《中国法学》2000年第2期),《论权利抵押权》(《法商研究》2001年第2期),《用益权的源流及其在我国民法上的借鉴意义》(《法律科学》2002年第3期),《企业用益权制度的几个问题探析》(《求索》2002年第4期),《动产交付制度研究》(《中国法学》2002年第4期),《制定中国国有财产法的基本思路》

(《湖南社会科学》2004年第1期)、《物权公示方式研究》(《中国法学》2004年第5期)、《类推适用的私法价值与司法运用》(《法学研究》2005年第1期)、《动产物权登记制度研究》(《河北法学》2006年第3期)、《不动产登记申请的法理与规则》(《法学研究》2007年第2期)、《注册资产评估师的专家义务与专家过失》(《法学杂志》2007年第3期)、《受害人近亲属缺位的死亡赔偿法律问题》(《法学》2008年第2期)、《动产交付规则的解释与适用》(《政法论坛》2008年第6期)、《中国土地征收补偿标准研究》(《法学研究》2009年第3期)、《论计量方法在法学研究中的运用》(《浙江社会科学》2009年第3期)、《继续性合同:基于合同法理与立法技术的多重考量》(《中国法学》2010年第5期)、《民法实证研究中的计量方法》(《法学研究》2012年第1期)。

> 我们这一代人是改革开放政策的幸运儿——"文革"结束后,恢复高考,使得我们有机会改变命运……

记者(以下简称"记"):在读大学之前,您已经工作了吗?

屈茂辉(以下简称"屈"):没有工作过。不过我们上初中时要参加集体劳动,记工分的。生产队允许初中生参加生产劳动,好像是一天记8分,全劳力是一天记12分。父母亲便教育我们要动脑筋多挣工分,即使一家三个一等劳动力,天天出工,年底也没有粮食过年。拾肥料是那时候挣工分较轻松的劳动,最好的肥料是狗粪,拾100斤狗粪就有30个工分,拾100斤牛粪是15个工分。小学后半段、初中阶段的春、秋、冬三个季节,每天早上上学之前都要拾捡狗粪、牛粪,星期日走远一点半天就能拾到三四十斤。中小学阶段,扯猪草、放牛、放鸭、砍柴、插秧、双抢等农活都干过,16岁那年,给农田施肥,我能担170多斤。高一的暑假双抢,就拿一等劳动力的工分了。我哥哥、姐姐的学习成绩都很好,但由于家庭原因,哥哥小学没有毕业就外出学木工了,姐姐也只初中毕业。哥哥学徒出师后,就为家里挣工分了,做木工挣的钱都要交给生产队,那时,他才14岁。

记:您的哥哥由于家庭原因后来没有读书,是和"文化大革命"的冲击有关吗?

屈：我们家的确是受"文革"冲击很大。我父亲是两兄弟，战争时期必须抽一个壮丁，所以父亲就到国民党部队当了兵，打过日本鬼子，负过伤，也同共产党的军队打过仗。他所在的部队其实长期跟共产党地下组织有着密切的联系，据说李富春等许多共产党干部得到过他所在部队的掩护。本来已经准备凌晨2点起义，可12点就接到开拔的命令，到了上海。1949年上海解放时，他是国民党的上尉军官。我父亲虽然文化程度不高，只念过二年私塾，但是在外闯荡多年，见过世面，有些见识，当地搞土改，兴办合作社之后，我父亲是积极分子。因为我家的牛养得好，所以合作社里就把怀孕的耕牛放在我家里养。那年的夏天，社里一位年轻人不听劝阻硬要用怀孕的牛耕地，结果由于天气太热，那牛意外流产了。我家是从邵阳迁来的外来户，加上我父亲又当过兵，于是他们把我父亲打成了"现行反革命分子"。我知道他受了很多苦，但老人家其实不太愿意跟我们讲那段经历。我依稀记得有一天深夜了，大队的民兵大概有十来个人闯入我们家，把我们拉起来，说家里藏有枪，大肆搜查，后来拿走一些稍微值钱的东西了事。那会儿，只要一有运动，父亲就会被抓起来挨斗。那个年代，哥哥怎么可能继续上学呢！

记：想必"文革"对您造成的伤害很大，您对此有什么看法呢？

屈：那时候我还比较小，也没形成什么观点或看法，只是感到生产、生活方面都很艰难。我印象最深的一件事是，外面天气很冷，一家人在谈论哪里哪里死了好多人，河里的水都变红了，我哥哥担起箩筐要去串联，结果被我父亲骂了回来。此外就是"批判林彪"的万人大会、"忆苦思甜"大会，尤其是"忆苦思甜"大会，队里的几位妇女忙乎了一天，将稻谷磨碎不去糠，加青菜煮熟。队上的五保户罗大娘诉苦，她说："我这一辈子受够了苦，新中国成立前就不讲了，就从过苦日子讲起。"那时，我开始对公平问题有了最初的思考，这些对我有很大触动。

记：您是在哪里参加高考的呢？

屈：就在家乡的县城考的。我们这一代人是改革开放政策的幸运儿——"文革"结束后，恢复高考，使得我们有机会改变命运；但同时又是牺牲品——为普及高中，每个公社都办高中，于是也不存在所谓的考高中，读完初中后继续在本校读高中，因而我们没办法考县里面最好的高中。1977年考上大学的人皆是我们的榜样，令我无比羡慕。我们公社有个考生当时考上株洲化工学校，虽然是中专，但在全公社引起轰动，自然就成了我们学习的榜样。身在农村，像我们这类家庭出身的人，当时最大的希望就是通过高考走出去，实现"从穿草鞋到穿皮鞋"的身份转换。其实，我1978年作为高一学生就参加了高考，报考的是英语专业，可惜，我们几个同学晚上睡在没有蚊帐的教室里，很晚才睡，第二天一觉醒来就晚了一个小时了。我们学校高中毕业的第一届考生里没有一个考上大学、中专。我是第二届毕业生，除了学校里的一个老师考上了一所中等师范学校外，其他人都没考上。我初中和高中的成绩都是年级第一，家里的奖状贴满了堂屋的两面墙。高考分班时，文科班老师希望我考文科，理科班老师希望我考理科。考虑到理科招生人数较多，当时的目标是只要考上哪怕是中专就行，所以，在文科班上了半天课后还是将课桌搬到了理科班。说句实话，那时理科基础非常差，物理只学了打稻机、水泵的相关知识，什么是牛顿定律，什么是摩尔系数等等，一概不知道。我堂姐1979年考上了黑龙江大学化学系，这对我的鼓舞就更大了。尽管当时家里条件不好，但家人都非常支持我，鼓励我到县二中去复读一年，毕竟只差几分，有点可惜。在县二中，我才算真正接受了高中教育。但是，1980年的高考发生了一件令我至今唏嘘不已的事。考数学时，我因为写错了一道大题目，卷子上没有地方改正了，于是我举手问监考老师要了张空白草稿纸和糨糊，在草稿纸上面重新誊写答案后就粘贴在试卷上，他当时也没说什么。等考物理时，我又碰到这个问题，自然而然依样画葫芦了，他仍然没指出有何问题。可是，最后收试卷时，他说这样做有作弊嫌疑，把那张写满二道大题答案的草稿纸撤掉了。那一年，我又以几分之差名落孙山。

记：您当时在心理上肯定相当受挫，压力也可想而知了，后来怎么样了呢？

屈：心情不好是肯定的，双抢中又热又累，结果得了阿米巴痢疾，大病一场，前后将近两个月。当时家里的情况已经不允许我再读书了，这时县二中的凌镇初老师几次到我家里做动员工作，我嫂子也劝我父亲，要我再读一年，就好比把以后娶媳妇的钱拿出读书了。最终我继续留在二中复读。

记：您81年高考时报考的专业就是法律吗？

屈：不是。我当时喜欢的是物理，这在很大程度上是受到蒋重箭老师的影响。蒋老师是物理老师，他是"文革"前湖南师范大学物理系毕业的大学生，很有学问。我当时的理想就想成为一名物理学家，所以，填报志愿时我的首选是成都电讯工程学院。分数出来后，考分只超过重点线二十几分。等收到录取通知时才知道被湖师大生物系录取了。当时家里人对我学师范、以后当老师，还是有点想法，也认为湖师大不如其他学校好。不过，毕竟我是邻近五六个大队里第一个考上大学的，大家都很高兴。出于兴趣，上大学以后我还自学了一年的数学和物理。

记：湖师大生物系给您感觉如何？

屈：我报到的时候，生物系总支书记来接我，待我很亲切。在去宿舍的路上，看着林荫道上两旁的大树以及树后的红砖楼房，顿时就产生了美好的感觉。

因为我在中学有当学生干部的经历,所以进了大学后,我担任班团支部的组织委员。在中学我办过黑板报,出过墙报,这种经历使我在班上成为了一个所谓的"能人"。当时的师范生,除了人人都享有的助学金外,家里困难的还可享受每月三到五元的补助金(也叫助学金)。第一学期是老师定的,我发现有位女同学父母是干部也拿了这种助学金,就给辅导员陈老师写了封信,指出其中的不公平。毕业以后有一次和陈老师聊天时,她笑着说我那时很胆大,别的同学都不敢提,就我直言不讳。一年级下学期就到系团总支担任组织委员,好像是二年级下学期担任系团总支副书记。因为经常要通知学生们开会、发展团员、收团费,便和上下各年级包括77、78级的同学都很熟悉。我是1984年4月22日加入中国共产党。入党时,接受了一年多的考察,系里还派老师到我家乡调查了解情况,感觉非常神圣,现在是不能与之相比的。

操作计算机

记:在您四年大学学习中,您感觉印象最深的是哪位教师?

屈:我大学第一年对生物没什么感觉,后来我们系里来了一位研究生毕业的老师,他就是王身立老师。他是复旦大学遗传学专业的硕士,著名遗传学家谈家桢先生的学生(谈家桢是摩尔根的学生)。王老师给我们上课不多,但对我影响很大。他相当有水平,连续几年预测诺贝尔生理医学奖都很准确。我对生物学的兴趣就是在他的影响下逐渐培养起来了。大四时就利用学生干部的身份到系资料室查资料,包括英文资料。写毕业论文时,开始做细胞培养,后来因条件限制,改为岳麓山地区一种蛙的染色体分析,也尝试过分析几种蜘蛛的染色体,这实际上就是当时国内的前沿水平,硕士研究生的毕业论文也是做这些题目。当然,研究生们的实验条件比我们的不知好多少倍,他们的工作自然做得比我深入。

记:既然您这么喜欢生物学,后来缘何没有继续从事这方面的研究呢?

在生物系学习和工作时期操作显微镜

屈：不错，我当时对生物学特别是其中的遗传学、发育生物学相当感兴趣。我们经常可以看到，有人脸部生个痣，他的儿子恰好在相同部位也有个痣，"这是怎么形成的呢"这样的问题，是我们饭后和同学在湘江边上散步时经常讨论的话题。那时，父母亲磨豆腐卖供我上学，一个月给我寄十块钱，我就买了很多细胞生物学、分子生物学的书。因为这个缘故，大四时我准备考湖南医学院肿瘤学的硕士研究生，这个专业当时在全国影响很大。专业课要考肿瘤学、生物化学、细胞生物学。肿瘤学的课全靠自学，难度的确很大。那时硕士生导师姓名是印在招生简章上的，就跟现在博士生招生差不多，不是报考专业而是报考导师。我报考的是姚开泰老师。姚老师当时还是副教授，刚从美国回来，我去他家拜见他，他非常热情，说他想招一个学生物学、搞基础理论的硕士生，鼓励我好好准备。那时啥都不懂，两手空空就上门了，好在他非常平易近人。姚老师接见我的情景至今还深深地印在我的脑海，每每有学生见我，我都不时地会想到姚老师接见我的情形。很可惜，那年我外语倒是高出分数线二三十分，但肿瘤学考得太差，毕竟是自学的，所以没考上。

> 92年小平同志的南方讲话使得我们办公室群情激昂，解放思想的论调成了主旋律。

记：那本科毕业以后您就参加了工作？

屈：对。我考研的失败多少可以归结为好高骛远，不太现实。考本系的或者考外校的生物学专业，基本都能考上，有的外语只有四十几分也被录取了。我们是师范院校，到分配的时候，本应该回家乡教书的，估计也就是去二中。但是县里条件毕竟较差，自己还想再考研究生，所以就不太想回去。正好系里要留一名学生做辅导员，考虑到我是系里的主要学生干部，有着多年做学生干部的经验，系领导于是决定让我留校做辅导员。系主任在和我谈话时说，我们这批辅导员将来不会完全做行政工作，大概两年左右就会转教学。当然，一年后我提出考研申请时他就不同意了，说行政干部很缺，要我打消考研搞业务的念头。我是一个讲大局、识大体的干部，在那个年代，只有服从领导的决定。因此，我想往专业方面发展的愿望就彻底落空了。不过，在那段时间里，我依旧坚持学外语，坚持看专业书，坚持在王身立老师的指导下作科研。我还创新了一个蛙类染色体研究的方法，发表在中科院成都生物研究所的学报上。

学习外语

记：您对法律的兴趣是从什么时候产生的呢？

屈：做辅导员工作的过程中，赶上了在大学生中普及法律知识的浪潮，所以从1985年底开始接触、学习法律，经过学校组织的短期培训后就开始给学生上课，我上过86级、87级法律基础课。1989年9月我被调到宣传部搞理论教育，宣传部杨副部长负责理论教育兼学校普法办主任，我就协助他做些工作。没多久杨部长就生病去世了，理论教育等普法工作便由我一个人做。此后，我还在省政干校专门接受过一段时间的培训，也专门参加了专利法、技术合同法等的学习。那个时候,生物学发展可谓日新月异,几年不学习研究就跟不上了。82级的一个师弟在我的影响下考了北师大生物系的细胞研究学硕士研究生,回来后我就觉得和他有差距了。工作性质的变化,生物学的迅猛发展,使我渐渐地淡化了对生物学的追求。加上湖南省教委组织了一个高校思想政治教育干部短训班,我既是这个班的学员,也负责联络老师,于是对法律渐生兴趣。转向法学的另一原因是家庭和工作因素。我岳父是湖南师范大学法学学科的创始人,他由于视力不好,经常让我帮助他整理、誊写书稿。我记得在整理《法学概论》时,涉及法理、宪法、行政法、刑法、民法、诉讼法、国际法等多个部分,每个部分至少要看四五本书,多时要看十几本。1991年湖南省搞了个农村社会主义教育活动,我作为队长带队在湖南省益阳县工作了5个月。这5个月,我在下乡劳动、工作的空隙,阅读了岳父家里几乎全部的法学书籍。期间,我和湖南师大马列部的一个教法律基础的老师共居一室,经常在茶余饭后就法律问题高谈阔论。

记:看来您的岳父在您走向法学之路的过程中给您的影响是潜移默化的。

屈:是的。他虽然没有正儿八经跟我说过要我学法律或者转行,但实质的影响应当是深刻的。1991年中国的人权白皮书公布后,我岳父让我写点这方面的文章,因为我们国家在人权观念方面有了重大的转变,我当即找了法学界很多知名学者的文章来看,试着写了三篇文章,不过都不太成熟,没有发表。我发

查阅资料

表的第一篇法学文章是 1992 年写的,是关于市场经济是法制经济的认识的文章,当时在这个方面论述最好的是江平先生。这里还有个插曲,1992 年小平同志的南方讲话使得我们办公室群情激昂,解放思想的论调成了主旋律。那会儿海南刚建省,我就说要去海南发展,结果我父亲坚决反对。1992 年底出现了一个机遇,吴祖谋教授、李双元教授到了长沙,我岳父是联系人,他让我一同作陪。在这样的情况下,我和两位教授见了面,在聊天的过程中,我发觉李老师有意回湖南。而此时,湖南师范大学也有意向非师范类专业拓展。于是,我向张楚庭校长汇报,张校长思想解放,措施大胆,李老师终于从武汉大学来到了湖南师范大学。李老师的到来给湖南师范大学法学专业的发展带来了极好的机遇,我顺势提出了转教学的想法,学校党委研究决定同意我的申请。1993 年 9 月 13 日,我到了筹建中的法商学院。在专业选择上,吴祖谋老师、李双元老师都建议我选择民法或者经济法,所以起初的研究方向在经济法制方面,写了几篇经济法方面的文章,比如行政垄断、地区垄断等,但经过比较,尤其是经济法方面的书籍太少,特别是阅读了史尚宽先生的系列民法著作后,觉得民法更贴近老百姓的生活,像婚姻、财产、合同、继承,每个人都会接触,因而最后选定了民法作为自己的研究方向。其实,早在 1992 年底我就开始了民法尤其是物权法的研习,与岳父合作,于 1993 年出版了《现代物权法》,真正走上了民法学的道路。

记:您读硕博期间,有什么印象深刻的事吗?

屈:读硕士研究生一直是我的理想,尽管中间因多种原因没有实现这个理想,但每每想到或者聊到此事,总感到一种隐隐的痛。所以,在转为专任教师以后,在黄百炼、刘湘溶等教授的鼓励下就有了考博士的打算。1995 年,我在海口举行的民法经济法研究会的年会上提交了一篇文章,获得青年论文二等奖,当年民法方面没有一等奖,只颁了两个二等奖。在这次会议上,我当面请教了王利明老师。我一直都很敬佩王利明老师,读他的书,看了他几乎全部的文章,后来就考了他的博士研究生。中国人民大学的学风很好,尤其是王老师的敬业、钻研精神,特别值得称颂,也是我永远学习的榜样。他除了开会、上课、睡觉,就是待在办公室,使我很受感染。另外,他在学术风格上对我影响至深,使我终身受用。读博那些年,王家福老师、孙宪忠老师也很关心、支持我,他们的很多思想和方法令我受益终身。

> 随着我国经济和法制的发展,已经到了提出大理论的时代,如果不回应社会现实的话,那么我们法学就永远落后于其他学科。

记：您对所从事的专业，有什么基本的学术观点呢？

屈：我认为私权利是终极目标，公权力或者说社会权利虽然也很重要，是现代社会中应当充分重视的，但不是终极的。权力是维护、促进权利实现的手段。法治是现代社会的治国方略，也是现代社会的良性状态，更是法学家的一种追求。法治是一个过程，法治的实现过程首先要有市场经济这个基础，其次必须有民众的广泛的权利诉求，最后要有权力的交叉控制。权利的核心要素有三个，第一个核心要素是利益。任何权利都离不开利益，都必须以利益为内容，不存在没有利益的权利。英美法学者，尤其是经济学学者之所以能够提出产权理论、所有权理论，其共同的基础就是利益。所谓的社会权利也是有着利益内容的，只有使个体在群体中享受利益，才能把权利落实到实处。我们国内学者对此还重视不够。第二个核心要素是主体的自由度，权利意味着主体的行为自由，他可以自主选择为一定行为或不为一定行为。不过，在民事权利体系中，自由权被类型化了。第三个要素是法律的强制力或者说保障力，即法力。权利必须得到法律保障。

民事权利应当是一个开放式系统，并不只是民法确认的权利才是民事权利。宪法和其他法律也可以规定民事权利。我们知道现代宪法有两大职能，确立公民基本权利以及规范权力运行。宪法对公民基本权利的规定实际上是权利的宣示，这些权利并不能因为宪法规定了就不是民事权利了，存在宪法权利的转化现象。总之，民事权利、私权利是终极的、根本的。

其他的具体的法学观点就不一一叙说了吧。

记：以您自己的专业为例，您认为中国与其他国家的差距在哪里呢？

屈：就民法学而言，中国与发达国家的民法学相比，我认为主要的差距在于基础理论的深度和具体制度的精细化。我国民事立法除了民法典还没有出台外，可以说，民事法律体系基本齐备，民法学的研究应当实现从立法论向解释论的转型。当然，立法论与解释论也不是截然分立的。其实，更重要的是要研究一项民事法律制度的实效，以中国实际检验民事立法的科学性。

记：在各种法学研究方法中，您最欣赏哪一种呢？

屈：规范法学的方法是法学本身固有的研究方法，至于其他的方法，有哲学、经济学、社会学的方法。从立法论时代转型到这个法的适用、法解释论的时代，规范法学应该得到进一步的弘扬，尤其在培养法官、检察官、律师这样的法律职业人才方面，更应强化这一点。法律职业人才只有受到良好的训练，才能把博登海默所说的法律技术——法律的解释、推理发挥好。按照普遍的理解，法学是研究法律现象的科学,但是,传统的法学或者说主流的法学似乎关注的重心只在于法律规范、法律原则等,也就是说,我们的传统法学比较注重法规范现象,但除此之外还有很多现象,如立法现象、司法现象、守法现象、违法现象,学者们还没有给予应有的关切。就法学发展的过程而言,我个人希望能够采用数理计量的方法来研究法学。北大一百周年校庆时,经济学论坛提出一个问题:经济学是社会科学还是人文科学?古典经济学主张"没有模型,谈不上经济学"。而现在则到了"没有计量,谈不上经济学"的时代。受经济学发展路径的启示,我觉得作为社会科学的法学要走向理论性、实证性,而我们现在的法学尚属于描述性、经验性的。不过很多时候,学者只有在接触了实际工作以后才会有这种切身感受。除了计量的方法之外,我还提倡用数理的方法,对现象有一种高度抽象的分析,如笛卡尔所说,一门科学须发展到能够用数学表达的时候才能真正成为科学。诚然,这方面不少人曾经尝试过,可能路径不对。其实,国际上是普遍推崇计量方法的,所以我们法学界应该有更多学者认识、运用这个方法,这样才有利于与国际对话,赶上他们的脚步。总而言之,针对不同现象采取不同对策是最佳的,多种方法结合、交叉运用,这是对规范法学方法的补充而不是替代。

给毕业生授予学位

记:您的专业中,还有哪些发展空间,或者说还有哪些需要开拓的新的领域?

屈:民法学界对于很多理论已经研究得相当精细了,我觉得民法学,包括整个法学界,在当今这个时代应当有更大的作为。我受王利明老师、王家福老师的影响,也越发注重、提倡研究中国问题。当然,外国法文化的传播、交流是必要的,但民法学更主要的是研究中国问题。世界各国因不同的历史条件、社会背景而有其自己的制度选择,一种制度适合那个国家的国情就是好制度。我们经常比较物权变动的法国法模式、德国法模式,这两种模式各有优缺点,但都适合其各自的国情,所以,法德两国都是发达国家,都有着完备的不动产法律制度。但是,他们的制度模式就一定适合我们吗?这是我们必须时时警醒的问题。中国特色社会主义的建设蕴含着十分丰富的实践和伟大的创举,已经到了提出大理论的时代,如果不回应社会现实的话,那么我们法学就永远落后于其他学科。这既是机遇,又是挑战,因而,我们法律学者的首要任务是要研究中国的现实问题,在此基础上提出理论、发展理论。

记:您今后几年的研究重点会在哪些方面呢?

屈:我以前主要研究民法学中的物权法、专家民事责任、合同法,同时也关注国有财产法。国有财产法律制度涉及宪法、行政法、民法、商法等多个学科,比如在涉及经营性财产法律问题时,就不单单是民法问题。在此方面国内没有深入的研究,国际上研究也不多,国外行政法学界提出的理论未必对中国有用。我国现在理论与法律之间存在冲突,理论、法律与现实之间存在脱节,比如法人作为民事主体,当享有所有权,而作为机关法人的国家机关不享有所有权,那么机关法人到底还有没有存在的必要?再比如高等学校的治理结构,能否按照公司模式来建构?这些问题都是需要结合国情进一步研究的。

记:您认为法学界的中青年学者现在浮躁吗?

屈:浮躁不仅仅是法学界的现象,也不仅仅是中青年学者才有的现象。法学界的中青年学者因为生存的压力的确深入得不够,很多中青年学者对现实了解有限,基于文献、文本的研究较多,以发表几篇文章、出版几本著作为最高目标,比如,一些研究土地法律制度的学者对全国各地现实中土地法律制度的实际状况只知道个大概,难有具体的数据,也就是说,还基本浮在法条、书籍等上面。究其原因,我认为主要是现在的薪酬制度无法让学者安心做学问。我们国家现在最大的浪费是人才的浪费,是教授的浪费,既要赚钱以过上小康的生活,又要做学问,教授们过得相当地累!相当一部分人就只好选择花更多的时间赚钱,而对教学、科研就应付了事了。新中国成立以来的薪酬制度,只有地区、级别的差异,基本没有工作性质的差异,主要体现的是绝对平均主义思想或者说绝对公平的思想。其实,知识分子只有衣食无忧才能出思想、出成果。

记:您认为现在学术规范执行得好还是不好?

屈:总体上还是可以的,不过,对于青年学者从其学生时代起就要进行严格的学术训练,这就要求对其训练的导师本身有着严谨的学风并且自己也受过训练。此处有一名大学教师起码的资格问题。大批的专科学校升本科,大量的硕士点获批并逐渐向低层次本科学校扩张,大量的师资从何而来,是一个应当关注的问题。本科学校中的教师如何实现代际更替更是我国目前高等教育中迫切需要解决的问题。

记:最后,能否请您给我们年轻学子提几点希望?

屈:学生首先要把书读好,学法学的人思维训练很重要。另外就是要给自己一个准确的定位。法学研究生阶段培养的人才通常有两种类型:学术型和职业型。以前都是按照一个模式培养,以后会更加泾渭分明。要根据不同的职业理想,采用不同的训练方式。前者从学术研究角度培养,后者则是从法律适用的角度着眼。但是无论哪一种,语言表达能力都是非常重要的。法学研究不能仅仅停留在文本,必须关注社会、观察生活,才能有所作为。

(陈　艳)

于语和
Yu Yuhe

1962年9月出生于天津宁河，法学博士后，教授，博士生导师。原天津大学法学系主任，现任南开大学法学院法史法理教研室主任。2004—2005年，受中组部和团中央委派，赴宁夏司法厅挂职，任司法厅党委委员、厅长助理。主要社会兼职有中国法学会法学教育研究会理事，天津法学会理事，专家评审委员会委员，天津法学会法理学分会副会长，天津政治学会理事，天津市"五四"、"五五"普法讲师团成员，天津市人大代表进修学校副校长。2002年，获得第三届"全国杰出中青年法学家"提名奖；2003年，获得天津市第二届依法治市理论研究征文优秀论文一等奖；2004年，获天津市教育系统优秀思想政治工作者称号；2004年，被评为天津市首届十大杰出中青年法学家；2005年，获南开大学社会科学研究优秀成果奖；2006年，被评为全国四五法制宣传教育先进个人。

主要研究方向：中国法律史（制度史、法律思想史），中国民间法，西方法律思想史，中外法律文化比较研究，中西政治文化比较研究。独著《中西法律文化散论》《礼治与法治》《中西法律文化散论续编》，主编《民间法》《村民自治法律问题研究》，并在核心刊物发表学术论文数篇。

中西方文化传统不同，在进行法治建设过程中，中国应该走"以农村包围城市"的道路。也就是说，移植或借鉴别国的法治成果，是各国立法通常的做法。优势在于立法成本较低，不足之处是消化过程太复

> 杂,容易导致消化不良。而挖掘本国传统文化与外来法治传统可衔接的因素优势不言自明,挖掘本国传统文化,特别是从中国的小传统——民间习惯规则、民间纠纷解决等方式中挖掘、整理出与法治并行不悖的因素,更适合中国国情。

记者(以下简称"记"):于老师您好!很荣幸有机会对您进行访谈。我们先从您的求学经历谈起吧。

于语和(以下简称"于"):我是天津宁河人,美丽的七里海是我的家乡。我出生在一个农民家庭,有着农村孩子的勤劳朴实,从小也刻苦学习。因家庭条件所限,1981年考入天津师范专科学校政史系。毕业后回到宁河当中学教师,当时主要是教高三毕业班的历史课,学生们很喜欢听我的课。在工作的这几年,除了认真备课、讲课外,在课余时间,自己也一直都在研读中外经典书籍,深深地到感觉自己的知识积累还很欠缺,需要进一步的学习深造。因为自己的兴趣所在,在1989年考入南开大学古籍整理研究所,攻读硕士研究生,我是古籍所的第一届硕士研究生。毕业后去了天津大学任教,此后在天津大学工作了十年。教大学生和教高中生区别还是很大的,高中生因为有升学率的压力,学生学习中记忆的内容要多一些,老师讲课知识点也比较固定。而大学生的学习,注重的是理解能力和涉猎较为宽泛的知识面,这些都需要老师进一步的引导,对教师的知识储备提出了更高的要求。我一直认为作为老师来讲,要给学生"一碗水",你就得有"一桶水"。所以在98年的时候,我在职攻读天津师范大学政法学院的法学博士学位。当时我已经担任了天津大学法学系的系主任,工作比较繁忙,但从来没有因为工作影响到自己的学业,我给自己规定每天固定的学习时间。2001年顺利毕业。之后一鼓作气,2002年到2004年成为中国人民大学法学在站博士后。2002年调到南开大学法学院工作至今。

记:您对知识的追逐和进取心值得我们好好学习。您在南开大学古籍所学习期间,当时开设的课程主要有哪些?

于:南开大学古籍所崇尚脚踏实地做学问,提倡严谨朴实的学风、文风,力戒浮躁,力戒急功近利。当时的主干课程主要有"古典文献学""经籍概论""训诂学""文学文献学""古典文献研究法""文化史专题"等。特别注重目录、文字、训诂、校勘、版本这一类知识的传授,特别重视培养学生阅读并研究古籍尤其是先秦古籍及清人的学术著作的能力,希望学生在读研究生期间打下扎实的国学根底。

记：您对法律史专业的兴趣,是从何时产生的？为何想到要从事这方面的教学和研究？对于法律史,您有什么基本的学术观点？

于：这个问题谈起来也是必然的事,从读书到工作,最初都是与历史打交道。自己对于历史,尤其是中国古代史,有着深厚的兴趣,所以在这方面下的工夫也比较大,年轻时就读了很多历史古籍。后来到天津大学工作,在法学系自然要从事法学的科研与教学,法律史当然是我必然的选择,是我的知识结构、个人兴趣与工作需要的完美结合。

我对于法律史的研究主要集中在先秦。我认为中国传统政治法律体系在数千年的发展中,虽几经变革,却一直有一根血脉延续其间,从未中断,这就是形成于先秦的传统文化内核。所以,后世之法律体系,其本质皆本源于先秦。我的研究兴趣也在先秦的法律制度与法律文化方面。

记：在您学习过程中,印象最深刻的是哪位老师？受哪位老师的影响最大？

于：应该这样说,在学习的不同时期受到不同老师的影响。

我在天津师范大学攻读博士时,师从徐大同先生。徐先生是中国著名政治学家,天津师范大学资深教授,享受国务院特殊津贴。先后任教于中国人民大学、北京大学;曾当选第六届全国人大代表和华侨委员会委员,第八届天津市政协委员,天津市政府法律顾问委员会委员;先后担任中国政治学会常委理事、副会长、顾问,天津市社联副主席,天津市政治学会会长、法学会副会长。徐先生一直致力于中外政治思想的教学与研究,学贯中西,造诣深厚,先后写作出版了《中国古代政治思想史》、《西方政治思想史》、《20世纪西方政治思潮》、《当代西方政治思潮》、《现代西方政治思想》、《现代西方政治思潮》、《西方政治思想史》(五卷本)、《中西传统政治文化比较研究》、《中西政治思想史》等力作,在学界产生重大影响。先生提出"教学问,教做学问、教做人"的教育理念。在教学中他循循善诱,启发学生思考,与学生进行平等的讨论交流。他关心学生的生活、工作和就业。逢年过节,先生常把不能回家的学生请到自己家中,深得学生的敬爱与尊重。此外,作为研究西方政治思想的专家,他非常注重引导学生树立正确的政治观点,提出"为中国的政治建设研究西方"、"中国与西方有着不同的历史传统和国情,不能用西方的经验、标准评价衡量中国的政治"等重要观点,对学生的治学与做人产生了重要影响。先生虽然科研成绩卓著,却每年给自己定一个科研指标,"从头越"是他最喜欢的座右铭。

在中国人民大学法学院作博士后研究时,师从曾宪义先生。曾先生现任中国人民大学法学院名誉院长,兼中国人民大学台湾法律问题研究所所长、中国人民大学港澳法律研究与交流中心主任、中日法律文化研究与交流中心中方主任。曾任中国人民大学法学院院长,教育部全国高等学校法学学科教学指导委员会主任委员,全国法律硕士专业学位教育指导委员会第一副主任委员,中国博士后管委会法学与教育学专家组召集人,中国法律史学会第四理事会会长等职。主要从事中国法律史、比较法律文化、中国台湾地区法律等方面的研究。曾撰写发表《新编中国法律史》《中国法律制度研究史通览》《中国法律思想史研究通览》《中国传统法律制度研究史通览》《中国传统法律文化研究》《海峡两岸关系中的法律问题研究》等著述。虽然先生工作非常繁忙,但从未因工作缘故影响对我们科研学习的悉心指导。先生为人不张扬,以和待人,常常引用教育大家陶行知先生的"教师的职务是'千教万教,教人求真';学生的职务是'千学万学,学做真人'"来教育我们治学及做人之道。我博士后的出站报告是《民间法规则在法治建设中的作用》,其中所运用的实证分析法和田野调查法等方法都深受曾先生影响。

两位先生的言传身教和耳提面命深深影响着我,现在我教学生也是秉承这样的思路。在学术上,两位先生都勇于创新,总是将成绩看做继续前进的动力和新的起点。这两位老师一直都是我的榜样。

记:听完您的讲述,我们也是受益颇多。谈到教师生涯,您曾在2004年离开教师岗位,去宁夏司法厅挂职锻炼一年,能否介绍一下这一段经历?

于:2002年时我作为特殊人才被引进到南开大学,作为法史学法理学教研室主任。在南开大学期间,2004年9月,受中组部和团中央的委派,作为天津市第二批(全国第五批)"博士服务团"成员赴宁夏自治区,挂职锻炼。当时任司法厅党委委员、厅长助理。

"没有调查,就没有发言权",在宁夏挂职锻炼期间,几乎有1/3的时间我都是"泡"在下面,在那里直接听取百姓的心声,在那里解读社情民意。初到宁夏工作时,就赶上自治区司法厅对全区基层司法所规范化建设工作督查调研。一个多月的时间里,我跑遍了银川、石嘴山、吴忠、固原、中卫5市21个县区中的69个乡镇、街道司法所。在宁夏的一年时间内,深入基层、深入实际、深入群众进行调查研究,针对实际工作中存在的问题,提出了多项合理化建议。比如说,针对人民调解制度,我深入宁夏自治区26个市、县(区),走访了全区238个乡镇(街道)中的130多个,对人民调解工作现状、存在的问题以及改进措施开展专题调研,摸清了全区人民调解工作的现实状况,并向自治区党委、政府和自治区党委政法委提交了《关于宁夏自治区人民调解工作情况的汇报》,有力地促进了基层司法所人员少、人民调解组织无工作经费、人民调解员无工作补贴等问题的解决。自治区领导十分重视,给予调研报告"内容充实,很有说服力"的高度评价。

当时宁夏正在进行"四五"普法教育活动,我为区直党政机关、科研院所和大型企业以及市、县(区)的各级领导干部,作了35场法制讲座,受众达一万余人,反响强烈。我还结合自己分管的依法治区领导小组办公室工作,积极筹备、论证、推动"法治宁夏"建设工作,筹建了"法治宁夏"专家小组,完成了《法治宁夏实施纲要》等一系列专家组文稿,为加强依法治理和地方法治建设做了大量卓有成效的工作。

在一年挂职锻炼中,我充分发挥自己的专业特长,为促进西部地区的法治建设作出了力所能及的贡献,受到了中组部的表彰和当地干部群众的一致好评。此外,自身的思想政治素质和业务工作能力也得到了锻炼和提高,更为自己以后的学术研究打下了一个坚实的基础。

记:您现在有其他兼职吗?

于:今年4月,我兼任了天津市人大代表进修学校副校长一职。人大代表进修学校的建立是为人大代表学习提供一个平台,进一步提高各级人大代表的理论水平、法律水平、专业知识水平,使其更好地履行职责,为本市各级人大及其常委会依法履行职权提供服务。这个学校主要是针对天津市的全国人大代表、天津市人大代表、各区各县人大代表,约一万三千人,提供政治理论、业务素养培训服务的,学校的职能与我的专业研究关系紧密。

记:您提到挂职锻炼和兼职工作给您的学术研究打下了一个基础,您现在的研究方向主要侧重于哪些内容?

于:我现在主要关注三个方面的内容:民间法;草根法治;普法工作。

记:您出版了一本《民间法》教材,也发表了许多相关的论文,能否介绍一下您的主要观点?

于:我长期致力于中国民间法的研究,在南开大学法学院为本科生和硕士研究生也多次开设"中国民间法概论"课程。《民间法》是通论性质的著作,是在我主持的民间法研究的5次田野调查、4项省部级科研项目的基础上完成的。5次田野调查涉及河北、山西、宁夏等地区的十余个县市,"一分材料说一分话"为全书的完成提供了实证基础;4项科研立项涉及村规民约、村民自治法律制度、村民选举和民间纠纷协调解决机制等民间法的重要问题,为全书提供了坚实的理论支撑。

民间法在我看来,是指非国家制定认可的以礼俗、习惯、惯例、家法族规、村规民约、少数民族习惯、行会规则等为主的行为规范。而我为什么要侧重于民间法的研究呢?中国法治和西方法治是不同的,按照西方学者观点,法治的产生需要政治权力多元、法律至上的信仰及发达的商品经济作为支撑。要是按照这样的理论,中国传统社会是罕有法制本土资源的。中西方文化传统不同,在进行法治建设过程中,中国应该走"以农村包围城市"的道路。也就是说,移植或借鉴别国的法治成果,是各国立法通常的做法。优势在于立法成本较低,不足之处是消化过程太复杂,容易导致消化不良。而挖掘本国传统文化与外来法治传统可衔接的因素优势不言自明,挖掘本国传统文化,特别是从中国的小传统——民间习惯规则、民间纠纷解决等方式中挖掘、整理出与法治并行不悖的因素,更适合中国国情。

北京理工大学的谢晖教授创办了《民间法》集刊,在全国倡导召开了"民间法·民族习惯法全国学术研讨会",2005年由山东大学威海分校、青海民族学院共同举办了第一届研讨会,目前已经召开了五届,今年是第六届,10月份将在广西召开。这个研讨会为目前我国从事民间法研究的学者提供了一个很好的交流平台。

记:您如何看待国家法与民间法的关系?

于:在第一届民间法的研讨会上,我提交了一篇论文,后来也发表了,就是《国家法与民间法互动之反思》。

国家制定法在当代法治建设中的作用日益重要,其影响遍及社会生活的各个层面;同时孕育和植根于我国法律文化传统之中的民间法,也在发挥着其固有的调控、规范功能,并更妥帖地维系人们日常交往之秩序。

在历史上较长的一段时间里,国家权力对民间社会的控制是极为有限的,其所管辖的范围大多是一些刑事案件,众多的"民间细故"案件大都是通过乡土社会的民间纠纷解决机制予以解决。民间法作为一种特定的社会秩序,有其显著的特质,其中最突出的特点就是其地域性和非正式性。国家法所具有的原则性、普遍性及相对稳定性的特征,使其具有一定的缺陷和不足,而民间法能很好地弥补这些不足。在一个多元化的社会中,国家法与民间法的矛盾和冲突是无法避免的,同时二者实质上是相互影响的,它们的作用模式是互动的。在具体互动渠道上,关键在于国家正式制度要为国家法与民间法的互动提供对话空间和途径:第一,在立法层面上,国家制定法要与民间法积极沟通,充分吸收民间法的有益成分,不断完善自己;第二,在司法层面上,要重视民间调解机制的灵活运用及其所具有的制度创新功能。

举个法学领域之外的例子,传统文学中,有"阳春白雪",也有"下里巴人"。从文学史的角度上讲,如"楚辞",它是在楚国民歌的基础上加工形成的,这些民歌原来也是难登大雅之堂的,但屈原等人吸收其营养,加工创作出《离骚》等传世名篇,后人仿效,名篇继出,使"楚辞"成为一种经典的文学类型,不仅开启了后来的赋体,而且还影响历代散文创作,成为我国积极浪漫主义诗歌创作的源头。因此说,目前中国法治建设需要进一步加强对民间法的研究。

记:您提到了"草根法治",该如何理解?

于:先说个背景。我来自农村,出身农民家庭。记得 2001 年 7 月 2 日博士毕业时,感慨万千,我给哥哥打电话时,想到父母文化程度不高,家里供养一个大学生很不容易,现在我能博士毕业,父母家人的恩情永远无法回报,当时是泪流满面。我长在农村,所以对农村的生活非常了解。而中国人口大多数都是农民,所以"草根法治"非常适合中国的国情。我所说的"草根法治",主要是侧重于中国传统解纷机制,即综合了行政、司法、调解等在内的多元化解纷机制。

昂格尔在《现代社会中的法律》中提到,近代西方居于法治程度坐标正极,而传统中国的法治程度则处于坐标的负极。按他的意思,也就意味着中国传统社会是没有法治的。中国传统社会没有现代意义上的法治,但并不意味着没有法,主要是以礼治的形式表现出来。这就体现出了中西方的文化差异。梁漱溟先生在比较了东西方文化的差异之后,反对以移植西方的制度来改造旧中国,认为只有从根本上改造中国的文化、自下而上地推进中国社会新传统的形成,才能实现中国在政治、法律等方面的转型。依靠什么样的方法完成中国社会新传统的形成呢?梁氏以为中国社会的根基在农村,只有通过乡村建设运动促进新传统在农村社会的形成,才能促进整个中国社会向新的方向发展。

回到"草根法治"上,以民间调解制度为例吧。民间调解制度确立的目的就是要维持基层社会秩序,与诉讼有共同的目的。我们首先要建立的是一种"双轨式"社会协调机制:一是司法途径,二是民间调解。美国法学家埃尔曼指出:"那些深深植根于诸如家庭、手工业作坊和村户的传统和价值制度通常更顽强地抵制现代法律。"即使是在今天,国家法在乡土社会仍然松弱,在国家法深入乡土社会的过程中,因国家法律逻辑不同于乡土社会的生活逻辑,仍然遭到不同程度的抵制。在中国这样一个特有的社会结构中,建立司法与民间调解的"双轨式"纠纷解决机制是必然的。富兰克·沙德曾经指出:"只要纯化合意,即只要具备了使合意出于真正的自发、自愿的条件,即使以对审判的需要为前提,调解也能够成为与审判并立的另一个重要的纠纷解决制度。这种制度的存在只能有好处,绝无带来坏处的可能。"无论在中国古代还是在中国社会的现代化进程中,社会结构和法律秩序都表现为两套不同的系统:一是与国家法相连的法制系统,一是与民间规则相联系的乡民社会的草根传统。一个多元化、平衡的纠纷解决体系体现了国家法治与社会自治的正确关系,是当今中国构建和谐社会不可或缺的重要机制。而正是国家与社会秩序二元性的特点,决定了人民调解制度有其存在和发展的支撑点,更是考虑如何发展和完善人民调解制度的逻辑起点。中国有中国特有的传统,这就是条件。我们依着中国传统的条件正用一种特殊的方式推动中国法治。

我在作社会调查时发现,现在有些乡镇、村、村民小组都有调解员,他们主张"小事不出村、大事不出乡",要抓小、抓早、抓苗头,效果很好。

多元解纷机制不仅仅是民间的调解,还包含法院的调解。学法律史的人都知道"马锡五审判方式",现在河南各级法院坚持"全程调解、全员调解","调判结合,以调为主",积极开展大调解活动,建立大调解格局。河南商丘市法院在2008年时就提出了"弘扬'马锡五审判方式',大力开展巡回审判工作"。我们现在提倡学习人民好法官宋鱼水同志,她是海淀区法院知识产权庭的庭长,她经手的知识产权类的案件70%都通过调解解决,这说明什么?调解做得好,胜负皆服,和诉讼的目的是异曲同工。

记:"草根法治"和民间法的关系如何?

于:"草根法治"和民间法紧密相关,多元化解纷机制需要借助民间法的作用。举几个例子。第一,徽州地区有个"杀猪封山"的传统,到了封山育林期,全村出资买一口猪杀了,每家分一块肉。之后便签订《杀猪封山公约》,在封山期间,任何人不得砍伐林木,如有违反者,则要把他家的猪杀了,全村分而食之。这一做法的效果非常好。反而是单纯依靠国家关于禁伐的法律规范得不到好的效果。二是民间的订婚风俗。民间有订婚的风俗,订婚时,男方按照习俗除了要给女方彩礼外,还会宴请宾客。但退婚了该怎么办?《婚姻法》虽然有相关的规定,但和传统形成的理念有所不同。传统理念是看谁提出了退婚,如果是男方提出的话,不能向女方要回彩礼;女方提出的话,要退一半。《唐律》中也有类似的规定。遇到这种纠纷,如果是女方提出的,按照法律的规定全部退回彩礼的话,对女方也是不公平的。女方是"订过婚"的人,这是有一定影响的。所以可以参考传统习俗。三是农村盖房子,如果两家对门,一家盖的房头高,另一家就会很不满意,从习俗上来讲这样是对这一家的风水等不利。从法律上讲,这又没有影响到对方的采光权、通行权等权利,但因此出现纠纷的话,该如何处理?法律无法解决,纠纷又实实在在地存在。所以此时就需要利用民间法等规则的"草根法治"进行解决。

我在宁夏司法厅时办公室的装饰物就是挂在迎面墙上的一束普通的芨芨草。因为中国现实的法治之路存于"草根"社会之中,那束生长在宁夏旱塬上的芨芨草凝结着我的情怀,推进农村民主法治建设,寻求实现依法治国的现实路径,是我毕生为之努力的方向。

记:您的"草根"情怀让人感动。您还提到了"普法工作",能否介绍一下?

于:我非常喜欢进行普法讲座。我是天津市"四五"、"五五"普法讲师团的成员。加强法制宣传教育,提高全民法律素质,是推进依法治国基本方略实施、建设社会主义法治国家的一项基础性工作。常规来讲,普法要突出加强宪法的宣传学习,动员全社会扩大普法范围,全面提高宣传教育水平。实际上我们讲"依法治国"、"依法行政",前提是相关机关相关人员要懂法,除了他们自己学习外,还需要外在的教育,而普法讲座,正是这种外在教育。各级领导干部作为构建社会主义和谐社会的管理者、带头人,提高他们的学法、用法、守法水平,不仅将对全体干部群众法律意识的提高起到模范表率作用,进而会直接推动全社会依法治理工作的深入开展,而且将直接提高各级领导干部依法执政的能力,进而整体提升全社会的法治化水平。针对干部的普法讲座,除了可以宣传法律外,主要是起到培养法治理念的作用。

在宁夏,我经常主动放弃节假日休息时间,结合宁夏区情,结合不同地方、不同部门的工作实际,开展主题讲座,曾以《依法治国与以德治国及其二者的辩证关系》、《保持党的先进性与构建社会主义和谐社会的能力》、《弘扬宪法精神,构建和谐社会》为主题,奔赴全区各地各单位举行了35场法制讲座。在天津,普法讲座实在是太多了。2007年,天津开展了法律进乡村、法律进社区、法律进企业主题大宣讲。法律进乡村主题大宣讲首先在宁河县举行,我针对农村土地承包、土地流转、干群矛盾、民事纠纷和群体上访等问题,进行了《依法保障和促进当前农村稳定》主题宣讲。2006年,我曾被评为全国四五法制宣传教育先进个人。很多听讲座的成员都说我讲的内容很实在,不虚,浅显易懂,不高深莫测。针对不同受众,进行不同主题的普法讲座,是我做的力所能及的事。

记:在法律史专业中,您认为还有哪些发展空间,或者要开拓的新领域?

于:上个世纪后20年中,我国的法律史研究普遍比较浮躁,进入21世纪以后,一批法史学者逐渐平静下来,开始思考法律史学的发展问题。我认为应该有两种研究向路,一是充分吸收社会学、人类学、考古学、经济学等学科的研究方法与研究范式,对一些法史命题进行系统、深入研究,走"细"的道路。另一个是研究大历史,从整个中国法律发展史中探寻规律。很多学者现在反对"大"命题,其实那是因为我们研究得不够好,这一种范式也是很必要的。

记:对于民间法的研究,最大的争论在于什么?您的研究视角如何从礼治与法治转变到民间法?

于:现在学界对于民间法的研究日益深入,对于民间法研究最大的争论在于这样几个方面:一是民间法是不是"法",也就是民间法可不可以被称为"法"。这个问题在我看来其实并不重要,民间法可以称为"民间规则",称为"民间法"也未尝不可,法既可以是严格意义上国家制定的法律,也可以是广义的其他规则形式,甚至可以解释为方法、模式等。二是民间法如何与国家法进行有效的良好互动,从而影响实践。这一点我在前面谈到过,在此不予赘述。三是一些学者提出的,认为当前学界研究的民间法很多都是历史上的民间法或者是很小的一个领域中的现象,并不能说明整个社会都存在有效的民间法,而且随着商品经济的发展,随着现代市民社会的建立,那一套建立在传统乡土社会中的规范体系是否会消失?

至于你说的,我的研究视角为什么会从先秦礼治转到民间法上来?其实严格地讲,我的研究旨趣并没有发生转移,先秦礼治是"源",而民间法是数千年不断赓续的"流",恰恰当前我们所谓的"法治"才是赤裸裸的舶来品,是纯西方式的"法治"。我不反对法律移植,世界上也不乏法律移植成功的实例。但我主张在认识、反思自己的基础上进行移植。

记:在法律史专业,您最大的贡献在于什么?

于:如果说有一点贡献的话,我对先秦礼治有一些研究。这一点前面谈到一些。我认为研究中国古代法律史,首先要抓住传统法律的灵魂,而这个灵魂就是先秦礼治。

记:您能否为年轻学子提几点建议?

于:我的学生们曾经作过一个统计,从我走上讲台至今,中学生、大学生、在职学生,加起来有数万人。我之所以无悔,就是因为这是一个育人成才的工作。如果要我为学生们提几点建议的话,我想最重要的一点就是:沉静下来!这个世界是个浮躁的世界,它不容许你去辨别,你接受的不明白真伪的东西太多了。青年人尤其如此,如果你随着这个世界浮躁了,你就失去了自我。这是最重要的一点。第二点就是:做学问先学做人,最重要的一点就是"孝",这是中国人必须要努力做到的。另外,一定要有自己的专长,有自己的思想、观点。这需要你去阅读、思考,更需要勤奋。不管你从事什么专业,都要独立思考,不能人云亦云。我不希望你们都成为伟大的人,你们过多地将成为平凡的人,但平凡的人有平凡的梦想,你为了自己的梦想去努力了,你就是成功的。

(周会蕾、李远明)

刘荣军
Liu Rongjun

1962年10月生于江苏南京。籍贯广西。壮族。1983年毕业于西南政法大学,之后任教于广西公安管理干部学院,1986年考取西南政法大学诉讼法学研究生,1987年受国家教育部派遣赴日本留学,在日本国立一桥大学法学研究科先后获得法学硕士、博士学位。1995年回国后任教于中山大学法学院。2004—2006年任中国社会科学院法学研究所研究员,中国社会科学研究生院教授、博士生导师。2006年至今任北京师范大学法学院教授、博士生导师,中国法学会民事诉讼法学研究会副会长。

研究领域包括:民事诉讼法、国际民事诉讼法、司法社会学、纠纷解决学。

学术成果有:《程序正义的理论视角》《司法现代化与民事诉讼制度的建构》《程序的正义与诉讼》(翻译)、《民事诉讼法学原理》《论民事诉讼的目的》《自由心证主义的现代意义》《中国法治发展的社会基础》《认识与谬误》《民事执行存在问题的病理探析》《民事程序保障的宪法要求》《论证人的证言拒绝权》。

回国后我一直从事民事诉讼基础理论方面的研究,在纠纷解决学、司法社会学、民事诉讼理论研究方面都投入了许多精力。这些学术研究对象有的已经脱离了民诉法学研究的范围,甚至是脱离了法学的研究范畴,往往需要用一个全新的眼光看待整个社会发展中存在的问题。比如在纠纷解决学研究中必须关注纠纷的成因、纠纷的类型以及纠纷的形态,这就要求研究者对整个社会的思想动向、社会矛盾形成原因明锐把握,有所分析。又如司法社会学中涉及考察法官在自由心证

> 过程中的心理状态的内容,就是指研究法官在面对同样法律关系时作出不同判决的心里成因以及造成这种现象的社会原因和个人心理原因。

记者（以下简称"记"）: 首先请刘老师给我们谈一谈您年少时的一些经历。

刘荣军（以下简称"刘"）: 我1962年出生在南京。虽然在"文革"期间年纪尚小,但是还是经历了动乱的尾声阶段,对一些情景的印象还是很深刻的。这个时期非常流行"红小兵""红卫兵"等革命性概念,在学校中也存在一些小派别。但是那时我们年幼,没有介入任何的"造反"运动。

记: 那您当时所在的学校的秩序是否受到影响?

刘: 我在1969年上学,正巧赶上国家"备战备荒"政策的实施,我们一家就从县城搬到老家农村去了。所以从1969年至1975年的六年时间我是在农村边读书边务农的。由于农村较为封闭,因此正常的学习生活受到政治运动的影响不大,生活、社会的秩序还算井井有条。不过,阶级斗争的氛围或多或少还是存在的。我清晰地记得:村口曾经摆放着一座毛主席的雕像,每天上课前老师都会组织我们学生来到像前集体高唱《东方红》,唱完后才能上课。有的时候,我们学生也会跑到大队部看农民和红卫兵是如何批斗地主的。不过那时毕竟年纪还小,对政治运动缺乏深层次的理解,只是抱有一种好奇心而已。

记: 老师,您当年生活、学习的条件是否很艰苦?

刘: 由于我的父母是干部,所以和别人相比较,我们家的生活水平还算不错。

记: 那您的家人在"文革"期间有没有受到冲击?

刘: 受到了很严重的冲击。在"文革"期间,我家有六口人遭迫害致死,我的父亲也险些被迫害致死。正是由于看到当时社会不安定、缺乏正常的秩序、人的基本权利无法得到保障才促使我今后选择法律这门专业。

记: 据我们了解,您在1979年考入西南政法大学,那在1977年听到恢复高考的消息时是作何感想的呢?

刘: 我在1975年回城读初中,1977年初中毕业,当时我并没有资格参加高考。在1979年我抱着试试看的态度参加了高考,没想到居然中榜了。

记: 那您填报的专业是法学么?

刘: 开始的时候想填报北京师范大学历史系,但是看到历史系招生名额有限,而且我不愿意当老师,产生了动摇的心理。再加上由于受到"文革"时期家人遭迫害的影响,最后我决心填报西南政法大学的法律系,力争毕业后从事为人民伸张正义的工作,所以就在第一志愿上填报了西南政法的法律系,后被录取。

记:请老师谈一谈您刚进入西南政法大学的情景以及您对四年大学生活的印象。

刘:我清晰地记得1979年我来到学校报到的情景。那时我还不到17岁,但已经具备了独立生活的能力。只身的我手提提桶,头戴旧草帽,呆呆地坐火车上的一个角落,换乘了两列车才到达大学所在的城市重庆。在车厢内遇到几个打扮类似,脸上带有书生气的学生,一问才知都是去西政读书的。

记:入学后哪些同学给您留下了深刻的印象?

刘:我在大学期间一共呆过三个宿舍,所在宿舍的同学都成为了日后响当当的法律界人才。澳门地区总检察长何超明、公安部常务副部长杨焕宁、清华大学教授江山都曾是我的室友。

记:刘老师,在西南政法大学这段时光中,哪些事情让您印象深刻呢?

刘:那时西政图书馆没有受到"文革"的冲击,硬件保存完好,藏书量超过40万册。在西政前三年的时间我基本没有学习法律知识,而是将大部分时间花在图书馆的美学、军事学、哲学、历史、文学书籍阅读上,这些知识对我现今研习法律都起到了帮助的作用。

记:先前您提及,您学习法律的原因是受到"文革"的影响,那您此后从事法律工作的原因又是什么呢?

刘:大三的时候我来到检察院实习,配合检察官一共办理了两个案件。首先感觉检察院对某些证据的法律定性的过程是非常困难的。虽然内心对某些证据的适用性和客观性产生怀疑,但是由于自己的身份是实习生不方便提出。其次我感觉检察官的办案条件非常艰苦。通过在检察院的实习,我发现自己并不适合从事法律的实务工作。在思考自己人生发展方向的时候,我毅然决定从事更能发挥我特长的学术研究。所以在大学毕业分配的时候,我填报的工作单位都是高校。

记:那您当时是回广西工作吗?

刘:对。开始我在公安干部管理学校工作。首先,虽然公安院校的课程与法律有衔接之处,但是那时我教授的法律课不是主课,所占授课比例较小;其次,如果单纯挂靠在公安干部管理学校从事研究工作,我想成功的可能性很小。

记:刘老师,您为何会选择诉讼法作为您的研究专业?

刘:在大学期间的期中论文和毕业论文都是以刑事诉讼法为写作侧重点,

应该说在那个时候我已经对诉讼法产生了浓厚的兴趣。

记：既然您在本科时期的论文都是以刑事诉讼法为侧重点，为何您今后会从事民诉的研究呢？

刘：首先，在大学阶段，我阅读了许多民事诉讼法的书籍，整理了许多笔记，打下了学习民诉的知识基础。其次，当时考虑与刑事问题相比，民事问题更加广泛，研究的范围更大，从长远角度看民诉比刑诉更有研究的意义。所以考研时选报了民诉专业。

记：在您大学期间，哪些老师给您留下了深刻的印象？

刘：教授中国法律思想史的俞荣根老师、讲授司法文书的高绍先老师、我后来的硕士导师常怡教授等都给我留下了非常深刻的印象。每位老师都有独特的研究风格和研究方法。作为他们的学生，无形之中都会受到他们的影响。

记：能否请老师谈一谈您留学日本的学术经历？

刘：那时我是学校公派出国留学的。我在 1986 年 9 月考取西政诉讼法法学硕士，10 月份学校接到国家教育部的通知，被告知有分别去苏联和日本的两个留学名额。本来该名额是给老师的，但是由于教师之间竞争激烈，无法确定"花落谁家"。最后院领导决定为了避免矛盾，将两个名额分配给学生。当时对公派留学的学生要求非常苛刻，必须是三年制的、会说写日语或者俄语的研究生，所以在学生中有资格去日本留学的只有我一个人，感觉非常幸运。

记：那您是何时学习日语的？

刘：1979 年高考后至入学前期的那段时间，我除了看书之外将大部分时间花在了自学日语上。

1987 年 2 月至 8 月，我来到大连接受赴日前的语言培训。在出国留学前，学校要求我们学生选择留学的学校。那时有位毕业于日本国立一桥大学的早崎卓三律师正巧在西南政法大学进修中国法律，他告诉我一桥大学是日本最早建立的大学之一，也是一所世界著名的社会科学类综合大学。学校建校一百三十多年，为日本培养了大批人才，目前日本经济界多数领袖毕业于该校，在日本享有"日本的哈佛"之美誉。于是我决定留学一桥。紧接着又遇到了选择导师的问题。当时西南政法订购的日文杂志上介绍了各个日本大学法学部的教授情况。通过反复查询和比较，从年龄角度考虑，我选择了伊藤真老师。

来到日本后，我才发现原来日本的高校非常开放。我记得在日本定期会召开民事诉讼法研究会，在会上你可以目见全日本这一领域的所有研究人员。日本学者非常注重学术的研究方式，往往一篇论文的背后是几百本书的积淀。和国内学者相比，日本学者的治学态度和治学理念的确值得我们敬仰和学习。

我的导师伊藤真是一位认真的教授，在学术上对我的英语水平和学术研究方法有着极高的要求。伊藤教授也是个热心的老师，课余专门为我补课。伊藤老师待人宽容，如果学生犯了错误，他不会直接批评，而是用言传身教的方式教育学生。现今我每隔一两年都会去日本访问，到日本后我必定会去拜访伊藤老师。

记：能否就您研究的领域谈一谈中国与外国的差距呢？

刘：首先，从总体上说中国法学和日本法学的水平差距是相当大的，在理论和实务方面都存在很大的差距。从理论方面来说，中国基本上以纯理论研究为主，与实践结合性较差。日本的法哲学、法社会学、法理学、法律史等基础理论学科的研究基本立足于现实，实践作为理论研究的基地发挥着巨大的作用，是一种问题型的研究。从实践方面来讲，日本的实践性研究基本是事实性研究而非规范性研究，而中国的实践性研究几乎都是规范性研究。纯理论性研究的空无缥缈的特征恰巧迎合了中国人的心理，这就导致国内的法学理论研究变得很超前，造成部分实体法的研究学者为了追赶与理论学者的差距也热衷于纯理论性的研究。所以国内法学界呈现出"空洞"的负面现象。

在民事诉讼法学方面两国的差距也不小。中国的民诉法学基本无任何积累，没有系统地介绍大陆法系和英美法系的民事诉讼制度和民事诉讼理论。民诉理论研究离不开条文，学者都希望摆脱条文注释，向理论研究方向发展，但是由于理论积累不够，影响了我们向这一方向转化的历程。我认为30年国内民诉研究的成果有些悲凉，我们走的是国外民事诉讼发展的老路，这也是民诉研究很大的悲哀。究其原因是相关领域研究人才的匮乏。日本的中央大学内汇集了许多外校退休的老师，其中研究民事诉讼法的老师就有十多位。虽然这个大学在日本只是三流大学，并不被中国民众所知，但是毫不夸张地说这十几位民诉老师的水平如果放在中国民诉法学界都可以算是佼佼者。虽然中国民诉水平不断提高，但是目前还是在低水平徘徊。目前我们在探讨法学学生就业困难的问题，这与当年招生时没有搞市场化调查研究，造成需求人数和实招人数脱节有直接关系。在日本，我学习了一些美国法律人才市场的管理理念。在美国，每年法律专业入学学生的数量都会受到严格的限制，具体招收的人数会参考当年的人才需求量。

记：刘老师，请您谈一谈您的学术领域研究的侧重点和关注点是什么？

刘：回国后我一直从事理论方面的研究，在纠纷解决学、司法社会学、民事诉讼理论研究方面都投入了许多精力。这些学术研究的对象有的已经脱离了民诉法学研究的范围，甚至是脱离了法学的研究范畴，往往需要用一个全新的眼光看待整个社会发展中存在的问题。比如在纠纷解决学研究中必须关注纠纷的成因、纠纷的类型以及纠纷的形态，这就要求研究者对整个社会的思想动向、社会矛盾形成原因明锐把握，有所分析。又如司法社会学中涉及考察法官在自由心证过程中的心理状态的内容，就是指研究法官在面对同样法律关系时作出不同判决的心里成因以及造成这种现象的社会原因和个人心理原因。

纠纷解决学、司法社会学是实实在在的学问，但是目前国内少有学者问津。

记：在研究过程中，您最欣赏、最推崇的研究方法是什么呢？

刘：我比较欣赏问题型的研究方法。要善于观察身边的事物，寻找问题，然后再寻求理论找寻解决问题的路径。在解决问题的过程中，综合各方面的要素和学说加以考虑，得出的结论和结果往往比较中肯，易于接受。

记：您觉得民诉法学的研究领域还有哪些地方可以进一步开拓和发展？

刘：我觉得民诉法学的发展还需要加强学科形象思维的锻炼，另外学科的研究方法应当开拓，将一些非理性的方法吸收到研究方法中来。为什么这样说？因为法律针对的许多对象是非理性的。我觉得可以把借用文学的研究思路应用到法学中。

记：那您觉得文学和法学这两门学科的衔接点在哪？

刘：法律的表达载体是语言，法律的内容能够通过文学的形式传授给广大群众。所以法律的语言应当通俗易懂，形象生动。

记：归国后，您一直在从事学术的研究工作，能否给您自己这几年的工作作一评价呢？

刘：我对自己的工作成果永远是不满意的，所以一直要努力工作。但是我对我的生活却非常满意，因为我的生活充斥着工作的影子，工作使我快乐、充实，自己的人生价值在工作中得到了体现。我一直乐于上课、乐于阅读，丝毫无疲倦感。和书本打交道、和学生打交道是一件非常快乐的事情。

记：刘老师，目前法学界存在一种学术现象，部分中青年学者呈现出"学术浮躁"的状态，急功近利。您对这一学术现象是如何看待的？

刘：学生的浮躁主要来源于教师的"榜样"，但是也不能责怪老师，关键还是体制的原因。中国学术评价是不公正的、不规范的，这样就会逼迫我们从事教学研究的老师急功近利。无形之中，他们会将扭曲的价值观和学术观传授给学生，形成恶性循环。解决这一"顽症"的最好方式在于重塑现行的学术评价体制。如果这一体制不能规范，现存的问题将延续。

记：您觉得我们法学界的学术规范水平在整个中国的学术界处于哪个档次呢？

刘:处于中等档次,总体的状况并不乐观。除了先前所说的体制因素之外,研究具体问题的方法还是显得非常稚嫩。

记:能否对中日两国法学界研究方法作一比较?

刘:首先,"只认真理,不认权力"是日本法学学者广泛具有的品质,但是在中国的法学界"为了权力牺牲真理"的现象比比皆是。其次,日本学者非常强调"学术必须讲究实事求是的精神,一切从实际和客观出发"的真理,并且在实际研究操作中也是这样做的。中国学者虽然也一直强调"实事求是"的精神,但是在实际操作中往往会受到体制束缚,不以客观数据为根据,急功近利,所以在近期会出现一些学术上的腐败事例。

我觉得目前在中国应当建立起一个学术纠正的体系,落实贯彻批评与自我批评,培养学者之间敢于批评的学术氛围,教学相长。我在授课时时常会指导我的学生寻找论文中的一些错误点,鼓励他们大胆地发表自己的意见和建议。

记:您觉得如何才能营造出一个良好的学术环境?

刘:目前的学术评价体制是暂时无法改变的,这就要求我们个人以及一些小团体作出牺牲。

记:请刘老师给我们法科学子提供一些优秀的书籍。

刘:书目很多,克劳塞维茨的《战争论》、朱光潜的《美学》、瞿同祖的《中国法律与中国社会》、威格摩尔的《证据法》等书籍都值得一看。在我推荐的书目中绝大多数并非法学书籍,原因在于我希望学生能够博览群书,掌握多方面的知识,成为一名综合性的学者。知识是共通的、互溶的。

记:最后请刘老师给我们青年学子提几点希望和建议。

刘:我希望青年学子们将所有的社会问题都看成法律问题,同时将所有的法律问题都看成社会问题,这样去认识、探索和研究必定对于学习有所帮助。

(余 莉、聂 潍)

王云霞
Wang Yunxia

1962年10月出生,浙江金华人,法学博士,中国人民大学法学院教授,博士研究生导师,法律文化研究中心副主任,文化遗产法研究所副所长。

1984年毕业于华东政法学院法律系,获法学学士学位。1984年至1993年在中国政法大学法律系从事外国法制史教学研究工作,历任助教、讲师。1996年毕业于中国人民大学法学院,获法学博士学位并留校任教至今,历任中国人民大学法学院副教授、教授、博士研究生导师。1997年10月赴日本立命馆大学研修文化财产保护法;1999年赴英国诺丁汉大学进修国际人权法;2000年5月应联合国教科文组织邀请参加关于"二战期间被掠文化财产返还问题的专家会议";2006年7月出席韩国全国经济人联合会主办的"济洲夏季论坛",并作《关于二战被掠文物返还问题》的主题发言。

主要学术成果包括:《东方法概述》(第一作者,法律出版社1993年版);《东方法律改革比较研究》(中国人民大学出版社2002年版);《外国法制史》(中国人民大学"九五"规划教材,教育部"十一五"规划教材,副主编,中国人民大学出版社1999年第1版、2007年第3版);《外国法制史》(教育部"十五"规划教材,副主编,中国人民大学出版社2003年版);《外国法制史》(二人合著,第一作者,高等教育出版社2008年版);《普通法的诉讼程序》(原著梅特兰,第一译者,商务印书馆2009年版)。

所获奖励和荣誉包括:2003年2月,论文《印度社会的法律改革》获司法部法学教材与优秀法学科研成果奖三等奖;2008年12月,专著《东方法律改革比较研究》获第一届全国法律文化研究成果奖一等奖。

> 在多年的外国法制史教学科研中,我得到了很多。外国法制史是关于世界历史上各种具有代表性的法律制度的形式、内容、特点及其发展演变的学科,涉猎面极广:既需要关注各种法律制度本身,也需要关注这些制度产生的政治、经济、宗教和文化环境;既需要有历史的视角,也需要有现实的考虑;既要注重对西方发达国家法制发展经验的研究,也要关注与我们有类似经历的东方国家法制发展道路。虽然从教学的角度这些领域都需要涉及,但从科研的角度看,每个研究者都不可能面面俱到,总会有自己的兴趣点。……可以说,我所取得的一些比较重要的学术成果都是这些年外国法制史学习、教学、研究的心得和感悟,我的人生也因为外国法制史研究而丰富和充实。

记者(以下简称"记"): 听到恢复高考的消息,您是怎么想的呢?

王云霞(以下简称"王"): 刚上高中时,得知了恢复高考的消息。当时还小,不是特别理解这个消息的意义。在这之前,我最大的梦想是做个图书管理员,既可以免去风吹日晒,又可以天天看喜欢的书,很是惬意。如果做不成图书管理员,做个电影放映员也不错,可以天天看电影。听到恢复高考的消息后,只是隐约觉得,也许我不用像邻居大哥大姐那样上山下乡了,图书管理员或者电影放映员的梦想也许比较容易实现了。慢慢地,随着越来越多的校友和邻居考上大学,越来越多关于高校的信息从各种渠道传播开来,我对恢复高考的意义有了比较直观的认识,意识到这是改变千千万万像我这样的青年学生命运的重要机会,甚至是唯一的机会,于是,发狠地复习。经过不断努力,终于以第一志愿考上华东政法大学(当时还是华东政法学院)法律专业。

记: 您对当时的法律系,感觉如何?

王: 我是1980年入学的,当时华东政法学院刚刚复校一年,可谓百废待兴。整个校园只有三座楼完全属于华政,其他楼都被别的单位占着。第一年我们80级学生吃、住、学全在东风楼里,直到第二年才搬到河东的新宿舍楼,教室也逐渐多了起来。学校的建制也很不完善,实际上当时并没有法律系,只有一个法律专业。由于刚刚复校不久,很多老师都是刚从"牛棚"里解放出来的。他们不仅被"四人帮"夺去了很多宝贵的光阴,而且在精神和肉体上都遭受过残酷的迫害。但是,在被恢复教学的权利后,他们无怨无悔,一心扑在教学上。在我印象中,很少听到老师们抱怨自己的待遇或者曾经遭受的迫害,听到的大都是他们对当时法学问题的探索和思考。当然,由于长时间没有搞教学和科研,也有些老师的授课让我们觉得没什么新意,而且政治说教的色彩比较浓。当时很少有正式出版的法学教材,大部分教材都是油印的,也有些教材是铅印的,封底还印着"内部资料,注意保存"的字样,这已经是很成熟的教材了。当时图书馆的藏书也很有限,因为复校前那座藏书丰富、传承悠久的图书馆在"文革"期间已经整个被上海社科院接管了,复校后只能新建一个图书馆,印象中藏书只有一二十万册。就是这样一座百废待兴的校园,在我们心里也是天堂。虽然学习生活条件都不好,但我们很满足,就怕时间不够,就怕自己不够努力会落在别人后面。那时候的借书证是一本手写的小册子,上面记着每个人借阅图书的各种信息,包括书名。学习用功的同学借书证上的记录就多,而且书名大都是法学名著,或者是社科类著作。不太用功的同学借书证大都比较新,而且借阅的书籍大都是小说类的。我很爱看小说,很多世界文学名著就是在大学里读的。但是怕借书证被别的同学看到,所以装模作样也借些学术名著来读。那时商务印书馆的"汉译学术名著"已经重印了很多种,包括孟德斯鸠、卢梭、伏尔泰等人的代表作品都能借到。虽然最初我借来读是迫于当时的学习氛围,但慢慢地,这些名著影响了我,对我后来选择外国法制史专业是有一些作用的。

记:在您四年大学学习中,您感觉印象最深的是哪位教师呢?

王:给我印象最深的是给我们授过课的法制史的几位老师,像外法史的徐轶民老师、刘学蒲老师、张智仁老师,中法史的王召棠老师、钱元凯老师等。尤其是徐轶民老师,他给我们讲了一学期的罗马法。他讲课如行云流水,一气呵成,思路敏捷,线索清晰,干净利落,绝无半句废话,听他讲课真是一种享受,我相信很多同学都跟我一样,因为喜欢听徐老师讲课而喜欢罗马法这门课,进而理解西方法律进化史。我后来给学生讲授罗马法时,常常会想起当年听徐老师讲课的情形,希望我的学生也会喜欢听我讲授罗马法,并从我的讲授中得到启迪。

记:您现在从事的是外国法制史专业,您对它的兴趣是从什么时候产生的?您为什么想到要从事外国法制史的教学和研究?

王:我们上大学时学校的建制还不完善,不仅没有法学院,也没有设法律系,大学三年级时开始分专门化班学习。那时的专门化班包括民法(包括经济法)、刑法、国际法、宪法、中外法制史、法理,还有刑侦,感觉跟现在研究生分的专业差不多。我当时不喜欢民法和刑法,那是大班,每个班都有不少人,觉得学的人多,可能作不出什么成绩。其他专业基本上是小班,尤其是宪法,中、外法制史和法理,四个专业加一块统称"法理班"。我选了外国法制史,因为学的人少,而且内容很广泛,也很有意思,可以发展的空间会比较大。还有一个很重要的原因是,我认为中国的法学和法制建设刚刚开始发展,有很多空白,需要向发达国家学习,而外国法制史能够给我们提供学习的基本路径。所以,在大学三年级时就选择了外国法制史方向。后来被分到中国政法大学工作,我主动要求从事外国法制史教学。从那时起已经有 25 年了,我都一直在从事外国法制史的教学和科研工作。

记:能否请您谈一谈从事外国法制史教学研究的感悟?

王:在多年的外国法制史教学科研中,我得到了很多。外国法制史是关于世界历史上各种具有代表性的法律制度的形式、内容、特点及其发展演变的学问,涉猎面极广:既需要关注各种法律制度本身,也需要关注这些制度产生的政治、经济、宗教和文化环境;既需要有历史的视角,也需要有现实的考虑;既要注重对西方发达国家法制发展经验的研究,也要关注与我们有类似经历的东方国家法制发展道路。虽然从教学的角度这些领域都需要涉及,但从科研的角度看,每个研究者都不可能面面俱到,总会有自己的兴趣点。我个人的学术兴趣最初集中在古代东方法,尤其是印度法。我觉得传统的外国法制史研究过多地关注了西方发达国家的法制发展经验,而对东方邻国的法制发展状况却很少问津,尤其是印度法研究,在 80 年代初期几乎是一片空白。造成这种局面的原因也很简单,因为很多人认为西方发达国家的文化,尤其是英美文化,是强势文化,对我们的法制建设更有借鉴意义。但我认为,包括中国在内的东方国家大都具有悠久的法制文明,在近代以来都遭到西方列强的侵略或掠夺,都在争取民族独立和富强的背景下进行了法制现代化变革,因此东方邻国的法制发展道路也许对我们更有说服力。它们的经验我们可以汲取,它们的教训我们应该总结。当然,这些观念也是在这些年的教学科研中逐渐形成的。在大学期间我就对东方古代文明有浓厚的兴趣,并选择了印度《摩奴法典》的历史地位及其影响作为我的毕业论文主题。在中国政法大学执教期间我也继续保持对古代东方法的兴趣,并与我的先生一起合作撰写了《东方法概述》一书。这本书的出版对我来说是莫大的鼓舞,虽然它篇幅不大,我们的写作水平也很稚嫩,但这却是国内第一部系统论述东方法的专著,也引起很多专家学者的重视。后来我在中国人民大学攻读博士学位,又继续进行东方法的研究,最终完成了博士论文《近代以来东方国家的法律改革》。留在人大执教后,经过 5 年的修改和补充,出版了专著《东方法律改革比较研究》。这部著作得到了学界的肯定和好评,2008 年还获得首届中国法律文化研究成果奖一等奖。可以说,我所取得的一些比较重要的学术成果都是这些年外国法制史学习、教学、研究的心得和感悟,我的人生也因为外国法制史研究而丰富和充实。

记:您认为现在外国法制史学科发展还存在哪些问题,应该怎样完善?

王：这是个很重要的问题。任何一个学科在其发展过程中都可能会遇到各种不同的问题，需要学者们不断努力，及时纠正学科发展过程中存在的问题，不断推动学科的健康发展。外国法制史学科在改革开放30年来得到迅速的发展，学科体系不断完善，教材和各种成果不断丰富，研究队伍也在不断壮大。但存在的问题也很多，这里我只谈感受最深的一个问题。在中国现有的法学教育体制中，外国法制史是一门法学基础课，一般开在大学一年级，为学生今后的专业学习奠定基础。但是这个定位在很大程度上制约了外国法制史学科本身的发展，也影响了外国法制史教学的效果。由于专业基础课先于专业课讲授，而外国法制史本身的内容却涉及世界历史上各种具有代表性的法律制度的形式、内容及其发展和演变，要让没有学过专业课的学生去了解各种历史上的法律制度的发展状况并理解其发展演变的原因和规律是非常困难的。唯一的办法就是降低专业性，在授课过程中不断就一些专业课中应该涉及的概念、术语进行解释。比如说，1804年《法国民法典》是外国法制史的重要内容，可是，要让没有学过民法的学生完全理解和掌握这部民法典的结构体系、立法原则和主要制度及其变化是很荒唐的。为了完成教学计划，老师只能不断地给学生解释民法专业术语，提前给学生补充一些民法基础知识，而教学时数是有限的，若把大量时间用于专业课基本知识的讲解上，用于外国法制史本身的探讨就必然减少，外国法制史课程本应发挥的作用就显现不出来了。都说教学和科研是相互促进的，如果课堂上只能作一些泛泛的介绍，很少、也很难深入探讨外国法制史领域的重大问题，那么必然会影响到老师们的科研兴趣和水平。因此，我认为要推动外国法制史学科的健康、科学发展，首先必须解决学科定位问题，外国法制史不应该仅仅被视为法学基础学科，而应该定位为法学专业课，在大学二、三年级开设比较适宜。这时候学生们已经学了宪法、民法、刑法、诉讼法等重要课程，需要对这些制度的发展进化进行深入比较分析，学习外国法制史会更主动，也更有效。

记：听说您最近几年开辟了一个新的教学科研领域，就是文化遗产法，并且还在全国的法学院中率先创办了文化遗产法研究所，您是怎么考虑的？

王：是的，最近几年除了外国法制史本身的教学科研，我也一直很关注一些新兴学科的发展动态，尤其是文化遗产法。二十多年的外国法制史教学科研在带给我欣慰的同时，也给我带来很多困惑。毕竟这个领域太宽泛，如果始终没有一块与现实的法律体系相契合的领地，自己的研究将越来越空洞，越来越没有根基。当然，每个学者对于法制史研究的思路和目标不同，自身的条件也不一样，有些学者可能会认为历史就是历史，法制史的研究只需要搞清楚某种法律制度的本来历史面貌就行了,不必考虑它的现实意义,有些学者则现实得多,他们会更关注现实的法制发展需求,总是试图为法制建设提供合理依据。我认为这两种研究思路都没有错,但无论哪种思路都不能太过极端,不能偏废,而应该兼顾。因此,我试图在外国法制史的大框架下,找到一个适合自己发展的空间,它就是文化遗产法。文化遗产法是最近几十年才在国际上发展起来的一个新兴法律部门,是一个文化遗产学和法学的交叉学科,同时在法学领域也是一个综合学科,涉及宪法、行政法、民法、刑法、国际法等多个部门,在具体内容上涉及文化遗产权利的保护和行使、文化遗产保护责任的规范以及对破坏文化遗产行为的追究等方面的问题。随着我国改革开放的不断深入和综合国力的不断增强,我国的文化遗产保护工作日益受到政府和社会各界的重视,但在法学界,文化遗产法还远未受到应有的重视,不仅没有一所法学院系统开设文化遗产法课程,相关的研究成果也几乎是空白。这不仅严重制约了我国文化遗产保护事业的发展,而且也影响了我国社会主义法律体系的完善。出于这样一个考虑,2006年5月,在人大法学院的支持下,我和院里的几位老师发起建立了文化遗产法研究所,由叶秋华教授任所长,我担任副所长。这在全国法律院校和科研机构中还是第一家。这个机构的建立,为文化遗产法的教学奠定了基础,同时也为该领域的国内和国际交流与合作提供了一个很好的平台。该所成立后,积极开展文化遗产法的教学与科研活动。至今已有四名博士研究生、三名硕士研究生以文化遗产法为主题撰写学位论文,其中两名已经完成学位论文写作并顺利通过了答辩。从2008年开始,我们已经在硕士研究生层面开设了文化遗产法课程,教学效果非常好。该所也积极为政府制定相关政策献计献策,2009年1月,由我主持的"二战期间被掠文物返还问题研究"项目结项报告得到国家文物局的认可,为相关部门制定二战被掠文物返还决策提供了比较可行的建议和意见。

记:前一阵法国嘉士得拍卖行拍卖圆明园兽首时您经常接受新闻媒体的采访,能谈一谈您的主要观点吗?

王:今年2月份,两件一百多年前被英法联军掠走的圆明园兽首在法国嘉士得拍卖行拍卖,此事遭到中国政府的强烈反对,也激起社会各界的愤慨。甚至有中国律师自发组成了律师团,试图通过诉讼阻止嘉士得的拍卖活动,并要求将兽首归还中国。很多网民和普通市民都支持律师团的诉讼行动。从道义上讲,我也完全支持,中国作为受害国,应该发出自己的声音,提出自己的主张,争取获得国际社会的支持。但从法律上讲,我反对盲目诉讼,毕竟诉讼需要有明确的法律依据和确凿的证据,而且要在法律认可的期限内。虽然近几十年国际社会通过了一些禁止文物非法流转的公约,肯定了被盗和非法出口文物应返还原属国的精神和原则,包括这次中国律师团引为诉讼依据的1995年国际统一私法协会《关于被盗和非法出口文物的公约》。但这些公约都只能适用于公约生效以后被盗和非法出口文物的返还,而且仅适用于缔约国之间。中国于1998年7月1日加入了1995年公约,而法国政府虽然签署了该公约,但议会并未批准,它对于法国法院是没有拘束力的。另外,虽然现有的资料能够说明它们曾经是圆明园文物,甚至现持有人也承认它们来自圆明园,可它们是怎么被掠夺的?又是怎么被非法出口的?怎么流转的?这些细节在法庭的审判过程中是必须证明的,而现有的研究水平还很难给出足够的证据。根据《法国民法典》或《法国民事诉讼法》虽然也可以追索被非法掠夺的文化财产,但这两件兽首已经远远超出了通常的诉讼时效。虽然近年来包括联合国教科文组织在内的国际组织都在一些建议和宣言中提出,战争期间被掠夺的文化财产的返还应不受时效限制,但这只是一些不具法律效力的建议,是供各国进行双边或多边谈判时考虑和采纳的。因此,贸然诉讼必然是要失败的,而且会给国际社会一种滥用司法资源、不尊重法律的印象。我主张通过外交渠道解决历史遗留问题。虽然外交渠道可能很缓慢、很艰难,但这是在现有的法律框架下最有效、最合理的解决途径。

记:这一事件对法学界有什么启示吗?

王:我的总体印象是在这一事件中,法学家们很少参与讨论,也很少能够提出切实的意见和建议。也有少数法律界人士从国际法或者诉讼法的角度发表了一些看法,但可以看出,他们当中有很多人没有认真、系统地研究过相关国际公约和法国的相关法律,因此常常出现对公约和法律条文的错误解读和片面理解。这从一个侧面说明我们的法学界对文化遗产法的研究远远跟不上实践的发展。与其到了关键时刻不是失语就是盲动,不如平时对文化遗产法多加一些关注,踏踏实实作一些基础性研究。

记:您认为外国法制史研究与文化遗产法研究能够相互结合起来吗?

王:表面上看,它们完全属于不同的法学领域:外国法制史研究的是世界各国法律制度的发展演变,而文化遗产法研究的是各国对文化遗产保护的现实法律规定。但是,深究下去,它们其实可以相辅相成,相互促进:一方面,各国文化遗产法的发展本身就可以构成外国法制史的一个组成部分;另一方面,外国法制史研究的宽泛视角也为文化遗产法的研究奠定了很重要的基础,外国法制史研究者通常需要对各国宪法、行政法、民法、刑法以及国际法的基本框架和重要原理、制度等有足够的了解,而文化遗产法实际上远远不是一部"文物保护法"

或者"非物质文化遗产保护法"就能够涵盖的,它涉及各种性质的法律关系,涉及各个法律部门。后一点尤其重要,实际上现在各个法律部门都有一些学者开始关注文化遗产法,并从各自的领域进行了若干研究,比如国际法、知识产权法、环境资源法、刑法等,但这些领域学者的研究视角通常仅局限于自己的专业领域,不会涉及其他相关领域,而外国法制史学者的研究视角非常开阔,不受某个法律部门的限制。此外,法制史学者出于对法律文化和历史的偏好,通常对文化遗产有一种天然的亲近感和敏感,更容易对文化遗产法产生兴趣。国际上已经有很多这样的学者,原来是研究法律文化或者比较法的,后来钟情于文化遗产法,中国法学界最熟悉的莫过于美国比较法学家亨利·梅里曼,他的《大陆法系》一书早在上个世纪80年代中期就已经被译为中文,成为我们了解大陆法系的重要参考文献,但却很少有人知道,他也是研究文化遗产法的权威,他的代表作 Law, Ethics and the Visual Arts 和 Imperialism, Art and Restitution 可以说是文化遗产法领域的重量级作品,是文化遗产法领域学生的必读书目。我的研究当然不敢与梅里曼教授相提并论,但他是我的灯塔和方向。

记:最后,能否请您给我们年轻学子提几点希望?

王:我在法学领域也是个小字辈,实在不敢给别人提什么希望,只是有一些愿望,我们可以共勉。法制史研究是很枯燥、很艰难的工作,一定要坐得住冷板凳,耐得住寂寞,切忌浮躁。同时,我也希望有更多的年轻学子关注和参与文化遗产法的研究,使我国的文化遗产法研究水平不断提高,为文化遗产保护事业贡献力量。

(陶业峰、顾寅跃)

许章润
Xu Zhangrun

1962年10月生于安徽省庐江县。先后就读于西南政法大学、中国政法大学、澳大利亚墨尔本大学,分别获法学学士、法学硕士、法学博士学位。研究方向为法理学、政治哲学、西方法哲学、宪政理论、儒家人文主义与法学。现为清华大学教授,博士生导师,清华大学法治与人权研究中心主任,《清华法学》主编。

著有《说法·活法·立法》《法学家的智慧》以及《转型中国的法律意义》《六事集》《坐待天明》《现代中国的国家理性:关于国家构建的自由民族主义共和法理》等,主编"历史法学"集刊,以及"汉语法学文丛""西方法哲学文库"和"法意丛刊"等丛书。

> 追求文艺的时潮源于当时的具体历史语境,二者密不可分,而与现在的世态日渐隔膜了。那个年代,爱好艺术和文学的青年,似乎不分阶层。……无产阶级革命所营造的,表面上似乎平等的世俗生活和社会状况,为他们基于朴素的平等观念,营造了艺术的梦想。

记者(以下简称"记"):您上大学以前有过工作经验吗?

许章润(以下简称"许"):没有。我中学毕业后就直接上大学了。我们这一辈人,中学时代没有机会接受很好的基础教育,从小学到高中,真正读书的时光不过三四年。其实,直到1977年恢复高考后,全民高温退潮,作息逐渐正常,才开始有可能读书或者允许正大光明地读书,虽然尚未真正做到"读书无禁区"。如今回想,充斥记忆、有关这一时段的故事,除了武斗与批斗的世相,剩下的不外是"学工、学农、学军""深挖洞,广积粮""备战备荒""支援亚非拉",

诸如此类。所以，我们这代人如同父兄辈，生于乱世，缺乏完整的学习训育，实为一憾。当然，凡事都有"意想不到"，即便如此，也还有一个优点，大概就是不被高考所束缚，幸免于做教材的奴隶，而与"社会生活"始终保持亲密接触。虽然时代赋予我们的"社会生活"并不健全，但是，毕竟在学校和社会之间保有开放的沟通，未尝不是不幸中之万幸。相较而言，今天的孩子们几乎所有时间都在课堂里，放学后做作业的时间太多，心智局于一隅，心性未得展开，实在是实腹弱智国策的牺牲品。如能像现代西方教育体制下的孩子们那样，经常参观美术馆、博物馆，每学期得有机会看看演出和远足，则无论于心智发育还是心性陶冶，就养育健全公民的视角而言，可能更为健全，好像也更人道。

记：您对"文化大革命"还有印象吗？

许："文革"初期，年岁尚小，印象模糊。过去讲忧难兴邦，穷人的孩子早当家，证之于史，都有一定道理。如我辈六十年代初出生的人，对于"文革"的中后期一般都怀有一种复杂的情感。一方面，充斥记忆的是动荡不安，伴随着饥饿、贫困以及愈益显明的政治高压，概属人生缺乏基本安全、生活没有基本安定的惨烈感受；另一方面，它留下的政治遗产却又深深地烙在我们的人格之中，比如说毛泽东式的理想主义，所谓"胸怀七亿三十亿"的担当，艰难困苦岁月里教导出来的"以天下为己任"的世界情怀，对我们这代人影响至深。当代人喜说"郁闷"、"不开心"，那时候似乎是"愤怒出诗人"，心怀的似乎都是"大仇大恨"，说明时代不同了，所要求的生命形态随之有别。面对如今青年的咿咿呀呀，有长辈疾呼"醒来吧，血性！"说明多少有些昧于世事和时势。中国社会的发展以及中国社会和世界主流文明的互动，是随着中国百年历史脉络上一拨接一拨的民族奋斗而来的，流转跌宕，不待人谋。如果说中国文明的主体性、中国制度的主体性、中国民族的主体性之觉醒，递次接续，构成了这一百年历史长程的话，那么，我们这代人可能扮演的不过是其中的一棒接力的角色。

记：您的这番话使我联想起您在西南政法大学所作的演讲，"汉语法学与文化自觉"，其中谈到了对于民族文明的发展有自觉的肯定，那么这种觉醒的表现形式是什么？

许：鸦片战争以来，169年间，中国作为一个受辱者、后起者，举国奋斗，希冀跻身一流国家，以洗刷耻辱，重要的一个进路，就是模仿别人，希望通过模仿来发展经济社会，建设民族国家，提炼优良政体，重建意义世界。这是晚近百多年间，中国面临的主要问题，也是必须完成的四大任务，更是已然进行而尚未最终完成的进程。其间，中国经历了从他者的视角审视自己，到从自己的立场善待自家的转化过程，逐渐体认到，也必须意识到，在世界文明这一整体格局中，倘要讨得一个美好、惬意而理想生活的话,就非得提炼出一种符合自己民族特性与人民憧憬的人世生活方式与社会组织方式不可。否则,个人或许有出路,但举国无活路。

凡此方式,涵括公域与私域,涉关当下此世与超越意义,一定是基于自己的文明传统,在承认普适性价值的前提下坚守自己的文明传统,于新形势下赋予新知,推陈出新,方始后成。倘能照此实践,并且竟能实现的话,此即为文化自觉或者文明自觉。因此,汉语法学的立意旨在表明,位处当今这一多元世界,形成文明的多极格局,给人类生活提供多维想象可能性,也就是提供多种生活与世界的可能性空间、可能性向度。十三亿人口的中国,作为一个巨大文明时空的承载体,在此法律文明传统下的法学家群体,必须担当起这样的责任。

记:近百年来,我们对传统文化过于刻薄,没有温情和敬意,您对于文化自觉的倡导实在振奋人心!特别喜欢听许老师您的长句,给人一泻千里的快感,您的文学功底真是深厚!

读万卷书,行万里路

许:小时候无书可读,既无新文学,亦无旧文学,倒来倒去,不过是市面的宣传品。但是,辗转得手的一些文言"老书",却是意想不到的。暗夜捧读,一灯如豆,犹如人生盛典,如今回想,依然情难自抑。那时家里没有什么古籍,家父就把《古文观止》抄在纸上,不加标点,让我练习句读。稍后读《水浒》《三国演义》《西游记》,以及《三言二拍》《世说新语》,等等。读多了,自会朗朗上口,从而影响到自己的写作。旧日的私塾教育虽然起初不免讲求死记硬背,但好处是天长日久,易于培养语感,而要学好语文,不外乎读和写,则语感其实才是神韵所在,也是枢机所在。的确,学习语言,越早越好,十岁之前学的语言记在母语区,十岁以后再学,据说就记在非母语区了。

记：原来如此。您曾经在文中言及自己"少年无知，幻想当画家，经载涂鸦，晨钟暮鼓，三试不第，自诩美院落榜生"，能谈谈您的这段心路历程吗？

许：当时起念习画，一个原因是无书可念，也看不出前景。全国山河一片红，都在"学习工学农"的如痴浪潮之中，基础教育瘫痪或者变味了。置此情形下，大家只好移情，琢磨"文学艺术"了。另一个原因是，身处政治高压之下，人人亢奋，实则精神苦闷，而流行的"革命浪漫主义"，日相熏陶，加上时事政治及文艺宣传的需要，使得一大批中学生和社会青年将"文艺"作为自己的当下"事业"和追求目标。一代青年，专心致志，哪怕身居穷乡僻壤，也不辞简陋，执著地追索艺术之路，其实是苦闷所以然也！不少如今成名的思想者或者艺术家，当年都曾经是这样的"艺术青年"！

再有一个原因，当时批判的一句话是"学好数理化，走遍天下都不怕"，数理化不让学了，意味着学习工科、按部就班考大学的道路被堵死了。于是，很多人觉得，习艺弄术，到底也算门手艺，好歹能养活自己。以我个人经历为例，习画之后，常常被拉去画个大批判专栏、海报之类，还能混顿饭吃，都是意料之外的，以致产生了靠手艺吃饭的错觉。可惜，习画多年，既无名家指点，亦无适当条件，而且更要命的是，后来发现自己根本就无美术天分。庆幸当初没有考上美院，否则，这世上又多了一个平庸画匠而已。说不定，画不好，却去装神弄鬼，念经赌咒，玩弄变形夸张的把戏，审丑罢了。

记：您是在书香门第的环境下成长的吧？倘若投身文艺，还是需要一定的家庭条件的，否则，连温饱都成问题，哪有余力来追求文艺呢？

许：我家算不上书香门第，而是真正的贫寒人家。父亲算是有文化的人，师范毕业，母亲只念了几年私塾。刚才讲了，追求文艺的时潮源于当时的具体历史语境，二者密不可分，而与现在的世态日渐隔膜了。那个年代，爱好艺术和文学的青年，似乎不分阶层。如今回头一看，不论是机关大院、部队大院、高校大院的孩子，还是平民子弟，遍布城乡，几乎都是"文艺青年"，真是一道奇观。无产阶级革命所营造的，表面上似乎平等的世俗生活和社会状况，为他们基于朴素的平等观念，营造了艺术的梦想。也就因此，温饱问题由于普遍的贫穷，倒并不显得十分突出，大家常常能在半饥半饱的状态下神驰八极，保持对艺术的发烧般热情，纯粹的爱。旧日北京常有的"喝白开水，吃大白菜，关心的却都是国际局势"，便属其形象表述。大凡"革命岁月"，真浪漫与伪浪漫都会纷纷出笼，而形诸全民性的"文学艺术热"，因为"革命"本身就是浪漫的极致。这可能是现今社会，虽然温饱不愁，却反而觉得莫名失落的一代，难以理解的吧。

> 由于劫后余生，无论是老师还是学生都有一种遏制不住的求知欲望和向上精神。

记：听到恢复高考的消息，您是怀着怎样的一种心情？

许：1976年10月以后，整个中国大地，暗中涌动着躁动、不安，在充满憧憬与企盼之间，依然感到惶惑甚至恐惧。这是一个转折的历史时期，每一个中国人，从高层决定大家命运的衮衮诸公，到贩夫走卒、引车卖浆者流，从历经忧患的中老年人，到像我这样十几岁的少年，全都预感到一种重大变革即将降临中国。但究竟情势将会如何发展，又不甚清楚，所以迷茫和不安，隐藏于每一颗心中。

在此情势下，1977年宣布恢复"高考"，可以说给处于焦灼、彷徨状态的亿万青年（包括两千多万上山下乡的"知识青年"及其家人）带来的不只是新的生活希望，而是命运意义上的死里逃生。不是别的，正是"高考"，如我在纪念"高考"制度恢复三十周年的一篇访谈中所说的那样，使他们看到了一条改变自身命运的道路。如果说晚近三十多年来，社会急遽变革与社会分层导致了诸多严峻问题，而中国社会体制却依然得以延续，"社会冷战"没能发展为"社会热战"，其间厥功至伟的，就是这个叫做"高考"的东东。

朋友，"高考"打开了社会流动之门，使一般寒门能够通过这个渠道改变自己的命运。这很像是漂泊在海上的航行者，当他们缺乏淡水和罗盘的时候，却突然发现了陆地，于是燃起生命的欲望。也就因此，不难想象，为什么当时有那么多身在农村的"知识青年"，竟会自残，用诸如吞煤球、用锄头或其他工具残害自己的四肢等等方式，以赢得一个星期"病休"时间来复习备考。

记：很是骇人听闻啊！那您当时报考的专业就是法律吗？

许：我是79级的，当年9月入学。那时节，我参加高考，并没有怀抱什么远大理想，选学某个专业，也不是为了将来要有或者断定能有多大的作为，比如，学习法律是为了建设法治国家，学经济是为了中国加入WTO云云，没有这样的宏愿。不过，当时的年轻人似乎都有一个朴素的想法，就是说，我是这代青年里的天之骄子，无论学习法律、文学还是经济，都是为了振兴中华、实现四个现代化，是为了祖国的光明未来而奋斗终生。的的确确，这是我们这代人的普遍理想，或者准确地说，曾经抱持的真诚理想，真实无欺。我选择法律，一来好像这个专业以前没听说过，想着可能有点意思，二来寻个生计。那时候大学毕业就是"国家干部"22级，研究生毕业是21级，也搞不清楚究竟是怎么回事，觉得吃饭总不成问题了吧。上述两者好像自相矛盾,但同存于心,却是真的。

记:当年您进西南政法学院法律系,感觉如何?

许:我报西南政法学院,是因为上北大分数不够,对于能否为其他一所自己中意的重点大学的法学院录取,也没把握,而西政是当时除此之外唯一的重点法学院。如今人到中年,回首往事,庆幸自己到了重庆。当然,入学之际,深感失望,母校物质条件之差,超乎想象,有句流行语叫做"稀烂政法学院",确乎不假,到处"稀烂"。主要场地和馆舍,似乎都被四川外语学院占用,剩下的一点边边角角的场馆被踢给西政,而这样的条件,居然敢大规模招生,真应了"有条件要上,没条件,创造条件也要上"那句一度风行的官话。当其时,论其硬件,与其说是个大学,还不如说连个中学都不如。然而,凡事总有正反合,物质条件的艰辛,可能使心性敞开,迫使想象无远弗界。劫后余生,无论老师还是学生,都有一种遏制不住的求知欲望和向上精神,奋斗的渴求和探索未知世界的冲动,使学校氛围在四五年的时间里大有改观,也是没有想到的事。

就当时的眼光来看,西政的师资阵容颇为可观。所见授课老师,无不兢兢业业。其敬业精神,为今天很多高校的老师所不具备。我感受尤为深刻的,是那时的政治理论课,包括党史、政治经济学、哲学、共产主义运动史等课程的教学质量,在某种程度上甚至超过了专业课。因为这些课程涉及社会、历史和人文,对于生活视野的拓展极具意义。当年中国人文教育不足,政治理论课在此情形下多少起了弥补作用。另外还有一点,师生关系的融洽,至今想起仍然倍感温暖。无论是专业课老师,还是从事行政工作的老师,乃至于校级领导,他们对学生的关心,可谓细致入微。整个四年大学期间,只有一年寒假我是回老家过的,其他假期均在学校度过。当年的老院长胡光先生,每年大年初一上午,都会身穿大棉袄,亲往每个宿舍看望学生,很像古代书院那样,讲求的是学校如家庭,老师如父母。如今现代商品化世界,温情脉脉少了,多是公事公办,至多就是授业往来,关系日益疏离,得失之间,还真是不易算清的。——当然,我的记忆来自我当时的感受,而一个学生的眼睛所视获得的感受,只是视角之一。可能,在此背后与深层,还有许多事情,学生娃,哪里知道!

记:在您的同学中,您最为敬重的是哪位同学?

许:没有。我们那代人,成长于特殊年月,同学关系上有这么几个特点:第一,同学之间年龄相差悬殊,最大的可能相差接近二十岁。有的同学,做工务农,一路摸爬滚打过来,满身伤痕,重返校园,拖儿带女,孩子都上中学了。像我这样中学毕业直接读大学,对外面世界充满好奇的人,与他们在年龄上不属于一代人,但从精神、情感而言,却又似乎是一代人。第二,同窗来自各个阶层,缤纷复杂。多数人当过兵、务过农、做过工,也不乏"国家干部"。记得有位老兄,做过中级法院院长。正是这种多层面的社会经历,赋予了班集体同学之间的交流更多的资料性与互补性。第三,当年的同学,大都有曲折生活的经历,因而身心俱疲,都非常珍惜来之不易的求学时光,互相扶助,彼此温暖,以劫后余生般的心情,对待同窗,这可能不是现在的孩子,咿咿呀呀,所能体会得到的。所以,我常常说,所谓对于母校的感情,非唯对于具象的那一方水土如何如何,相反,却紧系于人,即对于老师教导的感恩和对于同学友谊的重温,点燃了记忆深处的心火,而有所谓对于母校的一往情深。顶级学府的学子,多数需要母校的名声荫庇,较为好混,而一般大学的毕业生,只好靠自己打拼。

记:大学四年中,您印象最深的是哪件事情?

许:饿和冷,吃不饱饭。国家供应口粮指标是每人每月三十斤,可在食堂,就是吃不饱。整个大学四年,早晨一个馒头、二两稀饭,这个稀饭能照得见人,往往是七点吃饭,八点来钟就饿了,一直饿到十二点下课,狂奔食堂而去。我们这代人穷,时代使然,一分钱难倒英雄汉。有人写大学生活"最深刻的事",包括花前月下,或者与某位智者作竟夕之谈,如雷贯耳,豁然开朗,云云。凡此种种,我都不曾碰到过。

> 当你远离故土,你会发现,此时此刻,祖国在你心中反倒是具象的。你的亲人、父老、家乡、熟知的朋友、熟悉的口味、氤氲的香气、村头落日、巷尾钟声,以及对于历史文化传统的眷恋等等,这些都构成了祖国的要素。

记:您对现在所从事的专业是从什么时候产生兴趣的呢?

许:到西政后一两年,慢慢明白,原来法律是人世生活的公道与"治国安邦"的公器。所谓法律是无产阶级专政的枪杆子、刀把子,无人能在实在法层面否认之,但在自然法的意义上另有证伪,却是另一回事,同样无人能够否认之。那时节,法律系属于"保密专业",盖因定位于培育无产阶级专政的"枪杆子、刀把子"。1957年后,法学教育在中国即基本停顿,"文革"开始后更是全面停办。二十多年里,不进则退,满目疮痍。

在《落草》这篇文章中,我曾经写过,当年入读法学院,既没感到兴味盎然,亦未觉得兴味索然,冥行擿埴,还是一个"跟着走"。两年下来,发现真能让自己神往而不返的,是所谓展现人类理性无远弗界的浩瀚时空的思想学理性内容,而非规范法条性的记诵之学;扣人心弦、感极而泣的,是充盈悲悯仁慈心肠、宣扬普遍之爱的人文精神，而不是什么法权程序主义的逻辑算计。不过，为了能够从事自己喜爱的专业，讨一碗饭吃，没想到花了整整二十年，却是始料不及的。

记：您为什么想到要从事现在这个专业的教学和研究呢？

许：年轻无知，因而无畏。当年继续读研，就是希望毕生以学术为业，媒介中西，为中国文明争口气，凛凛然，豪情万丈呢！如今年近半百，青春早逝，才发现时势比人强，许多事，不过南柯一梦。但是，话说回来，就像国家应当允许并且鼓励一代代的青年怀揣梦想，这个国家才有希望一样，青年一定要有梦想，否则生命会变得苍白，这个叫做人生的生死间的旅程，还有什么意义！

现在看来，大学教授接近于中产下层收入，然而仅仅十年前，还是贫困阶层。1986 年我获授硕士，毕业任教，觉得"是个人"，其实一贫如洗，真正的"贫下中教"。如我辈寒门子弟，既无权力照拂，亦无国企的大锅饭可蹭，更不曾参与到私企先富起来的行列，却又日夕耽溺书本，当然只好"安贫乐道"。迄至 1992 年，大学老师在国民经济十三个门类从业者的收入中，位列倒数第二，甚于蒙元之辱。当其时，首钢工人的平均工资远远超过大学老师。所谓"搞导弹的不如卖茶叶蛋的，拿手术刀的不如拿剃头刀的"，都是生活的真实写照，每天呈现在眼前的浮世图景。1992 年夏开始，商品经济大潮席卷华夏，大量高校教师乘机改行或者下海，有经商的，有进机关的，有出国的，是谓中国高等教育的一大波动时段。此种情景，直到 1999 年以后，方始出现转机。正常情况下，大学老师应该属于饿不死、也富不起来的一个阶层，但为了吸引"一流的脑袋"，至少允让他们过上一种尊严和体面的生活，否则"一流的脑袋"就会流到其他地方。最近十年，随着大学老师收入的逐步改善，其于市民社会里维持一种较为体面生活的理想，似乎慢慢有所实现。

记：那您到澳大利亚留学是出于怎样的考虑呢？

许：如今回想，到国外留学，有三点原因：一是完成自己的学业，国内没有这个条件，我个人没有门路，澳洲那边所给的奖学金，包括生活费，虽为学生，却比在中国从教水准还高，能在不愁温饱的情况下学习，自然何乐而不为。二是当时商品经济潮涨潮涌，刚才提到，好多人都下海经商，而这是违背我意愿的，可是留在原处看不到任何希望，去国外念书，既能从事自己感兴趣的事，又不用为生存奔波，更是何乐而不为呢！三是和我所在的学校有很大关系。当时，中国政法大学管理混乱，人心思动，不仅良莠不分，而且正邪倒置，真正的烂摊子。一句话，真正的读书人在那里只能受气。一个房产科长都可以堂皇训斥教授，那位叫做大学校长的干部，整天喝得醉醺醺的，丑态百出。因此，倘若无法出国进修,我也预备换单位。

如今家长掏腰包,花钱供子弟出国读书,说明中国富了,"扬眉吐气"。但是,另一方面,所谓的"留学",却已从"精英留学"走向"大众留学"了。所以,越往将来,"海待"现象将会越多,自是意料中事。

记:您毕业后最终还是选择回国了,可见您对祖国这份深厚的感情。

许:这倒是真的,例属本分,难言什么深厚不深厚。当你生活在祖国时,可能未必一定有那种刻骨铭心的感受,好比自由呼吸着空气时,难以体会窒息的痛苦。当你远离故土,才会发现,此时此刻,祖国在你心中反倒是具象的。你的亲人、父老、家乡、熟知的朋友、熟悉的口味、氤氲的香气、村头落日、巷尾钟声,以及对于历史文化传统的眷恋等等,这些都构成了祖国的要素。有句话说,"春天的诗歌诞生在冬天的炉火旁",说得没错。是的,对于祖国的眷恋,常常是在离开祖国之后才能体会到的。所以,反倒是在海外,我强烈地感受到,我们这代人对中国的发展,现代化进程也好,文明的复兴也好,都有着不可推卸的责任,是生命相连、不可分割的。旅居海外的那些上了年纪的留学生,说到祖国,常常热泪盈眶,可能也是因为这一丝牵挂吧!人的感情有时候会化为信仰,战胜心理上的极限,真是生命的奇迹。

> 如何使理论话题进入公共讨论领域,从而使公共讨论能够成为惠及公共理性的纽带,是当务之急。

记:您对自己所从事的专业,有什么基本的学术观点呢?

许:昔年梁漱溟先生说,其一生思虑,不外乎围绕着两个问题打转,一是"中国问题",二是"人生问题"。我想,晚近百年,人文思想领域的学人,虽然术业有专攻,学问各不同,但尽心尽力、穷思竭虑的,其实均不过是这两大问题,及其派生形态而已。法学家的思虑,既在接引外域法意和法制,以成就中国文明的法律智慧,更在积劳积慧,涵育汉语法意,希望由此导出基于公道的良善生活,同样是在解决这两大问题,为此两大问题的制度性解决,提供一种法意进路。在下曾经喟言,平生所学,主在关注"中国问题"意义上舶来理念与固有生活调适过程中的法律方面,而念念于中国人世生活与人间秩序的现代重构性阐释,汲汲于儒家优良传统的法律复活,以及中国之为一个大国的法律布局,追求法律理性与人文精神的统一,寻索学术的人道意义。这是心声,更是志业,而为这个时代的法学知识分子所不可逃避者。

我没有提出过什么重大的观点或者有多大创建性的东西。当今中国,学者

们各自基于一己的兴趣和问题意识,都会对于其所面临或者感受到的问题,进行一定的思考,给出自己的回答。又由于专业不同,思考的维度与回答的路径,也会随之有所区别。一百多年来的西化历程,尤其是最近三十年来的改革开放,使得建设中国文明的主体性、中国制度的主体性的必要性,日益突显。中国法律文明主体性的建设,亦且应当成为当下的议题,也是不言自明的。置此情形下,如何经由梳理中国社会关系而编织出法的规范体系,如何基于有关中国文明的人生态度、生活方式、人生理想的体认和提炼,赋予其现代性阐释,而构建中国式的法律文明及其理论形态,构成了具有文化自觉的一部分法学家当下思考的重点。因而,就我本人来看,无论是着力于历史法学的研究,还是通过政治哲学视角探寻民族生活法律维度的政治意义,以及中国人世生活的秩序可能性,都是在朝这个方向努力。

记:以您自己的专业为例,您认为中国与其他国家的差距在哪里呢?

许:此处所说"差距",比较的参照系是所谓的欧美发达国家,难能一言以蔽之,不过,并非事事不如人,却是可以断定的。但是,瞻前顾后,总起来可以这么说,向欧美发达国家的学习,不是上几代人的事,也不是我们这一代人的事,恐怕还要延续一两代人吧。从长远来看,即便中国再经过一两代人的奋斗,实现城乡整合,达臻制度文明,成为一流国家之后,向其他国家和其他文明的学习,也是永恒的。放眼大历史,不同文明因缘际会,而有不同的时运,长短高低自然形成,都是奈何不得的事,处下风,追步贤者,不丢人。正常情形下,保持不同文明之间的交往沟通,恰恰是人文日进、斯文昌达的重要条件,不是权宜之计,更非不得已的委曲求全,而是一种常态。不单是向西方学习,而且要向东方邻国学习,同样是一个没有尽头的过程。

就世俗层面而言,相较于一种文明生活典范,国人至少在生活方式上要改一改。胡吃胡喝,并非大度;糟蹋浪费,难言慷慨;出口秽语,更是要不得。要讲究卫生,要生活得雅致一些,而非粗鄙。当今中国,社会各阶层,包括知识阶层,所谓的士大夫们,整体举止粗鄙化,真是让人难过;官场商场,更不堪矣!就制度层面而言,则政治文明与政治民主的建设,实为当务之急。中国需要民主的政治体制,一如十三亿人需要吃饭。还有,如何通过程序正义、分配正义来实现社会公道,避免社会分裂和社会冷战,如何在十三亿人口的大国,如此有限的经济条件下,建设基本的全民医保体制、失业救济体制以及其他落实公道的制度安排,实现全民普惠,亦且迫在眉睫。此外,如何使经济高速发展,同时又不至于走向全民拜物教,而保有精神世界的追求,更是形成大国气象的前提条件。环顾寰宇,只有拥有浩大的精神气象、超越世界的意义向度以及信仰层面的宏大与精微,才能称得上大国。就此而言,从法学家的视野来看,不妨说,通过规范世界所承载的法律信仰的涵养,以建设中国文明的意义世界,实现公民的政治忠诚与族群共和,从而引导生活世界保有昂扬正大之气,正为一项法学作业呢!

记:您曾经言及"法律不足以慰藉心灵",后来又说过"法律是可以信仰的",这是对之前观点的修正吗?

许:"法律不足以慰藉心灵"说的是,法律作为规范层面,只能提供行为的导向,而不触及心灵。另一方面,法律还是一种意义体系,法律所承载的对与错、是与非的规范本身,就彰显了一种价值选择。从这个意义上来说,法律可以成为信仰的对象。这个信仰,不是宗教信仰,而是世俗层面关于是非、对错以及对于正义的永恒追求。在这个世俗人间,当我们把凡此诉求托付给法律,一种规则之治时,表明我们坚信它能够帮助实现人间的公平正义,或者只有它能够恪尽其责。毕竟,当今世界,世俗的政权不足以信仰,希望用来解决问题的政府已然成了问题本身,而道德通常是多元化的,宗教逐渐退出了精神引领者的地位,因而,秉具普遍性,又有解决问题能力的制度安排,乃至于最堪托付的安排是什么呢?算来算去,也许就是法律,或者说,经由法律的一种规则之治。不过,即便如此,也需要指出,法律信仰是一种世俗信仰,无法取代最为深沉、最为终极的托付,而它不在别处,还是在于人类的情感和信仰世界。

记:在您的专业中,出现过什么大的争论吗?您的观点如何?

许:争议总是不免,大小都有,而是否叫"大",取决于它与"中国问题"和"人生问题"的嵌入程度。总体来看,当今汉语法学界的争论不是太多,而是太少,以至于无。部门法学,如刑法学的规范主义研讨,例属鸡零狗碎,早已毫无知识的增长,更无什么理论与思想内涵,而依然连篇累牍,只能说明这个学科的门槛太低。有时候,法学界围绕着现实生活,譬如某一案件的判决,具体某项立法的利弊等等,也会有些争论,往往通过网络展开,而不是经由平面媒体、学术刊物进行,更谈不上相当规模,说明我们的思想敏锐度和互动还不够,而保有高度敏锐的问题意识,经由辩驳获得新知,恰恰是法学发展的不二法门。还有,如何使理论话题进入公共讨论领域,从而使公共讨论能够成为惠及公共理性的纽带,实为当务之急。至于什么"中国法学何去何从"这样大而无当的话题,属于门外汉的热闹,正说明中国法学还不成熟,竟至于不过是一种讨巧卖乖的泡沫。

记:在各种法学研究方法中,您最欣赏哪一种?

许:法学研究有方法,个人的研究无定法,全因个人从役的学科不同而不同、研究路径的不同而不同。当今中国,无论是历史方法还是比较的视野,也不论规范分析还是意义追问,都是需要的,以利于解决不同的问题。具体到每个研究者,可能都会有自己的取舍。比如,有的人喜欢直面现实问题,在规范世界的逻辑与实证之间盘桓;有的人沉溺于书斋,将人生托付于意义世界的沉思,迎朝钟,送暮鼓,自在为为;还有的人,喜欢在历史向度里钩沉索隐,为今古之辨而殚思竭虑,让汉唐的风吹拂着今日的心田。

就我个人而言,比较注重法律的历史维度,从历史语境思考制度安排。此一进路,不仅以对生活本身的反思为镜鉴,追问什么样的生活是有意义的生活,什么样的规范符合此种意义,从而得谓善法,有裨于良善生活,而且经由反思规范安排的人道意义,着力于有关政策、法律和国家的德性之维的自然法考察,防范恶法害世,实现历史与价值的结合。

> 大部分人需要生活经验的积累和对世态人情的体察,然后才能将之融入自己的专业学术领域中去。

记:您认为法学界的中青年学者现在浮躁吗?

许:现在整个社会都比较浮躁,不只是某个学科或者某类人群。我们反观历史,善意来看,不难发现,此种"浮躁",也可以说是一种昂扬奋发的时代风气,粗粗拉拉,张张扬扬,但却是一个大国成长过程中某个阶段不可避免的现象,对此,我倒并不抱持太过负面的看法。

学术界的浮躁又需另当别论。表现为行政主导下交差的各种"项目热",堪为一例。在学术界"吃饭"的人都知道,各种"项目"不少,费金可观,而几无像样作品,本不是什么机密。此种"浮躁",还表现在一些人迫于生计以及受到商品经济观念的误导,想尽可能快地缩短艰苦的学徒生涯,及早登堂入室,而不惜弄虚作假。就法学界来看,三十来岁的教授不少,若考其底细,其实干货不多。

随着市场化进程渐趋沉稳,整个社会逐步复归理性,学术发展慢慢趋于正道,可能"浮躁"自会消除。

实际上,近年来出现的一个良好现象是,民间学术共同体正在形成,民间评价体制逐渐展现其力量,对于以行政为主导的"学界"及评价体制,形成了一定制约。常常可以看到的一个有意义的现象是,一个人在行政主导的"学界"获得了许多荣誉,"地位很高",什么"跨世纪接班人""十大法学家""学术带头人",某"老",诸如此类,但在民间学术共同体,却被贬得一文不值。——可见,真正的学界"口碑",比行政主导的评价体制,更能反映真实。这对于并无真才实学,却长袖善舞之徒,可能也会有一点压力吧! 希望如此,善莫大焉! 总体而言,汉语学术在经历了大起大落、大红大紫之后,稳健地逐步积累学识、提炼学思,终会走向理性和成熟,为这个时代留下浓墨重彩,是可以预期的。

记:您认为现在中青年学者是多发表成果好还是少发表好?

许:据说,过去有一种训练方法,是偏向少发,长期沉潜,一意琢磨,假以时日,自会厚积薄发,甚至喷薄而出。身处如今世道,这一模式,恐怕有利有弊。利在迫使学徒作长期积累,打下扎实基础,因而能够造就大家。尤其在学风上,使学者踏实、沉潜、不慕浮华。弊端也是有的,比如不适合现代市场经济条件下学术评价机制的需要,严重地,以致生计无着。甚至,长期不写东西,动笔以后,才发现心中有,笔下无,也未必没可能。毕竟,多写是练就写作能力的条件之一。当然,多写不等于粗制滥造,更非剪刀加糨糊式的流水线作业。总之,不是作品越多越好,也非越少越好,这不是简单的数量问题。心中有,笔下就有,刊物上就有,才是最好的。不过,话说回来,古往今来,但凡伟大学人,多半均为高质高量之人,蔚成体系,始能造就思想气象。可能,也正是榜样在前,逼得后来中才之人,才会慌不择路,一意炮制,而终究无所成就,哪怕著作等身。

记:您认为一种良好的学术环境,应该是怎样的状态?

许:千头万绪,总的一个思路就是,让学术回归学术,一如将大学当做大学。改变目前行政主导的评价体制,确立学术尊严和学术从业者的主体性。具体而言,从技术着眼,则不以数量论英雄,而以代表作,也算是一项举措。比如,过去十年,此君连写五本书,而另一个人只写了一本书,大家发现,这五本书很一般,可那一本书却着实了得,这就行了。

记:您可以简要地评价一下中国目前的法学研究状况吗?

许:兹事体大,难以一言以蔽之。现在那些三十岁就评上教授、博导的人,其实未必见得好。法学从业者,一般到四十岁,你才能看出来他能否做大学问,三十岁就做了博导,没有压力,也许原来做大学问的潜力就此丧失了。人文科

许章润教授与记者合影

学的研究,除了少数天才之外,大部分人需要生活经验的积累和对世态人情的体察,然后才能将之融入自己的专业学术领域中去。有的人可能到了四十岁已经写了几本书,甚至十几本书了,其中有较好的作品,看得出来,这个人已经成器;有的人到了三十七八岁也许还没写出好的书来,或者文章也发得不多,但你看得出此君厚积而薄发,未来必将成器。比方说,陈寅恪先生三十八岁回国,受聘清华,公开发表的作品只有一封信《与妹书》,并无论文与专著,但据说任公慧眼,晓得此人体大思精,当在自家之上。甚矣,造就这一传奇的时代条件早已不复存在,寅公之例,只能当做一则佳话了。

前面说一个人四十上下,已经写了十几本书,"看得出来,这个人已经成器",只是就特定之人,所作特定之语。通常而言,就法学来看,如此之人,多半聪明,但并不排除其所从业的学科,比如刑法,门槛较低,需要受训和积累的周期较短,因而能够大量炮制,而无论优劣矣。

记:您能为我们法科学子推荐一些优秀的阅读书目吗?

许:应当阅读的书目,可能有三类:第一类属于大经大法,但凡读书人,似乎都应有所接触。昔年钱穆先生曾经拟定过一个书单,告谓中国当代读书人必读的四部经典,包括《论语》《孟子》《庄子》与《老子》。此外,还应阅读慧能的《六祖坛经》、朱子选编的《近思录》,以及王阳明的《传习录》。凡此七种,钱先生说是中国新的"七经"。除此之外,私意觉得,像诸种宗教经典,如基督教文明的经典,也是当今中国治学之人,无论何种专业,都必须有所涉猎的。

第二类是诞生于重大历史转折时刻,历经淘汰与筛选,久经考验,遗泽至今的名人名著,比如说枢纽时代、文艺复兴时期、启蒙阶段与中国"五四"以还时段中诞生的名著。

第三类属于当今世界、当今中国最为新锐的,对于时代问题作出相当回应的书。这些书未必会成为经典,但至少现在是有影响力及挑战性的。例如,塞缪尔·亨廷顿与伊曼纽尔·沃勒斯坦的书,对于国际关系与世界政治的研究者来说,是值得花时间阅读的。

受训练、当学徒的,以前两者为主,作研究的就都要兼顾。所以,具体让我推荐什么书,是很难明列的。当然,具体到各门专业性学习和研究,则举凡本学科的经典与名著,自是遗漏不得,而不论置诸文明视野,它们是否一定算得上经典或者名著。比方说,研究欧洲近代法制的产生,就不能跨过哈罗德·伯尔曼的《法律与革命》,正像考察晚近两百年的革命史,无法不看阿伦特的《论革命》。

记:最后,能否请您给我们年轻学子提几点希望?

许:一辈子得享大学期间的读书时光,是人生的大幸,千万不要为诸如党团活动这类无聊事没了自己的头脑。对于大多数人来说,恐怕只有这几年能够静心徜徉于书山,过了这个时段,俗累接踵,怕是既无心气,可能也没有如此运气了。实际上,多数人基本与书绝缘,为生计颠簸,无暇他顾。即便仍然有意读书,常常也只是什么《品三国》《说论语》一类的时髦圈子读物。所以,珍惜光阴,才不枉生命的恩赐。除了课本、专业之外,更要博览群书。不只是法学类的,还应包括文学、历史、哲学、社会、心理等各门各类。对于现实问题的关注有助于激发阅读需求,在"问题"的引导下阅读,因得强烈关怀驱动,常得额外感受。最后,法科学子要力求涵养自己的浩然正气。一个民族的青年具有使命感,以天将降大任于斯人自期自励,是这个民族充满活力与前途的希望所在。

(陈　艳)

房绍坤
Fang Shaokun

1962年10月生。辽宁康平人。1985年毕业于辽宁大学法律系,获法学学士学位;1987年毕业于北京大学法律系,1989年获法学硕士学位;1987年起在烟台大学任教;2003年毕业于中国人民大学法学院,获法学博士学位。现任烟台大学校长、博士生导师、民商法国家级教学团队和民法国家精品课负责人,山东省民商法重点学科学术带头人,教育部高等学校法学学科教学指导委员会委员,山东省法学会副会长,山东省法学会法学教育研究会会长。先后获得全国优秀教师、山东省十佳理论工作者、全国首届国家级教学名师、山东省十大优秀中青年法学家、山东省有突出贡献的中青年专家等荣誉称号,2006年入选全国新世纪百千万人才工程国家级人选。

因为喜欢大海,研究生毕业的房绍坤来到了烟台;扎根二十余年,他见证了烟台大学法学院从艰苦中起步,直至成为全国较有名气的法学院的历程;作为烟台大学的新任掌门人,房绍坤校长正一步步规划着包括申报博士点在内的一项项举措。在一个晴朗的夏日,房校长亲切地向记者叙述着他这20年来走过的历程。

> 另一件印象很深的事情是:当时我们已经开始看港台电视剧了,比如电视剧《霍元甲》晚上放映时,我们就跑到老师家中一起看。还有一个印象深刻的事情是滑冰,这也是冬天里我们最喜欢的运动,很多男女同学就是在滑冰场上认识的。

记者（以下简称"记"）：房校长您好，看您的简历，您是1981年进入辽宁大学读书，能否谈谈您在读大学前的学习情况。

房绍坤（以下简称"房"）：我的求学之路应当说相对简单。我是辽宁康平人，在考上大学之前，一直在老家的学校读书。1978年的时候，因为两个哥哥参加高考，我也跟着参加过一次中专考试。那时我刚上初中，学校鼓励我考中专，结果以一分之差没有考取。第二年我考上了县里的重点高中，高中读了两年，就参加高考了。

记：您高考填报的志愿就是法律专业吗？

房：我当时报考的专业都是法律。原因有两点：一是对法律直观的感觉是比较威严，公安、法院都穿制服；二是自己的想法也确实简单，我觉得法律专业相对比较好。家中的环境比较宽松，基本上都是我自己选择专业。

记：当时辽宁大学的招生情况怎样？

房：我高考时的分数是397.5分，在当时是个相对较高的分数。在志愿里，我填报了五所院校的法律专业，后来被辽宁大学录取了。也碰巧，我参加高考这年辽宁大学的法律专业是第一年招生。

记：当时辽宁大学的师资情况是怎样的？印象最深刻的老师有哪些？

房：任课老师基本上都是"文革"以前法律专业毕业的，后来也有吉林大学毕业来学校工作的老师。我印象最深刻的一位老师是彭树彬，他是中国人民大学毕业的，教授民法，有丰富的司法实践经验，讲课也比较生动。彭树彬是佟柔老师的学生，他曾邀请佟柔老师到辽宁大学讲学，给我留下了很深的印象。从此，我对民法产生了兴趣，这也是促使我研究民法的重要原因。

记：80年代早期，也恰是中国改革开放的时期，当时的校园生活是不是很丰富？

房：校园生活倒也称不上丰富，除了学习之外，基本上没有什么课外业余活动。我记得当时已经开始有人学跳舞了，但大家都不好意思学，学校也不鼓励。我印象深刻的是在一次元旦联欢晚会上，系党总支书记一直陪伴我们到12点，不让我们跳舞。晚会结束后，我们都觉得不过瘾，就回到宿舍里跳。

另一件印象很深的事情是：当时我们已经开始看港台电视剧了，比如电视剧《霍元甲》晚上放映时，我们就跑到老师家中一起看。还有一个印象深刻的事情是滑冰，这也是冬天里我们最喜欢的运动，很多男女同学就是在滑冰场上相识的。

记：一个时代就会有那个时代的印迹，80年代的很多记忆现在看来都是很经典的，作为当时的大学生，您的学习情况怎么样？

房：当时的学习条件是很艰苦的，学习资料也很少，主要就是阅读一些教材。说实在的，当时的教材在内容上都是很简陋的。大学四年，我在学习上还是比较刻苦的，大部分时间都是在教室和图书馆度过的，每年都会获得奖学金和评上"三好学生"。

记：1985年，您参加了研究生考试，当时为什么选择考研呢？

房：我在大学毕业前，有三种选择：一是留校做老师，这个基本上能够定下来。因为我们是第一届法学专业毕业生，当时学校缺少法学方面的师资，但多数同学都不太愿意留校当老师，他们更想参加司法工作，当时教师的待遇和地位也的确不高。系领导找我谈过话，动员我留校。二是去大连一个部队院校做教员，这其实是我的首选，学校也推荐我去。我个人是很喜欢大连的，但很不巧，最终因为种种原因没有去成。三是北大、清华为了要筹建烟台大学，有一个招收培养研究生的计划，要求培养的研究生在毕业后到烟台大学工作。我觉得这也是个机会，我个人喜欢大海，希望能有像大海一样博大的胸怀。既然选择做老师，我觉得如果长期在辽宁大学，自己的发展也许会受到一定的限制，所以我就选择了考研究生，准备将来到烟台大学去做老师。我和班上三个比较要好的同学一起约定报考北大，但很可惜，其他三个同学后来都改了志愿，报考了其他学校，只有我一个人报考了北大。

记：读研究生期间，您对哪些老师印象比较深刻？

房：我上课的第一年是在烟台，第二年在北京大学。许多老师都到烟台给我们上课，印象比较深的老师有：李由义老师、魏振瀛老师、王作堂老师、李志敏老师等，这些老师们都很亲切随和，关心学生。我的论文指导老师是李由义老师，他对我特别好，像父亲一样关心我，在论文写作的关键时期，我就吃住在李老师家里，随时接受他的指导，李老师对我就像对待自己的家人一样，就连我结婚后到北京度蜜月，都是住在李老师家中。在学问上，李由义老师对我们要求十分严格。李由义老师在学问上向来严谨、一丝不苟，到现在我还清楚记得李由义老师在我的硕士论文上写下的密密麻麻的对论文从观点到结构的修改意见。

除了李由义老师外，在我印象里，李志敏老师的书法比较好，对中国民法史、比较民法都很有研究。魏振瀛老师对学生的关心体现在各个方面，从各方面鼓励帮助学生。比如，我1992年开始参加民法经济法研究会年会，每次魏老师都要我准备一个发言稿，这也从另一个方面鼓励我深入地学习和研究民法学的理论。

记：你当时的硕士论文是什么题目？

房：当时,我们是二年制的研究生,毕业后写论文。我 1988 年开始写硕士论文,论文题目是《论国家赔偿责任的若干问题》。在那个时候,国家赔偿问题是很少有人提及的,现在看来这个论文还是不错的。

记：研究生期间,您看的都是哪些民法著作？

房：除了教材外,当时大陆学者的民法学著作并不是很多,所以,我主要读我国台湾地区学者影印本的民法学著作,如史尚宽的民法系列,这些书我现在还保留着。现在,我国大陆地区出版了很多台湾地区学者的民法学著作,大陆学者也出版了一大批民法学著作和译著。可以说,现在不是无书可读,而是已经读不过来了。

记：研究生期间,在烟台的生活,有哪些是您印象比较深刻的？

房：我比较喜欢大海,记得有一年,好像是 1985 年中秋节的晚上,我们十几个同学沿海边漫步,走了很远的路,深夜海水涨潮我们回不去了,当时也饿了,就到渔民家中求宿,十几个人一下子涌到渔民家中,把渔民们吓坏了。这些渔民们都很和善,后来经过解释,就把我们收留了一晚。

在海边,我还有一个印象比较深刻的事情。有一个来自湖北的同学,因为之前没有见过大海,不相信海水是咸的,一定要亲自喝一下,他才真的相信海水是咸的。这也正好验证了毛主席的一句话：要想知道梨子的味道,就要亲口尝一尝。

> 一是博士点的申请,烟台大学一定要争取成为有博士点的高校。二是通过立章建制,从制度建设上加强对学校的管理,理顺各方面的关系,防止因人而异,使得管理走上规范化。三是提高老师的教学科研能力,增加学校的办学实力。

记：您研究生毕业后就留在了烟台大学？

房：是的,但这里还有一个小插曲。本来考研究生就是为了在烟台大学当老师。但在快毕业的时候,我的想法发生了改变,一心想着进法院工作,当时山东省高院已经答应让我到那里工作,但被系主任杨殿升老师阻止了,他说："你愿意做行政工作可以,但要在烟台大学做。"后来我才知道,原来是孔庆明老师跟杨老师说,不能让我走,还说我是个做学问的料。当时,我都不觉得自己适合做学问,孔老师又是怎么发现的呢？后来我得知,孔庆明老师给我们讲授中国民法史课程,曾经让我帮他整理过很厚的材料,他看了非常满意,说我既能够整理,也有独立分析问题的能力,是个做学问的料。就这样,我留在系办公室做了两年的秘书工作,偶尔也会上讲台讲课,我记得我给学生上的第一门课是罗马法。

记:烟台大学法学院那时的师资力量如何?

房:烟台大学法学院是由北京大学法学院选派师资援建的,可以说师资力量一直较强。在1992年以前,北京大学的杨春洗教授、杨殿升教授、王存厚教授等都在烟大任教,郭明瑞教授于1985年就调到烟大。之后,烟台大学法学院培养和引进了一批中青年教师,大都成了全国法学各学科中的佼佼者,但很可惜,后来有一部分老师陆续出国进修或选择去了其他学校,如杨立新、汪建成、刘广三、王福华、董炳和等,现在他们大都成了其他高校的博导了。

记:能否谈一下您的学术经历?

房:我最早在《西北政法学院学报》(现在已改为《法律科学》)1988年第1期上发表过《公平责任原则质疑》的文章,这是我的处女处。这篇文章被引用得比较多,包括现在仍然有文章引用它。我最早出版的著作是与郭明瑞教授合著的《民事责任论》。这本书在1991年由中国社会科学出版社出版,社会反响很好。也就是在这本书之后,我基本上掌握了民法研究的方法,我投出去的文章基本上都能被采用,甚至像《法学研究》《中国法学》这样顶极的刊物,在1991—1996年间都能连续刊载我的文章,从此也奠定了我的学术地位。到目前为止,我累计发表学术论文一百三十余篇,出版各类学术著作、教材七十余部,承担及参加国家级、省部级等课题十余项,获省级科研成果和教学成果奖13项。

记:2000年前后,您已经是教授了,为什么还会想到去中国人民大学攻读博士学位?

房:我1993年破格评上了副教授,1995年破格评上了教授。1999年我作法学院院长的时候,王利明老师到烟台大学讲学,就问我为何不攻读博士学位,我当时认为评上教授都快五年了,读博士好像没有必要。王利明老师批评我说,没有博士学位将来发展会受影响的,还是应当争取读博士。就这样,2000年,我考上了王利明老师的博士。王老师为人谦和,在学术研究上十分刻苦且有着很强的社会责任感,为了推动中国的法治化进程,他积极参与国家的各项立法、司法活动,也是在王老师的影响和带动下,读博之后我开始随同王老师参与更多的国家相关立法与司法活动。在读博士期间,我还与王老师合作完成了两本著作,一本是《物权法专题研究》,另一本是《中国物权法草案建议稿及说明》。

记:您在烟台大学已经工作二十多年了,这二十多年来,烟台大学法学院发生哪些变化?能否谈谈学科建设的情况?

房:烟台大学法学院可以分为几个发展阶段:1995年之前,烟大法学院用了十年时间打基础,主要就是培养老师。当时的条件比较艰苦,烟台大学在郊区,每半小时才有一趟公交车,交通很不方便。记得有一次我从家回来,从大连坐船晚上七点钟到达烟台,就无法回到学校,只能在市区住一晚。那个时候,学校的老师都不怕艰苦,他们为这个学校付出了很多。学校资料虽然很匮乏,但好多年轻老师都在利用图书室有限的资料看书。也正是在那个时期,我打下了较为扎实的民法理论基础并受益终生。到现在,我还能清楚地记得当时许多期刊中刊载的文章名称、作者及发表时间。1995年以后,经过之前十年的打拼与建设,学校的软硬件设施基本上都齐全了,一部分老师在全国也已经小有名气。

1998年,烟台大学法学院有了硕士点,现在已经有了一级学科硕士点和法律硕士点,但博士点迟迟没有申请下来,这一直是我们比较遗憾的事情。对于我们学校来说,申报博士点目前是我在校长任期内一个主要的奋斗目标。现在,我们的民商法学科是山东省的重点学科,民商法教学团队是国家级教学团队,民法课程是国家级精品课。依靠我们的师资和科研能力,申报博士点还是很有希望的。

记:现在的您已经是烟台大学的校长,您对烟台大学法学院、整个烟台大学的发展有什么打算?

房:我是1999年担任法学院院长,2003年底担任副校长,2009年担任校长。我觉得,在学校做行政工作与在社会上从事行政工作是有区别的。在学校从事行政管理工作,学术研究方面会受到一定的影响。郭明瑞老师说过,在行政职位上要把行政事务做好,学术研究等从行政上退下来再继续搞。原来做副校长时,因为管理的工作只是一方面的,还是有较多的时间从事学术研究。现在担任校长,情况又不一样了,基本上没有了个人的时间,要处理大量的行政事务。

说到打算,还是有一定的目标的。我行事不喜欢张扬,觉得应该一步一步来,不要空提口号。我现在的想法主要有三个:一是博士点的申请,烟台大学一定要争取成为有博士点的高校。二是通过立章建制,从制度建设上加强对学校的管理,理顺各方面的关系,防止因人而异,使得管理走上规范化。三是提高老师的教学科研能力,增加学校的办学实力。

> 首先,我认为基础知识是很重要的……对于社会上出现的问题,要在脑子中马上反应在民法上,要与民法联系起来,这是民法思维。其次,我认为,作为一个民法学者,在脑海中一定要有一个民法逻辑体系的网络。学习民法一定要了解社会,社会经验的积累也很重要。

记:作为国家一线的民法学教授,您现在在哪个大学兼职做博导?您之前做过访问学者?

房:我现在在吉林大学指导博士研究生,同时在山东大学合作指导博士研究生。因为自己从事的行政事务比较多,加之语言基础不好,虽然曾经有过出国做访问学者的机会,但最终都未能成行。但我鼓励年轻老师走出去,汲取国外先进的学术理论和经验。

记:这么多年来,您认为您对中国法学,特别是民法学方面的贡献有哪些?

房:绝不敢说贡献,只是提出了自己的看法而已。从我的研究来说,主要有两个方面。前期的研究主要集中在侵权责任法方面,我发表过十余篇有关侵权责任法方面的论文,也出版过专著。尤其令我高兴的是,我写的有关侵权责任法研究的文章在国外也被很多文章引用过,我提出的很多观点现在已经成为通说。后期的研究主要专注于物权法方面,重点在用益物权方面。关于用益物权,我发表了十余篇论文,并出版了两部专著,我的博士论文就是《用益物权基本问题研究》。我在《中国法学》1996年第2期发表的《用益物权三论》是影响很大的文章,引用率是很高的。目前,我正在研究公益征收问题,已经发表了十余篇论文,也撰写了专著并被列入2010年《国家哲学社会科学成果文库》。

记:您是国内学习研究民法理论比较早的学者,能否给以后学习民法的学生谈谈从事民法研究应当注意的一些问题。

房:首先,我认为基础知识是很重要的,特别是民法基础理论。对于社会上出现的问题,要在脑子中马上反应在民法上,要与民法联系起来,这是民法思维。其次,我认为,作为一个民法学者,在脑海中一定要有一个民法逻辑体系的网络。学习民法一定要了解社会,社会经验的积累也很重要。

记:那您平时如何要求您的学生,或是希望您的学生采取哪些方式来了解和接触社会?

房:机会是很多的,只是好多学生不愿意去做。我在指导学生时,经常问他是农村的还是城市的,如果是农村的,让他搞清楚村里的土地承包情况,偏僻农村的学生弄清楚民间的习俗,城市的学生弄清"城中村"情况、房屋拆迁情况。

途径很多,实际上并不难,只是学生不愿意去深入调查。比如,有些学生写关于小产权房的文章,但连什么是小产权房、小产权房是怎么产生的、实践中又是怎么运作的都没弄清楚,这样的论文没有多大意义。

记:我们国家民法的发展是很快的,您从学生到教授一直在从事民法的研究,您认为我们的民法研究还有哪些问题,今后发展的方向如何?

房:这些年来,我们的民法发展很快,但现在存在的问题也很多。一是研究民法的著作和论文虽然比较多,但是有影响力、能够树立起学术品牌且有深度的研究相对比较少。二是整个法学界,真正能静下心来踏实搞学问的学者比较少,一些著作论文字数很多,但有价值的内容很少。

对于今后民法的发展,我认为还需要从几个方面加以改进:一是我们对国外的情况了解得很少,对国外民法的发展缺乏研究,没有真正弄清楚。虽然我们目前已经翻译了大量的国外著作,但翻译的质量参差不齐。二是我们的研究往往就事论事,缺乏宏观的理论研究。三是我们的民法学界,更需要学术上的争论,而不是利益上的竞争。四是真正踏实做学问的人少了。这些问题,我希望在今后都能得到更多的重视和解决。

(于鹏飞、方　堃)

林 嘉
Lin Jia

1962年10月生。法学博士,教授、博士研究生导师。中国人民大学法学院党委书记兼副院长,劳动法和社会保障法研究所所长。主要经历:1980—1984年,于中山大学法律系获法学学士学位;1984—1987年,于中国人民大学法学院获法学硕士学位;1996—2001年,于中国人民大学法学院获法学博士学位;1992年5月—1992年11月,作为香港城市大学访问学者;2005—2006年,作为美国哈佛大学富布莱特高级访问学者。

主要著作有:《社会保障法的理念、实践与创新》《劳动就业法律问题研究》《劳动法和社会保障法》《劳动合同法条文注释与适用》《劳动合同法热点问题讲座》《外国民商法》《社会保障法》(中/英文版)、《现代中国法概论》(韩文版)等。在国内外刊物上发表《就业歧视的法律调控》《劳动关系法律调整模式论》《社会保险对侵权救济的影响及其发展》《〈劳动合同法〉的立法价值、制度创新及影响评价》《社会保障的法制轨迹》等学术论文百余篇。

我感觉在美国图书馆读书是一件非常美妙的事情,这几年由于在国内担任一些行政工作,已无法像当年在美国那样每天都有大量的时间阅读一本自己心仪的书籍。美国哈佛大学法学院图书馆的内部布置十分惬意,它的楼层建筑高度相当于我办公室高度的三倍,十分大气和宽敞,落地窗户都是玻璃的。你可以倚在馆内的沙发上,拿着一本自己喜爱的书籍,边沐浴阳光边品味书中的内容。

记者(以下简称"记"):首先想请老师谈一谈您当年高考的经历,为何会填报法学专业?

林嘉(以下简称"林"):我是1980年参加高考,那时的高考对学子来说还是有相当大的难度,可谓是"千军万马过独木桥"。高考那年我还不满18岁,对今后人生发展的方向还没有一个完整的概念,处于迷茫的阶段。我记得那时考文科的学生大都填报类似中文系、历史系、哲学系等专业,本来我想顺大潮也填报那些专业的。报考法律是在我父亲的帮助下决定的,可以说是父亲帮我确定了今后人生的发展方向,父亲让我选学法学专业。我父亲当时就认为未来的中国社会需要法律,其实当时的我对于法律并没有太多的认识,只是听从了父亲的建议,就这样报考了中山大学法律系。

记:林老师,那您进入大学学习法律初期,对大学和自身的专业是怎样的印象呢?

林:起初是找不到感觉,处于一个摸索的阶段,内心也出现过彷徨。那时中国的大背景是法制建设刚刚恢复,处于起步阶段,各项法律制度都很不完备,体系也不完善。感觉法律专业的课程非常枯燥,不易接受。譬如一开学就要学习"国家与法"这门课程,理解国家和法律的概念。那时我的兴趣在文学和哲学方面,记得在大学的前一两年我是如饥似渴地阅读卢梭、孟德斯鸠、伏尔泰的名著和许多文学作品。当时与法律相关的书籍也非常贫乏,书籍的质量也不行。我清晰地记得,包括西南政法和人民大学的书籍和许多讲义都是油印的。

大二以后,随着课程的加深,我逐渐了解了法律的实质,摸到了学习法律的门道,寻找到了学习法律的感觉,探索出了适合自身学习法律的方法。

记:林老师,在您大学学习的众多课程中,为何选择了劳动保障法、民法作为您今后从事研究的方向呢?

林:大三的时候,我就决定今后要考研。大学期间我自认为我的民法学得比较好,成绩在班级一直名列前茅。我的习作中多偏重民法方面的知识内容,也时常得到老师的肯定和表扬。另外在本科阶段我一直研读人民大学佟柔老师、赵中孚老师、郑立老师写的关于民法原理的著作,那时有一本好书就爱不释手,反复推敲,从而掌握了学习民法方法的心得体会。但是当时的中山大学只有国际法和刑法的硕士点,却没有研究民法方向的硕士点。后来我了解到在我国民法研究领域相对领先的学校是中国人民大学。综合上述的因素,我决定报考中国人民大学民法专业。

我很幸运考取了人大民法专业的研究生。那一年人大还成立了一个二年制的民法研究生班,招收了将近二十人,记得那时经济法开始热门,学校安排我们几个三年制的民法研究生转到经济法方向学习。所以我在研究生期间师从刘文华老师学习了一年多的经济法。后来我回到了民法专业。我清楚地记得我的毕业论文题目是《联营公司法律地位研究》，这篇论文当时得到佟柔老师高度评价，他把我的论文推荐到《法律学习与研究》(《法学家》的前身)上发表，应该说我在研究生阶段的学习得到了民法前辈们的悉心指导，我感觉自己非常幸运。

研究生毕业时面临两个选择，留校或者到实际部门工作。最初我是准备到中国贸易促进委员会工作，当时我已拿到派遣证准备报到。就在我报到的前些天，突然接到学校通知，告知我法律系需要一个毕业学生留校专门从事劳动法的教学工作，他们希望我留校任教。由于我个人还是非常喜欢做老师，崇尚治学。所以最后选择了留在人大法学院做老师。从此，我的职业生涯就停留在校园里了，也就是从毕业起我开始了劳动法的教学与研究生涯。

记：林老师，在研究生期间哪些老师给您留下深刻的印象，对您今后的学术生涯有着很大的影响？

林：对我有影响的老师很多，但其中印象最深、影响最大的是佟柔老师和赵中孚老师。佟老师是民法学界的泰斗，他的学术和人品都是我非常敬仰的。我在读研期间一直虚心向佟老师讨教学术方面的问题，他也给予我很多的指导和帮助。就如先前所说，佟柔老师将我的论文推荐到杂志发表，对我的激励是非常大的，坚定了我从事学术研究的信心。我毕业留校后的头几年，负责教研室工会小组长的工作，由我负责每个月将各位老师的工资送到他们手上，所以有机会频繁地和各位老师接触。那些老师都很热心，每次见面都会在他们家和老师、师母聊天，当然也包括佟老师一家。

记得一次在佟老师家，他和我谈了很久有关学术问题，大家知道佟老师重要的学术观点之一就是坚持"民法调整商品经济"。他和我谈到商品经济涉及商品流转关系和商品生产关系，他说商品流转关系需要由民法来调整，商品生产关系涉及劳动关系需要由劳动法调整，民法和劳动法同样重要，他希望我从这一角度去深入思考问题，并作为我学术研究的一个侧重点，努力把握好劳动法研究的重要脉络。老师的教导对我后来的学术研究有很大的影响。

另外，我的博士研究生导师赵中孚老师对我的影响同样很大。赵老师是一位人品正直、治学严谨的教授。在我写毕业论文的时候，他就要求我重视调研，寻找理论和实践的交叉点，将它们有机地结合。赵老师对我的教诲也影响了我今后的学术研究。从写硕士论文开始，我就去全国各地调研。我的硕士论文就是我在苏州、无锡一带作了半个多月的调研，了解了联营公司发展的情况后完成的。此外,赵老师的为人,包括怎样对待学生、怎样做学问、怎样对待事情都对我有潜移默化的影响。

除这两位导师外,民法教研室的关怀教授、李景森教授、郑立教授、刘素萍教授等对我的帮助也很大,他们的品德都很高尚。俗话说:"环境能够造就人",我就是在这样一个环境下,生活工作了二十多年,回顾这二十多年,我觉得正是由于这些老前辈孜孜不倦的教诲才会有我今天的成绩。

记:林老师,据我们了解,您曾经到我国香港地区和美国做过访问学者,这段经历是否对您今后的学术研究工作有影响?

林:我在1992年以学者的身份访问我国香港地区,这次经历让我对香港有了很多的了解,收获非常大。首先是对香港的社会风貌有了深刻的了解,其次让我能够透过香港法律制度对整个英美法律制度有深刻的认识。在香港期间我不仅在学校学习,还为他们代课,做 tutor。此外,我也在几家香港律师事务所实习,跟随一些律师出庭,如著名的大律师梁定邦,了解整个庭审的情况。我认为我在香港最大的收获就是感受到法制在社会中的作用。2005年我又以富布莱特高级访问学者的身份访问美国哈佛大学法学院,同样收获巨大。通过访问,我了解了在某种程度上代表西方发达法律教育水平的美国的法学教育现状。在美国我一边听课,一边参加一些学术的研讨。在美国哈佛大学法学院举行的一个大型国际研讨会上,我应邀在会上作了题为《中国就业歧视现状分析及其法律规制》的报告,反响很好。后来我也去美国密歇根大学等作讲座。我觉得通过这样的学术交流和讲座让自己具有了更多国际化的视角和眼光,看待问题也有了一个更高的高度,这是我最大的收获。

我感觉在美国图书馆读书是一件非常美妙的事情,这几年由于在国内担任一些行政工作,已无法像当年在美国那样每天都有大量的时间阅读一本自己心仪的书籍。我记得美国哈佛大学法学院图书馆的内部布置十分惬意,它的楼层建筑高度相当于我办公室高度的三倍,十分大气和宽敞,落地窗户都是玻璃的。你可以倚在馆内的沙发上,拿着一本自己喜爱的书籍,边沐浴阳光边品味书中的内容。

在美国的学术生活让我感到非常充实,与外国学者讨论问题、思维碰撞的过程中激起的火花往往会成为我学术研究的灵感,这也对我今后的研究工作有着很大的帮助。美国人非常重视调研,即强调掌握第一手数据,用数据来分析问题、论证结果。我感觉到这一点对中国学者的研究有很大的借鉴意义,可能我们长期以来比较缺失的就是法学研究方面的数据论证。回国后,我和我的学生探讨问题的时候,就鼓励他们深入基层研究真实的现状,进行调研。这几年我在做课题过程中,都会带学生去全国各地调研。这样的调研活动能够让学生开阔视野,了解到社会的现状,我也更希望我的学生不仅能够"看",而且还要会"用"。就是将这样的方式作为自身做学问的习惯,我觉得这是我希望我的学生能够真正做到的。

记:林老师,您先前提到您去了我国香港地区和美国,耳闻目睹了国外法制的现状,能否就您研究的领域谈一谈我国和国外之间的不同?

林:我是研究劳动法和社会保障法的学者。应该说劳动法是一门新兴的学科,在中国的发展历史不长。但从社会发展的角度来看,劳动关系的调整、劳动者的权利保护都是我们国家目前迫切需要解决的问题。一方面这个问题的解决需要法治的带动,另一方面也需要理论研究不断地推进。虽然我国在劳动法领域已有相当大的发展和进步,但是与国外相比较,还是显得较为稚嫩。例如,在这一领域研究的人才还是比较贫乏,全国博导职称以上的人员不到十位,力量较为薄弱,这就导致研究层次和理论水平上升的速度较慢。我与我国台湾地区学者接触的机会较多,单单就这一领域与我国台湾地区相比,感觉存在不小的差距,主要表现在研究的层面和研究的深度及对理论问题的探索方面。但在过去的十年期间,中国劳动法的发展还是相当迅速的。这也告诉我们在这个领域还有很大的提升空间,也能吸引更多的人才去发掘这一领域的新亮点。

记:林老师,既然您提到我国劳动法和劳动保障法还有很大发展空间,那您觉得今后这一领域还有哪些空间可以拓展?您希望在哪些领域拓展?

林:这个问题确实是一个学者应当时刻关注的,这就要求我们学者站在一个更高的层面上去看待一个学科的发展问题。我作为一名学者有义务推动劳动法、劳动保障法和社会法学这些学科的发展和进步,但这需要发达的理论,这是个非常重要的前提。在理论方面首先要构建出一个完整的理论体系,在研究方法方面需要不断地创新。在我指导博士生写博士毕业论文的时候,我会鼓励他们写出些理论性更强的文章,因为一旦理论层面达到了一个高度,那制度层面的问题必定水到渠成。

我曾经参与了《劳动合同法》的制定工作,包括立法和论证的阶段。这部《劳动合同法》引发了许多争议,很多问题目前还不能简单地下结论,还需要实践和时间的检验。当然法不可能做到完全周延,一部法的理性和它的价值取向是我们学者应该思考的问题,此外,学者还需要作更多的理论研究以为立法作必要的理论储备。

记:林老师,目前法学界存在一种学术现象,部分中青年学者呈现出"学术浮躁"的状态,急功近利。您对这一学术现象是如何看待的?您觉得一个良好的学术环境应该是怎样的？

林：我觉得对于年轻人来说现在正处于一个良好的社会环境，社会为你们提供了良好的发展平台。中国法制建设已有30年，法治国家的建设需要大量的法律人才，所以你们赶上了一个很好的社会环境。其次从你们自身研究水平来说，前人的积累已经非常丰富，比如大量的书籍，大量的研究成果。积累包括自身的积累，也包括群体的积累。积累靠的是一代代学者的传承。你们看到的资料是我们当年的几十倍甚至是上百倍。所以你们现在作研究是有很大优势的。

当然，我们目前所处的社会也是一个躁动的社会，充斥着许多的诱惑。潜下心来读书对于每个人来说都要克服一些困难。对于学法律的人来说要想成功，知识积累是基础。所以你们在本科、研究生阶段就必须打好一个扎实的基础。这个基础不仅仅是法律方面的，也包含着方方面面的知识结构和综合能力的培养。学法律的人是理性的人，要求对很多问题有理性的思考。又比如说学法律需要涉及许多抽象的原理、法律理念，这些原理或理念很重要，掌握了这些，不管以后你从事什么方面的工作，都能够得心应手，融会贯通。另外，法律又是一门实践性很强的学科。无论是从事研究还是从事实务，都要求从实践中获取经验，就像霍姆斯所说："法律的生命在于经验。"社会本身是不断变化的，从事法律就要以不断变化的思维看待发展的事物，绝不能禁锢或停滞在某一点上。潜下心来研究，潜下心来思考，这点很重要。若想成为一名成功的法学家，必须潜下心来，放弃某些外在的诱惑。年轻的时候，就应该好好地加固自身的知识储备，厚积薄发。如果急于求成，热衷于做一些功利的事情，最终很难成为"大家"。学问只要工夫下到，就会有回报。

记：最后请林老师给予我们青年学子提一些希望和建议。

林：作为学法律的学生，除了要掌握法律理论和法律知识外，还必须要有法律人的理想，坚持法律人的操守，追求法律的公正、公平。法律人的品德十分重要，我推崇的名言是"上善若水"、"厚德载物"。人需要自律，慎独慎微，法律人要永远保持一颗客观公正的心。

（陶业峰、顾寅跃）

刘 颖
Liu Ying

1962年10月23日出生,湖北武汉人。1985年毕业于武汉大学无线电信息工程系,获理学学士学位;1991年毕业于武汉科技大学科学技术哲学专业,获哲学硕士学位;1997年毕业于武汉大学国际经济法专业,获法学博士学位;1999—2002年在暨南大学应用经济学博士后流动站从事研究工作。现任暨南大学法学院教授,博士生导师,《暨南学报》(哲学社会科学版)主编,中国国际经济贸易仲裁委员会仲裁员,中国法学会国际经济法研究会常务理事。

长期致力于网络与电子商务法、国际经济法、比较民商法等领域的研究。曾先后出版专著多部,主要包括:《电子资金划拨法律问题研究》(法律出版社2001年版,2005年获广东省哲学社会科学优秀科研成果奖二等奖,2007年获首届全国信息化研究成果奖优秀奖,2010年获钱端升法学研究奖二等奖);《国际经济法》(合著)(中信出版社2003年版)等。发表的主要学术论文有:《货币发展形态的法律分析——兼论电子货币对法律制度的影响》(《中国法学》2002年第1期,于2002年获司法部法学教材和法学科研成果奖优秀奖);《支付命令与安全程序——美国统一商法典第4A编的核心概念及对我国电子商务立法的启示》(《中国法学》2004年第1期,2007年获广东省哲学社会科学优秀科研成果奖二等奖,2008年获第二届钱端升法学研究奖提名奖);《互联网环境下的国际民事管辖权》(《中国法学》2006年第1期,2009年获第三届全国法学教材与科研成果奖三等奖);《论计算机信息及计算机信息交易——美国〈统一计算机信息交易法〉与美国〈统一商法典〉相关概念和规则比较》(《暨南学报》(哲学社会科学版)2008年第5期);《〈国际合同使用电子通讯公约〉对我国电子商务立法的启示》(《暨南学报》(哲学社会科学版)2009年第4期);《论〈侵权责任法〉中网络服务提供者的责任》(《暨南学报》(哲学社会科学版)2010年第3期)。

记者(以下简称"记"):老师您应该是60年代的吧?

刘颖(以下简称"刘"):对,62年生的。

记:那您读大学之前有没有工作过?

刘:没有,读研和读博之前都工作过。本科在武大无线电专业学习,硕士读科学技术哲学,博士读国际经济法。

记:那您三个学位间的跨度还是挺大的,您会不会觉得跨专业学习有些难度?

刘:当然有一定的难度。但是我认为自然科学与法学在思维方式上比较相通,两者的逻辑性都比较强。而哲学和法律,尤其是法理部分的联系也是相当紧密的。

记:您本科学无线电专业,硕士读哲学,博士读法律,为什么会选择这样一条道路?

刘颖老师的学术成果

刘:大学本科专业更多是高中老师的选择。我学哲学的机缘比较偶然,主要是受武汉大学80年代前期环境的影响。当时的武大是全国第一个实行学分制的大学,成立了多个跨学科的学术社团,大家称之为"快乐学院",形成了少有的民主自由的校园文化氛围和异常活跃的学术研究风气,时任校长刘道玉也鼓励大家解放思想,可以按照自己的兴趣跨学科发展。和80年代初期的大学生一样,我当时是立志成为一个科学家的。在听了一些讲座后,知道历史上一些伟大的科学家都有自己的哲学思想。出于把哲学作为自然科学研究工具的考虑,就读了些哲学书籍,之后对哲学产生了浓厚兴趣。在读大学的时候不仅知道了什么是哲学,还了解到生物学是 21 世纪的带头学科、是医学的基础。我们这一批人在读高中的时候全力以赴学习数理化,对生物学了解不多。当时有一个很朴实的想法,就是自己小时候身体较弱,于是想学医治病救人。读本科的时候知道生物学是医学的基础后,曾一度想报考生物物理专业研究生,从事生物学研究。但是由于许多偶然的因素,同时也是在种种机缘巧合之下转到了哲学方向。从本科阶段的无线电专业到硕士阶段的科学技术哲学专业,以及中间的些许波折,可以说,均带着历史及个人的思考印迹。

记:那后来为什么您又转向法学方向,成了国际法博士?

刘:归根结底,还是兴趣使然。1989 年前后发生的一些事情,使我对意识形态的东西有些厌倦,又提起了对科研的兴趣。至于学科的转向,主要是考虑到自己之前是学技术出身,还是研究一些实践性较强的科目为好。但当时难以再去从事自然科学技术,况且对文科比较喜欢,虽然对法律了解不多,但觉得国际经济法处理涉外经济纠纷,是一门很实用的"文科技术",恰好当时武大有国际经济法博士点,权衡之后,就报考了武汉大学法学院国际经济法专业博士生。

记:我们查到您发表的论文有关于电子货币和电子资金划拨的法律问题的,即货币发展形态的法律分析兼论电子货币对法律制度的影响,您能给我们作一些介绍吗?

刘:由于我自身的知识结构,从 1995 年写博士论文开始,我就一直把精力放在电子商务法律的研究上。我的博士论文题为《电子资金划拨法律问题研究》,这可能是我国有关电子商务法研究的第一篇博士论文,后来纳入了梁慧星教授主编的中国民商法专题研究丛书。有关电子资金划拨(Electronic Funds Transfer)的法律主要由两部分组成,即小额电子资金划拨和大额电子资金划拨。小额电子资金划拨主要指我们日常生活的 ATM 和 POS 机,其法律问题主要是消费者保护问题。有关电子资金划拨的法律最重要的是大额电子资金划拨法,主要立法例是美国《统一商法典》第 4A 编(Article 4A of Uniform Commercial Code),它的制度类似于票据法。4A 编有两个核心概念,一个是支付命令(payment order),另一个是安全程序(security procedure)。这两个概念与票据法中的票据和签字十分类似。和票据一样,支付命令是一种无条件的支付指令,这种指令往往采取电子的方式;而安全程序是对支付命令的认证。随着支付命令经安全程序的认证后在各当事方之间的传送,4A 编为各当事方规定了一系列权利和义务。这种权利义务类似于票据权利义务,每一个票据行为的签字都在当事人之间产生一定的权利义务关系。

记:您对电子商务、电子金融、电子货币这方面的研究是不是得益于您本科时期对物理学或者研究生时期对哲学的学习呢？

刘：在我的学术生涯中实际接受了四个学科的熏陶。我来暨南大学后又在应用经济学博士后流动站从事博士后研究。所以我从本科到博士后四个领域都不同。从科学研究的角度来讲，不同学科的知识不仅是提供了不同的知识背景，更重要的是提供了不同的思考方法和研究视角。可以这样说，在具体的研究中，不一定是某一具体知识或某一具体技术有用，但是自然科学的一些基本训练和物理学的基本知识肯定为我的研究的展开提供了思考方法和研究视角。爱因斯坦说过，他觉得最有用的就是那些他学过又忘了的东西。现代科学的日益精细化虽然有助于科学的发展，但缺乏跨学科的研究视野无疑对认识一门学科的本质是不利的。虽然在知识爆炸的今天难以产生百科全书式的学者，但宽广的学术视野却是任何一个学科取得实质性突破的重要因素。

记：现在有学者提倡法学教育应该向美国看齐，从您自身跨专业的背景来看，我国本科阶段是否应不设法学。

刘：美国之所以确立了其无法学本科教育的模式，与美国的法律传统有重要关系。美国属于判例法系，而判例法系的内核在于尊重经验，信奉一切知识源于经验。为了了解法律的正义是什么，就必须先了解社会，这是美国的法学教育是"学士后"教育的原因之一。自我国法制现代化以来，主要学习借鉴大陆法系，而该法系的特点即讲究哲理，而非先关注社会；另外，我国的文化传统与现代法治观念有相当大的差距，这就决定了我国在本科阶段设置法学教育的合理性。同时，为了实现培养跨学科的复合型法律人才的初衷，法律硕士还是应坚持从非法学专业招生。

记：从您的经历来看，您对当今的法学学术环境有什么看法？

刘：这是一个比较复杂的问题。法学学术环境与整个学术环境休戚相关，甚至是中国学术环境的一个缩影。我国的学术环境经历了几次大的风浪，遇到了不少挫折。当今的学术环境虽然较之前严苛社会状态下的学术环境有所改善，但是与真正的"百花齐放，百家争鸣"还有一定的差距。法学学术环境存在以下问题：第一，作为学术产出基地的科研机构与高等院校的管理行政化现象严重。学术自有其身的规律，有其应有的学术精神，如怀疑、批判、自省等。然而，当下，作为专业性思想创新场所的高校正在计划下的行政管理中失去其本分与精神。学术思想并不是计划出来的，思想的产出必须存在一个特定的环境，研究者必须具有一种好奇心、奉献精神、担当与责任感……大学在社会中有其角色分工，有其办学的灵魂，即"与柏拉图为友，与亚里士多德为友，更与真理为友"。而这二位先哲的名言是："尊重一个人不应该胜过尊重真理"；"吾爱吾师吾更爱真理"（亚里士多德）。第二,学术评价机制存在严重的缺陷。一个大学的水平并不是由多少课题、论文及所获奖项等硬指标来衡量的,尽管这些指标具有一定的意义。学术评价首先对学术成果的创造性进行定性,然后才能进行定量。更为严重的是,这些指标并非完全是教育自然而生的产物,而多是计划下"事在人为"人际关系的结果。这种重数量的评价造成了学术职业者急功近利,走向世俗与媚俗。

记：老师您的教育经历相对多样,您在研究过程中会偏向哪方面的方法论？

刘：我的研究方法就是比较法。在电子商务法研究中,也包括全部法学研究,我认为移植借鉴法制先进国家的法律并没有结束。新中国成立以来的诸多政治运动对法学的冲击比对其他社会科学的冲击要多,加上我国历史上不存在现代意义上的法治传统,这就决定了学习、移植法制发达国家的法律是一个长期的过程。在自然科学中有一个很重要的概念,就是参照系。任何物体的静止或运动只有在一定的参照系下才是有意义的。在社会科学中没有参照系,这就决定了社会科学中的比较研究才能使我们更接近真理,因为比较研究是一种互为参照的研究。

记：老师您反对法律本土化的观点？

刘：至少在我从事的电子商务法领域,有关法律从诞生之日就是全世界一致的,这在某种意义上是由互联网的无国界所决定的。任何使内国法本土化的努力只能使本国游离于世界之外,并且我也相信,互联网的进一步发展也将至少推动全球商事法律的趋同,使得法律全球化部分变成现实。这里我想用美国的国内法举一个例子。美国《统一商法典》是一个供各州采纳的示范法。由于在传统上属于大陆法系,路易斯安那州没有采用《统一商法典》。但是当调整电子资金划拨的《统一商法典》第4A编颁布以后,得到了全美50个州的采用,包括路易斯安那州。这说明,互联网技术已经成为并将继续成为法律统一的重要力量。

记：现在有一种观点,中国人口中农民占很大比例,而大多农民只管自己吃饱,缺乏社会意识,所以中国不适合走民主的道路。您怎么看？

刘：我记得电视剧《走向共和》里孙中山先生有一句台词,大意是小孩不会走路,并不是不适合走路；如果不让他学习走路,他就永远不会走路。

记：您大学时期有没有什么人或事对您产生很大的影响？

刘：我上大学是在上世纪80年代初。那个时候大家对生活都充满了憧憬。经济高速发展,思想也高度解放。对我影响最大的应该就是刘道玉校长,这是一个相当有人格魅力的校长。传说有两次机会,一次是当武汉市市长,一次是

2010 年 12 月第三届钱端升法学研究成果奖颁奖大会

进入中央,他都没有去。他说他希望当一个园丁,把武汉大学办好,希望学生们成长起来,成为社会和栋梁。我上大学时,有的班级开班会他都去参加。黄进教授后来与我闲聊时也说起这件事,说虽然这可能与当时学校规模不大有关,但无论如何,于此事可见刘道玉校长的民主作风与关爱学子之心。此外,刘校长也富有前瞻性地提出学生要培养创造性思维,要进行交叉学科的学习。这些都在我的成长中发挥了重要作用。

记:老师您后来为什么来暨南大学?

刘:当时南方是处在改革开放最前沿,外来人口非常多,包容性比较强;再加之自己学的是国际经济法,广东有它的地缘优势与文化优势。

记:最后一个问题,您对现在的法学学子的学习有什么建议?

刘:作为法学学子,现在最重要的就是树立法治的信念。法治是人类文明的前进方向,是全人类的共同选择,也是中国人民历经苦难所选择的正确道路。

(许辰彦、李秋实)

黄 勇
Huang Yong

1962年11月出生，祖籍广东中山。1985年毕业于北京大学，获法学学士，后获对外经济贸易大学法学院硕士和法学博士学位。现任对外经济贸易大学竞争法中心主任，法学院教授，博士生导师，经济法系主任。国务院反垄断委员会专家咨询组副组长，中国民主建国会中央法制委员会副主任，民建北京市委常委、法制委员会主任，北京市人大代表、北京市人大常委会财经委员会委员，国家发改委、商务部、国家工商行政管理总局竞争法专家，国家质检总局法律顾问委员会委员，国家税务总局行政复议委员会专家委员，中国法学会经济法学研究会常务理事，中国国际经济贸易仲裁委员会仲裁员。

主要从事经济法与国际经济法的研究和教学，教授课程主要有经济法、竞争法、社会保障法，作为竞争法专家全程参加中国反垄断法的制定和修改。

主要专著有：《国际竞争法研究》《反垄断法经典判例解析》《中外反不正当竞争法经典案例评析》《英美保险法经典案例评析》《禁止限制竞争协议经典判例评析》，其中《国际竞争法研究》获得2003年度全国外经贸研究成果奖优秀作品奖，2006年度中国司法部主办的第二届全国法学教材与科研成果奖优秀作品奖。此外还主持或参加编写了《商法、经济法教程》《国际商法简编》《涉外经济法教程》《经济法学》等法学教材。

在 Antitrust Law Journal、《新华文摘》《中国发展观察》《法学》《现代法学》《法学论坛》《华东政法大学学报》《法律适用》《人民司法》《经济法制论坛》、《国际贸易》《国际商务》《价格理论与实践》《人民日报》《法制日报》《财经文摘》《财经》等国内外SSCI、CSSCI

及核心中文期刊和知名杂志期刊上发表多篇学术论文。其中具有代表性的有：Pursuing The Second Best：The History，Momentum，and Remaining Issues of China's Anti-Monopoly Law、《中国反垄断法：一部注重整体协调的法律》《认识中国反垄断法》《国际竞争法的现状与发展》《中国在反垄断国际合作中的对策》《论WTO救济制度与竞争法的关系》《中国反垄断法实施中的政府职能定位》《论中国的企业集团化与反垄断法的政策取向》《我国的企业并购反垄断规制问题研究》《"国家—市场"尺度下的反垄断法三十年——迈向"自治—回应"型法》《反垄断法实施的文化维度论纲——以竞争文化、诉讼文化与权利文化为中心》。

主持、承担过的科研课题项目包括：国务院法制办《中国反垄断立法问题研究》《禁止垄断协议立法比较研究》和《企业集中反垄断法控制立法比较研究》；全国人大法工委《各国反垄断法律翻译项目》；国家发改委《竞争政策与产业政策的关系》；商务部《我国贸易政策与竞争政策研究》（"十一五"规划17个重点课题项目之一）、《企业兼并反垄断法审查标准研究》《知识产权与反垄断法关系研究》《经营者集中执法问题研究》《企业并购反垄断法审查中的破产抗辩制度研究》《经营者集中附加限制性条件执行问题研究》《关于经营者集中审查简易程序问题研究》；国资委《中央企业改革发展与〈反垄断法〉适用问题研究》；司法部重点课题项目《限制竞争协议的反垄断法律问题研究》，欧盟《中国城市社会保障法律制度研究》（项目负责人之一），欧盟环境委员会《石油天然气立法—管制与竞争》，中国欧盟世贸项目（EUCTP）《反垄断法中的豁免制度研究》、《知识产权领域的反垄断法适用研究》、《贸易政策与竞争政策协调研究》，亚洲开发银行《各国竞争法比较研究》。

曾在英国皇家国际关系研究院（Chatham House）、美国全美律师协会（ABA）、美国乔治·华盛顿大学、美国乔治城大学、瑞士苏黎世大学、中国香港城市理工大学、中国台湾政治大学、中国台湾辅仁大学等做关于中国竞争法主题演讲；应邀访问过美国、欧盟、日本、韩国、意大利、英国、葡萄牙等国的反垄断执法机构。

1988年被评为北京市"高校教书育人先进教师"，1998年被评为北京市高校优秀青年骨干教师，2005年国家教育部"新世纪优秀人才支持项目"入选者，2007年被评为北京市教育创新标兵，等等。

记者(以下简称"记"):感谢黄老师在百忙之中接受我们的采访,首先请您谈谈对"文化大革命"时期的印象好吗?

黄勇(以下简称"黄"):虽然那时我年纪还很小,但"文革"却在我脑海中留下了深刻的印象。由于我父母工作的原因,我的青少年时代,除了在北京的一个机关大院里呆过很短的时期外,余下时间基本上都是在北京大学度过的。而北大是"文革"的"重灾区",我周边很多幼时玩伴的长辈都在这次运动中受到了冲击。我自己的家庭也未能幸免。我的父亲在外地被打成走资派且失去自由多年。那段岁月在我的心灵上烙下了深刻的印记,这种痛苦的回忆已经伴我走过了许多年,且会一直在记忆里挥之不去。有很多在你们看来不可想象的事情,在那个疯狂的年代确确实实地发生了,而且就发生在我的身边,比如剃阴阳头、撒墨水、不允许上厕所等,一些本来是自己很亲近的人,父母、亲戚、朋友,或者是很受尊敬的长辈,却在转眼间成为被大肆批判的对象,甚至连作为人的尊严都不被允许。可以说,"文革"对很多人的价值观、道德观造成了毁灭性的破坏。这场斗争太残酷,也太无畏,当权者的个人意志不仅没有被体制所约束和限制,反倒通过体制被无限夸大,再被进一步扭曲,最终使整个民族陷入一种集体的非理性,由此对我们的国家和社会所造成的伤害是很难在短时间内平愈的。

记:老师您当时深受其害吧?

黄:就我个人来说,其实是非常幸运的,虽然赶上了"文革"、经历了"文革",但是当我到了上学的年龄时,"文革"最疯狂的时期已经过去,我的整个教育历程因此有幸没被中断。不过,我的小学和初中阶段还是受到了"读书无用论"的影响,对学习不重视。不像今天,你们的偶像都是些影视明星,我们那个时代的偶像,是"文革"中被人用意识形态无限夸大后的"反潮流革命闯将",如黄帅、张铁生等。

记:能具体谈下"文革"对现代教育的影响吗?

黄:"读书无用论"对我个人的影响刚才已经说到了。从大的方面看,中国几千年承传下来的优良教育传统刹那间被扫荡一空,以致在今天,这种巨大的负面影响仍没有完全消除。学生不再尊敬老师,不再热爱学习。但这远远不是问题的全部。中国的优良教育文化不仅仅是对学生的约束,也是对老师的约束。老师的职责是传道、授业、解惑。因此,老师的职责对于老师自己而言具有巨大的内在约束力。老师自己必须站在人格的高点和学问的高点才能指导学生,也就是必须自己行得端,站得直。但是我们放眼今天的社会和大学校园,学生们来到学校的目的不再单纯,老师们也不再以"人师"的标准要求自己,全社会也不再将老师和教育放在高尚的位置上。学生功利,老师功利,全社会都在功利化,正应了那句古话"天下熙熙,皆为利来;天下攘攘,皆为利往"。诚然,这一方面是市场化经济的必然结果,但从文化的内在性上讲,这其实是"文革"的后果——正是"文革"砸烂了"师道尊严"这面中国人扛了几千年的大旗。

但这依然不是"文革"负面影响的全部。在更为深远的方面,它通过颠覆性的破坏实践了对教育理念的钳制,严重扭曲了教育的目的。学习的目的本在于求知,在于追求真理。因此,教育应当有其应有的独立性和自由度,正如当年老北大人陈寅恪先生的名言"独立之精神,自由之思想"。可惜,社会发展到今天,物质文明高度发达的今天,我们的教育、我们的校园依然不是师生们可以一杯清茶坐而论道,明其道而不计其功的场所,不是自由表达思想、交换思想的精神空间。学术成为政治的附庸,这其实正是"文革"等政治运动对中国教育的毒害,是严重的历史倒退和文明的堕落。

另一方面,"文革"使不少人死于非命,使如我一样的人见识到了人性中最暴虐的一面。比如,那时的学生,一个个尚未经世事的单纯的孩子,居然用皮带打老师,甚至还打死了老师。还有就是同事之间、邻里之间,甚至家庭内部夫妻之间、父母子女之间彼此揭发、互相斗争……从而使人与人之间充斥着紧张和不安全感。其遗毒延续至今,是造成当代中国社会中人与人之间普遍的不信任和缺乏诚信的重要原因之一。

但是,任何个人和家庭的不幸从大历史观的宏观角度看,毕竟是微观而单薄的。"文革"对人性的摧残、对文化的颠覆,其负面影响之深远会延及后世许多代人。这已经不仅仅是对中国教育造成的扭曲,"文革"对中国文化的整体性颠覆导致了信仰的模糊、动摇和断层,是对整个中国文化和中华文明的扭曲。当下中国,在经济飞速发展的同时如何重新建构在"文革"时期遭到颠覆性破坏的文化传承,重塑中国人的精神世界,是中国当代教育面临的一大问题。

记:对于您个人而言,"文革"有什么影响?

黄:每个人的人生价值取向都会受家庭和周围环境的影响,特别是那时的我正值人生观的形成时期。现在回想起来,那时候弄不明白的事情太多,如昨天的叔叔阿姨今天就成了阶级敌人。也这是这些不明白促使我变得喜欢观察和思考,甚至有些早熟。特别是在"文革"后期,由于我所处的生活环境,我可以接触到一些外界所无法触及的书籍和思想,这也帮助我形成对于社会初步且朦胧的认识。

记:您会不会觉得当时的生活比较困顿呢?

黄:和很多人相比,我的家庭经济情况在当时算是不错的,基本没有挨过饿,没有穿不暖,也没有插过队,没有干过重体力劳动。我的家庭很和睦,父母的家庭教育也是自由包容的,彼此可以以平常心商谈和讨论。记得"文革"期间最困难的时候,父亲的工资停发了,母亲的工资也花光了,有一次我特别想吃冰棍,一根冰棍卖三分钱,但妈妈说兜里只有两分钱买不了冰棍。这件事使我觉得生活需要计划,这种计划感使我逐步养成比较节俭的生活习惯。也正是这些培养了我待人接物的平常心,对物质生活没有过大的欲求。

记:后来在改革开放的大背景下,您是以什么样的心态参加高考的?

黄:我个人比较幸运,基本上是北大幼儿园、北大附小、北大附中、北京大学直线上升的,其间在城里另外的学校读了4年的小学和初中。我上初二以后"文革"结束了,随着教育体制的恢复,社会也开始逐渐重视科技和文化的建设,那时我便认定一定要读大学,并一心一意为此作准备。当时全国的大学升学率很低,不像现在大学的普及率那么高。但我有幸就读于北大附中。北大附中是全国最好的中学之一,很有学习氛围,师资也很优秀,甚至有北大的教授亲自来给我们授课。我高考那年全班总共三十多人中有近二十人考上了北大,我有幸成为其中之一。

记:您为什么会选择报考法律专业呢?

黄:报考专业时我首先确定了选文科,我一直对人文类的东西比较感兴趣,比如文学、历史和哲学等,这可能和我的家庭环境有关,我家里的人大多从事人文社科类的工作。至于对法律的选择,在更大程度上是一种比较简单的直觉,谈不上有很多特别的考虑。那时的我对法律并没有更多的了解,仅仅觉得法律是一技之长,专业性很强。

记:您是在81年入学的,当时的学员年龄层次是什么样的?

黄:由于刚刚恢复高考,北大77级到80级这四个年级的学员年龄层次跨度很大,有的16岁,有的三十多岁,到我81年高考的时候被"文革"耽误学业的考生在前几年已经被消化得差不多了,因此我这届只有个别学生年龄偏大,大部分学生都年龄相仿,我们班52位同学绝大部分都是应届毕业生,很多同学都是省里的前几名。

记:入学后您对法学学科产生了怎样的认识?

黄:首先,北大特有的氛围使我很快地形成了对法治最初的信仰和理念,这是我大学期间最大的收获。尽管那时中国法学研究和法学教育都刚刚起步,也没有很好的教材,但我得益于北大那些优秀的老师们,他们背景各异,学贯中西,讲课形式也多姿多彩。正是在他们的引导和鼓励下,我阅读了很多经典的法学原著,如《法的起源》《政府论》等。初读时我看得很过瘾,但由于年龄和阅历的局限,并没有深刻理解其中的内涵;不过那时我年少轻狂,以为已经完全理解了法律的真谛。现在再看那些原著,才真正有了发自内心的心悦诚服,深深地佩服这些几个世纪以前的大师们,他们用毕生实践构筑的理论确是对法律的深刻思考、认识和总结。他们那些具有前瞻性的结论真的是我们人类社会共有的财富。

其次,通过学习我开始感受到了法律的力量。法律于我不再神秘、空洞和遥远。我开始把它同人们的日常生活相联系。也从这时开始,我觉得法学应当是一门开放性的学问,它属于上层建筑的范畴,因此要真正理解法律,关键是要将它跟政治、经济、文化乃至国情相结合,而不是像凯尔逊的纯粹法学派那样,排除一切外在因素,将法学的研究范围仅仅局限于法律的概念、规范和原则,从法条到法条。

最后,对国外法律观念的接触让我的法律视野变得更加开阔。由于身在北大,我们比同时期的其他法学院校的学生更早接触了外国的法律理论,学校在我们这届已经零星设立了一些介绍国外法的课程,也有部分老师留学归来,开设了海商法、民商法和公司法等课程。这些知识对于我们这些年轻的中国法律专业的学生而言,其冲击力之大是今天的你们所无法想象和理解的。因为那时的中国法律理论主要是依照前苏联的法律理论建构出来的——在基础法学部分强调阶级和阶级斗争,在经济体制方面强调计划经济。而西方的法学理论与我们一直被灌输的理念完全不同质,是一种迥异而全新的东西。作为一个个体,我第一次切身感受到了东西方法律文化在我思想深处所产生的冲突和碰撞,仿佛我的面前突然打开了一扇窗,触目所及的不再是冷色调的灰,不再是一条条枯燥无味的条文,而是一个五彩斑斓的世界,这个世界开始让我感知到那些看上去枯燥无味的条文背后所体现着的是法律执业者们对于理想、对于人性的坚持。

记:是什么促使您选择从事教学和研究,并且落脚于对外经贸大学呢?

黄:对于选择教学和研究,我不敢说是兴趣使然,主要是我自己的性格因素和家庭原因。我毕业的年代,大学生在社会上被称为"天之骄子",更何况我们北大的学生,当时北大毕业班学生的分配去向都非常好,去大学教书在当时的确是个冷门。只是我自己非常喜欢,因为从本性上讲,我是个习惯以平常心过平常生活的人,而且最重要的是,我个性张扬,喜欢随性之所至,任意而为,不喜欢过于羁绊和拘束的生活。虽然当时从教生活会很清贫,但我觉得从教可以有更多的时间继续自己的学习,又加之我天生叛逆,会选择大多数人都不太愿意从事的教师工作也是这种叛逆心作祟的结果。很多同学都不理解我的选择,但我确实很喜欢这份工作,而且我的家庭也比较支持我的选择。现在想想,这样的心态反而让我能以长远的眼光规划以后的发展,寻找到发展过程中有规律性的东西。

至于选择经贸大学,主要是我观念里注重社会实践的因素起了作用。我一直觉得,一个人对于社会的贡献应当更聚焦于当下现实世界。北大虽然有着国内罕见的浓厚的学术气氛,但另一方面,所谈所论有时不免流于纯理论,比较理想主义,以至于有时与现实世界完全脱钩,从世俗的眼光看,可以被称为"无用"。而对外经贸大学隶属当时的外经贸部,专门为我国外经贸行政管理领域和全国性的各大进出口公司培养涉外经贸方向的专业人才。在这里从教使我既可以继续加深我的法学理论修养,更可以接触到真实社会中的微观经济现象,从而反过来为我的学术研究提供更丰富的实践基础。正如美国大法官霍姆斯的名言"法律的生命不在于逻辑,而在于经验",这里的道理其实是很深刻的。

记:从教之后您对经济法有了新的认识吗?

黄:在当了多年的老师之后我有了一些总结和反思。我刚开始教书时有很多困惑,有很多我解决不了的问题,理论界和实务界都没有找到答案。实际上,泛泛地教学和研究都是没有意义的,对于学科的认识根本在于明确它在国家整个社会政治经济框架中所处的位置,这首先需要对学科的起源进行追溯。经济法的起源有两个,一个是源于前苏联的计划经济模式,另一个是源于欧洲的市场经济模式,或许在不同国家这门学科的名称一致,但其本质内涵却是大相径庭的。对此,我试图寻找出这种差异的核心。

通过研究我逐步发现这种差异的核心在于竞争政策。计划经济体制下,计划完全抹杀了竞争机制的存在,但事实已经证明,完全的计划经济对于促进社会生产力的发展是无效的。而市场经济环境下,竞争是市场的核心。因而,在市场经济环境下,一方面经济法要解决如何使竞争更公平的问题,另一方面经济法又要保护这种在目前看来是最有效激发个体潜能、发挥个体积极性的制度,同时规制个体无限扩张带来的负面影响。正因为这种原因,竞争政策、竞争法律所代表的规则体系,在整个经济法,乃至整个法律体系中占有至关重要的地位。这一认识激发了我深入研究的兴趣。之后的五年我陆续关注并参与学界的一些探讨,也到美国查阅一些资料来印证我以前的一些尚不成熟的想法,回国后又进一步有重点地收集资料,渐渐落实成观点。博士毕业之际,我的研究成果也印刷出版。不过,当初觉得可能需要再过五年这些文章和专著才会有用武之地,没有想到中国竞争法的发展在如此短的时间内就取得了如此大的发展和成就。

记:能谈下您的具体观点吗?

黄:就以反垄断法为例吧。反垄断法在西方是非常基本的法律,被誉为"经济宪法","自由企业的大宪章"。宪法和大宪章在西方国家历来是民主和自由的象征,以此来比喻反垄断法,表明其在经济领域所受到的推崇和尊重。但在中国,目前反垄断法施行的基础却很薄弱,我们都可以看到,在我国市场经济建设的过程中出现了很多问题,这些问题都和反垄断法息息相关,但又都不是仅凭一部反垄断法可以解决的。反垄断法的施行和竞争文化的传播、竞争理念的深入人心是休戚相关的,反垄断法的力量会在法律施行的过程中逐步释放,这个过程中会产生矛盾、引起反思,但这种法律框架、内容和形式是与我国的经济体制发展方向相一致的,虽然它还需要与之相匹配的政治、经济制度和文化观念,才能真正实施并发挥极致的作用。立法只是我国市场经济体制迈向成熟的第一步,但也是标志性的一步。我们既然已经确立以市场经济体制为建设目标,抛开意识形态的纷争,以最大限度地发展生产力为己任,那么竞争就应该得到推崇和尊重,只有通过竞争才有创新,只有创新才能使消费者享受到最大的福利,这是最关键的。我们的发展历史里也尝试过计划经济模式,但这种模式最终被证明是不适应社会发展的需要的,现在的中国正在走一条前人没有走过的道路,中国经济正在艰难转型的关口,我们能享有现在的物质条件,是因为我们的初步转型已经走在正确的道路上,而迈向更成熟的市场经济的基础还有赖于竞争法律和方方面面的政策措施的进一步完善。当然,现在中国经济面临的困难和问题可能跟我们市场经济发展的时间和阶段有关,但重要的是,我们不能畏惧反复,不能害怕遭受挫折,不能动摇我们追求经济民主和自由的信念和理想。

记:您到对外经贸大学后攻读硕士学位,投在冯大同老师的门下,能谈谈您的这位导师吗?

黄:冯老师是非常知名的学者,是经贸大学法律系的第一任系主任,他开创了国际商法这门学科,也是他带领经贸大学的法学院走出了一条不同寻常的发展之路。作为他的学生,我非常敬重他。冯老师也是北大毕业的,当时对外经贸大学法学院的主任、书记都是北大毕业的,我大四时他们每周都到北大讲课,我觉得他们讲得太好了,课堂上我还常常跟他们交流。当时本科生可以当大学老师,冯老师告诉我,"你愿意来的话,对外经贸大学欢迎你"。没想到后来这句话真的成为我职业选择的指引,我不仅到了经贸大学,而且还报考了冯老师的硕士生。我现在都记得他二十多年前给我们上课时的样子。他上课时习惯手里拿着一摞小卡片,从讲台这头走到那头,偶尔瞥一眼小卡片,用带着广东口音的普通话慢条斯理地讲述。他的思路非常清晰,把他的上课笔记整理出来就是一本教科书。冯老师是一个很好的学者,既是我的领导又是我的导师,对我的影响很大。

记:那您的博士生导师沈达明老师给您什么样的启发呢?

黄:沈先生开明并且博学,有特别宽广的学术视野。他是中国真正的学者,早年留法,是法国国家博士,他一辈子都在做学问,尽管曾受到很多冲击,却仍然笔耕不辍,从70岁开始一直写到90岁,时间就消磨在书堆里。他喜欢谈生活、谈社会、谈文明的兴衰,比如苏黎世运河的历史、管理和法律,他还会讲很多故事。他在法国上大学时要求一年选一门课,不局限于法律,他就选了很多非法律的课程。这些课使他的思维方式和研究方法多样化,而不仅仅局限在法律领域。我在这所学校呆了十年之后,觉得自己应该出去见见世面,看看世界,于是我就申请去美国做了10个月的访问学者。赴美前沈先生对我说,去美国要多看看他们是怎么生活的,看看西方的社会。沈先生使我更加深了对于法律的理解,使我更深刻地领悟到虽然表面看来法律枯燥且冰冷,但法律条文的字里行间却是有血有肉的,法律背后的东西更值得探讨,"法之理在法外"。

沈先生对我的影响还在于他教会我如何做一名法律教育工作者——不仅讲解法律和传授技术,更重要的是要将自己的理念和价值观释放给学生,让学生在你的引导下学会如何判断,如何驾驭材料和解决冲突。学习法律不仅是学习规则,学习技术,更重要的是在于学习一种方法,传递对于法律的理念。这些都是沈先生带给我的东西,这一生都不可能忘记。

记:您在美国生活了近一年,这是一段不短的时间,对您有什么影响吗?

黄:在美国期间,我曾经在一个典型的美国家庭生活过,在与他们的接触中我慢慢对美国人的生活态度有了一些了解,有很多来自美国生活体验的感触。这些感触常常敲打我,让我情不自禁地去考虑很多未来、发展的问题。很难说具体是什么影响了我,但我回国后就从出国前的一种比较迷茫的状态中走了出来,下决心要在自己的领域有所贡献。当然,那时自己对法律的认识也更深了。很多人都觉得我是比较无拘无束、闲云野鹤的那种学者,其实我觉得我的骨子里还是有一种责任感,年轻人应该有责任感,这种责任感大到民族国家,小到课题研究。人应该有身为社会一分子的自觉,做事就该把事情做到最好,遵守规则并富有创意,将能力发挥到极致,更多地为别人着想。

记:你认为在法治化的道路上中国与其他国家的差距在哪里?

黄:与西方国家相比,中国的法治还在初级阶段。当然,我说的这种"初级阶段"现在可能已经不存在于形式意义的法律层面了。通过几十年大规模的造法活动,中国目前法律名目繁多,体系完整,外国有的大多我们都有,外国没有的我们也有,其中一些立法还非常前卫。可以说,单看这些,我国已经是法律比较发达、法律体系比较健全的国家了。但是,法律或法治的真谛不在于形式,而在于人们内心对于法律、法官、法治的信仰和理念。而这正是当下中国最缺乏的。我们没有深入人心的规则感,不仅不以守法为荣,相反,我们习惯于找"关系",往往将别人囿于规则无法办成而自己能通过"关系"办成视为有本事,自己骄傲,别人羡慕。以这种社会中广泛存在的社会现象为着眼点形而上之,我们看到的是中国社会对于规则普遍的漠视;而这种漠视背后,依然是我们自古以来对于权威、对于个别人的迷信和崇拜。换言之,就是法治精神的缺乏。因此,中国移植了西方法治化的形式并不意味着掌握了法治的精髓,对中国而言,培养全社会的法治理念,是一项长期的任务,需要几代人的共同努力。

另一方面,我们的体制建设严重落后,人治的情况仍然普遍存在,目前必须保证政治制度发展的稳定性和持续性,为达到这一目的,仅仅通过法律覆盖面的扩大以及法律责任的强化等方式弥补人治的漏洞,从长远看于事无补。我们需要关注的是体制建设的科学化,使法律发挥更大的作用,以此推动中国特色的法治化进程。

记:您认为中国的经济法落后吗?

黄:所谓的先进与落后是要有比较才能说的。而你比较的基础是什么呢?可能你的意思是说与其他国家的经济法比较。那么先进与落后的标杆又是什么?是市场经济发育的成熟度吗?如果你把没有市场经济、有比较初级的市场经济和有发达的市场经济作为比较的标杆的话,那么中国的经济法相较于欧美当然是不成熟的。但问题是,这种标杆是科学的吗?以前我也认为这是科学的,但是,什么才是成熟的市场经济这本身就是个有争议的问题,是西方中心主义大前提之下的结论。每个国家的国情不同,各自走过的发展道路不同,这是一种多元化的发展,现今世界本身就是多元共存的世界。文明没有孰优孰劣之分,文化没有孰优孰劣之分,社会的发展道路也不应有优劣高下之别。因此,事实上,法律没有落后与先进之别,更没有比较的必要。因为法律是对社会现实的反应。不同国家的国情不同,法律制定和实施得好与不好,都只与法律发生效力的有限范围有关。美国的反托拉斯法放在中国当下,就不一定是好的法律。法律的好与不好,关键看它是不是能解决现实问题。

从纵的方向上看,法律永远是落后于快速变化的现实情况的。真正超前的法律一定不是好的法律,法律太超前不能适应社会现实情况,会造成法律实施的困难,不仅不能通过法律解决社会问题,缓和社会矛盾,反而可能加剧社会冲突,引发新的社会矛盾。二十年前我认为经济法可能是超前的,因为它代表着公权力的一种态度,这种态度带有很强的预知、防范和干预色彩,只有超前的法律,才可能具有这样的功能。现在看来,有这样的认识是因为我对市场经济的认识还不足。实际上,我们的市场不仅仅是中国自己封闭的市场,还有全球的经济市场。中国在这样一个大市场中要走自己的道路,不仅要借鉴别国的成果,还要走自己创新的道路,保持自己的特色。应该说中国的经济不是纯市场化,起码在现阶段不是。这个很特殊的阶段也是需要经济法来保障的,但是显然经济法不可能走在中国发展和改革的前面,而是作为一种保障性的法律制度来发挥作用的。

记:要保障经济的发展,最首要的是完善哪方面的法制呢?

黄:需要完善的方面很多。市场竞争的结果是优胜劣汰,但是被淘汰以后的弱势群体该如何生存?这就特别需要完善的制度来保障。我国有数以亿计的农民、农民工,如果只考虑优胜劣汰的规则而不考虑弱势群体的生活,社会稳定就会出现大问题——生病怎么办?失业怎么办?工伤怎么办?我国社会保障领域法律制度还很不完善,相关立法还需要跟进。相较而言,一些西方国家的法律体系在这些方面恰恰是最发达的,尽管金融危机的影响是巨大的,但起码老百姓还有生活的基本保障。所以社会保障法律制度的完善是影响我们市场化的重要问题。经济的发展固然重要,但市场机制带来的优胜劣汰和经济危机是不可能避免的,这是和市场经济发展相伴而生的问题,所以,如何使社会保障制度充分发挥作用而又能推动社会健康发展是亟待解决的问题。而这一领域的法制建设与完善是需要被首先关注的。

记:你认为法学界的中青年学者现在浮躁吗?

黄:现在教育界的大环境使老师,特别是尚未崭露头角的老师生存得很艰难,压力也很大,浮躁甚至功利也是出于无奈。

记:这是一种行政评价机制下的无奈吗?

黄:是的。我身边的很多教授、副教授甚至讲师在某些方面都颇有造诣,但我国的评价机制很单一,主要以文章发表的多寡为主,而文章的发表会受到很多因素的影响,还有一些成果很难用文章来展示,以致如果文章受限,他们就难以更上一层楼。我个人对这种体制最终能维持多长时间持怀疑态度。陈景润一辈子的贡献是一个经典公式,国外很多学者也是凭借一篇论文奠定了学术基础,他们能借此获得肯定,但很可惜在现在的中国还没有这样的鼓励机制。我觉得这种体制对于学者尤其是年轻学者是一种埋没,也在间接上促使他们走上功利学术的道路。可以肯定的是,在业内能得到公认的好学者还是那些能坚持自己观点进而不断探索、有真才实学并且能够创新的人,这是规律,俗话说"是金子总会发光"。尽管现行体制下会有浮躁之风,但维持不了太久,最终它要跟经济和社会的发展相适应,所以这个体制必然要改变。

记:您认为好的学者应该是怎样的呢?

黄:刚刚我说过,学者要有责任感。学者要担负起他的责任,除了要有深厚的理论功底,还要将理论与现在的民生、经济和政治发展接轨,从而使学问转化为生产力,为社会贡献更多的价值。这就要求学者们一方面在学界要进行深入的理论探讨,而且不能闭门造车,要与社会的方方面面沟通。现在很多学者的理论反映出的是社会的理想状态,实际上是与社会脱节的。我们现在要做的,是使现有法治环境、经济发展、政治体制改革以及诸多现实问题的解决更符合社会发展的规律,运用知识分子的智慧并且是为社会所接受的智慧来探索,而不是一味地批判与谩骂,这样才能实践法律人的价值。

(马维佳、肖崇俊)

邵建东
Shao Jiandong

出生于 1962 年 11 月,江苏常熟人。1978 年至 1985 年在南京大学外文系德文专业攻读学士和硕士学位,获文学硕士学位。1985 年 7 月起在南京大学法律系工作。1986 年至 1988 年在德国哥廷根大学法律系进修法学,获法学硕士学位。1996 年获德国哥廷根大学法学博士学位。1999 年至 2000 年在德国弗赖堡大学做高级访问学者。现为南京大学法学院教授、博士生导师,中德法学研究所中方所长,江苏省人民检察院副检察长。享受国务院政府特殊津贴,曾获江苏省哲学社会科学优秀成果奖。

主要社会兼职有:中国法学会经济法学研究会副会长,江苏省法学会副会长,江苏省政协常委,江苏省党外知识分子联谊会副会长。

主要学术成果包括:《竞争法研究》(合著,中国大百科全书出版社 1993 年版);《东亚法律经济文化国际学术研讨会论文集》(主编,中国大百科全书出版社 1993 年版);《中国竞争法》(江西人民出版社 1995 年版);*Unternehmensgruppen und Zusammenschl-usskontrolle in China: Empfiehlt sich eine Regelung nach deutschem Modell?* (Peter Lang Verlag, Frankfurt am Main, 1996);《中德商法热点问题研究》(主编,法律出版社 1999 年版);《中德法典编辑与法律继受》(主编,法律出版社 2000 年版);《德国反不正当竞争法》(中国人民大学出版社 2001 年版);《德国民法总论》(译著,法律出版社 2000 年第 1 版、2001 年第 2 版,中国台湾地区元照出版公司 2002 年繁体字版);《竞争法教程》(知识产权出版社 2003 年版);《德国民法总则编典型判例 17 则评析》(南京大学出版社 2004 年版);《德国法学教育的改革和律师职业》(中国政法大学出版社 2004 年版);《案说反不正当竞争法》(知识产权出版社 2008 年版);《竞争法学》(中国人民大学出版社 2009 年版);《德国司法制度》(厦门大学出版社 2010 年版)。

记者(以下简称"记"):邵老师您好,非常感谢您在开会的间隙抽出时间接受我们的访问,首先想请您回忆一下您早年的求学经历。

邵建东(以下简称"邵"):就从中学说起吧。我是 1976 年考上高中的,就读于老家常熟的一所农村中学。我们当时是两年学制,所以 78 年就高中毕业了,正好碰上高考,就去考了,然后就考上了。

记:您是恢复高考后的第一届大学生吗?

邵:我是恢复高考后全国统考的第一届,77 级是省统考的第一届。现在回想起来,我当年好像是稀里糊涂地就考上大学了。

记:您当时第一志愿填报的就是南京大学德语专业?

邵:是的。那个时候正是 70 年代末期,可供选择的范围并不大,我们的眼界也不够宽广,我当时的想法就是当一名中学教师。南大是作为重点大学的第一志愿填报的,而非重点大学的第一志愿我报的是江苏师院,也就是现在的苏州大学。当时我没想过自己能考上南大,估计也就能考上江苏师院,毕业以后出来当个老师,这就是我的人生理想了,很简单,也没有什么更高的目标或是追求。后来苏大成立王健法学院的时候,有一次邀请我去做报告,我就和学生们开玩笑说:"我当年高考发挥'失常',考上了南大,要不然就应该在这儿。"

记:当时的外语专业好像不如现在这么热门?

邵:对,当时学的人不多,我考上德语专业其实也很偶然。在老家的时候,我对于专业方面的情况知之甚少,只知道分文科理科,理科就是数理化,文科就是文史哲。那时候法学、新闻、经济学和社会学这些专业都没怎么听过,想来想去只有外语比较合适。另外还有个原因,和我们高中的英语老师有关,他对我们要求很严格,课也讲得很好,这就使我对英语比较有兴趣。当时我报的是英语专业,但录取的时候却被调剂到了德语专业,我也只好服从了。

记:除了您就读的德语专业,外文系还有别的专业吗?当时的分班情况又是怎样的呢?

邵:南大外文系当时一共有六个专业,有俄语、西班牙语、英语、法语、德语和日语,每个专业其实都是相对独立的,只有一些公共课是大家在一起上的,我印象中有政治、现代汉语和体育这些公共科目。我在这里还要顺便提一下,南大的德语专业是非常好的,可与北大比肩。1952年院系调整的时候,把复旦、同济等学校的德语老师都调到南京来了,这样就使得南大德语专业的师资力量得到了大大增强。所以当时南大德语专业的实力,在全国来说,不是第一,就是第二。

记:你入学之后,对校园环境、学习氛围有些怎样的感受呢?

邵:我们70年代的大学生,学习是非常认真、刻苦的,大家都很珍惜学习的机会。我是1962年出生,1978年考上大学,当时在班上属于年龄比较小的。我们班上的同学,大多数都是下过乡的,还有一些在工厂或是农场劳动过,所以他们的社会阅历都比较丰富。我记得当时我们班同学的平均年龄是22岁,现在有些已经快退休了。我因为年龄比较小,又是从农村出来的,所以当时什么也不懂,也没有什么别的想法,就是想着好好学习,争取每门功课都能考个好成绩。但当时的学习条件十分简陋,连词典等基本的参考书都没有,可以使用的资源很少,而且社会活动也不多,不像现在有很多夏令营和各种竞赛,所以我们的主要时间都花在了学习上,我记得当时只要新华书店或外文书店一有新书到货,大家就会奔走相告,然后第一时间赶去购买。

2009年出席中德法学研究所20周年庆典

记:我们知道,外语专业的学习和其他专业的学习大不相同,当时您是怎样利用有限的教学资源来学习外语的呢?

邵:那个时候的条件的确很简陋,电台、电视这些都没有,我们练习听力的主要途径就是那种巨大的老式磁盘录音机。我们有一个任课老师是德国老太太,她好像在49年之前就嫁到中国来了,她先生还曾在国民政府任职。她是教我们发音的,我们就把她的发音录下来,然后反反复复地听,仔细揣摩,努力使自己的发音和她相接近。到了79年以后,南大就开始引进外籍教师了,最初是一对夫妇,他们从德国带来了很多书刊杂志,这使我们获益很大,我们的信息量得到了很大提高,从此我们就开始慢慢地认识世界了。

记:您能否对整个大学生活作个回顾呢?

邵:回想起来,四年大学生活,还是非常难忘的,该学的都学了,而且是非常认真地学了。

记:在大学期间,有没有对您影响较大的老师呢?

邵:对我影响最大的老师是张威廉先生,他后来也是我的硕士生导师。张先生是国内著名的日耳曼学专家,新中国成立前曾在陆军大学、中央大学任教过,2004年的时候以102岁的高龄去世了。张先生是一位纯粹的学者,除了学术以外,好像没有任何别的追求,一辈子都在埋头做学问,不像现在的一些专家学者,身兼数职,四处赶场子、挣大钱。张先生的治学态度,以及人生观、价值观,对当时作为学生的我,潜移默化的影响是非常大的。

记:大学毕业后,是什么原因让您决定继续读书而不是就业呢?

邵:大学毕业的时候,我才20岁,年龄比较小,其他大部分同学都出去工作了,我当时想,自己年纪也不大,还是再读点书吧,多学点、学历高一点,也是为了将来有更好的发展。我在班上的成绩一直是比较好的,如果要去就业的话,我想应该也能分配到一份比较好的工作。那个时候的研究生还是比较少的,被称做"高级知识分子",考的人很少,几乎可以说是凤毛麟角,而且南大当时还没有独立的研究生院,只有研究生处。我在1982年考上了本专业的硕士研究生。

记:您还记得您的硕士毕业论文吗?

邵:记得。我的专业是德国语言文学,但我的主要研究方向是语言学,所以我的毕业论文是关于中德象声词的比较研究。1984年,我在《德语研究》上发表过一篇关于"通感"的文章,"通感"是一个文学理论术语,是一种修辞手法,将原本表示甲感觉的词语移用来表示乙感觉。比如我们经常说"穷得叮当响",按理说"穷"是没有声音的,但是却用"叮当"这种声音来形容穷的状态,这就是通感。用表示声音的词来形容别的感觉,不仅汉语里有,德语里也有,我对这方面一直比较感兴趣,所以毕业论文就选择了这样一个题目,试图去探索人类语言中一些共同的东西。

记:您第一次赴哥廷根留学是在1986年?

邵:对。我前后去了两次,第一次是1986年,第二次是1995年。

记:能不能介绍一下您两次留德的情形?

邵:1985年7月,我硕士毕业。当时有一个比我大十岁的室友,我们在本科时就是同学,他是著名翻译家罗大冈的侄子,学的是法语,由于家庭的熏陶,他对西洋的文学、艺术都十分精通,而且因为年长的缘故,他看问题比较深远。大约在1984年前后,他对我说:"我们学外语的,前途在哪里?恐怕还是得仔细想一想。眼下国家渐渐地开始重视社会科学了,法学、经济学、新闻学这些新兴学科都有了,如果我们能够再去学一门专业,以原有的外语知识为基础,应该是能事半功倍的。"他的话给了我很大的启发,如果单纯学语言,毕业之后也就当一个老师,或是到某个研究机构去作一点研究,虽然单位是任由我们挑选,但总觉得前景有些单一。凑巧的是,南京大学和哥廷根大学在1984年签订了一个合作协议,是由"大众汽车基金会"资助的。南大法律系是1981年才成立的,当时正处于恢复重建的过程之中,和德方合作之后,就需要会德语的人,但法律系自己没有这样的人,所以就从我们德语专业借调。最初过去的是我们系的一个老师,他去了一段时间之后,感觉在那里很不错,能学到很多新的知识。我一听说,就动心了,也想去,法律系那边也同意了,当时的系主任还对我说:"你不一定非得等到毕业了才来,你现在就可以来帮忙。"于是我就去给他们帮忙了,算是免费劳务工,主要工作是负责中德来往信件的处理,并参与一些接待、翻译和谈判工作。所以实际上从1984年下半年开始,我就已经参与到中德合作项目的工作中去了,但当时的我不具备法学知识,于是就开始学习法律,一边看书一边听课,一些基础的法学理论课程,刑法、民法、刑诉、民诉和国际法这些课程,我都去旁听。有些课程的考试我也参加,自己摸一下底,看看到底学得怎么样。那个时候的知识结构,相对来说是比较单一的,因为只有教科书——就是群众出版社出版的那一套书,别的参考书很少。在那段时间,我奠定了法学知识的基础。

2004年在哥廷根大学图书馆前

1985年硕士毕业之后,我就正式去法律系工作了。从85年到86年赴德前的这一年,我都在那里工作,主要是翻译了《德国民法典》《德国商法典》的部分章节。当时哥廷根大学来了两位教授,其中一位就是我后来的硕士导师和博士导师,他们来南大讲授德国民商法,由我做随堂翻译。我不仅翻译了他们的讲义,还把《德国民法典》《德国商法典》的相关法律条文译出,印成讲义发给学生。

到了1986年,我就去了德国,从此和外文系脱离了关系,我在那里学到了知识、拿到了学位,走向了一条新的道路。

记:您此次在德国,一共待了多长时间?

邵:两年。我是去读硕士,两年之内,修完一定的学分,完成规定的作业,最后再提交一篇硕士论文,这样就可以申请硕士学位。我是在1988年底取得硕士学位的,然后就回国了。之所以这么着急回国,是因为在88年5月份的时候,南大和哥廷根大学签订了一个合作协议,双方决定在南大建立一个研究所,但是研究所成立了,却没有人手,所以就把我叫回来了。我到研究所以后,主要是协助所长做一些教学、科研、编辑和联络等方面的具体事务。

记:既然回国了,后来怎么又会再次赴德读博呢?

邵:我回国之后,在哥廷根读硕士时的导师对我说:"你以后如果要做研究、交流这些方面的工作,恐怕硕士学历有些不够,即便你现在已经拿了两个硕士学位,最好还是能读一个博士学位。"我在他的鼓励之下,就下了继续读博的决心。当时我一边从事教学、科研和编辑等工作,一边为博士论文搜集资料,同时开始考虑论文的框架。这样一直到了90年代初期,因为工作实在太多,我始终无法抽出时间赴德,导师见状,非常着急,他对我说:"你要是再不来(答辩),我就要走了,我要离开哥廷根去南部的弗赖堡大学了。"我一听就慌了,我想要是这样的话,可能就会有些麻烦了,无论如何我都得过去一趟了却这件事情。当时家里条件也很艰苦,孩子才一岁多,但我已经管不了那么多了,因为导师给了我一年的奖学金,要求我的论文必须在这一年内完成,实在是不能再拖延了。回想起来,我那时候压力真的非常大,前期做了那么多准备工作,真怕到最后功亏一篑,我有同学搞了五六年,最后还是没能完成,所以我真的很担心。

到了德国之后,我就把之前在国内搜集的资料仔细地整理出来,并用德语写成论文交了上去。一个人在异国他乡写论文的艰辛过程就不谈了,过来人都有切身体会。德国人的办事效率比较高,加上知道我和他们有些特殊关系,所以在程序上也给予了一定的照顾。两位教授的评阅意见很快就写出来了。按照惯例,评阅论文的过程一般需要半年时间,甚至拖一年的都有。评阅完之后,论文需要在法学院公示一个月,看看有没有人提出异议,这个异议包括对立论、观点、论证方式、引文的规范以及结论的合理性等各个方面,这一个月的异议期是不能缩短的。一旦有人提出异议,就要拿回去整改,那将是很麻烦的一件事。异议期一过就开始安排答辩,哥廷根大学的答辩委员会由公法、私法和宪法三个专业方向的教授组成,答辩过程还是比较顺利的,这样我在96年的2月份终于拿到了博士学位。前期很辛苦,需要很多的积累,但到最后拿学位还是比较轻松的。

记:您的博士论文题目是什么?

邵:是一个反垄断法领域的题目,涉及企业合并监控问题,讨论反垄断法对企业合并是否需要进行必要的干预,德国的合并监控模式是否适用于中国。当时有人认为德国的合并监控法律制度应该适用于中国,但我认为当时中国还处于市场经济发展的初期,企业之间的集中尚未发展到一定程度,而德国模式是建立在企业集中高度发达的基础之上的,需要法律对经济活动进行一定的干预,所以德国模式不适合中国。这是我博士论文的基本观点,后来论文还在德国出版了。

记:拿到学位您就回国了?

邵:对,一拿到学位我就回来了,回到南大法学院继续做老师。

记:您在法学院给学生开了哪些课程?

邵:回国之后,在中德法学研究所开设"德国民法总论",这门课是用德语讲授的,既教法律,又教语言。给本科生开过"竞争法"和"国际金融法",给研究生开过"竞争法研究"、"国际金融法专题"、"比较经济法专题"和"德国民法专题"等课程。

记:回顾您近二十年的教学和科研经历,您觉得您在自己的专业领域有着哪些建树呢?

邵:谈不上有什么建树,我想自己主要是做了以下三个方面的事情:首先是在经济法领域,主要是反垄断法和反不正当竞争法,有一些新的认识。在反不正当竞争法方面,我比较早地提出了"公平竞争权"的概念,认为它也是可诉的;对于不正当竞争行为的法律责任问题,我也作了一些探索;此外对一些边缘问题,比如知识产权保护和反不正当竞争之间的关系,经营成果或商业成果能否受到法律保护,以及"经营者"范围的界定,经营者究竟应当从主观还是客观方面去判定等,我作了一些研究。在反垄断法方面,我对德国的一些法律制度、法典内容,作了比较准确的介绍。当时我国的《反垄断法》尚未制定,我在一些专业会议上提出了一些立法意见,后来也得到了一定程度的采纳和重视。国家经贸委、工商总局召开的一些国际会议,也邀请我去作些研讨、论证。后期我还参加了知识产权出版社出版的竞争法、知识产权法教材的编写工作。

其次是在民法领域,我翻译了梅迪库斯的《德国民法总论》。当时王泽鉴教授、梁慧星教授等民法大家都出了很多民法学著作,这些著作较多地引介了日本学者的论著,但其始祖却是德国法,或者说是罗马法。上世纪90年代末期,中国政法大学米健教授召集了一批学者从事德国法学名著的翻译工作,我考虑到《德国民法总论》的影响较大、体系较为清晰,便主动要求承担此书的翻译工作。回到南京以后就着手翻译,前后整整做了两年,而且为了翻译此书我还特地去了一趟德国,托人找到了作者梅迪库斯,请求登门拜访。梅迪库斯当时住在慕尼黑附近,正巧那段时间要到弗莱堡出差,所以我们就约了时间一起吃午餐,是他请的客。席间,我把所有准备好的问题一一向他请教,他非常耐心地给我解释,解释得非常清楚。和梅迪库斯的这次会面,对我如期完成翻译工作帮助很大。这本书在2001年经法律出版社出版,影响还是比较大的,买的人很多,引用的人也很多。我后来发现,很多人在论文里都引了这本书,似乎对它很有兴趣。我想这主要由于该书概念清晰、体系明晰,以往很多令大家困惑的问题,在书里都能找到答案。我也注意到学界对该书中译本的一些评价,认为译得不错,不仅忠于原著,而且译笔清晰易懂,不像很多译著,让人读了不知所云。谢老(谢怀栻教授)生前对本书的翻译出版非常关心。梁慧星教授、王利明教授、孙宪忠教授,以及全国人大法工委的王胜明先生等,也对本书给予较高评价。

翻译其实是个整体性的科研工作,在翻译该书的过程中,我有些自己的认识和体会。结合我国的制度和规范,我也作了一些比较研究,主要是就"合同的自由和拘束"、"意思表示"和"法律行为"等我认为有必要澄清的一些问题,写了一些文章。比如"撤销合同"问题,究竟撤销的是什么,我认为撤销的不是合同,而是合同一方当事人的意思表示。合同是双方的合意,一方怎么能撤销呢?我的这些观点,受德国法的影响很大,因为德国的理论相对要精细一些。我的这些文章,对学界的理论研究,或多或少起了一些澄清和推动作用。

最后是对于比较法的研究。因为自己有过留德的背景,德语基础相对比较好,所以就做了一些这方面的工作——说得好听一点叫学习借鉴发达国家的法治经验,包括司法个案、裁判方法、研究方法;说得不好听一点是因为我有个路径的依赖,除了作这方面的研究,别的我也不熟悉,做不了。国外回来的人都这样,碰到一个问题,首先想到的是"人家是怎么规定的",因为除了"人家是怎么规定的",对于"我们是怎么规定的",他并不了解。我自己也是如此,整天待在

2008年陪同德国导师布劳洛克教授游扬州

学校里面,和外界接触也不多,实务方面的知识比较欠缺,所以就只能是"三段论"式的思维:"问题是什么","外国是怎么规定的","我国应当怎么规定"。现在很多硕士论文、博士论文,都是这种思维模式,只看到"外国是怎么规定的",而不去分析外国产生这项制度的背景;只认为"我国应当怎么规定",而不去考虑我国是否已经具备了设立这项制度的基础和条件。

和同行相比,我所具有的"优先性"大概就是我使用的资料都是第一手的,而且是最新的。另外在对资料的理解方面,我想我的理解也是比较准确的。在经济法、民法和司法制度等方面,我都作了一些比较研究。去年我出版了《德国司法制度》一书,对六大诉讼法的主要内容作了一番整理,这本书在研究中德比较司法制度的问题上,应该说还是发挥了一定作用的。

记:您作为一名海归学者,认为我国现下的法学研究与国外相比,存在哪些差距或差异?

邵:差距是存在的。就经济法而言,我国的研究,"宏大叙事"的要多一些。对于经济法的独立性、经济法和其他部门法的界限、经济法的调整对象和调整方法这些问题,学界争论很大。但德国人对这些问题却不太注重,他们更多地关注一些具体的问题,比如对最高法院判例的评析,以及对经济生活中热点问题的讨论。他们比较重视新的研究方法,例如经济分析的方法、法社会学的方法等。现在国内学者也开始注意到了这些问题,并尝试着用这些方法进行研究,这是个可喜的变化。传统的规范分析法其实意义并不大,实证分析法意义虽然大,但难度随之也大,需要大量的第一手资料,而这些资料的获取又是极为困难的。我觉得南大的经济法学科在这方面的转型是非常好的,相当部分学者都朝着实证的方向转变,而不再是以往的"宏大叙事"。那种论证不严密、结果似是而非的"宏大叙事"法,在我看来,近似"忽悠"。

2003 年访问东吴大学

记:您对当下的学术环境有些什么看法?

邵:我离开学术界有七年了——虽然没有正式离开,但主要的工作和精力,都转到实务部门去了。从 2004 年年底到现在,也陆陆续续地写了一些东西。转到实务部门以后,维护公平正义、打击犯罪、保护人权的压力非常大,所以对学术界的关注就少了。但总体而言,我觉得可能我们的学术评价体系还是有问题的。过于讲究数量,要求研究生在读期间必须发表多少篇论文,要求教授每年必须发表多少篇论文,否则可能拿不到或拿不全岗位津贴。不少所谓的论文基本上属于简单重复,没有任何新意。另外就是课题制度,没有熟人、不托关系,往往就搞不到课题,这种现象不仅在我们法学界存在,其他学科也都是如此。课题拿来以后,有的就进行翻新,对概念进行翻新。这些现象,折射出我国科研体制所存在的一些问题,不能不令人担忧。

记:对于学术规范,您有什么看法?

邵:学术规范的问题也不少,就拿我们法学界来说,这几年可谓新闻不断,每年都有这样那样的丑闻,我尽管离开了学校,但还是很关注这些问题的。比如南京某大学法学院的前任院长起诉"学术批评网",再比如武大某位教授的"剽窃门"事件。对于学术规范,我也不敢保证自己一点问题也没有,要是有人问我"哪本书里的哪个注你到底看了没有",我大概也会底气不足。当时可能只是翻阅了一下,并没有仔细看,而且页码是否完全一致,也不能百分之百保证,所以万一有人找上我,可能我也会有麻烦。但总的说来,我还是怀着尊重学术的态度,虔诚地在做学问,或者应该更确切地说,虔诚地做过学问。

时下计算机技术的发达,也为一些学术不端行为提供了便利,很多资料只要一搜索就能找到,省去了很多自己翻箱倒柜的工夫,因此就增加了学术规范执行的难度。打个也许不太恰当的比喻,学术规范就如同反腐败,有谁能保证一点问题也没有呢?我觉得,作为一名学者,首先对于自己的工作一定要负责,此外在可能的范围内,对自己指导的博士生、硕士生的论文也要负责,如果他们的论文存在抄袭行为,我认为导师是有连带责任的。现在比较普遍的一个现象就是,有些老师把课题层层分解给学生去搞,最后交上来的东西看都不看就送去出版了,名字署的是老师自己。一旦出了问题,就去找学生,这是一种极端不负责任的行为。

记:以您从事实务工作以来的体会,您认为法学究竟是一门技术还是一门科学?对这个问题学界争论很大。

邵:对于"科学",似乎大家认识都不相同,因为定义无法统一。西方所谓的"科学",有时仅指自然科学(Science),德国人认为"科学"是"知识"(Wissenschaft)。如果科学是知识的话,那么法学毫无疑问是一门科学,它是由知识积累而成的。

法学是不是技术?我想一线办案人员会更讲求一些技术。到实务部门工作以后,我的感觉是,其实我们并不缺乏技术,而是缺乏理念,缺乏依法办事、规范办事的理念。

记:您从法学教师转为法律实务工作者以后,是否感觉我国现行的法学教育存在某些问题?

邵:法学教育最大的问题可能还是在于理论和实践脱节。学校里教的,往往实务部门用不上;实务部门需要的,学校里又不教。当时搞法律硕士实际上就是为了解决这个问题,让公检法系统的人员去接受一些理论熏陶,同时那些人员又有一些实际的案例来和老师进行交流。我想这个目的在某种意义上来说也已经达到了,因为实务部门的案子都是比较具体的,很多时候并不是法律适用问题,而是事实问题。事实就那么多,看你如何去判断。事实是发生在过去的、客观的、由各种行为组成的一个整体,所以从某种意义上来说事实是不可知的。而我们的教学、理论研究,都是以给定的事实为支撑点,这或许是一个最大的缺陷。

(龚 坚)

朱雪忠
Zhu Xuezhong

1962年11月出生于江西,同济大学法学院/知识产权学院教授、博士生导师,知识产权学院院长。西安交通大学工学学士,华中科技大学工学硕士,华中科技大学管理学博士。兼任国家知识产权专家咨询委员会委员,中国知识产权研究会理事、中国法学会知识产权法研究会常务理事、中国高等学校知识产权研究会学术委员会主任、武汉市知识产权研究会副理事长、Licensing Executives Society International 和 the International Association for the Protection of Intellectu-al Property 中国会员、武汉仲裁委员会仲裁员等。曾任中南财经政法大学知识产权学院院长,华中科技大学知识产权战略研究院院长。曾在日本特许厅、日本发明协会、德国联邦国防军大学、德国马克斯普朗克知识产权研究所等从事知识产权研究。主要研究方向:知识产权法;知识产权战略与管理政策。

主持的"我国区际工业产权制度的协调及其受TRIPS协议的影响"获2002年教育部推荐国家科技进步奖二等奖。先后主持国家自然科学基金二项,自然科学基金重点项目一项,以及其他省部级以上课题十余项。主持的科研项目中获教育部推荐国家科技进步奖二等奖二项、湖北省科技进步奖三等奖一项、武汉市自然科学优秀论文一等奖一项等。著作《知识产权协调保护战略》被中共中央组织部、国家保护知识产权工作组办公室、国家行政学院联合主办的"保护知识产权"省部级领导干部专题研讨班作为教学参考书。主持研究和起草的《国家自然科学基金条例》由国家自然科学基金会上报给国务院,经国务院第169次常务会议通过,已于2007年4月1日起施行;主持了《中国专利法及其实施细则》第三次修改研究课题三项;参加了《国家知识产权战略纲要》及《国家中长期(2006—2020)科学和技术发展规划纲要》研究并获表彰。获得华中科技大学"我最喜爱的导师"、"三育人奖"、"优秀研究生指导教师奖"(两次)等荣誉;被评为湖北省教育系统"教书育人"先进个人等。

主要代表作有:《知识产权法》(参编,普通高等教育"十五"国家级规划教材,法律出版社 2004 年版);《美国专利改革法案内容及其影响评析》(《知识产权》2011 年第 9 期);《论低碳发展与我国专利法的完善》(《知识产权》2011 年第 6 期);《知识产权证券化中基础资产的选择研究》(《科技与法律》2009 年第 1 期);《试论我国知识产权行政管理机构的一体化设置》(《科技与法律》2004 年第 3 期);《论传统知识的法律保护》(《华中师范大学学报》2004 年第 3 期);《基于遗传资源所产生的知识产权利益分享机制与中国的选择》(《科技与法律》2003 年第 3 期);《我国区际工业产权制度的协调及其受 WTO 之 TRIPS 协议的影响》(《法商研究》2003 年第 1 期);《欧盟商标法律制度的协调机制及其对我国的启示》(《中国法学》2001 年第 4 期);《欧洲联盟协调专利制度的新举措》(《知识产权》2001 年第 4 期);《专利权的闲置及其对策》(《研究与发展管理》2000 年第 3 期),等等。

朱老师的办公室在华中科技大学管理学院的六楼,开门进去首先投入眼帘的是五六扇落地窗,外面有个阳台,窗外不远处就是连绵的山峦,采访那天正值江城降雪,只能看见雾蒙蒙一片,天晴的时候应该是一番别样的开阔风景。办公室的陈设很简单,紧挨门的一边是一个茶几和一个沙发,靠里边是一张办公桌,剩下的就是靠墙的一排书柜。我们敲门进去的时候,朱老师正在办公桌前工作。寒暄过后,朱老师让我们坐在沙发上,给我们泡了两杯茶,拉过一只椅子,开始了交谈。

> 我对当时印象最深的就是大家学习都很刻苦。举个例子,我们在等公共汽车的时候,在排队买饭的时候,手上都拿着英语单词本。

记者(以下简称"记"): 我们了解到您是 60 年代生于江西,您也是在江西参加高考的吗？

朱雪忠（以下简称"朱"）：对，我是1980年在江西参加高考的，当时高考刚恢复没几年。我们当时到西安交通大学读书的时候，前面已经有77级、78级、79级学生，而且77级和78级只差了半年。

记：您能给我们说说读大学的时候印象比较深刻的事吗？

朱：我对当时印象最深的就是大家学习都很刻苦。举个例子，我们在等公共汽车的时候，在排队买饭的时候，手上都拿着英语单词本。因为那时候学生的英语水平肯定没有现在的学生好，所以大家都很珍惜大学这个环境，特别是77级和78级的师兄师姐们，他们非常渴望学习，因为这个机会来之不易。在他们的带动下，学习风气非常好。当然，现在因为多元化了，不可能要求学生这么刻苦，再说现在的学生基础也比较好，所以就很难见到排队的时候有人拿着单词本背单词的情况。我的母校西安交通大学是个很适合学习的地方。首先，西安是个很好的城市，但不是太繁华，学生在那里可以静下心来学习。其次，西安交通大学虽然学校不错，但是毕竟属于西部地区，不像上海交大名气那么大，所以整体上比较低调，大家都能静下心来安心学习。除了学习环境很好，当时的老师也很好，基本上都是从上海过来的，因为西安交大是原来上海的交通大学搬过去的，这段历史现在很少有人提及。最早的时候，只有一个交通大学，在上海。后来在解放之初，为了支援西北和基于当时的国际局势，国务院决定把交通大学西迁到西安。虽然当时一些老教授不愿搬，但是国家的决心很大，在西安专门为交通大学创造了一些条件，包括西安最大的公园，在西安交大的对面，当时就是为西安交大修建的。后来搬得差不多，只剩下一个造船系的时候，鉴于国际形势发生变化，中央决定造船系暂时不搬，留在上海，但是当时的图书资料、设备等基本上已经搬到西安了。上海确实是个好地方，交通大学留下的一个系后来慢慢地又吸引了一部分人，所以就有了"交通大学西安分部"和"交通大学上海分部"的说法。再后来，随着国际形势的缓和和国家政策的变化，西安交大有一部分人又回到了上海，所以后来就分别叫做西安交通大学和上海交通大学，成为两个学校。但是，主体都留在西安交大。比如钱学森和江泽民都是交通大学毕业的，他们的学籍档案原来都在西安。话说回来，西安交大学风很好，但是在西安也有不利的地方，那就是后续发展潜力和对人才的吸引力不如上海。

记：您觉得理工科学校的学风和文科类学校的学风有什么不同吗？

朱：理工科学校的学风可能要更严谨些。这个"严谨"，可能是学科自身的规律造成的。比如说，我们都要学的数学，它的逻辑性就很强，如果上一步没有搞懂,下一步就很难接上。而文科的逻辑性不那么强,有一定的跳跃性,前后的关系没有理工科那样严密。相比之下,理工科的老师和学生做事都有一种按部就班的习惯,这也是学科本身的要求造成的。另外,理工科学生的学业负担很重,像高等数学、物理这些科目的作业都很多,所以周末的时候基本上都会花大量的时间做功课,很少有业余生活。包括我们华中科技大学现在也是这样,学生们的负担还是很重。经过这些专业的训练,慢慢地大家可能就有这种思维习惯了,做事情都会按部就班。所以说理工科的学生或者说理工科的学校总体上都有这种情况,可能也是专业的规律使得老师和学生形成了这样的风格。

记:您在读完本科后是怎么想到要考华中科技大学的研究生呢?

朱:因为我家是江西的,当时上大学,从江西家里到西安必须要转车,很不方便。我曾经从南昌站着到西安,因为没有坐票了,过道里都站满了人,中途还要转车,这个令我印象深刻。所以我考研究生的时候就考虑到了这点,到武汉读书就要近多了,从九江坐船很方便。这是个基本的考虑。另外,当时我学的是制冷专业,西安交大制冷专业在全国是领先的,而华中科技大学的老师基本都是西安交大毕业的,所以对这个学校还是有一定认同感的。

记:您在这里读了硕士和博士后就决定留下来了吗?

朱:我是读完硕士就留下来作知识产权的研究了。1987年,教育部和世界知识产权组织合作,准备在中国建立四个知识产权研究中心,当时计划在北京设两个,上海设一个,武汉设一个。既然要建研究中心,就需要人,所以就从当时的应届硕士毕业生里面选人,而且留下来后要送到德国去学习,而我刚好符合所有的条件:学工科,应届硕士毕业,还学过德语。但后来没去成德国。当时国内的知识产权研究刚刚起步,从事知识产权研究的基本上没有法律学科背景,也没有前人的研究可资借鉴。现在就不一样了,我们的学生基本上都有理工科背景,同时也学过知识产权法或者学过知识产权管理。当时我从事这个工作,很多人不理解。他们说,学了七年的工科,又从头来学法律、研究法律,太可惜了。因为在1987年的时候,硕士不像现在这么多,当时继续在这个专业发展的话,前途应该会很好的。但我觉得这可能也是件好事,如果我继续在原来的专业发展,我的老师、师兄和前辈都干得比我好,而在这个新专业,大家都是从头开始的,我的努力可能会收到更好的回报。

> 每个人都要找准自己的优势和劣势,知道自己能做什么,不能做什么,不能把自己的短处和别人的长处去比。

记：您的本科、硕士和博士学的都不是法学，但是您现在研究的却是与法学密切相关的，这是为什么呢？

朱：我是在西安交通大学获得的工学学士学位，然后在华中科技大学获得了工学硕士学位和管理学博士学位，所以从学位上来说，我跟法学没有什么关系。能证明我跟法学有点关系的就是我在1988年通过全国律师资格考试和专利代理人资格考试。专利代理人不同于律师，必须是有理工科背景的人才能做。从研究上说，我跟法律的关系还是比较密切的，我在《中国法学》等刊物上也发过一些文章。我自己虽然不是法学专业出身，但是我带的研究生有很多是法学专业的，有经济法硕士、民法硕士，在中南财经政法大学我还带了民商法博士。我的学生有法律学位，但是我没有法律学位。这可能跟我们传统的法学教师有很大的区别，造成这个区别既有必然性也有偶然性。作知识产权研究的，大部分是有法学学科背景的，但是大家也注意到，作专利研究的，则大部分是理工科出身，比如说北京大学的张平老师，就有理工科的背景。究其原因，理工科的学科背景可能有利于更好地理解《专利法》的保护对象。

记：您觉得相比法科学生，有理工科背景的人从事知识产权研究的优势在哪里？

朱：应该说各有优势吧。我反对这样一种说法：搞知识产权研究的一定要有理工科背景。因为中国研究知识产权的很多老师，包括郑成思老师、吴汉东老师，都是学法律的，他们都做得很好。单纯从法学方面说，我觉得还是要法学基础好。但是在知识产权的某些领域，不排除有理工科背景的一些特有优势，这体现在：第一，当保护对象是科学技术时，他可能比没有理工科背景的人了解得更深一点，比如说，有些问题表面上不是法律问题，但实质上是技术里面有法律问题。第二，经过理工科的训练，他们的思维可能和传统的法学学生不一样，这就可能是他们的特色。从我个人的经历来看，包括我考律师、专利代理人资格以及后来申报课题的时候，理工科思维对我帮助很大。比如说我考律师资格的时候，没有参加过任何学习班，而是自己把参考书找来从头到尾看了不到一年的时间，当时的律师资格考试有18本教材。我那时等于是自学法律，是借准备律师资格考试来学习法学知识。我当时看书的时候，是把这些东西串起来，有很多人问我是怎么把这些书背下来的，我说我不是背下来的。我觉得这些书中都有一条线，都有一些逻辑规律。当时我就是按照书的顺序，遵守它内在的逻辑规律，基本没有遇到什么大的障碍，都能看懂。这里我觉得是我的理工科思维在起作用。还有，就是我工作后申报课题，国家自然科学基金曾经设立过两个知识产权方面的重点课题,这两个课题都被我们申报获得了。后来2007年的时候,国家社科基金设立了一个知识产权重大课题,被我和吴汉东校长拿到,这个课题也是我组织起草的。但是,知识产权法毕竟是一个部门法,没有法科背景的人在写法学专业的文章时会显得基本功欠缺。可能我们有很好的观点,但是形成文字后,以法学文章的范式来衡量就不是很好的法学文章,我觉得这是个不足。因此,要想办法扬长避短,比如说,我如果现在单纯研究法学,肯定不如那些本来就是学法的人,而我从知识产权法、知识产权管理的角度来作研究,就能发挥我的优势,所以我们做的课题都很有特色。反过来,法学界也认可我们的研究,因为我们做了他们想做而没能做到的事情,他们觉得很有特色。每个人都要找准自己的优势和劣势,知道自己能做什么,不能做什么,不能把自己的短处和别人的长处去比。

记:您曾担任过中南财经政法大学知识产权学院院长,同时在华中科技大学和中南财经政法大学任职,觉得这两个学校有什么区别吗?

朱:我在2005到2009年担任中南财经政法大学的知识产权学院院长,现在那边还有学生没有毕业呢。单纯从法学背景说,我是没有资格做院长的,可能就是因为知识产权有其特殊性,是个交叉学科,用交叉研究的方法可以研究出有特色的东西,所以才请我做院长吧。这两个学校是典型的文科类院校和理工科院校的区别。所以,我经常鼓励学生结合这种情况作交叉研究,鼓励他们相互交流,发挥各自的优势。我们这个团队每两个礼拜有一次沙龙式的学术研讨活动,都会邀请其他学校、其他专业的学生来参加,每次选一个主题,请两位主讲,可以讲自己是怎么思考的,也可以讲自己正在做的课题,讲一些新的想法,经过讨论,很可能会产生新的思想火花。

记:我们了解到,您的研究成果产生了很大的影响,比如您的《知识产权协调保护战略》这本书是被中共中央组织部、国家保护知识产权工作组办公室、国家行政学院联合主办的"保护知识产权"省部级领导干部专题研讨班作为教学参考书,您是怎样达到这样的高度的?

朱:这个也谈不上多大的成就,只能说明我的研究更切合实际。比如说,很多研究法学的老师都做得很好,但是他们可能在理论上做得比较多一点。而我在法学理论上可以说是先天不足的,我的研究更多的是发挥自己的长处,结合中国目前的实际需要,结合我们企业需要解决的问题,结合我们的领导层需要了解哪些信息,我的研究主要是回答他们所关注的问题。他们不需要很深奥的理论,只需要一些能够解决实际问题、能够发挥实际作用的知识和建议。可能我的研究成果刚好适合他们的需要,所以就被选中作为教材。

> 我认为，在法学学科中，我们的知识产权研究是和国外同步进行的。在这个领域，我们和它们能够平等对话。

记：我们了解到您曾经到德国的联邦国防军大学作过交流，您能说说那边的情况吗？

朱：我是2000年第一次去，后来还陆续去了几次。德国联邦国防军大学不像我们国家的军事院校这么封闭，很多专业和普通的大学都是一样的。有一部分专业是与军事有关的，这一部分学员不像普通大学那样学费是自费的，而且他们还有一些生活津贴。学校里的研究都是很开放的，当时学校里有一个教授是研究知识产权法的，所以我联系中欧高等教育合作项目的时候就联系了他，请他作为我的合作导师。我当时就住在那边的士兵宿舍里，也有士兵站岗放哨，在里面不能随便拍照。那个军事基地原来是美军占领的时候用的，现在的主要功能是后勤，所以比较开放，里面的士兵宿舍给我们这些去进修的人住。不过里面还是有很多军事设施的，当然保密度不是那么高。

记：您去过日本、德国这些发达国家，应该也对比过国内外在知识产权领域的相关情况，您在对比之后有什么发现呢？

朱：知识产权制度是在西方诞生的，也是从西方传到中国来的。西方之前的研究和实践已经有几百年了，而我们是在这二三十年才发展起来的，所以总体上说，西方的制度比我们成熟。但是，我们应该认识到，知识产权制度和其他制度不太一样，变化很快。前面二十年，我们是照搬西方的已有成果，但是近十年来，中国在发展自己的制度。特别是世界贸易组织建立以后，在知识产权的很多领域大家都是同时起步的。比如说，应对互联网的知识产权制度，国外在互联网产生之前也没有此类制度，国内外几乎是同时开始面对这个问题。所以，在这些方面我们有很多研究与国外是齐步的。还有譬如生物技术领域的基因知识产权问题等，都是近期才出现的问题。因此，我认为，在法学学科中，我们的知识产权研究是和国外同步进行的。在这个领域，我们和它们能够平等对话。因为很多新的领域中出现的新问题，我们和它们都是同时碰到的。当然在很多传统领域，因为它们比我们领先了几百年，比我们成熟，我们可以学习它们。但是因为知识产权这个学科的特殊性，在面对新时代的时候，他们已经放弃了很多传统的东西。因此，在这个领域的国际交流中，我们和它们是可以相互学习的，我们有很多自己的特色，国外也在学习我们的一些制度和做法。比如在专利制度方面，在申请专利的时候国外原先有个"异议"制度，这种制度就是在批准一项专利之前要先公告三个月，期满没有异议再批准。我们引进这项制度后发现,在公告之后,几乎没有异议,却耽误了宝贵的三个月时间,所以我们就把这个制度取消了,改成直接授权,不需要宣告。后来,日本也学我们,把这项制度取消了。可见,在知识产权领域我们是有值得他国学习的特色的。我们在学习西方制度的时候,也不能盲目地学,因为还涉及一个国情的问题。在知识产权领域,一种制度可能就在某些国家内运行得比较好,但在中国不一样,中国有中国的国情。包括我们现在发文章,特别是在理工科院校,觉得在国外发就要比在国内发高一个档次,实际上都只是一个平台,并不能说明什么。而在知识产权领域,比如有些介绍中国知识产权制度的文章在国外能发,在中国就发不了,因为是常识性的知识。所以,看待问题不能绝对。

> 我们要用动态的、发展的眼光看这个问题,不能把我国等同于一般的发展中国家。

记:您的有些研究课题是涉及国际知识产权保护方面的,能给我们介绍一下我们国家在知识产权保护方面正在做些什么工作吗?

朱:在这方面,我们的研究是有一个过程的。我在上世纪90年代的时候做过一个课题叫做"一国两制下的知识产权制度协调研究"。当时,中国政府和英国政府在关于香港问题的联合声明中提到,香港回归祖国以后,香港的制度保持不变。当时我就意识到这个问题,保持法律制度不变当然也就包括知识产权法律制度。香港回归之后,作为中国的一部分,它的原有法律制度包括知识产权法律制度不变,也就意味着香港有香港的专利制度,内地有内地的专利制度。依此类推,澳门回归,一国两制下的澳门也是这样的;将来台湾地区如果也是在"一国两制"下和平统一的话,那就会出现一个国家有四种知识产权制度的情况。即使港、澳、台都回归或者和平统一了,知识产权制度依然是有地域性的。一项发明创造,在内地申请了专利,在港、澳、台会得不到保护;同样,在港、澳、台申请的专利在内地也得不到保护,因为它们都有自己的知识产权制度。基于这个考虑,我就申请了一个课题,即"一国两制下的知识产权制度协调研究"。在研究的过程中,我正好有机会申请去德国交流,就是前面提到的中欧高等教育合作项目。这个项目的申请要求之一是必须要研究欧盟的问题,也就是欧盟出资让中国学者去研究欧盟的问题。在确定选题的时候,我以本专业的视角观察欧盟和它的各个成员国的知识产权问题,因为跨地域的欧盟有自己的知识产权制度,各个成员国也各自有一套知识产权制度。最后,欧盟和各个成员国在知识产权制度上的协调就成了我的研究课题。通过这个课题,我最终的目的是想从研究欧盟和其成员国之间知识产权制度的协调中找到对中国的启发。我们通过查阅文献得知,欧盟、美俄和日本等国期望建立一个世界专利制度。也就是说,专利在一个地方申请成功后,在世界其他采用这种制度的国家和地区都能得到保护,打破原先的地域性。这个研究得到了国家知识产权局的高度重视,因为在世界知识产权组织谈判的时候,对这个问题我们得有自己的态度,但是没有研究过就不能表态。我们现在的国际知识产权保护主要就是关于这方面,而且这方面的研究在世界上是很有特色的。因为"一国两制"只有中国有,中国的特色就是世界的特色。当然,这个选题的难度也很大,"一国两制下的知识产权制度"以前从来没有人研究过,可以说是从零开始,我们只能去一点一点地挖掘,一点一点地思考。

记:您刚才提到欧美国家正在试图建立世界专利制度,您觉得这套制度建立起来的希望大吗?

朱:我有个博士生,毕业后去了华东政法大学知识产权学院,就是作这方面的研究。尽管从理论上说,这个想法似乎不太可行,但是现在往这个方向的努力已经迈出了很大的一步。因为最急需这套制度的国家是美国、日本和欧盟,大家都知道,这三方在世界上拥有最强大的社会经济各方面力量。在这三方的努力下,世界上其他力量要完全阻止这种趋势是不太可能的。因为它们掌握着世界上大部分的知识产权,如果它们建立了统一的制度,其他国家被排斥在外,就会很"难受",相应的成本就会大大提高。现在,它们邀请中国参加这个世界专利制度的建设,中国的处境就很难。如果拒不参加,以后这个制度建立起来,我们就会被排除在外。但是,我们现在还没有发展到它们那个层次,如果参加了,这套制度对我们可能不太有利。所以,我向国家知识产权局建议:第一,我们要参加这个研究活动,只有了解了才能制定出对策;第二,我们要对制度的建设施加影响,要想办法延缓其中对我们不利的进程。这套制度建立的难度很大,首先是语言问题,即用什么语言申请专利,当时我问斯坦福大学的一个教授,他说,用联合国的七种语言。可是用联合国的七种语言,申请专利的成本就会很高。虽然说这套制度的建设还有很多问题,但是我认为向这个方向发展的趋势一直没有改变。

记:您刚才说,推动这个进程的国家主要是发达国家,一旦这套制度建立起来,对中国这些发展中国家会有什么影响呢?

朱:世界贸易组织有一个《与贸易有关的知识产权协议》,这个协议是明摆着有利于发达国家的,但是发展中国家就是没有办法,因为这是个"一揽子"的协议,如果不同意这部分的内容,其他部分的优惠就享受不到。其实就是"胡萝卜加大棒"政策,如果对一个国家没有一点好处,它肯定就不会接受这个协议,所以都是有一个平衡的,失去的利益在其他地方肯定会得到补偿。我在给国家知识产权局的报告里也说到,全球专利制度建立起来后,中国和一般的发展中国家也不太一样,因为中国虽然不是"科技强国",但却是个"科技大国",而且正在快速发展中。这套制度对申请国外专利越多的国家越有好处,在未来十年内,中国会在国际专利申请份额中占有相当大的比例。这套制度一旦建立起来,其对中国的影响会不同于对其他发展中国家,中国可能会成为一个受益者。通过中国这几年的快速发展趋势可以看出,这种可能性很大。所以我们要用动态的、发展的眼光看这个问题,不能把中国等同于一般的发展中国家。中国在过去的几十年里申请的专利少,但是现在发展迅速,比如华为作为单个企业,在国外申请的专利在世界排名第一。

> 我认为关键问题是我们的企业没有把知识产权作为一种财产来对待。知识产权不但是财产,还是一种竞争的武器。高校不仅要培养知识产权法律保护人才,更要培养知识产权管理运营人才。

记:在和国内企业的接触中,您感觉它们在知识产权方面正在朝哪个方向发展?

朱:在政府各方面推动下,现在我们的企业还是非常重视知识产权的。但是,我觉得政府的重视和推动似乎有点过头了,主要表现在把这项工作作为政绩工程,单纯从数量上来要求。所以,社会上就出现了很多垃圾专利,就是单纯为了政绩,从市场的角度看没有任何用处。专利申请的本来目的是为了市场竞争,现在却变成了政绩的一个数字,这就偏离了专利制度设立的宗旨。所以我给有关部门的报告中也指出,这些考核指标都背离了科学发展观。因为申请专利的费用是政府出的,企业申请的专利成为一个单纯的数字,作为它们对外宣传的工具,这不仅浪费了政府的资源,还造成了专利市场充斥着垃圾专利的恶果。所以,既要肯定我们取得的成绩,也要避免出现此类问题。我们的企业,尤其是涉外型的企业应对知识产权特别重视,因为它们与国际知识产权市场有更多的接触,有些甚至有过教训。但是,知识产权也不是单纯的重视就能发展起来的,它最终和创新能力相关。只有发明创造了新技术,才有可能申请新专利。重视和技术实力对发展知识产权都是不可或缺的。创新是基础,没有创新就没有知识产权,所以我们国家现在提倡自主创新。当然,创新也不等于就有知识产权,还需要重视。如果不重视、不懂得知识产权的话,就不会去保护它。所以，既要有创新的实力，又要对知识产权保护有足够的重视，这样才能让创新能力变成市场竞争力。

记：您觉得我们的企业在重视知识产权保护的同时，还存在什么问题吗？

朱：我认为关键问题是我们的企业没有把知识产权作为一种财产来对待。知识产权不但是财产，还是一种竞争的武器。很少有企业懂得如何将知识产权作为一种市场竞争的武器。有些企业只知道知识产权很重要，但是不懂得知识产权为什么重要，怎么去运用。这个时候就需要我们高校培养知识产权方面的人才。我们现在培养的主要是知识产权法学人才，这个肯定是很有必要的，但是只培养知识产权法学人才是远远不够的，因为企业不但要知道怎么保护知识产权，更需要知道怎么把它变成财富。这个时候，就需要知识产权运营。这就意味着高校不仅要培养知识产权法律保护人才，更要培养知识产权管理运营人才。我们现在在这个方面做得还不够，因为我们的知识产权专业学生基本都是从法学人才中来的，所以我们还应该在管理学院和商学院中培养知识产权人才，这样才能让我们的企业不仅懂得保护知识产权，还会经营知识产权，让财富增值。我们都说，知识是财富，但不是说凡是知识都是财富，这中间需要一个运作过程，而我们现在的知识产权法学人才不懂得运营过程，所以我们应该对这方面加以重视并投入更多的资源。否则这些专利最后会变成企业的包袱，因为专利每年是要交年费的。

记：您是理工科出身，现在从事法学研究，您在研究方法上有什么创新吗？

朱：也谈不上什么创新。因为我不是法学科班出身，没有受过系统的法学训练，所以我没有掌握传统的法学规范研究方法，只能力所能及地采用自己熟悉的研究方法，主要是根据课题的需要来选择和调整研究方法。举个例子，前几年，国内有一些文章说我国的知识产权管理机构比较分散，知识产权局只管专利，商标是由国家工商总局商标局主管的，版权是由国家新闻出版总署和版权局主管的，动植物品种是由国家农业部、林业局等部门主管的，认为主管机构分散，导致了一系列问题，比如造成了部门之间的相互扯皮，协调的成本很高等，还指出国外的知识产权都是集中管理的。当时我对这个问题也进行了研究，我的研究方法就是先查世界知识产权组织的网站，因为联合国的成员基本上都是世界知识产权组织的成员国，这个组织的网站里有各个成员国知识产权管理机构的链接，比如中国在上面就有版权局、知识产权局等。国外知识产权管理机构到底怎样很难求证，但是可以从世界知识产权组织的网站一个一个去查，比如俄罗斯的知识产权管理机构是什么、有几个，美国的相关机构又是什么情况，等等。我对网站上有链接的国家——大概一百七十多个国家，进行逐个分析,然后进行横向的综合分析:机构统一的有几个国家,专利和商标管理合在一起的有多少国家,专利和商标分开管理的又有多少国家,等等。在得出这些数据后,我的结论就非常具有说服力了。我最后得出的结论是:专利和商标合并管理的占70%以上,专利、商标和版权三者合并管理的也有,但不多,三者完全分开管理的只有少数国家,这些国家很多是落后国家,而中国也在其中。这个问题也不算是严格意义上的法学问题,但是我觉得写文章就得有一些事实的根据,不能仅仅凭感觉。这种方法虽然不是传统的法学规范研究方法,但的确是根据不同问题采用的非常可行的研究方法。只要能解决问题的方法就是好方法,就是有特色的方法。

> 要关注现实,要站在不同主体的角度来看待和思考问题。只有这样,我们提出的建议和对策才能得到社会的认可。

记:您觉得在知识产权这个领域,中国下一步应该向什么方向努力?

朱:第一,要重视提高企业的知识产权运用能力,包括政府采取各种政策来调节知识产权在经济发展中的作用。我们现在也在跟国家知识产权局合作一个课题,政府也非常关注出台的各种与知识产权相关的政策哪些是起正面作用,哪些是起负面作用。政府应该在出台政策的时候,综合考虑和衡量,避免政策的负面作用。比如说,国家重大科技专项,一个项目投资上百亿甚至上千亿,这里面就有专利的问题,专利在这其中究竟起什么作用是需要好好研究的。第二,要避免知识产权成为"富人的游戏"。因为知识产权的申请和保护需要一定的经济实力,这就会导致中小企业很难成长。众所周知,中小企业在一个国家中是必不可少的,它的灵活性和在解决就业方面的贡献都是社会经济发展不可或缺的。知识产权保护过头,会压制中小企业的发展,对国家的经济发展没有好处,而只有坏处。所以,现在我们需要反垄断,知识产权的反垄断。大企业有雄厚的财力,有专门的知识产权律师队伍,其知识产权保护的力度非常大,经常提起一些侵犯知识产权的诉讼,压制中小企业。在一定程度上,某些大企业甚至可以控制国家某个产业的技术发展。比如说,前几年我们发展很好的DVD产业这几年基本上都销声匿迹了,就是因为产品的专利权在国外一些厂家手里,生产一台DVD就要支付很高比例的专利使用费,最后导致生产DVD的企业无利可图,这个行业也就垮了。所以,我们既要充分发挥知识产权的作用,也要限制知识产权可能带来的负面影响。第三,在国际合作中,既要注意到知识产权对发展中国家可能带来的约束,又要考虑到中国作为一个特殊的发展中国家怎么在其中获益。中国有自己非常特殊的国情和社会经济状况,要独立自主,既不能跟发达国家走,也不能把自己定位成一般的发展中国家。我们在有些领域比一般发达国家还发达,比如纳米技术、基因技术等,而且随着我们近年来对科技发展投入的逐年加大,知识产权的重要性日益突显。

记:我们了解到您曾经起草过像《国家自然科学基金条例》这样的立法文件,身兼立法者和学者两种身份,您怎样看待现在立法者和学者之间的分歧?

朱:立法者和学者的追求是有很大区别的。单纯作为一个研究者来说,我们更多地追求一种制度上的完美,各个利益群体的需求都能得到满足,诸如此类。但实际上,每一项立法都是在调整不同主体间的利益关系。在制定的过程中,可能立法者本身会觉得完美,但是一旦去调查、征求意见,各种不同意见会蜂拥而至。也就是说,最后得到通过的立法可能和最初设想的情况差别很大,因为存在妥协。理论上看很完善的立法,在现实中很可能因触犯某一些群体的利益而得不到通过。在这种情况下,起草者不得不妥协,把一些原本被剥夺的利益返还给被剥夺群体。最后得出的结果,实际上是各种利益的兼顾、平衡和妥协。不仅是条例如此,国家的法律也同样如此。我认为这种情况也是正常的、无可厚非的,因为立法机构是由各个利益群体组成的,各方妥协后的法律才能兼顾到各种主体。一项只由起草者制定拍板的法律,最后很可能执行不了或者根本通不过。所以,我提倡研究要与实际生活结合起来,否则只是纸上谈兵。

记:您认为中国目前的知识产权立法还有什么需要完善的地方吗?

朱:其实,我们的知识产权法律制度每年都在完善,这可能也区别于其他一般的法律制度。一般来说,法律制度要保持相对的稳定性,但是知识产权领域的发展变化是非常快的,立法也要随着修改。比如日本的《专利法》一年修改三次,不像中国的《专利法》要积累很多问题才修改。中国的立法机构,比如说全国人大常委会的立法任务很重,《专利法》在2008年的时候好不容易才修改了一次,但是修改之后,很快就有新的问题出现。前几年,学界讨论知识产权法应不应该纳入民法典。有人说知识产权法是民法的一部分,当然应该纳入民法典,还有人说知识产权法和普通的民事法律有很大的区别,它的更新很快,随着科学技术的发展需要不断更新,如果纳入民法典,整个法典的修改也会非常频繁。他们提出应该在民法典中规定一些原则性的法律规范,让知识产权法独立出来,从而保持民法典体系的相对稳定性。所以说,知识产权法在不断地修改、不断地完善,继《专利法》在2008年修改通过后,《商标法》和《著作权法》现在也在讨论修改中。《专利法》的第一次修改其实是为了应付上世纪90年代的中美知识产权谈判,当时是迫于美国的压力进行的修改。第二次修改是为了加入世界贸易组织,因为世界贸易组织有一个知识产权协议,达不到协议的标准就不能加入,所以也算是被迫修改的。第三次也就是这次修改我认为是基于自身利益所进行的修改,而不是应付国外的压力,所以这次修改就比较主动,这是这次修改的第一个特点。第二个特点是"开门修法"。所谓"开门修法",指先向社会征集《专利法》存在的需要修改的问题,然后把这些问题作为研究课题向全国公开招标,征集修改意见和修改条文,在这个基础上起草立法草案后,再次向社会公开征求意见,最后才提交立法机构表决通过。经过这样一个程序修改而成的《专利法》尽管不能说是十全十美,但是基本的问题都得到了解决。这种"开门修法"是立法的大进步。

记:您能给有志于从事知识产权研究的青年学子提一些建议吗?

朱:首先,在学校里要把基本功学扎实。其次,从事知识产权研究要关注社会、关注现实,因为这个学科的应用性很强,如果仅仅从本本到本本,肯定是不够的。在学生选题的时候,我要求他们从实践中找问题来研究,而不是从理论出发。比如说,我的一个博士生把"政府资助专利"作为自己的博士论文选题,从政府对专利申请资助的必要性、这项制度的积极意义和负面影响、政府如何来克服负面影响等方面展开研究。这就是很实际、很贴近现实的,最终目的是为了解决实际问题。当然,我们除了关注实际问题外,还关注国际前沿的研究趋势,关注技术发展给知识产权带来的挑战。最后,我们在指责、批评或者埋怨某些人的时候,不妨站在对方的立场重新思考问题。比如说,有些人说企业不重视专利,其实某种程度上是我们这些学知识产权、研究知识产权的人给企业造成的恶果。有的人给企业讲课,把知识产权的作用夸大了,企业在申请了很多专利后,背上了包袱,不仅不能赚钱,反而陷进去了,很可能这个企业从此不再重视知识产权。所以,我在给企业讲课的时候,都要讲知识产权有两面性,专利可以给企业带来好处，但也会给企业带来不利的方面。这样，企业的决策者在申请专利的时候，会在权衡利弊后作出决策。这样才能让企业申请专利成为一个理性的选择，才能让知识产权成为企业的财富。每个事物都有两面性，不能夸大任何一方面。此外，企业不申请专利还可能因为我们给他们普及的知识产权知识不够。我曾经问某企业为什么不申请专利，他们说他们的技术只是普通技术，不是什么高精尖技术。实际上，专利保护的并非都是高精尖的技术，某个产品在某个地方有改进，就可以申请专利。所以，要关注现实，要站在不同主体的角度来看待和思考问题。只有这样，我们提出的建议和对策才能得到社会的认可。

（江小夏、杨　颖）

苏亦工
Su Yigong

1962年12月生。清华大学法学院教授,法学博士,博士生导师。曾长期在中国社会科学院法学研究所从事法律史学的研究。1993年8月—1995年10月在美国华盛顿大学法学院进修比较法律史。1997年9月—12月底、1998年12月—1999年1月、1999年11—12月、2001年2—3月、2006年2—3月期间5度赴中国香港大学法学院访问研究,侧重研究香港地区适用的中国固有法律及习惯。2001年9月—2002年8月,受韩国高等教育财团资助在韩国汉城国立大学法学院从事访问研究一年。2003年7月,作为中国社会科学院—澳大利亚社会科学院交流学者赴澳大利亚国立大学法学院作短期访问研究。2008年下半年在瑞士弗赖堡大学联邦研究所从事半年的客座研究。

已出版《明清律典与条例》(中国政法大学出版社2000年版)、《中法西用——中国传统法律及习惯在香港》(社科文献出版社2002年版)、《中国近代警察史》(合著,社科文献出版社2000年版)等4部专著。先后在《中国社会科学》《中国法学》《法学研究》《政法论坛》《国学研究》及中国香港地区《21世纪》等刊物上发表论文60余篇。

> 当时的所谓教育革命,基本上就是培养文盲和半文盲的教育政策。

记者(以下简称"记"):在读大学之前,您已经工作了吗?

苏亦工(以下简称"苏"):没有,和你们一样,从校门到校门,大学毕业当年就考上了研究生,硕士毕业后分到了社科院法学所,工作十年后在职读的博士。

记：您对"大跃进"有印象吗？

苏：我是62年出生的，没有赶上"大跃进"，但是从记事起就总是听家里人提起"大跃进"，后来又看了一些相关的书。我虽然没有亲身经历，但是出生在因"大跃进"引起的三年困难时期的尾声阶段，也受到了一些影响，比如小时候营养不良。

记：您对"四清"运动有印象吗？

苏：我出生的时候"四清"运动刚刚开始。《炎黄春秋》最近有篇文章还讲过这个事情，说在"大跃进"时期，中共的基层干部为了推行政策，和百姓之间关系紧张。我母亲58年怀孕时还要上山大炼钢铁。当时农民家里明明都没有粮食，干部们还要去搜余粮。很多基层干部的形象很恶劣，刘少奇认为基层干部大多不可靠，所以派了"四清"工作队到基层去访贫问苦。后来群众常常回忆到60年干部们怎么对老百姓进行欺压，可以说"四清"运动是"文革"的一个预演。

记：您对"文化大革命"有印象吗？

苏：如果没有50年代的那么多运动，就不会有"文革"，从50年开始就没有安静过一天。"文革"对我的影响比较大，"文革"一开始，我奶奶就去世了，可能和当时比较恐怖的气氛有关系，我爷爷的祖籍是河北，后来在天津落户，住在当时的法租界。我爷爷是保定一家糕点商号"福兰斋"驻天津的总管，官名是"资方代理人"。但解放初人们都很"革命"，警惕性高，我父亲为避免有低报成分的嫌疑，填家庭出身时就主动填了个资本家。其实我爷爷只是个高级管理人员而已。他在"三年自然灾害"时就去世了，躲过了批斗。"文革"刚开始，我奶奶家附近的一些邻居就开始被批斗、贴大字报。我奶奶当时很紧张，结果因高血压去世了。当时我父母都在河北省委工作，我父亲在河北省人委，我母亲在河北省水利厅。66年河北省省会从天津迁到了保定，有一天半夜里，我母亲把我叫醒，只听见外边一阵机关枪的声音，母亲为安全起见让我到离窗户远点的小床上睡觉，第二天我父亲就用砖头把窗户垒了起来。当时驻保定的38军和河北省军区各支持一派群众武斗，所以保定的武斗是很严重的。

我上小学的时候基本没有接受正规的教育，不是停课闹革命就是复课闹革命，一直在运动。上中学的时候赶上开门办学（根据毛主席的"五七指示"），大意就是学制要缩短，教育要革命，不但要学文，还要学工、学农，批判资产阶级。当时也不考试了，我们就整天在学校玩，给老师提意见。当时的所谓教育革命，基本上就是培养文盲和半文盲的教育政策。

记：听到恢复高考的消息，您是怎么想的呢？

苏：77年底恢复高考，77级的大学生是在78年入学。我们那个时候中学是春季入学,改成秋季入学后,增加了半年学期。当时大家都不好好学习,因为学习没有用。那时候有一句话"学好数理化,不如有个好爸爸"。据说有一个小学生造"只有……才能……"的句子,他就写了个:"只有认识人,才能走后门"。我当时学习很不好,但是我父母希望我能好好学习,说如果不好好学习,以后就没出路。我就想以后不就是下放去农村吗,反正也没有别的出路,学习好又有什么用呢?到了76年底,粉碎了"四人帮",我姐姐高中毕业后,按规定作为家里的老大就要被下放了,我父母已经给她买好了下乡的行李。幸好那年忽然下达了一条新规定:老大可以先不下放,我父亲赶紧给她申请。我姐姐在家里待了一整年,正好赶上了恢复高考,78年3月入学了。这对我影响很大,我父亲在"文革"后期省委学习班结束后被分配到了唐山市滦县工作,我小学的后几年就是在滦县上的。滦县的派系斗争很严重,我父亲是外来户,哪一派都不是,很受排挤。但是当地教育质量很高,一听说恢复高考,很多当年被打成右派的老师都被学校从乡下调了过来,而那些老师恰恰是水平很高的,记得其中一位物理老师还是"文革"前中科院物理所的高材生。当时人们对上大学都很憧憬,一时间考大学就像形成了一场运动一样,家家都希望自己的孩子上大学。78年开始,大家都投入到考大学的准备中。

苏亦工与记者合影

记:您是在哪里参加高考的呢?

苏:河北省滦县。

记:您当时报考的专业就是法律吗?

苏:80年考上的,我报了法律,但是没有被录取,被历史系录取了。当时全国只有几个学校有法律系招生。我的分数要在北京还可以,但在河北省达不到重点线,就被河北师范学院录取了。

记：在您四年大学学习中，您感觉印象最深的是哪位老师呢？

苏：我上历史系最初是被动的，很"窝火"，我的分数要比河北师范学院的录取线高20多分，所以当时感觉很不服气。现在回过头来看，能把我录取到历史系还是很不错的。那个时代的法律系没有什么可学的，经过长期对法律的破坏，"砸烂公检法"，可以说在新中国没有真正建立起法学的知识体系，读法学系的同学当时勉强能有本教材就不错了，根本谈不上有几本像样的参考书。文、史、哲专业是比较好的，有中国自己的学术传统，尤其是在老牌的师范院校。河北师范学院那个时候在宣化，本来是在北京，叫"河北北京师范学院"，69年"珍宝岛"事件以后，由于战备的需要被疏散到了河北宣化。虽然硬件条件很差，但是它是将近百年的老校，有比较好的文史基础。

教过我的老师应该说都还不错，而且学校里有很多全国知名的老师，比如张恒寿老先生，研究庄子的，道德人品极好，学校里有很多关于他的传说，虽然他没有教过我，但是毕业的时候他给我题了字。后来他的一个研究生带我去看张老，我感觉跟他谈一次话就像上一次课。他人格高尚，品德好，据说解放初他在中科院哲学所是研究员，后来在运动中被下放到了河北师范学院，反而只评了个副教授，但是他没有任何怨言。恢复高考以后，据说教育部对这个学校历史系的情况完全不了解，只知道有个张恒寿在那里，因此关于历史系的介绍便只写了"历史系主任张恒寿'代'"。这当然是我的道听途说，或许当时经过那么多的运动，历史系根本没有系主任，为应付招生，才不得不暂时报了张老为代系主任。张老去世之后，他的学生整理出版了他的文集，还寄给了我一套。直到现在，他的文章还是能给我很大的启发，尤其是研究中国思想史，我从张老的著作中受到很多教益。

还有一个老师叫胡如雷，给我们上"资治通鉴选读"这门课。当时他正处盛年，学问功底很好。他一开始被下放到邢台的一所学校，据说是张老把他调到师院的。在"文革"前，他根据马克思的《资本论》写出了《中国封建社会形态研究》一书，不料手稿在"文革"的一次次运动中遗失了。"文革"结束后，他凭借着自己的毅力和记忆又重新写了出来。历史系有位王树民教授是很著名的老一辈文献学家，30年代毕业于北大，是顾颉刚先生的学生，整理了很多古籍，如《廿二史札记校证》、《戴名世集》等。我曾经买过他的《曙庵文史杂著》和《曙庵文史续录》，从中学到很多。还有美国史专家黄德禄教授，30年代末毕业于西南联大，40年代留学美国。我曾在北师大见过他一面，只感觉他是个很平易近人的老人，对他的学问不了解。世界史专家潘炳皋教授是40年代在美国获得硕士学位，新中国成立之初归国。我在学校见到他时，他已经很老了，身体也很不好。经历那么多场运动,能活下来已经不错了。后来看网上介绍说他曾访问过鲁迅,写过《鲁迅先生访问记》,保留了很重要的史料,据说他还是个很出名的文学家。当时的系主任苑书义教授也是位很著名的中国近代史专家。当时的河北师院历史系真可以说是人才济济。

记:大学四年中,您印象最深的是哪件事情呢?

苏:是83年"反精神污染",要求上交一些"有问题"的磁带和书籍,包括邓丽君的歌带,还有小说,比如《人啊人》,有些人的作品被明定为禁书,像王若水的著作就是,我本来不知道这个人,但是当时年轻,好奇心强,越封越想看,就去图书馆借了一本王若水的书,记得书中有篇文章题目好像是《列宁主义是马克思主义的一个学派》。一开始我只知道"马列主义",看了之后觉得他说得很有道理,列宁主义只是马克思主义的一个流派,和马克思主义还是有一定差别的,并不一定是正宗,而且本来也说不上谁是正宗。我觉得大学是受教育的场合,当时官方还试图对我们进行思想控制,但实际上已经做不到了。我们刚入学的时候进行"爱国主义教育"活动,80年代初人们的思想很活跃,这个活动就引起了争论。当时官方的观点是要爱国就只能爱现在的这个中国,但是有人就较真,难道爱孔夫子那个时代的中国,爱屈原时代的中国,爱唐诗宋词时代的中国就不行吗,非得爱中国共产党领导下的中国才叫爱国主义吗?当时官方也给不出个解释和答案,只能草草收场。80年代初有伤痕文学,有很多揭露"文革"和此前摧残人性的文章。我们上学的时候,正处于思想比较开放的年代,中国在89年之前的80年代,虽然还有运动,虽然还试图搞思想控制,但是政治还是在向不断开放和文明的方向发展,给人的感觉是经历了"文革"的严寒之后,终于迎来了春天,进入了一个很有希望的时代。

> 当时是为了考研究生而考研究生,也谈不上有多少兴趣,真正的兴趣是在工作了多年之后才产生的,可以说是"先结婚后恋爱"。我做事一直比较被动,但是我的优点是让我干什么,我就会全力以赴,干一行就爱一行。

记:您对现在所从事的这个专业兴趣是从什么时候产生的呢?

苏:我从上中学开始就喜欢读小说之类的闲杂书。那时候虽然学校教育很不像样,但是小说等闲杂书给我补充了不少知识。当时的滦县县城有个小图书馆(叫文化馆),我差不多每天都要到那里看小说和杂志,其实那里边藏书很少,小说也都是"文革"中出的,没多大意思。记得有一次离馆时听到管理员对旁边的人说,"这里边没有这小子没看过的书"。凭借读这些闲杂书的底子,我后来上文科课一直没觉得太费劲。本科从历史系毕业后想考研究生,当时历史系的学生考研一般不是考断代史,就是考专史,我在本科期间读的杂书虽然比较多,但没有断代史或专史的底子,是在母亲的一位同事建议下考了法制史。

  当时是为了考研究生而考研究生,也谈不上有多少兴趣,真正的兴趣是在工作了多年之后才产生的,可以说是"先结婚后恋爱"。导师帮我定了研究方向,毕业论文写出来以后感觉还可以。我做事一直比较被动,但是我的优点是让我干什么,我就会全力以赴,干一行就爱一行。起初我本科学历史也是被动的。有些同学本来报的就是历史系,但是入学以后他们又觉得自己喜欢写小说,想转到中文系去。那个时代很多人喜欢写小说、诗歌之类的文艺作品,差不多成了一个时代的风气。我小的时候也有过同样的想法,但上大学以后不知怎么,一点这方面的兴趣都没有了。记得当时有老师说过,文、史、哲是相通的,只要把本职学业学好,上历史系还是中文系并没有什么大的区别。现在想来,选什么专业未必会妨碍自己的兴趣。法制史和很多学科都能相通,在研究法制史的过程中照样可以受益于其他方面的兴趣。我84—87年在北大法律系读研究生,87年到法学所法制史研究室工作,毕业之后从事了23年的法制史研究,职业生活没有发生过变化,在业务上算是从一而终。

  记:您对您所从事的专业,有什么基本的学术观点呢?

  苏:我做学问不主张跳跃式学习,觉得应该像滚雪球一样,在原有的基础上逐渐扩大领域和视野。比如我硕士阶段研究"清代的律例关系",当时还没有人研究这个问题,只是教材中提到了清代的审判只引用例,但是我在查阅原始资料的过程中发现清代大量的判决引用了律,而不只是例,我的硕士论文就是探讨这个问题的,毕业之后经过十多年的研究又不断对其加以扩充。我刚到法学所时接受的第一项研究任务,就是研究中国近代的警察史,先让我负责清末部分,后来国民党时期的一部分也交给我撰写,我就把自己的研究领域从清代前期贯穿至后期,后来又扩展到近现代。一开始我只是研究中国,去美国进修了两年以后,在方法上受了他们的影响,也能够借鉴点西方人的观点。后来我又作点思想史的研究,其实也是受了张恒寿老师的影响,研究制度不能只停留在制度史的层面上,因为制度是人造的,渊源于人的思想。制度史的研究应该是制度中有思想,思想造就制度,最终表现为一种文化,通过文化来研究中国的制度。我目前比较注重宏观性研究,但也不放弃微观的研究,即便是宏观研究,也不是空谈理论,而是尽可能从具体到抽象。

  记:以您自己的专业为例,您认为中国与其他国家的差距在哪里呢?

苏亦工在中国人民大学做讲座

苏：这个不好进行比较，我们注重微观，比如资料的考证，注重细节的研究，而西方人更加注重宏观的研究，就像王国维的那句话"入乎其内，出乎其外"。我去美国之前，基本上是做资料、史实、文献方面的研究，很少宏观的、综合性的研究。华盛顿大学有一位研究大清律的老师，叫 William Jones，他当时是我的顾问或称导师（advisor），在研究方法上给了我很多启迪。这位老先生现在已经去世了。我们研究中国问题，不能把自己的视野囿于一国之内，如果我们能跳出这个国家，跳出这个门框作研究，再辅之以西方人注重理论的思维方式，参考他们的视点，就能做到"出乎其外"。我从美国回来以后，就不再只是从微观上研究，微观研究只是我展开研究、得出结论的一个手段和方法。研究中国史的人，同样应该了解外国的方法和视角，这样才能既"入乎其内"，又"出乎其外"。我要去美国进修之前，有很多人说，研究中国法制史为什么要到美国去，我也觉得这是个问题，当时也是为了出国而出国。事后才体会到"工夫在诗外"，"行万里路读万卷书"的意义。我那两年在外边一直是听课和看书，没有写文章，但收获很大。回来以后，我以为自己两年没写文章，不会写了吧？没想到回来以后达到了创作的高峰，这就是积累的作用。就像是挤牛奶，不能一直挤，挤过之后要及时给牛吃草。做学问也是一样，不要不停地写文章，写过一段时间后要有恢复和重新积累的过程，不断地学习才能不断地创造。

> 无论是研究宏观还是微观，都要互为基础，博、精、专、通，不能偏废，能力兼备才有可能研究宏观和微观。

记：在法制史研究过程中，您参加过大的学术争论吗？

苏：我一般不参加争论，原则上不上电视。曾经有人告诉我怎样才能成为一个名人,我说我不想成为名人,那样很累,做学问就专心做自己的学问。

记:在各种法学研究方法中,您最欣赏哪一种呢?

苏:专史的研究方法。法制史的研究不同于纯史学的研究方法,我不赞同纯搞史学的人搞法制史,只有经过法学、史学两个学科的训练之后才能看出问题。另外不能局限于中国史或外国史,研究外国法制史的人要站在中国的角度上,在对中国有自己的研究基础后,再去看外国的问题,这就像西方很多研究中国法制史的学者本来没有优势,但现在却占有了很大优势,就是因为他们以本国为背景,来研究中国法制史,所以研究外国法制史也要站在中国文化的背景之下进行研究。再有一个,就是方法论上关于宏观、微观的争论,无论是研究宏观还是微观,都要互为基础。博、精、专、通,不能偏废,能力兼备才有可能研究宏观和微观。比如要想"小题大做",如果没有宏观眼光,根本就做不下去。要自己去体会这些方法,"君子深造之以道,欲其自得知"嘛,自己要学会一种方法。

记:您认为法学界的中青年学者现在浮躁吗?

苏:确实有这样的情况,但这主要不能怪学者,"上失其道,民散久矣"。现在他们面临很多的压力,生活的压力,考核的压力。浮躁不是中青年学者的错,说明我们的研究体制在退化。

记:您认为现在学术规范执行得好还是不好?

苏:太差了,但这也是可以理解的,整个社会道德在崩溃。当然学者不能与之同流合污,学者向来都是"铁肩担道义",中国的学者自古就有道德救世的义务。

记:您认为现在的学术环境是怎么样的一种状态?

苏:很差,每况愈下,越来越"左",政治对学术文化的干预越来越多。贺麟先生有一篇文章叫《学术与政治》,我很赞同他的观点,学术和政治应该相互独立。不是说两者之间没有影响,但是不能直接相互干预,政治不应该干预学术,学术也不应该干预政治。前一句话大家都能理解,但为什么说学术也不应该干预政治呢?因为学术只应能影响政治,比如通过学术培养产生合格的政治家,政治家富有学术素养和起码的人格等,但是只有两者分清界限,才能产生良性的影响。

(郭文青、李明倩)

赵海峰
Zhao Haifeng

1963年生。1984年北京大学法律系毕业,获法学学士学位。1994年起在巴黎第一大学学习,1996年获得巴黎第一大学欧洲刑法与刑事政策法学硕士学位。1996年起在巴黎第一大学法学院攻读法学博士学位。2002年5月至2004年8月,担任中欧人权学术网络项目经理,任职于爱尔兰人权中心。2004年9月,担任哈尔滨工业大学教授、人文学院法律系主任。2005年10月,担任哈尔滨工业大学法学院院长,兼任哈尔滨工业大学空间法研究所所长,法学院教授会主任,学术委员会主任等职。

记者(以下简称"记"):赵老师您求学时为何会选择法律专业?

赵海峰(以下简称"赵"):我报考北大时根本就没有报法学专业,当时报的是文史一类的专业,那时大家对法学专业了解比较少。后来因为法学专业要的人比较多,我就被调剂到法学专业了。后来,我对法律的了解越来越多,兴趣也逐渐加深。大学毕业后我就到最高法院工作。我在最高法院工作了十年以后,有机会到欧洲,先到法国呆了八年,后来又到爱尔兰工作两年多。多年来我一直在从事法学的研究和实践,对这一领域有越来越多的了解和认同。我是1980年入学读法律,当时中国法制建设刚刚开始,所以我们当时学的法律体系,和现在完全不可同日而语了。我研究的是国际法学,实际上很少有时间对中国越来越完备的法律体系进行了解。也许我有时间应该去参加司法考试或者通过其他方式,重新学习和了解整个中国当前的法律体系。

记:请问赵老师您在北大学习期间的学习生活和业余爱好是怎样的?和现在的学生相比有没有什么特点?

赵:你这个问题提得比较好。北大的自由和宽容的整体氛围是非常突出的。但是从另外一个角度讲,学校和学院对学生的关注不是特别全面。北大那个时候的整个管理体制,和目前我工作的哈工大非常不同。比如说你们在本科的时候有辅导员,我上学的时候就没有,而是有班主任,但班主任和我们之间是非常松散的关系。我们哈工大的辅导员对学生的关注是非常密切的。当时在北大非常自由,自己安排时间。而现在哈工大课程的量比较大,业余时间不多,我在学校学习的过程中,一方面去听课,另一方面博览群书,特别是文学和历史方面的书籍。

我在本科阶段对法学专业还没有深刻的认识,和现在不一样,现在我们特别重视自己的学校是一个什么类型的院校,比如哈工大是一个研究型的学校,那么在本科阶段就开始培训学生的研究能力,如在本科阶段跟着老师做一些课题等。

关于北大当时的各种学术活动,我还是受益非常多的。当时安排了很多讲座,有一些是从国外来的,有的是政界的人士,有的是学界的人士,甚至一些总统和著名人物都做过演讲。当时去的学生相当多,很多都是站在那里听。那个时候,北大的民主和竞选之类的活动是比较多的,很多同学被这些活动深深吸引,比如当时参加竞选等活动的同学,主要是77、78、79级的同学,我们去旁听过他们的演讲。北大的这类活动,给我的印象非常深刻。当时我对文学比较感兴趣,除了读很多著作之外,还参加了一些诗社一类的活动。著名诗人海子等,我们都一起作过交流。北大各方面诸如文学、政治等方面的活动,令我们大开眼界,在当时也是非常前卫的,因为中国改革开放开始不久。我主要是一个旁观者,参与不多。

记:当时您有没有印象比较深刻的课程和老师?

赵:坦率地讲,当时的课程,印象深的不太多。但我记得当时有一些比较有意思的事情,比如学刑事侦查学时有一些实践活动,包括照相、勘探现场等。

记:您从北京大学毕业,当时是怎样的机缘到最高法院工作?

赵:当时北大的毕业生是相当抢手的,各个行政机关和司法机构,都缺少大学毕业生,像最高人民法院和最高人民检察院,但学生数量非常少。当时我很想回江苏,因为我是江苏人,很想去南京工作,这样能离家近一点。但是后来分到江苏的名额非常少。记得有两个我不大认识的学生,都是江苏的,一男一女,说他俩恋爱了准备结婚,希望一块回江苏,要我把名额让给他们。我当时也没考虑成熟,所以就没去抢这个名额。

当时北大分配到最高法院的毕业生是一批一批送过去的,我记得有一批是15个,所以到最高法院,在我们看来是一种很随意的安排。而到国务院、中央政法委、全国人大的人数量很少,所以班干部都到这些地方去了。到全国人大的同学现在有的已经到副部长级的职位了。现在想想我们那个时代真是黄金时代。当时每个人都有奖学金,不用交学费,生活费也至少解决一大半,国家给予的支持和现在是大不一样。当时所有的毕业生都是各个机构抢的对象。

记:您在最高法院工作的时间比较长,在此期间对法学的认识有一个怎样的变化历程?

赵:我在最高法院基本没有从事过审判工作,一开始是去了最高法院的办公厅,具体是办公厅下面的秘书处。我在秘书处工作了三四年,中间还去了廊坊中级人民法院实习了一年。在秘书处我主要是撰写文件、编纂信息,包括编纂一些简报之类的文件。我后来到了研究室,主要是给院领导写文件。

有一项工作我感觉到非常有价值,就是参加了法官条例初稿的讨论和起草工作,花了非常多的时间去研究。我印象中也是找了一个地方,几个人一块去起草,对各国法律进行了一些比较研究。这个工作非常有意义,在起草过程中对中国司法体制的一些问题进行了思考和探讨。改革中国法官制度相当困难。当时的院长郑天翔有一个思路,即借鉴泰国等国家的制度,搞法官的分级制,这也是在最初起草法官条例的过程中提出来的。现在回想起来,法官分级制是不是很科学,是不是有利于审判工作的开展,是不是能够贯彻法官之间的平等精神,都是值得探讨的。法官分级制,就是法官分大法官、高级法官,大法官还分成首席大法官等几种,这样一种制度,实际上是类似军衔的一种制度。因为这个制度的行政色彩更浓一些,其必要性是值得讨论的。目前真正具有这种法衔制的国家是非常少的。现在看中国的法衔制到底有多大的用处,可能只是在法官现有的职位上,加一个头衔,比如几级大法官。当时法衔制的讨论和立法有关,中国立法在很长一段时间内是部门立法,就是部门有一个思路,然后跟人大联系,取得人大的同意后,由部门起草草案,最后在人大获得通过。这种立法具有多少科学性是值得讨论的。但是从法衔制的推行能够看出,当时领导的意志在立法过程中起到的作用比较大,实际上并没有经过学界和全国法院真正认真和深入的讨论。我在最高法院还参加一些文件起草和调研工作,主要从宏观政策方面对法院的工作了解得比较多,但在审判业务方面不甚了解。

在最高法院工作期间,我参加了最高法院组织的一些英语考试,准备出国深造。但领导人认为很多出国学习的人员年纪太小,思想还不成熟,所以一律要等到三十岁。我当时也就二十五六岁,所以出国的机会就停滞了几年。后来我到了三十岁,就出国了。我对最高法院工作的整体印象,就是行政色彩比较浓,感到不适合自己继续发展下去。我感觉自己对研究更有兴趣。我在最高法院工作期间，有两个在实务界做得非常好的学者，一个叫周道鸾，一个叫张思涵，我跟着他们做了一些学术研究工作，写了一些文章，编了一些书。

记：赵老师您对法国的法学教育有什么印象？和中国法学教育相比有什么特点？

赵：我原来不懂法语，所以在出国学习之前，我在北京语言学院专门强化学习了一年法语。然后我就去法国读书了，一开始是公派，一年以后，我感到有必要继续学习，后来在那边申请了奖学金，然后我就在法国拿到硕士学位。我在准备博士论文期间，跟着导师又做了一些项目。我当时在巴黎第一大学学习，它和人民大学刚好有一个欧洲法项目。当时我协助导师戴尔玛斯—马蒂，合作的对象是人大法学院院长曾宪义。我为了推动欧洲法项目，做了几年的工作。后来我又有机会到爱尔兰工作了两年多。这就是我在欧洲的整个学习和工作的经历。我在法国巴黎呆的时间比较长，一共是八年，期间成立了一个学会，叫全法法律经济学会，主编了一套"法国法学名著译丛"，后来在法律出版社出版。这是当时在法国做的一个比较大的项目。当时法律出版社社长看到我做丛书，感觉我在法国的影响力也不错，于是建议我做本杂志叫《欧洲法通讯》。所以我在法国也花了不少的时间做了五本《欧洲法通讯》，在国内影响较大，因为它是第一本欧洲法方面的学术刊物。后来我到了爱尔兰，就没有做下去，现在还有好多人问我："你的《欧洲法通讯》呢？"说明学界的人对这本刊物的印象还是很深刻的。

法国的大学入学非常容易，只要是高中毕业，就可以到大学学习，和中国的高考制度大不相同。但是法国大学非常突出的特点就是淘汰率很高。进大学容易，但到了二年级就有了10%的淘汰率，三年级可能是20%，就是说只要过不了考试，就不能继续读书了，或者必须复读。另外，法国的大学都是免费的，免费教育是法国宪法的原则，也是法国高等教育的一个理念。所以现在中国的学生到法国学习，是很有优势的。如果家庭不是特别富裕的话，那么到法国学习是一个很好的选择。但是前提是必须学法语，因为教学基本上是用法语进行。法国教育是素质教育。它并不特别注重实务能力，这一点和中国的本科教育有点像，主要是老师教课，学生在底下记，课程结束就是考试，考试分大考试和口试等。

法国执业教育是在本科之后，在本科拿到了文凭以后，就可以参加全国的司法官考试，就可以考检察官或者法官，或者参加律师考试。如果考过了司法官考试，就要进入到法国非常著名的全国司法官学院去学习。在全国司法官学院学习的时间是非常长的，我印象中大概是33个月。在这33个月期间，要学习一些专门的如何审判的课程。同时,还要去不同的部门工作,也就是实习,如不同级别的法院以及行政部门,甚至有机会到海外。律师也一样,通过了律师考试,要到一个专门的律师培训中心去学习,我印象中至少要学习十多个月。在律师培训中心学习一些律师需要的技巧。所以我一直认为法国的教育制度是值得中国借鉴的。

记:您在爱尔兰工作期间有什么特别的感受?

赵:我当时是攻读博士,最后没有参加答辩,所以我现在没有博士学位。我后来在爱尔兰搞"中欧人权网络"项目,是一个中国外交部和欧盟委员会之间关于人权的一个比较大的项目。当时我从导师那听到有这一职位的消息,我就去应试,后来发现想拿到这个项目经理(project manager)职位的人还不少。它要求会三种语言:英语、法语和中文。我后来比较幸运地拿到了这个职位。当时我在爱尔兰国立高巍大学的主要工作是作一些人权方面的研究,组织欧洲和中国人权法学家之间的学术研讨会,组织中欧之间的人权对话,这个工作做了两年多。在组织这个项目的过程中,我对人权领域有了比较多的了解,而且对世界著名的人权学者有了比较多的了解。

我觉得这段经历使得我对大陆法系和英美法系有了一个系统的了解,掌握了英美研究的一些工具,如 Westlaw、Lexis 工具。我觉得在欧洲的十年是我人生中非常重要的学习和工作阶段,使我加深对专业的学习和研究,比如对于国际法,对于属于国际法一部分的欧洲法,对于国际司法制度,产生了强烈的兴趣。另外,对人权法的研究也产生了兴趣。这些积累为我到哈工大以后开展学术研究打造了非常坚实的基础。

记:您为什么选择回到国内发展?

赵:实事求是地讲,我30岁出国,语言上也不是特别有天分,另外年龄这么大,想要融入一个新的社会,难度还是比较大的。而且从中国的快速发展来讲,中国的发展空间更大,机会更多。我在爱尔兰工作期间,也是一个偶然的机会,哈工大有一对教授夫妇在那边有一个类似博士后的短期工作,当时大家在一起聊天,他们就跟我提出来,为什么不到哈工大去建个法学院?我感觉这是个挺有意义的工作,所以后来就跟这边联系,发现哈工大在人文学院政教系有一个法学教研室。后来经过联络,我觉得哈工大这个学校非常好,因为哈工大在中国的高校中,地位是非常高的,也是非常早的"211"高校。我感觉哈工大的法学在这样的框架下,应该有发展的空间。在国外,你可以找到一个非常舒适的工作,但是我感觉发展是比较有限的。就这样我2004年到了哈工大,现在一晃6年过去了,这6年是我事业的一个重要阶段,感觉当时的选择还是正确的,哈工大确实是提供了一个好的平台,也给予了一个发展法学的非常好的氛围。

我到了哈工大以后,学术上有一个比较大的努力方向是外层空间法。因为我们作为一个新的法学院,如果要在全国有地位就必须有特点,像武大、北大那样历史悠久的老校,它们的学科都是非常全面的,我们要超越它们是非常困难的,所以我们必须突出自己的特点,必须跟自己学校的特点结合。哈工大是"航天老大",在中国航天领域是最厉害的,也是"军工第一",中国军工方面的大项目,我校拿的是非常多的。我们学校现在每年拿到的科研经费,在全国可能仅次于清华。外层空间法和航天方面相关,学校也是同意在这个领域进行发展的。外层空间法在国际法的教材里通常是一章或者半章,但真要深入进去,你会发现这是一个广阔天地。我到哈工大以后,建立了外层空间法的研究所,开展外层空间法的国际合作,参加外层空间法的国际会议,最后进入外层空间法的主流,这是我做的最大的一件事。外层空间法的主流就是国际空间法学会,是世界上唯一的权威的关于空间法的机构。它的机构全世界有四十多个国家大概是400名成员,这么一个总体的框架。我们经过四五年的时间,参加学术机构的活动,发表论文,最后进入这个机构,我成为这个机构的理事。理事全世界就十来个人,中国就有一个。这个理事相当于许多其他学术机构的执行理事,实际上是领导成员的。作为一个理事,每年都要参加学会活动的讨论和决定。这也是我们哈工大学术发展的一个目标,在一定的领域要和国际的学术核心进行密切的交流,最理想的状态是成为学术核心的一员,应当说我们在这点做得很不错。我们还引进了一个意大利的副教授,在中心专门作空间法的研究。我们还聘请了一个香港地区的学者,他在中国台湾地区拿了第一个学位,在德国拿了第二个学位。在国际合作方面,我们和美国、德国、法国和东亚都进行密切的交流。交流的结果是,一方面教师进入学术的核心,另外一方面学生得到了机会,我们现在研究生毕业的人数不多,但有一个到爱尔兰读博士,一个到法国巴黎十一大读博士,一个到首尔大学读博士。另外我们很快就有8个学生到布鲁塞尔去学习一年,全部都是对方提供费用,包括奖学金等。哈工大法学院是个小学院,现在也就是26个老师,其中引进的人才有8个,这个比例还是相对比较高的,包括德国的三个博士和法国的两个老师,还有芬兰的和哈萨克斯坦的。总体上讲,虽然我们是在祖国的边陲,但我们面对的是世界。当然我们的交流以欧洲为主。我在欧洲的经验对我在法学院的工作有着非常直接的影响。

记:您作为法学院院长,您的法学教育理念是什么?

赵:关于法学教育的问题,我就以我们学院为例,我们提出的目标是"高起点、研究型、国际化"。首先是"高起点",我们哈工大在中国名校的行列,在此基础上的目标是建设世界一流大学。我们法学院虽然建立很晚,2005年建立,但是必须很快跟上学校整体的发展,很快把硕士一级和博士一级拿到,成为全国十几个最重要的法学院之一。因为学校不会允许一个落后学科长期存在,所以法学院就必须快速发展。然后是"研究型",学校是研究型的高校,法学院也必须是研究型的学院。我们现在通过各种措施,比如通过研究讨论课的形式,在课堂上给出问题,让学生根据学术规范来撰写论文。学院也建立了一些所谓的创新基金,让学生自己按照程序去申报课题,然后完成研究。另外,还让学生跟着导师作一些课题的研究。还有一个理念是"国际化"。国际化理念是我们最为突出的特点。中国为什么要国际化?因为在全球化的时代,中国经济和政治地位提高了。中国人口占世界的1/5,但我们发现中国在国际机构的代表性不足,诸如一些国际司法机构,中国无论是高层官员还是雇员数量都是严重不足,这样利益是很难保护的。因此,我们感觉到应该培养国际化的人才,必须让学生通过学院的培养或者学院给予的机会,进入国际层面。所以我们非常明确地提出应该培养学生到国际组织或机构工作,如国际司法组织。对国际司法组织,我们有比较深刻的印象,比如说前南法庭,就是联合国审理前南斯拉夫战犯的一个法庭,几千人的雇员中中国人只有一两个,当然有一个中国法官。我们学院的老师从欧洲回来的比重比较大,另外我们大量地邀请国外学者来做讲座,一年至少一二十位,这个量是非常大的。还有我们自己的教师本身也要频繁地出现在国际会议的场合,与国际的学术圈保持联系。这些就是我们学院发展的一些主要的理念。

在具体学科方面,对于比较传统的学科我们也要努力做好,比如刑法、民法等,但是要赶上一流的法学院是根本不可能的。我们在一些领域可能会做得比较好,会充分发挥我们的长处,比如说国际法的一些方向,尤其是新兴的方向和交叉的方向。哈工大现在有学校授予一级学科博士点的权力,这对我们学院的发展是非常有利的,只要我们人才引进足了,我们学术水平达到了一定高度,学校应该就会批的,而不必再到校外艰难地申请批准。

记:您对国内目前法学领域的学术科研情况是怎么看的?

赵:我觉得国内的学术研究总体上发展得比较快,学术越来越成熟,无论在深度还是广度方面。首先我们有一个非常强大的教学科研队伍。经过三十年的积累和国际间密切的接触,我们很多学者实际上达到了相当高的水平,和国外很多学者相比差别不大。当然学术方面也有很多问题,由于体制和各种机制的原因,会产生大量的学术垃圾。但是,个人要评职称或者考评等,不发表东西不行,这种情况下有一些粗制滥造之作是必然的。

不要把国外过于美化,中国的问题其实国外也有。中国出现的一些学术不端行为,国外其实也存在。通过中外学术的对比,我更注重的是中国学者的进步,中国学术研究的进步,国家投入的加强,各种措施的鼓励。中国学界给外国学界的印象是,中国在蓬勃发展,中国发展的动力非常强。比如韩国人来访问,说:"你们想的就是怎么发展,想的就是怎样让自己上一个新的台阶。这在韩国是看不到的。"我到了意大利,他们说:"现在都是你们中国人在聘用我们,而不是相反。中国是处于一种扩张和发展的阶段,而我们是收缩的阶段。"当然,中国肯定要对机制进行改革,要对很多评审的标准进行细化,采取看质不看量的一些措施。

记:您能对法学领域的青年学生提一些建议和期望吗?

赵:我觉得还是应当打开眼界,应该有比较强的国际化眼光,最好还要有在国外生活、进修、学习的经历。中国的青年学者要有责任感,不是一般的责任感,而是中国是世界领导者这样的责任感,必须使自己处在这样的地位,这样你的眼界、思维、对自己的要求,可能就会不一样。

(欧　扬、秦贝贝)

姜 颖
Jiang Ying

1963年生。中国劳动关系学院法学系主任、教授,北京市劳动与社会保障法学会副会长,中组部专家库特聘专家。毕业于中国政法大学,先后获法学学士、法学硕士学位。研究方向是劳动法和社会保障法、工会法等。

曾出版专著《劳动合同法论》《劳动争议处理教程》等;公开发表《我国劳动立法与劳动者权益保障》《论工会在劳动合同制度中的作用》等论文五十余篇。

讲授的主要课程包括劳动法、工会法、劳动合同法、集体合同制度、劳动争议处理等。连续被评为院"十佳教师",2009年主讲的劳动法课程获得北京市高等院校精品课程,2010年获北京市高等院校教学名师奖。

记者(简称"记"):很感谢姜老师今天抽出时间接受我们的采访,先谈谈您的成长经历吧。

姜老师(简称"姜"):我的成长经历其实比较简单,我们从上初中才开始正式接受教育。我是81年考上大学的,当时就是报考的中国政法大学法律系。

记:那您是什么时候开始对法律产生兴趣的呢?

姜:高考恢复后,也就是从78年以后,经过那段时间的动乱,政法机关也在逐渐恢复。因为我父亲是在部队工作,所以我对于军队和政法比较了解。之前我也看过国外的一些电影,里面讲到法律的公正,于是渐渐对法律产生了兴趣。之后就报着这样的心情报考了中国政法大学法律系。

记:您是从对法律的兴趣出发,开始抱有对法律的信仰的,您能谈谈进入中政后的学习生活吗?

姜:我们当时上学的时候中政才复校没几年,在那个年代,条件是很艰苦的。我记得当时由于学生宿舍还没修好,我们就住在老师的宿舍里,但大家都很能吃苦。另外,由于当时社会对法律不是很了解,不像现在有书刊、报纸、新闻等媒介宣传法律,因此我们也是逐渐展开对法律的认识。对我影响很深的是江平老师,他当时给我们讲授的是罗马法。印象深刻的课程是刑事侦缉课,讲勘察脚印、侦缉手段,还组织同学模仿作案现场,比如有的同学模仿尸体,有的同学进行案件的分析等等,大家兴致都非常高,参与性也很强,具有很浓的趣味性。

记:您刚才说在上大学时期对江平教授印象很深刻,那江老师当时上课的情景您还记得吗?

姜:是的,我记得很清楚。现在想想每个老师上课的风格都是不同的。前段时间我们还请江平老师来我们学校做讲座,同学们兴趣高涨。江老师的治学态度十分严谨。除了在学术上,他还非常关爱学生,热爱教育事业。江老师讲课的时候是非常投入的,即使年纪很大了,也都坚持站着上课。我觉得那些对我都是潜移默化的影响,当时做学生的时候可能只是觉得很有意思、很有趣,但后来回头看看对自己的影响还是很深的。

记:老师您刚才谈了求学阶段对您影响深刻的老师,那有没有对您影响很深的同学呢?

姜:有的。由于政法院校自身专业的特点,我们上课的方式是比较灵活的。比如当时在我们同学中展开的研讨,研讨中就能发现有的同学思维非常敏锐。有一位同学,他是后来考上博士,之后在最高人民检察院做了研究室的主任,他上学的时候是非常认真的,我们都觉得有点过了。但他一直是不懈追求的,他现在在学术上也是很有建树的。

记:请您谈谈求学中印象很深刻的事情吧。

姜:印象深刻的是在张家口法院实习的那段经历。我那时是在刑事法庭实习,虽然我之前报的是民事庭,不过被老师分在了刑事庭。因为那是中级法院,处理的都是比较重的罪行,因此我们当时亲身经历了几起棘手的死刑案件。我们被要求去刑场看执行并拍下执行场面的照片,我那时经过激烈的思想斗争,结果还是放弃了,觉得太可怕了。在中院实习的过程中,我们经历了差不多完整的流程,比如对嫌疑人进行询问、调查、案件的审理等等,比在课堂上学的知识要鲜活许多。

记:老师您现在的研究领域是劳动法,它可以说是我们社会法领域中的新兴领域,您是从什么时候开始对劳动法产生兴趣的呢?

姜:说起来是很巧的。我工作后再进中政读研究生其实是读的行政法专业,研究生毕业之后我被分派到现在这个学校。由于这个学校的研究领域是劳动法，因此我就开始从事劳动法的教学和研究。

记：关于劳动法，可能不像其他大的部门法一样被大家所熟知，老师您大致介绍下这个领域的一些学术观点或者学术现状吧。

姜：劳动法在我们国内看来是比较新兴的一块，但其实在西方国家，它产生至今已经很多年了，它是民法的一个分支，准确来说，它是在1802年产生的。为什么我们国家觉得劳动法是新兴事物？是因为我们国家以前是计划经济体制，没有劳动者和用人单位之间的协商，以及订立劳动合同关系，都是由国家进行统包统配的。在市场经济体制开始运行时，我们才开始关注劳动法。劳动法是在1994年颁布，当时颁布的时候影响并不大，人们对它还不是很了解。我觉得劳动法在这十几年里成长很快。我们现在看到劳动法影响很大，争议也很多，我认为是和我们现在的经济发展密切相关的。

劳动法领域目前的主要争议在于，劳动法究竟保护谁？对劳动者的保护力度是不是过大？会不会有损用人单位的利益？会不会有损经济的发展？会不会影响就业？现在有些法学家、社会学家、经济学家等在各种报纸、媒体上发表文章表达自己的见解和看法，但还是没有把握住劳动关系的实质，他们没有将劳动关系和民事关系分离开来，认为劳动关系也和民事关系一样，是调整平等主体之间的法律关系，忽视了劳动者作为弱势一方的事实。这是我们现在对劳动关系认识不够的结果。

我们国家在研究劳动法方面起步晚，认识还比较肤浅，因此现在引起较大的争议。其实这类问题在国外已经不是问题了，国外现在主要研究关注保护劳动者的力度大小的问题。

记：您在劳动法领域的主要观点是什么？

姜：劳动法有它的必然性和它存在的合理性。就劳动法而言，我认为它有自己的历史使命，但目前看来是需要完善的。在劳动合同法方面，关于保护倾斜度的问题，我认为有的地方是合适的，有的地方不大合适。但我们需要一个适应期，不管是对劳动者还是对我们的企业来说，都需要一个适应的时期。

记：老师为我们谈谈现在关于劳动法的研究状况吧。

姜：目前而言，就劳动法的研究来说，几个高校都在进行，比如像华东政法大学、北京大学、中国人民大学、中国政法大学、西北政法大学，但人数和研究力量上还是显得比较薄弱。虽然我们近年来研究的成果不断出现，但分量还是不够的。由于劳动法是和实务联系非常紧密的一门学科，因此它和其他学科不大一样，比如像法制史，主要是从事理论研究。我们现实中对劳动法的研究与实务联系得比较少，所以我们的研究目前还不能指引我们的实践活动。

记：那您觉得目前劳动法研究力量薄弱的原因是什么呢？是因为我们起步晚吗？

姜：是，我觉得有这方面的原因。和民法、刑法不同，民法、刑法在什么样的制度体制下都可以适用，但劳动法是适用在市场经济体制下，因此劳动法研究起步较晚。此外，劳动法涉及的问题也比较敏感，比如关于劳动者的地位、工会和政党的关系、经济体制、企业和政府利益等等。因此，它研究问题的特殊性也造成它发展的缓慢。另外，我们国家目前的特殊情况，还处在过渡时期，使得现在许多高校大多将劳动法定为选修课，因此这一领域的储备人才很少，在实践中司法审判、仲裁、立法等方面都没有直接学劳动法出身的科班人才。

我们学校是教育部批准的劳动法专业研究学校，我们在努力做好对这方面人才的培养工作。

记：请您谈谈其他发达国家在劳动法领域中的研究状况以及我们与它们之间的差距。

姜：国外发达国家首先是其研究历史比我们长。它们的研究人才多是一些综合性的人才，而我们国内目前主要是法律、经济专业的人在进行研究，学科的结合性比较弱。比如康纳尔大学开设的劳动法是在工商管理或者经济学中进行的，是综合的而不是单一的。我认为劳动法是一门交叉性很强的学科，关系到社会、经济、法学等方面的学科知识。另外，国外发达国家在劳动方面的法律意识也比较强，从政府到工会以及到劳动者本身，他们的法律意识都是很强的，政府对此也很重视。最后，我们在一些具体的制度层面上还没有跟进，要走的路还很长。

记：您能为我们介绍下您目前的研究点在哪吗？

姜：我现在研究的重点还是劳动合同法，因为这一领域现在社会反响很大，热度还没有消退。我从读大学开始就一直关注我国的法律发展状况，但在我印象中，目前还没有一部法律像劳动合同法这样引起这么大的争议。前段时间我在国外和我国香港地区讲学时提到，不要认为我们没有民主和言论自由，就拿劳动合同法为例，该法刚颁布就引起如此大的争议，许多人发表自己的看法和意见，包括在网络上、各类媒体上，这就可以说明我们的言论是没有禁止的。另外，我也发表文章对这方面的事实进行分析，探讨引发这么大争论的原因。是什么引起我们对劳动合同法的误解？是真的误解还是假的误解？其实，在很大程度上我们的争论已经超越了劳动法本身，是关于民主以及自由声音表达渠道问题的讨论。但劳动者自身的声音还是比较少的，大多是一些企业主的声音。那么，对于劳动者应该由谁来代表他们的利益，为他们发出声音？是政府还是工会？事实上,在劳动法实施后的这段时间里,我国的经济形势是非常复杂的。在改革开放的这30年时间里,我们的劳动法究竟起到了什么样的作用？是防火墙的作用还是为企业主进行风险防范的作用？这些都是需要继续探讨的问题。

记:老师您认为在目前新的市场经济形势下,工会应该扮演什么样的角色？

姜:从法律上讲,工会是职工的代表者和维护者,在劳资双方之间进行有效的协调,以及与政府进行协商。我认为工会在两个层面上发挥作用:首先是在国家的立法层面,也包括省、市一级的地方性立法,这是宏观的。目前工会发挥这一作用问题不大。比如在这次的劳动合同法的制定上,全国总工会是积极地全力参与的。其次就是工会在微观层面的作用,在企业内部做好与资方的协调工作。这个层次的作用的发挥难度比较大。工会是企业职工代表大会闭会期间的实际工作机构,如果没有这种机构,可以说职工代表大会的运行是非常困难的。但在实践中,工会是不是真的可以代表职工？这一方面有我们的体制问题,另一方面有我们工会干部的素质问题,这几年我们也一直在进行这方面的探讨。

记:老师,在治学中您最喜欢采用哪一种研究方法？

姜:首先是比较分析的研究方法。我们国家从事劳动法研究的时间很短,只有短短的十几年时间,在实践中有很多问题我们之前都没有遇见过,也没有可以借鉴的经验。但相反,在西方发达国家,劳动法由于起步比较早,所以许多问题他们是有处理方法的,这可以给我们提供借鉴。当然,我们在借鉴他国经验的同时也要参考我国自身的国情。此外,我们也可以比较我国内各个省市之间的做法,比如工会法、劳动合同法,由于立法规定不为详细,所以各个地方根据自身情况制定了不同的规定。

另外还有实证研究的方法。法律是要在实践中运行的,我认为目前实际运行最不好的就是劳动法。很多人认为违反劳动法不算违法,政府对此也不够重视,认为在经济发展的初期让劳动者作出牺牲是应该的。对于劳动法是否能促进经济的发展是需要在实践中考察的,包括劳动法是善法还是恶法,也是需要在实践中进行研究的。

记:据我们了解,老师您也代理一些案件,能给我们讲讲一些您的感受吗？

姜:在实际的代理中,我印象最深的就是我们的劳动者很弱,他们通常是不得已才打官司,可以说他们的维权之路是很艰难的。所以在立法中,我也是很强调我们的法律应该对劳动者给予倾斜性的保护,同时也要让他们能用得起法律这项维权的武器。另外,用人单位的法律意识很淡薄,在犯错误的情况下,有时为了面子还继续坚持,从而使得错误继续扩大,造成两败俱伤。企业需要增强法律意识,同时增加对劳动者的关爱之情。

记:老师您在从事教学研究的这些年中,您觉得自己的贡献在哪呢?

姜:谈不上贡献,我就说说我自己的工作吧。首先是在教学上,我是认真培养自己的学生,他们是我们国家第一批劳动法专业的毕业生。这可以说在高等教学上有一个指导性的作用。其次是在教学中获得的心得,我最大的感触就是要将理论和实践操作密切联系起来,加强理论和实践操作的能力。在科研领域,我发表了一些论文,出版了一些著作,总结自己研究上的看法和成果。此外,我也参与了一些立法活动,比如《工会法》《劳动合同法》,以及最高人民法院这方面的司法解释,地方性立法解释,并参加了企业的法律知识培训,如果能提高企业的法律意识,我认为对改善目前的劳资双方的关系有很大帮助。还有就是对一些典型案件的代理和研讨工作。

记:能就目前我国法学研究的学术气氛、学术执行规范谈谈您的看法吗?

姜:目前我国的学术研究气氛,我认为是比较浮躁的,理论深度不够,这可能存在时间和精力上的问题。但学术规范的执行情况还是不错的,大家都遵守这种规范。在治学的风气上,我们可以看到,抄袭现象是比较严重的,这有多方面原因。另外,对老师的考核机制是形式上的管理模式,不注重成果的质,管理是浮躁的。

记:那么老师您认为要达到一种良好的治学环境需要作出哪些努力呢?

姜:我认为制度的引导是比较重要的,使大家静下心来进行高水平的研究,驱除外界的干扰。现在的一些评奖,大多是不熟悉这一领域的专家进行评估,论文本身并没有人去看,所以应该让真正懂的人去考察,而不是仅仅形式化地看是否在核心期刊上发表文章。

记:那最后请老师对我们的青年学子提出一些建议吧。

姜:首先需要有怜悯之心,需要有对弱者的同情心。由于劳动法和其他部门法不一样,所以在思考问题的时候所处的角度也不同。另外就是要多重视理论和实践结合,要提高实务的操作能力。你们可以找机会多加强实践锻炼,多了解这个社会。另外,还应该加强自己的写作能力,不论以后从事什么工作,比如教学或者公司的法务,都是需要写作能力的,这是一种很重要的本领。

(余 莉、聂 潍)

程雁雷
Cheng Yanlei

1963年生,安徽省黄山市黟县人。现任安徽大学法学院院长,教授,博导。1981年进入安徽大学法律系学习,1985年毕业留校任教。1991—1992年在北京大学法律系进修硕士研究生学位课程。1999—2000年在北京大学法学院做访问学者。1995年破格晋升为副教授,2000年晋升为教授,时为改革开放以后安徽省第一位女性法学教授。1997年入选安徽省高校中青年学科带头人培养对象。2006年获准享受安徽省人民政府特殊津贴。2007年入选安徽省学术与技术带头人后备人选。2008年被评为首届"安徽省优秀中青年法学法律专家"。2010年入选安徽省学术与技术带头人。

曾先后担任安徽大学法学院宪法与行政法教研室主任,法律硕士中心主任,安徽大学教务处副处长,安徽大学人事处副处长,安徽省暨安徽大学高等教育研究所所长。现任中国法学会行政法研究会常务理事,安徽省法学会行政法学研究会副总干事兼秘书长,安徽省人事考试与人事测评学会副会长,安徽省高等教育学会秘书长,北京大学宪法与行政法研究中心客座研究员,北京大学软法中心兼职研究员,国家行政学院行政法研究中心兼职教授,苏州大学法学院宪法与行政法学博士硕士点兼职教授,安徽省人大立法咨询员,安徽省人民政府立法咨询员,合肥市、马鞍山市、铜陵市、亳州市等市人民政府法律顾问。

记者(以下简称"记"):程老师,首先感谢您接受我们的采访。请您先谈谈大学之前生活、学习的情况吧。

程雁雷(以下简称"程"):进入大学之前,我一直生活在安徽省黄山市黟县。1987年地市调整之前,黟县隶属于安徽省徽州地区,1987年徽州地区改为黄山市。我18岁之前先后在黟县碧阳小学和黟县中学就读。我家的祖辈是深受儒家文化熏陶的读书人。我的外祖父家族曾在上海发展,抗战爆发上海沦陷,我外祖父家的产业被日寇炸毁,举家返迁回徽州老家。徽州人特别重视教育,据说我的外祖母是当地第一位不裹脚、上学堂的女性。我们大家庭中的许多人后来都是从事与教育或者文化传承相关的工作。我上学时,赶上"文化大革命",我们那里有不少下放来的老师,记得教我们历史的张老师就是从北京政法学院(中国政法大学的前身)下放的。这些老师们虽然受到不公正的待遇,但仍然是兢兢业业地教书育人,他们的人格与风骨令人钦佩。可能是因为徽州的人文环境,重教的家庭熏陶,以及那些授课教师对我的影响,我对职业选择的想法就是要做教育工作或者从事与文化传承相关的工作。

记:那么您能谈一谈您高考为什么会选择法律专业或者您是因为什么原因而进入安徽大学法律系读书的?您当时对法律有什么样的认识?

在家乡

程:对于法律,我当时的认知不可能达到现在的水准。那时法律教育也是刚刚兴起。我进入安徽大学法律系读书是非常偶然的。我的经历如果放在今天,可能就会是被热炒的一个高考招生事故了。

我 1981 年参加高考,总分是黟县文科第一名。那时的大学招生没有一本、二本的说法,只有重点与非重点的差别。按照我的总分在全省的排名,应该是进入重点大学。我有位在武汉工作的亲戚,经常向我讲述武大校园的美丽。受他的影响,我高考志愿的重点大学一栏就只填了武汉大学一所院校。因为根据当时招生投档分数的划定规则、投档方式和录取程序,我进入武汉大学是肯定没有问题的。但是,命运跟我开了一次玩笑。问题出在体检环节。那时体检对听力、视力等项目的测试比较简单,这两项测试就由同一个护士担任。视力检查是看视力测试图,我有些近视,当时视力是 0.5;听力的测试方式是,护士先小声说几句话,考生听后再重复这几句话,考生与护士相隔 5 米,中间用一副布帘子把两人隔开,以防考生看到护士的嘴形。尽管护士的声音很小,但考生都能准确地重复。我的听力测试是合格。出人意料的是,粗心的护士把我们考生体检表的"听力"一栏的测试结果本应该填"5 米"的却全部填成了"0.5 米"!因我总分在县里第一,在我的录取结果没有消息之前本县是没有考生会发现这一错误的。据时任徽州地区教育局招生办主任梁红华先生证实,我的档案投进了武汉大学,武大来安徽招生的同志看体检表发现了"问题",就把档案退回来了。退档的理由写到:听力 0.5,近乎耳聋。就这样,我被视为一名"耳聋残疾"考生而被"拒招",用网络语言就是"被耳聋"了。那个年代招生还是人工投档,武大退档后,我的档案也不知了去向。

直到徽州地区招生办通知县招办,才知道事情的原委。我记得是在 8 月中旬一个闷热的夜晚,学校老师带着医生挨家敲门把我们考生叫起来重新测试听力,证实听力合格。那时交通以及通讯都极不方便,县教育局副局长王化柏与招生办主任余定浮,就坐着县里唯一的一辆吉普车,连夜赶往省城合肥送体检表。车子坏在路上无法被施救,司机胡利全只得用嘴吸油泵排障,用了 13 个小时赶到设在合肥稻香楼宾馆的招生现场。那时重点大学招生早已结束,连一般大学的录取也快结束了。王化柏副局长抱着一线希望找到安徽大学。安徽大学招生的老师看了我的成绩和档案后,觉得这个考生不录取实在太可惜。当时文、史、哲、经济等专业都满了,只有法律专业还没有满,于是,我被录取到法律系,成为安徽大学该年级考分第一名的学生。就这样,我被阴差阳错地与安徽大学结缘。虽然命运对我不太公平,但是我依然感到我是幸运的,能进入安大法律系读书是不幸中的万幸。我非常感激那些给予我真诚关怀和无私帮助的师长。四年后,作为优秀毕业生,我的工作去向有较大的挑选余地,但是我选择留在了安大,留在了法律系。可以说,我是怀着感恩之心留校的。

记:程老师,安徽大学法律系是我国高考恢复以后,最早进行法学教育的高等院校之一。请您谈谈读大学时,安徽大学法律系的一些情况吧。哪些老师给您留下了深刻的印象?

程:"文革"期间,国内只有北大和吉大保留了法律系。安徽大学法律系于1979年恢复招收本科生,1982年开始招收研究生,是"文革"后全国高校中恢复法学教育最早的院系之一。当时的安大法律系,无论是师资力量还是教学水准,在全国都是一流的。安大之所以能较早地恢复法学高等教育不是偶然的,是有历史原因的,可以说,是当时的国运和校情决定的。安徽大学初创于1928年,学校建立之初就设有法学院,下设法律、经济、政治等系科。20世纪40年代安徽大学改为国立大学,专设有法学院。当时的校长是由"北马南陶"之称的著名经济学家陶因先生担任,他曾是1928年安大初创法学院时的院长。安大在新中国成立前就有良好的法科教育传统,培养了一大批法学人才。1952年以后院系调整,安大法律系并入华政。1978年安大老领导们很有远见卓识,抓住机遇决定恢复法科教育,迅速组织人马筹备法律系,先后请来了陈盛清、周枏、陈安明、朱学山、王榕等先生任教授,由陈盛清先生出任系主任。周枏先生是著名的罗马法专家,有不少学者都听过他的课。西南政法大学孙长永副校长曾对我提到,他读研究生时的罗马法课,是学校请周先生到重庆去给他们上的。中南财经政法大学吴汉东校长曾告诉我,他当年专门来合肥住在安大,上门听周先生的罗马法课。陈安明和朱学山两位先生是1946年一同加盟当时的国立安徽大学法学院的,那时他们任副教授。陈安明先生是武汉大学行政法专业研究生毕业,与中国政法大学的王名扬先生是湖南同乡。他们二位老先生在国内最早恢复教授行政法课程,培养行政法专业研究生。武汉大学研究生院常务副院长周叶中教授跟我说,他读本科生时的行政法课是系里请陈先生到武汉去给他们上的。朱学山先生是国内著名的国际经济法专家,今年已经是99岁高龄的朱老还去参加国际经济法年会,还担任着《国际经济法学刊》的学术顾问。上述五位老先生,于80年代初在全国较早地招收法学硕士研究生,分设法律史、行政法、民商法、经济法和国际法五个方向。1982年春第一批入学攻读研究生的有朱勇、史际春、王源扩、袁曙宏、田田、高宽众、郭扬等青年才俊。

还有两位先生要特别提到,他们是已故的谢庭芳和汪汉卿。谢庭芳先生曾任法律系副主任,为恢复筹建法律系立下汗马功劳。因同是徽州老乡,上大学时,谢先生跟我叙述过不少当年恢复筹建法律系的往事。尽管谢先生从来没有提过筹建时他所付出的艰辛和困苦,但是,从他所叙事的内容中不难知道,如果不是他和当年筹备组老师们的不懈努力,法律系不可能以最快的速度恢复招生;如果不是他带着学校的重托登门诚请各位老先生,法律系就没有一批实力雄厚的师资。谢先生真正是一名为法律系奠基而默默奉献的功臣。汪汉卿先生生前历任法律系主任、安徽大学常务副校长。我读本科时,他教授我们中国法律思想史课。我们对他上课的评价是:板书苍劲潇洒,才华横溢;言辞抑扬顿挫,满腹经纶。听他的课如浴春风,是一种学术的享受。无论是教书还是当校长,汪老师博学儒雅的学者风范,正直善良的为人品格,奖掖后学的宽厚胸怀总是令人景仰和难以忘怀。

记:那么您是什么时候对行政法感兴趣的,什么原因促使您进入行政法的研究领域?

程:我读本科时,老先生们已经很少给本科生授课了,但陈安明先生是例外。安大恢复法律系后,陈安明先生在国内率先开设行政法课,并招收行政法研究生。年近古稀的他给我们讲授行政法课整整一个学期。那时我国行政法的教学和研究刚起步,其理论与实践都很不成熟,没有教材,上课全靠记笔记。我一直保留着陈先生给我们授课时记的笔记。陈先生是湖南人,方言口音很重,但陈先生授课风格独特,语言诙谐、风趣幽默,能把行政法讲授得深入浅出、引人入胜,使我对行政法产生了浓厚的兴趣。陈先生有一种"平民情结",他说行政法是规范政府的,行政法要求"政府法制"。我的本科毕业论文选择了行政法方向,由陈先生担任我的论文指导老师。毕业前,我报考了陈先生的硕士研究生,总分考第一,但因英语差一分而未能被录取。尽管陈先生想招收我,但限于政策的规定而没能如愿。我留校后,陈先生就向系里提出让我做他的助教。在给陈先生做助教的几年里,我得到了他的悉心指导和培养。我留校的第一年,先生就放手让我给本科生上行政法课,使我尽早地站稳了讲台。留校第二

在约克大学访学

年,陈先生把他接到的全国行政法学研讨会的会议通知交给了我,让我代表他去参会,使我刚从教不久就获得了学术交流的机会,这在当时的年轻教师中是很少见的。那是1986年的重庆全国行政法年会。第一次参加全国性学术年会,我兴奋的心情可想而知。在会上,我认识了开创和奠基我国行政法的学术前辈、年富力强的学术中坚、崭露头角的新秀才俊,他们对行政法的真知灼见,给我留下了难忘而深刻的印象,也对我日后能坚持从事行政法学教学研究产生了深远的影响。遗憾的是,先生于1990年夏天因病仙逝。先生病重期间我常去探望,有一次他深情地说:"很抱歉没有帮助你上成研究生,以后你自己一定要继续努力,任何时候都不要放弃,中国的行政法学一定会有好的发展前景。"先生离开已经二十多年了,他的话一直激励和鞭策我前行。

记:您进入行政法研究领域以后,关注过哪些问题?您现在主要研究哪些问题?

程:从教27年来,我对行政法学的研究是一个渐进的过程,呈现阶段性特征。留校任教时我的学术积累很少,只能慢慢地摸索,从关注学科动态和了解实践发展开始。前面提到1986年在重庆举行的全国行政法年会,会议之前听说要像制定民法通则一样,搞一个行政法的通则。但是,这在全世界范围内都是没有过的,难度太大。江平先生就提出要像民法一样以程序推动实体,先做行政诉讼法,由行政诉讼法推动行政实体法的发展。于是,那次年会主要讨论行政诉讼的问题。我在那次年会以后的几年时间里,主要关注行政诉讼的理论与实践。以后,又关注过国家赔偿法、行政处罚法、行政许可法以及行政程序法等内容。1991年到1992年学年度,我在北京大学法律系脱产进修骨干教师研究生硕士课程。我跟指导老师罗豪才教授、姜明安教授学习行政法与行政诉讼法,参加宪法与行政法教研室的活动,有机会得到肖蔚云、龚祥瑞、魏定仁等先生的教导,也有机会与湛中乐、王磊等青年教师交流;我还有幸聆听了一些老先生的课,如沈宗灵、龚祥瑞、张国华、刘兆兴、杨紫烜等先生。此外,我还选修了设在北大的最高法院高级法官研修班(行政法班)的课程。为了让自己有更开阔的学术视野,我特地在北京买了一辆自行车,经常骑车去中国人民大学和中国政法大学听讲座,最远的一次是从北大骑车去中国社科院法学所听讲座。在那个年代,真是如饥似渴地读书学习,心无旁骛,全身心地投入与专注。所以,那一阶段我的收获很多,对学术的感觉越发有了信心,开始思考自己的科研方向,希望自己的探索能成为在某一个研究领域的学术前沿。现在回想起来,要特别感谢我的家人对我求学的理解和支持。

1993年国家实行公务员制度改革,其中包括制定《教师法》在内的教育立

海峡两岸行政法会议发言

法开始进入学界的视野。其间的一次学术会议上,我向应松年先生请教教育法问题,应先生的一番话使我深受启发和鼓励。他曾经在教育局工作过,感到教育领域是计划经济的最后一个堡垒,是法学研究很少关注的领域,法学界还没有意识到教育法律问题的重要性。由此,反观我国的实践,教育行政法的关注度比较低,教育法制领域有待研究的问题也比较多。我在1993年之后陆续参与一些教育立法实践,进一步强化了我的认知,增强了我的学术自觉。于是,作学科交叉研究的想法逐渐形成,能有意识地运用法学方法特别是行政法学的方法去研究高等教育管理领域的法律问题,把法治规律与高等教育规律有机地结合起来研究。这不仅是在我学习和思考的推动下进行的,而且与我工作岗位的调整有直接的关联。1996年至2002年我先后任安大教务处副处长和安大人事处副处长,直接接触到高等教育管理的实践,对高等教育领域的法律问题有深切的感受。这些问题需要有人去研究,需要行政法以及其他部门法的配合才能更好地解决。所以,我后来的研究,主要是围绕行政法与教育而展开的。1999年学年度,我在北京大学法学院做访问学者,导师姜明安教授对我做高等教育法课题给予悉心的指导,还得到了中国政法大学马怀德教授和刘莘教授的鼓励。2000年初,我在《法学》上发表过一篇论文,这篇论文是围绕"田永案"(国内首例大学生诉母校的行政诉讼案)而展开的。当时在华东政法学院任教的朱芒教授曾经给这篇论文较高的评价,认为我的这篇论文是国内行政法学界首次真正意义上的对教育法案例进行学理分析的论文。2005年行政法学会在博鳌开年会,我就行政法领域内的高等教育问题研究现状与前瞻做了主题发言,获得了与会学者的认可。同年我有幸被教育部法制办聘为修改《高等教育法》专家工作小组成员。同行的鼓励增强了我在这一领域继续研究的信心。我的体会是，做科研不能"撒胡椒面"，要有相对集中的研究领域、相对凝练的研究方向，要有自己的研究特色。否则，不可能做得深、做得精。

记：您可否就行政法领域对高等教育研究的现状作一个评价？

程：不敢说是作评价，只能是作一些简单的描述。国内行政法学界对高等教育法律问题的研究起步较晚，大体上是从上个世纪末开始的，至今也不过十多年的时间。近几年来，法学界开始关注和研究高等教育领域的法律问题了，无论是科研项目的立项，还是论著的发表，都在逐年增加。总体而言，行政法学界对高等教育法律问题的研究关注更多一些。目前从事该问题研究的学者越来越多，从事研究的机构也不断增加，中国政法大学、北京大学、华东政法大学、北京师范大学、首都师范大学等高校已经设立了专门的教育法研究机构（中心）。这表明，大家对教育法特别是高等教育法的研究真正开始重视了。这既是高等教育发展的需要，也是法治理论与实践发展的必然，更是多学科交叉研究的趋势。安徽大学"211 工程"三期有"高等教育管理与法治"创新团队的立项建设，这个团队由我负责牵头，虽然一直在努力，但任重道远。当然，与美国、德国、日本等发达国家的学者在此领域的研究成果和研究水平相比，国内现有的研究还是有较大差距的。

记：程老师，您曾经在教务处等管理部门工作过，您可否就目前的学风以及论文发表的一些现状谈谈自己的看法？

程：就学风来说，我一直认为，我们学者要做到自省自律。我们法学院老一辈学者为我们树立了榜样。以周枏先生为例，他的传世经典之作《罗马法原论》（商务印书馆出版）写作和出版的经历，充分体现了一位真正的学者对待学术、对待名利、对待真理、对待法治的态度。1996 年，国家首次启动教学优秀成果奖，学校力荐周老的《罗马法原论》申报国家级教学优秀成果，我当时在教务处为申报成果的教授们服务。周老知道后，表示不要去在意评奖，不要给我们添麻烦。当周老的这本专著当之无愧地被评为国家级教学优秀成果奖时，他特意赠送我一套他在扉页亲笔留言的《罗马法原论》，这是我的藏书中弥足珍贵的一套书。每当我看到它，一种深深的敬仰之情油然而生。

学风涉及学术道德规范问题，是学术良心的体现。对学术不端行为，要有警觉，要时刻提醒自己，不要犯这种低级错误，特别是从事法学教学和研究的学者。因为法学从某种意义上是研究规范的学问，强调规范性。因此，我们无论是教书还是作科研，都要做到对规范的遵守。当下的学术资源配置方式、学术评价机制还存在不足与缺陷,由此带来了一些负面的影响,并引发社会对学界浮躁之气的批评。毋庸讳言,学界的浮躁之气是有的,但是由多种因素造成的,要反思其深层的制度原因,不能在制度没有改变的情况下过于苛求一方。总的来说,要强调作为研究法学的学者,要把自己的责任放得更高一些,要有担当。不仅要自省自律,还要严格要求学生。我曾对学生说,追求学术需要理想和热情,但做学问需要潜心与理性。任何时候,我们都要讲大学的理想,大学的精神,大学的风气,大学的良心。

(汪　强、李耀跃)